Anton Quitzmann

Die älteste Geschichte der Bayern bis zum Jahre 911

Anton Quitzmann

Die älteste Geschichte der Bayern bis zum Jahre 911

ISBN/EAN: 9783743314825

Hergestellt in Europa, USA, Kanada, Australien, Japan

Cover: Foto ©ninafisch / pixelio.de

Manufactured and distributed by brebook publishing software
(www.brebook.com)

Anton Quitzmann

Die älteste Geschichte der Bayern bis zum Jahre 911

Die

älteste Geschichte der Baiern

bis zum Jahre 911.

Von

Dr. E. A. Quitzmann,

K. Oberstabs-Arzte.

Mitgliede des historischen Vereins für Oberbaiern etc.

Mit einer Geschichtskarte und einer Stammtafel der Agilulfinger.

Braunschweig,

Verlag von Friedrich Wreden.

1 8 7 3.

Vorwort.

Die Geschichte der beiden Gefolgschaften des Marbod und Catualda ist bisher noch keiner quellenmässigen Bearbeitung unterstellt worden. Die mit der Urzeit der germanischen Völker beschäftigten Geschichtsforscher warfen höchstens nur im Vorübergehen einen Blick auf die von denselben gegründete Niederlassung, oder das nach dem ersten Könige Vannius benannte Regnum Vannianum, von dem man sich begnügte, anzunehmen, dass diese Schöpfung der römischen Kabinetspolitik bald nach ihrem Entstehen unter den nachfolgenden Völkerkämpfen wieder untergegangen sei — natürlich unter der Voraussetzung, dass nach Zeuss die in Boihaemum sesshaften Markomannen die Stammväter der Baiern sein müssen.

Da nun aber diese Voraussetzung nach des Verfassers eigenen Worten sich nur als eine individuelle Muthmassung erweist, so habe ich die gleichfalls von den Markomannen abstammenden Sueven des Vannius, das einzige Volk suevischen Stammes, welches noch kurz vor der Einwandrung der Baiern in seinen ursprünglichen Sitzen nördlich der Donau aufgefunden werden kann, zum Ausgangspunkte meiner Forschungen gemacht und in meiner Abstammung etc. der Baiwaren in einem kurzen geschichtlichen Ueberblicke gezeigt, dass sich die Nachkommen der beiden Gefolgschaften nach den Quellen durch die Geschichte der ersten fünf Jahrhunderte unserer Zeitrechnung,

wenn auch unter wechselnden Namen, immer an derselben
Stelle verfolgen lassen.

Gewichtige Forscher haben seither meiner Ansicht im Allgemeinen ihre Zustimmung geschenkt und ich sehe mich dadurch
veranlasst, in der ersten Abtheilung die in obiger Gelegenheits-
schrift nur kurz skizzirte Geschichte der Vannianischen Ansiedelung bis zum Verschwinden der Sueven in den Karpaten
eingehend nach den Quellen zu behandeln, um den Beweis zu
liefern, dass es um so weniger zulässig erscheine, das aus den
Markomannischen Auswanderern erwachsene Volk bloss der
Zeussischen Hypothese zu Liebe aus der Geschichte zu streichen,
als dasselbe noch zwischen dem V. und VI. Jahrhunderte seine
Kraft in den Kämpfen mit den siegreichen Gothen und Langobarden bewährte, und die Quellen nicht im Entferntesten,
wie bei Herulern und Gepiden unter gleichen Verhältnissen
angeben, dass die Karpatensueven als Volk vernichtet worden
seien.

Ich habe nun an diese quellenmässige und grösstentheils
aus gleichzeitigen Autoren belegte Darstellung die konjekturale
Frage geknüpft, ob es möglich sei, die in den Karpaten verschwindenden Sueven mit den im obern Donaugebiete auftretenden Baiwaren in Verbindung zu bringen und habe die
thatsächlichen Beweise hiefür theils aus meinen Vorarbeiten
über die heidnische Religion und die älteste Rechtsverfassung
der Baiwaren, theils aus unserer ältesten Volkssage, theils aus
der Gleichung zwischen Karpatensueven und Baiern entnommen.
Nach diesem Ergebnisse glaube ich die Antwort auf diese Frage
zur höchsten Wahrscheinlichkeit in bejahender Weise erbracht
zu haben, so dass wir wohl von keinem deutschen Volke die
Entstehungsgeschichte in bestimmterer Weise anzugeben im
Stande sind, wie von den Baiern.

In der zweiten Abtheilung bot die kritische Behandlung

der baierischen Wandersage wiederholte Gelegenheit, nach Sicherstellung ihres unverfälschten Inhaltes Anknüpfungspunkte zwischen den jetzt geschichtlich beglaubigten Baiwaren und den in den Karpaten verschwindenden Sueven nachzuweisen, sowie den Zeitraum festzustellen, in welchem dieselben und unter welchen Umständen sie sich den fränkischen Merowingern unterworfen haben mussten. Hieraus ergibt sich in unzweideutigster Weise die mannigfach gedeutete Herkunft des Agilulfingischen Fürstenhauses — eine Frage, welche für die Stellung der Baiern zu dem Frankenreiche um so wichtiger ist, als sie den Schlüssel zum Verständnisse des Widerstandes enthält, welchen die baierischen Herzoge der Centralisations-Politik der Pipiniden entgegensetzten.

Eine eingehende Würdigung aller einschlägigen Quellenbeweise setzte uns ferner in den Stand, insbesondere nach den gleichzeitigen Angaben des Verbrüderungsbuches von S. Peter den genealogischen Zusammenhang der bisher nur bruchstückweise dargestellten Agilulfingischen Fürstenreihe von Garibald I. bis Tassilo III. über jeden Zweifel zu erheben und vor Allem nach kritischer Abweisung der fiktiven und nur durch die konjekturalen Trugschlüsse mönchischer Annalisten in die baierische Geschichte eingeschmuggelten Theodone den Zeitraum und die Umstände der christlichen Mission in Baiwarien unter dem geschichtlich erweisbaren Herzoge Theodo I. und seinen Söhnen zur möglichsten Gewissheit zu bringen — ein Gegenstand, welcher zwar durch schriftstellerische Liebhabereien und engherzige Parteirücksichten in die grösste Verwirrung gebracht wurde, dessen Sicherstellung aber für die gesammte deutsche Urgeschichte von höchster Wichtigkeit bleiben wird.

Die dritte Abtheilung, welche die älteste Geschichte der Baiwaren bis zum Ausgange der Karolinger in Deutschland zu Anfang des X. Jahrhunderts herabführt, ist zwar durch Dümmlers

kritische Forschung mächtig gefördert, bot aber nichtsdestoweniger Veranlassung, durch wiederholte Beleuchtung der Quellenangaben die Darstellung zweifelhafter Thatsachen zu berichtigen
und somit die älteste Geschichte der Baiern vor dem Auftreten
des Liutpoldischen Fürstenhauses nach den Ergebnissen der
bisherigen Forschungen zum Abschlusse zu bringen.

Amberg, im August 1873.

Der Verfasser.

Inhalt.

Geschichte der beiden Gefolgschaften

der

Markomannenfürsten Marbod und Catualda

und ihr Zusammenhang mit den Baiern.

———————

I. Einleitung.

Die Baiern (lat. *Baiuuari, Paiwari, Baioarii,* später durch Umlaut *Baiowarii, Bajuvarii,* endlich *Bavarii;* althochd. Paigira, mittelhochd. Beigern) sind in ihren gegenwärtigen Sitzen nicht eingeboren, sondern ein eingewandertes Volk, welches im Süddonaulande erst herrschend auftrat, nachdem dieses Letzere schon seit Jahrhunderten den Geschichtschreibern anderer Völker bekannt und von ihren Geografen durchforscht war. Selbst die blinden Nachbeter der Bojerfabel, welche den aventinischen Träumereien in bescheidener Selbstverläugnung eignen Urtheils durch Dick und Dünn folgen, geben dieses zu, nur mit dem Unterschiede, dass sie die unbestreitbare Einwandrung um ein gutes Jahrtausend weiter zurückdatiren, als diese Thatsache quellengemäss nachzuweisen ist. Die durch diese Hypothese bedingte Sage von einer Auswandrung zur Zeit der römischen Ockupation und einer spätern Rückwandrung des Volkes wird in einer folgenden Abhandlung (Geschichte der Baiern unter den Agilolfingen) besprochen und zugleich durch Darlegung ihrer Quelle der Nachweis geliefert werden, dass sie bloss einem Missverständniss derselben ihren Ursprung verdanke. Von den ehemaligen Einwohnern des heutigen Baierns besitzen wir aber die unwiderleglichen Beweise gleichzeitiger Schriftsteller, deren Angaben keinen Zweifel übrig lassen, obgleich sie in den Volksnamen etwas von einander abweichen.

§. 1. Die Bewohner des Süddonaulandes.

Das Land zwischen der Donau und den Alpen, dem Lech und Inn hiess den alten Geografen Vindelikien und empfing später als römische Provinz den Namen: zweites Rätien. Ueber die Einwohner dieses Landstriches liegen uns drei Quellenangaben

1*

vor, welche von der römischen Unterjochung im Jahre 15 vor
unserer Zeitrechnung bis zur Hälfte des II. Jahrhunderts reichen:
nämlich die Aufschrift auf dem *tropaeum alpium*, welches kurz
nach Unterwerfung der Alpen- und Süddonauländer errichtet
wurde und die uns der ältere Plinius im 3. Buche seiner Natur-
geschichte aufbewahrt hat; ferner die Geografie des Strabo, welche
derselbe im 33. Jahre nach Eroberung Vindelikiens, also im
2. Jahrzehent unserer Zeitrechnung schrieb (Geog. 1. IV.) und
endlich die Geografie des Marinus v. Tyrus, welche der Alexan-
driner Cl. Ptolemäus in der 1. Hälfte des II. Jahrhunderts mit
zahlreichen Verbesserungen umarbeitete. Da das erste Monument
einen officiellen Charakter trägt, so halten wir uns am sichersten
an seine Inschrift und benutzen die beiden folgenden Schriftsteller nur zur Erläuterung. Hienach bestunden die Vindeliker
aus 4 Völkerschaften: Consuaneter, Rukinater, Likater und Catenater. Ueber die besondern Wohnplätze oder Gaue dieser Stämme
gibt uns nur Ptolemäus Anhaltspunkte. Nach seinen Angaben
sassen die Likatier, welche auch Strabo unter diesem Namen zu
den Vindelikern zählt, am Lech; die Runikater, die Rukinater
der Inschrift, welche Strabo als Rukantier zu den Rätern rechnet,
setzt Ptolemäus in die nördlichern Gegenden, also an die Donau,
wesshalb sie auch spätere Gelehrsamkeit gegen alle Quellenzeugnisse in Tunikater, angeblich Donaugauer verwälschte. Südwärts
derselben gibt Ptolemäus die Consuanter an, die Consuaneter der
Inschrift, welche Strabo als Contuantier gleichfalls neben seinen
Rukantiern nennt. Da der alexandrinische Geograf von ihnen zu
den Breunen im tirolischen Innthale übergeht, so ist kein Zweifel,
dass er sie zwischen den nördlichen Runikaten und den südlichen
Breonen, d. h. im baierischen Innthale fand. Nur die Catenater
der officiellen Inschrift gibt Ptolemäus nicht an, und sie sind
auch bei Strabo nur unter dem Völkernamen der Clautinatier zu
muthmassen, welche dieser Geograf neben seinen Likatiern nennt
und zu den unbändigsten Völkerschaften der Vindeliker zählt.
Wenn aber nach Ptolemäus Angaben die Thallandschaften Vindelikiens am Lech, an der Donau und am Inn durch die Likater,
Rukinater und Consuaneter besetzt sind, so bleiben uns für die
Catenater nur noch die Thäler des Isar-Flussgebietes übrig, um
ihnen ihre Stellung unter den vindelikischen Völkerschaften an-
zuweisen.

Da diese Völker nach dem übereinstimmenden Zeugnisse der
besten Autoren gleich den übrigen Donau- und Alpenkelten zum
gallischen Stamme gehörten, so müssten sich doch in Sprache,
Religion und Rechtsbräuchen Erinnerungen und Anklänge nachweisen lassen, wenn sie während der Zeit der römischen Ocku-

pation irgend eine Stammeseigenheit gerettet und später irgend
welchen Einfluss auf die Entwicklung des neu sich gestaltenden
Volks- und Staatslebens der Baiern gewonnen hätten. Meine eingehenden Untersuchungen über diese entscheidenden Gegenstände
haben aber auf das Ueberzeugendste dargethan, dass in religiösen
und rechtlichen Traditionen, Sitten und Bräuchen auch nicht die
Spur einer Uebereinstimmung zwischen den Baiern des VI. Jahrhunderts und den Kelten der von ihnen eroberten Landstriche
sich nachweisen lasse. In den Sagen von Baiern, Tirol und Oestreich findet sich auch nicht ein Einziger jener Götternamen, deren
ehemalige Verehrung auch in Vindelikien, Norikum und Rätien
durch die monumentalen Ueberreste der keltoromanischen Periode
bezeugt wird. Sie enthalten nichts von Abellio, dem gallischen
Sonnengotte, der unter dem Namen Belen von den Donaukelten,
wie von den Alpenvölkern angebetet wurde; nichts von Bedaius,
dessen Altäre im norischen Baiern gefunden wurden, nichts von
den Alounen, deren Bildsäulen im Salzburgischen standen, nichts
von Epona, deren Verehrung von Schottland bis Norikum reichte,
nichts von Grannus, dem hochgepriesenen Quellengotte der Kelten,
nichts von Sedatus, Arubianus und andern norisch-keltischen Lo-
kalgöttern (Hefner, d. röm. Baiern 8—13), während alle Traditionen
und Sagen aus der ältesten Zeit die Baiern auf das Innigste mit
den heidnischen Germanen und Nordleuten verbunden erweisen,
worauf ich weiter unten bei den thatsächlichen Beweisen für die
Verwandtschaft zurückkommen werde (H. R. 292).

Aber auch auf dem Gebiete staatlicher Institute und recht-
licher Sitten und Bräuche haben sich zwischen den in der *lex
Baiwariorum* und in keltischen Rechtsbüchern aufbewahrten
Satzungen nur solche Anklänge auffinden lassen, welche in einer
ähnlichen Kulturepoche auch bei andern Völkern hervortreten, wie
das Häuptlings- und Gefolgschaftswesen und die Verwendung der
Hausthiere an Zahlungsstatt, während andre, wie z. B. der Hammerwurf als Besitzergreifungssymbol und der Heerpfeil als Zeichen
feindlicher Absage und Herausforderung bei den Kelten eine ganz
entgegengesetzte Bedeutung erfahren haben; oder auch wie die
Eideshilfe erst in späterer Zeit von den Germanen auf Kelten-
völker durch nachbarliche Berührung übergegangen scheinen.
(R. V. 376.)

Am meisten haben sich die Bojisten und Keltomanen Mühe
gegeben, die alte Sprache der Baiern als Beweismittel für ihre
Träumereien auszubeuten; denn ein richtiger Instinkt sagte ihnen,
dass Verwandtschaft der Sprache sich nur auf Stammesverwandtschaft stützen könne. Anstatt aber die von ihnen behauptete Zu-
sammengehörigkeit des Keltischen und Altbaierischen nach den

Regeln der Sprachkunde durch Gleichheit in den Wortstämmen und in den Gesetzen der Umwandlungsformen zu begründen, bekundeten sie nur durch schülerhafte Anwendung gälischer und bretonischer Wörterbücher eine klägliche Unwissenheit. So entstunden jene von X. Mayer, Obermayr (Oberpf. Vrhd. III. 117, XVII. 25), Pallhausen, Siegert und Andern herrührenden Marterversuche, die altbaierischen Orts- und Eigennamen, sowie die technischen Glossen der *l. Baiw.* aus keltischen Diktionarien zu erklären — Versuche, welche weder unsre Einsicht, noch unsre Hochachtung vor dem Scharfsinne der Erklärer sonderlich vermehren konnten und wovon ich in R. V. 405 bei den verschiedenen Rechtstechnicismen erheiternde Beispiele beizubringen Gelegenheit hatte.

Selbst die Durchforschung unsrer ältesten Glossarien hat kein einigermassen befriedigendes Resultat zu geben vermocht. Denn wenn Mone (Gesch. d. nord. Heidenth. II. 227 ff.) in den Monseer Glossen unter einem halben Tausend althochdeutscher Wörter sieben findet, welche sich auf keltische Wurzeln zurückführen lassen — wie gering ist diese Ausbeute?! und welche Bedeutung kann derselben beigelegt werden, nachdem Holtzmann (Germ. I. 470) nachgewiesen hat, dass dasselbe althochdeutsche Glossenwerk in Paris, Reichenau, Murbach u. s. w. gefunden wird, somit von Einem Verfasser stammend, von Kloster zu Kloster abschriftlich fortgeschleppt wurde und deshalb gar nicht für die Volkssprache einer Gegend Zeugniss ablegen könne. Deshalb finden sich auch die von Mone für keltisch gehaltenen Worte in andern Glossarien von Weingarten, Salzburg, Prag, Engelberg, Schlettstadt, ohne dadurch selbverständlich einen Schluss auf keltische Abstammung der Bewohner jener Orte motiviren zu lassen.

Das einzige bisher bekannt gewordene Zeugniss für die Sprache der vindeliko-romanischen Bevölkerung enthalten wohl die sogenannten Kasselaner Glossen, welche nach W. Grimm (Berl. Abh. 1846. 441 ff.) in das VII. Jahrhundert hinaufreichen und den Schluss erlauben, dass wir in denselben die Sprache der Wälschen erkennen müssen, als sie eben in der Umbildung begriffen war und das Lateinische noch stärker hervortrat. Schon Ekkard (Franc. or. I. 441) suchte die Vermuthung zu begründen, dass die Handschrift nach Fulda aus Baiern gekommen sein müsse, welche Ansicht Grimm aus innern sprachlichen Gründen dadurch motivirt, dass in den deutschen Vokabeln jede Hinneigung zu niederdeutschen Formen fehle, wie sie doch sonst in mitteldeutschen Denkmälern nicht eben selten sei. Ein Wälscher habe sich bei seinem Aufenthalte in Deutschland, höchst wahrscheinlich in

Baiern, einen Reisevokabular der einfachsten Dinge und Redensarten für den alltäglichen Lebensgebrauch aufschreiben lassen und ein Deutscher die Uebersetzung dazu geliefert. Dagegen behauptet Diez (H. Z. VII. 396 ff.), das Glossar müsse gemäss der romanischen Wortformen im nördlichen Frankreich von einem Deutschen abgefasst worden sein und da die Fehlerfreiheit der deutschen Formen dieser Annahme nicht widerstrebt, so hat auch Grimm später dieselbe für zulässig anerkannt.

Da somit über den Schreiber der althochdeutschen Vokabeln des Kasseler Glossars kein Streit sich erhoben hat, so darf derselbe umsomehr als ein Baier angesehen werden, als er durchaus im altbaierischen Dialekte schreibt, wofür die Lautverschiebung der Konsonanten sowie der Vokalismus zeugen. Auch finden sich unter den althochdeutschen Vokabeln eine Menge Worte, welche noch heutzutage in der baierischen Volkssprache. üblich sind: z. B. *lefsa*, Lefz'n = Lippe, *preta*, Bratzn = Hand, *anchlao*, Enkel = Knöchel, *pheit*, Pfoat = Hemd, *potega* ahd. *polahka*, Bottich, *paumscapo*, Baumschabl, ein Schimpfwort, u. s. w. Aber auch gegen den französischen Ursprung der romanischen Glossen hat Holtzmann (Kelten und Germ. 138 und 171) gründliche Bedenken erhoben, indem er nachweist, dass sowohl die häufigen Pluralformen auf *as*, als auch Wortvorrath und Gestalt der Wörter vielmehr mit dem Churwälschen als mit dem Französischen übereinstimme, wie denn auch Steub (Räth. Ethnologie 80) zur Erklärung der tirolischen Ortsnamen solche Plurale auf *es* und *as* voraussetzen musste, welche sich in überwiegender Mehrzahl in dem Kasseler Glossar wirklich finden und die Aehnlichkeit der Ortsnamen am Oberrhein, an der Etsch und am Eisack erweisen. Es bestätigt sich hiedurch Holtzmann's Vermuthung, dass die romanische Sprache der Kasseler Glossen die der baierischen Romanen war und dass der Verfasser derselben der Schaffner eines Klosterhofes oder der Hausmaier eines Herrngutes in Baiern gewesen, welcher unter romanischen Hörigen lebend, durch den täglichen Verkehr mit denselben genöthigt war, die Ausdrücke für die gewöhnlichsten Sprachbedürfnisse sich einzuprägen. Dass mit dem Aussterben oder der Germanisirung dieser Romanen auch ihre Sprache verschwinden musste, beweist nur, dass die Zahl der Letztern nur einen geringen Bruchtheil in der Bevölkerung des neu begründeten Staates gebildet haben konnte. Dennoch scheint ein und das andre Wort sich selbst in der herrschend gewordenen deutschen Sprache gerettet zu haben, so z. B. Fatsche, Kass. Gl. *fasselas* = Binde, Sappih, die Spitzhacke der Holzknechte am Inn, Kass. Gl. *sappas* = *hauua* u. dgl.

§. 2. Die Bojerfabel.

Aus der bisherigen Quellenerörterung ergibt sich, dass die
Römer zur Zeit der Eroberung im Süddonaulande keine Bojer
vorgefunden haben (officielle Inschrift auf dem Triumfbogen). Da
nach der bojischen Wandersage der nördliche Zug derselben nach
dem herkynischen Waldgebirge gerichtet war (Livius V. 34) und
die Römer dieses Gebirgsland nur auf der Nordseite der Donau
kannten (Caesar VI. 24), so erhellt schon hieraus, dass die Sitze
der Bojer im Südosten von Grossgermanien gesucht werden müssen,
wo sie auch Strabo und Tacitus (G. 28) nach den Angaben des
ältern Posidonius vor ihrer Vertreibung durch die Markomannen
nachweisen. Namentlich nennt sie hier Strabo (l. IV) die Nachbarn der Vindeliker, Helvetier und Germanen. Wenn daher L.
Contzen (Wandr. d. Kelten 52) sich zu dem Schlusssatze gezwungen
sieht, dass die Bojer in den Donaugegenden nie ein vorherrschen-
des Volk in festbewahrter, eigenthümlicher Nationalität geworden,
so muss es jedenfalls überraschen, dass Peucker (Deutsches Kriegswesen III. 203) wiederholt behauptet, die Vindeliker hätten sich
erst nach Vertreibung der keltischen Bojer über das nördliche
Flachland zwischen Lech und Inn ausbreiten können. Quellen für
diese Annahme fehlen gänzlich — höchstens dass der Verfasser
hiedurch Veranlassung erhält, in Bojodurum die uralte Hauptstadt
der Bojer zu sehen (III. 237), wogegen die Andeutungen von Zeuss
und Glück, dass dieser Städtename sich nicht von dem Volke,
sondern von dem Männernamen Boius herleite, jedenfalls einige
Beachtung verdient hätte.*)

Aber gerade diese Sucht nach etymologischen Namensver-
wandtschaften hat die baierische Geschichtsforschung seit 400
Jahren auf der dürren Haide unfruchtbarer Wortklauberei im
Kreise herumgeführt, indem sie ihre besten Kräfte daran verschwendete, das Unmögliche wenigstens wahrscheinlich zu machen
und die keltischen Bojer als Stammväter der germanischen Baiern
erscheinen zu lassen. Unsern ältesten Chronisten fällt derlei Weis-

*) Als Versehen muss es betrachtet werden, dass der Verfasser diesen
Ort auf die westliche Seite der Innmündung, das Standquartier der cohors
Batavorum dagegen auf das östliche Ufer versetzt; denn wenn auch Ptolemäus
die Keltenstadt zu Vindelikien rechnet — von Castra Batava schweigt er —
so stand doch nach der notitia Imp. der Tribun der Bataver Cohorte unter
dem Kommando des Dux Raetiarum, während die Besatzung von Bojodurum
zur II. italischen Legion gehörte und unter dem Befehle des Dux von Ufernorikum und Pannonien stand. Uebrigens beweist aber schon die sprachliche
Entwicklung, dass *pazzowa* aus *batavis* entstanden und somit die heutige Inn-
stadt die Stelle des alten Bojodurum bezeichne.

heit gar nicht bei; sondern sie behalten die dem deutschen Herkommen entsprechende patronymische Bedeutung des Häuptlings
für sein Reich und Volk bei. Demgemäss erzählt Bern. Noricus
im *chron. babarie* (Pez. sc. II. 63): *a nomine sui principis Babari
provinciam nuncupantes* . . . und das Mölker Actuarium (M. g.
XI. 535): *qui Norici dicti a Norice, Herculis filio* . . . *a quibus
habemus nos Australes et Babari sermonem et nacionem.* So der
Kanonikus Andreas zu Regensburg und selbst Aventin (Chron. 13)
gibt hiefür Zeugniss: König Boiger hat auf dem Nordkaw und in
Beham regirt, Land und Leut nach ihm, als damals der Brauch,
Boiger, Beyern genennt; obwohl er anderwärts wieder Bavaria
aus Bair und Abaria zusammengesetzt sein lässt. Der erste Schriftsteller, welcher die Baiern und Bojer in ein etymologisches Abstammungsverhältniss brachte, ist nicht Veit Arnpekh (Z. H. 35),
sondern nach dem Zeugnisse des Formbacher Abtes Angelus
Rumpler (Oefele sc. I. 99) der Italiener Aeneas Sylvius Piccoluo-
mini, der in Mitte des XV. Jahrhunderts als Pius II. den päbstlichen Stuhl bestieg: *Bavariam dictam Bajoarium Aeneas scribit,
ipsos autem Bavaros a Bojis originem trahere existimat: quod,* setzt
Rumpler bei, *si ita esset, Bojoarii potius essent dicendi quam Ba-
joarii.* Veit Arnpekh, Aventin und ihre Nachfolger adoptirten ohne
weitere Prüfung die gänzlich aus der Luft gegriffene Hypothese
des päbstlichen Geschichtschreibers und so oktroirte uns ausländ-
dische Aftergelahrtheit den Namen eines fremden, untergegangenen
Volkes mit dem belobten Bojoaria und vindicirt gleichsam diesen
Pseudovätern in unsern Mon. boicis die Früchte unsers wissenschaftlichen Fleisses.

Die Hypothesen, mit welchen sich die Bojisten, von der
neuern Geschichtsforschung aus allen Positionen verdrängt, gegen
das Geständniss eines Jahrhunderte währenden Irrthums sträuben,
habe ich in meiner A. B. 13—24 beleuchtet und widerlegt und
habe diesen Erörterungen nur Weniges beizufügen. Der ganze
Irrthum, welcher aus den in bairkoi verwandelten Boiskern des
Byzantiners Priscus und des ihm folgenden Jornandes entstund
und Gibbon, Dupuat und Neumann verleitete, in denselben die
Väter der Baiern anzunehmen (A. B. 23), erklärt sich als der
Schreibefehler eines nachlässigen Abschreibers, welcher das ursprüngliche s in ein r verschrieb, worauf der Difthong oi sich
leicht in ai verwandelte. Holtzmann (Ger. I. 113 und 463) findet
diese Verwechslung von r mit s in den alten Glossaren sehr häufig,
wozu ich ein Par Belege geben will. L. Baiw. IV. 14: *lidistasti*
für *lidiscarti;* Grimms Runenalfabet: *geos* für *geor, aer* für *aesc;*
Diefenbachs Celtica II. 2. Abth. 394: *Bardescensibus* für *Bascles-
censibus* u. s. w.

Bei dem zunehmenden Mangel an Quellenbelegen für die Gleichung Baiern = Bojer kamen einige fränkische Legenden sehr gelegen, welche im VII. Jahrhundert beide Völker zu identificiren scheinen. Aber Blumberger (Oestr. Archiv. X. 329) und Büdinger (S. XXIII. 372) haben es in das hellste Licht gesetzt, dass die Zusammenstellung beider Völker in den fränkischen *vitis Ss. Eustasii, Agili* und *Salabergae* auf keiner Geschichtsquelle beruhe, sondern nur eine höchst willkürliche Vermengung sei. Die auf Befehl Königs Clothar II. unternommene Missionsreise des Eustas und Agil ging „*ad bojas*", wozu die Legendenschreiber vom Hörensagen beifügen, dass dieselben zu ihrer Zeit „*nunc Bavocarii, Bodoarii (Baiwarii)* und *Baicarii (Paigira) vocantur.* Der geographische Zug der Missionäre war auch gar nicht zu den an der östlichsten Gränze des Frankenreichs gelegenen Paigira gerichtet, sondern vielmehr zu den Warasken, welche dem Kloster Luxeuil benachbart in der spätern Freigrafschaft sassen und ging von diesen direkt ins Innere zu den bojas, den Nachkommen der zu Cäsars Zeit bei den Aeduern zwischen Alliere und Loire angesiedelten Bojern, von welchen dieser Gau früher boja hiess (Caesar VII. 14) und von welchen Paulinus Nolentinus noch im V. Jahrhundert an Ausonius singt (poe. X. 241):

> An tibi, mi domine illustris, si scribere sit mens,
> Qua regione habites, placeat reticere nitentem
> Burdigalam et piceos malis describere Bojos.

Den besten Beweis für die Richtigkeit dieser Auffassung bieten die vor den Bojern genannten Warasken, die noch im IX. Jahrhundert einen eigenen Gau am Doubs bewohnten, und statt welcher die Alamannen hätten erwähnt werden müssen, wenn obige Missionsfahrten nach Baiern gerichtet gewesen wären (M. g. I. 435. 489, III. 373. 517).

Nachdem nun und zwar aus gleichzeitigen Quellen erwiesen ist, dass in Vindelikien und Norikum nie Bojer sassen, dass sie selbst an ihrem frühern Siedelorte im Norden der Donau mit unsrer Zeitrechnung verschwinden und nur eine letzte Spur am Plattensee in Pannonien zurücklassen: nachdem hiedurch festgestellt ist, dass die später von den einwandernden Baiern in Besitz genommenen Länder nie den Namen der Bojer trugen, wie hätten denn nach Rudhart (A. G. 171) und seinen Nachfolgern einwandernde germanische Stämme, gleichviel von welcher Herkunft, auf den närrischen Einfall kommen können, sich Männer — Wehren? — im Bojerland, d. h. Bajowaren zu nennen?!

§. 3. Thatsächlicher Beweis für die Abstammung der Baiern.

Um meine Untersuchungen über die Abstammungsfrage der Baiern vor den Irrwegen meiner Vorgänger zu bewahren und ihr Ergebniss nicht durch Anknüpfung an das schwankende Seil einer bloss etymologischen Ableitung zu gefährden, habe ich die hier einschlägigen Thatsachen auf der breiten Grundlage der deutschen Alterthumskunde geprüft. Die Ergebnisse dieser zwölfjährigen Forschung habe ich in zwei Büchern über die heidnische Religion (Leipzig 1860) und über die älteste Rechtsverfassung der Baiwaren (Nürnberg 1866) niedergelegt und wurden dieselben von kompetenter Seite mit ermunternder Anerkennung aufgenommen; denn Zweifel und abweichende Ansichten über einzelne Punkte können den Werth meiner Arbeit um so weniger beeinträchtigen, als den fraglichen Gegenständen in meinen Studien zum ersten Male diese eingehende Untersuchung zu Theil geworden ist.

Jetzt freilich sagen selbst solche, welche meine Quellenstudien als Dilettantism zu unterschätzen bemüht sind: das haben wir längst gewusst, dass die Baiern nicht von den Bojern abstammen können, sondern ein oberdeutsches Volk vom grossen Suevenstamme sind. Diese Ansicht ist aber weder allgemein anerkannt, noch auch nur vorherrschend vertreten; denn noch zur Zeit wird in den Schulgeschichtsbüchern die Fabel von Bellowes und Sigowes als Stammeshelden der Baiern in die märchenbegierige Fantasie der Jugend eingeprägt. Man vergleiche nur die neusten zum Unterrichte genehmigten und für Gymnasien, Seminarien, Präparandenschulen u. s. w. empfohlenen Lehrbücher der baierischen Geschichte von Heinisch, Sattler und Andern, in welchen die Bojer aus Gallien oder Armenien einwandern und nachdem sie mit wahrhaft kindlicher Unbefangenheit als Helden der Seeschlacht von Salamis dargestellt worden, dem Süddonaulande den Namen Bojoarien u. s. w. als Erbstück hinterlassen. Andere Geschichtslehrer wähnen dagegen, sich zu ihrer kritischen Verstandesschärfe schon Glück wünschen zu dürfen, wenn sie nach glücklicher Umschiffung der kelto-bojischen Skylla in die gothisch-herulische Charybdis hineintaumeln.

Ich habe nun in meiner heidnischen Religion der Baiwaren den Beweis geliefert, dass in Baiern, Oestreich, Salzburg und Tirol keine einzige Erinnerung an keltische Tradition oder Götterlehre aufgefunden werden kann. Nicht ein einziger Göttername, nicht eine einzige Sage oder Sitte lässt die Bewohner dieser Länder weder an die frühern Siedler im Donauland noch überhaupt an keltische Volksgenossen anknüpfen, während die Baiwaren, soweit dieses aus Bekehrungsgeschichten, Koncilverboten,

Legenden, Sagen und noch üblichen Sitten und Bräuchen möglich
ist, in der Götterlehre durch onamastische Anklänge in Eigen-
und Ortsnamen, wie durch die Götter-Mythen umhüllende Märchen,
im Heroen- und Frauenkult, wo besonders die Nornensage ausgebildet ist, in den Ueberresten theosophischer Lehren der Kos-
mogonie und Götterdämmerung, die sich in Schrift- und Bildwerken in Baiern erhalten haben, sowie in allen äussern Kultverhält-
nissen vom feierlichen Götteropfer bis zu den vielfachen Formen
des Aberglaubens sich auf das Engste mit den Germanen und
Nordleuten verbunden erweisen. Da es sich aber hier nicht allein
um die Abweisung einer unbegründeten Abstammungstheorie handelt, sondern vielmehr um den Nachweis, welchem bekannten
Volke die bis ins VI. Jahrhundert den Schriftstellern unkunden
Baiwaren in religiösen Mythen, Sitten und Bräuchen am nächsten
stehen, so habe ich mich an gewisse mythologische Personifikationen halten müssen, welche bei einzelnen germanischen Völker-
gruppen mehr in den Vordergrund treten und dadurch auch einen
Schluss auf ihre Stammesverwandtschaft erleichtern.

Hier sind es besonders die Wanengötter und die mythische
Persönlichkeit der Isa-Nerthus, welche einerseits durch zahlreiche
Anklänge an Eigen- und Ortsnamen, anderseits durch Sagen, wie
die von Schiff und Pflug in der Götterfahrt der wilden Jagd, sowie durch Gebräuche, z. B. die Eheschliessung unter Blutsverwandten, die Leichenbestattung in Schiffen u. s. w. schliessen
lassen, dass sie auch bei den Baiwaren einer besondern Verehrung
genossen. Nun ist es aber unzweifelhaft, dass die Sueven Wanen-
verehrer waren und höchst wahrscheinlich durch einen Vergleich
— Krieg der Wanen und Asen — den Wanen erst Aufnahme in
das nordisch-germanische Göttersystem verschafften. Von einem
Theile der Sueven sagt Tacitus (Ger. 9) — und er kann hier nur
die Donausueven meinen, da er den nordwestlichen Sueven den
Dienst der Nerthus, den nordöstlichen die Verehrung der unbe-
nannten Göttermutter zuschreibt — ausdrücklich, dass sie der
Isis opfern und ihr Symbol ein Schiff darstelle. Wir dürfen also
mit ziemlicher Wahrscheinlichkeit annehmen, dass die Baiwaren
in Tradition und Kult mit den Donausueven am innigsten übereinstimmen.

Diese Sueven werden von Plinius (IV. 12) und Tacitus (Ger. 2)
zu den Herminonen gerechnet, dem mächtigsten der drei deutschen Volksstämme. Mag man nun mit Müllenhoff (Schmidts Ztsch.
VIII. 209 ff.) Ear als den eigentlichen Stammvater der Herminonen und den Stammheros Irmin nur als seinen Eponymus, oder
letztern, den dritten Sohn des Manus, als den vom Stammgotte
verschiedenen Stammvater auffassen, so bleibt doch unangefochten,

dass die germanischen Stammnamen der Ingävonen, Istävonen und Hermionen nur eine hieratische Bedeutung haben, die Verwandtschaft einzelner Völker zu bezeichnen und auf einen aus gemeinschaftlichem Mythus entsprungenen, den verwandten Völkerschaften gemeinsamen, angestammten Kult hinzuweisen. Da nun in Baiern und Oestreich die Verehrung des Kriegsgottes Ear sowie des Stammeshelden Irmin sowohl durch zahlreiche Namensanklänge, als durch Sagen erhärtet ist — Erchtag, Erklawald, Aresfeld — so lässt sich wohl auch in dieser Richtung mit möglichster Sicherheit der Schlusssatz begründen, dass die Baiwaren dem hieratischen Stamme der herminonischen Sueven auf das Innigste verwandt, somit auch ihre Abstammung von den Donausueven herzuleiten berechtigt sind. Dass wir hiedurch, nämlich durch Hermionenland auf Ermenien und Armenien, das Stammland der Baiern in der ältesten Sage gewiesen werden, werde ich später besprechen (H. R. 291—302).

Noch schlagender wird dieses Ergebniss unterstützt durch die Beweise, welche der ältesten Rechtsverfassung der Baiwaren entnommen werden können. Denn· das Baiwarenrecht ist verwandt mit suevischer Rechtsverfassung durch das angestammte Königthum, den Volksadel, die Ständegliederung, durch die Sitte einer die Freien auszeichnenden Haartracht*); im Familienrechte insbesondre durch das doppelte Wergeld des weiblichen Geschlechts; im Besitz- und Sachenrechte durch Ueberreste des uralten Gemeindebesitzrechtes und des damit verbundenen alljährlichen Felderwechsels, in Baiern noch in den Wechselwiesen erhalten; im Erbrechte durch Begünstigung der weiblichen Erbfolge vor entferntern männlichen Erbeberechtigten; ferner im Criminalrechte durch das ganz eigenthümliche, nur in den Volksrechten der suevischen Stämme vorkommende Bussensystem mit den Grundzahlen von 40 und 12 Solidis, und endlich durch die ausgedehnte Anwendung des gerichtlichen Zweikampfes im Beweisrechte. Die Verwandtschaft mit dem Alamannenrechte insbesondre bekundet sich durch die gleichen Bestimmungen des Erbrechtes, vorzüglich im ehelichen Güterrechte, durch unbedingte Gleichheit im Strafrechte, welche sich zunächst durch dieselben Rechtstechnicismen bei ähnlich durchgeführter Casuistik, die gleichen Bussansätze und die grösste Uebereinstimmung im Compositionssystem, sowie mög-

---

*) Von dieser den Sueven eigenthümlichen Sitte des langen, gewundenen Haares (Tac. G. 38) leitet Holtzmann (Germ. II. 216) den Volksnamen — von Grimm (D. S. I. 489) und Andern aus dem Slavischen erklärt — indem er ihn an das gothische *vaips* = Kranz in der Bedeutung von Knoten von *vaipjan* = binden anknüpft, also *su-vaipos*, ahd. *suapa*, *Suebi* = die einen schönen Haarbusch tragen.

lichste Beschränkung eigentlicher Strafen äussert; ferner durch die auszeichnende und massgebende Stellung des judex, durch altherkömmliche Ueberreste der frühern Centgerichte und die gleichmässige Umbildung in der Entwicklung des Beweisrechtes durch Eideshelfer. Soweit reicht die innere Verwandtschaft mit den genannten Völkern, welche auf gemeinschaftlicher Entwicklung beruht und für gleiche Abstammung beweisend anerkannt werden darf. Sie umfasst auch zugleich den ältesten Theil unsres Rechtsbuches, während spätere Redaktionen namentlich durch wörtliche Uebertragungen aus dem Westgothenrechte in einige Titel nur die Annahme einer formellen und äusserlichen Verähnlichung begründen können (R. V. 383—400).

Zwar hat Merkel in seinen *prolegom. ad l. Baiw.* (M. g. ll. III. 213) den Schluss gezogen, dass die beobachtete Verwandtschaft mit der *l. Alam.* und *Visigoth.* auf äusserer, durch das Gutdünken der Gesetzgeber bedingter Nachbildung beruhe. Dieser Annahme steht aber die Thatsache entgegen, dass der Frankenkönig Theodorich die erste Aufzeichnung der austrasischen Gewohnheitsrechte aus dem Munde der erfahrensten Rechtsweisen angeordnet habe — *unicuique genti . . . secundum consuetudinem suam* (Prolog der *l. Baiw.*). Und wenn auch diese Aufzeichnung noch nicht das Baiwarenrecht konnte betroffen haben, so liegt es doch in der Natur des Unterwerfungsverhältnisses, dass der fremde Gesetzgeber — für die Baiwaren König Childebert II. — wenn er dem unterjochten Volke das angestammte Recht nicht lassen wollte, jedenfalls nur zu dem Gesetzbuche des eigenen Volkes griff. So sehen wir nach der Unterwerfung von Thüringen durch die Franken das salische Gesetz sogleich die suevischen Rechtsnormen des annektirten Volkes durchbrechen. Wenn aber der fränkische Oberkönig nicht einmal den wirklich unterjochten Alamannen ein fremdes Recht oktroirte, so wäre ein solcher Gewaltstreich den Baiwaren gegenüber rein unerklärlich, welche nicht durch kriegerische Unterwerfung gezwungen, sondern nur durch freiwillige Kommendation die fränkische Oberherrschaft anerkannt haben. Allerdings sind auch, wie schon bemerkt wurde, durch spätere Umarbeitungen der *l. Baiw.* unter fremdem Einflusse Zusätze aus fremden Rechtsbüchern in dieselbe übergegangen; aber sie liefern nur den Beweis einer formellen Beziehung, indem z. B. die dem Westgothenrechte entnommenen Bestimmungen über Markverrückungen, Erbrecht, Vertragsrecht, Diebstahlsfälle und Prügelstrafen grösstentheils durch wörtliche Kopie sich als spätere Redaktionseinschübe charakterisiren. Auch die Bestimmungen, welche über gemischte Ehen verschiedener Standesglieder, über die kirchlichen Verhältnisse, die unerlaubten Ehen und die Rechte

des Herzogs, sowie über den Schutz der Fremden in das Baiwarenrecht aufgenommen wurden und dem alamannischen Königsgesetz
gleichlauten, lassen nur die Anerkennung einer formellen, äussern
Verwandtschaft zu, indem sie theils dem Einflusse der den beiden
Völkern gemeinschaftlich gewordenen fränkischen Staatsgewalt,
theils wirklicher Nachbildung zugeschrieben werden müssen. Aber
diese Zusätze späterer Umarbeitungen unterscheiden sich wesentlich von den Normen des anerkannt ältesten Theiles der *l. Baiwariorum*, aus welchem uns die Verwandtschaft mit dem Sueven-
rechte so unverkennbar entgegentritt. Gesetzt aber, die Gesetzgeber hätten für Alamannen und Baiwaren die gleichen Rechtsnormen beliebt, d. h. für nothwendig und ausführbar gefunden:
liegt nicht selbst in dieser Voraussetzung ein unverwerfliches
Zeugniss für den Folgeschluss, dass auch alsdann beide Völker
von gleicher Abstammung die gleiche Kulturstufe zur Entwicklung
gebracht haben mussten, für welche das Rechtsbewusstsein in
materiellen Bedürfnissen, ideellen Anschauungen und technischen
Bezeichnungen eine so schlagende Gleichheit forderte und ohne
welche ein Verständniss der oktroirten Satzungen gar nicht denkbar gewesen wäre?! Mit Recht sagt daher Roth (Zur Gesch. des
bair. Volksrechtes 14): nicht weil man fremdes Recht hereinziehn
wollte, sondern wegen der materiellen Uebereinstimmung des Gewohnheitsrechtes beider Volksstämme wurde das alamannische
Rechtsbuch als Anhaltspunkt bei der Aufzeichnung des einheimischen Rechtes genommen. Es bleibt somit der Schluss unerschüt-
tert, dass die aus den Rechtsbüchern der Alamannen und Baiwaren
unverkennbar hervortretende Gleichheit auch auf innerer Verwandtschaft beruhen müsse.

Es erübrigte noch, um das Gebiet der Thatsachen zu erschöpfen, die ältesten Sprachdenkmale des Baiernstammes zu zer-
gliedern, da Grimm in vielfachen Beweisen dargethan hat, dass
die grössere Verwandtschaft einzelner Stämme durch ihre Sprache
bedingt ist (D. S. 609), d. h. dass die Volkssprache auf Stammesverwandtschaft schliessen lasse. Mit Ausnahme keltomanischer
Sprachkünstler, welche ihren patriotischen Eifer mit Vorliebe der
Erklärung der altbaierischen Topografie und der Enträthselung
der malbergischen Glossen unsres Rechtsbuches zuwandten, kann
eigentlich kein Sprachforscher darüber in Zweifel sein, welchem
Sprachstamme das Altbaierische angehöre. Schon unsre ältesten
Sprachdenkmale, die in den Kodices von Monsee und Wessobrunn
aufbewahrt sind, schliessen sich auf das Innigste an das Althochdeutsche an, das als die eigentliche Sprache der Oberdeutschen
in dem schwäbischen und baierischen Dialekte den Abschluss
seiner Entwicklung fand. Aus dem Althochdeutschen lassen sich

auch die wohl über das VI. Jahrhundert hinaufreichenden Glossen der *l. Baiw.* am ungezwungensten erklären und schliesst sich diese Erklärung am einfachsten an die lateinische Umschreibung, sowie an den Thatbestand. Mit den sich mehrenden literarischen Schätzen späterer Jahrhunderte tritt auch die Abstammung des Altbaierischen aus dem Althochdeutschen immer klarer und unzweifelhafter hervor, so dass sich noch jetzt die baierische Mundart durch zähes Festhalten an althochdeutschen Worten und Formen vor andern deutschen Dialekten auszeichnet. Ich will hier nur vorübergehend auf die beträchtliche Menge von Solöcismen aufmerksam machen, welche Schmellers altbaierisches Wörterbuch enthält und welche als stehengebliebene, in der Schriftsprache abgestorbene Formen nur aus dem Althochdeutschen erklärt werden können. Eine kleine Sammlung davon gab ich als Beleg in R. V. 405. Ich habe auch daselbst nicht in Abrede gestellt, dass die altbaierische Mundart einige gothische Sprachinseln enthält. Indessen verschwinden diese sporadischen Anklänge an andere Dialekte gänzlich unter dem althochdeutschen Typus der altbaierischen Sprache. Wenn sich somit die Sprache der Baiern nur aus dem althochdeutschen Sprachstamme ableiten lässt, dessen Entwicklung zunächst von den Donausueven ausging, so stellen sich die Baiwaren auch nach ihrer Sprache zu den Suevenstämmen, bei welchen die deutsche Sprache die Stufe der oberdeutschen Lautverschiebung erstieg.

Es hat uns also die Untersuchung der Ueberreste religiöser Ueberlieferungen, der ältesten Rechtsverfassung und der Sprache zu demselben Endergebniss geführt, nämlich dass die Baiern mit den herminonischen Sueven auf das Innigste verwandt seien und wenn hiemit der thatsächliche Beweis erschöpft ist — und ich glaube nicht, dass die Thatsachen einen weitergehenden Schluss erlauben, sowie ich mir anderseits bewusst bin, dieselben nicht über ihre Tragkraft angestrengt zu haben, so ergeht an die historische Konjektur die weitere Frage: an welches von den herminonischen Suevenvölkern sich die Baiern am natürlichsten anknüpfen lassen?

§. 4. Die Zeussische Hypothese.

Ein Versuch zur Beantwortung dieser Frage wurde bereits früher dadurch gemacht, dass Luden und Mannert die Markomannen für die Stammväter der Baiern erklärten. Gründliche und umfassende sprachliche Bildung berechtigen Zeuss, die frühern Abstammungstheorien der Baiern zu bestreiten, indem er durch seine Studien zu der Ueberzeugung geführt werden musste, dass dieses Volk mit dem grossen Suevenstamme auf das Innigste verwandt sei, von welchem die Entwicklung des Althochdeutschen ausging. Dass er hiebei zunächst die Markomannen ins Auge fasste, war durch die geografische Nachbarschaft dieses Volkes bedingt. „Doch", sagt er selbst (Z. H. 25), „bleibt allein auf geschichtliche Gründe hin der Satz, die Baiern seien vor ihrem Auftreten an der Donau die Bewohner Böhmens gewesen, seien also die Markomannen mit neuem Namen, immer noch eine blosse Muthmassung, wenn sich nicht noch eine geschichtliche Andeutung entdecken liesse, welche von dem frühern Vorhandensein dieses Volkes an der Elbe Kunde gäbe." Diese erwünschte Andeutung findet er aber in dem Gegendnamen Baias des Anonymus von Ravenna, welcher ihm die Grundlage zu seiner Ableitung des Volksnamens bietet. Wir haben es also auch hier zunächst mit einer etymologischen Konjektur zu thun, welche durch anscheinende Einfachheit den Verfasser verleitete, ihm wohlbekannte geschichtliche Thatsachen in ihrem Werthe für die Beantwortung der Frage zu unterschätzen und seiner Kombination zu Liebe bei Würdigung des objectiven Thatbestandes ausser Acht zu lassen.

Nun habe ich aber (A. B. 40—46) umständlich nachgewiesen, dass die aus dem ravennatischen Geografen angeführten Stellen durchaus nicht dasjenige aussagen, wozu Zeuss sie als Beweise verwenden will, indem er sie durch willkürliche Textkorrekturen weit über ihre Tragkraft hinaufschraubt. Diese Widerlegung ist auch von Niemanden bestritten worden und kann auch in keiner Weise entkräftet werden; denn fürs Erste bezeichnet der Ravennate mit dem Namen Baias nicht Böhmen, den Siedelort der Markomannen, sondern ein viel östlicher gelegenes Land, welches nur als ein Theil — *aliqua pars* — des weitläufigen Elblandes — *spatiosissima patria albis* dargestellt wird, und ferner wurden die Baiern niemals in irgend einer Quelle mit dem Namen der Franken bezeichnet. Darauf beruht aber die Zeussische Abstammungscombination, dass er Baias für identisch mit Baiohaim ausgibt, während der Ravennate (A. R. IV. 18) es deutlich für einen Theil des Karpatenlandes hält, in welchem die Weichsel entspringt, und ferner darauf, dass er aus der Stelle (A. R. I. 11): *in qua Albis patria per multos annos Francorum linea remorata est,* den Beweis erzwingen will, mit diesen Franken könnten eben nur die Baiern gemeint sein.

Wenn also die angeführten Stellen, wie ersichtlich, das frühere Vorhandensein der Baiern in Baioheim nicht erweisen lassen, so bleibt also auch die Ableitung derselben von den Markomannen vor der Hand eine „blosse Muthmassung"; denn aus der Behauptung (Z. H. 24), dass die Markomannen weder westlich

noch nördlich und ebenso wenig nach Osten oder Südosten ausgewandert seien, ist man doch noch keineswegs zu dem Schlusse
genöthigt, dass sie deshalb eben in das südwestlich gelegene
Vindelikien gezogen sein müssen. Es liegen im Gegentheile ganz
unzweideutige Beweise vor, dass die Markomannen schon Jahrhunderte früher, ehe die Baiwaren genannt werden, aus ihrer
Heimath wanderten und zum Theile in Norikum und Pannonien
übersiedelten. Schon nach dem Markomannenkriege wurde eine
nicht geringe Anzahl derselben in Italien aufgenommen — *accepit
in deditionem plurimis in Italiam traductis* (Jul. Capitol. v. Marci
22); die Menge der Uebergeführten war so gross, dass sie in
Ravenna einen bedenklichen Aufstand veranlassten (D. C. LXXI. 11).
Ferner überliess Kaiser Gallienus im Jahre 262 dem Vater seiner
Gattin Salonia Pipara, dem Markomannenkönige Attalus einen
Theil von Oberpannonien (Aur. Vict. de caes 33), und das Staats-
handbuch des weströmischen Reiches stellt im V. Jahrhundert
die Markomannen unter das Kommando des Herzogs von Oberpannonien und der norischen Militärgränze: *Sub dispositione viri
spectabilis ducis Pannoniae primae et Norici ripensis . . . tribunus
gentis Marcomannorum . . .* (Not. imp. occ. 27. 35). Da nun nach eben
diesem Staatshandbuche die unter den Palasthilfstruppen eingestell-
ten *Marcomanni seniores et juniores* den Ehrentitel *Honoriani* führen,
so sind wir zu dem Schlusse berechtigt, dass ihre Aufnahme
unter die Reichstruppen zur Zeit des Kaisers Honorius, also
zwischen dem IV. und V. Jahrhundert stattgehabt haben müsse,
womit übereinstimmt, dass um eben diese Zeit circa 396 die
Markomannenkönigin Fritigil ihren Gemahl und sein Volk mit
Annahme des christlichen Glaubens vermocht habe, sich den Römern zu unterwerfen (Marcellini com. chron. II. 273) *suasit viro
et cum populo suo se Romanis tradidit* (Op. Ambros. p. 8). Die
Markomannen sassen also schon längst in den römischen Donauprovinzen, scheinen sich aber dort unter den Provinzialen verloren zu haben; denn Eugipp nennt sie in seiner Vita Severini
in der zweiten Hälfte des V. Jahrhunderts nicht mehr, wie er
doch wohl hätte thun müssen, wenn sie sich zu seiner Zeit —
und er ist Augenzeuge — entweder mit ihrem alten Namen als
gens noch erhalten, oder gar den neuen der Baiwaren bereits
geführt hätten. Dass sie unter Attila's Herrschaft gestanden, behauptet man nach einer Stelle der Hist. misc. XV. 97, die mir
übrigens in ihrer Glaubwürdigkeit um so zweifelhafter erscheint,
als dieser Völkername in der Befreiungsschlacht am Netad nicht
mehr vorkömmt, wo die *fortissimae gentes* alle aufgezählt werden
(Jorn. 50). Wenn man sie aber daselbst mit ihren Königen finden
will, um sie später als Bajuvaren an der Donau erscheinen zu

lassen (Dahn, Könige etc. I. 112), so beruht dieser Irrthum auf
oberflächlicher Nachschreibung des Citates, in welchem sich die *pro-
prii reguli* nur auf die vorstehenden *Heruli, Turcilingi sive Rugi*
beziehen können, aber nicht auf die vorhergehenden und durch ein
praeterea getrennten *Marcomanni, Suevi et Quadi*. Mögen nun die
Markomannen durch obige zeitweise Uebertritte auf das Reichs-
gebiet zu römischen Unterthanen geworden sein, oder mögen sie,
wie Mascou (Gesch. d. Deut. VIII. 17 und 33) aus gleichzeitigen
Schriftstellern als wahrscheinlich erweist, am Beginne des V. Jahrhunderts sich dem grossen Suevenzuge nach Gallien und Spanien
angeschlossen haben, um dort das Suevenreich gründen zu helfen:
soviel bleibt historisch dokumentirte Thatsache, dass man seit
anderthalb hundert Jahren — mit Ausnahme der zweifelhaften
Stelle der Hist. misc. — nichts mehr von diesem Volke hört,
nicht mehr seinen Namen liest, als sie plötzlich als Stammväter
der Baiern wieder in die Völkergeschichte eingeführt werden
wollen. Zeuss gibt dieses Verstummen der Quellen über die Markomannen selbst zu. Um sich aber dieselben für seine Abstammungstheorie zu retten, so muthmasst er (Z. D. 365) und ihm
folgend Büdinger (Oestr. Gesch. I. 46) die Verschollenen unter
dem Namen der grossen thüringischen Völkerverbindung versteckt.
Desgleichen Dudik (Mähr. Gesch. I. 51), welcher die Markomannen
gar wieder unter dem Namen der Bojer, Bojoarier auftreten lässt.

Es ist somit ausser allem Zweifel, dass man die Baiern nicht
in der unmittelbaren Weise, wie es von Zeuss geschehen, von
den Markomannen abzuleiten berechtigt ist. Grimm hat sich mit
dieser Frage nie selbst beschäftigt, und seine Aeusserungen sind
überhaupt über diesen Punkt äusserst unklar. „Aus Böhmen
wichen die Bojen nach Baiern", sagt er (G. D. S. I. 166) und „seitdem die Bojen oder Bajen aus ihrer östlichen Heimat an der
Elbe südwärts gegen die Donau vorgedrungen waren, heissen sie
Bajoarier, d. h. Baiern" (H. Z. VII. 474). Müsste man nach diesen
Sätzen nicht wähnen, Grimm habe die Baiern für Abkömmlinge
der keltischen Bojer gehalten, wenn er nicht an andrer Stelle
(D. S. I. 502) dieselben für ein deutsches Volk mit keltischem
Namen erklärte, und in seiner Grammatik unsre sprachlichen Dokumente als Hauptquelle des Althochdeutschen verwendete? Die
Sache ist aber diese, dass Grimm die betreffenden Stellen nicht
selbst geprüft hat, sondern sich nur auf die Zeussische Forschung
beruft, und von obigen Sätzen gilt also nur das bekannte *quan-
doque quidem dormitat bonus Homerus*. Selbst die bisher für un-
antastbar angesehene sprachliche Ableitung von *baiovare* muss
darum Bedenken erregen, weil *vare* in der Bedeutung für Bewohner, Mannschaft nur dem angelsächsischen Dialekte angehört,

2*

während im Althochdeutschen zur Bezeichnung von Bewohner nur
kenko, bigengo, sazzo, sidilo üblich war. Das althochdeutsche *wari*
leitet sich aber von *uuâra* = *foedus*, Bund her. Dies beweisen:
kauuaare, mituuare = *comites*, die im selben Bunde, in derselben
Gefolgschaft Befindlichen, gleich *gamachun*, die dasselbe Haus
haben, *gamazun*, dieselbe Speise essen, *gabettun*, im selben Bette
liegen u. s. w. (Grimm G. I. 735 ff.)

Wenn aber das Baias des Ravennaten nicht in Böhmen, sondern im östlichern Karpatenlande zu suchen ist, wenn der oströmische Kaiser Konstantin noch im X. Jahrhundert in dieser
Gegend sein Bagibareia angibt, worauf wir später zurückkommen,
so werden wir Schritt für Schritt in die Waldmarken an der
March, Waag und Gran zurückgewiesen und können um so ge-
troster unserm Forschungsergebniss vertrauen, als wir daselbst
ein Volk vom suevisch-herminonischen Stamme finden, dessen
Entstehungsgeschichte uns durch unverwerfliche gleichzeitige Zeugnisse dargelegt wird, wie von keinem andern deutschen Volke,
und dessen Bestand daselbst bis in das VI. Jahrhundert durch
Quellen beglaubigt wird.

II. Geschichte der beiden Gefolgschaften.

Seitdem die römischen Kaiser, durch die unfruchtbaren Erfolge der römischen Waffen unter Drusus und Germanikus belehrt, den Invasionen von Grossgermanien entsagt und die nördliche Reichsgränze an der Rhein- und Donaulinie festgesetzt hatten, liest man mit Ausnahme des batavischen Krieges, der eigentlich das innere Germanien nicht berührte, fast anderthalb Jahrhunderte nichts mehr von militärischen Expeditionen gegen die deutschen Völker. Rom hatte zwar darum seine Aggressivpolitik gegen die freiheitstolzen Söhne des Nordens nicht aufgegeben; aber das römische Kabinet, von dem hinterlistigen und ränkesüchtigen Tiber inspirirt, suchte nur jetzt auf dem Wege der Intrike und doppelzüngiger Diplomatie das zu erreichen, was bisher seiner Waffengewalt nicht gelungen, indem es die inneren Zerwürfnisse der germanischen Völker durch kluge Einmischung zum Nutzen seiner herrschsüchtigen Pläne auszubeuten bestrebt war. Allerdings waren die Grundfesten der stolzen *Respublica romana* so unterwühlt, dass selbst erleuchtete Staatsmänner wie Tacitus das Heil des Reiches nur mehr in der Zwietracht seiner Feinde und nicht in der Vaterlandsliebe und Tapferkeit seiner Bürger suchen zu müssen glaubten — *maneat quaeso duretque gentibus, si non amor nostri at certe odium sui* sagt Tacitus (Ger. 33). Aber diesen hinterlistigen Pratiken wälscher Politik bot der angeborne Drang nach schrankenloser Ungebundenheit, welcher dem kräftigen Naturmenschen eigen ist und den Tacitus als *libertas avita* als charakteristisches Merkmal an den Germanen bezeichnet, den fruchtbarsten Boden, sowie noch heutzutage die jesuitischen Sendlinge der neurömischen Weltherrschaft ihren gesinnungslosen Anhängern die absolute Freiheit predigen, um unter dem falschen Deckmantel des patriotischen Partikularismus — aller wahren Vaterlandsliebe zum Hohne — die Bethörten zum Landesverrath zu missbrauchen. Und so besteht noch heute, nach beinahe 18 Jahrhunderten, der Ausspruch des Tacitus: *tamdiu Germania*

vincitur (G. 37) in unbestrittener Wahrheit, nur dass wir diesseits der Alpen sagen: „seit soviel Jahrhunderten vergiftet römische
Tücke deutsches Volksthum!"

Die hinterlistigen Anschläge des veränderten Angriffsystems
kehrten sich auch zunächst gegen jene beiden Völker, deren Muth
und Ausdauer das Fehlschlagen der römischen Invasionskriege
insbesondere herbeigeführt hatte. Unter dem Eindrucke gebiete-
rischer Nothwendigkeit, die durch römische Eroberungslust bedrohte nationale Unabhängigkeit wider die eindringenden Legionen
zu vertheidigen, hatten sich zur Abwehr an den zumeist bloss-
gestellten Gränzen zwei Völkervereine gebildet, denen diese Vertheidigung insbesondere oblag. Wie Armin mit seinen Cheruskern
und ihren Bundesgenossen seit der Befreiungsschlacht im teuto-
burger Walde den gefährlichsten Angriffen der feindlichen Armeen unter dem tapfern Germanikus, dem geschicktesten Feldherrn der Römer, zwischen Rhein und Weser während sieben
Jahre mit wechselndem Geschicke, aber stets mit dem gleichen
Heldenmuthe widerstand, so vereitelte Marbod in stolzer Zurückgezogenheit durch die Furcht vor seinen Markomannen und
Sueven, wie durch den Ruf seines römisch disciplinirten Heeres
die römischen Invasionen längs der Donaulinie.

Marobod, durch den Ruhm seines Zeitgenossen und Neben-
buhlers Armin verdunkelt, ist mit Unrecht in eine unverdiente
Vernachlässigung verfallen. Man gefällt sich darin, denselben
unter dem Bilde zu betrachten, wie es Tacitus (A. II. 45) durch
den Mund seines Widersachers mit den Farben des Parteihasses
darstellen lässt. Nichtsdestoweniger gehört er zu den grössten
Männern des alten Germaniens, der mit Bewusstsein das vorbereitete, was ein günstiges Geschick seinem Nebenbuhler durch
eine glückliche Verkettung der Umstände auszuführen aufzwang.
Ob er oder, was wahrscheinlicher ist, ein Vorgänger die Bojer
aus ihrem Gebirgslande vertrieb, ist hier nicht von Bedeutung.
Unbestritten bleibt, dass er es war, welcher die Markomannen
nach Bojohemum führte und in richtiger Würdigung der römischen
Angriffe auf Germanien in der unangreifbaren Stellung jener
Bergfeste den Punkt erkannte, diesen Angriffen den wirksamsten
Widerstand entgegenzusetzen. Nur Robe (Donauländer zwischen
Naab und Theiss, 68) glaubt gegen alle Quellenzeugnisse anneh-
men zu müssen, dass Boiohemum nicht in Böhmen, sondern im
Karpatenlande am Fusse der Tatra gelegen habe, wogegen er ausser
andern sonderbaren Etymologien Böhmen für Bienheim, Piano-
haim (Bainochaim) erklärt, weil Herodot sich von einem Bienen-
land im Norden des Ister hat erzählen lassen. Dass aber der
Kern des Markomannen-Reiches nicht in der Tatra, sondern eben

im heutigen Böhmen lag, beweist der kombinirte Feldzugsplan Tibers, als man endlich im Jahre 6 unserer Zeitrechnung das letzte Bollwerk der germanischen Freiheit niederzuwerfen dachte, und welchen der Obrist Vellejus Paterculus als Augenzeuge beschreibt. Marbod, ausser welchem in Deutschland nichts mehr widerstand, sollte von zwei Seiten zugleich angegriffen werden, von Carnunt aus (bei Wien) durch den Cäsar Tiberius und von Germanien aus durch den Legaten Sentius Saturninus. Ein solcher Plan ist nur denkbar, wenn das feindliche Operationsobjekt zwischen beiden römischen Heeren lag, obwohl auch da kühn genug und leicht gefährlich. Bei einer Stellung des Feindes in der Tatra müsste derselbe im Rücken der sich vereinigenden Legionen gedacht werden und der Plan wäre alsdann geradezu widersinnig (Vell. Paterc. II. 109).

Ein furchtbarer Aufstand in Pannonien und Dalmatien zwang Tiberius zum eiligen Friedensschluss und Marbod ging grösser aus der Gefahr und blieb den Römern immer das drohendste Hinderniss, den Westgermanen in den Rücken zu kommen. Dadurch schon war er für Armin und die Cherusker von unberechenbarem Vortheil. Wenn er aber sonst eine kühle Neutralität zur Schau trug, so war ihm dieselbe wohl aufgezwungen durch die Unbotmässigkeit seiner Bundesgenossen, welche in den Ereignissen der nächsten Jahre die bedenklichsten Verwicklungen herbeiführte. Nach seinem Sturze rühmte Tiber im Senate seine Grösse wie die Unbändigkeit seiner Völker, und dass weder Pyrrhus noch Antiochus dem römischen Volke gefahrdrohender gewesen (Tac. An. II. 63).

Wenn sich zwei gleichstarke Parteien in Eifersucht um die Führerschaft streiten, dann wird der Dualism — wir haben es erlebt — statt einen segenbringenden Wetteifer zu erzeugen, nur zum unvermeidlichen Bürgerkrieg fortreissen. Nachdem mit dem Abzug der Römer die Furcht vor dem auswärtigen Feinde geschwunden, traten die Eifersüchteleien und innern Zwiste sogleich in den Vordergrund. Die Cherusker überhoben sich ihrer jüngsten Waffenthaten, die Markomannen pochten auf ihre unbesiegte Waffenmacht und so spitzte sich der Hader der Parteien immer mehr zu einem blutigen Zusammenstoss. Jetzt war das Feld bereitet für Tibers hinterlistige Drachensaat, seine beiden gefährlichsten Gegner Einen durch den Andern zu verderben, um die ihrer Führer beraubten und durch den Bruderkampf geschwächten Völker unter das Joch der römischen Botmässigkeit zu beugen. Also sandte er seinen Sohn Drusus zur Armee nach Illyrien unter dem Scheinvorwand, den Jüngling fern von den Verführungen der Hauptstadt an das Lagerleben und militärische Studien zu ge-

wöhnen, in der That aber, um die innern Zwiste der Germanen
zu schüren und auszubeuten (Tac. A. II. 44 u. 62). Ob der Abfall der Semnonen und Langobarden vom Suevenbunde, sowie der
Uebertritt des hochmüthigen Inguiomar, des Oheims Armins, auf
die Seite Marbods ohne römischen Einfluss geschehen, dürfte um
so mehr zu bezweifeln sein, als die Römer das Gold eben nicht
sparten, um ihre Zwecke zu fördern — *pecunia juvantur* (G. 42).
Der folgende Kampf war hartnäckig und unentschieden, da beiderseits der rechte Flügel geschlagen wurde. Aber Marbod beging den bei Germanen unverzeihlichen Fehler, dass er sich zurückzog und dadurch für geschlagen erklärte, wodurch sein Heer
eine grosse Anzahl Ueberläufer einbüsste. Die von Tiber erbetene
Hilfe wurde natürlich abschlägig beschieden, indem man ihn auf
seine früher beobachtete Neutralitätsstellung verwies, dagegen
Drusus als Friedensstifter gesendet.

Jetzt trat die eigentliche Mission des kaiserlichen Prinzen in
ihr wahres Licht. Marbod war unbeliebt bei seinen Landsleuten
durch sein militärisches Regiment, verhasst bei den Bundesgenossen durch die nothwendige, der *libertas avita* widerstrebende
Strenge zur Unterordnung der Bundesglieder und durch den un-
rühmlichen Ausgang des letzten Krieges um sein bisheriges Ansehn gebracht. Drusus sollte dem früher so gefürchteten Feinde
den gänzlichen Untergang bringen — *in exitium insisteretur*
(A. II. 62).

Das Werkzeug hiezu fand sich in Catwalda, einem Edeling,
der, von Marbod vertrieben, bei den Gothen Aufnahme gefunden
hatte. Zeuss D. 81, Grimm D. S. I. 350 und noch neuerdings
Dudik I. 28 erklären denselben für einen Gothen, obwohl Tacitus
ausdrücklich sagt: *inter Gotones ... profugus ...* Ich habe bereits
in A. B. 51 nachgewiesen, dass Catwalda trotz des goth. *a* im
Auslaut dennoch ein Markomanne gewesen, da dieser Auslaut
sich auch bei andern Völkern finde und ich erinnere hier an den
dux Batavorum Chariovalda, an den Austrasier Fara vom Agilol-
fingergeschlecht und in spätern baierischen Urkunden an: Gepa
(M. g. XI. 223), Baganza (M. b. VIII. 367), Pirihtila (Juv. 106).
Catwalda, rachedurstig — auch hier geschieht der römischen
Einmischung keine ausdrückliche Erwähnung, aber man sieht die
Hände der Unterhändler hinter der Bühne — warb Anhänger,
bestach die markomannischen Grossen und überrumpelte den
verlassenen König so unvorbereitet, dass ihm nur der Uebertritt
in das römische Norikum offen stund. Auch dieser Ausgang Marbods ist ein Beweis, dass seine Burg und somit der Mittelpunkt
seiner Macht in Böhmen gelegen habe. Denn wäre er im Karpatenland in der Tatra gewesen, so musste Marbod in Pannonien

und nicht in Norikum den römischen Reichsboden betreten. Dem
exilirten Könige wurde in Ravenna ehrenvolle Aufnahme gewährt,
wo er gleichsam als depossedirter Prätendent des suevischen
Reiches noch achtzehn Jahre lebte.

Dies geschah im Jahre 19 unserer Zeitrechnung. Dem Catwalda
erging es nicht besser. *Haud paulo post*, sagt Tacitus, ereilte ihn
das gleiche Geschick. Weshalb man hiezu nach Dudik I. 31 und
Sugenheim (Gesch. d. d. V. I. 94) eben einen Zeitraum von zwei
Jahren annehmen müsse, sehe ich nicht ein. Ob er Marbods
Herrschaft fortzusetzen bemüht war, oder überhaupt den Königstitel usurpirt habe, wissen wir ebensowenig. Tacitus erzählt nur,
dass er bald nachher mit Hülfe der Hermunduren, oder von ihrem
Heere *(opibus)* unter Führung des Vibillius seinerseits vertrieben
in Forum Julium (Fréjus in der Provence) eine römische Frei-
stätte fand. Dass die römische Politik dabei die Hand im Spiele
gehabt habe, ist hier ebenso wenig bestimmt ausgedrückt, als in
beiden obigen Fällen, jedoch kaum zweifelhaft, wenn man erwägt,
dass die Hermunduren, seit sie im Jahre 3 vor unsrer Zeitrechnung vor Marbods immer mächtigerem Andringen die Auswanderung der Unterwerfung vorzogen und vom Statthalter Domitius
Ahenobarbus das frühere Markomannien am Main zum Wohnsitz
erhalten hatten, in fortwährend feindlicher Stellung den Markomannen gegenüber, die ergebensten und begünstigtsten Freunde
und Bundesgenossen der Römer wurden (Dio C. LV. 11).

§. 1. Das regnum Vannianum Suevorum.

Die Gefolgsmänner von Beiden wurden, damit sie nicht die
Ruhe friedlicher Provinzen störten, jenseits der Donau zwischen
den Flüssen Marus und Cusus angesiedelt und ihnen Vannius
vom Volke der Quaden zum Könige gegeben, sagt Tacitus (A. II.
63). Das römische Kabinet benützte also die erste sich darbie-
tende Gelegenheit, am linken Donau-Ufer festen Fuss zu fassen,
um im Rücken der gefürchteten Markomannen und Quaden einen
Vasallenstaat zu gründen, dessen man sich vorkommenden Falles
bedienen konnte und dessen fernere Geschichte uns hier beschäf-
tigen wird.

Da obige Stelle des Tacitus die einzige ist, welche die Entstehung des neuen Staates umständlich bespricht, so werden wir
uns auch am verlässigsten bei der Darlegung seiner Gründungs-
verhältnisse an ihre Zergliederung und die Abschätzung ihrer
Ausdrücke halten.

Barbari utrumque comitati, sagt der Römer, indem er sich

auf die eben vorausgegangene Erzählung vom Ausgange der beiden Fürsten Marbod und Catwalda bezieht, und bezeugt damit, dass von ihren beiden ·Gefolgschaften die Rede ist. Dem Volksstamme nach werden diese Gefolgsmänner wohl aus Markomannen bestanden haben, wenn auch nicht zu leugnen ist, dass namentlich unter dem Komitat des Catwalda sich auch Gothen und Parteigänger aus andern benachbarten Suevenstämmen befunden haben mögen. Auch die unmittelbare Nachbarschaft der Quaden ist hinsichtlich des Zuzuges in Anschlag zu bringen und wird insbesondere der als König eingesetzte Quade Vannius sein persönliches Gefolge in das neue Reich mitgebracht haben. Die Römer nannten dieses Reich das Vannianische, *regnum Vannianum* (Plinius IV. 12), das Volk Sueven (Tac. A. XII. 29). Dass dies auch von Seite der Germanen geschehen, ist nirgend bezeugt. Im Gegentheile ist es sogar sehr natürlich, dass die übrigen umwohnenden Suevenvölker die neuen Ansiedler mit einem unterscheidenden Sondernamen bezeichnet haben werden, der mit ihrer Eigenschaft als Männer von Gefolgschaften zusammenhing. Hier werden wir nun an das althochdeutsche Hauptwort *uuaara* verwiesen, welches allerdings in unsern ältesten Sprachdenkmalen in der Bedeutung von Vertrag, Bund, *foedus* vorkommt. So sagt Otfried im Evangelienbuch I. 17 v. 66: *si suahtun sine uuâra* und II. 21 v. 37: *ni firlaze unsih thin uuâra* .... Der zweite Reichenauer Codex aus dem VIII.—IX. Jahrhundert gibt *foederis* mit *dera uuâra, foedus novum* mit *uuâra niuua* (D. I. 503ᵇ und 532ᵇ) und der Wiener Codex der hrabanischen Glossen aus dem VIII. Jahrhundert übersetzt *absque foedere* mit *anu uâra* (D. II. 373ᵃ). Zwar scheint dieses Wort seit dem IX. Jahrhundert ausgestorben zu sein; dennoch haben sich in den althochdeutschen Glossen zahlreiche Ableitungen erhalten, von denen ich nur *mituuare* = *comites* und *kauuaare* = *foederatos* (D. I. 185ᵃ und 507ᵃ) anführen will. Wenn aber *gahlaibans* die vom selben Brode Essenden bedeutet, *ganerbun* die dasselbe Erbe theilen, *gasindun* die denselben Weg machen, *gateilun*, Theilgenossen, und ähnliche Worte verglichen werden, wie *gabettun, gamazun, gamachun*, Theilhaber an Bett, Speise, Gemach, so ist doch wohl unzweifelhaft, dass *kawâre* nur die bedeuten könne, die an derselben *wâra*, am selben *foedus*, in der gleichen Gefolgschaft Theil nehmen. Aber auch andern germanischen Dialekten war dieses Wort nicht fremd. Dies bezeugt altn. *vari* und ags. *vaere* = *foedus*, und wenn uns auch kein goth. *vara* aufbewahrt ist, so bezeugt doch das byzantinische *Barangos*, womit man zu Konstantinopel zwischen dem IV. und IX. Jahrhundert eine nordische Leibwache bezeichnete, dass dieses Wort ein goth. *varaggos* voraussetze, da es nicht einfache Uebersetzung des nord. *vaeringjar-*

foederati sein kann. Es beweisen also die byzantinisch-gothischen
Baraggoi, die ahd. *kawâre* und *mitware*, die nor. *vaeringjar* wie
der langobardische *wargango* und *guaregang* im Edict. Rotharis
c. 390, und der ags. *vergenga* gleich dem *wargengus* der fränkischen Kapitularien, dass zur Bezeichnung von Heergefährten und
Gefolgsmännern in allen germanischen Dialekten Ableitungen von
dem Grundworte *wâra* in Uebung waren. Wenn also die umwohnenden Sueven die neuen Ansiedler in ihrer Sonderstellung bezeichnen mussten — und das war doch wohl schon deshalb nothwendig, weil sie sonst nicht von den eigentlichen Markomannen
und Quaden zu unterscheiden gewesen wären — so ist doch die
Annahme am natürlichsten, dass sie dieselben in ihrer althochdeutschen Sprache nach ihrer Eigenschaft die beiden Bünde —
bai wâras genannt haben werden, nämlich die Gefolgschaften der
beiden vertriebenen Fürsten — *utrumque comitati*. Dass diese
Ansicht nicht aus der Luft gegriffen ist, beweist die Geografie
des Ptolemäus, welcher an dieselbe Stelle, wo die beiden Gefolgschaften angesiedelt wurden, seine Baimoi setzt, in welchen Zeuss
(H. 46) die Komitate des Marbod und Catwalda erkennt und sie
mit dem altn. *beimar*, Heergefährten zusammenhält, so dass also
die griechischen Berichterstatter hiedurch einen Beleg von grossem
Werthe liefern, dass die ursprüngliche Eigenschaft und Bedeutung des Volkes selbst nach mehr als einem Jahrhundert nicht
vergessen war.

Ich habe bereits (H. R. Vorw. IX ff.) aus den Regeln der
historischen Grammatik und zwar in Uebereinstimmung mit den
althochdeutschen Sprachdenkmalen die Einwürfe zurückgewiesen,
die man gegen die Wortbildung von *baiwâras* bloss auf dem
Standpunkte paradigmatischer Konstruktion erhob und kann schon
im Allgemeinen den Verfechtern der grammatikalen Formreinheit
mit Grimm (G. I. 76) die Thatsache entgegenhalten, dass Eigennamen immer ausser dem Laufe der eigentlichen Sprache liegen.
Bezüglich des Zahlwortes *bai* gesteht selbst Grimm (W. I. 1361),
dass dasselbe nur unvollständige, gemischte Formen hinsichtlich
der Geschlechtsunterscheidung zeige und sich nur *bai*, neutr. *ba*
belegen lasse, wenn auch die erweiterte Form (ahd. *peiôdê*, *pêôde*,
pêdê) die drei Geschlechter unterscheidet. Es wird daher immer
in Zweifel bleiben, ob man bei seiner Anwendung zu Wortverbin-
dungen den Geschlechtsunterschied berücksichtigte, was um so
unwahrscheinlicher ist, als Zahlwörter, wenn auch sonst flektirbar,
gleich Adjektiven, als erster Theil eines Kompositums stets in-
deklinabel behandelt werden (Grimm G. II. 945). Gebraucht man
doch auch im Neuhochdeutschen die Zusammensetzungen: beid-
fäustig, beidhändig, beidlebig, ohne Rücksicht auf das Geschlecht

des folgenden Hauptwortes. Die Pluralbildung auf *as* weicht
allerdings von den Paradigmen Grimms ab, der den Nom. und
Acc. pl. in der ersten Deklination der starken Feminina analog
der gothischen Deklination auf ô bildet. Er gesteht aber selbst,
dass er hierin eigentlich eine Willkür begehe, insofern die ältesten Quellen, sowohl die Uebersetzer von Tatian und Isidor als
auch Otfried und Notker diese Endungen auf â statt ô beugen
(G. I. 617) und Kero nebst den drei Letztern auch den Gen. sing.
auf â statt ô bildet, wie die Reichenauer Glossen *foederis* mit
dera wâra geben. Es ist hienach als den Quellen entsprechend
die Formation auf â vorzuziehen. Das auslautende s versteht sich
in der ältesten Sprache von selbst; denn es gehörte nach Grimm
(G. I. 807) insbesondere dem Nom. und Acc. pl. der Feminina und
ging erst später progressiv besonders bei einem vorstehenden
Vokal verloren. Einen Kompositionsvokal aber zwischen *bai* und
wâras wird man um so weniger verlangen dürfen, als Zahlwörter-
Komposita immer uneigentliche sind und aus wirklicher Appo-
sition entspringen (Grimm G. II. 945).

Wenn durch vorstehende Erläuterungen der Gebrauch des
Namens Baiwaras für die beiden Gefolgschaften an Wahrscheinlichkeit gewinnt, so darf noch bemerkt werden, dass Zeuss (H. 11),
der Erfinder des *baiovare*, sich durch filologischen Instinkt zu dem
Geständniss gezwungen sieht, dass dem *Baias* — dem Angelpunkte
seiner Erklärung des Baiernnamens — eine vollere Form „*Baiwaras*" vorausgegangen sein müsse.

ne quietas provincias immixti turbarent, ist augenscheinlich
nur eine Phrase der römischen Politik und enthält ohne Widerrede nicht den wahren Grund der Ansiedlung ausserhalb der
Reichsgränzen. Ich will nicht die Hunderttausende von Barbaren
als Gegenbeweis anführen, welche Probus (Vopisc. 162), Konstantin (Euseb. IV. 659) und überhaupt die spätern Kaiser auf dem
Reichsboden ohne Furcht vor Unruhen ansiedelten. Aber schon
Augustus verpflanzte 40,000 Sigambern nach Gallien (Sueton Aug.
21. Tib. 9) und Eutrop VII. 5 weiss gar von 400,000 Kriegsgefangenen, welche Augustus längs des Rheines, also in römisch
Germanien aufgenommen habe. Die Gefolgschaft des später vertriebenen Vannius wurde ohne Bedenklichkeit diesseits der Donau
in Pannonien angesiedelt (Tac. A. XII. 30) und Kaiser Mark Aurel
versetzte zahlreiche Scharen Markomannen nach Ravenna in Italien (J. Cap. 22) und verpflanzte 3000 Narisker nach Rätien und
Norikum (D. Cass. LXXI. 21). Also die Anzahl der Uebergetre-
tenen, mochte dieselbe auch noch so gross gewesen sein, hat das
römische Kabinet niemals vor deren Aufnahme abgeschreckt und
die Sondersiedlung der markomannischen Gefolgschaften hatte

als Grund den politischen Hintergedanken, sie als Gegengewicht
wider ihre unruhigen Landsleute zu gebrauchen. Dennoch ist
dieser Zwischensatz von Bedeutung, insofern er eine Andeutung
über die Stärke der beiden Komitate gibt. Man hat behauptet,
dass die Gefolgschaften germanischer Könige der Zahl nach nie
sehr stark gewesen seien (Köpke, deut. Forsch. 195). Aber schon
die Gefolgschaft des Cheruskers Ingomar war so zahlreich, dass
ihr Uebertritt den Abfall der Semnonen und Langobarden von
Marbod aufwog. In der Suevenschlacht bei Strassburg betrug die
Zahl der Gefolgsmänner der alamannischen Könige ein Par Tausende (Gaupp, Ansiedl. 152), wovon allerdings die des Königs
Chnodomar selbst nach der Schlacht noch 200 Ueberlebende ausmachten (Amm. Marc. XVI. 12). Die Satellites des Gothenkönigs
Theodomir (Jorn. 55) bildeten wenigstens auch ein Par Tausende;
denn ausser denen, welche sein Sohn Theodorich zum Zug wider
die Sarmaten aufbot, hatte Theodomir gewiss eine Anzahl seiner
Dienstmannen mit sich über die Donau in den Suevenkrieg genommen.

Es handelt sich auch hier strenge genommen nicht von Gefolgschaften allein, wie sie sich zunächst um die Person eines
Fürsten sammelten und deren kostspieliger Unterhalt schon an
sich einer allzugrossen Ausdehnung widerstrebte. Wir haben es
vielmehr mit einer Masse von Auswanderern zu thun, welche
durch den Bürgerkrieg aus ihrer Heimat getrieben wurden, von
Verwandten, Knechten und ihrem Hausstande begleitet waren,
und für welche die Gefolgschaften der Fürsten nur den Sammel-
kern bildeten. Eine Revolution, welche den Sturz eines Mannes
wie Marbod herbeiführte, der an 30 Jahre die Wagschale der
Geschicke seines Volkes in Händen hielt und durch ein discipli-
nirtes Heer von 70,000 Mann und 4000 Reitern den römischen
Generalen furchtbar war, musste ausser seinem persönlichen Heergefolge eine bedeutende Anzahl von Volksgenossen in sein Geschick verflechten, und wenn ich die Stärke der neuen Ansiedler
auf 10,000 Köpfe, worunter 2000 streitbare Männer, anschlage,
so glaube ich noch unter der Wirklichkeit stehen zu bleiben.
Denn schon der mit dem gegründeten Vasallenstaat verbundene
Zweck setzt voraus, dass die Wehrkraft desselben im Verhältnisse
zu seiner Aufgabe stand und nach einem Zeitraume von beiläufig
150 Jahren nennt Ptolemäus die Nachkommen dieser Ansiedler,
seine Baimoi, ein grosses Volk.

Danubium ultra inter flumina Marum et Cusum locantur.
Diese Stelle, welche den Siedelort der Gefolgschaften ganz bestimmt bezeichnet, hat den Auslegern viel Kopfzerbrechen verursacht; denn wenn sie auch in der Mehrzahl den Marus in der

March wieder erkennen, so gehen doch die Meinungen über den
Cusus weit auseinander, vom Gusenflüsschen in Niederöstreich
bis zum Keresch jenseits der Theiss. Ich habe in A. B. 60—72
alle auf den Ursitz der Ansiedler bezüglichen Angaben und Momente gesammelt und geprüft und muss mich im Allgemeinen
auf die dortige Untersuchung beziehen, indem ich hier noch Einiges nachtrage. Strabo schweigt gänzlich über Marbods Katastrofe,
von dem er im 7. Buche seiner Geografie so viel Rühmens macht.
Es ist daher sehr wahrscheinlich, dass diese Stellen vor dem
Sturze des Markomannenkönigs geschrieben wurden. Auch der
andere Zeitgenosse Vellejus Paterc. (II. 129) wird durch den Untergang Marbods nur zu einem gehässigen Metafer veranlasst.
Plinius, der bald nachher, im Jahre 45, als Obrister in Germanien
Kriegsdienste that und ein leider verlorenes Werk über die Feldzüge in Germanien in 37 Büchern schrieb, hinterliess uns eine
wichtige Notiz (N. h. IV. 12): *Inter Danubium et hercynium sal-
tum usque ad Pannonica hiberna Carnunti Germanorum ibi con-
finium, campos et plana Jazyges Sarmatae: montes vero et saltus
pulsi ab his Daci ad Pathyssum amnem a Maro (sive Duria est)
a Suevis regnoque Vanniano dirimens eos.* Danach lag also das
Suevenreich des Vannius unwiderleglich zwischen den Flüssen
March und Theiss. Den Cusus des Tacitus mit dem Pathyssus
des Plinius (auch Tissus und Tysios genannt) zu vereinigen, ist
aber nicht schwierig, wenn man bedenkt, wie häufig in den Handschriften die Buchstaben c und t verwechselt werden. Kern (Gloss.
d. l. S. 7) behauptet geradezu, dass die Augen der Abschreiber
beide Charaktere nicht unterscheiden gekonnt und Müllenhoff gibt
häufige Beispiele ihrer Verwechslung (H. Z. IX), z. B. *Tuisco* f.
Tuisto, Iscaevones f. *Istaevones, Narisci* f. *Naristi, Lacringes* f.
Latringes etc., *Churingorum* f. *Thuringorum, Cusupald* f. *Theude-
pald, curfodi* f. *turfod* (l. Alam. 84), *lidistasti* f. *lidiscarti* (l. Baiw.
IV. 14), *theunetruda* f. *chrenecruda* (l. Sal.) und noch viele andre
Belege.

Die Veränderung des Tysus in einen Cusus begreift sich sonach leicht, indem das y sich in u verwandelt. Indessen konnte
Tacitus selber Cusus geschrieben haben, wenn ihm ungenaue Berichte über diese frühere Zeit vorgelegen haben. Im Ganzen trägt
dies gar nichts zur Entscheidung der Frage bei, da der ältere
Plinius das Reich des Vannius ganz bestimmt zwischen den March-
und Theissfluss setzt. Wir gewinnen durch diese Stelle zugleich
Aufschluss über die Nachbarvölker des Vannianischen Reiches;
denn dieses lag in dem Gebirgsland, das sich von den Karpaten
durch die Flussthäler der Waag, Neutra, Gran und Eipel zur
Donau herabzog. Hinter der March sassen die Quaden, hinter

der Theiss die Daken und im Süden bewohnten die sarmatischen
Jazygen die Pussten zwischen Donau und Theiss. Da aber die
Nachkommen der Ansiedler in späteren Berichten nur unter den
Namen der Sueven oder Quaden vorkommen, so bietet uns diese
Nachbarschaft einen wichtigen Anhaltspunkt zur Entscheidung,
von welchen Sueven oder Quaden die Rede ist.

Die nächste Stelle, welche diese Gegend berührt, ist die des
Ptolemäus, welcher hinter den Lunawald seine Baimoi, Heergefährten, setzt. Diesen Lunawald in dem östreichischen Mannhartsberg zu suchen, ist aber um so weniger geboten, als der
alexandrinische Geograf an einer andern Stelle neben ihm den
von Norden rinnenden Marchfluss angibt, somit in ihm den Ge-
birgszug der kleinen Karpaten erkennen lässt. Es können daher
nicht die daselbst angegebenen Eisengruben mit Peucker (Deut.
Kriegswesen II. 94) zwischen Znaim und Krems gesucht werden,
sondern es sind dieselben die Eisensteingruben der ungarischen
Bergstädte. Zur Erklärung des Namens hat Zeuss auf das kim-
rische Llwyn-Gehölze verwiesen; es kann aber schon das altn.
lund-sylva (Bralund, Gnipalund in Helgikv. I. 1 und 30) genügen,
um die von den Reiseberichterstattern des Alexandriners aufge-
fasste Benennung zu begründen. Anders erklärt Kachelmann
(Gesch. d. ungr. Bergstädte I 34) den Zusammenhang. Unter dem
Lunawald dürfe man nicht ein besonderes Gebirge, sondern mehrere von den Römern bei den Quaden bemerkte und überhaupt
nur auf ihren Bergbau hindeutende Mondopferplätze (die Suevengöttin Isis als Mondgöttin) verstehen, zu welchen nicht nur der
Mannhartsberg, sondern auch die urdeutsch benannten gold- und
silberreichen, grossen und kleinen Tatra, Fatra und Matra, sowie
die neuern Alt- und Grossväter-, Altenberge u. s. w. schon früh
gewählt und gebraucht werden konnten. Wenn nun auch diese
Auffassung, welche den Lunawald über das ganze ungarische Berg-
land ausbreitet, der obigen Stelle des Ptolemäus widerspricht, so
hat uns Kachelmann in seinem Buche (I. 16, 38, 52) doch die
interessante Mittheilung gemacht, dass die in der Mitte dieses
Bezirkes liegende Bergstadt Schemnitz in den ältesten Diplomen
bis ins XIII. Jahrhundert den Namen Vania geführt habe. Die
gegenwärtige Stadt sei 745 von den Marahanen auf der alten
Burg erbaut worden, wo man noch vor 200 Jahren ungewöhnlich
grosse Menschengebeine, Aschenkrüge und weingefüllte Zinngefässe
gefunden habe. Da nun das slavische Baňa so wenig als das ma-
gyarische Bánya die Entstehung jenes ältern Stadtnamens erklären, so können sie nur umgekehrt vielmehr aus demselben
hergeleitet werden, welcher deshalb höchst wahrscheinlich von
dem Könige Vannius herrührt, wie Maroboduum, die Residenz
des Markomannenkönigs, von Marbod.

Wenn nach diesen Erörterungen feststeht, dass der Siedelort der Gefolgschaften in dem Gebirgsdreieck zwischen March und Theiss gelegen habe, so ist hier noch dem Einwande zu begegnen, welchen Barth (Deut. Urgesch. III. 245) erhob, dass dieser Landstrich, weil ausserhalb des Reichslimes gelegen, gar nicht von den Römern habe vergeben werden können. Dieser Einwurf entscheidet aber hier gar nichts; denn Tacitus bezeugt ganz unzweifelhaft, dass die Gefolgschaften ausserhalb der römischen Provinzen haben angesiedelt werden müssen. Ausserdem aber banden sich die Römer bei solchen Vergabungen gar nicht so genau an das ihnen zustehende Gebiet, wie z. B. Domitius Ahenobarbus den Hermunduren die von den Markomannen verlassenen Wohnsitze zwischen Donau und Main anwies (D. Cass. LV. 11), obwohl sich die Herrschaft der Römer auch hieher niemals erstreckte.

Endlich ist hier noch die bereits oben angeführte Stelle des Ravennaten (A. R. IV. 18) zu berücksichtigen, welche Zeuss (D. 366) zu seiner Gleichung: Baias = Boiohemum benutzte, um davon den Baiernnamen abzuleiten. Mit Baias kann aber der Ravennate schon deshalb nicht Böhmen bezeichnen wollen, weil er dieses mit seiner Patria Albis meint, während jenes ein lange nach Osten hingestrecktes Gebirgsland heisst. Nimmt man dazu, dass gleich im folgenden Kapitel 19 Pannonien und I. 11 Dacien als Gränzländer von Baias angegeben werden, so unterliegt es keinem Zweifel, dass dieses Letztere nicht in Böhmen, sondern im Karpatenlande zu suchen ist. In diesem Lande findet Zeuss die Baimen und erkennt sie als Nachkommen der markomannischen Gefolgsleute (D. 118); 200 Jahre später trifft er hier die suevischen Gebirgsquaden und hält sie für Nachkommen der obigen Baimen (D. 463), er kennt ihre Kämpfe im folgenden Jahrhunderte und durfte nur den bisher betretenen Pfad objektiver Forschung verfolgen, um an's Ziel zu gelangen, als er plötzlich seiner etymologischen Hypothese zu Liebe von dem geraden Wege ablenkt und die verschollenen Markomannen unter den Thüringern versteckt sein lässt, um das Baias durch sie auf den Baiernnamen überzutragen. Ich glaube aber vielmehr, dass Baias sprachlich auf *baiwâras* zurückzuführen ist; denn da im Althochdeutschen das inlautende w häufig ausgeworfen wird (Grimm G. I. 147), so bildet sich *sêla* = goth. *saivala*, *fior* g. *fidvôr*, *selida* g. *salidva*, *iht* aus *iowiht*, nicht aus *neowiht*, *viur* aus *viuwar*, und nach demselben Gesetze *Baias* aus *Baiwaras*, was allerdings nicht gleichzeitig, sondern nur übergangsweise geschah.

dato rege Vannio gentis Quadorum kann doch nur einfach heissen, dass der Quade Vannius den Ansiedlern zum König gesetzt wurde. Dass er ein Häuptling und am römischen Hofe eine *persona grata* gewesen, ist wahrscheinlich; dass er aber der König der Quaden und aus dem Geschlechte Tuders gestammt habe, wie Dudik (Mäh. Gesch. I. 32) behauptet, ist eine nicht belegbare Konjektur. Ganz irrthümlich ist es aber, wenn Dudik und nach ihm Sugenheim (Gesch. d. d. Volks I. 94) annehmen, dass Marbods Reich nach seinem Sturze in zwei römische Klientelstaaten aufgelöst worden sei, wovon Vannius die grössere östliche, der Hermundure Vibillius die westliche Hälfte erhalten hätte. Dergleichen steht nicht im Tacitus und in keiner andern Quelle und widerspricht einer solchen willkürlichen Annahme schon die Selbständigkeit, mit welcher die Markomannen schon in nächster Zeit wieder unter eigenen Königen auftreten.

Allerdings wurde auch schon früher behauptet, dass die Markomannen und Quaden nach Marbods Sturz in römische Abhängigkeit gerathen wären. Jakobi (Markom. Krieg 1) ist der Ansicht, dass es den Römern mit der Vannianischen Ansiedlung gelungen sei, am linken Donauufer festen Fuss zu fassen und die suevischen Donauvölker aus gefürchteten Feinden in gehorsame Vasallen zu verwandeln. Aber die deshalb angeführten Stellen (D. Cass. LX. 9 und J. Cap. Anton. 9) beweisen keineswegs, dass Hadrian und Antonin über die Donauvölker Akte der Oberhoheit ausgeübt hätten, sondern nur, dass ihr Ansehen bei fremden Völkern sehr hoch gestanden habe. Die Stelle (J. Cap. Hadrian. 12) *Germanis regem constituit* ist aus sprachlichen Gründen zu unbestimmt, um gerade auf die Donausueven bezogen werden zu müssen. Wurden nicht auch Italicus, der Brudersohn Armins (Tac. A. XI. 16), und Chariomer (D. Cass. LXVII. 5) den Cheruskern von Rom aus zu Königen gegeben, den Brukterern durch Vestricius Spurinna ein verjagter König mit Waffengewalt wieder aufgezwungen (Plin. II. ep. 7), ohne deshalb Vasallen zu sein? Wenn aber Dudik I. 35, Sugenheim I. 95 und Andre behaupten, zu Ende des I. Jahrhunderts sei kein Nachkomme aus Marbods und Tuders Geschlecht mehr am Ruder gewesen und sich zum Beweise dafür auf Tac. G. 42 berufen, so verkennen sie weitaus die eigentliche Bedeutung dieser Stelle. „Bis in unsre Zeit", sagt der Römer, und er schrieb seine Germania im Jahre 98, *„usque ad nostram memoriam* behielten die Markomannen Könige aus ihrem Volke, das edle Geschlecht des Marbod und Tuder. Zwar, setzt er bei, werden auch schon Fremde geduldet — *patiuntur*; aber Gewalt und Macht verleiht den Königen nur das Ansehn Roms; doch werden sie weniger mit Waffen, als durch Subsidien unterstützt." Diese Stelle widerspricht doch offenbar in unzweideutigster Weise jener Behauptung. Und wenn Tacitus sagt: *iam*

et externos patiuntur, so kann er dabei gerade an die Sueven des
Vannius gedacht haben. Wenn daher auch zeitweise der römische
Einfluss bei diesen Völkern die Ernennung von Königen durch-
gesetzt hätte, mussten sie deshalb bis zur Vasallität sinken?
Noch später werden uns sehr selbständige Könige der Markomannen genannt, zu Anfang des Markomannenkrieges Ballomar
oder Wallomar, der zwischen Rom und den Langobarden den
Frieden vermittelte (Petr. patr. S. B. I. 124) und sein wahrscheinlicher Nachfolger Markomar, über welchen der Kaiser Mark Aurel
triumfirte (Au. Victor c. 16).

Dagegen ist das Vasallitätsverhältniss, in welches die Vannianischen Sueven oder auch, wie sie später genannt werden, die
Quaden des Vannius schon bei ihrer Ansiedlung dem römischen
Kabinete gegenüber geriethen, ein ganz unzweifelhaftes — *Vannius Suevis a Druso Caesare impositus* (T. A. XII. 29) und bietet
sich daher auch als unterscheidendes Merkmal für die Nachkommen der beiden Gefolgschaften von den eigentlichen Quaden, ihren
unmittelbaren Nachbarn, trotz aller Namensvermengung mit denselben. Wenn daher eine Münze aus der Zeit des Kaisers Antonin
mit dem Revers *rex Quadis datus* auf einen Oberherrlichkeitsakt
des römischen Kabinets bei den Quaden gedeutet wird, so sind
darunter nur die Quaden der Vannianischen Ansiedlung zu verstehen. Es wird uns also dieses Vasallitätsverhältniss — *obsequium
erga Romanos* — sowie die Nachbarschaft der Jazygen immer als
Kriterium dienen dürfen, um auf die Nachkommen der beiden
Gefolgschaften unter was immer für einem Namen schliessen zu
können.

§. 2. Die Ereignisse während des I. Jahrhunderts.

Die Berichte über die weitere Entwicklung des aus der Vannianischen Ansiedlung erwachsenden Volkes und Reiches enthalten
allerdings zunächst nur Nachrichten von kriegerischer Natur,
geben uns aber nichtsdestoweniger Anhaltspunkte, wenn auch
mitunter nur zwischen den Zeilen, um auf die Gestaltung der
innern Verhältnisse zu schliessen. Vannius, als neutraler Quade,
war mit kluger Berechnung den beiden gewiss sich widerstreben-
den Theilen der neuen Ansiedlung zum Herrscher gegeben und
wusste ohne Zweifel mit Beiziehung von Colonisten aus dem benachbarten Quadenlande das Vermittleramt so glücklich ins Werk
zu setzen, dass er im Anfang seiner Herrschaft ebenso berühmt
in Rom, als populär bei seinen Volksgenossen geworden. Durch
Beutezüge zu benachbarten Völkern und Tribute der Unterworfenen (Tac. A. XII. 29 *praedationibus et vectigalibus)* wahrscheinlich

der keltischen Gotinen und pannonischen Osier, weil die Germanen
keine Steuern zahlten, machte er im Laufe eines Menschenalters
sein Land reich und blühend, dass sich der Ruf dieses Reichthums weit herum verbreitete. Mit der Länge der Zeit und durch
seine Erfolge übermüthig geworden, verwandelte sich die Zuneigung seiner Unterthanen in Hass, und da zugleich die aufge-
stachelte Leidenschaft der Herrschbegier ihm seine Schwestersöhne
Vangio und Sido entfremdete, so kam es bald zu einer Katastrofe, welche ihm das Schicksal seiner Vorgänger Marbod und
Catwalda bereitete. Dass das römische Kabinet dabei die Hand
im Spiele hatte, erhellt schon daraus, dass der alte Markoman-
nenfeind, der Hermundurenkönig Vibillius, mit den meutrischen
Neffen des Vannius gemeinsame Sache machte, der Kaiser Claudius — diese Null am römischen Staatswagen — obwohl wiederholt um Hilfe und bewaffnete Intervention angegangen, dieselbe
bestimmt abschlug und dem Statthalter von Pannonien P. Atellius
Hister nur den Befehl sandte, mit einer aus der Provinz ausgehobenen Legion das Ufer der Donau zu besetzen, um die Besiegten in Schutz zu nehmen, die Sieger aber abzuhalten, dass
sie nicht in ihrem Siegesübermuthe den Frieden des Reiches störten.

Die Kriegsmacht des Königs Vannius bestand nur aus Fuss-
volk; er verband sich daher mit seinen Nachbarn, den sarmatischen Jazygen in den Pussten, welche durch ihre tüchtige Reiterei
gefürchtet waren, und da der Ruf seiner aufgehäuften Schätze
eine Unmasse von Ligiern und andern Völkern unter die Feldzeichen seiner Feinde gelockt hatte, so fühlte er sich zu schwach
gegen den Angriff im offenen Felde und fasste daher den Plan,
seine Burgen zu besetzen, welche er zur Behauptung der Gebirgsthäler, und darunter gewiss auch die oben berührte alte Burg
Vannia, erbaut hatte und den Krieg dadurch in die Länge zu
ziehen. Aber der Widerwille dieser Bundesgenossen, sich hinter
Mauern einer Belagerung auszusetzen, verwickelte ihn in den
Kampf im freien Felde. Denn da sie in der Ebene bald mit den
Hermunduren und Ligiern an einander geriethen und sich vor
deren Uebermacht zurückziehen mussten, sah sich Vannius genöthigt, zu ihrer Aufnahme aus seinen Burgen mit seiner ganzen
Heeresmacht hervorzubrechen. In dem sich hieraus entwickelnden
Kampfe wurde er von der Uebermacht seiner Gegner überwältigt
und sah sich, obwohl erst nach tapferer Gegenwehr und mit
ehrenvollen Wunden — *corpore adverso* — gezwungen, sich auf
die Donauflotte zurückzuziehen. Hier wurde ihm die vom Kaiser
versprochene Aufnahme und seine Gefolgschaft, welche ihm bald
nachfolgte, erhielt in Pannonien Ländereien zur Ansiedlung (Tac.
A. XII. 29 und, 30).

Dies begab sich im Jahre 50 unserer Zeitrechnung. In das Reich des vertriebenen Oheims theilten sich als römische Vasallenfürsten seine Neffen Vangio und Sido, sagt Tacitus, der insbesondere ihre treue Anhänglichkeit an die Römer rühmt. Wenn daher Dudik (I. 34) und der ihm hierin wörtlich folgende Sugenheim I. 95 behaupten, dass der nördliche Theil des *regnum Vannianum* an den Hermunduren Vibillius gleichsam als Lohn abgetreten worden sei, so ist diese freigebige Verleihung durch gar keine Quellenstelle zu belegen und daher als durchaus willkürliche Annahme anzusehen. Nicht minder eigenmächtig vertheilt Dudik den Rest des Raubes in der Weise, dass Vangio die westliche Hälfte, somit das eigentliche Quadenland, Sido dagegen die östliche Hälfte, d. h. den Landstrich zwischen March und Gran, erhalten habe. Wie gesagt, Tacitus weiss nichts über die Art der Theilung und erzählt nur, dass die beiden Theilfürsten bei ihren Unterthanen sehr beliebt gewesen wären, so lange sie nach der Herrschaft strebten, um so verhasster aber, nachdem sie dieselbe erlangt hatten, durch ihre knechtische Unterwürfigkeit — *servitii ingenio.*

Im Jahre 70, also 20 Jahre später, während des Bürgerkrieges zwischen Vitellius und Vespasian begegnen uns die suevischen Vasallenfürsten Sido und Italicus — Sido höchst wahrscheinlich der obige Neffe des Vannius, während sich über Italicus der müssige Streit erhoben, ob er ein Nachkomme des Vibillius (Dudik und Sugenheim) oder, was wahrscheinlicher sein dürfte, ein Sohn des oben genannten Vangio war (Dahn, Könige I. 111). Ganz oberflächlich werden von Letzterem die beiden Suevenfürsten als Anhänger des Vitellius dargestellt, wogegen doch schon der sonst häufig in Gebrauch gezogene Dudik sie als Parteigänger des Fl. Vespasian bezeichnet. Die Flavianer, indem sie alle Kräfte anspannten, um in der entscheidenden Stunde den zahlreichen Legionen des Vitellius mit einem ebenbürtigen Heere entgegentreten zu können, hatten die Fürsten der sarmatischen Jazygen zur Theilnahme am Kriege eingeladen, die angebotene Hilfsschar aber aus finanziellen Gründen abgelehnt. Dagegen boten sie die Suevenkönige Sido und Italicus auf, die von alter Zeit her zur Lehenfolge — *vetus obsequium* — verpflichtet waren und deren Volk nicht durch sarmatische Unbeständigkeit die Besorgniss erregte, die aufhabende Lehenstreue in Frage zu stellen. Mit diesen Bundesgenossen und der in Norikum ausgehobenen Mannschaft rückte Sextilius Felix an den Inn, um gegen den Prokurator von Rätien Porcius Septiminus, einen unbestechlichen Vitellianer, Front zu machen. Es kam aber daselbst nicht zum Schlagen; denn die Geschicke der beiden Gegenkaiser entschieden sich erst in der Schlacht vor Cremona.

Hier standen Sido und Italicus mit der Elite ihres Volkes — *delectis popularium* — im Vordertreffen und trugen im hartnäckigen und wiederholt schwankenden Gange des Kampfes nicht wenig zum Siege der neuen Kaiserdynastie der Flavier bei (Tac. H. III. 5 und 21).

Unter dem Letzten der Flavier, zur Zeit des Kaisers Domitian, lesen wir wieder von Sueven, welche in Gemeinschaft mit Jazygen auftreten. Sie waren circa 87 in Mösien auf einem Streifzuge mit Ligiern handgemein geworden und da die Letztern den Kürzern zogen und ihnen der Kaiser 100 Ritter auf ihre Bitte zur Unterstützung sandte, so wurden die Erstern darüber so erbittert, dass sie die Jazygen an sich zogen und sich rüsteten, mit denselben die Donau zu übersetzen (D. Cass. LXVII. 5). Wenn hier Mascou (Gesch. der Deutschen V. 4) muthmasst, dass unter den Sueven die Quaden zu verstehen seien, so irrt er sich nur im Namen; denn in der That erkennt er in denselben auch die Nachkommen der Vannianischen Ansiedler, welche mit den Jazygen stets in nachbarlichem Einvernehmen stunden. Diese stäten Verbindungen zwischen beiden Völkern bezeugt auch Tacitus im Eingange zu seinen Geschichtsbüchern: *coortae in nos Sarmatarum et Suevorum gentes* (H. I. 2). Wenn aber Zeuss (D. 119) in obiger Stelle des Dio die Emendation Dakien für Mösien vorschlägt, weil dies der projektirte Uebergang über die Donau bedinge, so ist er hierin im Irrthum; denn Dio sagt nur, dass sie Miene machten, über die Donau zu setzen. Um aber nach Dakien zu gelangen, mussten sie die Theiss vielmehr zu überschreiten drohen. Mochten sie nun ihren frühern Einfall in Mösien wiederholen, oder das nähere und ihnen schon bekannte Pannonien heimsuchen wollen, so lag in beiden Fällen die Donau auf ihrem Wege und ich glaube daher, dass der Grund für die beabsichtigte Verbesserung wegfalle und zwar um so mehr, als es viel wahrscheinlicher ist, dass die spätere Expedition nach dem nähern Pannonien als nach dem fernabgelegenen Mösien gerichtet gewesen.

Wenige Jahre nachher, um das Jahr 89, hatte der Kaiser Domitian in französischer Leichtfertigkeit das Volk der Daker mit einem ebenso ungerechten als schlecht geführten Kriege überzogen. Die Daker, von ihren Nachbarn, den Gothen, kräftig unterstützt (Jorn. 13), brachten den römischen Generalen schwere Niederlagen bei, so dass sich der Kaiser gezwungen sah, die Markomannen und Quaden zur Bundeshilfe aufzubieten. Diese aber lehnten das Ansinnen ab und der Kaiser, darüber erzürnt, rückte nach Pannonien, um an ihnen Rache zu nehmen für die schnöde Missachtung seines Befehles. Die Bedrohten schickten wiederholt Gesandte an ihn, um den Frieden zu vermitteln. Als

aber der Kaiser dieselben mit Verachtung des Völkerrechtes hatte
hinrichten lassen, griffen die Deutschen das römische Invasions-
heer an und schlugen es in die Flucht, so dass Domitian genöthigt war, allen ferneren Operationen gegen die Daker zu entsagen und eiligst Gesandte an ihren Feldherrn Decebal oder
Diurpan sandte, um den Frieden, den er vorher wiederholt ab-
geschlagen hatte, selber anzubieten (D. Cass. LXVII. 7).

Ob unter den hier genannten Quaden nun die eigentlichen
oder, wie Dudik I. 36 meint, die sogenannten suevischen Quaden,
d. h. die Nachkommen der Gefolgschaften zu verstehen seien,
lässt sich aus der Stelle des Dio Cass. nicht mit Bestimmtheit
entnehmen, wiewohl das Vasallitätsverhältniss hiebei in die Wagschale fällt. Aber auch die Markomannen werden als Widerspen-
stige aufgeführt, obwohl sonst keine Nachricht über die Abhängigkeit dieses Volkes vorhanden ist, man müsste nur das taciteische
jam et externos patiuntur (G. 42) hieherziehen und weiter schliessen,
dass die Markomannen auf irgend eine nicht bekannt gegebene
Weise für kurze Zeit unter römische Herrschaft gerathen, sich
durch diesen Akt der verweigerten Lehenfolge von der Vasallen-
schaft wieder befreit hätten. Anderseits wurden auch die Sarmaten, die Nachbarn der Vannianischen Quaden kurz nachher von
Domitian angegriffen (Sueton. Domit. 6) und so sehen wir schon
hier die Donauvölker in derselben Kriegsgemeinschaft, wie sie uns
70 Jahre später zur Zeit des markomannischen Krieges begegnen.

§. 3. Ereignisse während des II. Jahrhunderts.

Das wichtigste und folgenreichste Begebniss im Laufe dieses
Jahrhunderts war

der markomannische Krieg 165—180.

Es kann selbstverständlich hier nicht eine quellenmässige Darstellung aller Begebnisse dieses 16jährigen Kampfes der ganzen
römischen Kaisermacht gegen die Völker des germanischen Südens
erwartet werden, wo es sich nur darum handelt, aus den Kriegs-
berichten jene zu besprechen, welche auf eine Theilnahme der
Vannianischen Ansiedler an denselben zu schliessen berechtigen.
Denn ein Krieg, welcher wie der markomannische alle Völker im
Norden der Donau, also an der Südgränze von Grossgermanien
von den Gränzen Illyriens bis nach Gallien in Aufruhr brachte
(gentes omnes ab Illyrici limite usque in Galliam, J. Cap. v. Marci
22, Eutrop. VIII. 6, Oros. VII. 15, D. Cass. LXXI. 3, 8, 11) musste
nothwendig auch die Nachkommen der Vannianischen Sueven in
Mitleidenschaft ziehen, welche nach der geografischen Lage des

ihnen angewiesenen Gebietes in der Mitte der kämpfenden Nationen standen. Zwar behauptet Jakobi (Markom. Krieg 1), das Vannianische Reich habe sich während des dakischen Krieges, etwa im Jahre 86 aufgelöst. Dass dem aber nicht also sei, hat die eben angeführte Niederlage der Römer durch Markomannen und Quaden gezeigt. Ueberdies spricht die hiefür citirte Stelle (D. Cass. LXVII. 5) nur von einem Zusammenstoss der Vannianischen Sueven mit Ligiern in Mösien. Ausserdem werden von Jul. Cap. 22, Eutrop. VIII. 6 und Oros. VII. 15 Sueven ganz bestimmt als Theilnehmer des markomannischen Krieges genannt und können diese zwischen Quaden und Sarmaten (Jazygen) Aufgezählten keine andern sein, als die Nachkommen der beiden Gefolgschaften, und nicht, wie Jakobi 6 muthmasst, die rückwärts gegen Norden ansässigen Semnonen; denn obige Sueven lassen sich später wieder mit demselben Namen auftretend und zwar in demselben Landstrich vom III. bis zu Anfang des VI. Jahrhunderts nachweisen.

Wenn aber der Kaiser Mark Aurel während des Krieges in seiner Selbstbiografie schreibt: an der Gran im Lande der Quaden, während doch der Granfluss die Vannianische Ansiedlung in ihrer Mitte durchschnitt; wenn Dio Cassius, welcher bald nach dem Kriege Statthalter der benachbarten Provinz von Oberpannonien war und also die Verhältnisse der Völker an der mittlern Donau genau kennen musste (D. C. XLIX. 36 und LXXX. 1) in seiner eingehenden Darstellung des markomannischen Krieges den Namen der Sueven nicht mehr nennt, sondern nur von Quaden als Theilhabern des Krieges-spricht: so erhellt doch hieraus unzweifelhaft, dass der Name der benachbarten Quaden, welche zumal durch die Gefolgschaft des Vannius und wohl auch durch weitere Zuzügler gewiss nicht unbedeutenden Antheil an dem Wachsthum der Bevölkerung der Vannianischen Ansiedlung gehabt haben, von Mark Aurel und Dio Cassius auch auf die ursprünglichen Sueven des Vannius übertragen worden sein müsse.

Diese Namensübertragung und willkürliche Vermischung mit den Quaden bezeugt der letztgenannte römische Staatsmann Dio Cassius ganz ausdrücklich in der Stelle (LXXI. 8), wo er von „sogenannten“ Quaden spricht und sie, die unmittelbaren Nachbarn der sarmatischen Jazygen, hiedurch von den eigentlichen Quaden, den Gränznachbarn der Markomannen, unterscheidet. Denn wesshalb hätte derselbe sonst Ursache, sich des hier auffallenden Beisatzes der „sogenannten“ zu bedienen, wenn er nur von den ausserdem den Römern wohlbekannten Quaden hätte sprechen wollen. Es musste also zu seiner Zeit Quaden gegeben haben, welchen dieser Name nicht eigentlich zukam, und dass

diese nur die Quaden oder Sueven des Vannius sein können, erhellt aus der geografischen Lage ihres Landes und bedarf sohin
keines weitern Beweises. Dio bedient sich übrigens dieses unterscheidenden Ausdrucks nur noch an einer andern Stelle und zwar
(LXXI. 4) bei den sogenannten Bukolen, welchen dieser Name
ebenfalls nur uneigentlich zukam.

Wenn uns nun auch diese Vermischung in eine gewisse Verlegenheit setzt, in einzelnen Fällen zu entscheiden, welche von
den unter dem Quadennamen mitgetheilten Handlungen den eigentlichen oder den sogenannten Quaden zugeschrieben werden dürfen, so habe ich schon oben ausgeführt, dass wir hiefür und zwar
als ziemlich sichere Anhaltspunkte die Nachbarschaft der sarmatischen Jazygen einerseits, sowie das römische Vasallitätsverhältniss anderseits ansehen dürfen. Denn die eigentlichen Quaden,
die unmittelbaren Nachbarn der in Böhmen sitzenden Markomannen, reichten mit ihren Ansiedlungen nur bis an die March und
den Lunawald, wo das *regnum Vannianum* begann und sie also
wenigstens in einer Ausdehnung von 30 Meilen von den Jazygen
schied. Wenn daher auch während des Krieges Markomannen und
Quaden als Bundesgenossen erscheinen und es unzweifelhaft ist,
dass auch die eigentlichen Quaden an diesem Bündniss Theil genommen haben, so ist es doch als höchst wahrscheinlich anzunehmen, dass jene Stellen, in welchen die unmittelbare Nachbarschaft
der Jazygen und Quaden betont wird, auch auf die sogenannten
Quaden, d. h. auf die Nachkommen der Vannianischen Sueven
zu beziehen sind. Das Vasallitätsverhältniss der Nachkommen der
beiden Gefolgschaften wurde gleichfalls schon im §. 1 eingehend
besprochen und nachgewiesen, dass ein solches bei keinem andern
Volke der Donausueven bestanden habe, somit alle Stellen, in
welchen von solchen Oberhohcitsakten des kaiserlichen Kabinets
die Rede ist, unbedingt auf die Einwohner des *regnum Vannianum*
gedeutet werden dürfen. Dass diese selbst zu Anfang dieses Jahrhunderts noch mit dem Namen Baimoi = Heergefährten, Gefolg-
schaftsmänner an ihre Herkunft erinnert wurden, hat uns Ptolemäus in seiner Geografie aufbewahrt, wie ich gleichfalls schon
oben als Beleg anführte. Wenn er aber diese Baimen ein grosses
Volk nennt, das bis an die Donau reichte, so gibt er uns damit
den Beweis für die zahlreiche Vermehrung und Ausdehnung der
markomannischen Ansiedler, deren wehrhafte Männer gewiss nicht
unthätig dem rund um sie entbrannten Kampfe zusahen.

Die Veranlassung zum Kriege wird nach einer Stelle des
J. Capitolin (v. M. 14) dem Vordringen rückwärts angesessener
Völker zugeschrieben. Die Slavisten Schafarik (Sl. Alterth. II. 413)
und Dudik I. 37 sehen in diesen *superioribus barbaris* slavische

Stämme, während Köpke (Deut. Forsch. 46) diese letzten Dränger
für Gothen erklärt. Jakobi 11 spricht sich dagegen wider jeden
fremden Anstoss entschieden aus, indem er als vornehmste Quelle
und Triebfeder des Krieges den natürlichen Drang der Donauvölker ansieht, eine ihrer Macht entsprechende Stellung einzuneh-
men. Pallmann (Völkerwand. II. 81) hält die *superiores barbari*
gleichfalls aller Wahrscheinlichkeit nach für Gothen, verbindet
aber damit als bewegendes Element den Druck, welchen die
hinter ihnen nachrückende slavische Welt ausübte; denn nicht
der innere Wandertrieb erkläre die Bewegungen ganzer Völker,
sondern das Drückende und Bedrohte ihrer Lage und der Drang
nach freier Entwicklung.

Jakobi 12 unterscheidet drei Hauptabschnitte des markomannischen Krieges, welche durch Waffenstillstände, Separatfriedens-
schlüsse und mittlerweile statthabende Rüstungen von einander
getrennt sind. Nachdem die Germanen während des parthischen
Krieges im Jahre 165 ganz Pannonien bis an Italiens Gränze —
die Markomannen und Quaden belagerten sogar Aquileja (Amm.
Mar. XXIX. 6) — überschwemmt hatten, kehrten sie auf die Nachricht von dem Vormarsch der römischen Legionen freiwillig über
die Donau zurück und schickten Abgesandte an die zu Aquileja
weilenden Kaiser Mark Aurel und Lucius Verus, um Friedensunterhandlungen anzuknüpfen. Dabei kam es unter ihnen zu
innerlichen Zwisten, wobei die Anstifter des Einfalles erschlagen
wurden — *tumultus auctores interemerunt* (J. Cap. 14). Ob die
Quaden ihren König auf diese Weise verloren hatten — *amisso
rege* — muss unentschieden bleiben. Da sie aber den Neugewählten erst nach Bestätigung der Kaiser anerkennen wollten — *quam
id nostris placuisset imperatoribus* (J. Cap. 14), so unterliegt es
nach der bisherigen Ausführung keinem Anstande, dass unter
diesen Quaden die von Dio Cassius sogenannten oder Vannianischen Ansiedler zu verstehen seien, deren Vasallitätsverhältniss
schon von Tacitus als *vetus obsequium* bezeichnet wurde, während
von den eigentlichen, zwischen den Markomannen und dem Lunawald eingesessenen Quaden kein Beleg gefunden werden kann,
dass sie in ein solches Abhängigkeitsverhältniss gerathen wären.

Nach dreijähriger Waffenruhe begann im Jahre 172 der
Kampf aufs Neue. Die Markomannen und Quaden überschwemmten nach einer siegreichen Schlacht, worin sie trotz des Zaubers
mit den beiden Berglöwen 25,000 Römer erschlugen und den Prä-
fecten Markus Vindex tödteten, ganz Pannonien, wo sich der Kaiser
nur mühsam zu Carnuntum behauptete. Nachdem aber die Markomannen auf ihrer Rückkehr beim Uebergang über die Donau
im folgenden Jahre 173 geschlagen (J. Cap. 21), die Jazygen im

Winter desselben Jahres in einem Treffen auf dem Eise der Donau
fast vernichtet worden waren (D. Cass. LXXI. 7) rückte Mark
Aurel zum Angriffskrieg seinerseits in das Quadenland und hier
fiel im Sommer des Jahres 174 die bekannte Donnerschlacht vor,
welche dem bereits in den Bergschluchten eingeschlossenen Rö-
merheere einen unverhofften Sieg verschaffte und die Quaden
zum Frieden zwang. Dass diese entscheidende Schlacht im Gebiete der sogenannten Quaden stattgehabt habe, sagt D. Cassius
LXXI. 8 ausdrücklich, ohne dass man deshalb gezwungen wäre,
mit Jakobi 27 die Gegend des Schlachtfeldes in der Nähe des
Granflusses suchen zu müssen. Denn der Kaiser wird seine Selbst-
bekenntnisse nicht gerade auf dem Schlachtfelde mit dem oben
angeführten Satze, den Jakobi hiefür citirt, geschlossen haben,
obwohl aus dem Bisherigen hervorgeht, dass der Wohnsitz der
sogenannten Quaden genau mit der geografischen Stellung der
Sueven des Capitolin, der Baimen des Ptolemäus und des *regnum
Vannianum* des Plinius zusammentrifft.

Wenn Jakobi bedauert, dass uns nur verstümmelte, oft gänzlich verworrene und selbst widersprechende Berichte aus dieser
Zeit übrig sind, so übersieht er dabei, dass dieser Wirrwarr und
Widerspruch zunächst dadurch veranlasst wird, dass man bei den
die Quaden anlangenden Stellen nicht zwischen dem Volke diesseits und jenseits des Lunawaldes unterscheidet. Auf dem prin-
cipiellen Standpunkte dieser durch die Thatsachen geforderten
Ausscheidung entwickeln sich die Mittheilungen des Dio Cassius,
welche über die militärischen Operationen wie über die Friedensverhandlungen während dieser zweiten Periode des Krieges besonders inhaltsreich sind, in ganz natürlicher Folge.

Nachdem durch das siegreiche Vorgehen der römischen Waffen
im Jahre 173 die Markomannen und Jazygen hinter die Donau
zurückgeworfen waren, beschloss der Kaiser einen Hauptschlag
gegen das Centrum der feindlichen Stellung auszuführen, um dadurch den markomannischen Völkerbund zu sprengen. Dass ihm
hiebei die beiden Quadenvölker gegenüberstanden, zeigt ein Blick
auf die Karte. Der Weg von Carnuntum, dem kaiserlichen Hauptquartier und dem Winterlager der römischen Legionen, führte
aber, um an den Feind zu gelangen, nicht an die Gran und ich
möchte selbst lieber das benachbarte Marchfeld vorziehen, welches
Aventin (Ann. b. II. 21) in seiner sonderbaren Latinität Marko-
feltas nennt und als Schlachtfeld bezeichnet, wenn dessen ebene
Beschaffenheit nicht ein gar zu unpassender Ort wäre, um ein
grosses Heer von allen Seiten so einzuschliessen, dass es demselben nicht einmal möglich gewesen wäre, sich nach dem ganz
nahgelegenen Marchflusse durchzuschlagen. Wenn aber die rö-

mischen Legionen, um sich als Keil zwischen die feindliche Position zu treiben, das Marchthal hinaufzogen, so mussten sie, von den Gebirgs-Quaden geschickt angelockt, sich nothwendig in die Engpässe des Lunawaldes verwickeln und konnten, von den eigentlichen Quaden im Rücken angegriffen, von allen Seiten so eingeschlossen werden, dass sie nur durch die günstige Dazwischenkunft eines plötzlich hereinbrechenden Ungewitters vor gänzlicher Vernichtung gerettet wurden, was den spätern Geschichtschreibern Veranlassung zu ihren fabelhaften, mit kindlicher Wundergläubigkeit ausgeschmückten Darstellungen gab.

Während sich nun nach dieser unverhofften Niederlage die sogenannten Quaden selbverständlich in die unzugänglichen Bergschluchten der Tatra zurückzogen, wandte sich der Kaiser seinem Plane gemäss gegen die eigentlichen Quaden hinter der March und zwang dieselben im Jahre 174 zu einem nachtheiligen Frieden. Sie mussten Pferde und Rinder für die Armee stellen, 13,000 Ueberläufer und Kriegsgefangene ausliefern, dem Bündnisse mit den Markomannen entsagen und versprechen, weder Markomannen noch Jazygen in ihr Gebiet aufzunehmen (D. Cass. LXXI. 11 und S. B. I. 124). Hierauf kam die Reihe an die Markomannen. Von ihren besiegten Bundesgenossen verlassen und abgeschnitten, wurden sie so in die Enge getrieben, dass sie wiederholt bei den Quaden Zuflucht zu suchen genöthigt waren. Da ihnen aber hier keine Hilfe gewährt werden konnte, so sahen sie sich endlich gezwungen, einen Theil ihres Gebietes — wahrscheinlich den südlichen, der an die Donau gränzte — den Römern zu überlassen und sich dazu zu verstehen, gesonderte Märkte und Sammelplätze einzuhalten und für ihre Ruhe und friedliche Haltung Geiseln zu stellen (D. Cass. LXXI. 15). Eine bedeutende Anzahl derselben wurde nach Italien in die Umgebung von Ravenna verpflanzt (J. Cap. 22, D. Cass. LXXI. 11), während die Römer in dem abgetretenen Landstriche Burgen und feste Lager anlegten.

Noch waren die Jazygen, wenn auch öfters besiegt, in ihrem Lande unbezwungen. Sie hatten ihren friedliebenden König Banadaspus in Fesseln gelegt und rüsteten sich, mit Hilfe und Zuzug der benachbarten Quaden, zum kräftigsten Widerstande. Dass dies nur von Seiten der Vannischen sogenannten Quaden geschehen konnte, erhellt schon daraus, dass die eigentlichen Quaden bereits im vorigen Jahre 174 zum Frieden gezwungen worden waren und hiemit löst sich der von Jakobi 28 bemerkte Widerspruch in der natürlichsten Weise. Indessen war diese quadische Hilfe den Jazygen nur von geringem Nutzen; denn von der ganzen, jetzt disponibeln, römischen Heeresmacht gedrängt, sahen

sie sich nach wiederholten Niederlagen genöthigt, ihren König
Zanticus zu Friedensunterhandlungen an den Kaiser abzusenden,
forderten aber von demselben das feierliche Versprechen, dass er
den Krieg fortsetze, indem sie befürchteten, er möchte ihnen, mit
den Quaden wie früher im Jahre 174 ausgesöhnt, einen Krieg
wider die Gränznachbarn hinterlassen (D. Cass. LXXI. 16 und 18).
Da aber der Kaiser bereits im vorigen Jahre mit den eigentlichen Quaden Frieden geschlossen hatte, so können die im Friedensschlusse mit den Jazygen genannten, mit denen der Kaiser
den Krieg fortzusetzen versprach, nur die noch ungefriedeten
Quaden, d. h. die sogenannten Vannianischen bezeichnen, welche
noch ausserdem die bekannten Gränznachbarn der Jazygen genannt werden. Diese hatten höchst wahrscheinlich bei ihrem
Rückzuge nach der Donnerschlacht im Lunawalde nach der
üblichen Praxis der germanischen Völker gleichfalls Friedensunterhandlungen mit dem feindlichen Hauptquartier angeknüpft
und sich zur Herausgabe von Kriegsgefangenen herbeigelassen,
von diesen aber nur Wenige und zwar nur Unbrauchbare gestellt,
während sie die Kräftigen zum Bau ihrer Erzgruben zurück-
behielten. Gaben sie aber Kräftige heraus, so hielten sie die Anverwandten derselben zurück, um jene zur freiwilligen Rückkehr
zu veranlassen. Ueberdies nahmen sie die von den Römern ge-
drängten Markomannen in ihr geschütztes Land auf, verjagten
ihren König Furtius, der ihnen höchst wahrscheinlich unter römischen Einfluss nach dem ersten Feldzuge des Krieges gesetzt
und zum Frieden geneigt war und wählten an dessen Stelle den
Ariogais. In weiterer Verhandlung erboten sie sich, 50,000 Kriegsgefangene auszuliefern, wenn ihnen der Kaiser den Neugewählten
rechtmässig bestätigen würde (D. Cass. LXXI. 13). Hierin liegt
offenbar wieder die Anerkennung des altherbestandenen Vasallitätsverhältnisses, welches durch den Krieg gebrochen war. Da
aber die Quaden aufs Neue den Jazygen Hilfe gesendet hatten,
sich auch ausserdem als höchst unzuverlässig erwiesen, so verstand sich Mark Aurel nicht dazu, auf diese Anerbietungen einzugehen, sondern setzte vielmehr einen Preis von 1000, beziehungsweise 500 Goldstücken für Denjenigen, der ihm den ihm
zum Trotz gewählten Ariogais lebendig oder todt einlieferte. Dennoch, als er ihm später in die Hände fiel, exilirte er ihn nur nach
Alexandrien (D. C. LXXI. 14). Aus diesem Thatbestande erhellt
doch wohl zur Genüge, dass hier nur von den Nachkommen der
Vannianischen Ansiedler die Rede sein kann. Möglich, dass dieses
Ereigniss und die Festigkeit des römischen Kabinets dazu bei-
trug, die sogenannten Quaden den Forderungen des Kaisers ge-
füger zu machen, welcher seinerseits durch die Empörung des

Avidius Cassius in die grösste Bestürzung versetzt worden war
und welchem Alles daran gelegen sein musste, durch schleunige
Pacificirung der Donauvölker sein siegreiches Heer zur Unterdrückung des Bürgerkrieges verwendbar zu machen. Deshalb mil-
derte er auch mannigfach die Friedensbedingungen der besiegten
Völker. So gab er den Markomannen gegen Stellung neuer Geiseln die Hälfte des abgenommenen Gebietes wieder zurück, und
den Jazygen, welche 100,000 Gefangene ausgeliefert und ein Kontingent von 8000 Reitern gestellt hatten, erliess er fast alle Bedingungen (D. Cass. LXXI. 15 und 19). Und so wurde zu Rom
wieder ein Triumf über alle Völker gefeiert, welche von Carnunt
in Pannonien bis in die Mitte von Gallien unter König Markomar
gestritten (Aur. Victor d. caes. 16) und eine Denkmünze auf die
pax Aug. aeterna geschlagen (Mascou, Gesch. d. D. V. 21).

In den Zeitraum vom Jahre 175—178, nämlich zwischen die
2. und 3. Periode des Krieges fällt auch die Beschwerde-Gesandt-
schaft der Quaden und Markomannen über die Bedrückungen
durch die am linken Donauufer in Kastellen und verschanzten
Lagern zurückgelassenen römischen Truppen. Diese, in der ver-
tragsmässigen Stärke von 20,000 Mann, belästigten die Einwohner
durch Behinderung ihrer Friedensgewerbe und Hinwegführung
von Gefangenen in solcher Weise, dass sich insbesondere die
Quaden entschlossen erklärten, lieber mit Weib und Kind zu den
nördlich sitzenden Semnonen auszuwandern, als die Quälereien
länger zu ertragen. Der Kaiser aber, von dieser Absicht in
Kenntniss gesetzt, befahl ihnen die Wege dahin zu verrammeln
(D. Cass. LXXI. 20). Barth (Urg. Deut. III. 253) meint, dass
hierunter nur die Quaden des Vannius verstanden werden könnten, weil die Römer nur bei diesen Burgen zu haben berechtigt
gewesen wären. Diese Ansicht ist aber durchaus falsch; denn ob
die Römer überhaupt im Gebiete der Vannianischen Quaden Kastelle oder verschanzte Lager, d. h. Standquartiere angelegt haben,
ist nirgend ausdrücklich bezeugt, und bei der zurückgezogenen
Lage des *regnum Vannianum* um so weniger anzunehmen, als die
Römer vor dem markomannischen Kriege kein Land auf der linken
Seite der Donau besassen, sondern erst durch die Friedenstraktate
des Jahres 174 von Markomannen und Quaden sich dieses abtreten
liessen. Auf diesem ziemlich schmalen Landesstreifen nun bezeugt
Dio Cassius an der obigen Stelle ausdrücklich, dass von den daselbst kantonnirenden Besatzungstruppen Verschanzungen zur
Deckung des Reichslimes angelegt worden seien. Anderseits aber
wird es gerade aus der Erwägung ihrer geografischen Lage, sowie
ihres Vasallitätsverhältnisses, dessen Anerkennung wohl einer der
Hauptfriedenspunkte war, höchst wahrscheinlich, dass es zunächst

die sogenannten Quaden gewesen sein werden, welchen der Kaiser
die Besetzung der nördlichen Gebirgspässe übertrug — *emit et
Germanorum auxillia contra Germanos* (J. Cap. 21), da sie es
waren, welche durch die Schluchten des Lunawaldes am leichte-
sten und unvermuthet den auswanderungslustigen Quaden in den
Rücken zu kommen vermochten. Der Grund aber dieser Mass-
regel war wohl weniger die Bestrafung der Bewohner, wie Dio
Cassius muthmasst, als vielmehr die Befürchtung, in die entvöl-
kerte Gegend fremde, den Römern unbekannte Einwanderer zu
locken.

Ob während der 3. Periode des markomannischen Krieges
vom Jahre 178—180 auch die sogenannten Quaden an den Feindseligkeiten werkthätigen Antheil genommen haben, lässt sich aus
den Quellen nicht mit Bestimmtheit entnehmen. Denn dieselben
sprechen nur von Markomannen und Quaden im Allgemeinen,
welchen nach Mark Aurels im Jahre 180 erfolgtem Tode der des
Krieges überdrüssige jugendliche Kaiser Commodus einen ehrenvollen Frieden auf der Grundlage der Verträge vom Jahre 175
gewährte. Die Quaden mussten sich gleich den Markomannen zur
Herausgabe aller Ueberläufer und Kriegsgefangenen und einer
jährlichen Abgabe an Getreide verstehen. Auch Waffen mussten
geliefert werden und die Quaden hatten 13,000 Mann Hilfstruppen, die Markomannen etwas weniger zu stellen, wofür er jenen
an der jährlichen Ersatzmannschaft etwas nachliess. Ausserdem
verbot der Kaiser die häufigen und wiederholten Zusammenkünfte
und erlaubte nur, dass sie einmal des Monats an einem bestimmten Orte und zwar in Gegenwart eines römischen Hauptmanns
zusammenkämen (Dio Cass. LXXII. 2). Aus diesen allgemeinen
Bestimmungen lässt sich nun kein Anhaltspunkt für die Entscheidung unsrer partikularistischen Frage gewinnen. Wenn man aber
in Erwägung zieht, dass sie sich ausdrücklich verpflichten mussten, sich aller Feindseligkeiten wider die Jazygen, Burer und
Vandalen zu enthalten, so ist man wohl zu dem Schlusse berechtigt, dass hier unter den Paciscenten wenigstens auch die sogenannten Quaden begriffen sein mussten, da uns der Friedensschluss vom Jahre 175 den Beweis geliefert hat, dass es diese
zunächst waren, von denen die Jazygen einen Rachekrieg für
ihren Separatfrieden befürchteten.

§. 4. Ereignisse im III. Jahrhundert.

Durch die Anstrengungen und Opfer, welche der 16jährige
Kampf gefordert, waren die Donauvölker so erschöpft, dass Dio

Cass. LXXII. 2 ausdrücklich von den Markomannen sagt, dass sie wegen ihrer Verluste in den Schlachten nur im Stande gewesen wären, zwei Häuptlinge und zwei Mindere, d. h. Gemeinfreie zum Friedensschlusse an den Kaiser abzuordnen. Es wäre Commodus auch leicht geworden, die Germanen nach dem Willen seines Vaters gänzlich zu unterwerfen, wenn er nicht die Wollüste der Hauptstadt den Strapazen des Krieges vorgezogen hätte (D. Cass. ibid. Herodian. I. 6). Wir lesen daher in diesem Jahrhundert nur von Streifzügen in die römischen Nachbarprovinzen, welche wohl mehr von einzelnen Gefolgschaften, als von ganzen Völkern ausgeführt wurden, und wobei uns wieder die Nachbarschaft der Sarmaten den Anhaltspunkt bietet, um unsre sogenannten Quaden zu ermitteln.

Auch ein Oberhoheitsakt des römischen Kaisers Antonin Caracalla ist uns aufbewahrt. Derselbe (v. 211—217) rühmte sich damit, dass er den König der Quaden Gaiowomar, der bei ihm verklagt worden war, habe hinrichten lassen, und die Leiche eines in die Anklage verwickelten Gefolgsmannes, der sich erhenkt hatte, den Barbaren zu einer nachträglichen Strafvollziehung überliess, weil der Selbstmord bei denselben ehrenvoll sei. Lächerlicher Weise behauptet Dahn (Könige I. 114), der Kaiser habe den Quadenkönig angeklagt und getödtet; denn bei welcher Behörde habe denn der oberste Lehnsherr einen ungetreuen Vasallen anzuklagen gehabt? Uebrigens haben wir hier nur einen wiederholten Beweis für die oberflächliche Nachlässigkeit, mit welcher der Verfasser seine Quellen behandelt; denn der Acc. pass. aor. „Angeklagten" kann doch nicht auf das kaiserliche Subjekt bezogen werden. Ob dieser Gaiowomar, wie Kachelmann (Gesch. d. ung. Bergstädte I. 20) muthmasslich, weil ohne Quellenangabe, behauptet, schon den Frieden mit Commodus unterzeichnete, ist bei dem Abstand von mehr als einem Menschenalter kaum glaublich. Unzweifelhaft aber darf er als König der sogenannten Quaden angenommen werden, da aus dem anerkannten Vasallitätsverhältnisse des Volkes hinter dem Lunawald ein solcher Hoheitsakt, wie die Aburtheilung eines angeklagten, unbotmässigen Vasallenfürsten erklärlich wird (D. Cass. LXXVII. 20).

Auch Jornandes in seiner Gothengeschichte c. 16 hinterliess uns eine Andeutung, dass es im III. Jahrhundert mehrerlei Quaden gegeben habe. Indem er das Vordringen der Gothen nach Westen schildert, sagt er: *sub cujus saepe dextra Wandalus jacuit, stetit sub pretio Marcomannus; Quadorum principes in servitutem redacti sunt.* Dies soll zur Zeit des römischen Kaisers Philipp (244—249) geschehen sein. Wenn nun auch die bekannte Grosssprecherei des im Nachschreiben seiner Quellen nicht immer sehr

genauen gothischen Historikers immerhin über die Tragweite
seiner Darstellungsweise einige Zweifel gestattet, so wird doch
wohl der Kern der Thatsache anerkannt werden, dass die Gothen
um diese Zeit unter ihrem Könige Ostrogotha, mit welchem die
mythische Königsreihe den festen Boden der Geschichte betritt
(Köpke 98), mit Erfolg die Völker an der mittlern Donau angegriffen und zu einem verschiedenen Grade von Unterwürfigkeit
gebracht haben. Dass darunter die Quaden gewesen sein mochten, ist mehr als bloss wahrscheinlich, da auf der einen Seite
von den Vandalen, auf der andern von den Markomannen die
Rede ist. Aber von Bedeutung muss bezeichnet werden, dass die
Quelle, welcher Jornandes hierin folgte, von Fürsten der Quaden
spricht, während sie die Vandalen wie die Markomannen als
einiges Volk behandelt. Es rechtfertigt sich hiedurch die Schlussfolge, dass auch um die Mitte des III. Jahrhunderts von den
Autoren noch mehrere Quadenreiche unterschieden werden und
dadurch den Beweis liefern, dass die Nachkommen der beiden
Gefolgschaften um diese Zeit unter dem an der mittlern Donau
herrschend gewordenen Gesammtnamen der Quaden gedeckt
werden.

Die zweite Hälfte des Jahrhunderts ist ausgefüllt mit Kämpfen
der römischen Generale wider die Sarmaten (Jazygen), in deren
Kriegsgemeinschaft wir fortwährend die benachbarten Quaden
wiederfinden. So erwarb sich der spätere Kaiser Probus c. 253
im sarmatischen Kriege hohen Ruhm durch seine Tapferkeit und
der Kaiser Valerian erkannte dem Obristen die Bürgerkrone zu,
weil er nach Uebersetzung der Donau den Valerius Flaccus,
einen jungen Mann vom höchsten Adel und Anverwandten des
Kaisers, aus der Gefangenschaft der Quaden heraushieb (Vopisc.
v. Probi 5). — Unter Kaiser Gallienus (259—268) sind es wiederholt die Quaden und Sarmaten, welche in Gemeinschaft die
beiden Provinzen von Pannonien verheeren (Eutr. IX. 9, Oros.
VII. 22, *Jornand. regn. succes.*). — Vom Kaiser Aurelian (270 bis
275) ist angemerkt: *contra Suevos et Sarmatas iisdem temporibus*
(d. h. vor seiner Erhebung zur Kaiserwürde) *vehementer dimicavit
et florentissime victoriam retulit* (Vopisc. v. Aurel. 18) — ein Beweis, dass die Schriftsteller die Herkunft der jetzt sogenannten
Quaden nicht vergessen hatten und sie in ihrer selbständigen
Stellung als Sueven noch kannten. Diese Sueven, die Nachbarn
der sarmatischen Jazygen über der Donau, können aber keine
andern sein, als die Sueven des Vannius, die Nachkommen der
beiden Gefolgschaften im *regnum Vannianum Suevorum*.

Auch Kaiser Numerianus (282—284) stiess mit seinem Vater
Carus auf ihrem Zuge zu dem parthischen Kriege auf Sarmaten,

welche über die Donau eingefallen, Illyrien und Thrakien verheerten und selbst Italien bedrohten. Er war aber so glücklich,
in wenig Tagen die pannonischen Provinzen von ihnen zu befreien, indem er viele Tausende derselben theils tödtete, theils
gefangen nahm (Vopisc. v. Cari 9). Dass auch hiebei wieder die
Quaden betheiligt waren, beweist eine Siegesdenkmünze mit dem
Namen des Kaisers Numerian und der Umschrift: *Triumphus
Quadorum*. — Noch zu Ende des III. Jahrhunderts bezeugt diese
Bundesgenossenschaft der Nachbarvölker Eumenius in seiner Lobrede auf den Kaiser Diokletian (284—305), indem er die *toties
obtrita Sarmatia* und die *toties profligati Quadi* neben einander
stellt (Panegyr. c. 10).

Wir haben also trotz der mangelhaften Nachrichten auch im
Laufe dieses Jahrhunderts ein Volk gefunden, welches in unmit-
telbarer Nachbarschaft und steter Kriegsgenossenschaft mit den
sarmatischen Jazygen zwar von den Schriftstellern meist mit dem
Namen der westlich benachbarten Quaden genannt, aber doch
bisweilen mit dem Namen der Sueven an seine Herkunft erinnert
wird und dessen Könige durch die Anerkennung der römischen
Oberherrlichkeit sich als die Nachfolger der Quaden des Vannius
erweisen.

§. 5. Die Ereignisse im IV. Jahrhundert.

Wie Dio Cassius für den Markomannenkrieg als Zeitgenosse
von höchster Bedeutung war, so ist es Ammian Marcellin für die
Zeit der Konstantine; denn in hohen militärischen Würden seit
Konstantius bis Theodosius hinterliess er uns in der Geschichte
seiner Zeit zwei Mittheilungen über die Geschichte der Quaden
von um so höherem Interesse, als er nicht nur die kriegerischen
Zusammenstösse mit denselben umständlich erzählt, sondern vielmehr wichtige Aufschlüsse über die staatliche Verfassung, Sitten
und Gebräuche des Volkes einflicht.

Die Germanen hatten im Sommer 357 die benachbarten römischen Provinzen überfallen. Die Quaden heerten in Valerien,
dem der Donau zunächst gelegenen Landstriche von Oberpannonien (vgl. die Gesch. Karte), die Sarmaten in Unterpannonien
und Mösien. Um ihre getheilten Scharen anzugreifen, rückte der
Kaiser Konstantius von Sirmium aus im Frühjahre 358 auf einer
Schiffbrücke über die hochgeschwollene Donau und verwüstete
nach Versprengung der feindlichen Truppen das Sarmatenland.
Selbst das Vorbrechen der Quaden — *qui noxarum saepe socii
fuerant indiscreti* — verwickelte nur diese in das Missgeschick
ihrer Bundesgenossen. Denn nachdem ihrer ein guter Theil er-

schlagen worden, flüchtete der Ueberrest hinter die schützenden
Berge. Darauf sammelte der Kaiser seine Armee zum Vormarsch
wider die *regna Quadorum*. Jetzt unterwarfen sich die bedrängten
Sarmaten, schickten den Prinzen Zizaim nebst den Gaufürsten
Rumo, Zinafer und Fragiled und den übrigen Häuptlingen ins
Hauptquartier und erhielten, wahrscheinlich wegen des in Aussicht stehenden Krieges mit Persien, gegen Zurückgabe ihrer Gefangenen und Stellung von Geiseln einen billigen Frieden. Auf
diese günstige Nachricht eilten Araharis, der Fürst der transjugitanischen Quaden, und Usafer, der Fürst der vertriebenen Sarmaten, beide von königlichem Stamme und durch Nachbarschaft
wie durch Tapferkeit aufs Innigste verbunden, mit all ihren Mannen herbei, den Kaiser zu versöhnen. Im Jahre 334 war nämlich
ein Theil der sarmatischen Jazygen von ihren Knechten, die sie
zum Krieg wider die Gothen hatten bewaffnen müssen, vertrieben
worden und hatte zum Theil bei den Viktofalen, zum Theil bei
den benachbarten Quaden Schutz suchend, ein Vasallenverhältniss
eingegangen. Araharis und die Quaden kamen gleichfalls mit der
Furcht weg, nachdem sie, was sie früher nie gethan, für ihre
künftige Bundestreue Geiseln gestellt hatten. Hierauf kam die
Reihe an den Jazygenfürsten Usafer, obwohl Araharis hartnäckig
widerstrebte, indem er behauptete, dass der ihm gewährte Friede,
auch jenem, als seinem Dienstmanne, gelten müsse. Aber der
Kaiser wollte dieses Verhältniss lösen und die Sarmaten unter
die unmittelbare Oberherrlichkeit des römischen Reiches nehmen.
Jetzt strömten Scharen von Völkern mit ihren Königen herbei,
brachten aus dem Innern des Landes die Söhne der Häuptlinge
als Geiseln und gaben, wiewohl mit Leidwesen, soviel Gefangene
heraus, als man verlangte. Nachdem nun auch die sarmatische
Frage erledigt und Zizaim als König eingesetzt worden war,
führte der Kaiser das Heer ins Lager bei Bregetio, um auch unter
den jenem Landstriche benachbarten Quaden die Ueberreste des
Krieges auszutilgen. Der Prinz Vitrodorus, des Königs Viduarius
Sohn, der Gaufürst Agilmund, andre Adelige und die Richter der
verschiedenen Stämme kamen herbei, um Gnade zu erlangen,
übergaben ihre Sprösslinge als Geiseln und schwuren auf ihre
gezogenen Schwerter, die sie gleich Göttern verehrten, dass sie die
Treue bewahren wollten (A. M. XVII. 12).

     Diese Erzählung Ammians liefert uns den Beweis, dass die
Römer, worauf uns die Nachrichten des vorigen Jahrhunderts
schon zu schliessen berechtigten, mehrere Reiche der Quaden, also
wenigstens zwei, unterschieden und dass sie das den Sarmaten
zunächst gelegene als das transjugitanische bezeichneten, weil es,
von den römischen Provinzen Norikum und Pannonien aus gesehen,

hinter den Bergen des Lunawaldes lag, wesshalb die Bewohner desselben jetzt den Namen der Transjugitaner — Hinterwäldler empfingen. Dass diesen Namen nicht bloss die unmittelbaren Gränznachbarn der Jazygen, sondern das ganze Volk zwischen March und Theiss erhalten hatte, geht aus der Stellung des römischen Heeres bei Bregetio hervor, wo es dem ehemaligen *regnum Vannianum* gerade gegenüber stand (vgl. Gesch. Karte). Wollte der Kaiser die oberhalb sesshaften eigentlichen Quaden bedrohen, so musste er seine Streitmacht wenigst bei Carnuntum, dem alten Standquartier, oder noch weiter Donau aufwärts concentriren. Das Heer der Römer war aber nicht in „andre Gauen des Quadenstammes" (wieder Dahn, Könige I. 115) gezogen, sondern *his in barbarico gestis Bregetionem castra commota sunt* und Bregetio lag doch nicht im Quadenlande, sondern in Pannonia prima. Es ergibt sich also auch hier wieder aus der geografischen Lage und in ununterbrochener Fortpflanzung die Gleichung: Transjugitaner = Nachkommen der Vannianischen Sueven.

Das Volk schildert Ammian als *immensum quantum antehac bellatrix atque potens*, wie Ptolemäus zwei Jahrhunderte früher schon seine Baimoi auf derselben Stelle als grosses Volk. Den kriegerischen Sinn seiner Männer erweist schon der Eidschwur auf die gezogenen Schwerter, wodurch sie sich als Verehrer des Schwertgottes Ear und zugleich als ächte Herminonen, welchen dieser Kult vor Allem heilig war, charakterisiren. Auch nach der schweren Niederlage beugen sie nur den Nacken — *stantes curvatis corporibus* — während die Sarmaten vor dem Kaiser die Waffen von sich schleudern und aus Furcht stimmlos wie entseelt zu Boden stürzen. Sonst seien sie sich in kriegerischen Bräuchen sehr ähnlich, hätten längere Lanzen, trügen Schuppenharnische aus geglätteten Hornstücken, welche wie das Gefieder der Vögel auf Leinenkleider aufgenäht seien, und seien gewöhnt, ihre Hengst-Pferde zu verschneiden, damit selbe nicht durch die Nähe von Stuten aufgeregt würden, noch durch unzeitiges Wiehern ihre Reiter verriethen. Auch führten sie als unermüdliche Reiter ein bis zwei Handpferde mit sich, um durch Wechsel ihren Thieren Zeit zum Ausrasten zu gönnen.

Am interessantesten ist die Entwicklung der staatlichen Verhältnisse. Wir sehen den König Viduarius als Rex anerkannt, der aber nicht selbst erscheint, sondern seinen Sohn Vitrodorus zur Friedensverhandlung sendet. Dieser heisst *regalis* gleich Araharis — aus königlichem Geblüte. Die Gaufürsten, wie Agilmund, heissen *subreguli*, Unterkönige, werden aber auch bisweilen schlechtweg *reges* genannt, wie in der *caterva nationum confluentium et regum*, wo man offenbar nur Gaugenossen mit ihren Häuptlingen ver-

stehen kann. Wenn aber Sybel (Königthum 72. 110) die hier genannten *reges*, *regales* und die später genannten *judices* für frei-
gewählte Volksrichter ausgeben will, und die Behauptung aufstellt,
dass das vorübergehende Amt eines Herzogs zu dem Titel des
Königs berechtigt habe, so steht er hierin mit Tacitus (G. 7):
reges ex nobilitate, duces ex virtute sumunt entschieden im Wider-
spruche. Die *judices variis populis praesidentes* kann ich in ihrer
auszeichnenden Zusammenstellung mit Fürsten und Adelingen um
so weniger für königliche Beamte halten, als sie vielmehr den
principes entsprechen, welche zu Tacitus Zeiten, also 300 Jahre
früher in den altgermanischen Volksversammlungen erwählt, *jura
per pagos vicosque reddunt* (G. 12) und ausserdem die freie Richterwahl noch nach zwei bis drei Jahrhunderten aus den ältesten
Volksrechten der Deutschen erhellt, ehe sie durch die centralisirende Staatsgewalt der Karolinger unterdrückt werden konnte.
Bezüglich des Verhältnisses der Stände sind es insbesondere die
optimates und *proceres*, welche neben dem Könige, den Prinzen
und Gaufürsten, sowie den Richtern zur Theilnahme an Staats-
verhandlungen berechtigt sind, Treuschwüre leisten und ihre Söhne
als Geiseln stellen. Auch das Vasallenthum, welches später zum
Lehensystem ausgebildet den germanischen Staaten so viele Nachtheile brachte, sehen wir schon in dem Dienstmannsverhältnisse
des Sarmatenfürsten Usafer gegenüber seinem Lehensherrn Araharis zur rechtlichen Geltung ausgebildet.

Kaiser Valentinian befahl, die Schutzwehren jenseits der
Donau selbst im Lande der Quaden, gleichsam als stünde dieses
unter römischer Herrschaft, zu vermehren. Nachdem die Letztern,
für das Ihre besorgt, durch Gesandte sich beschwert hatten, der
Schanzenbau nichtsdestoweniger fortgesetzt wurde, glaubte der zu
diesem Zweck ernannte *dux* von Valerien Marcellian die Volks-
aufregung durch einen Gewaltstreich dämpfen zu müssen. Er lud
daher den Quadenkönig Gabinius, der wider die Neuerung bescheidene Vorstellungen gemacht hatte, mit verstellter Freundlichkeit zu sich, zog ihn zu Tische, liess ihn aber bei seinem Ab-
schiede mit Verletzung des Gastrechtes ermorden. Auf diese
Botschaft erhoben sich die Quaden und ihre Nachbarn, die Sarmaten (Jazygen), überschritten die Donau, überfielen die nichts
ahnenden Provinzialen zur Zeit der Ernte und verheerten das
Land mit Mord und Plünderung. Was nicht erschlagen wurde,
ohne Ansehn des Alters und Geschlechtes, führten sie gefangen
hinweg, nachdem sie die Ortschaften verbrannt und das Vieh
fortgetrieben hatten. Bei diesem Einfalle ging höchst wahrscheinlich Carnunt, das Standquartier der Legionen in Pannonien, zu
Grunde, und wenig fehlte, so hätten die Streifenden die Tochter

des Kaisers Konstantius auf der Reise zu ihrem Bräutigam, dem Cäsar Gratian, aufgehoben. Zwar Sirmium entging durch schnell ausgeführte Vertheidigungsanstalten den Feinden, welche auf Belagerungen nicht eingerichtet waren; aber dafür vernichteten dieselben zwei Legionen, welche sich ihnen ohne gemeinschaftlichen Plan entgegengeworfen hatten. Der Kaiser Valentinian fand aber das Land grösstentheils verlassen; denn die Quaden hatten sich in die schützenden Berge zurückgezogen und das römische Heer kehrte nach Verheerung der Gegend, wobei höchst wahrscheinlich die alte Burg Vannia zerstört wurde (Kachelmann, Gesch. d. ung. Bergstädte 25), wieder nach Pannonien und lagerte bei Bregetio. Hier erschienen die Gesandten der Quaden, um Frieden und Vergessenheit des Vergangenen zu erwirken, indem sie darstellten, dass der Einfall in die Provinz nicht durch Beschluss der Häuptlinge veranlasst, sondern von einigen Räubern an der Gränze ausgegangen sei und sich damit entschuldigten, dass die neue Befestigung wider Recht und Billigkeit angefangen, die Gemüther in solche Aufregung versetzt habe. Uebrigens erboten sie sich ausser andern Vortheilen für den römischen Staatssäckel — wahrscheinlich zur Verproviantirung, woran die Armee Mangel litt — zur Einstellung junger Mannschaft. Der Kaiser warf dagegen dem ganzen Volke in schmähenden Ausdrücken seinen Undank für die empfangenen Wohlthaten vor und gerieth dabei in so heftigen Zorn, dass er, vom Schlage gerührt, sterbend in die Arme seiner Kammerdiener sank. Dies geschah im Jahre 375 (A. M. XXIX. 6. XXX. 5 und 6).

Dass die hier auftretenden Quaden die oben genannten Transjugitaner gewesen sein müssen, ergibt sich neben der Nachbarschaft der an dem Raubzuge betheiligten Sarmaten wieder aus der geografischen Lage des Schauplatzes; denn die beabsichtigte Befestigung lag gegenüber von der Provinz Valeria, also auf Grund und Boden des *regnum Vannianum*. Trefflich sagt daher Zeuss (D. 463): „Diese Gebirgsquaden, Waffengenossen der Sarmaten, in denselben Gegenden, wo einst der Quade Vannius unter dem Schutze der Römer ein suevisches Reich gegründet hatte, sind kein anderes Volk als eben diese Sueven, die Nachkommen der mächtigen Baimen des Ptolemäus, die von quadischen Königen beherrscht und ohne Zweifel durch die benachbarten Quaden aus dem Marchlande verstärkt, nun unter dem Namen Quaden auftreten, ohne die ältere Benennung Sueven aufzugeben."

Es ist also eine durch zeitgenössische Quellen verbürgte Thatsache, dass in den ersten vier Jahrhunderten, d. h. seit dem Jahre 20, wo das *regnum Vannianum* als römischer Vasallenstaat zwischen March und Theiss errichtet wurde, in derselben geogra-

fischen Lage ein Volk getroffen wird, welches, wenn auch unter
wechselndem Namen, stets den gleichen Typus bewahrt, welcher
sich durch die nachbarliche Stellung zu den sarmatischen Jazygen
und die anerkannte römische Oberherrlichkeit kennzeichnet. Hinsichtlich der verschiedenen Benennung dieses Volkes ergibt sich
aus den Quellen, dass die Uebertragung des Quadennamens auf
dasselbe besonders und zunächst von den Römern ausgeht —
ich möchte sagen zuvörderst von den Oströmern oder Byzantinern, obwohl auch Dio Cassius und Ammian Marcellin durch
den Zusatz von „sogenannten und transjugitanischen" einen ganz
bestimmten Unterschied zwischen den Trägern dieses Namens
und den eigentlichen Quaden machen. Wenn Jornandes c. 16
von Quadenkönigen spricht, welche den Gothen unterworfen
waren, so erklärt sich das hieraus, dass er in der Geschichte dieses
Zeitraumes nach römischen Vorlagen (Cassiodor) arbeitete, oder
dass die Unterwerfung die Völker diesseits und jenseits des
Lunawaldes betroffen habe, was auch dadurch wahrscheinlich
wird, dass die noch westlicher wohnenden Markomannen in dasselbe Abhängigkeitsverhältniss gerathen sein sollen. Im nächstfolgenden Jahrhunderte kennt er nur Sueven in dieser Gegend.
Anderseits, wenn man die Baimoi des Ptolemäus, der dieses Volk
nach seiner Abstammung als Heergefährten bezeichnet, abrechnet,
bestätigen auch römische Schriftsteller des I. Jahrhunderts, wie
Plinius und Tacitus die Bewohner des *regnum Vannianum* nach
ihrer Stammeseigenthümlichkeit als Sueven und selbst noch Jul.
Capitolin, Eutrop, sogar noch Vopiscus und Orosius wissen von
Sueven in dem Gebirgsdelta zwischen March und Theiss zu berichten. Es wäre daher die Behauptung ein ebenso grosser Irrthum, die Quaden hätten alles Land und Volk bis zur Gran und
Eipel unterworfen, weil die Römer in diesen Gegenden vorzugsweise ihren Namen nennen, als es für oberflächlich gehalten werden muss, anzunehmen, dass nach vorgängigem Abzug der Quaden sich irgend ein suevisches Volk in diesen Gegenden festgesetzt hätte, weil seit dem Ende des IV. Jahrhunderts der Qua-
denname verschwindet und die Schriftsteller nur noch von Sueven
zu erzählen wissen. Denn keine Quellennachricht ist uns von der
Ankunft eines solchen Volkes aufbewahrt. Wenn aber mit dem
V. Jahrhunderte die Verwechslung mit den Quaden aufhört und
wir von nun an nur mehr von Sueven in diesen Gegenden lesen,
so hat dies ohne Zweifel darin seinen Grund, dass jetzt germanische Schriftsteller, wie Jornandes und der Diakon Paul in seiner Langobardengeschichte und der Fortsetzung zur *hist. miscel.*,
in die Reihe der Quellen treten, welche wahrscheinlich bestimm-

tere Nachrichten über das Stammverhältniss der Nachkommen der beiden Gefolgschaften besassen, oder ein grösseres Gewicht auf die Nationalität der Völker legten.

§. 6. Die Ereignisse des V. Jahrhunderts.

Wir haben nur noch zwei Stellen, welche der Quaden gedenken und welche beide auf den Anfang dieses Jahrhunderts fallen. Die Erste ist aus einem Trostbriefe des Kirchenvaters Hieronymus an die Wittwe Ageruchia im Jahre 409 geschrieben, und nennt unter den Verwüstern Galliens an erster Stelle die Quaden. Diese Verwüster waren ein Theil des grossen Suevenzuges, welcher unter Radagais über die römischen Provinzen herfiel und nach der Niederlage des Hauptheeres in Italien im Jahre 406 sich über Gallien und Hispanien ergoss und mit der Gründung des Suevenreiches daselbst sein Ende erreichte. Aller Wahrscheinlichkeit nach sind hierunter die eigentlichen Quaden gemeint, welche mit Markomannen, Vandalen, Alamannen und selbst Pannoniern sich dem Völkerschwarme des Radagais anschlossen. Zwar werden an selber Stelle auch Sarmaten als Verheerer genannt. Dies kann aber keinesfalls auf die den Transjugitanern nachbarlichen Jazygen gedeutet und etwa daraus gefolgert werden, dass also auch Jene ausgewandert sein dürften; denn dagegen spricht schon einerseits die Thatsache, dass wir noch zu Ende dieses Jahrhunderts die sarmatischen Jazygen in ihren altangestammten Sitzen zwischen Donau und Theiss treffen und anderseits die Erörterung der andern die Quaden betreffenden Stelle.

Diese Letztere ist dem Militärhandbuche des oströmischen Kaiserreichs, *Notitia dign. imp. rom.* c. 143, entnommen und besagt, dass das 1. Reiterregiment der Quaden unter dem Kommando des Herzogs von Theben auf der kleinen Oase Trinitheos stationirt war — *sub dispositione viri spectabilis Ducis Thebaidos ... ala 1 Quadorum Oasi minore Trinitheos.* Da wir nun aus den Erörterungen des vorigen §. 5 genau wissen, welches die Quaden waren, welche sich vor einem Menschenalter zur Einstellung junger Mannschaft in die römische Armee verpflichteten, so erhellt aus diesem amtlichen Dokumente, dass die dort nachgewiesenen Transjugitaner ihre Sitze nicht verlassen haben können, da sie noch ihren Vasallendienst gegen das römische Reich erfüllten.

Diese Oberherrlichkeit des römischen Reiches muss aber um diese Zeit ihr Ende erreicht haben, wie überhaupt die staatlichen

Verhältnisse des Abendlandes unter den verheerenden Stürmen
der hunnischen Wandrung eine völlige Umgestaltung erfuhren.
Durch die Unterwerfung des grossen Gothenkönigs Hermanrich
war der östliche Gränzwall der Germanen zersprengt und die
hunnischen Sieger ergossen sich über die kleinern Volksstämme,
welche ohne Schirm und Zusammenhang in der Vertheidigung
ihrer Freiheit den mongolischen Raubhorden zum Opfer fielen.
Hunimund, der Sohn Hermanrichs, durch Tapferkeit und Schönheit ausgezeichnet und durch den Eid der Treue an den hunnischen Oberherrn gebunden, griff die benachbarten Sueven an und
besiegte sie nach einem glücklichen Kampfe — *contra Suevorum
gentem feliciter dimicavit* (Jornand. c. 48). Wie Zeuss (D. 457) nach
seiner oben (S. 53) angeführten Ansicht von den quadischen Sueven
die von Hunimund Unterworfenen für Semnonen halten konnte,
ist mir rein unerklärlich. Näher dem Ziele steht Köpke (D. Forsch.
139), welcher mit Bezug auf Jorn. c. 16 dieselben auf Markomannen und Quaden deutet. Es können aber nach der geografischen Lage die hier angegriffenen Sueven nur die früher sogenannten quadischen, die Bergquaden oder Transjugitaner des
Ammian sein und muss ihr Zusammenstoss mit den Gothen, der
sie zu Aftervasallen Attilas machte, in die ersten Jahre dieses
Jahrhunderts gesetzt werden, da Hunimund um 415 nach vierzig-
jähriger Herrschaft starb (Köpke, D. Forsch. 138). Hiemit gewinnt aber die Stelle der hist. misc. XV. 97: *Erant ejus subjecti
dominio . . . fortissimae nihilominus gentes Marcomanni, Suevi,
Quadi etc.* eine geschichtliche Grundlage. Denn wenn auch diese
Völker durch Kriege, Verheerungen und Auswandrung, namentlich
die Markomannen und Quaden, sehr gelitten haben mochten, so
beweist die Stelle des Jornandes doch, dass die Sueven unter die
Oberherrlichkeit der Hunnen gekommen und ich nehme hiemit
meine ohne Kenntniss dieses Quellenbeleges in A. B. 87 ausgesprochene Muthmassung, die Sueven möchten mehr aus oratori-
scher Befriedigung, denn aus historischer Treue in diesen Satz
der Hist. misc. gerathen sein, zurück. Zwei Kapitel später zählt
Jornandes die germanischen Völker auf, welche in der Befreiungsschlacht vom Hunnenjoch im Jahre 454 am Netad in Pannonien
stritten und erwähnt neben Gothen und Gepiden — von Markomannen und Quaden schweigt er gänzlich — die Sueven, welche
sich durch die Tapferkeit ihres Fussvolkes hervorthaten — also
auch diese namentliche Erwähnung ein Beweis, dass die uns
wohl bekannten Sueven dem benachbarten Gewaltreiche Attilas
unterworfen waren und durch die Streitmacht ihres Volkes zum
Bruche der Fremdherrschaft das Meiste beitrugen.

Der suevo-gothische Krieg 467—472.

Während die Markomannen und Quaden mit Ausnahme obiger Stelle in der Hist. misc. nicht mehr genannt werden und Eugipp, der verlässigste Quellenschriftsteller für die 2. Hälfte des V. Jahrhunderts in den Donauprovinzen nicht einmal ihren Namen kennt, werden also die Sueven noch in ihren altangestammten Sitzen östlich der March bezeugt, wo sie bald nach der Befreiung vom Hunnenjoche mit den Gothen in eine Fehde gerathen, deren Hergang uns Jornandes c. 53—55 umständlich erhalten hat. Zwar bedarf dieser Gewährsmann namentlich in seinen geografischen Darstellungen dieses Zeitraums einer sorgfältigen Kritik (Pallmann, Gesch. d. Völkerwdrg. II. 41); denn er spricht von Sueven neben Rugen, Gepiden, Skiren und Sarmaten und lässt dann 2 Kapitel weiter Alamannen, Sueven und Baiwaren neben einander sitzen, wie dies nur im VI. Jahrhunderte der Fall war und daher zu dem Schlusse berechtigt, Jornandes habe die Völkerstellung seiner Zeit um ein volles Jahrhundert zurückversetzt. Bezüglich der Baiern hat man dies um so unbedenklicher zuzugeben sich veranlasst gesehen, als der Zeitgenosse Eugipp nichts von ihnen weiss. Dass man diese anachronistische Vermengung aber auch auf die von Jornandes angeführten und in den Suevenkrieg verflochtenen Alamannen und mit derselben Konsequenz auszudehnen habe, wird die nachfolgende Erörterung nachweisen; denn die von Eugipp (v. Sev. 20. 24. 30) genannten Alamannen, welche Rätien brandschatzen, sind nicht neben den Sueven des Karpatenlandes zu Hause. Durch diesen geografischen Anachronismus des Jornandes kam aber eine grosse Verwirrung in das ethnografische Bild der Donauländer; denn einige Forscher (Huschberg, Scheiern-Wittelsb. 30, Rudhardt 153), um die Nachbarschaft von Dalmatien und Pannonien zu retten — *quia Dalmatiis Suavia vicina erat nec a Pannoniis multum distabat* — versetzen die Sueven in das südliche Pannonien, etwa in die römische Provinz Savien, wo sich neben den Gothen gar kein Platz für dieselben findet. Zeuss (D. 321) macht den Suevenfürsten Alarich ohne allen Beleg zum Alamannenkönig, wahrscheinlich wegen der angeblichen zweifelhaften Bundesgenossenschaft. Endlich erfand man gar den fantastischen Zug der Gothen auf der zugefrorenen Donau von Pannonien bis Alamannien, um die Sueven *improviso a tergo* zu überfallen (Huschberg, ibid.; Platzer, im Neubg. Kollekt.-Blatt; Erhard, Baier. Kriegsgesch. I. 95).

Schon vor 14 Jahren, als die Nothwendigkeit einer kritischen Prüfung dieser Stellen des Jornandes an mich herantrat, erhoben sich in mir Zweifel über die Richtigkeit der bisherigen Auffassung,

insbesondere über die Beiziehung der Alamannen, welche Eugipp
nur in Rätien kennt. Die Rachefahrten oder Vertheidigungszüge
der Gothen sind nur wider die Völker an der mittlern Donau
gerichtet, während in Jorn. c. 55 die Alamannen ohne andere
Veranlassung als ein *„tunc juncti aderant"* wie vom Himmel herab-
fallen. Man wende nicht ein, wie Wietersheim (Gesch. d. Vlkw.
IV. 463) anzunehmen geneigt ist, dass an dieser Stelle nur von
einem abenteuernden Alamannenhaufen die Rede sei, der den
Sueven zum Trost gekommen sei; denn Jornandes bezeichnet
ganz bestimmt die in Rätien ansässigen Alamannen *ipsique alpes*
errectas omnino regentes, nur sieht man nicht ein, wie hier noch
für Sueven und Baiern Raum zu finden sei, indem diese Alamannen eben die Sueven späterer Jahrhunderte sind. Wenn aber
auch der Gothenkönig Theodemir die Alamannen am Fusse der
Alpen hätte heimsuchen wollen, so kann ich aus dem *emenso*
Danubio noch keinen Beweis dafür entnehmen, dass deshalb das
Gothenheer auf dem Eise des zugefrorenen Stromes bis nach
Rätien marschirt sei, um dem Feinde in den Rücken zu kommen.
Denn abgesehen von der Beschwerlichkeit eines solchen Marsches,
der die Gothen überdies nur an die Stirnseite der Alamannen
geführt hätte, würde man auf der Donau einen weiten Bogen zu
beschreiben genöthigt gewesen sein, während Theodemir als er-
fahrner Feldherr den geraden Weg durch das unvertheidigte Norikum und Rätien gewiss als die beste Operationslinie erkannt
hätte. Einige Zeilen unterhalb werden die am linken Donauufer
wohnenden Sarmaten gleichfalls *emenso Danubio* von dem jungen
Theoderich überfallen, was doch nur einen einfachen Stromüber-
gang bedeuten kann. Das sind aber alles nur filologische Spitzfindigkeiten, welche vor der einzigen Thatsache in ihr Nichts ver-
sinken, dass der Zeitgenosse Eugipp nicht die leiseste Andeutung
von einem solchen Gothenzuge hat, während er sonst alle in
seine Zeit fallenden Heerfahrten der Alamannen, Sueven, Thüringer, Heruler und Rugen gewissenhaft verzeichnet.

Die durch obige Hypothesen angeregten Zweifel berichtigen
sich aber vollkommen, wenn man die Völkerstellung betrachtet,
wie sich dieselbe seit dem Untergange des Hunnenreiches im
Jahre 454 an der mittlern Donau entwickelte. Die Gepiden nahmen ganz Dakien bis an die Theiss und blieben dort bis zu ihrem
Untergange durch die Langobarden im Jahre 567 (Jorn. 50). Die
Gothen setzten sich in Pannonien und zwar von der Save bis an
die norische Gränze und wurden nachträglich vom Kaiser Mar-
cian in diesem Besitz bestätigt, obwohl die Römer seit der Hun-
nenzeit hier nichts mehr zu vergeben hatten. Pallmann (Völkrw.
II. 49) hält diese Sitze für die drei Gothenfürsten zu **ausgedehnt**

und verlegt mit Zeuss (D. 424) Walamir zwischen Leitha und
Raab, Theodemir an den Plattensee und Widemir zwischen beide.
Andre Forscher machen die Abgränzung anders; so Köpke (D.
Forsch. 144), welcher Theodemir zwischen die Raab und die no-
rische Gränze um den Pelsosee, wofür er den Neusiedlersee er-
klärt, den Walamir zwischen die Raab und Sarvitza und den
Widemir zwischen Drave und Save verlegt. Der Irrthum dieser
Forscher rührt aber nur daher, dass sie in ihrer geografischen
Erläuterung von Nordwest nach Südost fortschreiten, während
Jornandes den umgekehrten Weg einschlägt. Sowie er aber c. 50:
*Ornata patria civitatibus plurimis quarum prima Sirmis, extrema
Vindomina*, also von Mitrowitz an der Save nach Wien geht, so
schlägt er auch c. 52 dieselbe Richtung ein: *nam Valamir inter
Scarniungam et aquam nigram fluvios, Theodemir juxta lacum
Pelsois, Videmir inter utrosque manebat.* Hienach sassen also die
Gothen Walamirs, des ältesten Bruders, der auch vorzugsweise
den Königstitel führte in Unterpannonien an der Save und Drave,
die Gothen Theodemirs zwischen der norischen Gränze und dem
Plattensee in Oberpannonien und die Widemirs zwischen beiden
vom Plattensee zur Donau in der alten Provinz Valerien, im heutigen Sömögy (vgl. die Gesch. Karte). Damit stimmt überein, dass
Eugipp die Hauptmacht des Gothenvolkes nach Unterpannonien
verlegt, indem er (s. 5) sagt: *Flaccitheus ... habens Gothos ex in-
feriore Pannonia vehementer infensos ...* und dass Theodorich hier
den alten Gothensitz wiederfindet *quondam sedes Gothorum — quae
se nostris parentibus feliciter paruisse cognoscit* (Cassiodor Var. III.
26). — Jenseits der Donau waren die rugisch-herulischen Völker
heraufgerückt und zwar die Rugen ober- und unterhalb des Man-
hartsberges bis an die March; neben ihnen und vielleicht mit
ihnen vermischt die Turcilingen, welche Müllenhoff (Berl. Abh.
1862. 525) für die königliche Phyle der Rugen hält. Oestlich
von diesen bis an die Eipel sassen die Heruler und zwischen den
Flüssen Eipel und Theiss die Skiren, welche zwar Pallmann
(Völkerw. II. 48) westlich der Heruler verlegt, aber gewiss mit
Unrecht, da die Schlacht an der Bollia die Sitze des Skirenvolkes
sichert. Nördlich von diesen gothischen Stämmen, wo sich von
den Gipfeln der Tatra das ungrische Erzgebirge zwischen die
Flussthäler der Waag, Neutra und Gran herabsenkt, sassen in
der ursprünglichen Heimat der Vannianischen Sueven, der Baimen
und Hinterwäldler die Sueven des Hunimund und Alarich von
der March bis an die Theiss und hatten südlich neben den inzwischen vorgedrungenen Skiren ihre alten Nachbarn und Bundesgenossen, die sarmatischen Jazygen, welche noch immer die
campos et plana — die Pussten zwischen Donau und Theiss, wie

zu Plinius Zeit, besetzt hielten. Wietersheim (Gesch. d. Völkerw. IV. 461) will in den Suavis des Jornandes nur Ueberbleibsel der Quaden und Vandalen erkennen, welche ja Alle zum suevischen Stamme gezählt hätten. Es ist dies natürlich nur eine historische Konjektur, welche für die hier auftretenden Sueven Rath schaffen soll, deren geschichtliche Entwicklung in diesem Landstrich man früher ausser Acht gelassen hat.

Aus dieser gegenseitigen Völkerstellung erklären sich die kriegerischen Zusammenstösse, welche Jornandes c. 53—55 schildert, in ebenso einfacher als genügender Weise. und ist nur bezüglich der Zeitbestimmung zu bemerken, dass sie vor dem Jahre 471 eingereiht werden müssen, da in diesem Jahre der Patricius Aspar, welcher in diesen Händeln eine Rolle spielt, zu Konstantinopel von dem nachmaligen Kaiser Zeno ermordet wurde. Der Suevenherzog Hunimund unternahm 467 einen Raubzug *ad praedandas Dalmatias* und plünderte auf dem Wege dahin gothische Viehherden. Bei seiner Rückkehr verlegte ihm König Theodemir, um den Sueven die Lust zu solchen Uebergriffen zu verleiden, am Plattensee den Weg und nahm ihn durch einen nächtlichen Ueberfall gefangen, entliess ihn aber gütig und zur Versöhnung geneigt nach Suevien, nachdem er ihn vorher nach germanischer Sitte zu seinem Waffensohne angenommen hatte. Der Besiegte aber, uneingedenk der väterlichen Gnade und auf Rache sinnend, reizte *post aliquod tempus*, also etwa um 468, die benachbarten Skiren *qui tunc supra Danubium considebant* und mit den Gothen zum Treubündniss verpflichtet in Frieden lebten, zu einem Einfalle in Pannonien. Hier fiel beim Widerstande der Gothenkönig Walamir in verrätherischer Weise, indem ihn sein Streitross in unbändiger Wuth mitten in die feindlichen Lanzen stürzte, bevor noch der Kampf begonnen, in welchem aber die Skiren, wie der wohlrednerische Jornandes meldet, bis zur Vernichtung geschlagen wurden. Auf diese Schlacht — ob dieselbe an der Raab geschlagen wurde, lässt sich aus des Jornandes Bericht nicht entnehmen — bezieht es sich, wenn Aventin in seiner Chronik fol. 295 erzählt: wiewohl auch die unsern singen und sagen, es sei auch König Dietmar von den Beyern und Schwaben unten umb die Rab erschlagen worden. Es ist dieses der erste Versuch, die Rabenschlacht der deutschen Heldensage, welche Pallmann (Völkerw. II. 464) mit Recht in den Kämpfen zwischen Odovakar und Theoderich um Ravenna erkennt, an ein historisches Faktum anzuknüpfen, aber zugleich ein sehr ungünstiges Zeugniss für die Verlässigkeit Aventins, mit welcher derselbe seine Quellen behandelte.

Die durch diese Niederlage ihrer Bundesgenossen erschreckten

Suevenkönige Hunimund und Alarich schlossen jetzt ein Schutz-
und Trutzbündniss mit den Skiren unter Wulf und Edika, mit
Rugen, Gepiden und Sarmaten und da sich beide kriegführende
Theile an den Kaiser von Ostrom um Unterstützung wendeten,
so befahl Kaiser Leo gegen den Rath des Patricius Aspar, welcher eine Neutralitätsstellung anempfahl (Priscus S. B. I. 160),
also wahrscheinlich im Jahre 469, dem Präfekten von Illyrien, den
Skiren mit einem Heere zu Hilfe zu marschiren. Die verbündeten
Völker lagerten an der Eipel (Bollia), wurden aber von den
Gothen in einem grossen Blutbade total geschlagen. Da nun die
Sueven in der Bundesgenossenschaft von Rugen, Skiren, Gepiden
und Sarmaten auftreten, diese aber um die mittlere Donau nachgewiesen sind, so können sie nicht im heutigen Schwaben gesessen
haben. Von den Alamannen, welche plötzlich im nächsten Kapitel erscheinen, ist hier noch keine Rede. Deshalb konnte auch
der Rachezug gegen die Sueven im folgenden Jahre nicht nach
der obern Donau gerichtet gewesen sein; sondern König Theodemir, der jetzt nach Walamirs Tode die erste Stellung unter
den gothischen Königsbrüdern einnahm, ging im Winter 470 über
den festgefrornen Strom, fiel den Sueven in den Rücken und verheerte das Land, und wenn der so ruhmredige Jornandes sagt:
vastavit et paene subegit, so darf man daraus schliessen, dass es
mit der Unterwerfung nicht so gar viel zu bedeuten haben mochte.
In dieses Kapitel ist nun die vielgedeutete Gränzbeschreibung der
Suevi, welche die *baiobari* in ihren Osten stellt, eingeschaltet und
wenn Jornandes hieran die Alamannen *alpes errectas omnino regentes* anschliesst, so zeigt der klare Thatbestand, dass diese Beherrscher der rätischen Hochgebirge ebenso wenig mit Theodemirs Suevenzug gemein haben, wie die Baiern mit der Sueven-
gränze im V. Jahrhundert und nur durch einen Anachronismus
von 100 Jahren in die Beschreibung des gothischen Rachezuges
gekommen sind. Mittlerweile hatte Theodemirs Sohn, Theoderich,
aus der Geiselschaft zu Konstantinopel entlassen, die sarmatischen
Jazygen — *emenso Danubio* — überfallen, um sie für ihre Theilnahme am Kriege wider die Gothen zu züchtigen, ihren König
Babai erschlagen und ihnen Sigidunum (Belgrad) weggenommen.
Dem heimkehrenden Vater brachte er ausser dem Siege den Schatz
und die Familie des erschlagenen Königs.

Da nach diesen Thatsachen die Sueven des Hunimund und
Alarich nicht in Rätien gefunden werden können, sondern vielmehr jenseits der Donau gegenüber von Pannonia I oder superior
hinter der rugisch-herulischen Völkergruppe, so ergibt sich von
selbst, dass ihre Heimath in dem Gebirgslande zwischen March
und Theiss gelegen haben müsse, dem Siedelorte der *baiwáras*

und des *regnum Vannianum Suevorum* des Plinius, der Baimen
des Ptolemäus, der Transjugitaner des Ammian, der Sueven des
Attila. Ihre Fürsten haben gothische Namen, wie überhaupt die
Gothen als herrschendes Volk im germanischen Osten ihren Nachbarvölkern, selbst den Hunnen, gothischen Typus aufdrückten
(Köpke, D. Forsch. 137). Alarich ist nicht Alamannenkönig, sondern *rex Suevorum;* Hunimund nicht ein zufällig gleichnamiger,
wie Wietersheim (Gesch. d. Vlkrw. IV. 461) behauptet, sondern
höchst wahrscheinlich- derselbe Barbarenkönig Chunimund, welchen
der Zeitgenosse Eugipp (v. Sev. 23) als Zerstörer von Castra Batava nennt. Wir finden also das Volk der beiden Gefolgschaften
in derselben staatlichen Verfassung, wie zu Zeiten des Vangio
und Sido, oder vor 100 Jahren unter den *subregulis* Araharis und
Agilmund, und obwohl Dudik (I. 48) in solcher Doppelherrschaft
die Zeichen der bevorstehenden Auflösung des Staates erkennen
will, so erhellt vielmehr aus dem thatsächlichen Widerstande gegen die siegreichen Gothen, dass sich das hier erwachsene Volk
mächtig gekräftigt haben müsse, um so viele Stürme, ohne unter-
zugehen, überstehen zu können.

§. 7. Die Ereignisse des VI. Jahrhunderts.

Wenige Jahre nach den eben geschilderten Begebenheiten
hatte sich die Völkerstellung an der mittlern Donau wiederholt
geändert. Durch den Abzug der Gothen im Jahre 474 nach Italien
und Mösien war die Strasse nach dem Süden geöffnet und zahlreiche Scharen der herulisch-rugischen Völker fuhren nach Italien,
wo Odovakar im Jahre 476 mit den germanischen Hilfstruppen
durch Depossedirung des letzten Kaiserleins Romulus Augustulus
dem Römerreiche in Italien ein Ende machte (Pallmann, Vlkrw.
II. 273) und nach dem rugischen Kriege in den Jahren 487 und
488 durch Zurückführung der Provinzialen nach Italien unter
seinem Bruder Aonulf und dem *comes Pierius* selbst die Reichsprovinzen Norikum und Rätia II aufgab. Die Heruler, wohl schon seit
dem Abmarsch der Gothen 474 in ihre verlassenen Sitze in Pannonien vorgerückt, setzten sich nun auch in Norikum fest und
bildeten in diesen Provinzen vom Inn bis an die Donau ein nicht
unbedeutendes Reich, dessen König Rodulf selbst der Ostgothe
Theoderich der Bundesgenossenschaft werth hielt, als der bevor-
stehende Kampf mit den Franken ihn zu einer Verbindung mit
andern Germanenkönigen nöthigte und den er selbst zu seinem
Waffensohne adoptirte (Cassiod. var. III. 3, IV. 2). Die Lango-

*

barden waren auf ihrer Wandrung über die Sudeten in das obere Mähren gekommen; jetzt nach Besiegung und Zersprengung der Rugen im Jahre 488 durch den ersten Germanenkönig von Italien rückten sie an die Donau herab in das Rugenland und sassen daselbst *aliquantis annis*, wohl bis circa 500. Hierauf wanderten sie unter König Tato *et habitaverunt in campis patentibus qui sermone barbarico feld appellantur* (Paul d. I. 20). Pallmann (Vlkrw. II. 56) sieht diese *campi patentes* für das Marchfeld an, welches aber seiner ganzen Stellung gemäss zum Rugiland gehört. Zeuss (D. 464) und Wietersheim (Gesch. d. Vlkrw. IV. 480) erklären sich mit Recht für die Theissebenen, die von den vertriebenen Jazygen verlassenen Pussten, wie denn auch Einhard in seinen Annalen (ad a. 796) noch anführt, dass die Langobarden früher die Gegend zwischen Donau und Theiss, wo zu seiner Zeit die Avaren hausten, *feld*, *campus* genannt hätten. Hier nun geriethen die Langobarden mit den Herulern und Sueven in Krieg, von denen uns eigentlich nur der Letztere interessirt, während der Erstere bloss der Zeitbestimmung halber hier eingefügt werden muss, da dieses die letzte Nachricht ist, die wir über die Sueven des Karpatenlandes mitzutheilen haben (vgl. Gesch. Karte).

Der Krieg der Langobarden mit den Herulern und Sueven, 504—506.

Es liegt uns nämlich über diese Ereignisse nur eine einzige bestimmte chronologische Angabe vor, indem das Chron. Marcell. zum Jahre 512 anführt, dass die Heruler auf Befehl des Kaisers Anastasius in das römische Gebiet aufgenommen worden seien. Wenn nun Büdinger (Oestr. G. I. 57) die Niederlage der Heruler und ihre Wandrung von Rugiland bis an die Gränze der römischen Provinz Mösien in das eine Jahr 512 zusammendrängen will, so ist er hiemit ganz entschieden im Irrthum. Denn die Heruler sahen sich nach dem Untergange ihres Reiches im Süden der Donau gezwungen, über den Strom in das von den Langobarden verlassene Rugiland zu entweichen (Procop II. 14). Von dort durch den Hunger und Mangel vertrieben, wanderten sie mit Weibern, Kindern und Heerden im weiten Bogen hinter der Donau bis an die Theiss, wo sie bei den Gepiden um Aufnahme flehten. Da sie aber von diesen, obwohl als Nachbarn zugelassen, in der ungerechtesten Weise gedrückt, ihre Weiber geschändet, beraubt und sie selbst mit Krieg überzogen wurden, wendeten sich die Reste des Volkes an den oströmischen Kaiser und wurden von demselben gütig aufgenommen. Soviel dürfte hienach wohl ein-

leuchten, dass für solche Ereignisse ein grösserer Zeitraum als
der eines Jahres angenommen werden müsse und ich glaube nicht
zu hoch zu greifen, wenn ich für deren natürliche Entwicklung
6 — 8 Jahre ansetze. Die Niederlage der Heruler — und sie ist
der Stützpunkt für die Zeitbestimmung des Suevenkrieges —
würde sonach zwischen die Jahre 504—506 fallen.

Zu dieser Zeitbestimmung hat man noch zwei Hilfsangaben.
Da nämlich Procop sagt, dass sich die Heruler nach dem Regierungsantritt des Kaisers Anastasius (491—518) drei Jahre lang
ruhig verhalten hätten, so schliessen Einige, dass der Krieg derselben mit den Langobarden in das Jahr 494 zu setzen sei. Aber
die Zählung der drei Jahre mit dem ersten Regierungsjahre des
Kaisers Anastasius zu beginnen, ist jedenfalls willkürlich; denn
Procop sagt nicht, dass die drei Friedensjahre vom ersten Jahre
der Herrschaft des Anastasius an zu rechnen seien, sondern nur,
dass die Heruler, nachdem Anastasius zur Regierung gelangt, drei
Jahre in Frieden gelebt haben. Auffallender Weise, und schon
Pallmann (G. O.) hat diese Bemerkung gemacht, kehrt der Zeitraum von den drei Jahren auch in der sonst abweichenden Erzählung des Diakon Paul wieder, indem er mittheilt, dass die
Langobarden, nachdem sie drei Jahre in den Pussten, *feld*, gesessen, mit den Herulern in Krieg gerathen wären (P. D. I. 20).
Jedenfalls sind also die drei Jahre insofern von Bedeutung,
als sie beiderseits zugestehen, dass die Heruler und Langobarden vor Ausbruch des Krieges drei Jahre neben einander in
Frieden gelebt haben. Es würde also auch nach dieser Erörterung der Ausbruch des Krieges in die Jahre 503 oder 504
fallen.

Hiemit stimmt nun die zweite Hilfsangabe, nämlich Theoderichs Einladungsschreiben an die Könige der Heruler, Warner
und Thüringer zum Bündniss wider die herrschsüchtigen Absichten
des Frankenkönigs Chlodwig; denn dass diese Koalition, welche
zu Gunsten des bedrohten Westgothenreiches geschlossen wurde,
nur vor der Schlacht von Vouglé, also vor dem Jahre 507 denkbar sei, damit stimmen die meisten Forscher überein (Pallmann
II. 51). Es musste also zu Anfang dieses Jahrhunderts das He-
rulerreich in Norikum und Pannonien noch in Macht und Blüthe
stehen, da es nach den übereinstimmenden Berichten über die
Vernichtungsschlacht der Heruler und die Flucht ihrer Ueberreste
auf römisches Gebiet geradezu eine Lächerlichkeit wäre, an die
Gründung eines zweiten Herulerreiches — man wüsste nicht wo
und von welchen Herulern — zu denken. Abgesehen von den
sagenhaft ausgeschmückten Erzählungen bei Procop und Paul
über die Veranlassung zum Kriege, finde ich die wahre und

pragmatische Ursache zu demselben gerade in dieser Koalition Theoderichs. Denn ebenso, wie sich dieser zu dem bevorstehenden Kampfe um *conjuratae gentes* bewarb, so hat sich der verschlagene Chlodwig gewiss auch seinerseits um Bundesgenossen umgesehen und da die Langobarden in den folgenden Kämpfen der Gothen mit den Römern und Franken sich immer besonders feindlich wider die Gothen erwiesen, so ist es nicht nur nicht unwahrscheinlich, sondern vielmehr als politischer Griff Chlodwigs anzusehen, dass er, die schwache Seite seiner Feinde erspähend, denselben durch Aufreizung der Langobarden wider die verbündeten Heruler in ihrem Rücken einen gefährlichen Gegner erregte. Diese Bedrohung ihrer schwachen Ostgränze durch die Langobarden hält auch Pallmann (II. 66) in seiner gründlichen Untersuchung dieses Gegenstandes, wiewohl aus andern Ursachen, für die Hauptveranlassung zum Kriege. Da der Abfassungstermin für das Schreiben Theoderichs ein ziemlich weiter ist, nämlich von 500—507, so ist man auch nicht genöthigt, den Angriff der Langobarden als höchst wahrscheinlich nach der Schlacht von Vouglé zu setzen; sondern der Kampf, welcher mit der gänzlichen Niederlage der Heruler und der Vernichtung ihres Reiches und selbständigen Volkslebens endete, kann ganz wohl schon in den Jahren 504—506 stattgehabt haben — und darum handelt es sich für uns zunächst, die Zeit des herulischen Untergangs festzustellen, weil sich an diesen Zeitraum der Krieg mit den Sueven knüpft.

Der siegreiche Langobardenkönig Tato, welcher Helm und Banner seines erschlagenen Gegners Rodulf erbeutete, überlebte nämlich seinen Triumf nicht lange — *non diu laetatus est*, sagt Paul (I. 21), da er bald nachher von seinem Neffen Wacho erschlagen wurde. *Eodem tempore*, fährt der Diakon Paul fort, *Wacho super Suevos irruit eosque dominio suo subjugavit* — und hiemit muthmassen Zeuss (D. 464) und Forbiger (Alt. Geogr. III. 371) seien die Sueven als Volk untergegangen, wie wir dieses von den Herulern und nach ihnen von den Gepiden erfahren. „Wahrscheinlich," sagt Zeuss vorsichtig, „ist es mit ihnen geworden, wie mit den benachbarten Gepiden, sie haben sich unter den nachrückenden fremden Völkern verloren." Wie ich aber schon in A. B. 87 anführte, liegt in der oben angezogenen Stelle gar kein Beleg für eine solche Annahme; denn der Prolog des *Edictum Rotharis*, auf welchen sich Paul als Gewährsmann beruft, sagt nur: *inclinavit Wacho Suavos sub regno Langobardorum* (Baudi a Vesme Mon. pat. III), d. h. er demüthigte die Sueven. Wie ganz anders schildert derselbe Paul dagegen den Untergang der Heruler und Gepiden, die so vermindert waren, *ut ultra non ha-*

buerint Regem . . . aut Langobardis . . . aut Hunnis (den Avaren)
subjecti gemunt I. 27.

Es ergibt sich also aus obigen Stellen nur, dass die Langobarden um das Jahr 506 einen kriegerischen Erfolg wider die
Sueven hatten. Da nun die Langobarden im ersten Drittel des
VI. Jahrhunderts, beziehungsweise bis 526, wo sie nach Pannonien
übersiedelten, auf den Pussten zwischen Donau und Theiss sassen,
so werden wir mit logischer Konsequenz an jene Sueven gewiesen,
welche nach den Quellen des V. und VI. Jahrhunderts noch
allein in jenen transdanubianischen Gegenden aufgefunden werden können (Wietersheim, Gesch. d. Völkerw. IV. 481) nämlich
an die Sueven des Hunimund und Alarich (Jorn. 48 und 55) und
sehen gerade in diesem kriegerischen Zusammenstoss mit den
durch ihre Siege mächtig anschwellenden Langobarden — *ditiores
effecti, aucto de diversis gentibus quas superaverant exercitu, ultro
coeperunt bella expetere et virtutis gloriam circumquaque protelare*
(Paul I. 20) — den wahren Grund, wesshalb sich die Sueven,
wenn sie nicht das Schicksal der Heruler haben wollten, nach
andern Gegenden wenden mussten. Denn nicht der innere Wandertrieb allein erklärt in ausreichender Weise die Bewegungen
ganzer Völker, sondern das Bedrohte und Drückende ihrer Lage
und der angeborne Drang nach ungehemmter Entwicklung und
Machtentfaltung (Pallmann, Völkerw. II. 101). Allerdings werden
auch noch im Jahre 568 Suavi genannt, welche neben Gepiden,
Sarmaten, Bulgaren, Pannoniern und Norikern mit den Langobarden unter Albwin nach Italien zogen und dort nach wohl 300
Jahren in den Namen ihrer Dörfer erkannt wurden — *unde usque hodie eorum in quibus habitant vicos Gepidos, Bulgares, Sarmatas, Pannonios, Suavos, Noricos sive aliis hujusmodi nominibus
appellamus* (P. D. II. 26). Das war aber nicht das Volk, welches sich noch vor Kurzem so tapfer mit den mächtigen Gothen
und selbst wider die siegreichen Langobarden schlug, sondern es
waren einzelne Scharen, welche, nach der Auswandrung der
übrigen Volksgenossen zurückgeblieben, sich dem berühmten Führer
anschlossen, um eine neue Heimat zu erstreiten.

Wir haben also in diesen während der Völkerwandrung zuletzt genannten Sueven die Nachkommen der Transjugitaner des
Ammian im IV. Jahrhunderte, die Nachkommen der suevischen
Baimen, welche im II. und III. Jahrhunderte zu den *regnis Quadorum* gezählt wurden, die Epigonen der beiden Gefolgschaften
des Marbod und Catwalda. Da wir aber in den Quellen nichts
von ihrem Untergange finden, wie von ihren Nachbarvölkern,
den Herulern, Rugen, Skiren und Gepiden, so muss es als durchaus unkritisch angesehen werden, zu behaupten, sie hätten sich

unter den nachdringenden slavischen Völkern verloren. Nachdem aber keine Geschichtsnachricht seitdem mehr ihren Namen in diesem ihrem altangestammten Sitze nennt, das Karpatenland vielmehr nach wenigen Jahrzehnten von slavischen Völkerschaften überschwemmt ist, welche sich wahrscheinlich nach dem Marchfluss den Namen Marahanen beilegten, so rechtfertigt sich der Schluss, dass jene ältesten Ansiedler im Karpatenlande sich gleich den Gothen und Langobarden nach andern noch unbesetzten Landstrichen gewendet haben müssen, um zu ungestörter Machtentfaltung zu gelangen. Dieser Schluss wird aber um so mehr an Wahrscheinlichkeit gewinnen, als es mir möglich wird, das hier ausgewanderte Volk mit seinem Stammnamen als Suavi kurz nachher, und bevor es noch unter dem Namen der Baiwaren (*baiobari*, Jorn. 55) auftritt, an der obern Donau wieder nachzuweisen.

III. Zusammenhang der Baiwâras mit den Baiern.

Die bis hieher geführte Geschichte der beiden Gefolgschaften hat uns das höchst wahrscheinliche Resultat ergeben, dass die von ihnen abstammenden Sueven des Karpatenlandes, von den mächtigern Gothen und Langobarden gedrängt, und von den benachbarten Provinzen Pannonien und Norikum abgesperrt, einen andern Ausweg suchen mussten, um zu dem lange schon angestrebten Theil an dem Erbe des römischen Westreiches zu gelangen. Allerdings besitzen wir für diese Auswandrung keinen quellenmässigen Beleg; denn keiner der zeitgenössischen Schriftsteller enthält über ein solches Ereigniss eine nicht anzuzweifelnde Angabe. Wir wissen nur, dass in der Mitte des VI. Jahrhunderts die Baiwaren unter diesem Namen in ihren gegenwärtigen Sitzen zum ersten Male genannt werden, während dieser Name den Berichten früherer Zeiten durchaus fremd ist, wodurch der Schluss bedingt wird, dass das Volk, das fortan unter dieser Bezeichnung in der Geschichte sich Geltung verschaffte, da es mit einer vollkommen entwickelten Staats- und Rechtsverfassung auftrat, nicht erst jetzt entstanden sein konnte, sondern schon vor dieser Zeit unter einem andern Namen bestanden haben musste. Die verschiedenen Theorien, mit welchen man die Herkunft des bisher unbekannten Baiernvolkes zu ergründen suchte, entbehren aber gleichfalls aller Quellenbeweise und stützen sich nur auf mehr oder weniger wahrscheinliche Konjekturen, wie solches bei der Widerlegung der Bojerfabel und der Besprechung der Zeussischen Hypothese dargelegt worden ist. Wir haben also der Vollständigkeit halber nur noch die Versuche zu betrachten, welche die Baiern von Ueberresten gothischer Völker oder von den Langobarden abzuleiten bemüht sind.

§. 1. Abstammung der Baiern von Gothen oder Langobarden.

Obwohl die föderalistische Hypothese, welche die Baiern gleich den 300 Jahre ältern Bünden der Alamannen, Franken und Sachsen aus einer Vereinigung der gothischen Bundesvölker, nämlich der Rugen, Heruler und Skiren herleiten will, schon durch Zeuss (H. 47—56) und Büdinger (Oestr. Gesch. 488) gründlich widerlegt wurde, so findet diese Ansicht unter den nicht genauer Prüfenden noch fortwährend gläubige Anhänger. Zwar Gaupp (Thüring. Gesetz 17) und Waitz (Verfassungsgesch. Vorr.) verkennen nicht den überwiegenden Einfluss des suevisch-markomannischen Elementes in den Baiern und begnügen sich, eine Beimischung gothischer Völkerschaften anzunehmen. Aber Müllenhoff (H. Z. XI. 286) verwirft apodiktisch jeden Gedanken an die Markomannen, weil die Baiern von den Ostseevölkern der Rugen und Heruler abstammten, was, beiläufig gesagt, G. Freitag die Veranlassung bietet, die Rohheit der heutigen Altbaiern als ein Erbstück ihrer herulischen Ahnherren anzusehen. Wenn man nun in bescheidener Lernbegierde nach den Gründen solcher extremen Behauptungen forscht, so weiss Müllenhoff (H. Z. X. 150) nur anzugeben, dass die Skiren, Rugen und Heruler die seit 406 verödeten Sitze der Quaden und Markomannen eingenommen hätten und mit dieser Wohnsitzveränderung scheint er das *tertium comparationis* zwischen den Ostseevölkern und Baiern gefunden zu haben. Zwar ist die Quelle dieser Behauptung nirgend angegeben und wir wissen auch aus Eugipp und Jornandes nur, dass und zwar erst in der zweiten Hälfte des V. Jahrhunderts die gothischen Bundesvölker an die mittlere Donau heraufgerückt seien (II. §. 6, S. 59). Von ihrer angeblichen Verwandlung aber in Baiern enthalten die gleichzeitigen Quellen nicht das Mindeste. Zwar Rudhardt (146) behauptet, dass die Rugen vor den siegreichen Langobarden in westlichere Gegenden gezogen wären. Dies beruht aber auf einem Irrthum, indem in den angezogenen Stellen von den Rugen gar nicht die Rede ist, sondern Procop und Paul diak. von der Auswandrung der geschlagenen Heruler sprechen. Dagegen sagt Procop (II. 14 und III. 2) ausdrücklich, dass die Rugen, insofern sie nicht bereits mit Odoakar nach Italien gezogen waren, sich dem Zuge der Ostgothen unter Theoderich angeschlossen hätten. Ein gleicher Irrthum ist es, wenn Jornandes c. 3 den Herulerkönig Rodulf bei Theoderich Aufnahme finden lässt, da dieser nach dem übereinstimmenden Zeugnisse des Procop und Diakon Paul in der Vernichtungsschlacht mit den Langobarden den Untergang fand. Diese Angabe des Jornandes beruht wahrscheinlich nur auf einer Verwechslung des Herulerkönigs

Rodulf mit dem Rugierkönig Friedrich, welcher nach Eugipp S. 39
allerdings vor Odoakars Angriff flüchtend bei Theoderich in Mösien Schutz suchte (Pallmann, Vlkrw. II. 412), und dessen Rugen
insbesondere den Zug der Ostgothen nach Italien mit veranlassten
(Ennodius p. 6). Die wechselnden Schicksale dieser Söldlinge, die
sich bald mit, bald wider die Gothen schlugen, interessiren uns
nur insofern, als eine Nachricht von ihnen mittheilt, dass sie nach
Odoakars Untergang zum Theil mit dessen Bruder Aonulf nach
den Donauländern entwichen seien — *devicto fratre ejus Honoulfo
et trans confinia Danubii effugato Isidor Hisp.* zur *era 545.* Damit ist aber nicht entschieden, ob sich die Flüchtlinge in Baiern
oder einem andern Donau-Uferland festsetzten, ganz davon abgesehen, dass man von einer solchen Söldnerschar nicht ein Volk
wie die Baiern ableiten kann. — Von den Herulern berichten
Procop und Diakon Paul übereinstimmend, dass sie sich nach
ihrer Niederlassung im oströmischen Gebiete getrennt hätten und
der bei den Byzantinern verbliebene Theil wird noch öfter von
Procop II. 14. 15, III. 13. 33 erwähnt, sass aber zwischen dem
aurelianischen Dacien und Mösien, während der andre Theil des
Volkes nach der alten skandinavischen Heimat zurückwanderte.
Ueber den Ausgang der herulisch-rugischen Völkergruppe vergleiche
Pallmanns gründliche Darlegung in seiner Geschichte der Völker-
wanderung, Bd. II. — Es sind also nur die Skiren noch zu beachten, welche, durch die Vertilgungsschlacht an der Eipel um
ihre Selbständigkeit gebracht, sich zweifelsohne unter ihren mächtigern Verbündeten, den Sueven des Hunimund, verloren, d. h.
mit denselben verschmolzen haben, insoweit sie nicht in oströmi-
schem Söldnerdienste (Procop I. 1) unter Odoakar zum Sturze
des weströmischen Reiches beitrugen (Jornandes 46).

Wenn man also nicht eine windige Konjektur dem klaren
Wortlaute der Quellenzeugnisse vorzuziehen beliebt, so muss man
eingestehen, dass die Letztern keinerlei Anhaltspunkte darbieten,
aus denen sich auf Ansiedlung der gothischen Bundesvölker in Vindelikien schliessen liesse. Man hat zwar aus dem Ausdrucke *genelogia,*
womit in der *l. Baiwar.* die fünf Adelsgeschlechter des Volkes
bezeichnet werden, den Schluss ziehen wollen, dass diese so ausgezeichneten Geschlechter die Fürstenfamilien der in den Baiwaren
aufgegangenen, früher selbständigen Völkerschaften oder Gaufürsten gewesen seien (Landau, Territor. 334; Contzen, Bair.
Gesch. 156; Buchner, Völkervereine 61). Hiedurch würde aber
die wahre Bedeutung dieses Wortes in unserm ältesten Rechtsbuche gänzlich verdreht werden, welches durchaus nichts mit der
spätern Beschränkung des Wortes auf dynastische Genealogien
gemein hat. Denn dieser technische Ausdruck bedeutet nur

schlechtweg den Geburtsstand und wird an andern Stellen, z. B. I. 8, II. 4, VIII. 14 etc. ohne alle Beziehung auf den Adel angewendet, ja im Rechtsbuche selbst X. 1 durch *qualitas* erläutert (R. V. 34). Ausserdem bemerkt Büdinger I. 489 sehr richtig, dass man hohen Adel deshalb noch nicht für herabgekommene, depossedirte Fürstenhäuser zu halten habe, und auch Waitz I. 77 trägt Bedenken, den Adel nur aus Geschlechtern entstehen zu lassen, welche, ursprünglich zur Königswürde berechtigt, durch Vereinigung und Unterwerfung ihre frühere Bedeutung verloren hätten.

Nachdem die Vergleichung der *l. Baiw.* mit den übrigen deutschen Volksrechten die Thatsache festgestellt hatte, dass in unser ältestes Rechtsbuch auch Kapitel aus dem westgothischen Gesetze eingeschaltet seien, so kann es nicht wunder nehmen, dass sich Forscher hiedurch zu dem Schlusse verleiten liessen, es möchte sich hienach wenigstens eine theilweise Abstammung der Baiwaren von gothischen Völkern begründen lassen (Waitz, Verfassungsgeschichte I. 260), weil sich Verwandtschaften und Gegensätze in den Volksrechten nur aus dem gesammten Volksleben erklärten (Gaupp, Thür. Ges. 24). Eine eingehende Prüfung dieses Wechselverhältnisses zwischen der *l. Baiw.* und *Visigoth.*, wie ich sie mir in meiner R. V. der Baiwaren zur Aufgabe machte, erweist aber eine solche jedenfalls voreilige Annahme als durchaus illusorisch. Denn in diesem Falle müssten die mit dem Gothenrechte übereinstimmeuden Sätze über das ganze Gesetzbuch, namentlich über dessen erwiesenen ältesten Theil verbreitet sein, während in Wirklichkeit die aus der *Antiqua Reccaredi* nachzuweisenden 16 Parallelen (Roth, Entstehung der *l. Baiw.*) und einige Anklänge an die *l. Visig.* bloss in einigen nachweisbar später dem Gesetzbuche zugefügten Titeln in gewissermassen unvermittelter Stellung zu deren übrigem Inhalte sich vorfinden. Diese unvermittelte Stellung und insbesondere die wörtliche Uebernahme aus der seit dem VII. Jahrhundert ausser Brauch und in Vergessenheit gekommenen *Antiqua* lassen jene Stellen nur als kopieartige Einschübe einer fremden Redaktion erscheinen, von welchen kein umsichtiger Forscher sich einen Schluss auf das Abstammungsverhältniss der Baiern erlauben wird (R. V. 400 und 402).

Geben uns also die Quellen auch gar keine Anhaltspunkte, in den Baiern eine Vereinbarung gothischer Völker sehen zu können — wobei überdies noch ganz unerklärlich bliebe, wie der neue Völkerverein zu dem Namen der Baiwaren gekommen — so will ich nicht in Abrede stellen, dass einzelne Andeutungen den Schluss gestatten, dass gothische Ueberreste in Vindelikien und Rätien von den einwandernden Baiwaren vorgefunden und auf kriegerische oder friedliche Weise assimilirt worden seien. Diese Andeutungen betreffen zunächst die Sprache der Baiern, welche, obwohl von unsern ältesten Denkmalen angefangen, dem althochdeutschen Sprachkreise angehörend, dennoch gleichsam inselförmige Spuren des Gothischen darbietet. Ich habe sie in meinem R. V. der Baiwaren 402 und 403 zusammengestellt und es muss allerdings auffallen, dass sie grösstentheils mit dem tirolischen Gebirgslande zusammentreffen, wo der Diakon Paul II. 3 bei den Breonen noch einen Ueberrest der untergegangenen Heruler angibt — *habuit Narses certamen adversus Sindwaldum regem Brebtorum (Brentorum, Brionum etc.) qui adhuc de Herulorum stirpe remanserat, quem (quam) secum in Italiam veniens Odoacar adduxerat.* Da nun Agathias (Muratori I. 387. 391) den Sindwald als einen Herzog der Heruler kennt, welchen Narses nach dem Tode des Phulkaris dem verbündeten Volke vorgesetzt hatte, so dürfte der Schluss gerechtfertigt erscheinen, dass Sindwald, nach Selbständigkeit und königlicher Machtvollkommenheit strebend, sich mit seinen Herulern im Gau der romanisirten Breonen, d. h. im tirolischen Innthale niedergelassen habe.*) Wenn man ferner berücksichtigt, dass Narses nach dem Tode des Gothenkönigs Tejas den überlebenden Ostgothen gestattete, mit Hab und Gut Italien in Frieden zu verlassen, und dass dieselben sich über Pavia ins Gebirge zogen (Procop IV. 35), so wird man es nicht übereilt finden, wenn Steub (Rät. Ethnol. 103) in dem Orte Gozzinsazze am Brenner eine Erinnerung an den Namen der Gothen findet. Noch im XII. Jahrhundert, wie dieser Geschichtsforscher nachweist, wurde in einer Gegenüberstellung älterer und jüngerer Volksnamen das veraltete Gothi durch das neuere Meranare erklärt, woraus also erhelle, dass man noch in so später Zeit die Meraner und Etschthaler als die legitimen Abkömmlinge der Gothen ansah. Dies Zugeständniss einer partiellen Aufnahme gothischer Volksreste in das mit dem VI. Jahrhundert zwischen Böhmerwald und Wälschland herrschend auftretende Volk der Baiwaren erschöpft aber auch Alles, was ein umsichtiger Forscher nach den Quellenaussagen zu schliessen sich erlauben darf, und es kann somit von einer Abstammung der Baiern von gothischen Völkern in keiner Weise die Rede sein.**)

---

*) Die Brondinge der Beowulfsage (Brantinge, Brenten; Müllenhoff, Nordalb. Stud. 154) lasse ich bei Seite, da sie an der Ostsee sassen und zu Anfang des V. Jahrhunderts unter den Dänen verschwanden.

**) Auf Freybergs frühere Ansicht, die Agilulfingen und mit ihnen die Baiwaren von Herulern und Skiren abzuleiten (Beitr. I. 1), komme ich in der 2. Abtheilung zu sprechen.

Wie die Gothen wurden auch die Langobarden in neuerer Zeit mit den Baiern in Stammesbeziehung gebracht. Freyberg (Erzähl. aus d. b. Gesch. I. 63) hält die Letztern für eine Volksabtheilung der Langobarden, welche Baias bewohnte und daher ihren Sondernamen schöpfte. Gründe für diese Behauptung weiss der Verfasser keine andern anzugeben, als die in der spätern Geschichte so vielfach hervortretende innige Verbindung zwischen beiden Völkern, welche daher auch überzeugend auf gleichen Ursprung und gleiche Schicksale zurückweise. Man sieht, dass hier nur das mittlerweile von Zeuss ans Licht gezogene Baias des A. R. mit den baierisch-langobardischen Fantasien Koch-Sternfelds in Verbindung gebracht wurde, um dem Volksnamen eine passende Ableitung zu verschaffen. Denn eine innige Wechselbeziehung kann bei Völkern nicht überraschen, welche seit dem VI. Jahrhundert in steter und nächster nachbarlicher Berührung standen, ohne dass man deshalb ohne weitere Beweise an ein Abstammungsverhältniss zu appelliren nöthig hätte.

Ein so minderzähliges Volk, als welches die Langobarden immer erscheinen (Tac. G. 40, Paul. d. I. 7 *numero exigui*), welches in Mauringa auf seiner Wanderung zur Vermehrung seiner Krieger eine Anzahl von Knechten freilassen musste (P. d. I. 13) und zu seinem Zuge nach Italien von allen umliegenden Völkern Hilfsscharen und noch ausserdem 20,000 Sachsen mit sich führte, konnte unmöglich ein so starkes Volk, wie die Baiwaren schon im VI. Jahrhundert erscheinen, abgeben, ohne dass dieses Ereigniss von ihren Geschichtschreibern, dem zeitgenössischen Tridentiner Secundus und seinem Nachfolger Paulus diaconus, hätte angemerkt werden müssen. Das gänzliche Stillschweigen dieser Beiden, obwohl wegen der Nachbarschaft der Baiern oft Erwähnung geschieht, reicht schon hin zur Aburtheilung dieser Konjektur. Ausserdem aber, wenn wir die Rechtsgewohnheiten beider Völker vergleichen, so lehrt uns eine Parallelisirung der Satzungen des *Edictum Rotharis* mit den Titeln der *l. Baiwar.*, dass dieselben so weit auseinander gehen, um nur auf dem allgemeinsten Standpunkte des germanischen Rechtes, oder durch das erhöhte Wehrgeld der Weiber mit den Normen des Suevenrechtes einige Gleichungen auffinden zu lassen (R. V. 387). Solche Anknüpfungspunkte an die suevische Stammesverwandtschaft, wie insbesondere der in der langobardischen Urgeschichte wiederkehrende Mythus von den ausgesetzten Kindern, zunächst in suevisch-baierischen Sagen heimisch, veranlassten auch Grimm (D. S. I. 698), die Langobarden dem grossen Stamme der Sueven beizuzählen, ohne deshalb die eingestandene vielfache und enge Berührung mit den Baiern zu einem Abstammungsbeweis nöthigen

zu wollen. Auch in den aufbewahrten Worten der alten Lango-
bardensprache — vor ihrer Romanisirung kann ich nur die schon
von Grimm nachgewiesene Uebereinstimmung mit dem althochdeutschen Vokalismus zugeben, während die Konsonanten zwar
hin, und wieder die althochdeutsche Lautverschiebung zeigen,
sonst aber meist noch auf der Stufe der niederdeutschen Lautverschiebung stehen und sich dadurch von dem althochdeutschen
Konsonantism der baierischen Worte charakteristisch unterscheiden. Dies lehrt eine Vergleichung langobardischer Rechtstechnicismen mit ähnlichen Glossen aus dem Baiwarenrecht: z. B. lgb.
Anegrip mit b. *horcrif; gahagium* mit *kaheo; iderzon* mit *etorcartea*
und *ezzisczun; guechorjn* mit *horcrif; maruuorf* mit *marchfalli;*
morh, morth mit *murdrida; oberus* mit *hoveruns; plodraub* mit
uualaraupa; pulsaib, puslahi mit *pulislac; rahai, rairaub* mit
hreuauunti; guidrigilt mit *uuirngeldum.* (Vgl. Ed. Langob. in Baudi
a Vesme Mon. pat. III.)

Eine Ableitung der Baiwaren von den Franken, wie sie Math.
Koch (Oestr. und Baierns Bevölkerung) versuchte, hätte wohl
nicht die eingehende Widerlegung verdient, welche ich dieser
Schrift in meinem B. A. 33 ff. angedeihen liess; denn abgesehen
von den historischen Widersprüchen, welche ich ihr dort entgegen-
hielt, lässt sie jeder Titel, jedes Kapitel unsers ältesten Rechtsbuches als eine bare Unmöglichkeit, als eine durchaus unbegründete Fantasterei erscheinen, welche ihren Erfinder durch Unkenntniss des sprachlichen und historischen Materiales und willkürliche
Deutung der Thatsachen neben die Bojenschwärmer Pallhausen,
Koch-Sternfeld und Aehnliche zu stellen zwingt, deren Behauptungen vielleicht den oberflächlichen Leser zu unterhalten vermögen, dem vertrauten Forscher aber höchstens ein Achselzucken
abnöthigen.

§. 2. Die Urheimat der Baiern.

Nachdem uns die Untersuchung über die thatsächlichen Beweise
für die Abstammung der Baiern (I. §. 3 S. 16) an den suevischen
Hauptstamm des germanischen Volkes gewiesen hat, so dürfte es
kaum überraschen, die Herkunft der Baiern mit ihren suevischen
Stammvätern an den skandinavischen Berg Sevo *(mons coagulatus*
am Lebermeere, nord. *Sefa-fiöll)* und das *mare Suevicum* angeknüpft zu sehen und zwar um so natürlicher, als unsre ältesten
Sagen die Hauptvölker der Germanen über Meer nach Deutschland gelangen lassen. Ich hätte hiezu um so gegründetere Veranlassung, als sich bei den Baiern bis in die jüngste Zeit noch
Sagen und Sitten erhalten haben, welche darauf hindeuten, **dass**

ihre Vorfahren ursprünglich ein meeranwohnendes Volk gewesen sein müssen. Hiefür zeugt die heidnische Verehrung der Wanen, eines Göttergeschlechtes, welches insbesondere der Schifffahrt vorstand, und vor Allem die Sitte der Leichenbestattung in Schiffen, welche, sowie sie bei den Ostseevölkern bezeugt wird, auch in Alamannien und Baiern traditionelle Belege nachweisen lässt (H. R. 265 und 297), und ich habe dafür eine nicht zu unterschätzende weitere Hindeutung darin gefunden, dass unser ältestes Rechtsbuch unmittelbar hinter den Satzungen, welche die Leichenbestattung betreffen, zwei Kapitel einschaltet, welche vom Gebrauche oder Diebstahle fremder Schiffe handeln (*l. Baiw.* XIX. 9 und 10) — eine Zusammenstellung, welche einzig und allein unter der obigen Anschauung ein organisches Verständniss ermöglicht (R. V. 304). Zwar hat die neuere Sprach- und Geschichtsforschung durch Aufstellung des arischen Stammvolkes der Indogermanen der alttestamentaren Tradition von der Abstammung des Menschengeschlechtes aus Asien und von Einem Menschenpare kräftigst unter die Arme gegriffen und unsre einheimischen Sagen von einer Herkunft der deutschen Völkerstämme aus dem Norden vornehmer Weise in das Reich der Fabeln verwiesen. Indessen ist das Urtheil über diese dunkelste Geschichtspartie noch lange nicht endgültig gesprochen; denn die Volkssage kann nichts erfunden haben, was dem Volke gänzlich fremd gewesen wäre, und wenn die hebräisch-mosaische Sage vom Paradiese und das darauf gebaute Dogma von dem Sündenfalle und der Erbsünde die Abstammung des Menschengeschlechtes aus Asien zu ihren theokratisch-hierarchischen Gebäuden bedurften, so haben dagegen die neuesten Forschungen über das Alter des Menschengeschlechtes höchst schätzbare Belege zu Tage gefördert, welche die Sagen des europäischen Menschenstammes von der meerumflossenen Insel Atlantis und Skandinavien, der *vagina gentium*, nicht so ganz aus der Luft gegriffen erscheinen lassen.

Ohne übrigens bis zu diesen äussersten Gränzen zurückgehen zu wollen, wurde schon in frühester Zeit unsrer einheimischen Chronisten die Heimat der Baiern in Armenien gesucht und der Sänger des Annoliedes singt im XII. Jahrhundert, wörtlich der Kaiserchronik v. 295—322 folgend:

> V. 310. dcre geslehte quam wilin ere
> von Armenie der herin,
> da Noe uz der arkin ging
> du'r diz olizui von der tubin intfing.
> Iri ceichin noch du archa havit
> uf den berg in Ararat . . . .

Man dürfte wohl durch die beiden letzten Verse zu dem Schlusse geführt werden, dass die Baiern früher ein Schiff in

ihrem Feldzeichen trugen, obwohl ich hiebei weniger an die Arche
Noe auf dem Berge Ararat denken möchte, sondern vielmehr an
die Liburne der taciteischen Isis erinnert werde, welche die
Donausueven als Symbol der Göttin Isa herumführten (Tac. G. 9).
Bei dem Hange der mittelalterlichen Chronisten, die Stammväter
aller Völker in der Arche Noe unterzubringen, und den Umlautformen, unter welchen der germanische Stammheros Irmin in den
Völkertafeln des IX.—XI. Jahrhunderts als Ermenus, Armeno,
Armen (M. g. X. 314) auftritt, wird es leicht begreiflich, dass
Bernh. noricus, Andreas presb. und Andre in ihren baierischen
Chroniken begierig nach dem benachbarten Armenien am Fusse
des Ararat griffen, um ihren „Babaren" das höchste Alter zu
sichern. Man war auch gleich zur Hand, diese Schulmeisterfabel
durch die bis in die Gegenwart gläubig fortgeschleppte Reiseente
zu unterstützen, dass es in Armenien noch in später Zeit baierisch
Redende gegeben hätte: *noricorum in ultimo oriente circa Arme-*
niam vel Indiam usque hodie manet origo, quod pene omnibus no-
tum a probatissimis etiam nuper accepimus qui peregrinati illuc
bauarizantes audierunt, sagt in seiner *hist. de fundatione monasterii*
Tegerns. der Mönch Froumund, welcher dem X. Jahrhundert zugeschrieben wird, aber nach dem Anfang obiger Stelle, welche
eine fast wörtliche Uebersetzung der Kollateralstelle des Annoliedes ist, um zwei Jahrhunderte später gesetzt werden muss. *)
Dem Bojisteneiferer Pallhausen ist natürlich dieses *bavarizantes*
noch keineswegs schlagend genug, sondern er lässt einen gewissen
Ign. Bobiensis aussagen: *in asiatica Friderici Ahenobarbi expedi-*
tione populi prope Armeniam reperti sunt, qui sermone boico ute-
bantur (Bel. 138). Also baierisch oder gar bojisch redende Völker
seien um Armenien bei dem Kreuzzuge Kaiser Friedrichs I., der
gar nicht nach Armenien kam, gefunden worden, und das sei ein
Beweis für die Abstammung der Baiern aus Armenien!? Die
Verschleppung falscher oder absichtlich erfundener Nachrichten,
um sich die weitere Forschung zu erleichtern, liegt hier so deutlich auf platter Hand, dass jedes weitere Wort hierüber von
Ueberfluss wäre.

Da nun aber das hohe Alter und die weite Verbreitung der
Sage von der armenischen Herkunft der Baiern uns in gleicher
Weise veranlassen muss, derselben und ihrer Entstehung auf den
Grund zu sehen, so leitet uns die vergleichende Sprachforschung,
wie schon Grimm (Gr. 3. Aufl. I. 11) trefflich ahnte, zu dem Na-
men des Stammheros Armen, Earman, Irmino, dem dritten Sohne

---

*) Annol. 316: Man sagit daz dar inhalvin noch sin Die div Diutischin
sprechin Ingegin India vili verro.

des göttlichen Mannus, von welchem der dritte und grösste Theil
der binnenländischen Völker von Grossgermanien den hieratischen
Namen der Hermionen empfing. Dieses Herminonenland erstreckte
sich von der Elbe bis zur Donau und Theiss, und wenn Aventin
in seiner Auffassung der Abstammungsfrage sagt: „die Beyern
sein kommen aus Hermenien, das ist aus Behem und Behemer
Wald", so trifft er den Kern der Sage von der armenischen Herkunft, indem er uns die Verwandtschaft der Baiern mit den her-
menischen Donausueven vor Augen hält, welche die Isidische Liburne als Religionssymbol oder als *cumbol* — Feldzeichen herumführten, wie noch jetzt die Volkssage in baierischen Landen einen
Schiffschlitten als Attribut der alten Heidengöttin in der wilden
Jagd ihren jährlichen Feierumzug andeutungsweise halten lässt
(H. R. 121).

Wenn uns somit die Untersuchung über die Urheimat der
Baiern von dem sagenhaften Armenien auf den Hermionenboden
leitet, so muss es einigermassen überraschen, dass uns auf demselben bereits im VII. Jahrhundert der Name des fränkischen
Herzogthums Baiwarien in dem byzantinischen Landschaftsnamen
Bagibareia — Bajiwaria begegnet. Weniger zwar dürfte einen mit
der Geschichte der Völker- und Gegendennamen und ihrem Wandel vertrauten Forscher diese Thatsache erstaunen, als vielmehr,
wie diese Nachricht so lange von der Geschichtsforschung unge-
nützt bleiben und selbst Zeuss nichtachtend über dieselbe hin-
weggehen konnte (D. 368 Anm.). Denn in der Mitte des X. Jahrhunderts berichtet der Kaiser Konstantin Porfyrogeneta in der
unzweideutigsten Weise, dass im Jahre 640 eine Gesandtschaft
der Chrowaten, welche damals jenseits Bagibarien sassen, zum
Kaiser Heraklius um Ertheilung von Ländereien geschickt worden
sei (Konst. Porf. S. B., V. d. Reichsverwlt. 30). Ueber die Lage
von Grosschrowatien im VII. Jahrhundert hinter den Karpaten
kann durchaus kein Zweifel herrschen, da die Chrowaten c. 13
als die nördlichen Nachbarn der Magjaren (Türken) angegeben
sind. Der kaiserliche Schriftsteller bezeichnet also unzweifelhaft
mit seinem Bagibarien die Gegend am südlichen Abhange der
nördlichen Karpaten. Ich habe nun in meinem A. B. 68 ff. bei
Erörterung des Namens Bagibareia umständlich gezeigt, dass derselbe weder von *babie gore* durch Umstellung aus Altweiberbergen,
noch von *Vagihori*, Waagbergen, hergeleitet werden könne. Da
aber Konstantin, wenn er Gelegenheit hat, von Baiern zu reden,
dieses Herzogthum unter dem Namen der Franken begreift (c. 13
und 40), an einer andern Stelle aber den im X. Jahrhundert
bräuchlichen Namen Baioure — Baioaria anwendet (Von den
Titulaturformen II. 48), so müsste es jedenfalls wenig kritisch

erscheinen, wollte man mit Zeuss und Schafarik (Sl. Alt. II. 245) annehmen, der kaiserliche Schriftsteller habe mit dem Bagibareia des VII. saec. das anderwärts genannte Baioure des X. saec. verstanden und nur seine Gränzen zu weit nach Osten verzogen.

Nach reiflicher und parteiloser Erwägung dieser Verhältnisse glaube ich mich zu dem Schlusse berechtigt, der Gegendname Bagibareia habe im VII. Jahrhundert noch die Landschaft am südlichen Abhange des Tatragebirges bezeichnet und sei von den ortsbekannten Chrowaten nach Konstantinopel gebracht worden, wo uns der Kaiser Konstantin denselben aus der ältern Mittheilung aufbewahrte, nicht ahnend, in welch nahem Zusammenhang derselbe zu dem ihm bekannten Namen Baioure — Baioaria — seiner Zeit stehe. Ich glaube mich zu diesem Schlusse um so mehr berechtigt, als es eine vielfach nachweisbare Erscheinung ist, dass Gegenden und ganze Landstriche noch längere Zeit den Namen von Völkern bewahren, welche einstmals dort hausend dieselben längst verlassen haben. Man denke an Böhmen und Andalusien, welche noch heutigentags das Andenken an die Bojer und Vandalen verewigen. So hiess das ganze Westgothenland in Gallien *gothica sors* (Charta div. reg. Franc. vom Jahre 806), die gallische Provinz Septimanien noch Jahrhunderte lang *Gothia* (Ch. div. a. 837), die Gegend um *Poitiers Thaifalia* von den Thaifalen (Gaupp, Ansiedl. 385). Dakien behielt den Namen der Daker lange nachdem dort schon Gothen, Hunnen und Gepiden sassen und führte von Letztern noch im IX. Jahrhundert den Namen *Gipidia in qua nunc Unorum* (Avaren) *gens habitare dinoscitur* (A. R. I. 11).

Hören wir nun im obigen Berichte auch nichts mehr von einem Volke, das im VII. Jahrhundert am Fusse der Tatra der Träger jenes Namens gewesen wäre, so bestätigt uns doch diese Thatsache die oben II. §. 7 ausgesprochene Vermuthung, dass ein Volk, das den Namen der Baiwaren trug, in jener Gegend gesessen haben müsse, um ihr den Namen Bagibareia — Baiwaria — für längere Zeit aufzudrücken und wir haben damit die Urheimat der Baiern im Hermionenland, im sagenhaften Armenien aufgefunden.

Zwei Jahrhunderte rückwärts war diese Gegend an den Karpaten unter dem Namen Bajas bekannt, da der ungenannte Geograf von Ravenna IV. 18 ausdrücklich angibt, dass er seine Darstellung dieses Landstriches den Mittheilungen des gothischen Weltweisen Markomir entnahm, und die Gothen im V. Jahrhundert die Donauländer verliessen. Wir haben also hier wieder die Aussage eines ortskundigen, zeitgenössischen Berichterstatters, welcher uns durch die Dunkelheit früherer Jahrhunderte, wenn auch mit einer spärlichen Leuchte hindurch hilft. Denn, wenn wie oben I. §. 4

u. II. §. 1, S. 17 u. 32 nachgewiesen wurde, dass Baias des A. R. niemals Böhmen, sondern nur das östlich gelegene Karpatenland bezeichnen kann; wenn sich dieser Gegendname nur aus *baiwâras* entwickelt haben konnte und nicht aus *boihaemum:* so führt uns die geschichtliche Forschung Schritt für Schritt zu einem Volke vom herminonischen Suevenstamme, welches in diesem Lande durch fünf Jahrhunderte gross wuchs, und dessen Name der Gegend noch geblieben war, nachdem es schon anderthalb hundert Jahre das urheimische Karpatenland verlassen hatte, um sich eine neue Heimath an der obern Donau zu gründen.

Da wir nun das in dieser Gegend Baias ursprünglich angesiedelte Volk aus zeitgenössischen Berichten genau kennen, da wir Gelegenheit hatten, seine Geschichte unter den wechselnden Namen der Vannianischen Sueven, der Baimen, der sogenannten transjugitanischen oder Gebirgsquaden und endlich wieder der Sueven bis in das VI. Jahrhundert zu verfolgen; da ferner dieselbe Gegend nach anderthalb hundert Jahren den Namen Baiwarien trägt und die in ihrer neuen Heimat auftretenden Baiwaren nach thatsächlichen Beweisen ein oberdeutsches Volk vom Stamme der herminonischen Sueven sind: so dürfte nach den Regeln der historischen Kritik der Beweis zur höchsten Wahrscheinlichkeit erbracht sein, dass die Baiern von den Nachkommen der beiden markomannischen Gefolgschaften des Marbod und Catwalda — *baiwâras* — abstammen.

Hiemit ist aber eigentlich die Abstammungsfrage als gelöst zu betrachten und ich will zur Vervollständigung des Beweises nur noch einige Erörterungen beifügen, welche die Volksmehrung und die im Karpatenlande nach der Auswandrung zurückgebliebenen Ueberreste und Erinnerungen an die alten Einwohner betreffen, ferner einige Punkte berühren, welche eine Gleichung in der Staatsverfassung zwischen den Baiwaren und den Karpatensueven ermöglichen, die Stellen besprechen, welche die Ankunft der Sueven im obern Donauland berühren und mit einer Entwicklung des neu auftauchenden Volksnamens schliessen.

§. 3. Die Volksmehrung.

Unter die wenigst bedeutenden Einwürfe, welche man gegen die Ableitung der Baiwaren von den beiden Gefolgschaften erhoben hat, gehört die Behauptung, dass es eine Unwahrscheinlichkeit in sich schlösse, aus so minderzähligen Parteigängern, welche die Anzahl von ein Par hundert Männern nicht überstiegen haben könnten, ein ganzes Volk, als welches die Baiern doch bereits im

VI. Jahrhundert in die Geschichte träten, erwachsen zu lassen. Dennoch will ich diesen Einwurf nicht unbesprochen umgehen; denn derselbe beruht nur auf einer Unkenntniss der Populationsgesetze und trägt den Verhältnisszahlen, unter welchen sich jugendkräftige Völker entwickeln, nicht die gebührende Rechnung. Ich könnte hiergegen anführen, dass die ältesten Stammsagen der deutschen Völker dieselben aus den bescheidensten Anfängen hervorgehen lassen. So landen die Gothen mit drei Schiffen an der diesseitigen Küste (Jorn. c. 17), die Angelsachsen übersetzen die Nordsee gleichfalls in drei Langschiffen (Beda I. 15), die Langobarden werden bei ihrem Auszuge aus Skandinavien als *numero exigui* angegeben (Paul diac. I. 7). Und dennoch entwickelten sich in ein Par Jahrhunderten aus diesen geringen Keimen mächtige und siegreiche Völker.

Da man aber sagenhafte Anfänge nicht als geschichtliche Beweise gelten lässt, so wenden wir uns zu historischen Thatsachen. Die Kimbern und Teutonen hatten nach Cäsars Angabe (b. g. II. 29 und 4) den grössten Theil ihres Gepäckes über den Rhein nach Gallien gesendet und dazu 6000 Mann Bedeckungsmannschaft zurückgelassen. Diese entwickelte sich in zwei Generationen trotz unausgesetzter Kriege mit ihren Nachbarn zu dem Volke der Aduatici, welches zu dem Aufstande der Gallier gegen die römische Invasion ein Kontingent von 19,000 Wehrmännern zu stellen vermochte.   Ein ähnliches Beispiel aus der neuern Geschichte liefern uns die osmanischen Türken, welche bei ihrer Einwandrung aus Hochasien und ihrer ersten Niederlassung im seldschukischen Bithynien nicht mehr als 400 Zelte mit ebenso viel waffenfähigen Männern zählten und sich im Laufe von fünf Jahrhunderten zu einer über 16 Millionen betragenden Seelenzahl vermehrten (Fallmerayr, bair. akad. Abhandl. VIII. 461). Können wir auch bei germanischen Völkern den Konkubinat nicht in der Ausdehnung in die Berechnung ziehen, wie bei Muselmännern, so ist doch anderseits unbestreitbar, dass auch bei den Letztern unausgesetzte Kriege und verheerende Pestseuchen seinen die Bevölkerung mehrenden Einfluss mächtig beeinträchtigen mussten.

Uebrigens habe ich schon oben II. §. 1, S. 29 gleichfalls aus geschichtlichen Beispielen dargethan, dass einerseits die Gefolgschaften germanischer Heerkönige nicht gar so unbedeutend waren, als man sie theoretisch anzusetzen beliebt, sowie ich anderseits nach der Sachlage hervorhob, dass es sich bei der Auswandrung der beiden markomannischen Gefolgschaften nicht bloss um die Ansiedlung der Komitate des Marbod und Catwalda gehandelt habe; sondern dass dieselben vielmehr nur den Kern für alle Diejenigen gebildet haben können, welche durch die

Wechselfälle des Bürgerkrieges zur Auswandrung gezwungen wurden. Ich habe daselbst die Zahl der Auswandrer auf 10,000 Köpfe mit beiläufig 2000 wehrhaften Männern angesetzt und ich glaube damit weit hinter den Verhältnisszahlen zurückgeblieben zu sein, welche uns andre Auswandrungen zur Vergleichung an die Hand geben. Aber selbst die Annahme einer viel geringern Anzahl für die Ansiedler würde ihrer Entwicklung zu einem Volke nicht im Wege stehen. Eine Bevölkerung von nur 100 waffen- und zeugungsfähigen Männern ergibt, wenn man nach der gewöhnlichen Berechnungsweise die Generation nach 30 Jahren verdoppelt annimmt, in sechzehn Zeugungen — und so viele würden im vorliegenden Falle vom Jahre 20 bis 500 in Betracht kommen — eine Volksmehrung von 6,553,600 Seelen. Rechnet man nun selbst zwei Drittel auf Abgang durch Kriege und Seuchen, so blieben immer noch 2,184,533 Seelen, unter welchen 4—500,000 wehrhafte Männer angenommen werden dürfen. Wir sehen also aus diesem Kalkul, dass die Populationsgesetze durchaus keinen Anhaltspunkt bieten, die Abstammung des Baiernvolkes von den Nachkommen der Baiwâras abzulehnen und zwar um so weniger, wenn man die erstaunlich rasche Zunahme der Bevölkerung bei den Germanen berücksichtigt, welche die Römer mit Recht in Schrecken setzte. *Immanis natio*, sagt Ammian Marc. XXVIII. 5 von den Alamannen, *jaminde ab incunabulis primis varietate casuum imminuta ita saepius adolescit ut fuisse longis saeculis aestimatur intacta!*

Abgesehen von diesen statistisch kulturhistorischen Erwägungen berechtigt schon der oben bei der Gründungsgeschichte des Vannianischen Reiches angeführte Beisatz des Tacitus: *ne quietas provincias immixti turbarent*, sowie die der Ansiedlung unterstellte politische Absicht des römischen Kabinets den Schluss auf die stattliche Anzahl der Auswanderer. Einen schlagenden Beweis für die rasche Vermehrung der Ansiedler zwischen March und Theiss gibt uns die Geografie des Ptolemäus, welcher nach beiläufig 4—5 Zeugungen seit der Gründung des *regnum Vannianum Suevorum* an derselben Stelle hinter dem Lunawald seine Baimen oder Gefolgsmänner angibt und dieselben durch den charakteristischen Beisatz auszeichnet, dass sie schon damals für ein grosses Volk galten — was sie auch sein mussten, um an dem markomannischen Kriege so thätigen Antheil zu nehmen, wie die Geschichte von den sogenannten Quaden erweist. (Vgl. oben S. 41 ff.)

§. 4. Baiwarenreste im Karpatenlande.

Es wanderte nie ein ganzes Volk auf einmal aus seinen
Sitzen (sagt Gaupp, Ansiedl. 465), sondern es blieben stets Einige
zurück. Einen Beleg hiefür haben wir in unserm eignen Lande.
Denn obwohl Odovakar im Jahre 488 durch seinen Bruder Aonulf
und den Grafen Pierius die Provinzialen aus Rätien und Norikum
nach Italien zurückführen liess, so blieben ihrer nichtsdestoweniger
so viele in den heimischen Sitzen, dass die Stifter und Klöster
im VIII. Jahrhundert namentlich in Norikum noch immer eine
recht ansehnliche Zahl von *Romani tributales* aufweisen. Auch
von den Gepiden, welche im VI. Jahrhundert untergingen, weiss
eines unsrer ältesten Denkmale, die *Conversio Bagoariorum* im
IX. Jahrhundert noch: *de Gepidis autem quidam adhuc ibi* — in
Pannonien — *resident* (M. g. XIII. 9). Wussten daher auch die
Chrowaten, welche den Namen Baiwaria nach Konstantinopel
trugen, nichts mehr von einem Volke dieses Namens in ihrer
Nachbarschaft, so ist damit noch nicht erwiesen, dass nicht nach
dem Auszuge der Karpatensueven noch Ueberreste derselben im
Lande geblieben wären. Im Gegentheil müssen sogar die mit den
Langobarden nach Italien marschirenden Suaben für solche Ueber-
reste der alten Bevölkerung angesehen werden (S. 66). Die ältesten
Schriftsteller über ungarische Geschichte, wie Thurocii Chr. I. 10,
Bonfini decades I. 4, Math. Bel (prodr. Hung. ant. I. 91), nehmen
unbedingt an, dass sich die Germanen in den Gebirgen wider die
Angriffe der Hunnen, Avaren und Magjaren zu halten verstanden
hätten und nur allmählig dem Einflusse des benachbarten slavischen Elementes erlegen seien. Am nächsten steht daher wohl
der in m. A. B. ·75 angeführte Bartholomacides der geschichtlichen Wahrheit, wenn er die Einwohner des Gömörischen Komi-
tates und des umliegenden Gebirgslandes von den sogenannten
(transjugitanischen) Quaden abstammen lässt, welche durch die
deutsche Einwandrung des XIV. Jahrhunderts verstärkt worden
seien (Com. Gömöriens. not. 136, 141). Die Deutschen im benachbarten Thurotzer Komitat werden für Nachkommen der Gothen
gehalten (Stat. Beschr. v. Ungarn 199) und die in der Zips leiten
sich nach einer alten Ueberlieferung von den Gepiden her (Kachelmann, Gesch. d. ung. Bergstädte I. 50).

In jüngster Zeit hat Schröer die deutschen Mundarten des
ungarischen Berglandes einer besonders sorgsamen Forschung
unterworfen und das Resultat derselben in den Sitzungsberichten
der k. Akademie, Bd. XXV, XXVII und XXXI, in einem umfas-
senden Wörterbuche niedergelegt. Der Verfasser knüpft zwar
für die Mundarten der gegenwärtigen deutschen Bevölkerung an

das niederrheinische Idiom an, weil sich diese Bevölkerung zunächst von jenen Sachsen, Flandrern und Rheinländern herleite,
welche im XII. Jahrhunderte unter König Geisa II. nach Ungarn
übersiedelten. Dennoch bringt er eine erstaunliche Menge von
Andeutungen in Sprachresten, Sagen und Sitten, welche sich nicht
als spätere baierisch-östreichische Eindrängung abfertigen lassen,
sondern als dem baierischen Volke verwandte Eigenthümlichkeiten
aus urangestammter Ueberlieferung aufgefasst werden müssen.

Man darf das besagte Wörterbuch nur flüchtig durchblättern,
um sogleich auf eine Menge von Ausdrücken und Formen zu
stossen, welche nicht dem rheinischen oder sächsischen Idiom
entsprechen, sondern durchaus nur aus der baierisch-östreichischen Mundart erklärt werden können, z. B. um nur Einiges zum
Beweise hervorzuheben: Aeren = Estrich, pfnochzen = puchezen,
Pfoad = Hemd, possen = busen (küssen), pregeln = rösten,
Pratzn = Hand, Dampf = Rausch, denk = link, God = Pathe,
Goschn = Mund, himmeln = sterben, Höll = Platz hinterm
Ofen, klecken = reichen, Krommerber = Kranewitt (Wachholder),
röhren = jammern, Segesn = Sense, Wampen = Bauch, anwern
= verthuen u. s. w. Indess diese und viele ähnliche Worte und
Redensarten können in späterer Zeit durch den ständigen und
innigen Verkehr mit den Deutsch-Oestreichern in die Mundart
der deutsch-ungarischen Bevölkerung übergegangen sein, wie man
auch von späterer wiederholter Einwanderung aus Oestreich, Tirol
und Schwaben weiss, durch welche derlei Einflüsse geltend gemacht worden sein mögen. Auch Sagen und Sitten können mit
diesen Nachwandrungen verpflanzt worden sein, so dass wir dergleichen nicht mit vollkommener Sicherheit für uralt angestammte
Ueberreste aus der Heidenzeit anzusehen berechtigt wären, um
sie hier als Beweise zu verwenden. So z. B. ist der Pilwins, zu-
weilen für eine Wassereidechse gehalten, aber gewöhnlich Hexe
bedeutend, als Bolwesch in Krickehaj ein mythisches Ungeheuer
bezeichnend, offenbar mit dem baierischen Bilmesschneider verwandt. Desgleichen mahnt der Mai- oder Pfingstkönig, welcher
in Koneschhaj seinen Umzug hält, und der daselbst übliche
Kampf von Sommer und Winter an den Wasservogel und ähnliche Bräuche in Baiern. Ebenso verhält es sich mit dem Husch-
way, dem fliegenden Drachen, mit den verschiedenen Aberglau-
bensformen an Johannis-, Lucien-, Katharinen-, Andreas- und
Christabend, mit dem Glauben an die Hexenzeit der Rauhnächte,
an die besondre Zauberkraft der Johanniskräuter, mit den Sitten
der Johannisfeuer und Feuerräder u. dgl. mehr. Denn alle diese
Bräuche und die damit verbundenen abergläubischen Anschauungen können später ins Karpatenland zurückgewandert sein. Selbst

der altbaierische Erichtag, Airochtag, Irtag als Name für den
Dinstag und Gerichtstag, die Sitte des Leukaufs als Bestäti-
gungstrunkes bei Handelschaften und Aehnliches will ich nicht
geradezu als beweisend für altangestammte Ueberlieferung ansehen.

Dagegen finden sich bei der deutschen Bevölkerung des ungarischen Berglandes in Sprache und Sitten mythische Andeutungen und Erinnerungen, welche zu tief mit dem urältesten
Heidenthum der ehemaligen Bewohner dieser Gegend verwachsen
sind, um sie bloss als traditionelle Reminiscenzen auffassen zu
können, welche später christliche Einwandrer in diese Gegend
gebracht hätten. So liegt in der Zipser Gespannschaft der Ort
Donnersmark — Donaresmarka — in welchem „neun Donner,
neun Wut" als beliebter Fluch gilt (S. XXV. 254). Bei Krickehaj liegt der Donigstân — Donnerstein — auf welchem sich die
Donigkammer, eine berühmte Schatzhöhle, befinden soll (S. XXXI.
264). Von den höchsten Felsenmassen des Tatragebirges umgeben, liegt auf dessen nördlichem Abhange der Pflocksee mit
der üppigsten Vegetation. In seiner Nähe ist der berüchtigte,
fabelhafte Krötensee, in welchem reiche Schätze versenkt sein
sollen und an dessen Ausfluss eine Stelle der Odinsplatz genannt
wird. All diese Namen enthalten Erinnerungen an die obersten
Götter der alten Germanen, Wuotan und Donar, und da sie sich
an Orten lokalisirt haben, so können sie nicht erst mit der Einwandrung im XII. Jahrhunderte in diese Gegenden gekommen
sein, wo das Christenthum daselbst längst verbreitet war (Schmidl,
Reisehdb. durch Ung. 235).

Die Deutschen in Ungarn gebrauchen den Ausdruck: „Schrecken-
bär" zur Bezeichnung einer grundlosen Angst. Schröer (S. XXVII.
204) hat an den Schrecken bringenden wilden Jäger Baerend erinnert; da aber nach baierischen Sagen die wilde Jagd sich auch
als feuriges Schwein sehen lässt, so glaube ich den sonst unverständlichen Ausdruck um so richtiger auf den im Götterumzug
der Rauhnächte erscheinenden Eber des Fro gedeutet zu haben,
als ein andrer im ungarischen Berglande heimischer Ausdruck
Gaul, welcher für Ungeheuer und Götze gebraucht wird, sich sehr
einfach und natürlich zum Juleber, ags. geol, stellen lässt und
mit dieser Bezeichnung dieselbe mythische Vorstellung fortpflanzt
(H. R. 85). Auch der Stânjürgal, welcher in der Kremnitzer
Gegend als mythische Figur gilt (S. XXV. 265), dünkt mich eine
der ältesten religiösen Personifikationen zu enthalten, indem der
Heroenkult des Irmin unter dem Bilde des Legendenheiligen
Georg sich in Baiern fortgesetzt hat (H. R. 150). Doch ist hier
schon die Uebertragung einer heidnischen Mythe auf einen christ-

lichen Helden unzweifelhaft und muss daher die Beweiskraft des Zeugen beeinträchtigen. Wenn man aber, ehe man in der Weihnacht zur Mette geht, etwas von der Mohnspeise in der Schüssel übrig lässt und dies den Fra Holdentheil nennt (S. XXXI. 275), so verdient dieser Brauch unzweifelhaft eine Anknüpfung an die ältesten heidnischen Ueberlieferungen, nach welchen der in den Rauhnächten umziehenden Göttermutter ein Speiseopfer dargebracht werden musste (H. R. 114). Selbst das Totermännchen, ein hölzernes Brustbild, welches an den Thoren zu Käsmark steht, darf hieher gezogen werden, weil es im Slowakischen als *tatrman* ein Götzenbild bedeutet (S. XXV. 225) und sich ganz an jene Götzenpuppen anschliesst, welche man in den Ländern des baierisch-östreichischen Volksstammes als Nachbildungen alter Götterbilder später der Verhöhnung und den Flammen preisgab (H. R. 78), oder auch als Sinnbilder .früher den Göttern dargebrachter Menschenopfer dem Feuertode überlieferte.

Es begegnen uns also in diesen mythischen Ueberresten uralte Erinnerungen, welche weit über das XII. Jahrhundert, als die Zeit der frühesten deutschen Einwandrung in das Land der ungarischen Bergstädte, hinaufreichen und mit den ältesten germanischen Bewohnern dieser Gegend — denn sie enthalten nur germanische Götterlehre — um so mehr in Verbindung gebracht werden müssen, als ihre örtliche Lokalisirung nach der Christianisirung der Bevölkerung eine Unmöglichkeit gewesen wäre. Als diese ersten Einwohner werden von den frühern Geschichtsforschern, unter welchen Bartholomaeides einen der vorzüglichsten Plätze einnimmt, die sogenannten Quaden genannt. Kachelmann, der eingeborne, ortskundige Historiograf der ungarischen Bergstädte, setzt den bergmännischen Betrieb der Eisensteingruben um Schemnitz (Vania), in der Zips und im Tartragebirge weit über die Ankunft der Marahanen im Karpatenlande. Schon Severini *(Commentatio de vet. incolis* 42, 65) leite den Namen hutnici für Grubenleute von den keltischen Gothinen, welche den Bergbau unter den Quaden betrieben (Tac. G. 43), und kováci für Schmiede von dem Namen der germanischen Quaden. In den neutraer, turotzer und barser Ortschaften: Geidel, Meizel, Bries (Briestja), Vritzko, Hedwig, Deutsch Proben, Krickehaj (Handlowa), Gloserhaj (Sklenuo), Osterstuben, Ober- und Unterturotz, Koneshaj, Drechslehaj, Perg, Blaufuss, Honeshaj, Litta (Koperňica), Prochothaj, Neuhaj (Lutila), Hochwies und Pila wohnen Landbauern, welche ein altes, unverständliches Deutsch reden, gegen welches das Zipserdeutsch ungleich leichter zu verstehen sei; diese Einwohner hielten sich selbst für Nachkommen der ältesten Eingebornen, da von ihrer Einwandrung nichts bekannt sei. Wenn der Verfasser in der

Wahl des Stammvolkes zwischen den Quaden und Gepiden schwankt (I. 50), so neigt er doch in richtigem Instinkt mehr zu den Erstern, und wir wissen, dass diese Vorfahren, von welchen jene mythischen Ueberbleibsel sich bis zu uns fortgepflanzt haben, nur die Nachkommen der beiden Gefolgschaften, die Baimen, die Stammväter der suevischen Baiwaren gewesen sein konnten.

§. 5. Gleichung in der Staats- und Rechtsverfassung.

Zur Zeit, als die Baiern unter diesem Namen zum ersten Male in der Geschichte genannt werden, erscheinen sie nicht mehr in der Sturm- und Drangperiode eines erst werdenden Volkes, welches sich etwa durch allmählige Assimilirung sich ursprünglich widerstreitender Ueberreste andrer Völker zu einer staatlichen Einheit durchzuringen bemüht sein muss, sondern sie machen vielmehr ganz den Eindruck eines fest konsolidirten Staatsorganismus, insoweit ein solcher in der Jugendzeit der germanischen Völker überhaupt angenommen werden kann und uns auch in dem aus dem VI. Jahrhundert stammenden ältesten Theile ihres Rechtsbuches entgegentritt. Wir erkennen dieses Verhältniss zunächst aus den Trägern der Staatsgewalt, den Fürsten, Häuptlingen und Richtern, welche das Volk bei allen Staatsaktionen vertreten und in den Gesetzen und Urkunden der Baiwaren bis in das IX. Jahrhundert und noch weiter herab in derselben Weise thätig erscheinen, wie wir dies in der Geschichte der Karpatensueven gesehen haben.

Um nun mit der Spitze der staatlichen Hierarchie, mit dem Fürsten zu beginnen, so tritt uns hier als charakteristische Eigenthümlichkeit das Volkskönigthum entgegen, welches nicht bloss durch Tradition und Sage, sondern auch durch geschichtliche Belege selbst dann noch bestätigt wird, nachdem die Herzoge von Baiern in Folge ihrer Kommendation an die Frankenkönige den Königstitel längst abgelegt hatten. Ich habe in meiner R. V. 53 ff. die hieher bezüglichen Thatsachen zusammengestellt und gezeigt, dass die in Baiern zu Recht bestehende freie Fürstenwahl, die selbstherrliche Machtstellung der Baiernherzoge selbst nach ihrer Kommendation und das die vierfache Komposition der Agilolfingischen Herrscherfamilie um ein volles Drittel überschreitende Wergeld des Herzogs die verlässigsten Anhaltspunkte darböten, die in Volkssage und Geschichte gegebenen Andeutungen des bei den Baiwaren uranfänglichen Volkskönigthumes zu beglaubigen. Nun sind wir aber bei den beiden Gefolgschaften den Königen Vannius, Vangio, Sido und Italikus, bei den sogenannten Quaden

Furtius, Ariogais und Gaiowomar, bei den Transjugitanern dem König Viduarius und den Unterkönigen Agilmund und Araharis, sowie dem Könige Gabinius, bei den Karpatensueven den Königen Hunimund und Alarich begegnet, welche uns den Beweis liefern, dass bei den Nachkommen der beiden Gefolgschaften die Königswürde herkömmlich war und zwar als ein alle Suevenvölker charakterisirendes Merkmal — *erga reges obsequium* (Tac. G. 43). Wollte man aber den Einwurf geltend machen, dass bei den Vannianischen Sueven das Königthum weniger durch Volkssitte, als vielmehr durch ursprüngliche Einsetzung des römischen Kabinets, also gleichsam *ex auctoritate romana* bedingt worden sei, so kann diese Thatsache unbedingt zugegeben werden, ohne die Beweiskraft des Taciteischen Ausspruches im mindesten zu schwächen. Denn einerseits war es von jeher römischer Staatsgrundsatz, an dem Herkommen unterworfener Völker nichts zu ändern, und wird man sich demgemäss mit Einsetzung des Quaden Vannius zum Könige der Baiwâras nur an die altangestammte Sitte gehalten haben, und anderseits unterliegt es keinem Zweifel, dass die markomannischen Gefolgsleute des Marbod und Catwalda dem Suevenstamme angehörten. Ueberdies wissen wir aus der Geschichte der beiden Gefolgschaften, dass dem Volke die freie Wahl des Königs zustand (J. Capit. 14) und dass es dieselbe sogar wider den Willen des römischen Kaisers ausübte, wie die Geschichte mit Ariogais beweist (D. Cass. LXXI. 13), oben S. 44.

Von ausgezeichneter Wichtigkeit ist dagegen für den Zusammenhang der Baiern mit den Karpatensueven das Vasallitätsverhältniss, in welches die Könige der Vannianischen Ansiedlung schon bei deren Gründung zum römischen Kabinet geriethen (II. §. 1). In der obigen Geschichte habe ich Gelegenheit gehabt, zu wiederholten Malen auf dasselbe hinzuweisen und aus der Darstellung des markomannischen Krieges erhellt das Bestätigungsrecht des römischen Kaisers in der unzweideutigsten Weise — ja es wird sogar berichtet, Caracalla habe den bei ihm angeklagten König Gaiowomar hinrichten lassen (S. 47).

Nun ist es gewiss eine Thatsache von der höchsten Bedeutung, dass unter allen germanischen Völkern die Volkssage nur bei den Baiern ein solches Beispiel der römischen Oberherrlichkeit aufbewahrt hat, nämlich in der schönen Sage von Severus und Adelger.

Massmann (Kaiserchr. III. 787), der die Erzählung der Kaiserchronik auf das Gründlichste nach allen Seiten hin erörtert hat, kommt zu dem Schlusse: „die so erzählte Sage fugt, obschon sie lange durch alle Geschichtsbücher Baierns läuft, nirgends in die Geschichte, so sehr gerade ihre sagenhaften Züge dafür

sprechen, dass sie einst irgendwie Geschichte war." Weder der
Kaiser Lucius Septimius Severus (193—211), ein strenger Charakter, der viele Kriege führte, noch sein angeblicher Enkel-Neffe
Alexander Severus (222—235), durch seine Mutter dem Christenthume geneigt und deshalb dem wahrscheinlich geistlichen Dichter
anziehender, kam mit den Germanen in feindliche Berührung oder
übte einen Hoheitsakt gegen einen deutschen Fürsten. Dagegen
muss es auffallen, dass Caracalla zwischen beide fällt, der sich
wirklich eines solchen Aktes rühmte.

Auch dürfte etwa der deutsche Hofnarr des Alexander Severus — *unus ex Germanis qui scurrarum officium sustinebat* (Ael.
Lamprid. 61) — welcher den jugendlichen Kaiser erschlug, einer
Erwähnung verdienen, sowie der getreue Dienstmann Gaiowomars,
der sich mit seinem Gefolgsherrn den Tod gab, insofern er dem
klugen Rathgeber der Sage zum Vorbilde diente.

Die Sage ist unzweifelhaft baierischen Ursprungs und der
Nacherzähler derselben in der Kaiserchronik, höchst wahrscheinlich ein rheinländischer Geistlicher (Massmann III. 225 und 295),
der *ze Rôme unde Laterân* ebenso zu Hause ist, wie es seine an-
schaulichen Ortsschilderungen von Baiern erweisen, hat dieselbe
auf seiner Durchreise irgendwo im letzteren Lande aufgefunden.
Nach den sagenhaft verdunkelten Nebenumständen kann es keinem
Zweifel unterliegen, dass die Märe von Kaiser Severus und Herzog
Adelger von Baiern obigem Urtelspruche Caracalla's gegen Gaiowomar ihren Ursprung verdanke und sich auf das thatsächliche
Vasallitätsverhältniss der Baiwaren zum römischen Hofe und ihre
wiederholten Invasionen auf den Reichsboden gründe. Da aber
der baierische Dichter keinen Schimpf auf dem eigenen Volke
sitzen lassen kann, so verdunkelt er die Thatsache der Hinrich-
tung in eine einfache Ehrenstrafe durch Beschneidung von Haaren
und Kleidern, welche wieder zum Vortheile der Baiern ausschlägt,
und nach Einflechtung der sinnreichen Thiermäre, wobei die Klug-
heit und Treue des deutschen Rathgebers in das schönste Licht
tritt, wie bei dem Dienstmanne Gaiowomars, der sich mit seinem
Herrn freiwillig den Tod gibt, schliesst die Sage mit dem siegreichen Kampfe gegen Rom zur Ehre der Baiern, wobei *grâve
Volcwin den keiser ze tôde stach*, wie Alexander Severus von seinem Schnurrenmeister, *magister scurrarum*, im Lager vor Mainz
im Soldatenaufstand erschlagen ward.

Da nun die Volkssage nichts erfindet, was dem Volke gänzlich fremd wäre, nichts aussprechen kann, was dessen Sinn und
Eigenthümlichkeit widerstreitet (Köpke, D. Forsch. 94), so sehen
wir in Herzog Adelger nur die verdunkelte Persönlichkeit des
geschichtlichen Quadenkönigs Gaiowomar und diese Gleichung

allein würde schon hinreichen, die Baiern und die sogenannten
Quaden in ein Abstammungsverhältniss zu bringen, wenn uns
nicht die ganze Geschichte der Baiwâras schon davon überzeugt
hätte.

In seiner lebendigen Schilderung der Friedensverhandlungen
mit den transjugitanischen Quaden zeigt uns Ammian Marcel. die
proceres und *optimates* neben König, Gaufürsten und Richtern als
die Gewährleister öffentlicher Traktate, Geiselsteller und Friedens-
schwörer (II. §. 5, S. 50). In gleicher Weise bestätigt schon die älteste
Aufzeichnung der *l. Baiw.* im VI. Jahrhundert das Vorhandensein
eines Volksadels ganz in derselben Bedeutung, in welcher Tacitus
die *nobilitas* bei den Germanenvölkern anerkennt. Auch hier habe
ich in meiner R. V. 25 ff. bei den Standesverhältnissen gezeigt,
dass die in *l. Baiw.* III. 1 genannten fünf Adelsgeschlechter, ganz
im Gegensatze zu dem später mit dem entwickelten Lehensystem
erwachsenen Dienstadel, mit den markomannischen Ersten (D.
Cass. LXXII. 2) und dem alamannischen *primus* und *meliorissimus*
(P. Al. II. 39 und III. 27) auf gleicher Stufe stehen, da sie dasselbe doppelte Freienwergeld erhalten, während die Glieder der
Agilolfingischen Herrscherfamilie durch ein vierfaches Wergeld
ausgezeichnet werden. Es ist darum auch kein Grund vorhanden,
sie als depossedirte Fürstengeschlechter aufzufassen (III. §. 1),
sondern sie sind Glieder einer Standesklasse, welche zwar ohne
rechtliche Bevorzugung vor den übrigen freien Volksgenossen,
aber getragen durch den Glauben an eine mythische Abstammung,
reich begütert und von zahlreichen Heergefährten umgeben, auf
die Geschicke des Volkes den wichtigsten Einfluss ausüben musste.
Unsere ältesten Urkunden und diplomatischen Aktenstücke, in
welchen sie theils schlechtweg als *nobiles*, theils unter den Namen
der *primates imperii*, *optimates*, *proceres* auftreten, liefern den
Beweis dafür.

Ich habe bereits oben (S. 52) Veranlassung genommen,
auf die auszeichnende Stellung hinzuweisen, in welcher bei den
sogenannten transjugitanischen Quaden die *judices variis populis
praesidentes* neben den andern Würdenträgern des Gemeinwesens
aufträten, so dass man weit irregehen würde, wollte man in denselben nur königliche Beamte erkennen. Ich muss hier auf diesen
Gegenstand zurückkommen; denn auch dem baierischen *judex* hat
man denselben Vorwurf und mit nicht minderem Unrechte gemacht. Gfrörer, in dessen Geschichte deutscher Volksrechte nur
zu häufig das tendenziöse Spürtalent des römischen Parteigängers
den kritischen Scharfblick des objektiven Geschichtsforschers ersetzen muss, will I. 206 und 387 in dem *judex* der *lex Alam.* und
Baiw. nur ein Geschöpf des fränkischen Hofes anerkennen, welches

dazu bestimmt war, die hochwichtige Gerechtigkeitspflege der
allgemeinen Theilnahme der Volksgenossen zu entwinden und im
Privatinteresse der Pipiniden gelehrten, dem Lande fremden Beamten in die Hände zu spielen, welche — von der Krone abhän-
gig — durch den Köder von Besoldung und Beförderung zu jeder
Willfährigkeit angehalten werden konnten. Ich habe hier gar nicht
nöthig, mich zu dem von selbst verständlichen Zugeständnisse herbei-
zulassen, dass eine spätere, centralisirende Staatsgewalt auch die
Richter allmählig in ihr Interesse zu ziehen verstanden haben wird.
Es genügt zur Widerlegung obiger Einseitigkeit schon die Thatsache,
dass der *judex* nicht erst durch fränkische oder gar karolingische
Redaktionen in die Rechtsverfassungen der Baiern und Schwaben
gekommen ist; denn schon Tacitus (G. 12) sagt: *eliguntur in iisdem
conciliis et principes qui jura per pagos vicosque reddunt.* Also
schon damals gab es Gau- und Dorfrichter und die im *Pactus
Alamanorum* und im ältesten Theile des Baiwarenrechtes auftretenden *judices publici vel loci* sind jedenfalls vorpipinischen Ur-
sprunges. Ich habe in meiner R. V. 318 umständlich erwiesen,
dass der *judex*, dem das Volk als freigewählten Rechtsprecher
die Auslegung und Aufrechthaltung des Gesetzes übertrug, eine
aus dem innersten Rechtsbedürfnisse des freiheitsstolzen Germanen
entsprungene Staatseinrichtung sei, welche auch bei den zähesten
Stämmen der Friesen, Schwaben und Baiern am längsten dauerte,
bevor ihre Bedeutung dem nivellirenden Einflusse der karolingischen Grossmachtspolitik zum Opfer sank. Gerade die geschichtliche Thatsache, dass in Baiern das karolingische Rechtsinstitut
der Schöffengerichte nie recht lebensfähig wurde (R. V. 314), liefert
den überzeugenden Beweis, dass der baiwarische *judex* eine ur-
angestammte, altgermanische Institution gegenüber der fränkischen
Gerichtsverfassung war (Roth, Z. Gesch. des baiw. Volksr. 19).
Unbestreitbar ist aber die hervorragende Stellung, welche nach
den ältesten Urkunden in Baiern von jeher bei Berathung öffentlicher Angelegenheiten die *judices* neben dem Fürsten und den
Ersten des Volkes einnehmen (R. V. 316, Anm. 3). So sagt Pabst
Gregor II. im Jahre 716 in seinem Kapitulare an die Baiwaren:
*cum duce provinciae . . . conventus adgregatur sacerdotum et judi-
cum atque universorum gentis primariorum . . .* (M. g. ll. III. 451,
Add. II.) ganz in derselben Weise, wie Ammian im Friedensschlusse
zu Bregetio die *judices variis populis praesidentes* neben Prinzen,
Gaufürsten und den übrigen Adelingen handelnd einführt. Es
liegt hierin wohl um so weniger ein zufälliges oder gesuchtes Zusammentreffen, als bei andern deutschen Völkern die Richter nicht
immer in so auszeichnender Nebeneinanderstellung mit den höchsten Würdenträgern — *principes* des Tacitus genannt werden.

Der oben (II. §. 5) hervorgehobene Schwur auf die gezückten Schwerter, welchen Ammian selbst als religiöse Rechtssitte andeutet, indem er beisetzt: *quos pro numibus colunt*, zwingt, die schwörenden Transjugitaner als Verehrer des Schwertgottes Ear oder Ziu anzuerkennen, wie im VIII. Jahrhundert der Wessobrunner Mönch die ethnografische Gleichung *Cyuuari-Suapa* aufbewahrt hat. In meiner H. R. 67—77 habe ich reichliche Anhaltspunkte beigebracht, welche die Baiwaren als Diener des Aer, Ear, der bei den Schwaben den Namen Ziu hatte, erscheinen lassen. Es sprechen hiefür ausser mannigfachen Namensbelegen z. B. dem sagenhaften Erklahain bei Regensburg — *Eresloh-Martis lucus* — und dem Aresfeld in Oestreich vor Allem die Namen Irtag, Eritag, Erchtag für den dritten Wochentag, *dies Martis*, welche selbst noch die Deutschen im ungarischen Berglande aus der heidnischen Zeit (Eartak, Airochtag) beibehalten haben und welche schon deshalb aus der Zeit vor der Bekehrung des Volkes stammen müssen, weil unter dem Einflusse fränkischer Missionäre der *dies Martis* jedenfalls nur durch einen *Ciuwestac*, Zistig ersetzt worden wäre.

Für den Schwertkult der heidnischen Baiern gibt ferner eine in der Gründungsgeschichte der Abtei Göttweih in Oestreich aufbewahrte Sage Zeugniss, welche beweist, dass daselbst in vor-christlicher Zeit ein Weihboden des Aer, ein Aresberg mit Gebäuden und Bildsäulen des Kriegs- und Todesgottes bestanden habe (Pez, Sc. I. 127). Ich habe diese wichtige Sage in meiner H. R. 75 besprochen und gezeigt, dass die willkürlich zur Erklärung des Ortsnamens herbeigezogenen Gothen damit nicht das Mindeste zu thun haben, sondern dass das Heiligthum, dessen Dasein uns die werthvolle Sage auf baiwarischem Gebiete rettet, nur dem Kult der Baiwaren angehört haben kann.

Auch das entscheidende Uebergewicht darf hier in die Wagschale gelegt werden, welches nach den Rechtsbräuchen der Baiwaren im richterlichen Beweisverfahren dem Kampfordale vor den andern Formen des Gottesgerichtes eingeräumt wurde — eine Rechtssitte, welche, obwohl das Kampfordale auch bei andern deutschen Völkern in Gebrauch war, in dieser Häufigkeit der Anwendung sich nur bei andern Suevenvölkern, Alamannen, Langobarden und Thüringern wiederfindet — *sum tracta spata se idoneare* (R. V. 361 und 398). Nehmen wir dazu die Schwertweihe, die in ältester Zeit gesetzlich bestand, da noch einige *Codices* zu *l. Baiw.* XVII. 6 beifügen: *postea donet arma sua ad sacrandum* vor dem *camfwic*, sowie die bis in das vorige Jahrhundert herabreichende Sitte öffentlicher Schwerttänze in Baiern, so knüpfen sich auch durch diesen Schwertkult die Baiern an die Trans-

jugitaner, die legitimen Nachkommen der markomannischen Baiwâras.

§. 6. Die Suavi im obern Donaulande.

Der alte Stammnamen des grossen Suevenvolkes, welches seit
der Kriege Cäsars in Gallien den Römern bekannt geworden war,
verschwindet in den Gegenden der obern Donau fast gänzlich,
seit im III. Jahrhundert an der Gränze des Dekumatenlandes der
neue Bundesname der Alamannen aufkam. Erst nach dem Jahre
430, in welchem Aëtius die Juthungen zum letzten Male bekämpfte
und der Name dieses Volkes nicht weiter genannt wird, muthmassen Zeuss (D. 317) und der ihm folgende Stälin (Würtemb.
Gesch. I. 123), dass an Stelle ihres Volksnamens die Juthungen
den altehrwürdigen Stammnamen bei den Alamannenvölkern wieder aufgefrischt hätten. Sowie aber Ammian bereits im IV. Jahrhundert die *Juthungi Alemannorum pars* nennt (XVII. 6), so liefert uns zur selben Zeit der konsulare Dichter Ausonius in Gallien
den Beweis, dass die Erinnerung an den Suevennamen nie vergessen war. Er findet Suevi um den Ursprung der Donau, die
am Rhein geschlagen werden (Idyl. 3 und 4) und seine gefeierte
Schöne Bissula, an der Donauquelle geboren, nennt er *Sueva vir-
guncula* (Idyl. 6 und 7). Mit diesen Namen können aber offenbar
nur Alamannen bezeichnet werden, und es ist somit der gleich- ·
mässige Gebrauch beider Namen für dasselbe Volk unzweifelhaft.

Uns, die wir nach dem Auszuge der Karpatensueven aus
ihrer östlichen Heimat nach einem Suevenvolke forschen, kann
diese synonyme Vermischung mit den Alamannen um so weniger
zufrieden stellen, wenn wir nicht im Stande sind, für das Vorhandensein eines suevischen Volkes Zeugnisse aufzufinden, welches
unter was immer für einem Namen neben den Alamannen seinen
Wohnsitz aufschlug. Zwar Zeuss und seine Nachfolger Stälin,
Grimm und Merkel *(de repub. Alam. 6)* finden dieses Volk in den
Sueven des Jornandes (c. 55), von denen sie mit Zeuss annehmen,
dass unter denselben die frühern Juthungen gemeint seien —
irregeleitet durch die willkürliche Herbeiziehung der Alamannen.
So behauptet Stälin I. 147 sogar, die Alamannen unter König
Hunimund seien durch das gothische Pannonien bis nach Dalmatien gedrungen. Zeuss (D. 321) macht aus dem Suevenkönig
Alarich auf eigene Faust einen Alamannenfürsten und Grimm
kann in den *Suevis et Alamannis* des Jornandes (c. 55) nur die
verschwundenen Juthungen wiederfinden (D. S. I. 501), welche
neben den Alamannen ihren alten Namen behauptet hätten. Aber
wo ist denn der Beweis für die Behauptung, dass die Juthungen
wirklich früher Sueven geheissen haben?

Trotz obiger Autoritäten, deren hohe Bedeutung für die Erforschung unsrer frühesten Geschichte ich in keiner Weise unterschätze, sehe ich mich nichtsdestoweniger gezwungen, diese Ansicht für eine durchaus irrthümliche zu erklären, da sie sich nur auf die willkürliche Verbindung der Alamannen mit den Sueven gründet, wodurch Jornandes (c. 55) das ethnografische Bild an der mittlern Donau in der zweiten Hälfte des V. Jahrhunderts in Verwirrung brachte. Ich habe oben (II. §. 6) bei der Darstellung des suevogothischen Krieges umständlich nachgewiesen, dass gemäss der ganzen Völkerstellung jenes Zeitraums der Rachezug des Gothenkönigs Theodemir nicht nach der obern Donau zu den an den Alpen sitzenden Alamannen gerichtet gewesen sein konnte, sondern nur zu den jenseits der Donau heimischen Karpatensueven und dass auch deshalb von einer Verbindung dieser Sueven mit den Alamannen gar keine Rede sein könne (S. 60). Es ergebe sich hieraus, dass diese Verbindung beider Völker durch das *tunc juncti Alemanni* des Jornandes (c. 55) nichts weiter sei, als ein anachronistischer Einschub des letztern Historikers in den Bericht seines Vorgängers — wahrscheinlich des Kanzlers Cassiodor — wodurch er sowie mit den daselbst angegebenen Gränzbestimmungen der Suevi nur das Völkerbild seiner Zeit um fast ein ganzes Jahrhundert zurückschiebt. Ist aber der Anachronismus dieser Stelle erwiesen, gleichwie die Angabe der Baiern einen solchen verfrühten Einschub ausser Zweifel setzt, so erweisen sich auch die auf solche illusorische Verbindung der Alamannen und Sueven gebauten Schlüsse einer Uebertragung des Suevennamens auf die verschwundenen Juthungen als durchaus unbegründete Muthmassungen, und der objektive Thatbestand der Forschung ergibt nur, dass im V. Jahrhundert ausser den Alamannen kein anderes und für sich gesondert bestehendes Suevenvolk in den Provinzen an der obern Donau aufgefunden werden könne.

Erst in der Mitte des VI. Jahrhunderts begegnet uns ein Zeugniss, dass neben den Alamannen und von ihnen gesondert ein Suevenvolk in der obern Donaugegend Wohnsitz genommen habe. Procop, der Zeitgenosse Justinians und Belisars, sagt in einem allgemeinen geografischen Ueberblick I. 12: „Im Osten (von Gallien, wo die Germanen, die jetzt Franken genannt werden) hatten die Thüringer das ihnen von Cäsar Augustus eingeräumte Land — das den Hermunduren von Domitius Ahenobarbus überlassene Gebiet der Markomannen. — Nicht ferne davon gegen Süden wohnten die Burgunder und über den Thüringern die Suabi u n d Alamanni, starke Völker, welche noch immer die altangestammte Freiheit bewahrten." Doch weiss der Verfasser bereits, dass diese Suabi die fränkische Oberherrlichkeit anerkannt haben; denn an

einer andern Stelle seiner Geschichte des gothischen Krieges
(I. 15) unterscheidet er von ihnen die der gothischen Herrschaft
unterworfenen Bewohner der Provinz Savien. Er zählt nämlich
die Bewohner des Küstenlandes am adriatischen Meerbusen auf,
„über welchen die Siskier und Suabi (nicht die, welche den Franken gehorchen, sondern von ihnen verschiedene) die innern Landstriche inne haben". Dass diese zwischen Norikum und Dalmatien
angeführten Suabi keine Sueven sein können, obwohl sie Veranlassung gegeben haben, das von Jornandes c. 55 genannte
Suevenvolk in das untere Pannonien zu verlegen (wo um jene
Zeit die Ostgothen sassen, und wenn sie dasselbe mit Krieg über-
ziehen wollten, nicht nöthig gehabt hätten, sie *emmenso Danubio*
anzugreifen), bedarf wohl nach meiner eingehenden Darlegung der
Völkerstellung II. §. 6 keines weitern Beweises. Wie die Siskier
die Einwohner der Stadt Siscia, so sind diese pannonischen Suabi
die Bewohner der frühern römischen Provinz Savia, wie Zeuss
(D. 590) bemerkt, von den Gothen mehr deutsch zu Suavia ge-
formt. In dieser Provinz Suabia rekrutirt der gothische General
Asinarius (Proc. I. 16), und der Kanzler Cassiodor schreibt an
die Beamten und Grundbesitzer dieser Provinz, sowie des benachbarten Dalmatiens: *Universis provincialibus et capillatis etc. in
Suavia constitutis . . . ad Dalmatiarum atque Suaviae provincias*
u. s. w. (Var. IV. 49, V. 14, IX. 8).

Von besonderer Bedeutung finde ich nun, dass Procop in
der obigen Stelle die Suabi und Alamanni durch ein u n d verbindet und sie dadurch als gesonderte Nationen neben einander
stellt, während sonst bei gleichzeitigen und spätern Schriftstellern
beide Namen synonym für dasselbe Volk verwendet werden. So
spricht Cassiodor von *Suevorum incursione vastatis* und verbindet
damit die *Alemannorum fugata subreptio* (Var. XII. 7 und 28).
Der Geograf von Ravenna nennt IV. 26 *Suavorum quae et Alamannorum patria*. Der Fortsetzer der Chronik des Franken Fredegar bezeichnet diese Vermischung ganz unzweifelhaft zum Jahre
741: *Suavia quae nunc Alamannia dicitur.* Um dieselbe Zeit
heisst Paul diac. II. 15 *Suaviam hoc est Alamannorum patriam*
und spricht III. 18 ebenso bestimmt von *Suavorum, hoc est Alamannorum gente.* Am schlagendsten enthüllt uns der Abt Walafrid, in Schwaben heimisch, den Grund dieser synonymen Vermengung in seiner *vita Galli: . . . et Alamanniam vel Sueviam
nominemus, nam cum duo sint vocabula unam gentem significantia,
priori nomine nos appellant circumpositae gentes quae latinum ha-
bent sermonem; sequenti, usus nos nuncupat barbarorum h. e. Germanorum* (M. g. II. 19). Es ergibt sich also aus dieser Mittheilung, dass der Sueven- oder Schwabenname nicht durch ein im

Donaulande neu angesiedeltes Suevenvolk aufkam und den Bundesnamen der Alamannen wieder allmählig in den Hintergrund drückte, oder dass er von den Juthungen durch Umwandlung angenommen worden sei, wie Zeuss und Grimm annehmen, sondern dass er vielmehr mit dem Sprachgebrauche der Germanen zusammenhänge, welche sehr wohl noch wussten, dass die Alamannen dem suevischen Volksstamme angehörten.

Wenn nun Procop dieser Gleichstellung gegenüber seine Suavi durch ein u n d von den benachbarten Alamannen trennt und sie hiedurch als ein von diesen gesondertes Volk neben denselben aufführt, so drängt sich uns ganz natürlich die Frage auf, ob nicht der byzantinische Geschichtschreiber bei diesen Suavis die Karpatensueven im Auge hatte, welche wenige Jahrzehnte vorher in ihrer östlichen Heimath verschwinden und um dieselbe Zeit von seinem Zeitgenossen Jornandes mit dem Namen der Baiobari in die Reihe der abendländischen Völker eingeführt werden. Die Gründe für die Bejahung dieser Frage sind keineswegs so unbedeutend, um sie kurz von der Hand zu weisen. Fürs Erste beobachtete die oströmische Hofkanzlei die Völker jenseits der Donau mit der gespanntesten Aufmerksamkeit, da die Reichsgränzen bei allen unter den Barbaren sich ereignenden Veränderungen fortwährend bedroht waren. Daher hatte das Kabinet zu Konstantinopel bei allen Händeln der Gothen, Gepiden, Heruler und Langobarden die Hände im Spiele. Dass die Karpatensueven der kaiserlichen Kanzlei wohl bekannt waren, erhellt schon daraus, dass ihre Könige Hunimund und Alarich im letzten Drittel des vorigen Jahrhunderts vom Kaiser Leo Hülfe wider die Ostgothen erbaten (S. 61). Es ist also sehr wahrscheinlich, dass man zu Konstantinopel von dem Abzuge der Sueven nach ihrem unglücklichen Kriege mit den Langobarden sehr wohl unterrichtet war. Procop, der den Oberstkommandirenden Belisar in den gothischen Krieg als Geheimschreiber begleitete, war ohne Zweifel in alle Geheimnisse der kaiserlichen Hofkanzlei eingeweiht und es kann somit kaum bezweifelt werden, dass ihm die Thatsache jener Auswandrung zu Ohren gekommen sei. Es dürfte daher um so weniger überraschen, dass er die neben den Alamannen im 2. Rätien einrückenden Karpatensueven mit dem Namen der Suabi bezeichnet, als dieser Volksname der kaiserlichen Hofkanzlei geläufig war und er auch davon unterrichtet war, dass diese Suabi den Franken unterworfen waren, da sein Zeitgenosse Agathias I. 4 berichtet, dass der Frankenkönig Theudebert die Alamannen und andre benachbarte Völker zu seinem Reiche genommen habe und dieser Theudebert in einem Aktenstücke, dessen Aechtheit allerdings jetzt angezweifelt wird, an den Kaiser Justinian hervorhebt, dass

sich seine Herrschaft längs der Donau bis nach Pannonien und
an die Meeresküste erstrecke — *per Danubium et limites Pannoniae usque in Oceani littoribus* . . . *dominatio nostra porrigitur*
(Bouquet h. des Gaules IV. 59, n. 16).

Am wenigsten aber glaube ich den Einwurf scheuen zu dürfen, dass meiner Auffassung der Procopischen Mittheilung der
Umstand entgegenstehe, dass Jornandes bereits um dieselbe Zeit
die Baiern mit dem ihnen seither bleibenden Namen bezeichne,
und zwar um so weniger, als ich vielmehr gerade in diesem Um-
stande eine neue Bekräftigung für die Richtigkeit meiner Auffassung erkenne. Denn wenn der Gothe Jornandes die Baiern in
der Mitte des VI. Jahrhunderts als Baiwaren in die Geschichte
einführt, so ist dies nur ein Beweis, dass er von den abendländischen Völkern eine genauere Kenntniss hatte, als sie dem Byzantiner zu Gebote stand; wenn aber die Baiobari des Jornandes
genau auf dasselbe Ländergebiet fallen, nämlich zwischen Alamannen und Thüringer, wohin der Oströmer seine Suabi setzt,
so muss diese gegenseitige Deckung als ein neuer Beleg angesehen werden für die Abstammung der Baiwaren von den Karpatensueven, den Nachkommen der beiden markomannischen Gefolgschaften.

§. 7. Der Volksname.

Vor dem VI. Jahrhundert war der Name der Baiwaren nicht
gehört worden und die sorgfältigste Durchforschung der germanischen Völkerwelt bis in den fernsten Norden und die entlegen-
sten asiatischen Steppen war nicht im Stande gewesen, ein ger-
manisches Volk mit einem ähnlich lautenden Volksnamen aufzufinden, welcher uns berechtigte, die Baiern mit demselben in ein
Abstammungsverhältniss zu bringen. Da nun der Namenswechsel
eine durch vielfache Thatsachen bestätigte Erscheinung in der
Geschichte der deutschen Völker ist — ich erinnere nur an den
Bundesnamen der Alamannen, den sich Usipeter und Tenchterer
nebst andern kleinern Suevenvölkern beilegten, an die Sigambern,
Chamaven und Amsivaren, welche seit dem III. Jahrhundert als
Franken auftreten, an die alten Hermunduren und Chatten, welche
die Namen der Thüringer und Hessen annahmen, an die neu auftauchenden Namen der Sachsen, Ost- und Westfalen u. s. w. —
so sehen wir uns gezwungen, auch bei dem neu auftretenden Namen der Baiwaren einen ähnlichen Namenswechsel vorauszusetzen
und glauben uns zu dem Schlusse berechtigt, dass die Baiern,
früher unter anderem Namen bekannt, bei ihrer Uebersiedlung in
das obere Donauland denselben mit dem neuen, fortan von ihnen

getragenen vertauscht haben müssen. Der Grund solchen Namenswechsels ist meist so dunkel, als die Entstehung der Völkernamen selber. Man weiss kaum, wer sie zuerst aufbrachte, wie
bei dem Namen der Germanen, den sich die deutschen Völker nie
gaben und bei dem man zwischen Römern und Kelten als Namen-
gebern schwankt. Mit grösserer Wahrscheinlichkeit schliesst man
bei den hieratischen Namen der Ingäwonen, Istäwonen und Hermionen auf inländischen Ursprung, da sie sich auf die Stamm-
helden der Deutschen zurückführen lassen. Gewöhnlich machen
sich dann der Sprache kaum Halbmächtige, und zwar diese am
liebsten, an die Erklärung der aus Alter unverständlichen Vokabeln und kommen dabei natürlich auf die ungeschicktesten Deutungen. Ich erinnere nur an die Ableitung: *Alamania* von *Alti-
monia — altis montibus* (Walafrid, M. g. II. 19), an die *Baucueri* =
coronati viri des Wessobrunner Mönches (D. II. 369) zur Erklärung
des Baiernnamens, die Anknüpfung der Sueven an den Berg Sevo,
der Britten an Brutus u. s. w.

Die geringste Mühe hatten natürlich die Bojisten: sie durften
nur das keltische oi in ein deutsches ai verwandeln, so ergab
sich der Namenswechsel mundartlich von selbst — *bajouuarii re-
licto proprio idiomate Teotonicum a Teotonicis accomodaverunt
idioma* schrieb ein Passauer Mönch des X. oder XI. Jahrhunderts
in einen Codex (Pallhausen, Garib. Bel. 38). Bei der nachgewiesenen Unmöglichkeit, die Baiern von Bojern abzuleiten, bedürfen
wir natürlich auch keiner weitern Einwendung wider das an sich
unwahrscheinliche Kunststück eines Sprachwechsels. Wir wissen
aber genau, wie die ahnungslosen Bojer, an welche bis zum XV.
Jahrhundert kein Mensch in Baiern dachte, durch ausländische
Aftergelehrsamkeit in die Geschichte der Baiern eingeschwärzt
wurden (I. §. 2. S. 9), um 400 Jahre lang durch eine leichtsinnig
hingeworfene Phrase ernste Forscher zu mystificiren.

Aber auch die neuern Forscher stützen ihre Namensableitungen in näherer oder entfernterer Weise auf die längst verschol-
nen Bojer: Zeuss (D. 380), indem er sein Baia von Boihaemum,
Bojenheim, herleitet; Grimm (D. S. I. 504), der in Zweifel ist, ob
der Name von dem frühern Sitze der Markomannen in Baia oder
von dem neuen im boischen Norikum stamme; Rudhardt (171)
und die andern Föderalisten, welche die Baiowaren für Wehren
— Männer — im ehemaligen Bojerlande erklären. Abgesehen
von der Unmöglichkeit dieser Namensentstehung, weil im Süddonaulande niemals ein Bojervolk als siedelhaft nachzuweisen ist,
machen sich die Vertheidiger dieser Hypothesen den geringsten
Kummer, den Grund des nicht zu vermeidenden Namenswechsels
zu erforschen, indem sie sich begnügen, ihre Erklärungen als

Thatsachen hinzustellen. Nur Zeuss muthmasst, da der Marko-
mannenname diesseits des Böhmerwaldes nicht mehr passte, indem sie hier keine Mark mehr zu hüten hatten, so nannten sie
sich nach ihrem bisherigen Sitze: Leute aus Baiaheim; und Wittmann (Herkunft d. B.) glaubt, weil die Vertreibung der Bojer die
glanzvollste und ruhmwürdigste That (?) der Markomannen gewesen, so führte sie dieselbe ohne Zweifel auf die Bildung und
Annahme des Namens Bajuvaren.

Die Unwahrscheinlichkeit, dass Völkernamen auf so abstra-
hirende Weise entstehen könnten, hat andere Forscher veranlasst,
das historische Moment bei ihren Erklärungen ganz ausser Betracht zu setzen, um den Namen auf rein grammatikalem Wege
zu erläutern. C. Roth (Oertlichkeiten d. Bisth. Freis.) behauptet:
der Stamm der Baiern (Peigwaras) sass einst in Asien und zählte
nur wenige Geschlechter. Sein Stammhaupt hiess Peigwari und
dieser Name ging auf das ganze Volk über, wie denn auch andre
Volksnamen, z. B. Alman, Durinc, Franco, Hesso, Lancpart,
Marcman u. s. w. als tägliche Mannsnamen in Urkunden erscheinen und dadurch den Beweis liefern, dass sie ursprünglich nur
Namen der Stammeshäupter seien und deshalb gar keiner weitern
Ableitung bedürften. Peigwari aber bedeute Armringträger; denn
es leite sich grammatikal von *beigwa* = Armring und dieses von
biugan oder eigentlich dem kürzern *bigan* = beugen. Vollmer
habe nachgewiesen, dass dieses *bigan* die vergangne Zeit *ih beig*
= bog conjugiren musste und sich daraus das Hauptwort *diu
beigwa* bildete, dessen inlautendes *w* im Deutschen frühzeitig aus-
fiel. Durch Anfügung der Ableitungssilbe *ri* entstehe nun ganz
sprachrichtig *beigwari* und *beigari* = Armringträger, wovon sich
alle Formen des Baiernnamens herleiten liessen. Allerdings gibt
der Verfasser zu, dass die an die Spitze der ganzen grammatikalen Hypothese gestellten Worte *beigwa* und *bigan* aus dem
Sprachschatze der Deutschen verschwunden seien (weil sich nämlich in keinem Glossar ein ähnliches Wort zum Beleg auffinden
lässt); dennoch, meint er, könne von den Franken ein deutsches
beigwa über den Rhein getragen worden sein, welches sich in
das französische *bague* verstümmelt habe. Dass die ganze gram-
matikale Konjektur auf allzu hypothetischer Grundlage beruhe,
um auch nur die Wahrscheinlichkeit ansprechen zu können, liegt
schon in dem obigen Zugeständniss des Verfassers, so dass eine
weitere Widerlegung derselben nicht nöthig erscheint.

Im Gegensatze hiezu hat Hofmann (German. VII. 470—476)
eine Ableitung des baierischen Volksnamens aus dem Keltischen,
beziehungsweise aus dem Irischen zu geben versucht. Die Baiern
sind auch ihm Nachkommen der Markomannen; aber die Zeussi-

sche Deutung des Volksnamens will ihm nicht genügen, da die deutsche Form desselben: Peigira und Peigiri nicht deutsch, sondern keltisch sei. Im Gälischen bestehe nun der Stamm *bagh* = *pugna*, der auch in ältern irischen Zusammensetzungen als *bág* vorkomme, woraus hervorginge, dass die deutsche Sprache ihr *bágan* = streiten mit der keltischen gemeinschaftlich besässe. Bilde man nun aus dem keltischen Stamme *bág* mittels der Endung *aria* ein Hauptwort, so ergebe dies in der alten Sprache *bágária-s* = *pugnator*, woraus später im Irischen durch Kürzung des *á* und durch Einfluss des *i*, wie durch Verändrung der Endung *ia* in *e*, *bágaire*, *bágire* entstanden sei. Hieraus aber entwickle sich durch Infektion *peigiri* und da sich *g* in *j* zu erweichen und auszufallen pflege, so erhalte man *baijire*, *bajire*, welche Form sich in *pagiri* und *pegiri* erhalten habe.

Gegen diese keineswegs glückliche Idee — denn wer hätten denn die keltischen Namengeber sein sollen? die vor 500 Jahren vertriebenen und längst verschollenen Bojer? oder die keltischen Gothinen, welche für Vannius die Bergwerke und Erzgruben in der Tatra bebauten? — erhob sich Glück (Verhdl. d. h. V. f. Niederb. X. 1. Heft) mit Entrüstung, indem er es vor allem sonderbar findet, das irische *bag* herbeizuziehn, da die deutsche Sprache ihr ausreichendes *bágan* besitze. Ferner könne aus dem angenommenen *bagire* kein *baigire* entstehen, da die alte Sprache einen solchen rückwirkenden Umlaut gar nicht kenne und das Gesetz der hier in Anwendung gebrachten Infektion von dem Verfasser erst erfunden worden sei. Da aber in gleicher Weise in der altkeltischen Sprache keine Erweichung des g in j statthabe, das Irische aber den Buchstaben j gar nicht kenne, so sei es ganz unmöglich, dass sich aus dem erträumten *bagire* ein *bajire* oder *baire* entwickle und somit könne auch das deutsche Peigiri nicht aus dem irischen *bagire* entstanden sein. Dagegen hat er den sonnenklaren Beweis versprochen, dass Baia-wari für Bagia-wari stehe und dass neben dieser eigentlichen Form des Volksnamens noch die mit der Endung *ari* von *bagia* abgeleitete Form Bagiari bestand, wie für Angri-varii später abgeleitet Angarii gesagt wurde. Die Formen Paigiri u. s. w. entstanden durch Ausstossung des a aus Bagiari — Pagiri durch Umlaut Pegiri, wo für das kurze e ein ai oder ei gesetzt wird, also Paigiri, Peigiri, welche in Pagi-ri, Paigi-ri u. s. w. zu trennen sind. Die nähere Entwicklung dieses Beweises ist jedoch noch zu erwarten, dürfte aber schon deshalb von zweifelhaftem Erfolge sein, weil sie sich auf die eine Namensform Pagiri stützt, welche höchst wahrscheinlich aus Paigiri verderbt ist.

Für den Geschichtsforscher sind solche Deduktionen rein

7*

etymologer-grammatikaler Natur von untergeordneter, ja zweifelhafter Bedeutung; denn wir wissen z. B. ganz genau, dass die
Völkernamen der Alamannen, Franken, Thüringer und Hessen,
obwohl sie auch als Eigennamen in Urkunden vorkommen, keineswegs von einem Häuptling herrühren, sondern plötzlich von Völkern getragen werden, welche bis zu diesem Zeitpunkte unter
ganz andern Namen bekannt waren. Wir legen also den hypothetischen Peigwari zu den ebenso grammatikal-hypothetischen
Baucweri des Wessobrunner Etymologen und überlassen sie mit
einander ihrer nicht minder konjekturalen Heimat in Asien oder
Afrika, woher ein St. Gallener Mönch seine *paiuuarii* als Ueberreste der Vandalen kommen lässt (Hattemer, St. Gall. Gloss. I.
261ᵇ). Da es aber eine unbestreitbare Thatsache ist, dass Völker von ihren Nachbarn mit einem ganz andern Namen genannt
werden, als sie sich selbst beilegen, bis dann plötzlich der Letztere zum Durchbruche kommt — man denke nur an Germanen
und Kelten, womit das ganze Alterthum die Deutschen bezeichnete, an Germans, Allemands, Dutchmen, Frenki u. s. w. — so
bedünkt es mich ein viel einfacheres, natürlicheres und sachge-
mässeres Verfahren, auch bei den Vorfahren der Baiern auf einen
ähnlichen Vorgang zu schliessen, dass sie nämlich längst einen
eignen, heimischen Namen getragen haben werden, welchen nur
der fremde, ihnen durch Ausländer oktroirte, verdeckte, bis er
plötzlich mit der Auswandrung des Volkes und seiner Ansiedlung
in Gegenden, wo die alte Bezeichnung weniger bekannt war, in
den Vordergrund tritt und die bisherige ausländische Benennung
gänzlich verdrängt und in Vergessenheit bringt. Mir scheint sogar ein solcher Vorgang gerade dadurch erwiesen zu werden,
dass die Nachkommen der beiden Gefolgschaften, abgesehen von
ihrer eigenschaftlichen Bezeichnung als Baimoi, Heergefährten, unter
den verschieden wechselnden Namen der Vannianischen Sueven,
der sogenannten Quaden, der Transjugitaner, dann wieder der
Sueven erscheinen, woraus sich die Schlussfolge ergibt, dass alle
diese Benennungen nicht den eigentlichen Volksnamen enthalten,
sondern von den Berichterstattern willkürlich angewendet wurden,
jenachdem der Eine mehr die Abstammung der Ansiedler, der
Andre dagegen die Nachbarschaft oder die Oertlichkeit der Ansiedlung ins Auge fasste, und sie daher auch nach diesen Verhältnissen wechselnd in Gebrauch gekommen waren.

Man hat meiner Namensableitung den bedenklichen Vorwurf
vorgehalten, dass ich an die Spitze derselben nicht die älteste
Form des Namens, d. h. Baiowaria und Bajuvaria stelle, sondern
eine spätere und von diesen Grundformen abgeleitete, nämlich
Baiwarii. In den Augen eines Sprachkundigen wird aber dieser

Vorwurf nicht schwer ins Gewicht fallen; denn er enthält einfach eine kecke Nothlüge, um meine Ableitung dem Zeussischen *baiovare* gegenüber in den Nachtheil zu versetzen, indem diesem Letztern die Ursprünglichkeit der Form vindizirt, werden soll. Ueberdies enthält er einen offenbaren Missbrauch mit dem Namen des ehrlichen Zeuss, indem durch diese Behauptung die Resultate dieses gründlichen und mit Recht hochgeachteten Forschers geradezu gefälscht werden. Denn Zeuss, welcher unter den Formen des Baiernamens die erweiterte Schreibweise mit dem Kompositions-vokal o — *Bai-o-varii* gleich *Marc-o-manni, Lang-o-bardi* — von der einfachen ohne Bindevokal scheidet, gesteht (H. 9) offen zu, dass diese 2. Reihe *baiuuarii* hinsichtlich des Alters der Erstern nicht nachgesetzt werden könne, sondern ihr vielmehr die Priorität gebühre, indem die ersten Stellen, die des Namens gedächten, diese Schreibweise ohne Bindevokal darböten. Die fränkische Völkertafel, welche Müllenhoff (Berl. Abh. 1862. 538) um das Jahr 520 ansetzt, hat *baioarius*, wo das o aus u und v entsprungen ist, wie in *Ansoald, Bertoald* für *Ansvald, Bertvald, Catualda* für *Catwald* (Grimm, Gr. II. 333), also *baivarius*; Jornandes in Mitte des VI. Jahrhunderts schreibt *baiobaros* — wie die spätern Gothen *ob, ub* für *uu, w* gebrauchen (Grimm, Gr. I. 58); Venantius Fortunatus, etwas später, bietet nach der Vatikanischen Handschrift *Baioaria* und hienach verbesserte Zeuss (H. 10) schon des Versmasses halber mit Recht *Bojoarius* in *Baivarius.* Unter 52 Namensformen, welche Merkel (M. g. ll. III) aus den Handschriften der *leg. Baiwarior.* beibringt, sind 33, welche den ältesten Codices vom VIII.—XII. Jahrhundert angehören. Von diesen haben nur 13 die Schreibweise mit dem Kompositionsvokal *o* oder *u* und zwar 5 *Baiuwarii* und 8 *Baiowarii*. 20 dagegen und darunter die Aeltesten bieten die einfache Namensform ohne Bindevokal und zwar 11 *Baiwarii* und 9 *Baioarii*. Hiemit stimmen unsre ältesten einheimischen Dokumente, welche *Baiuuarii* oder mit althochdeutscher Lautverschiebung *Paiuuarii* schreiben, wie Decr. Tassilonis und der Wessobrunner Codex (D. I. 339, II. 368), in den Freis. Traditionen (Roth, Oertl. n. 15, 152, 276) und *Baioaria* (Ebenda n. 233, 248, 363ᵇ, 396ᶜ, 645); *baiuarii* in An. Wirzib. und Fuld. (M. g. I. 344 und II. 239), *bajuarenses* und *beiwerii* in fränkischen Chronisten (M. g. I. 43), *Baioaria* und nach dem Madrid. Cod.: *Bajuaria* im Prolog des Edic. Rothar. (Baudi a Vesme Mon. pat. III). Erst später entwickelte sich durch Auflösung des inlautenden *uu* in *uv* und *ov baiuvari* und *baiovari* und mit Verdichtung des *v* in *w* die Form *Bajuwarii* und *Baiowaria.* Hienach wird wohl die beanstandete Schreibweise ihr

Altersvorrecht behaupten und mir erlaubt sein, dieselbe meiner
Namensableitung zu Grunde zu legen.

Ich habe oben (II. §. 1. S. 26) bereits nachgewiesen, dass zur Bezeichnung von Gefolgsleuten und Heergefährten in allen alten Mundarten der deutschen Sprache Ableitungen von dem Stammworte
uara, ahd. *uuaara* im Gebrauche waren und dass es daher mehr als
bloss wahrscheinlich sei, daśs man die beiden Gefolgschaften und
ihre Nachkommen, die Vannianischen Sueven, in der ahd. Sprache
ihrer Nachbarn schlechtweg die beiden Heergefolge — *baiwâras* —
genannt haben werde. Stirbt nun auch dieses *wâra*, wie so viel
andre Worte, mit dem IX. Jahrhundert aus, so haben sich nichtsdestoweniger in den althochdeutschen Glossen zahlreiche Ableitungen davon erhalten, welche die Grundbedeutung der Dienst-
mannstreue bis in das Mittelhochdeutsche verfolgen lassen, z. B.
urwaere = *ex foedere (fidem fallens*, Grimm, G. II. 790). *Comites*
wird in den Glossen des VIII. Jahrhunderts durch *mituuare*, *foederatos* durch *kauuaare* gegeben (Diut. I. 185ª und 507ª, vergl.
Graff, ahd. Sprsch. I. 917 und 918). Diese Vokabeln bezeugen,
dass die Ableitungen von *wâra* nur durch Absetzung der Flexions-
endung gemacht wurden, wofür ein ableitendes *i* an deren Stelle
trat, wie aus *adal* — *adali*, aus *eivar* — *eivari*, aus *tri-wintar* —
triwintari gebildet wurde. Nach demselben Ableitungsgesetze entwickelt sich aus *baiwâras* durch Ersetzung der Endsilbe *as* durch
das ableitende *i* *baiwâri*, analog den dokumentirten *mituuari* und
kauuâri gebildet, und steht in gleicher Kategorie mit den übrigen
starken Adjektiven der 2. Deklination, z. B. *lancvari*, *mitiwâri*,
urhlozi, *anawâni* u. s. w. (Grimm, G. I. 727). Bedeutet nun das
auf dieselbe Weise entstandene *Cyuuari* = *Suapa* einen Anhänger
des *Ziu*, *Martem collens* (Grimm, Myth. 180), also einen Mann, der
in der *wâra* des Kriegs- oder Schwertgottes steht, so wird auch
in *baiwâri* der Grundbegriff der Anhängerschaft ebenso wenig
geläugnet werden können, wie in *mitwari* und *kawâri* und gibt
uns die Bezeichnung für einen Mann, welcher den beiden Gefolgschaften angehört: *baiwâri* = *ambifoederatus*. Dass wir auch im
Neuhochdeutschen solche Ableitungen besitzen, beweisen unser
noch gebräuchliches Bündischer, Bündner, und in Zusammensetzungen Graubündner, Treubündner (Grimm, W. II. 521), in
abwürdigender Bedeutung Sonderbündler, Tugendbündler u. dgl.
Durch einfachen Ansatz der Beugungssilbe *us* entsteht aber aus
diesem Worte der latinisirte Volksname unsrer ältesten Urkunden: *baiobari*, *baivarius*, *paiuuarii* u. s. w., woraus sich später die
andern urkundlichen Formen *Baioarius*, *Baiowaria* und *Bajuvaria* entwickelt haben. Noch im XIII. Jahrhundert, als der Volksnamen längst die verstümmelte Form *Bavaria* angenommen hatte,

ist die ursprüngliche Bildung nicht ganz vergessen; denn in der mittelniederländischen Bearbeitung des Flovent erscheint *Hemelyoen van bayuire* — Emelon von Baiern (Germ. IX. 408. ff.). Auch das byzantinische *Bagibareia* scheint hieher zu gehören; denn wenn die Chrowaten das erhorchte *Baiwaria* mit schärferer Aussprache des ersten *i* als *Baijiwaria* nach Konstantinopel brachten, so erfasste der Neugrieche ganz begreiflich das *j* als sein *g*, wobei zu beachten, dass zwischen der Zeit der chrowatischen Gesandtschaft und der des kaiserlichen Berichterstatters ein Zeitraum von drei Jahrhunderten liegt.

Der angelsächsische König Alfred im IX. Jahrhundert schaltete in seine Uebersetzung des Historikers Orosius eine Beschreibung von Germanien ein, wie sich selbes zu seiner Zeit darstellte. In dieser nennt er an der richtigen Stelle zwischen Franken, Schwaben, den Alpen, Kärntnern, Böhmen und Thüringern die *Baegdhvare* und das Land *Baegdhvara* (auch *Baegthware* geschrieben), welches man für eine verderbte Form des Baiernnamens erklärte, wesshalb Zeuss (D. 367) die Verbesserung in *Baegovare* vorschlug. Da man aber im IX. Jahrhundert meist *Baiowaria* und *Baioaria* schrieb und das Volk sich *peiger* und *begeren* nannte, so glaube ich mit dieser Korrektur für die Ableitung des Namens wenig gewonnen und halte denselben vielmehr für einen aus alter Zeit überlieferten Rest der ältesten deutschen Sprache, als die spätern Mundarten sich noch nicht geschieden hatten und das Angelsächsische und Altsächsische dem Gothischen noch näher stand, als nach vollständiger Ausprägung der Dialekte. Ich stelle daher das *baegdh* zum gothischen *bajoths*, wie *th* häufig in alts. und ags. *dh* übergeht, z. B. *gasinthja* = ags. *gesidh* (Grimm, Gr. II. 519), und goth. *ai* zu ags. *ae* wird, z. B. *gamainis* = ags. *gemaene*, *klainis* = *claene* (Grimm, Gr. II. 571 und 653). Hieran schliesst sich das alts. *bêdhja* (ambo G. I. 218), woraus das englische *both* sich entwickelte, sowie altn. *bâdhir, bâdhar, baedhi* gen. *beggja* (Gr. I. 765). Die hier erhaltene Form *baegdh* ging allerdings später verloren, indem die angelsächsische Sprache bloss die einfache Form *bêgen, bâ, bá* bewahrte, während umgekehrt das Althochdeutsche seine einfache Form abwarf und nur die erweiterte *pêde, pêdo, pêdu* bewahrte. *vara* stammt aus dem verlornen altd. *uara*, wovon altn. *vari*, ahd. *uuâra*, welches sich später ags. in *vaere* umwandelte für *pactum*, *foedus* und wovon sich die skandinavischen *vaeringjar*, die ahd. *kawâre* und der ags. *vergenga* (Graff, Sprsch. I. 920 und IV. 103) herleiten. Wir haben also in diesem *Baegdhvare* und *Baegdhvara* ein aus der ältesten Sprache stammendes Wort, welches bisher für verderbt und unverständlich gehalten wurde, weil man zwar wohl wusste, dass es der

Sachlage nach die Baiern bedeuten sollte, aber es nicht mit dem
bräuchlichen Namen in Einklang zu bringen vermochte, welches
aber Sinn und Verständniss erhält, sobald man den Grundbegriff
der beiden Gefolgschaften mit ihm verbindet.

Die andre Form des Namens, Paigira, Peiger, Pegeren, Be-
jeren, wovon sich das neuhochdeutsche Baier herleitet, erklärt
Zeuss (H. 15) durch das eufonische Einschieben eines g zwischen
zwei Vokale, wie ahd. eigir, zweigero für Eier, zweier etc. Dagegen verwahrt sich Grimm (G. I. 25 An.) gegen Konsonanten-
einschaltungen, welche bloss dem Wohllaut zu Gefallen angenommen würden und sich nicht aus vorhergehenden Vokalen entwickeln oder wegfallende ersetzen, so dass dadurch eine Zusammenziehung verrathen werde. Da nun schon die gothische Sprache
im Hiatus das i namentlich bei Difthongen in j auflöst, z. B.
bajoths, und dieses j in spätern Dialekten als g, im Atn. sogar
als gg mit nachfolgendem j erscheint, z. B. *beggja*, gen. von *bâdhir*,
tveggja u. s. w., so liessen sich auch schon aus der" ersten Form
baiwari die verschiedenen Bildungen der Form Baigira und Paigira entwickeln, wie sich das byzantinische Bagibareia aus Baijiwaria nachgewiesen hat. Indessen bietet uns hier die ahd. Glosse
kawâre = *foederati*, die zwar Grimm bei seinen Partikelkompo-
sitionen gänzlich ausser Acht gelassen hat (Gr. II. 745), einen
nicht zu verschmähenden Anhaltspunkt. Die Partikel *ga*, ahd. *ka*,
nahe verwandt mit lat. *cum*, dient zur Bildung von Gesellschafts-
begriffen (Grimm G. II. 735), also bedeuten *kawâre*, gleich den
verwandten *mitware* — *comites*, diejenigen, welche mit einander
in derselben *uuâra* = *pactum*, *foedus* stehen. Die volle Form der
Adjektivableitung lautete demnach für einen Mann der beiden
Gefolgschaften vor dem Eintritte der althochdeutschen Lautverschiebung: *baigawâri* = *ambifoederatus*. Auch dürfte die Ansetzung
der doppelten Form *baiwâri* und *baigawâri* um so weniger überraschen, als die althochdeutschen Glossen auch bei andern Worten
eine solche Mehrheit der Formen belegen lassen, z. B. *kenko* und
bigengo = *incola* in den Zusammensetzungen *ahakenko* = *incola
aquaticus*, *lantpikenkeo* = *indigena*, *acharbigango* = *agricola* u. s. w.
(Graff, Sprachsch. IV. 103 und 104). Da nun der tonlose und
durch vorausgehende Stummheit bereits zum Abfall vorbereitete
Vokal häufig synkopirt wird (Grimm, Gr. I. 27), so entsteht aus
baigawâri baigwari, wie aus *halid helt* und hieher gehören die
Formen *Baiguarii* und mit verschlungenem i: *Baguarii* und *Bagoarii*. Die weitere Entwicklung des Namens zeigt uns das Aus-
werfen des inlautenden w, welches im Althochdeutschen häufig
ausfällt, wenn zwischen ihm und dem Wurzelvokal noch andre
Konsonanten liegen (Grimm, G. I. 147), und es entsteht dadurch

die Form *baigíri*, in 2. Lautverschiebung *paicari*. Selbst Grimm, G. I. 777) muthmasst *peigar* für *peigwar*, wie *vior* für *vitwor*. Von dieser Form stammen die *Baicarii* der *vit. Salabergae*, welche Zeuss ganz unnöthig in *Baioarii* verbessern will (D. 380), sowie der daraus verderbte Volksname *Bavocarii*. Da aber diese Legenden im VII. Jahrhundert niedergeschrieben wurden, so ergibt sich hieraus die Schlussfolge, dass im genannten Jahrhunderte die Baiwaren den mönchischen Legendenschreibern in Frankreich auch unter dem im Volke bräuchlichen Namen der *paicare* bekannt geworden waren.

Wie nun in drei- und mehrsilbigen Wörtern eine Assimilation des Lautes stattfindet, indem der Vokal der Bildungsendung in den der Flexion oder einen ähnlichen übergeht, und auf diese Weise aus *adali*, *bitari*, *fuatari*, *piladi* sich *edili*, *bittiri*, *fuatiri*, *pilidi* entwickeln (Grimm, Gr. I. 117. 118), so bildete sich durch Umlaut aus *baigari* fortschreitend *baigiri* und mit althochdeutscher Lautverschiebung *paigiri*. Da aber die aus Eigenschaftsworten hervorgegangenen Eigennamen die Eigenthümlichkeit besitzen, dass sie, indem sie zur substantivischen Flexion übergehen, das ableitende *i* abwerfen, z. B. *Reginhart*, *Reginmâr* aus *herti* und *mâri* (Grimm, Gr. II. 581), so entsteht der Nom. sing. *paigar* oder *paigir*, durch Umlaut *peiger* (Gl. Salom. D. III. 418) und Nom. pl. *paigira*, *peigira*, Gen. *peigiro* — *lant* (Wessob. Cod. D. II. 369 und 370), von welcher Form sich das mhd. *beger*, *beier* bis zum nhd. Baier ableiten. Dass der Name auch als Eigenname für Männer und Weiber in Gebrauch war, bedarf wohl keines besondern Beweises, denn sowohl in baierischen wie in andern Urkunden sind die Namen *Peigiri*, *Pegiri*, *Peiri*, fem. *Pegirin*, *Peiarin*, *Peirin* nicht selten. Im X. Jahrhundert erscheint ein *comes Peier* in Schwaben (M. g. VII. 67) und noch im XI. findet sich *Baiguerius*, ein Neffe Konrads II., urkundlich belegt (M. g. X. 62) — ein Beweis, wie lange die alten Namensformen die Stufen der Sprachentwicklung überdauern, da man zu jener Zeit längst nicht mehr *Baigwari* für den Volksnamen im Gebrauch hatte. Der angelsächsische Mönch, welcher beiläufig 100 Jahre nach Alfred zum Jahre 891 Kaiser Arnulfs Sieg bei Löwen über die Normannen in sein Chronicon Saxoniae eintrug, kannte ebenfalls den deutschen Namen der Baiern als Mitkämpfer unter der Form *Paigira*, indem er denselben im angelsächsischen Dialekte als *Baegeras* bezeichnet und in dieser Benennung an ags. *begen (ambo)* erinnert. In dieser Form gelangte der Name bis in den fernsten Norden; denn Snorre Sturlason, der berühmte Verfasser der Heimskringla, gebrauchte im XIII. Jahrhundert *Baigarar*, *Byiarar*, *Beiarar* zur Bezeichnung der Baiern, welche Formen gleichfalls mit dem altn. *bâdhir*, Gen.

beggja in Verbindung stehen, wenn sie auch nicht von letzterm Worte unmittelbar abgeleitet werden sollen.

Der hier gegebene Versuch einer Ableitung des Volksnamens ist also nicht auf eine etymologisch-grammatikale Konjektur gestützt, noch gründet er sich auf eine einseitig hervorgehobene geschichtliche Hypothese, wie frühere Versuche, sondern von der urkundlich bestätigten ältesten Namensform ausgehend und alle spätern Formen mit Belegen nach unsern ältesten Dokumenten und nach den Regeln der historischen Grammatik entwickelnd, knüpft er den in folgenden Jahrhunderten erst erwachten, oder vielmehr in allgemeinen Gebrauch übergegangenen Namen an die Entstehung des damit bezeichneten Volkes selbst. So mochten also die Namen *Baiware* und *Baigware* längst schon zur lokalen Bezeichnung der Nachkommen der *baiwâras* in Uebung gewesen sein, als man in römischen und byzantinischen Berichten von ihnen noch immer als Quaden, Transjugitanern und Sueven sprach, bis endlich mit dem Verlassen ihrer ursprünglichen Sitze auch diese Namen schwanden und die Baiwaren in ihrer neuen Heimat zwar mit ihrem ältesten, ihre Abstammung bezeichnenden, aber den Geschichtschreibern noch unerhörten neuen Volksnamen auftraten.

Baiern unter den Agilulfingen.

I. Die baierische Wandersage.

An der Wiege aller Völker steht die vergötterte Saga und umflicht die Geburtsstätte derselben mit dem immergrünen Efeugewinde ihrer dichterischen Erzählungen. Von Geschlecht zu Geschlecht werden diese kindlichen Erinnerungen aus der ältesten Vergangenheit herabgetragen, zwar nicht einfältig und lauter, wie sie der naturwüchsigen Einfalt des ursprünglichen Geschlechtes entsprossen und wie sie der Urältervater seinen Söhnen und Enkeln übergeben; denn mit dem erweiterten Gesichtskreise der Epigonen bilden sich auch die einfachen Thatsachen allmählig und nicht selten in fantastischer Weise um und werden durch diesen Umwandlungsprocess häufig bis zur Unkenntlichkeit entstellt. Namen wechseln, fremde Motive werden unterschoben, ursprünglich geschichtliche Gestalten verdunkelt oder mit einer mythischen Symbolik umhüllt, das den frühern, allgemach in die Götteralter der Mythe zurückgedrängten Heroen Angehörige auf spätere theils gleichnamige, theils selbst ganz apokryfe Persönlichkeiten übertragen, so dass sich die sichtende Kritik nicht selten ganz ausser Stand gesetzt sieht, das Wahre vom täuschenden Schimmer des Falschen zu unterscheiden und die Goldkörner ächter Ueberlieferung aus der Spreu vielhundertjähriger Zuthaten herauszufinden.

Hieraus ergibt sich von selbst, einerseits wie geringer Mühe der mäkelnde Verstand bedarf, um die Sagen sammt und sonders in das unfruchtbare Reich der Märchen und Fabeln zu verbannen, und indem ihnen alle Bedeutung für die Behandlung der Urgeschichte abgesprochen wird, das Bestreben, ihre Angaben zur Aufhellung der Urzeit nutzbar zu machen, als lächerliche Fantasterei erscheinen zu lassen. Anderseits wird es begreiflich, dass es einer vollkommnen Vertrautheit mit der Geschichte eines Volkes und seinen Verhältnissen zu den Nachbarvölkern bedarf, dass man auf das Innigste in sein Leben und Weben eingeweiht sein müsse, um mit Erfolg an die Enträthselung seiner Mythen

zu gehen und den wahren Kern einer Volkssage zu enthüllen.
Sonst droht dem Uneingeweihten das Schicksal des unreifen Na-
menserklärers, der aus einem Eresloh ein Arkle, einen argen Lö-
wen, aus dem deutschen Hermenien ein asiatisches Armenien, aus
Gunzenlech ein *concio legionum*, aus dem *heselinen brunnen* einen
Eselbrunnen, *fontem asinorum* und ähnliche Lächerlichkeiten zu
Tage fördert.

Auch die Geschichte der Baiern ist mit einem reichen Schatze
von Sagen und Legenden umgeben — natürlich von sehr ver-
schiedenem Gepräge und Goldgehalt — die sich bis in die Gegenwart fortgepflanzt haben. Die Zeit der Einwandrung und Ansiedlung, das erste Fürstengeschlecht der Agilolfingen und die christliche Mission, die Heldenperiode der Liutpoldingen und der
Kämpfe mit den Ungern, die Kreuz- und Römerzüge, die Schwe-
den- und Türkenkriege und noch unzählige andre, theils kriegerische, theils friedliche Ereignisse haben den uralten Stamm der
baierischen Volksgeschichte mit einem immer aufs Neue ausschla-
genden Laubgewinde von Sagen, Legenden, Mythen, Märchen und
Volksliedern umsponnen, welche alle in ihrer Bedeutung für die
Entwicklung des Volkes gewürdigt werden wollen, selbst wenn
man mit vornehmem Abwerfen der Einwandrungssagen die baierische Geschichte erst mit Garibald, als dem in den Quellen
zuerst genannten Volksherzoge beginnen wollte. So bequem indessen auch ein solches Verfahren einem nur an das Abwägen
der historischen Citate gewöhnten Geschichtschreiber erscheinen
mag, so glaube ich doch nicht, dass man die Geschichte des
Baiernvolkes um den werthvollen Gewinn verkürzen dürfe, welchen ihr eine sorgfältige Untersuchung der Stammsage für die
dunkle Periode vor Garibald darbietet. Denn nicht nur werden
wir durch eine solche kritische Beleuchtung in den Stand gesetzt,
Irrthümer, welche sich bis in die Gegenwart erhalten haben, auf-
zudecken und in ihrer Grundlosigkeit nachzuweisen, sondern sie
gibt uns auch in dieser Sage selbst den einzigen Anhaltspunkt,
die Baiern an ihre Herkunft und ihre bisher ganz in Vergessenheit gerathene Urgeschichte zu erinnern.

Diese Stammsage zerfällt aber in die Einwandrungssage und
in die Märe von Severus und Adelger.

§. 1. Die Einwandrungssage.

Die einheimische Stammsage lässt die Baiern unter Führung
der Bruderherzöge Boëmund und Ingramm aus Armenien in das
Süddonauland einwandern. Zwar der Sänger der gereimten Kaiser-

chronik, der Erste, welcher um die Mitte des XII. Jahrhunderts
die Sage verzeichnete, und wohl bewandert in baierischen Sagen,
wie die schöne Erzählung von Severus und Adelger beweist,
bringt die herzoglichen Brüder mit der Einwandrung nicht in
unmittelbare Verbindung, sondern sagt nur:

> v. 315. Die geslehte der Baiere kômen her von Armênie,
>   Da Nôê ûz der arke gie Und daz olezwi von der tûben intphie.

Der Dichter des Lobliedes auf den Bischof Anno folgte ihm
zu Ende des Jahrhunderts in dieser Aufzeichnung fast wörtlich,
nur dass er die während der Kreuzzüge aufgekommene Reisemit-
theilung von Leuten im Oriente beifügt, welche noch deutsch
sprechen. Der Tegernseer Mönch Froumund, den man bisher ir-
rig in das X. Jahrhundert setzte, schreibt die hieher gehörenden
Verse des Annoliedes in lateinischer Uebersetzung buchstäblich
ab, indem er jedoch aus dem Zusatz: *Die div Diutschin sprechin* seiner Vorlage die Reiseente der *bavarizantes* fabricirte.
Er gehört somit unzweifelhaft dem Uebergange vom XII. in das
XIII. Jahrhundert an, wie ich bereits in der 1. Abhandlung III.
§. 2. S. 76 zu erwähnen Gelegenheit hatte. Diesem folgt im XIV.
Jahrhundert der vielschreibende Mönch Bernhardus Noricus von
Kremsmünster und das *Actuarium* von Kloster Melk, nur dass sie
gleich Froumund den Noah hinweglassen.

Dass indessen dieses nicht die ursprüngliche Gestalt der
Sage gewesen sein könne, bedarf wohl keines Beweises; denn da
die Baiern erst zweihundert Jahre nach ihrer Einwandrung das
Christenthum annahmen, so konnte der alttestamentare Erzvater
Noah unmöglich eine Rolle in der Einwandrungssage der heidnischen Baiwaren spielen. Er kam also ganz unzweifelhaft nur
durch hypothetisirende Reflexion des geistlichen Dichters in die
Darstellung der einfachen Thatsache. Mit Noah fällt aber unbedingt auch der Berg Ararat und das benachbarte Armenien,
sichtlich nur zu dem Zwecke gewählt, um den Baiern durch Anknüpfung an die Sinflut das höchste Alterthum zu sichern. Armenien selbst aber erweist sich als eine etymologische Verdunklung des eigentlichen Stammlandnamens, welchen erst wieder
Aventin in seinem Hermenien (Chronika fol. 30) herstellte. Eine
weitere Erörterung aber über das Stammland der Baiwaren
dürfte nach dem, was ich in der 1. Abhd. III. §. 2. S. 74 über die
Urheimat derselben nachwies, um so überflüssiger sein, als wir die
Fortpflanzung der verdunkelten Sage durch die Jahrhunderte verfolgen können.

Wenn nun gleich in der Kaiserchronik, der Quelle, aus welcher die Schriftsteller der folgenden Jahrhunderte die Einwandrungssage entnahmen, die Herzöge Boëmund und Ingramm nicht

als Führer der Einwandrung bezeichnet ,sind, so musste dieses
dennoch in der ältesten Stammsage der Fall gewesen sein. Dass
dieses sich so verhalten habe, erhellt schon · daraus, dass der
Dichter sie als die ersten Herzöge der Baiern nennt, die in den
Reihen der Deutschen wider Julius Caesar stritten. Da nun zu
Caesars Zeit keine Baiern im Donaulande gefunden werden können, so entnahm der Dichter unzweifelhaft ihre Namen aus der
Stammsage und verwendete sie nach dem Plane seines Buchs
der Kunige bei dem Ersten derselben, da sie ihm auch die Sage
als die ersten Baiernherzöge nannte. Dem Sänger des Annoliedes
war dieser Theil der Sage, die er als Fremder überhaupt nur
aus der Kaiserchronik kannte, nicht wichtig genug, um sie in
seine Nachdichtung aufzunehmen und somit lesen wir auch bei
seinem Nachfolger Froumund nichts von den herzoglichen Brüdern. Dagegen sagt Bernhardus Noricus, dem ausser seinem Vorgänger noch andere Quellen zu Gebote gestanden haben müssen:
*ab illo nempe Julio Boëmundus dux babarie cum quibusdam aliis
germanie principatibus legitur esse victus* (R. II. 399), ein unzweideutiger Fingerzeig auf seine Bekanntschaft mit der Darstellung
der Kaiserchronik. Die nachfolgenden gereimten und ungereimten
Chroniken und Annalisten, wie Andreas Ratisbon., Ulrich Onsorg,
Michael Behaim, Enenkel, Füeterer, Wildenberg u. s. w. nennen,
nachdem sie in patronymischer Weise Bavarus und Norix an die
Spitze ihrer Geschlechtstafeln gestellt, die fürstlichen Brüder
Boëmund und Ingramm als die Herzöge, welche die Baiern aus
Armenien in das Donauland geführt hätten. Die Stammsage
musste also doch wohl während sechs Jahrhunderten die Namen
der Führer bei der Einwandrung im Gedächtniss erhalten haben,
um sie im XII. Jahrhunderte dem ausländischen Dichter überliefern zu können.

Ueber den Zeitpunkt der Einwandrung besitzen wir verschiedene, von einander abweichende Angaben. Der Dichter der
Kaiserchronik lässt durch seine Herbeiziehung des Erzvaters
Noah die Muthmassung offen, dass er sich dieses Ereigniss unmittelbar nach der Sinflut und noch vor der Sprachverwirrung vor-
stellte. Hierin folgen ihm Annolied, Froumund, Heinrich von
München, Bernhardus Noricus, nur dass der Letztere bestimmt
sagt *post diluvium et confusionem linguarum*. Der Presbyter Andreas Ratisb., der gereimte Enenkel, und Ul. Onsorg berichten
die Einwandrung zur Zeit Caesars. Michael Behaim in seiner
Cronika und geschicht setzt sie in das 42. Jahr des richs Octauiani.
Eine chronologische Compilation, welche zwar zur Zeit nicht
mehr vorhanden ist, aber nach Wattenbachs Ansicht (M. g. XI.
561)· früher im Salzburger Sprengel verbreitet gewesen sein musste,

da sich ihre Spuren in den Annalen von Salzburg, Admont, Regensburg, Melk, Garsten, Krems erhalten haben, gibt mit Ausnahme der *vita Maximiliani*, welche wahrscheinlich in runder Zahl das Jahr 500 annimmt, das Jahr 508 als den Zeitpunkt der Einwandrung an. So melden die An. S. Rudb. Salisb., das Actuar. Garstense und Cremifanense zu diesem Jahre: *Gens Noricorum prius expulsa revertitur ad proprias sedes duce Theodone Latinis ejectis* (M. g. XI. 766, 562 und 550). In diesen Angaben wird auf eine frühere Vertreibung der Baiern und dem entsprechend auf eine Rückwandrung derselben hingedeutet, wie auch bei Froumund, Bernhard von Krems und im Actuarium von Melk, was schon daraus erklärlich wird, dass dieselben die erste Einwandrung nach der Sinflut stattfinden lassen. Die Dauer dieses Exils wird gleichfalls verschieden angegeben, bei dem Anon. Ratisb. (Oe. II. 499) auf 250 Jahre *vel ultra*, im Chron. Cremif. (R. II. 386) und in Chr. laureac. (Pez sc. I. 6) auf 250 Jahre. Spätere Geschichtschreiber haben diesen Zeitraum an die Unterjochung der Donauprovinzen durch die Römer angeknüpft und in fabelhafter Weise ausgedehnt. So erzählt V. Arnpeckh in s. Chr. Bajo. I. 20 (P. th. III. 3), dass Herzog Theodo durch Tiberius vertrieben bei den Ostgothen Zuflucht suchte; Aventin (Chr. 153[b]), dass zu Zeiten Augusti die Baiern unter Ernst und Ber die Donau hinabschifften und sich zwischen Weichsel, Nister und Niper 500 Jahre aufhielten.

Da nun zur Zeit dieser römischen Ockupation keine Baiern, ja nicht einmal Bojer im Donaulande gefunden wurden (I. Abth. I. §. 1 und 2), so konnte auch die Einwandrungssage nicht von einer Rückwandrung sprechen und bietet uns der Mönch Bernhard v. Krems in s. *Chr. Cremifan. de ordine ducum babarie sive regum* (R. II. 399) einen werthvollen Anhaltspunkt, wie dieser Irrthum in die klösterlichen Annalen gelangte. Er fährt nämlich nach Boëmund fort: *Item post Iulium resumptis viribus rebellans idem populus babarorum ab augusto, a Tiberio, a Iuliano et a Constantino romanorum regibus est iterum subjugatus, post hoc non solum a romanis sed eciam a diversis Nationibus est afflictus Primum a conjunctis sibi gothis et Gepidis, post ab hunis et alanis, deinde ab wandalis et herulis, post modum a Marcomannis et Sarmatis et demum ab awaris winolis atque Rugis ac postremum vero a pessimis vngaris, quibus misera provincia diuersis temporibus est concussa. Vsque quoad ultimum ab Ostrogothis, seu romanis ipse populus de patriis laribus in exilium est propulsus. Nam ut legitur in vita sancti Seuerini confessoris solempnes ciuitates Babarie scilicet laureacus, Patauia, Noricus qui nunc dicitur Ratispona et aquilegia cum alijs plurimis dissipati incolae earum in Neapolim transierunt*

assumptis secum omnibus rebus suis tam in priuilegiis quam sanc-
torum suorum reliquiis siue aliis viaticis corporalibus que abdu-
cere preualebant ibique multo tempore habitabant. Tandem a. d.
508 sub Anastasio Imperatore cum jam extere nationes scilicet
ostrogothorum et langobardorum ytaliam intrantes Romanos infesta-
rent, Eadem gens babarorum ad sedes suas proprias remeauit sub
duce suo nomine Theodone . . . .

Da sich somit Bernhard auf die v. Severini bezieht, als
den Quellenbeleg für die Auswanderung der Baiern, so finden wir in derselben sect. 39 die hieher gehörige Stelle:
Aonolfus vero praecepto fratris admonitus universos jussit ad Ita-
liam migrare Romanos. Tunc omnes incolae tanquam de domo servi-
tutis Aegyptiae, ita de cottidiana barbarie frequentissimae deprae-
dationis educti. . . . Es war dies der Befehl Königs Odoakar, der
durch seinen Bruder Aonulf und den Grafen Pierius nach dem
rugischen Krieg die römischen Provincialen aus Norikum und
Rätien abführen liess und obwohl es dem Biografen Eugipp nicht
im Entferntesten einfallen konnte, unter den *universos Romanos*
die Baiern zu verstehen, so wird es doch begreiflich, wie die mönchischen Chronisten die Provinzialen aus Norikum als ihre *Norici*
et Wawari auffassen konnten und den Irrthum einer Rückwandrung in die Stammsage brachten, da sie durch die durchaus
willkürliche Annahme einer ursprünglichen Einwanderung zur Zeit No-
ahs oder J. Caesars auf diesen Irrthum bereits vorbereitet waren.

Nachdem die bisherige Erörterung die Verdunklung und
Entstellungen nachgewiesen hat, welche die ursprüngliche Einwandrungssage der Baiern unter der biblisch-dichterischen Ueberarbeitung ihrer geistlichen Wiedererzähler und deren mönchischer
Nachbeter erlitten haben musste, um solche Verkehrtheiten wie
Armenien und bare Unmöglichkeiten wie die Rückwanderung in
sich aufnehmen zu können: dürfen wir als den unverfälschten
Kern unsrer Stammsage feststellen, dass die Baiern zu Anfang
des VI. Jahrhunderts (508) von ihren Fürsten, den Brüdern Boëmund und Ingram, aus Hermenien in das obere Donauland geführt wurden. Ihre ursprüngliche Heimat ist sonach im südöstlichen Theile von Grossgermanien zu suchen, zwischen der
Donau und dem herkynischen Gebirge, in den Sitzen der herminonischen Sueven. Ihr fürstliches Brüderpaar deutet auf eine
Theilung der obersten Herrschergewalt hin, wie wir einer solchen
zu wiederholten Malen begegneten, bei den Vannianischen Sueven
zwischen Vangio und Sido, zwischen Sido und Italicus, bei den
Transjugitanern zwischen Araharis und Agilmund, bei den Karpatensueven zwischen Hunimund und Alarich. Den Namen Boëmund
mit den Bojern oder gar mit Bo-êmum in Verbindung zu bringen,

liegt um so weniger Grund vorhanden, als diese Namen seit
Jahrhunderten verschollen waren, und der erste Theil des Kom-
positums auch in andern deutschen Namensbildungen ohne allen
Zusammenhang mit den Bojern Eingang fand — ich erinnere an
Bojorix, den Feldherrn der Cimbern und den Amsivaren Bojokal.
Ingram, auch *yngram*, *Ingramion*, *Ingermann* geheissen, den Mass-
mann (Kaiserch. III. 474) zu *Ingviomar* stellt, ist etymologisch
Ingvi-hraban, und knüpft sich an den germanischen Stammheros
Ingvi, den ersten der 3 Söhne des Mannus an. Wenn Grimm's
Gleichung *Odhin = Inguio* (Myth. 323) zutrifft, so bedeutet *In-
gihramn* den weisen Raben des Götterkönigs und da *Frô* als *Yng-
vifreyr* der Stammvater der *Ynglingar* ist, so haben wir in dem
Fürstennamen einen wiederholten Beweis für die wanische Religion der Baiwaren. (H. R. 296.) Später wird der Name selten;
doch finde ich noch im XII. Jahrhundert *Ingram* von Hartkirchen
und von Biesenkam in Scheftlarner Klosterurkunden (M. b. VIII.
421 und 422). Boëmund dagegen, obwohl noch in späterer Zeit
in Wälschland bräuchlich, ist in bairischen Urkunden nicht mehr
heimisch. Eine Erinnerung an denselben bietet wohl der Name
Boymud, welchen in der Klage das weissagende Ross des Markgrafen Rüdiger von Bechelarn führt.

§. 2. Die Landnahmesage.

In unsrer heimischen Stammsage wird die Einwandrung von
der Besitzergreifung des Donaulandes und ihre Ausdehnung bis
an die Gränzen Wälschlands geschieden, was schon dadurch in
der Kaiserchronik, bei der ersten Aufzeichnung der Sage, motivirt erscheint, weil beide Thatsachen in weit getrennte Zeiträume
verlegt werden. Aber selbst ein Annähern beider Ereignisse,
wie es nach der Geschichte unzweifelhaft bedingt ist, würde ein
Vermengen beider um so weniger gestatten, als die Einwandrung
an die Fürsten Boëmund und Ingram, die Landesbesetzung aber
an die Märe von Severus und Adelger geknüpft ist. Zwar die
Chronisten und Annalisten, welche ihre sogenannte Rückwandrung mit der Vertreibung der Römer und der Eroberung des
Süddonaulandes vermengen, fassen die damit verbundenen Begebenheiten unter den Namen zweier Theodone zusammen, von
welchen weder die ächte Volkssage noch die Geschichte etwas
weiss. Jedoch schon der Erste, welcher diese Umwandlung der
Sage verzeichnet, der Tegernseer Mönch Froumund ist über ein
halbes Jahrhundert jünger als der Sänger der Kaiserchronik;
denn er schreibt zunächst nicht die Erzählung derselben, sondern

die Sätze des um 40 Jahre spätern Annoliedes wörtlich ab, wie ich
solches oben S. 76 u. 111 durch Parallelstellen nachgewiesen habe,
und wenn ich ihn, schon seines abd. Namens halber, auch nicht mit
Zierngibl (M. A. I. 15) in das XIV. oder XV. Jahrhundert her-
absetzen und als Schmierer verurtheilen kann, so reicht er doch
kaum über die Hälfte des XIII. Jahrhunderts hinauf. Wenn aber
Froumund in seiner *historia fundationis monast. Tegerns.* für diesen Theil der Erzählung der Kaiserchronik folgt, die Einzelnheiten der Besitzergreifung jedoch von dem Adelger der Sage
auf seinen Herzog Theodo überträgt und dadurch zur Quelle der
spätern mönchischen Chronisten wird, so entsteht natürlich die
Frage, woher diese Umwandlung stamme und aus welchem Grunde
die dem ursprünglichen Adelger unterschobenen Theodone in die
Besitzergreifungssage der Baiern gesetzt worden seien.

Die falschen Theodone.

Zierngibl in s. oben angeführten Abhandlung von den baierischen Herzögen vor Karl dem Grossen ist der Ansicht, dass
das nicht erkannte Zeitalter Ruprechts Aventin und seine Nachfolger verleitet habe, die baierische Geschichte mit einer ganzen
Reihe erdichteter Fürsten zu bereichern, welche nie existirt haben und deren Dasein auf durchaus falscher Kombination beruhe.
Diese Thatsache der Erfindung, sowie auch der Grund derselben,
nämlich der falsche Zeitansatz für den fränkischen Missionar Ruprecht hat allerdings seine Richtigkeit, nur muss bemerkt werden, dass der Irrthum sowohl in der Zeitrechnung als in der
Vermehrung der ältesten Baiernfürsten nicht von Aventin ausging, sondern von viel älterem Datum ist und schon in den Chroniken und Actuarien des XIII. und XIV. Jahrhunderts als anerkannte Thatsache behandelt wird. Zwei der ältesten Urkunden
für die Kulturgeschichte der Baiwaren, der *Indiculus Arnonis* im
J. 798 und die *Conversio Bagoariorum* im J. 871 verfasst und
beide von amtlicher Bedeutung, nennen einen Herzog Theodo
und seine Söhne Theodobert und Theodobald als Fürsten in
Baiern zur Zeit des Apostels Ruprecht. Die Mönche des Stifts
S. Peter zu Salzburg, des ältesten in Baiern, immer bestrebt für
den Ruhm ihrer Kirche in die Schranken zu treten, setzten natürlich ihren Stolz darein, die Verdienste ihres Stifters Ruprecht
um die Christianisirung der Baiern in die früheste Zeit zurück-
zudatiren und bereits im XII. Jahrhunderte hatte man dreierlei
Systeme ausgearbeitet, um nach den Angaben der Conversio das
Zeitalter Ruprechts zu bestimmen, von welchen das Eine sich für
544, die beiden Andern für 623 oder 628 als Todesjahr des

Apostels entschieden (M. g. XIII. 17). Dass mit jenem Zurückdatiren Ruprechts die Erfindung der vorgaribaldischen Theodone
und die Vervielfältigung ihrer Nachfolger gegeben war, bedarf
wohl keines eingehenden Beweises. Nur um zu zeigen, dass sich
die Sache wirklich so verhalte, will ich die Angaben etlicher
Chronisten anführen. So meldet Otto v. Freising: *A. D.* 514
Theodo dux Baioariorum moritur, cui successit filius ejus Theodo.
A. D. 524. *S. Rudbertus Wormatiae claruit . . . . et Theodonem*
ducem baptizavit. (Chron. VIII. 3.) Froumund (P. th. III. 3. 498)
lässt die Baiern zurückwandern *cum duce suo Theodone, patre il-*
lius quem S. baptizavit Rudpertus.

Bernhardus Norikus im XIV. Jahrhundert hat 508 Theodo
d. 532 . . . *sucessit fil. Vdo, quo mortuo* 556 *Theodoaldus d. ba-*
barie expulit de ytalia omnes gothos . . . 567 *Quidam Gerhaldus*
ducatum babarie occupavit, quem Hildebertus ejecit et Tassilonem
prefecit. 588 *Gerhaldus iterum . . .* 614 *Tassilo iterum . . .* 650 *cen-*
tenarius est defunctus. 651 *Grimoaldus constituitur d. babarie . . .*
696 *Theodo d. babarie . . .* (R. II. 400). In der *genealogia fun-*
datoris von Kremsmünster wird *Theodo III. hujus nominis* aufgeführt, *quem S. rupertus waptizavit c. a. D.* 617. (R. II. 419).
Bernhard musste auch von den Fragmenten des Agathias Kenntniss haben, da er aus denselben die Verbindung des Narses mit
dem Warner Theudibald kennen lernte und allerdings irrthümlich auf einen bairischen Herzog Theodobald bezog. (Fragm.
Agath. I. 21).

Das Actuarium Cremifan. meldet: 508 *Gens Noricorum et Wa-*
warorum duce Theodone I. . . . 524 *S. Rudbertus . . . Theodonem*
d. Waw. baptizavit . . . 537 *Theodo I. dux primus Waw. obiit.*
Udo successit fil. ejus. 565 *Udo I. d. sec. Waw. obiit. Theodobaldus*
successit. (Also bereits der Entwurf einer Genealogie). 567 *Ger-*
waldus ducatum Waw. occupat. 580 *Hildebertus . . . Tassilonem*
prefecit . . . 599 *Gerwaldus iterum . . .* 614 *Tassilo iterum rex*
Waw. . . . 649 *Tassilo I. rex Waw. centenarius obiit.* 650 *Gri-*
moaldus d. W. . . . 696 *Theodo II. d. Waw.* (M. g. XI. 550).
Dass diese chronologische Compilation nach Bernhardus Noricus gearbeitet ist, bedarf keines Beweises. Aehnlich sagt das
Chron. laureac. 508 *gens nostra . . . statuentes sibi ducem n. Theo-*
donem . . . 516 *His temporibus S. Rupertus a Theodone in Bavar.*
accersitur (P. sc. I. 6). Verwandt mit Bernhards Chron. ist der
Anon. Ratisb. 508 *gens nostra . . statuentes . . Theodonem . . .*
530 . . *obiit Th. Bav. dux, cui successit Udilo. Circa idem tem-*
pus Theobaldus d. Bav. expulit de Italia omnes Gothos. 565 *Udilo*
d. B. moritur. 566 *Narses Patricius occidit Totilam regem Gotho-*
rum auxilio Theodeberti d. Bav. 594 *S. Rudpertus in Bav. prae-*

dicare coepit et ad fidem convertit Theodonem d. B. videl. a. 612
(Oe. II. 499).

Für das spätere System der Salzburgischen Tradition entschieden sich: Ann. S. Rudb. Salisbg., Act. Garst. und Annales
Admunt., welche zwar die Einwandrung unter H. Theodo geschehen lassen, aber dann keinen Theodo, auffallender Weise
auch nicht zur Zeit Ruperts, anführen, dessen Todesjahr auf 623
oder 628 gesetzt wird (M. g. XI. 766, 563 u. 571). Das Act.
Mellic. hat dagegen: 617 *Theodo III. h. n. . . . quem eciam S.
Rupertus . . . baptisavit.* 652 *. . . hinc putatur iste Theodo cujus
filius Lampertus s. Emmeran. occidit.* 670 *Theodebertus . . . ad
quem fugierunt Aspirandus et Liuprandus.* Eine Hand des XV.
Jahrhunderts hat beigefügt: 523 *S. Rupertus . . Theodonem baptizavit* (M. g. XI. 537).

Es dünkt mich hier nicht am Platze, auf das allerdings nahe
liegende Gebiet der Streitfrage über Ruperts Zeitalter überzu-
greifen, ein Schritt, dem ich seiner Zeit an der geeigneten Stelle
nicht auszuweichen gedenke. Soviel darf aber mit Sicherheit angenommen werden, dass Rupert und Theodo in den chronologi-
schen Compilationen mit einander stehen und fallen; denn da in
der authentischen Quelle der *vita Ruperti primigena* oder *conversio Bagoar. c.* 1 Rupert einen Herzog Theodo tauft, so leuchtet
von selbst ein, dass mit dem willkürlichen Verrücken des Zeit-
alters für den Ersten auch der Zweite in Mitleidenschaft gezogen werden musste und nachdem man einmal das erste Drittel
des VI. Jahrhunderts für das Eintreffen Ruperts in Baiern angenommen hatte, so entstanden über den geschichtlichen Garibald
hinauf unbekannte Herzöge, für welche Raum in der Urgeschichte
der Baiern geschafft werden musste. Es ist daher nichts natürlicher, als dass man in diesem zurückdatirten Theodo, dem man
im Nothfalle leicht einen gleichnamigen aber heidnischen Vater
geben konnte, den ältesten oder wenigst zweitältesten Fürsten
der Baiern erblickte und alle Heldenthaten, welche die ursprüngliche Sage ruhmredig von Adelger erzählte, um so lieber auf
diese in der authentischen Conversio als geschichtlich beglau-
bigte Persönlichkeit übertrug, als der Adelger der Volkssage mit
dem Kaiser Severus in ein so mythisches Helldunkel gerieth, dass
man eigentlich nichts Rechtes mit ihm anzufangen wusste. Da
aber das *Congestum Arnonis* und die Legenden von Emmeran
und Corbinian die Namen der Söhne des historischen Theodo
bekannt gaben, so konnte es nicht fehlen, dass dieselben beige-
zogen wurden, um das leere Jahrhundert mit fictiven fürstlichen
Namen auszufüllen, unter welchen der einzig Berechtigte als
Eindringling behandelt und als *Garibaldus quidam* über die

Achsel angesehen wird. Aventin und seine Nachfolger hatten
daher ein leichtes Spiel, einen stattlichen Stammbaum der alten
Fürsten von Baierland herzustellen, deren allerdings grösstentheils erdichtete Persönlichkeiten mit Namen geschmückt wurden,
welche zwar wirklichen, aber um 2 Jahrhunderte jüngeren Fürsten
entlehnt worden waren. Freiberg (N. Beitr. I. n. 12) dagegen sah
sich veranlasst, um die unkritische Annahme der Aventinischen
Theodone aufrecht zu halten, ohne Quellenbeleg die Ansicht aufzustellen, dass sehr wahrscheinlich Theodo, ein aus demselben
(agilulfingischen) Fürstenhause stammender Führer, mit einer andern Abtheilung Skiren sich im nördlichen Baiern niedergelassen
habe, als Garibald in Südbaiern regierte, eine Hypothese, welche
schon durch den Nachweis widerlegt wird, dass es in Baiern vor
Garibald keinen Theodo gegeben habe.

Das Land.

Ob die Baiwaren ihre Einwandrung das Donauthal aufwärts
oder durch das böhmische Gebirgsland vollzogen haben, muss
wegen Mangel einer Quellenangabe unentschieden bleiben. Dennoch scheint der letztere Weg als der wahrscheinlichere angenommen werden zu müssen, da die Andeutungen der Volkssage
dafür sprechen, dass die Baiern über die Höhen des Böhmer-
und Baierwaldes an die Donau herabstiegen und erst von hier
aus das Süddonauland in Besitz nahmen.

Das Land zwischen Böhmerwald und Donau war im letzten
Drittel des V. Jahrhunderts nach den Angaben Eugipps (v. Sev.
26 und 30) der Tummelplatz thüringischer Streifscharen und noch
im IX. Jahrhundert nennt A. R. IV. 25 Nab und Regen thüringische Flüsse, zum Beweise, dass man selbst damals, wo der
Nordgau durch die fränkische Annexion von Baiern abgetrennt
war, noch nicht vergessen hatte, dass sich der thüringische
. Landbesitz ursprünglich bis an die Donau erstreckt haben musste,
wie Procop angibt I. 12, dass die Thüringer seiner Zeit noch
das ihnen von Augustus (eigentlich Domitius) eingeräumte Land
bewohnten (S. 93). Zeuss (D. 373) hat überzeugend dargethan, dass
die Baiern bei ihrem Uebergang über die Donau die frühern Sitze
auf der nördlichen Seite nicht aufgaben und dass der Landstrich
von der Altmühlmündung über die Nordvils, Nab und Regen bis
an den Böhmerwald als zu Baiern gehörig betrachtet werden
müsse; denn von der Ens bis zum Lech, von den Alpen bis zum
Fichtelgebirge und Böhmerwalde ist die eigentliche Heimat der
bairischen Volkssprache und so weit reicht das Gebiet der Baiern (Z. H. 22). Ich habe in m. R. V. 89 ff. durch faktische Be-

lege nachgewiesen, dass der Nordgau, selbst nachdem er zur
fränkischen Markgrafschaft gemacht, dennoch sogar in amtlichen
Dokumenten noch ein Theil Baiwariens genannt wurde und dass
man kurz nach der Einwandrung wohl nur zwei Hauptgaue des
eroberten Landes, nämlich den Nordgau links und einen Südgau
rechts der Donau unterschied. Dieses Verhältniss wird schon
daraus wahrscheinlich, dass Regensburg, die Hauptstadt des Landes, wohl nicht an dessen Gränze gelegen haben kann. Ueberdies aber erweist die Gleichheit der Orts- und Flussnamen, sowie
der Tradition in Sitten, Sagen und Bräuchen die specielle Stammesverwandtschaft zwischen der Bevölkerung Baierns und der
Oberpfalz, wofür m. H. R. die unwiderleglichen Beweise liefert.

Die ursprünglichen Bewohner dieses Landes waren die Narisker nach Tacitus, nach Ptolemäus Waristi, höchst wahrscheinlich die späteren Warasker am Doubs, von welchen eine alte
Sage mittheilt, dass sie ursprünglich *de pago qui dicitur Stade-
vanga, qui situs est circa flumen Regnum partibus Orientis fuerant ejecti* . . . (A. S. Spt. t. VII. 117), und Zeuss (D. 585) muthmasst, dass sie von den aus Beheim ziehenden Baiern aus ihren
Sitzen vertrieben worden seien. Aber wie kämen sie dann über
Rhein und Jura, wo die austrasischen Herrscher ein strenges
Auge auf alle Ankömmlinge hatten? Ich glaube vielmehr, dass
diese Auswandrung mit dem thüringischen Kriege im J. 531 zusammenhänge und uns Gelegenheit biete, die bekannte und vielfach gedeutete Stelle des Venantius Fortunatus VI. 2 aus seinem
Hochzeitscarmen auf König Sigibert's Vermählung mit Brunihildis
von einer neuen und vielleicht treffenderen Seite aufzufassen. Denn
da der geistliche Dichter von dem Vater des Bräutigams rühmt,
dass er an der Nab einen Sieg über ein Doppelvolk erfochten
habe,*) so hat man verschieden herumgerathen, wer darunter zu
verstehen sei. Mederer (Beitr. 16) und Rudhart 158 unter der
Voraussetzung, dass Rätien und Norikum unter dem ostgothischen
Theoderich gestanden habe, sehen in dem Doppelvolk die Unter-
gebenen der Ostgothen, welche einen schwachen Versuch an der
Nab zur Unterstützung der Thüringer machen. Andere und darunter ich selbst (A. B. 101) haben diese Stelle geradezu auf die
Baiern bezogen, während Bornhak (Gesch. d. Franken I. 265)
in dem Doppelvolk die den Thüringern verbündeten Heruler und
Guarner finden will, welche Theoderich früher zur Allianz gegen
die drohende Eroberungssucht der Franken eingeladen. Aber die

---

*) Ven. Fort: . . . hic (Sigebertus) nomen avorum
    Extendit bellante manu, cui de patre virtus
    Quam Nabis ecce probat, Thuringia victa fatetur
    Perficiens unum gemina de gente triumphum.

Heruler existirten um jene Zeit nicht mehr als Volk, sondern nur noch als Söldnerschaar in der römischen Armee (1. Abhdl. II. §. 7. S. 63 u. 72) und die Warner vom unteren Rhein bis an die Nab zu commandiren, scheint bei einem Feldzug gegen die Franken doch nicht ganz strategisch. Allen diesen steht Gloël (Forsch. z. deut. Gesch. IV. 224) entgegen, indem er die ganze Stelle nicht auf den Vater Chlotar, sondern auf den Sohn bezieht und als das geschlagene Doppelvolk die Sachsen und Thüringer annimmt, welche Sigibert an der Nab besiegt habe, wie schon früher von Gemeiner (Baiern unter fränk. Oberherrschaft 15, Anm. 27) behauptet wurde. Aber in diesem Falle konnte der Dichter nicht den Feldzug v. J. 531 meinen, denn damals war der Gefeierte noch kaum auf der Welt, aber jedenfalls noch in den Kinderschuhen. Eine andere Schlacht an der Nab ist uns aber nicht bekannt. Dass aber der hier gepriesene Sieg bestimmt in das J. 531 gehört, beweist der nächstfolgende Vers: *Nec Dietheuberto pietas venialia pendit*, welcher auf eine unter den Merovingischen Prinzen übliche Bruderscene anspielt, wobei sich aber Chlotar ebenso gleichmüthig, als an der Nab tapfer benahm. Theoderich um des Dankes für geleistete Hülfe überhoben zu sein, wollte nämlich seinen Bruder Chlotar umbringen lassen, als er sich aber entdeckt sah, gab er ihm zur Beschwichtigung ein grosses silbernes Becken. Später aber schickte er seinen Sohn Theodebert an seinen Oheim, sich das Geschenk wieder auszubitten, worauf Chlotar augenblicklich einging (Gregor III. 7). Da aber hier von Theodebert die Rede ist, so können die vorhergehenden Verse nur auf das Jahr 531 Bezug haben und den König Chlotar verherrlichen. Dass die Baiern nicht unter dem Doppelvolk gemeint sein können, ergibt sich wohl am verlässigsten daraus, dass die fränkischen Chronisten, welche die Einzelnheiten dieses Krieges mittheilen, derselben keine Erwähnung machen, was sie doch gewiss ebenso hervorgehoben hätten, wie die Siege über die Sachsen und Thüringer. Dagegen ist es nicht unwahrscheinlich, dass die Warasker, die Epigonen der alten Narisker, von denen man, seit im Markomannenkriege 3000 der Ihren auf römischem Gebiete angesiedelt worden waren, nichts mehr gehört hatte, hier in ihrem altangestammten Heimatsitze mit ihren Nachbarn, den Thüringern, verbunden an der Nab den Franken Widerstand geleistet haben und nach ihrer Besiegung von den fränkischen Königen zwischen Austrasien und Burgund an den Doubs verpflanzt worden seien.

Das Land rechts der Donau bis hinauf in die Alpen hatte seit seiner Unterwerfung durch die Römer unter den Namen Vindelikien oder zweites Rätien und Norikum zu den kaiserlichen

Reichsprovinzen gehört. Da lagen in Norikum die zweite, in Vindelikien die dritte italische Legion, welche in weiten Cantonni-
rungen und Standlagern das ganze Land besetzt hielten und
durch die Verschanzungen der Donau-Militärgränze vor plötzlichen Einbrüchen und Ueberfällen der germanischen Nachbarn
aus dem Norden schützten. *Per idem tempus, quo Romanum con-
stabat imperium multorum milites oppidorum pro custodia limitis
publicis stipendiis sublevabantur. Qua consuetudine desinente, simul
militares turmae sunt deletae cum limite Batavino* . . . (Eugipp 21).
Schon in der zweiten Hälfte des V. Jahrhunderts zogen die Bewohner der Städte an der obern Donau hinab nach Laureacum,
um sich in den Schutz des Rugenkönigs Fava zu begeben; denn
mit dem Zerfall der Gränzwehren verheerten die Alamannen
(v. S. 20, 25, 26, 30) die Thüringer (ibid. 26, 30), die Sueven
(S. 23), die Heruler das offene Land und Hungersnoth und Elend
decimirten die Bevölkerung in schaudervoller Weise. Es ist daher
begreiflich, dass die abgehetzten Provinzialen den Befehl Odoakars
zur Abführung nach Italien *tanquam de domo servitutis Aegyptiae*
(nach Eugipps biblischer Anschauung S. 39) mit Jubel begrüssten.
Indessen darf man nicht glauben, dass alle Bewohner dem Befehle
Folge leisteten. Eugipp sagt selbst, dass nur die längs der Donau
der grössten Feindesgefahr Ausgesetzten sich dazu entschlossen —
oppidis super ripam Danubii derelictis. Hienach hat sich die Ansicht gebildet, dass die Gothen unter Theoderich das Land zwischen der Donau und den Alpen nach römischem Kanzleistyl als
zweites Rätien besessen und es neben kelto-romanischen Provinzialen wider die eindringenden Baiwaren vertheidigt hätten. Was
an dieser Vertheidigung als wahr angenommen werden darf, wird
der nächste Abschnitt erweisen. Was aber über den Besitzstand
der Ostgothen im Süddonaulande behauptet wird, beruht auf
durchaus falschen Combinationen, welche sich nur auf irrige Auslegung der gleichzeitigen Autoren und Verdrehung des thatsächlichen Verhältnisses zu stützen vermag. *Theodoricys regnum tenuit
in Italia ann. 32 a finibus pannoniae usque ad Rhodanum fluvium,
a tyrreno mari usque ad alpes Penninas et Isera fluvium,* sagt
Idacius in seiner Hist. chronogr. Hienach reichte das Reich der
Ostgothen nie über den Alpengürtel und wenn Rettberg (Kirchen-
gesch. II. 174) meint, dass sich daran leicht eine Herrschaft über
das Flachland der Donau knüpfte, so ist doch wohl zu unterscheiden zwischen dem Anspruch auf die Herrschaft etwa aus
altem Herkommen und der wirklichen Ausübung ihrer Machtvollkommenheit. Allerdings wird auch in den Erlassen der ostgothischen Staatskanzlei noch von zwei Rätien gesprochen und an die
Provinzialen von Norikum rescribirt. Aber der römische Kanzlei-

styl liebte es, die Namen aufgegebener Provinzen auf noch besetzte überzutragen, wie der Name Dacia Aureliana beweist,
womit man einen Theil der frühern Provinz Mösien bezeichnete,
seitdem Kaiser Aurelian im Jahre 274 die Kolonen aus dem
eigentlichen Dakien mit Verlassung dieser Provinz über die Donau
zurückgezogen hatte. So übertrug man auch den Namen Raetia
secunda von dem verlassenen Süddonauland auf die östlichen
Alpen, während Raetia prima in dem westlichen, helvetischen
Gebirgslande bestand. Dass dieses nicht blosse Combination, sondern das faktische Verhältniss darstelle, erweisen urkundliche
Belege aus dem V. und VI. Jahrhundert; denn im Jahre 452
unterschreibt Abundantius von Como im Namen des Bischofs
Asimo von Chur als *episcopus primae Raetiae* (Eichhorn, Ep. Cur. I),
und im Jahre 591 unterzeichnet Ingenuin von Seben als *episcopus
S. eccl. secundae Raetiae* das bekannte Bittlibell der Aquilejischen
Bischöfe an den Kaiser Mauritius (Mansi X. 463). Das alte Vindelikien war somit seit Zurückführung der Kolonen nach Italien
unter Aonulf und dem Comes Pierius bezüglich seiner Verwal-
tungsbehörde ein herrenloses Land und Paul diac. konnte mit
Recht sagen: *duae provinciae Raetia I et II inter Alpes consi-
stunt.* Der Ostgothenkönig Theoderich konnte daher ganz wohl
einen *dux Raetiarum* bestellen und demselben insbesondere die
Bewachung der Alpenpässe als *munimina Italiae et claustra provinciae contra feras et agrestissimas gentes* empfehlen (Cassiod. Var.
I. 11 und VII. 4), dessen Wirkungskreis aber faktisch die Alpen-
länder nicht überschritten haben kann. Wenn daher Erhard
(baier. Kriegsgesch. I. 196) in einem Quinar aus der Zeit Theo-
dabats und etlichen möglicher Weise gothischen Dachziegelresten,
welche noch dazu im frühern Binnen-Norikum gefunden wurden,
Spuren erkennen will, welche auf eine Gothenherrschaft im Süddonaulande deuten, so überbürdet er die Tragkraft seiner Be-
weisstücke in unverkennbarer Weise, oder man streitet um Worte;
denn Raetia II der ostgothischen Staatskanzlei lag nicht im Süddonaulande, sondern im Gebirge. Wenn aber den norischen Provinzialen aus der gothischen Staatskanzlei landwirthschaftliche
Massregeln zugehen (Var. III. 50), so sind das die Bewohner der
Gebirgsgegenden von *Noricum mediterraneum*, welche, wie wir
schon sahen, sich nicht der Auswandrung nach Italien anschlossen.

Die Märe von Severus und Adelger,

welche den siegreichen Kampf der Baiern wider die Römer ver-
herrlicht, zerfällt in zwei Theile, deren erster die Verwicklungen
schildert, in welche Herzog Adelger durch sein Vasallitätsverhältniss

dem *rômisken hove* gegenüber geräth, während die zweite Hälfte
die eigentliche Besitzergreifung enthält, welche in der Sage freilich als gerechte Abwehr wälschen Uebermuths dargestellt wird,
weil die Baiern bereits im Donaulande sitzen.
Nachdem ich in der 1. Abhdl. III. §. 5. S. 88 nachgewiesen habe,
dass sich die erste Hälfte der Adelgersage auf die geschichtliche
Thatsache eines am römischen Kaiserhofe verhandelten Hoch-
verrathsprocesses stütze, und die dem Herzoge der Baien zu-
erkannte Ehrenstrafe der Kürzung an Gewand und Haaren nur
eine sagenhaft verdunkelte Darstellung der an dem Quadenkönig
Gaiovomar wirklich vollzogenen Todesstrafe enthalte, so kann ich
die weitere Besprechung derselben hier um so gerechtfertigter
umgehen, als ihre Einzelheiten gar nicht dem VI. Jahrhundert
angehören. Dieses beweist schon die Einflechtung der vorwarnen-
den Thiermäre, welche, wie Massmann (Kaiserchr. III. 803—806)
gezeigt hat, dem ganzen Alterthum bekannt war und schon unter
den Fabeln des Aesops ihr Vorbild findet, nur dass sie in der
Erzählung der Kaiserchronik nach germanischer Auffassung um-
gebildet erscheint. Dennoch ist den mönchischen Chronisten,
selbst unter Uebertragung der Adelgersage auf ihren fiktiven
Theodo, noch eine Erinnerung an das ursprüngliche Vasallitätsverhältniss der Baiwaren zum römischen Hofe geblieben und der
Tegernseer Fromund schreibt: *misit imperator ad ducem exigens
censum* (P. th. III. 3. 492). Dem entsprechend hat das Act. Garstense zum Jahre 512: *Theodoricus ex parte imperatoris Anastasii
Theodonem ducem ad se cum dolo vocavit censum ab eo exigens;*
und die Salzburger Jahrbücher schreiben zum selben Jahr: *Theodoricus Theodonem ducem Anastasio subdere voluit* (M. g. XI. 562
und 766). Oder sollte vielleicht bei dem Einmarsch der Baiwaren
auf die vindelikische Hochebene von Seiten der ostgothischen
Staatskanzlei das alte Unterwürfigkeitsverhältniss zum römischen
Kaiserreich in Anregung gebracht worden sein, aus welchem
Raetia II und Norikum durch Zurückführung der Provinzialen
erst vor einem Menschenalter entlassen worden waren? Diese
Auffassung dürfte um so weniger befremden, als ihre Grundansicht den politischen Anschauungen des Ostgothenkönigs Theoderich vollkommen entspricht und es anderseits sehr wahrscheinlich wird, dass der sagenhafte *kunic Sêvêre*, welcher weder in
das III. noch in das VI. Jahrhundert passt, nur die geschichtliche
Persönlichkeit des namensverwandten ostgothischen Gränzgrafen,
des *dux Raetiarum Servatus* verdunkelt, welcher diesem Jahrhunderte angehörend in der Sache eine Rolle gespielt haben musste.
. Indessen, ob auch sonst die Adelgersage in ihren Einzelheiten
auf den unterschobenen Theodo übertragen wird, so finden sich

bei unsern ältesten Chronisten doch einige Andeutungen, dass ihnen auch Adelger als der eigentliche Held der Sage nicht unbekannt war. So schreibt Bernhard von Krems: *Iterum Seuerus imperator cum suis ab Algero duce baicarie in campo prixinensi viriliter est prostratus* (R. II. 422). Veit Arnpeckh folgt ihm fast wörtlich: *Adelgcrus dux Bajoariae rebellans Romanis Caesarem Severum cum suis in campo Brixinensi viriliter prostravit* (P. th. III. 3), während doch beide sonst die ganze Adelgersage unter Theodo's Namen wiedergeben. Brunner und Welser dagegen halten sich an die Erzählung der Kaiserchronik.

Der Name Adelger kommt bis ins XII. Jahrhundert in baierischen Urkunden häufig als Eigenname, sowie zu Ortsbezeichnungen vor.

Adalgar **9** saec., Mbk I*, p. 135.

Adalgaer S. P. zu wiederholten Malen.

Adalger **7** s., M. b. XXVIII^b 35, **8** s., Mbk. I^b 97, M. b. VIII. 366, XXVIII^b 21. 31. 199, S. P. öfters, **9** s., Mbk. I^b 280. 297. 656, M. b. IX. 355, XII. 37, XXVIII^b 32, **10** s. J. 133. 162. 191, M. b. XXVIII* 247^b 74. 203, Oe. II. **9*** 14*, E. 4.

Adelger **9** s., M. b. VII. 39, **10** s., XXIX* 79, **12** s., XIV. 411. P. 87.

Adalker **8** s., Mbk. I^b 7, M. b. XXVIII^b 12, **9** s., ibid. 38, Mbk. I^b 147. 155. 165. 187. 205 etc., **10** s., J. 141. 145. 155. 169 etc.

Adilger **12** s., M. b. VIII. 399, IX. 467.

Alker **12** s., M. b. XII. 349.

Von Ortsnamen finde ich:

Adalkeringon **10** s., J. 147. Weiler Alferting bei Traunstein.

Algeringe **13** s., M. b. XXVIII^b 176, b. Schärding in Oberöstreich.

Elgerinng **15** s., M. b. XXXI^b 402, nördlich von Vilshofen.

Adelgerespach **11** s., M. b. XXVIII^b 109. Algerisbach **12** s., M. b. XIV. 24. Dorf Aldersbach bei Vilshofen.

Adalgerispach **11** s., J. 263. Algersbach **12** s., M. b. XXVIII^b 109. Ollersbach bei St. Pölten in Oberöstreich.

Adelgershaim **13** s., M. b. XXVIII^b 192, in Oberöstreich.

Adalkereshusun **9** s., Mbk. I^b 368. Algershausen b. Aichach.

Algeristeti **11** s., J. 251. Algersdorf **12** s., M. b. XXIX^b 57. Algersdorf bei Gratz in Steier.

Algerstorff **15** s., M. b. XXXI^b 402, Albersdorf bei Vilshofen.

Adalgeresburk bei Hipoltstein, Avent. Chr. 261.

Algerting, Weiler südlich von Vilshofen.

Algersdorf, Weiler bei Hersbruck.

Elgersdorf, Dorf bei Emskirchen.
Algertshausen, Dorf bei Landsberg.

Diese häufige Anwendungsweise des Namens Adelger, während
für den Namen Theodo mit Ausnahme der Eigennamen in der
Herzogsfamilie der Agilolfinger gar keine Gleichung gefunden
wird, beweist schon, dass jener Namen ein beliebter, einheimischer
gewesen sein musste und dass es eigentlich gar nicht der Unter-
schiebung der Theodone bedurft hätte, um die baierische Stammsage daran zu knüpfen. Ob Adelger König oder Herzog der Baiwaren gewesen, ist eigentlich von keiner Bedeutung; denn als der
Führer bei der Landesbesetzung erscheint er immer. In der Darstellung der Kaiserchronik heisst er natürlich immer *herzoge*, weil
diese nur den *kunic ze Rôme* kennt, sowie auch in den nachge-
bildeten Chronikberichten die unterschobenen Theodone nur *duces*
genannt werden. In Wirklichkeit aber führte Adelger wohl nach
Suevenbrauch den Titel König als Fürst des Volkes und war zugleich der Herzog des wandernden Volksheeres, sowie Jornandes
einen seiner Vorfahren, Hunimund, bei den Karpatensueven sowohl
als *dux* wie als *rex* bezeichnet (Jorn. d. reb. get. c. 53 u. 54).

Die Erzählung von der Besitzergreifung und Eroberung des
Süddonau- und Gebirgslandes ist in der Kaiserchronik an blutige
Zusammenstösse mit den Böhmen, Schwaben, Hunnen und ins-
besondere mit den Römern gebunden, welche Aventin und seine
Nachfolger in ruhmrediger Weitläufigkeit zu Heldenberichten von
Schlachten und Belagerungen ausbeuteten. Um aber den Mitthei-
lungen der Kaiserchronik, welchen, wie schon die Brüder Grimm
den Schluss zogen, unzweifelhaft ältere deutsche Volkslieder zu
Grunde lagen, gerecht zu werden, dürfte es kaum genügen, mit
Erhard (baier. Kriegsgesch. I. 229) anzunehmen, dass Theodo
und seine Söhne, wahrscheinlich Anführer einer aus Landesmilizen
bestehenden Hilfskohorte des Ostgothen Theoderich, aus Städten
und Kastellen die Reste der Römer vertrieben hätten, wovon ein
Dichter folgender Jahrhunderte Veranlassung genommen, aus unbedeutenden Raufereien gewaltige Schlachten und Belagerungen
zu machen. Denn Theoderich, als Stellvertreter des oströmischen
Kaisers, vertrieb die Römer nicht, sondern schützte sie vielmehr
in ihren rechtlichen Ansprüchen. Ueberdies waren die Städte an
der obern Donau seit einem Menschenalter verlassen — *post ex-
cidium oppidorum in superiore parte Danubii* (Eug. S. 27) — die
wenigen Miethtruppen abgeführt, der Reichsverband aufgegeben.
Der Einmarsch der Baiwaren geschah daher nicht mit Zustimmung der Ostgothen, oder etwa gar auf Theoderichs Veranlassung, sondern vielmehr vollkommen unabhängig und selbst unbekümmert um etwaige Ansprüche, welche die ostgothische Staatskanzlei auf das zur Zeit herrenlose Vindelikien erheben mochte.

Anderseits konnte dieser Einmarsch auch keineswegs als ein Akt der Feindseligkeit wider die Ostgothen erscheinen, da dieselben zunächst nur die Erbschaft Odoakars angetreten und daher auch keine Rechte mehr auf das aufgegebene Donauland besassen, während sich die Baiwaren vor einem vorzeitigen Zusammenstoss mit den ihnen wohl bekannten Gothen gehütet haben werden. Zu einem solchen Wechselverhältnisse war aber gerade der Zeitraum des beginnenden VI. Jahrhunderts geschaffen, wo nach Besiegung der Westgothen Theoderich seine ganze Staatskunst wider die unwiderstehlich wachsende Macht des Frankenreiches aufbot, und man es vielleicht gothischerseits sogar gern sah, dass sich neben den schutzverwandten Alamannen ein Suevenvolk in dem entvölkerten Lande niederliess, dessen Wehrkraft die Gothen zur Zeit ihrer Nachbarschaft an der mittlern Donau bereits erprobt hatten und dessen man sich als einer Vormauer bedienen konnte.

Nach den in der frühern Abhandlung II. §. 7 (S. 66 u. 95) festgestellten Thatsachen verliessen die Baiwaren, damals noch unter dem Stammnamen der Sueven bekannt, ihre hermenische Heimat in den Karpaten nach ihrem unglücklichen Kampfe mit den Langobarden zu Anfang des VI. Jahrhunderts, etwa nach 506. Da aber die siegreichen Langobarden das benachbarte Pannonien, wohin sie bald nachher übersiedelten, versperrten, das ausgehungerte Rugiland, aus dem selbst die Ueberreste der Heruler wieder zu entweichen sich gezwungen sahen, wenig Anlockendes darbot, so blieb ihnen kein anderer Ausweg, um nach dem obern Donaulande zu gelangen, als der Marsch durch das vielfach durchzogene Bojohämum, in welchem sich bereits slavische Stämme niederzulassen begonnen hatten, wie Procop (I. 15) bei der Rückwandrung der Heruler im ersten Jahrzehent dieses Jahrhunderts mittheilt. Die Baiwaren überstiegen also die Höhen des Böhmerwaldes, besetzten die Thäler des nach ihnen benannten Baierwaldgebirges und breiteten sich längs der Donau abwärts und aufwärts aus. Dass ihnen dabei die verösteten Städte längs des Stromes, sowie die zerfallenen Kastelle und Schanzenlager des römischen Donaulimes von selbst und ohne Schwertstreich in die Hände fallen mussten, ist aus der Sachlage einleuchtend und es bedarf hiezu gar nicht des vielen Blutes, welches Aventin und seine Nachfolger namentlich an christlichen Altären in jammervoller Weise vergiessen lassen. Ob dabei Kirchen zerstört wurden, mag dahingestellt bleiben; die Volkssage hat nur an einigen Orten die Erinnerung erhalten, dass die heidnischen Einwandrer Haine und Bäume dem Kulte ihrer Götter geweiht hätten, wie den Eresloh bei Reginum (Regensburg) und die der Göttin Isa geweihten Bäume bei Ober- und Niederaltaich (H. R. 120. 149). Auch lesen wir noch nach zwei Jahrhunderten bei der Christianisirung von Tempeln und Kapellen, welche kelto-romanischen Göttern gewidmet waren und durch einfache Umweihung zum Dienste Christi verwendet wurden (H. R. 218). Die Besetzung der vindelikischen Hochebene scheint daher während der nächsten Jahre nach der Einwandrung aus naheliegenden Gründen, d. h. aus Mangel des Widerstandes, in ziemlich friedlicher Weise vor sich gegangen zu sein.

Anders gestaltete sich das Verhältniss in den Gränzbezirken, wo die Baiwaren mit wehrhaften Stämmen einer andern Nationalität zusammenstiessen, welche sich einer friedlichen Assimilation natürlich nicht bereitwillig unterwarfen. So hatten sie das Land nördlich der Donau in festen Besitz genommen und errichteten daselbst eine Gränzmark wider die böhmischen Slaven, welche später als *pagus Campriche, marchia Camba* erscheint (im XI. Jahrhundert M. b. XI. 15, XII. 96), weil sie an der Kambach, am Kambflüsschen lag. Hier musste die herzogliche Familie vor ihrer Depossedirung durch Karl den Grossen bedeutende Hausgüter besessen haben, aus welchen die Herzoge Odilo und Tassilo III. beträchtliche Vergabungen machten (M. b. XXVIII[b] 197, Ried. cod. Ratis. I. 17). Später wurde dieser Landstrich durch Besetzung des von den Warasken verlassenen Nablandes und weitere Eroberungen bis an das Fichtelgebirge und den Thüringerwald ausgedehnt. Als König Adelger weiter nach Süden gegen das Alpengebirge vordrang, setzte er nach den Angaben der Sage Ruodolf nebst seinen zwei Brüdern zu Markgrafen des nördlichen Gränzlandes, von welchen die Sage einen Kampf mit *kunic Osmigen von Bêheim* meldet, der an der Kambach Sieg und Beute verlor. Vielleicht, ja sogar wahrscheinlich ist die Episode nur eine in die Volkssage aufgenommene Erinnerung an die erbitterten Kämpfe mit den Czechen im IX. Jahrhundert, wobei auch ein Markgraf Rudolt in der böhmischen Mark auftritt.

Herzog Adelger *ladete zwâre vriunt unde mâge bêde kunne unde man an ein wazzer heizit In zuo der samenunge*. Von dort entsandte er seine Helden nach den gefährdeten Gränzmarken. Unsere Klosterchroniken melden alle zum Jahre 520 einen Sieg über die Römer am Inn — *Romanus exercitus aput Oettingas a Theodone duce prosternitur*. Man fabelt auch von einem Mordfeld bei Oetting, von einem Streitanger bei Rott am Inn, von einer Dietwiese bei Fridolfing, welche die Erinnerung an dieses Ereigniss verewigen sollen. Man zählte sogar die Gerippe in den nahebei entdeckten Leichenfeldern, um die Zahl der Gefallenen zu ermitteln — kurz man liess sich von dem Flügelrosse der Fantasie nach Herzenslust in den Nebelgefilden historischer Konjekturen herumtragen, während doch der geschichtlich erwiesene Sieg, den 913 Herzog Arnulf über die beutebeladenen Reiterschwärme der Magyaren am Inn erfocht, Grund genug bot, die Entstehung obiger Sagen und ihre Lokalisirung zu motiviren (A. B. 105 ff.). Indessen — ohne jedoch die obige Jahresziffer ebenso wenig festhalten zu wollen, wie das Jahr 508 für die Einwandrung — dürfte doch die Mittheilung der Klosterannalen über einen Zusammenstoss am Inn mit den Angaben der Kaiserchronik zusammentreffen, wonach Herzog Adelger den Burggrafen Wirent wider die Hunnen sandte, welche derselbe bis an die Traun zurückschlug. Selbstverständlich könnte hiebei weder an die wirklichen Hunnen, welche seit einem halben Jahrhundert aus der Nachbarschaft der Donau verjagt waren, noch an die Avaren gedacht werden, welche von den Chronisten häufig mit dem Namen ihrer räuberischen Vorgänger bezeichnet werden, aber erst 50 Jahre später in Pannonien erscheinen. Wir können daher, wenn zu Anfang des VI. Jahrhunderts von einem kriegerischen Zusammenstoss am Inn die Rede ist, nur an einen Angriff der romanisirten Noriker denken. Die norischen Hilfstruppen gehörten zu den bestdisciplinirten und tapfersten Kohorten der römischen Armee, wovon schon Tacitus (Hist. III. 5) Zeugniss gibt, und die Provinzialen von Norikum hatten noch im vorigen Jahrhundert den Versuch gewagt, die römische Herrschaft abzuwerfen (Z. D. 588). Hier in den fruchtbaren Gefilden von Binnennorikum, in den reichen Alpenthälern an der Salzach, Traun, Ens, an den anmuthigen Ufern der norischen Seen hatte sich ein kräftiger und mit der Schmiedekunst wohl vertrauter Stamm von Provinzialen erhalten, welchem es wohl beifallen konnte, dem Umsichgreifen der neuen Einwandrer gewaffneten Widerstand entgegenzusetzen. Dass die Bewohner der norischen Alpen nach Kriegsrecht die Unterthanen der Baiwaren wurden, beweist die grosse Menge römischer Leibeigener, *romani tributales*, welche im VIII. Jahrhundert in den Schenkungsurkunden von Salzburg, Monsee u. s. w. vergabt werden (J. 21. 23. 24. 29. 31 etc.). Trotz alledem wird man aber immer der Wahrheit am nächsten kommen, wenn man in dem Siegeszuge des Burggrafen Wirent bis an die Traun nur einen sagenhaften Nachklang an die heldenmüthigen Kämpfe der Baiwaren unter den Liupoldingen Arnulf und Berhtold wider die Hunnen — Magjaren am Inn und der Traun erkennt.

Die Baiern waren übrigens nicht die einzigen Gäste, welche Vindelikien und Norikum heimsuchten. An der westlichen Gränze sassen seit zwei Jahrhunderten die Alamannen bis in das Gebirge hinauf — *alpes erectas* oder *alpes raeticas omnino regentes* (Jorn. 55) — und suchten die benachbarten Provinzen mit beutelüsternen Scharen heim. Eugipp (v. Sev. 20) nennt ihren König Gibuld, welcher Castra Quintana und Batava plünderte und wahrscheinlich derselbe Gebavuld ist, welcher auf die Fürbitte des Bischofs

Lupus von Mainz die *Breonenses quos olim duxerat captivos Ala-*
mannorum immanitas wieder in Freiheit setzte (Baron. Ann. eccl.
VIII. 414). Seit ihrem unglücklichen Kampf wider die Franken
im Jahre 496 hatten sich die Alamannen noch weiter am Gebirge
hin und selbst über den Lech nach Osten bis an die Amper ausgebreitet, wie noch heutzutage die schwäbische Mundart die Bewohner dieser Bezirke von den Baiern wesentlich unterscheidet.
Es konnte somit gar nicht fehlen, dass sie mit den Baiwaren,
welche ihre Ansiedlungen zwischen Inn und Lech gegen das Gebirge hinauf ausdehnten, an einander geriethen. Nach unserer
Sage in der Kaiserchronik sendet Herzog Adelger den Markgrafen
Herold nach den Schwaben, dass er ihnen die Mark wehrte, . . .
was derselbe auch mit glücklichem Erfolge ausführte . . . *den*
herzogen Brennen er vienc. an einin galgen er in hienc. Hier haben
wir es offenbar mit einer geschichtlichen, aber sagenhaft verdunkelten Thatsache zu thun. Zwar schon bei den ersten Kämpfen
der Deutschen mit Julius Cäsar bringt die Kaiserchronik einen
Schwabenherzog Brenne, der aber vielleicht nur einer Vorerinne-
rung an den Gegenwärtigen seinen Namen verdankt. Dieser Letztere aber ist, wie schon sein tragisches Ende beweist, nur eine
Nachbildung des Breonenkönigs Sinwald vom Stamme der Heruler,
welchen der römische Oberfeldherr Narses wegen seiner Brauchbarkeit mit Auszeichnungen überhäuft hatte, aber später, da er
sich gegen Rom empörte *regnum dilatare suum per Italiam cu-*
pientem, besiegte und an den Galgen hängen liess (Paul diac. II. 3
und Aimoin II. 34. S. 72). Wie man sonst den Volksnamen in patronymischer Weise von dem des Häuptlings oder ersten Königs abzuleiten gewohnt war, so wird hier durch die Umbildung der Sage
in umgekehrter Weise der Volksname der Brenner zur Quelle für
den Namen des sagenhaften Herzogs, und gibt uns dadurch einen
wichtigen Fingerzeig auf die dem Volksliede zu Grunde liegende
Persönlichkeit.

Wenn die bisher in die Besitzergreifungssage verflochtenen
Kämpfe eigentlich nur Streifzüge und Scharmützel darstellen, um
Rücken und Flanken zu decken und überhaupt die Gränzen zu
sichern, so stand den Baiwaren bei ihrem Vorrücken in das Alpengebirge und gegen Italien ein viel ernsterer Kampf bevor, wenn
sie den Länderbesitz der Ostgothen anzutasten wagen wollten.
Das hier jetzt liegende zweite Rätien betrachtete die ostgothische
Staatskanzlei als ihr Gränzland. Theoderich hatte das Gränz-
schloss Verruca, die Bernerklause, als Thor Italiens verschanzen
lassen (Var. III. 48), zu Trient sass der ostgothische Gränzgraf,
der *dux Raetiarum*, ein wachsames Auge auf die unbändigen
Nachbarn vom Norden zu haben, und in den Thallandschaften
am Inn, wie auf der Bergscheide am Brenner stand die Gränz-

wache der romanisirten, schon vor 500 Jahren durch ihre Tapferkeit ausgezeichneten Breonen, welche die Gebirgspässe — *clau-
surae Augustanae* — bewachten (Var. I. 11; II. 5). Mochte man
gothischerseits die Ausbreitung der Baiwaren anfangs ruhig mit-
ansehen — die Bestallungsformel für den rätischen Herzog spricht
auch nur von einer Hut der Reichsgränze und von Abwehr dro-
hender Barbarenangriffe auf dieselbe — mochte man selbst auf
eine Bundesgenossenschaft mit den neuen Ansiedlern bei dem bevorstehenden Kampfe mit den Franken rechnen, so musste doch ein
Angriff von ihrer Seite die ernstesten Folgen nach sich ziehen und
an eine Besitznahme des Gebirgslandes Tirol, wie sie in unserer Sage
mitgetheilt wird, ist bei Lebzeiten Theoderichs gar nicht zu denken.

Erst nach seinem Tode, als unter den Ränken der vormundschaftlichen Regierung und des erbärmlichen Theodahats und unter
den Wirren des Krieges mit den Oströmern die ostgothische
Macht in Italien einem raschen und unaufhaltsamen Verfall entgegen eilte — also zwischen 526 und 534 war der Zeitpunkt gekommen, einen solchen Anfall auf das benachbarte Gränzland zu
wagen, wo die Gothen bereits selbst daran dachten, diese Gränz-
provinzen abzutreten, um damit die verdächtige Bundesgenossenschaft der unzuverlässigen Franken zu erkaufen. Wenn damals
König Adelger mit seinen *snellen jungelingen* in die Gebirgsthäler
einbrach, mochte er von den Gränzwachen der Breonen und dem
dux Servatus, dessen Persönlichkeit, wie schon oben berührt
wurde, wahrscheinlich der sagenhafte *kunic Sevêre* nur verdunkelt,
keinen allzu harten Widerstand zu befürchten haben. Die topo-
grafischen Angaben unserer Sage über den Zusammenstoss sind
ganz richtig. Die Römer, d. h. die Ostgothen, zogen durch Triental
heraus. Adelger mit den Baiern, mochte er durch das Innthal
oder den *eremus Scirorum*, den Scherenzerwald einbrechen, rückte
wahrscheinlich nach Ueberwindung der Breonen über den Brenner
und lagerte sich *zuo Brihsen an daz velt*. Hier kommt nun die
Entscheidung, wo nach tapferm, aber unglücklichem Widerstande
die Römer-Gothen unterliegen und *kunic Sevêrus-Servatus* von
Volcwin dem venre erschlagen ward. Und hiemit war die Landnahme der Baiwaren bis an die wälsche Gränze vollendet und
König Adelger stiess zum Zeichen dessen seinen Speerschaft bei
dem Haselbrunnen in die Erde und rief:

> daz lant hân ich gwunnen.
> den Beiern ze êren.
> die marke diene in immir mêre!

§. 3. Die Landvertheilung.

Vindelikien war seit dem letzten Drittel des V. Jahrhunderts
ein herrenloses Land zu nennen. Durch die verheerenden Kriegs-

züge im Laufe dieses Jahrhunderts, durch die unausgesetzten
Raubanfälle germanischer Streifscharen, endlich durch die Auswandrung aus den Städten und Kastellen an der obern Donau
war die aufgegebene Provinz, die unter der römischen Administration reich und blühend genannt werden konnte, in gänzlichen
Verfall gerathen und entvölkert. Dennoch würde man irren,
wollte man deshalb das Land für gänzlich an Einwohnern ent-
blösst halten. Denn fürs Erste lässt Eugipp S. 39 nur schliessen,
dass die auswandernde Bevölkerung aus den Bewohnern der rätischen (eigentlich vindelikischen) und norischen obern Donaustädte,
die sich nach Laureacum geflüchtet hatten, bestand, ferner aus
den Einwohnern dieser Hauptstadt von Ufernorikum und aus den
alten Bewohnern der untern Donaustädte (Glück, S. XVII. 87).
Ausser diesen gab es aber ganz bestimmt, und namentlich im
Innern des Landes, eine Anzahl von Provinzialen, welche vorzogen, den angestammten Besitz, wenn auch unter fremder Herrschaft zu behaupten. Es beweisen dieses die zahlreichen *mancipia*
und *romani tributales*, welche im VIII. und IX. Jahrhundert in
den Schenkungsurkunden unserer ältesten Stifter genannt werden
(J. 23. 29. 31. 33 etc., Mbk. 49. 70, M. b. IX. 365—67, XI. 14 etc.).
Weniger möchte ich mit Wittmann (M. A. VII. 366) die noch im
XII. Jahrhundert zu Regensburg vorkommenden *urbani inter latinos* als Nachkommen altrömischer Bevölkerung ansehen, noch in
den Quartiernamen Römling und der Wahlengasse, welche auch
pagus mercatorum hiess, darauf gehende Bezeichnungen finden.
Denn einerseits sind die Namen Ratharius, Aluinus und Bernhardus keineswegs römisch, anderseits aber deuten jene Stadt-
bezirke nicht, wie etwa die mittelalterlichen Judengassen, auf
nationell geschiedene Districte, sondern gleich Lombardstreet in
London, Lombard in Paris nur auf Orte, an welchen ursprünglich
italienische, d. h. Kaufleute wohnten, sowie man nach ähnlicher
Ideenverbindung den Daumen Kauffleuthfinger oder *digitus Gel-
forum* = *Longobardorum* nannte (Grimm, B. A. 1846. 456).
    In Binnennorikum aber *(Nor. mediterraneum)* und Rätien,
welche über ein Menschenalter unter dem Schutze der ostgothischen Regierung gestanden hatten und deren Bewohner auch
früher durch die Lage ihrer Ansiedlungen in Seitenthälern oder
leicht zu verschanzenden Engpässen vor plötzlichem Ueberfall gedeckt waren, hatte sich noch eine ansehnlichere Masse der ursprünglich keltischen Bevölkerung, welche nun seit Jahrhunderten
zu Provinzialen romanisirt war, erhalten. Wenn ich aber von
keltischen Ueberresten, namentlich in den rätischen Alpen, spreche,
so möchte ich wohl mit Steubs Forschungen über die Urbevölke-
rung Tirols in Widerspruch zu kommen scheinen, da derselbe
nach gründlicher Prüfung der noch üblichen Ortsbezeichnungen

die älteste Schichte der Sprachüberreste in diesem Gebirgslande dem rasenischen Idiom und nicht dem keltischen angehörig erweist. Aber, wie gesagt, dieser Widerspruch ist nur ein scheinbarer; denn auch Zeuss (D. 229), der doch sonst die keltische Abstammung der Räter vertritt, gibt doch zu, dass an den Südabhängen der Alpen das weit verbreitete Volk der Euganeer vom tuskischen Stamme sitze. Anderseits aber gesteht Steub, dass in Tirol auch keltischer Einfluss wahrnehmbar sei, d. h. dass sich auch hier keltische Ortsnamen oder wenigstens keltische Ansätze an rätischen Namen finden (Rät. Ethnol. 24).

Es würde sich somit nur um die Anerkennung der Linie handeln, an welcher Rasener und Kelten einst auf einander stiessen. Hiemit ist aber eine Verständigung um so weniger ausgeschlossen, als sich meine sogenannte Opposition gar nicht wider Steubs Grundansicht richtete, sondern vielmehr wider den mit seinen Forschungen getriebenen Missbrauch, indem halbgelehrte und hinterlistige Parteigänger darin die erwünschten Beweismittel zu finden hofften, die Vorposten der wälschen Nationalität lächerlicher Weise auf den Brenner, lieber aber gar bis an den Achensee vorzuschieben. Steub ist aber ein zu umsichtiger Forscher, um aus solcher Petrefakten-Ethnologie Kapital für die Fragen der Gegenwart machen zu wollen (Rät. Ethn. 235). Mag daher das Blumenopfer und die Libation auf Gräbern, welche sich im Val Sugan und in benachbarten Thälern bis in das vorige Jahrhundert als Todtenbrauch erhielten, eine römische oder uralt rasenisch-tuskische Volkssitte enthalten haben; mag das am Kapellenportale zu Schloss Tirol eingemauerte Mithrasbild nebst den Centauren und Drachen unverkennbar der römischen Ockupationsperiode angehören (H. R. 206 und 236), so haben doch die Sammlungen der Mythen, Sitten und Sagen in Tirol, welche Zingerle, Alpenburg, Thaler und Andre veranstalteten, im Vergleiche mit den Sagen und Bräuchen der baierisch-östreichischen Lande den thatsächlichen Beweis geliefert, dass die Einheit der Volkstradition an der Etsch, wie an der Donau, und im Böhmerwalde wie auf den Tauern auch den Schluss auf die Gleichheit des in diesen Gegenden herrschenden Volksstammes begründen muss.

Auch bei der Einrichtung der Baiwaren im tiroler Alpenlande gibt Steub unbedenklich zu, dass neben ihnen nur noch von Alamannen die Rede sein könne; denn obgleich hier auch ehedem Gothen, Franken und Langobarden mächtig gewesen wären, so sei doch nichts in den Dialekten übrig, was sich an ihre Namen anlehnen liesse (Rät. Ethn. 65). Wenn daher auch früher (1. Abth. III. §. 1. S. 72) Ueberreste von Gothen und Herulern als wahrscheinliche Ansiedler im Etsch- und Innthale zugegeben wurden, so

kann ihre Anzahl keineswegs massgebend gewesen sein, da ihre
Vermischung mit den Baiern so wenig nachhaltige Spuren in der
tirolischen und gebirgsbaierischen Mundart zurückliess, wie ich
anderwärts nachgewiesen habe (R. V. 402 ff.). Auch in dem
Wechselverhältnisse zwischen Baiwaren und Alamannen verwirft
Steub als den Thatsachen widersprechend Bernhardi's Ansicht,
welcher in seiner tirolischen Sprachkarte die Germanisirung Tirols
vorzugsweise den Alamannen zuschreibt. Steub weist vielmehr
nach, dass von Osten herein weitaus der grösste Theil des tirolischen Alpenlandes der baierischen Mundart zufalle; wie dagegen
auch im baierischen Flachlande der schwäbische Dialekt bis an
die Amper greife, so setze sich diese Erscheinung im obern Innthale über Telfs, Landeck und Finstermünz an die Quellen der
Etsch und bis auf die Haide von Mals fort, wo die letzten Schwaben wohnten. Es zeigt sich also innerhalb wie ausserhalb der
Berge im Westen der politischen Gränze des von den Baiwaren
besetzten Gebietes ein schmaler Landstreifen, welcher in den Kreis
der schwäbischen Mundart fällt und also wohl auch früher von
suevischen Volksgenossen germanisirt und colonisirt worden sein
mag — und Steub denkt hier an die *Alamanniae generalitas intra
Italiae terminos inclusa* des Ennodius in seiner Lobrede auf den
Ostgothen Theoderich — bevor diesen Bezirk die Baiern durch
die Landnahme mit ihrem Staatsgebiet vereinigten.

Die drei Provinzen Vindelikien, Rätien und Norikum waren
kaiserliche Provinzen, d. h. ihre Verwaltung stand nicht in der
Hand des Volkes und Senats, welche dieselbe durch ihre ord-
nungsmässigen Proconsuln oder Proprätoren besorgen liess, sondern unmittelbar unter der Aufsicht des Kaisers, welcher über
diese den feindlichen Anfällen zunächst ausgesetzten Länder auch
Civil- und Militär-Statthalter aufstellte. Daher lagen in diesen
Provinzen auch die ausgedehntesten Latifundien, welche entweder
als Reichsgüter (Domänen) oder als *praedia domus Augustae*
(Kronfideicommissgüter) oder als kaiserliche Patrimonialgüter
(*fundi patrimoniales*) mit ihren Erträgnissen den kaiserlichen
Säckel füllten (Gaupp, Ansiedlungen 74). Dass diese alle bei der
Landvertheilung dem Könige oder Herzoge zufielen, ist selbstverständlich, und erklärt sich hieraus der gewaltige Grundbesitz,
aus welchem noch nach Jahrhunderten die baierischen Herzoge so
reiche Vergabungen zu machen im Stande waren.

Bei der Vertheilung des übrigen Landes konnte nach staats-
und privatrechtlichen Verhältnissen jener Zeit nur ein doppelter
Fall eintreten. Entweder stützte man sich auf das nach römischem
Rechte (Cod. Theodos. de metatis VII. 8) gesetzlich bestehende
Einquartierungs- und Hospitalitätsverhältniss, wonach der faktische

Besitzer zwei Drittheile seines Eigenthums behielt und nur ein Drittel dem fremden *hospes* abzutreten verpflichtet war (Gaupp, Germ. Ans. 90). So verlangte der Suevenkönig Ariovist von den seine Hilfe ansprechenden Sequanern ein Drittel der Aecker (Caes. bel. gal. I. 31); so musste den unter Odoakar in Italien zur Herrschaft gelangten Miethtruppen der Barbaren ein Drittel der Ländereien abgetreten werden, welches später den siegreichen Ostgothen zufiel (Procop I. 1). Unter ähnlichen Ansprüchen siedelten sich wohl auch die Burgunder und Westgothen in Gallien und Hispanien an, da diese Provinzen noch zum Reiche gezählt wurden und die Niederlassung der Germanen mit, wenn auch abgedrungener, Genehmigung des römischen Kabinets stattfand. Anders gestaltete sich natürlich das Verhältniss, wenn die Fremden nicht in Folge eines Vertrages Aufnahme in zur Zeit noch anerkannte Reichsprovinzen erlangten, sondern die Letztern entweder als herrenloses Land besetzten oder wirklich eroberten. In diesem Falle ging natürlich aller Grundbesitz an den neuen Herrn über und die Eingebornen, wo ihnen ihre Ländereien gelassen wurden, traten in das Verhältniss der zins- und dienstpflichtigen Hintersassen zurück (Gaupp, Germ. Ans. 426). So verfuhren die Vandalen, Franken, Angelsachsen und Normannen bei ihrer Landnahme.

Als die Baiwaren in Vindelikien, Norikum und Rätien eindrangen, waren diese Provinzen grösstentheils aufgegebenes, herrenloses Land und wurden somit als erobertes Gebiet behandelt. Möglich ist es allerdings, dass die etwa vorfindlichen germanischen Volksreste, welche sich aus der Zeit der römischen Kolonisation erhalten oder auch später auf eigene Faust hier angesiedelt hatten, als Stammverwandte nicht in die den Unterjochten gemeinsame Knechtschaft sanken, sondern, wie Gaupp (Germ. Ans. 171) muthmasst, als Metöken in den neuen Staatsverein aufgenommen wurden. Unsre ältesten Urkunden, namentlich die *l. Baiwar.*, enthalten nichts, was uns hiefür Anhaltspunkte gewährte; wohl aber, und auffallender Weise tragen die *mancipia* und *servi*, welche in den ältesten Traditionsbüchern unsrer Stifter zu Salzburg, Freising, Regensburg, Passau u. s. w. vergabt werden, fast durchaus deutsche Namen, neben wenig romanischen, obwohl auch Beweise vorliegen, dass unzweifelhaft Wälschen reindeutsche Namen gegeben wurden (R. V. 52). Wenn also auch Einige der Landesinsassen ein verhältnissmässig besseres Loos erhielten und als Freibauern auf ihren Gütern belassen wurden — *duo Romani quos nos parscalcos dicimus* (Oefele II. 32) — wenn ein *Milo, Severinus,* ein *Domincus, Breonensium plebis civis*, ein *Quartinus* noch im VIII. und IX. Jahrhundert als adelige Gutsbesitzer erscheinen und also wahrscheinlich durch rechtzeitige Commendation selbst Standesvorrechte aus dem allgemeinen Schiffbruche gerettet hatten, so unterliegt es doch keinem Zweifel, dass nichtsdestoweniger die Einwohner der eroberten Provinzen in ihrer Gesammtheit nach Kriegsrecht dem Joche der Knechtschaft verfallen waren; denn unsre Urkunden wissen nichts von einer Landestheilung mit den frühern Besitzern, sondern kennen diese nur als *mancipia, servi* oder *romani tributales.* Es beweist diese Verfahrungsweise schon die grundsätzliche Norm, gemäss welcher die Baiwaren später nach Eroberung der slavischen Ostprovinzen die bisherigen Besitzer behandelten, indem sie dieselben entweder vom Eigen vertrieben oder in tributpflichtige Leibeigene verwandelten, so dass ihr Volksname zur Bezeichnung der Knechtschaft herabsank — *servi vel Sclavi ejusdem monasterii ad censum tenuerunt* (M. b. XXXᵃ 54 und 126).

Es ist zwar nicht urkundlich nachweisbar, dass die Baiwaren das in Besitz genommene Land durch eine wirkliche Verloosung austheilten, obwohl diese bei allen Germanen übliche Art der Landvertheilung — *gothica sors* — prinzipiell auch bei unsern Vorfahren anzunehmen ist. Diese regelmässige Austheilung wird aber, wie schon Gaupp (G. O. 559) bemerkte, um so wahrscheinlicher, als in baierischen Urkunden der ältesten Zeit *hluz, hluzzum* einen Gutsantheil bezeichnet und dieses Wort, welches Grimm als Loos, Landloos = *sors* nachgewiesen hat, als Luss, Lüss, Lüssel, Luscht in Baiern und Oestreich bis auf den heutigen Tag zur Bezeichnung von Loosgütern gebraucht wird. Wenn es aber in dem Zwecke der Verloosung begründet war, dass die Loose wenigstens ursprünglich von einer gleichmässigen Grösse sein mussten, so habe ich in R. V. 158 aus Freisinger Urkunden des IX. Jahrhunderts nachgewiesen, dass die Grösse dieser Landloose durch den altgermanischen Hammerwurf bestimmt wurde, welcher schon in der *l. Baiwar.* (XII. 10, XVII. 2) als Besitzergreifungssymbol rechtliche Gültigkeit hat, und noch in den Banteidingen des spätern Mittelalters als Wurf mit der Hag- oder Maishacke, mit dem Hand- oder Tengelhammer das Maass der angestrittenen Berechtigung angibt (Grimm, Weisth. III. 662. 684. 700). Nach den obigen Urkunden (Mbk. Iᵇ 295 und 493) bestand aber ein Landloos aus 12 Hammerwürfen; denn dasselbe Grundstück, welches im Jahre 814 *de pratis autem XII worpa* bezeichnet wird, heisst 12 Jahre später: *de pratis unum quod dicimus hluz,* also *hluz = XII worpa,* d. h. gleich 12 Hammerwürfen. Noch im XIV. Jahrhundert erscheint der Hammerwurf in baierischen Rechtssitten als schiedsrichterliches Mittel, und wenn inzwischen die Vertheilungsweise mit dem Messtaue üblich wurde, so enthält dies keinen Widerspruch, indem die alterthümliche Messbestimmung der gleichmässigen Handhabung wegen nur auf die spätern Messinstrumente, Seile, Ruthen, Ketten u. s. w. übertragen wurde. Nach dieser höchst wahrscheinlichen Art der Landesvertheilung und den in den Schenkungsurkunden äusserst zahlreichen Vergabungen aus dem Privatbesitz kann wohl nicht gezweifelt werden, dass auch bei den Baiwaren seit dem VI. Jahrhundert mit ihrer Einwandrung in das Süddonauland das Anrecht aller Markgenossen an die ungetheilte Dorfflur in die Sondernutzung des dem Einzelnen zugefallenen Antheils übergegangen sei. Nichtsdestoweniger haben wir in den bis auf den heutigen Tag in verschiedenen Gegenden Altbaierns vorkommenden Wechselwiesen unzweideutige Merkzeichen des altgermanischen, insbesondere suevischen, alljährlichen Felderwechsels, welcher sich trotz der Abscheidung der gemeinsamen Dorfmark in altherkömmlicher Weise zwischen einzelnen Besitzern forterhalten hat (R. V. 103). Ebenso deuten die dem Markgenossen — *calasneo* oder *conmarcanus,* *l. Baiwar.* XXII. 11 — zustehenden Rechte und das Anrecht auf die aus der Gemain, d. h. nicht getheilten Dorfflur fliessende Mitnutzung auf das Fortbestehen eines mitunter sehr ausgedehnten Gemeindebesitzrechtes über Wälder und Weiden, welches seinen Grund nur in dem ursprünglichen Güterkommunismus der Germanen und der damit verbundenen alljährlichen Ackervertheilung hat (Tac. G. 26, Caes. b. gal. VI. 22), und welchen die Baiwaren von ihren suevischen Stammvätern herabgeerbt hatten.

§. 4. Die Unterwerfung unter den Frankenkönig.

Es ist eine unbestreitbare Thatsache, dass die Baiwaren schon bei ihrem ersten Auftreten in der Geschichte unter der Oberherrlichkeit der Frankenkönige stehen. Zwar die sogenannte fränkische Völkertafel, welche Müllenhoff (B. A. 1863. 536) neuerdings chronologisch bestimmt und um das Jahr 520 ansetzt, nennt schon die Baiwaren — also etwa ein Menschenalter vor Jornandes. Aber weder hier noch sonst bei einem der fränkischen Chronisten oder klösterlichen Annalisten findet sich eine Andeutung darüber, zu welcher Zeit und auf welche Weise ein solcher Akt der Unterwerfung stattgehabt hätte. Natürlich ist hiemit der historischen Konjektur ein weites Feld der Thätigkeit geöffnet. Am wenigsten Schwierigkeiten haben begreiflicher Weise jene zu überwinden, welche die Baiern schon vorläufig unter ostgothische Botmässigkeit gestellt haben; denn mit dem Verfall und Untergang der Ostgothen lassen sie die bisher ausgeübte Ober-

herrlichkeit von diesen nur auf die Franken übergehen. Da aber
eine solche Unterwerfung weder nachgewiesen werden kann, noch
auch überhaupt als den Verhältnissen des Donaulandes und der
politischen Lage der Völker in jenem Zeitraume entsprechend
angenommen werden kann, so konnten die Gothen eine nicht ausgeübte Oberherrlichkeit auch nicht übertragen.

Andre Forscher, indem sie die Ausdrücke des Agathias I. 4
etwas zu scharf auslegen, behaupten, der austrasische Theodebert
habe die Baiern gleich den benachbarten Alamannen zwischen
534 und 538 unterjocht. Abgesehen, dass davon nichts in den
fränkischen Chronisten enthalten ist, muss gegen diese Behauptung bemerkt werden, dass die Franken den von ihnen unterjochten, d. h. in Folge eines kriegerischen Zusammenstosses unterworfenen Völkern die Zahlung eines jährlichen Tributs auferlegten. *Alamannos cepit(Chlodovaeus) vel terram eorum sub jugo
tributario constituit.* (Gesta Fr. epit. 15) . . . *victoriam Chlodoveo
relinquunt. . . . (Alamanni) jure tributario Francis se fore servi-
turos spondent* (Aimoi. I. 15). Von dieser Tributpflicht finden
wir noch im IX. Jahrhunderte die Beweise, wo sich adelige Alamannen durch Abtretung von Ländereien davon befreien — *ut
illorum legem, quae vulgo dicitur phaath (Pactum), plenam ha-
buissent (Neigart cod. dip. 445). Chlodovaeus . . . Toringos . . . devicto ipso populo tributarios fecit Francorum; similiter Alamannos
tributarios fecit* (M. g. I. 284. V. 32). So zahlten die Thüringer
bis tief ins Mittelalter den von König Theuderich auferlegten
Schweinezins, die Sachsen 500 Kühe und 300 Pferde. (Gregor
IV. 14. Fredeg. 74). *Theodebertus . . . eamque (Italiam) tributa-
tariam fecit.* (Aim. II. 21). Den Basken und Cantabrern legten
die Frankenkönige Tribut auf (Fredeg. chron. 21 u. 33), so wie
den Burgundern (Greg. II. 32) und sogar die Langobarden, obwohl sie nicht eigentlich unterworfen waren, opferten nicht selten
bedeutende Summen, um sich von der Gefahr der Unterwerfung
loszukaufen. (Greg. VI. 42. IX. 29. Paul diac. IV. 33). Da nun
aber nirgend davon die Rede ist, dass die Baiwaren den Franken
tributpflichtig gewesen wären, wie die ihnen benachbarten Nationen der Thüringer und Sachsen, Alamannen und Italiener, da
kein Zeichen für ein solches auf kriegerische Unterjochung deu-
tendes Verhältniss aufgefunden wurde, so wird wohl auch der
Schluss gerechtfertigt sein, dass die Verbindung der Baiwaren mit
den Franken nicht die Folge eines kriegerischen Zusammenstosses
gewesen sein könne. Selbst Mederer (Beitr. 82), welcher doch
die Unterwürfigkeit der Baiern unter den Ostgothenkönig Theoderich ganz entschieden betont, giebt zu, dass sie nicht so, wie
die Alamannen und Thüringer, von den Franken unterjocht

worden, sondern durch Ueberwindung der Gothen und Römer
den Franken anheimgefallen seien und zwar um so begreiflicher,
als sie den Sturz des gothischen Reiches vor Augen hatten.

Es bleibt also daher nur noch die Annahme einer vertrags-
mässigen Unterwerfung über, welcher auch die damals obwal-
tenden politischen Constellationen den höchsten Grad der Wahrscheinlichkeit verleihen. Der kühne und unternehmende König
Theodebert von Austrasien, der sich sogar mit Plänen zur Eroberung von Konstantinopel und zur Zerstörung des oströmischen
Reiches trug, war vor allem darauf bedacht, sein Reich auf dem
viel bestrittenen Boden Italiens zu erweitern. Bei solchen Absichten musste ihm die Verbindung mit einem Volke, welches
zwischen Alamannien und Thüringen, zwischen oströmischen und
gothischen Provinzen festen Fuss gefasst hatte, von höchster Bedeutung werden, da ihm die Bundesgenossenschaft mit demselben die freie Bewegung nach allen Seiten hin ebenso erleichterte,
als es seinen Rückzug zu decken vermochte. Den Baiwaren hinwieder, welche sich von feindlichen Nachbarn umgeben sahen und
nach Hinwegnahme des Gebirgslandes in dem Falle, dass die Ostgothen wieder zu Kräften kämen, die Rache derselben zu fürchten
hatten, musste eine Verbindung mit den gefürchteten Franken
äusserst erwünscht erscheinen, zumal sie seit ihrer Entstehung
durch geschichtliche Tradition an eine solche ferne liegende
Oberherrlichkeit gewöhnt waren. Es begegnete sich also das
Interesse beider Völker in der Idee einer Bundesgenossenschaft,
welche Seitens der Franken als ein leichtes aber dehnbares Unterwerfungsverhältniss, Seitens der Baiwaren als ein Schutzver-
hältniss wider die Anmassungen feindlicher Nachbaren aufgefasst
wurde.

Bei oder nach Uebernahme der väterlichen Herrschaft — erzählt Agathias I. 4 — unterwarf sich Theodebert die Alamannen
(soweit sie nämlich nicht schon Chlodwig den Franken zinsbar
gemacht hatte) und einige andre benachbarte Völker. Diese
Stelle ist nun jedenfalls ungenau. Von den Alamannen meint
Bornhak (G. O. I. 294), dass sie im Norden von Herulern, Gepiden und Langobarden bedrängt den Gothen nichts nutzen konnten,
desshalb von diesen selbst aufgegeben wurden. Das geschah aber
erst später unter Vitigis und dann waren die Alamannen nicht
durch die Heruler, welche als Volk nicht mehr existirten (S. 121),
noch durch Gepiden und Langobarden bedroht, welche zu jener Zeit
in Dakien und Pannonien sassen. Agathias bezeugt aber, dass
der Angriff Theodeberts auf die unter ostgothischem Schutz stehenden Alamannen bald nach 534 stattgehabt haben müsse, also
zur Zeit des erbärmlichen Theodahats, der ihnen allerdings keinen

Schutz bieten konnte. Was nun die andern benachbarten Völker betrifft, von welchen Agathias spricht, so können dies nur die Baiwaren gewesen sein, da in jener Zeit kein anderes den Franken noch nicht unterworfenes Volk in der Nachbarschaft der Alamannen sass. Gloël (G. O. IV. 230) zieht zwar die Thüringer hieher, aber gewiss mit Unrecht, da dieselben bereits im Jahre 531 durch die Frankenkönige tributpflichtig gemacht worden waren (S. 120). Es unterliegt somit wohl keinem Zweifel, dass es die Baiwaren gewesen sind, welche Theodebert von Auster schon beim Antritt seiner väterlichen Erbschaft in ein Unterwerfungsverhältniss zu ziehen wusste, da ihm dieses für seine Pläne auf Italien höchst förderlich erscheinen musste. Diese Unterwerfung fand also bald nach der Zeit statt, wo die Baiwaren durch ihren glücklichen Kampf mit dem ostgothischen Gränzgrafen ihre Mark bis an die Thore Italiens erweitert hatten und im Besitz der nach Wälschland führenden Gebirgspässe waren. Der Ostgothenkönig Vitigis, im Gefühle, dass es sich um einen Kampf auf Tod und Leben mit den Byzantinern handle, gab also alle ausseritalischen Besitzungen auf, entliess die Alamannen aus der ostgothischen Oberherrlichkeit und trat den Franken, um nach dieser Seite hin gedeckt zu sein, noch viele andre Kastelle ab (Agathias I. 6) — also höchst wahrscheinlich die Bergschlösser, vielleicht auch das Anrecht auf diejenigen, welche die Baiwaren noch vor Kurzem den Ostgothen abgenommen hatten. Es erhellt dieses schon aus dem raschen Kriegszuge, welchen Theodebert im folgenden Jahre 539 mit 100,000 Mann nach Italien unternahm und wobei er die Gebirgspässe in Händen haben musste, um nach ausgebrochener Seuche unangefochten zurückkehren zu können. Wenn daher die Baiwaren durch den feierlichen Akt eines Bundesvertrages die Oberherrlichkeit des Frankenkönigs von Austrasien anerkannt hatten, so konnte doch Theodebert nach Aufzählung seiner und seiner Vorfahren Eroberungen und diplomatischen Erwerbungen dem prahlerischen Kaiser Justinian, der sich Triumftitel über Völker beilegte, die er nie bekriegt hatte, erwiedern: *per Danubium et limitem Pannoniae usque in Oceani littoribus, custodiente Deo, dominatio nostra porrigitur* (Bouquet IV. 59. n. 16).

Die Bedingungen, unter welchen dieser Bundesvertrag abgeschlossen wurde, können wir nur aus den rechtlichen Folgen erschliessen, welche sich aus jenen Stipulationen ergaben. Auch hier zeigt sich uns wieder vor Allem, dass von einer Unterjochung der Baiwaren gar keine Rede sein konnte und dass durch ihre Unterwerfung die Freiheit des Volkes in keiner Weise beeinträchtigt werden sollte. Denn in den folgenden Reichstheilungen unter den Söhnen Chlotars I. im Jahre 561 (Gregor IV. 22), Karl Martells

im Jahre 741 und Pipins im Jahre 768 (Fredegar cont. 110 und
136) wird das Herzogthum Baiwarien niemals ·als Theilungsobjekt
aufgeführt, obwohl Alamannien, Aquitanien und Thüringen gleich
den übrigen Provinzen der Monarchie je einem der Erbeberechtigten zugetheilt werden. Ganz anders wird dies Verhältniss,
nachdem Karl der Grosse 788 Baiwarien wirklich zur fränkischen
Provinz gemacht hatte; so erscheint es denn auch im Theilungs-
vertrage vom Jahre 806 zum ersten Male unter den vertheilten
Provinzen. Das Volk der Baiwaren wurde also nicht als durch
kriegerischen Angriff unterjocht behandelt (vor dem Jahre 788)
und behielt dem entsprechend seine volle innere Freiheit und
Selbständigkeit.

Hieraus ergibt sich ferner, wesshalb ihm die freie Wahl seines
Fürsten scheinbar zugestanden blieb und diese nur an die Familie der Agilulfinger gebunden war. Auf den Grund dieser Ver-
tragsbedingung, sowie auf das damit zusammenhängende auszeichnende Wergeldverhältniss sowohl dieser Familie als insbesondere
des Herzogs werde ich später zu sprechen kommen. Selbst in
spätern Jahrhunderten, als die allmächtigen Karolinger jene Familie längst vom Throne und dem Anspruch an die Herrschaft
verdrängt hatten, wurde die Berechtigung zur freien Fürstenwahl
noch von den deutschen Königen und Kaisern von Rom als gesetzlich bestehend anerkannt (R. V. 54 ff.). Nur ein Zugeständniss musste hiebei dem Frankenkönige gemacht worden sein,
nämlich dass der Fürst dem bei Suevenvölkern üblichen Königstitel entsagen und fürderhin nur den eines Herzogs zu führen
berechtigt sein solle, obwohl wir auch noch späterhin zu wiederholten Malen dem Königstitel bei den Baiern begegnen. Auch
behaupteten die Baiernherzoge, wie unter den Merowingern, selbst
noch zu Reichszeiten eine unabhängigere Machtstellung als andre
Reichsfürsten, indem sie ihren Adel in unmittelbarem Lehensver-
hältnisse hielten, gleich den Königen und gleich diesen herrelich
in ihrem Lande schalteten und walteten, und mit Ausnahme der
schuldigen Rücksicht auf den Oberlehnsherrn weder bei Kriegs-
erklärung noch bei Schliessung von Friedens- oder Bundesverträgen
gehindert waren.

Ein weiterer Ausfluss aus der freiwilligen Unterwerfung der
Baiwaren und dem freien Vertragsverhältnisse zwischen ihnen und
dem Frankenkönige besteht darin, dass sie ihre altangestammten
Gesetze oder vielmehr Gewohnheitsrechte ungeschmälert behielten.
Denn nach seinem angestammten Volksrechte gerichtet zu werden,
war von jeher der Stolz des freien Germanen, weil er darin den
Beweis nationeller Unabhängigkeit erkannte. Zwar der den *leges
Baiwar.* vorgesetzte Prolog schreibt die erste Veranlassung zur

Aufzeichnung derselben dem Befehle König Theoderichs von Auster
zu und ich war wohl selbst früher der Ansicht, dass sich diese
Angabe des Prologes aufrecht erhalten lasse (R. V. 10), da die
dagegen erhobenen Bedenken sich insbesondere darauf stützten,
dass die Baiern bei Lebzeiten König Theoderichs noch unter gothischer Oberherrlichkeit gestanden hätten, und deshalb keinem
Frankenkönige unterworfen gewesen wären (Mederer, l. Baiw. III).
Dieser Einwurf ist nun allerdings, wie ich gezeigt habe, insoweit
nicht stichhaltig, als sich keineswegs erweisen lässt, dass die
Baiwaren je unter der Botmässigkeit der Ostgothen gestanden
hätten. Da wir aber auch anderseits keine Beweise haben, ob sie
schon zu Theoderichs von Auster Zeiten den Franken unterworfen
waren, dieses vielmehr sehr zweifelhaft sei, so ist Bornhak (G. O.
I. 268, Anm.) der Ansicht, dass unter den Baiwariorum des Prologes die südlichen Thüringer zu verstehen seien. Das heisst aber
nichts weiter, als die wissenschaftliche Untersuchung durch einen
Gewaltstreich abschneiden und sich wenigstens die Arbeit dabei
sehr leicht machen. Denn seit wann unterschieden denn die
Frankenkönige zwischen nördlichen und südlichen Thüringern?
und gesetzt den Fall, sie hätten für jene nur die *l. Anglior. et
Werinor. h. e. Thuringorum* gegeben, wie wären sie denn zu der
ganz unmotivirten Annahme gekommen, mit Zeuss und Büdinger
die seit 150 Jahren verschwundenen Markomannen unter den
Thüringern versteckt zu suchen und für die Stammväter der Baiwaren zu halten. Sonst wüsste ich aber keinen Grund für die
Nothwendigkeit, die *leg. Baiwar.* den südlichen Thüringern zu
oktroiren.

Wenn ich nun aber, gestützt auf die sorgfältige Untersuchung
unsrer Landnahmesage und der ihr gleichlaufenden Zeitverhältnisse, meine frühere Auffassung dahin berichtigen muss, dass die
Baiwaren zwar nie den Ostgothen unterworfen waren, anderseits
aber auch keinesfalls vor dem Jahre 535 die fränkische Oberherrlichkeit anerkannt hatten, also auch nicht ihr Gesetz von
König Theuderich von Auster empfangen haben konnten: so
komme ich dadurch mit dem Wortlaute des Prologes in Widerspruch. Hiebei ist aber zu bemerken, dass der Hauptsatz des
Prologes, welcher die Gesetzgebungsgeschichte der austrasischen
Völker enthält, mindestens erst ein Jahrhundert nach Theoderich
abgefasst worden ist. Da nun derselbe Prolog auch vor den Gesetzen der ripuarischen Franken und Alamannen steht, für welche
der besagte Theuderich von Auster als Gesetzgeber wohl seine
Geltung behalten mag, so ist es ganz wahrscheinlich, dass auf
diese Weise traditionell auch derselbe Frankenkönig bloss durch
Ungenauigkeit der Abschreiber in dem Prologe vor der *l. Baiw.*

stehen blieb, zu deren erster Abfassung er nicht die mindeste
Veranlassung gegeben haben konnte. Hieraus erhellt aber, dass
die wahre Sachlage sich nicht durch eine ängstliche Abwägung
der Worte des Prologes — wie dieses Verfahren etwa bei Urkunden anzuwenden — ermitteln lasse, sondern dass aus denselben
nur im Allgemeinen sich entnehmen lasse, dass die Könige Theuderich, Childebert und Chlotar — und hier wahrscheinlich die
II. des Namens — von Auster an der Gesetzgebung der austrasischen Völker wesentlichen Antheil hatten, ohne zu bestimmen,
zu welcher Zeit und für welches Volk der Eine oder der Andre
der drei genannten Könige besonders thätig war. Es liegt daher
in der Nennung Theuderichs von Auster unter den Gesetzgebern
der drei Völker um so weniger ein zwingender Grund, die Unterwerfung der Baiwaren unter die Frankenkönige in eine frühere
Periode zu verlegen, als sich, selbst wenn man zugibt, dass die
Regierungszeit des kriegerischen Theudebert zu einem solchen
Friedenswerke nicht die nöthige Musse bot, unter den folgenden
Königen Childebert und Chlotar wiederholt Ereignisse finden
lassen, welche einem solchen Akte der innern Reichsconsolidirung
sich günstig erwiesen. Nachdem ich aber in der 1. Abhdl. III. §. 6.
S. 95 zur höchsten Wahrscheinlichkeit erbracht habe, dass Procop
I. 12 mit den von ihm zwischen Alamannen und Thüringern genannten Suabi nur die Baiwaren gemeint haben könne, nachdem
derselbe Schriftsteller diese Suabi I. 15 als ein den Franken unterworfenes Volk ganz unzweideutig bezeichnet und im Zusammenhalt mit den Angaben des Agathias I. 4 dieses den Alamannen
benachbarte Volk wieder nur die Baiwaren sein können: so ist
es wohl ausser Zweifel, dass die beiden Byzantiner, welche uns
allein eingehende Berichte über die Verwicklungen hinterliessen,
welche der Krieg zwischen Gothen, Oströmern und Franken mit
sich brachte, auch ohne Namensnennung den Beweis liefern, dass
sich die Baiwaren zur Zeit dieser Kriegsläufte den Franken unterworfen haben.

Die Untersuchungen über die Wandersage der Baiwaren haben
uns zu folgenden Ergebnissen geführt:

Nachdem die sagenhafte Herkunft der Baiern aus Armenien
sich als eine durch biblisch-alttestamentare Reminiscenz erzeugte
Verdunklung des ursprünglichen Stammlandes Hermenien in Grossgermanien erwies;

nachdem ferner die in den Klosterannalen fortgepflanzte Behauptung einer Rückwandrung der Baiwaren im Jahre 508 in

das Süddonauland als ein Irrthum abgewiesen werden musste,
welcher nur einer falschen Auslegung einer Stelle in Eugipps
v. Severini seinen Ursprung verdankt, wo nicht von Baiern, sondern von den römischen Provinzialen in Raetia II und Norikum
die Rede ist:

so wurde als historische Thatsache der in der Kaiserchronik
zuerst aufgezeichneten Einwandrungssage festgestellt, dass die
Baiwaren zu Anfang des VI. Jahrhunderts — ohne gerade das
Jahr 508 als Einwandrungstermin festhalten zu wollen — unter
den Fürsten Boëmund und Ingramm aus ihrer frühern Heimat in
Hermionenland nach ihrem neuen Siedelorte im obern Donaulande
einwanderten.

Nachdem weiters bei Beleuchtung der Landnahmesage nachgewiesen wurde, dass die in den Klosterannalen als älteste Herzoge der Baiern aufgezählten Theodone weder in der Sage noch
in der Geschichte genannt werden, sondern nur einer irrigen
Konjektur ihre vorgaribaldische Existenz verdanken, indem man
den zu Ende des VII. Jahrhunderts in der *vita Ruperti* auftretenden Herzog Theodo mit Zurückdatirung der Christianisirung der
Baiwaren über den historisch beglaubigten Garibald setzte und
verdoppelte und auf diese willkürliche Weise den Baiern eine
Reihe von Fürsten oktroirte, welche nie bestanden;

nachdem ferner durch thatsächliche Belege begründet wurde,
dass der Ostgothenkönig Theoderich zu keiner Zeit Vindelikien
und selbst Ufernorikum besessen, noch darüber einen Akt der
Oberherrlichkeit ausgeübt habe, sondern vielmehr diese ehemaligen
Reichsprovinzen seit der Zurückführung der römischen Kolonen
unter Odoakar als herrenloses Land betrachtet wurden:

so konnte als Thatsache festgestellt werden, dass die Baiwaren der Sage entsprechend unter König Adelger beiläufig im
zweiten Jahrzehnt des VI. Jahrhunderts das Land zwischen Lech
und Inn als herrenloses Gebiet ohne weitere Anfechtungen Seitens
der Gothen in Besitz nehmen konnten, indem die Volkssage auch
nur von einigen Scharmützeln mit den an der westlichen Gränze
diesseits des Lechs ausgebreiteten Alamannen und wider die Bevölkerung von Binnen-Norikum zu berichten weiss.

Ferner ergibt sich aus dem Thatbestande, dass die auswan-
dernden Baiwaren nur über Böhmen und den spätern Nordgau
in das Süddonauland gelangen konnten, insofern ihnen die Donau-
strasse durch die siegreichen Langobarden und das ausgehungerte
Rugiland versperrt war, und sie bei ihrem Vorrücken über die
Donau der Sage nach die Mark an der Kambach wider die Böhmen vertheidigten.

Wenn sich aber auch die Baiwaren im schutzlosen Vindelikien

unangefochten ausbreiten konnten und das Land, wie es noch
spätere Urkunden beweisen, durch Vertheilung von Landloosen in
Besitz nahmen, deren Grösse durch den altherkömmlichen Hammerwurf bestimmt wurde, so war doch ein Angriff auf das im
Hochgebirge gelegene zweite Rätien der Gothen vor dem Tode
König Theoderichs unmöglich. Derselbe, wie er in der Märe von
Severus und Adelger dargestellt wird, konnte also nur zwischen
526 und 534 stattgehabt haben, als unter den Ränken der vormundschaftlichen Regierung und den Wirren des gothisch-römi-
schen Krieges die Gothenherrschaft in raschen Verfall gerieth,
weil die Baiwaren kurz nach letzterm Jahre die Oberherrlichkeit
der Frankenkönige anerkannt haben müssen.

Dieses letztere Ereigniss muss nach dem übereinstimmenden
Zeugnisse der byzantinischen Autoren Procop und Agathias zu
Anfang des gothischen Krieges, also beiläufig um 535 stattgefunden haben und da uns keine Nachricht von einer kriegerischen
Unterwerfung Meldung macht, die Baiwaren auch nie, wie andre
unterjochte Völker den Franken tributpflichtig waren, noch auch
ihr Land bei den frühern Reichstheilungen vergeben wurde; im
Gegentheil vielmehr das gegenseitige Interesse beider Völker an
einer Verbindung die Annahme eines Bundesverhältnisses zur
höchsten Wahrscheinlichkeit erhebt:

so ergibt sich aus den politischen Konstellationen der Zeit-
ereignisse, dass sich um das Jahr 535 die Baiwaren vertragsmässig unter die Oberherrlichkeit des Frankenkönigs Theudebert
von Auster begaben, bei dieser Unterwerfung aber ihre volle
innere Freiheit, den unbehinderten Besitz ihres erworbenen Landes
und ihr angestammtes Volksrecht behielten und nur auf den nach
Suevensitte althergebrachten Königstitel ihres Herzogs verzichteten.

II. Die ersten Agilulfinger.

Hormayr (Ges. Schriften I. 100 und 183) nimmt muthmasslich an, dass die Baiern sich um 528 den Frankenkönigen von Auster unterworfen und von ihnen eine Nebenlinie als Herrschergeschlecht empfangen hätten. Diese Annahme gründet sich aber nur auf die Angabe des Prologs von der legislatorischen Bedeutung des austrasischen Theuderich für die Baiwaren. Nachdem ich aber nachgewiesen habe, dass in obiger Nennung des Königs Theoderich gar keine überzeugende Nothwendigkeit liege, seine legislative Thätigkeit auf Baiern zu beziehen, dass vielmehr die bestimmten Angaben des Agathias keinen Zweifel aufkommen lassen, dass die Unterwerfung der Baiwaren keinesfalls über das Jahr 534 hinaufgerückt werden könne, aber höchst wahrscheinlich im nächstfolgenden stattgefunden habe: so fällt obige Hypothese von selbst.

Ob dieses Ereigniss noch unter Adelger oder überhaupt unter einem Fürsten zur Nothwendigkeit wurde, lässt sich wegen Mangels von Anhaltspunkten nicht bestimmen. Wir wissen nur, dass das erste geschichtliche Auftreten der Baiwaren mit dem Könige oder Herzoge Garibald zusammenhänge, welcher nach *l. Baiwar.* III. 1 für einen Sprössling des Geschlechtes der Agilulfinger gehalten, von eifersüchtigen Patrioten dagegen, welche auf die baierische Abstammung der Agilulfinger Gewicht legen, als ein fremder Eindringling betrachtet wird, weil er bei einigen Klosterannalisten als *Garibaldus quidam* erscheint. Ich werde auf diese Frage später zurückkommen, vorerst aber die Abstammung der ersten Herrscherfamilie der Baiwaren beleuchten.

§. 1. Das Geschlecht der Agilulfinger.

Früher hat man, gestützt auf Ausdrücke des Volksrechtes der Baiwaren, nie daran gezweifelt, dass die Agilulfinger ein aus Baiern selbst entsprossenes Geschlecht seien. In jüngerer Zeit wurden freilich auch andere Ansichten laut. So leitet Freyberg dieselben aus dem Heldengeschlechte der Amaler (N. Beitr. I. n. 15), da dem gothischen Amalo im fünften Gliede ein Agilulf zum Nachfolger gegeben wird, dessen Sohn Ediulf (Edico-Wulf) der Vater der Skirenfürsten Eticho und Welf gewesen sein dürfte, von welchen Odoakar und Aonulf abstammen. Odoakar sei gerade der Adalger der baierischen Sage und sein Bruder Aonulf zog sich nach seinem unglücklichen Kampfe wider Theoderich nach Baiern — *trans confinia Danubii* — zurück, wo ihn Theoderich als König der Heruler adoptirte. Von ihm heisse das baierische Fürstengeschlecht das Agilulfingische, und stamme Garibald ab, während eine andre Linie, die Theodonische, in Nordbaiern einrückte und später mit Hilfe der Franken die Garibaldische von der Herrschaft verdrängte. Später gab Freiberg die Ableitung der Baiern von den Herulern als unhaltbar wieder auf, nicht aber die gothische Abstammung der Agilulfinger, indem er in s. Erzähl. I. 80 annahm, dass sie von Ansila, dem Sohne des gothischen Agiulf, abstammen dürften, von dessen Nachkommen keine weitere Spur aufgefunden werden kann. Damit ist aber die Begründung der Ansicht erschöpft, wenn nicht die Behauptung als Beweis gelten soll, dass die Könige der Langobarden, Thüringer und Warner ebenfalls dem Amalergeschlecht angehört (?) hätten und es Grundsatz der Völker war, bei der Wahl ihrer Könige, sowie bei ihrer und ihrer Töchter Vermählung an der Ebenbürtigkeit und dem Blute festzuhalten. Mederer, Gemeiner und Hormayr vertheidigen die fränkische Nationalität der Agilulfinger und zwar nicht bloss mit scheinbaren Belegen, wie Merkel (Zeitschr. f. Rgesch. I. 271) behauptet, der selbst sich sehr leicht über die Prüfung hinweghilft, indem er sich damit begnügt, dass das Geschlecht im Volksrecht als einheimisch gelte. Das kann aber wohl eben so wenig für einen Abstammungsbeweis gelten, als die von Rudhart hervorgehobene innige Verwebung der Geschicke der Agilulfinger mit der frühesten Geschichte des von ihnen beherrschten Volkes.

Einen Hauptgrund für die baierische Herkunft dieses Fürstengeschlechtes nimmt der letztere Geschichtsforscher aus der Thatsache, dass die Germanen ihre Könige und Herrscher ohne Widerrede aus der Nation selbst genommen hätten. Wenn wir diesen Satz in seiner Allgemeinheit aber auch als Regel gelten lassen wollen, so fragt sich dennoch, ob nicht in besondern Fällen auch Ausnahmen nachzuweisen seien? Sagt nicht schon Tacitus (G. 42) von den Donausueven: *jam et externos patiuntur?* und ist dieser Satz nicht durch mannigfache Beispiele von der ältesten Zeit an zu belegen? Man denke nur an die Könige Vannius und Furtius. So wählten die Franken nach Verjagung des Wüstlings Childerich

10*

den römischen Oberstkommandirenden von Gallien Egidius zum
König. Die Ostgothen boten dem griechischen Obergeneral Belisar
die Herrschaft an; später wählten sie den Rugen Erarich und sogar
den Avaren Badjula Totilas zu Königen. In der langobardischen
Königsreihe ist Agilulf, Thuringus Genere Anauvat, und der baierische Agilulfinge Aribert mit seinen Nachkommen in direkter
Abstammung von König Garibald. Warum sollten also nicht auch
die Baiern ein fränkisches Fürstengeschlecht angenommen haben,
da uns in ihrer frühern Geschichte schon mehrmals der Fall begegnet ist, dass sie sich die Einsetzung von ausländischen Fürsten
gefallen liessen?

Mehr Gewicht dürfte man auf III. 1 der *l. Baiwar.* legen:
*dux vero qui praeest in populo ille semper de genere agiloluingarum
fuit et debet esse quia sic reges antecessores nostri concesserunt eis . . .*,
weil man daraus zu dem Schlusse verleitet werden könnte, dass
die Agilulfinger von urältester Zeit her die Fürstenfamilie der
Baiwaren gewesen seien, wie denn auch eifrige Patrioten unter
Römern und Gothen die Baiern ihre Civilobern aus ihrem Volke,
d. h. aus den Agilulfingern nehmen lassen (Zierngibl, M. A. I. 26).
Nun folgert man weiter, da doch nur unterworfenen Völkern ausländische Beherrscher aufgenöthigt werden könnten und sogar die
wirklich unterjochten Alamannen ihre Volksherzoge behalten hätten, diese sogar zu Macht und Ansehen am austrasischen Hofe
gelangt wären, so hätten die Frankenkönige nur den Gesetzen
einer klugen Politik gehorcht, indem sie dem sich ihnen wahrscheinlich freiwillig ergebenden Baiernvolke ihr altangestammtes
Fürstengeschlecht, welches sich ihnen vielleicht bei der Unter-
werfungsangelegenheit besonders ergeben erwiesen haben dürfte,
natürlich mit den nöthigen Beschränkungen der obersten Gewalt,
liessen. Diese und ähnliche Muthmassungen und Kombinationen
zerplatzen aber alle gleich Seifenblasen vor der einzigen Thatsache, dass bei den Vannianischen Sueven, den unzweifelhaften
Vorfahren der Baiwaren, in fünf Jahrhunderten kein Agilulf genannt wird, noch eines solchen Geschlechtes Erwähnung geschieht.

Der Name Agilulf nebst seinen Umlautformen, später nicht
selten unter baierischen Eigennamen und Ortsbezeichnungen, ist
aber sichtlich ursprünglich in Baiern nicht heimisch, sondern über
den Rhein eingewandert. Ich finde unter Eigennamen:

Aiulfus bei Idacius, Achiulf, Jorn. 44, 6 saec., ein Warne.

Agiulf 9 s., Erzbischof von Bourges.

Aigulf 6 s., Bischof von Metz, M. g. II. 269; Haigulfus b.
Paul diac., 7 s., Abt von St.-Denis, Fr. 75; Gens Ayglolfinga, Fr. 52; Hailolfingus, M. g. I. 18.

Egiolf, Eghiolf S. P.

Egolf **9** s., Mbk. I^b 295.

Ecgolf **11** s., M. b. VII. 338.

Ekkolf **8** s., M. b. VII. 38, S. P. **11** s., M. b. XXVIII^b 75, XIII. 329, **14** s., XV. 425.

Eigolf **9** s., S. P., Mbk. I^b 359.

Eigiolf **8** s., J. 30.

Agilulf **6** s., langobardischer König; Agiliup im Ed. Rothar., M. g. I. 550, **7** s., Bischof von Valence, Fr. 90, **9** s., M. b. XXVIII^a **6**, **10** s., Erzbischof von Salzburg, M. b. XIV. 391.

Agilolf **9** s., Abt von Niederaltaich, M. b. XI. 20, **10** s. XXVIII^a 166.

Egilolf, S. P. öfters, **8** s., Mbk. I^b 120, J. 36. 40 etc., **9** s., Mbk. I^b 129. 146. 433. 514 etc., **11** s., M. b. XIII. 324, XXVIII^b 82. 217, E. 109, **12** s., M. b. XIII. 18, Oe. II. 15^b. 28^a.

Egiloolf **9** s., Mbk. 599.

Egilulf **8** s., J. 24, **12** s., M. b. XIII. 188.

Egelolf **9** s., J. 17, **11** s., J. 229, **12** s., M. b. XIV. 116, **13** s., VII. 113, Oe. II. 678^b. 693^a.

Eglolf **11** s., M. b. XIII. 329. **13** s., XI. 88, XXVIII^b 420. Oe. II. 671^a.

Egelof **12** s., M. b. VII. 46. 57, 461 etc., VIII. 395, IX. 393. 465, **13** s., XI. 181, **15** s., Fam. Egloff, M. b. XV. 526 etc.

Hegelolfus **12** s., M. b. VII. 488. 500.

An Ortsnamen finden sich in Baiern:

Eckiolfincus **8** s., M. b. XXVIII^b 6; Eccoliunga **10** s., M. b. XXXI^a 239, Egglfing bei Regensburg.

Egolvinga **9** s., M. g. XI. 215; Egolfingen **12** s., M. b. VI. 130, VII. 153, Dorf Eglfing bei Weilheim.

Eccoluinge **13** s., M. b. XXVIII^b 160, bei Mattsee in Oberöstreich.

Egilolfeshaim **10** s., M. g. IV. 538; Egelolfeshaim **12** s., M. b. II. 129, Dorf Egglofsheim bei Regensburg.

Egilolfesheim **11** s., J. 224, Weiler Aigelsheim bei Trosberg.

Ekkolfshaim **13** s., M. b. XXIX^b 393, in Oberöstreich.

Ekkolffesperge **13** s., M. b. XXVIII^b 159, bei Mattsee in Oberöstreich.

Eglofsried **12** s., M. b. XIV. 116.

Eglolfesstein **12** s., M. b. XIII. 197; Egolffstain **15** s., M. b. IX. 41, Dorf Eglofstein bei Bamberg.

Ohne Nachweis der ältern Benennung finden sich noch:

Egglfing, Dorf im Rotthal bei Griesbach.

Eglfing, Weiler bei München.

Eglafing, Weiler bei Erding.
Eglofsdorf, Dorf bei Beilgries.
Eglófsöd, Einöde bei Pfarrkirchen.
Egglofswinden, Dorf bei Ansbach.

Aus dieser Uebersicht entnehmen wir wenigstens, dass der
Name, in ältester Zeit im Frankenlande heimisch und häufiger,
erst später auch in Baiern in Aufnahme kam, obgleich ich nicht
behaupten möchte, dass der im Prolog der *l. Baiwar.* genannte
Agilolf ein baierischer Prinz vom Geschlechte der Herzogsfamilie
gewesen sei (Rudhart 220 und Hormayr I. 180), da wir hiefür
vielmehr den historisch beglaubigten, am Hofe König Dagoberts
angesehenen Bischof Agilulf von Valence (Fred. 90) besitzen.
Wenn sich aber zur selben Zeit, wo die Agilulfinger als Herzoge
von Baiwarien auftreten, in Franzien eine Agilulfingische Familie
findet, die mit dem Königshause der Merowinger verschwägert
zum höchsten Adel des Reiches gezählt wird, so ist es doch mehr
als genealogisches Fantasiegebäude, d. h. es ist eine natürliche
Schlussfolgerung, diese beiden Sprossen für Zweige einer und
derselben Familie zu halten.

Zur Zeit König Dagoberts I., also im ersten Drittel des VII.
Jahrhunderts, wird nämlich in den fränkischen Chroniken ein
Chrodoald quidam ex proceribus de gente nobili Ayglolfinga nomine,
rebus plurimis ditatus, superbiae deditus, elatione plenus genannt
(Fred. 52). Aimoin (IV. 11) heisst ihn *Rotoaldum, majoribus apud*
Austrasios clarum und weist somit darauf hin, dass die Familie
zunächst in Austrasien reich begütert war. In der Chronik von
St. Denis wird er *Rodoalz du plus grant lignage de la terre* genannt, was unzweifelhaft darauf hindeutet, dass er von dem königlichen Geschlechte der Merowinger abstammte (Bouquet sc. fr.
III. 281). Damit stimmt überein, dass er nach der *v. Columbani*
c. 24 König Childeberts von Austrasien Schwester zur Frau hatte
— *qui amitam Theudeberti* (II) *regis in conjugium habebat* (Bouquet II. 480). Er wurde, höchst wahrscheinlich unter dem Verdacht hochverrätherischer Umtriebe, zu Trier vor dem Schlaf-
gemache des Königs erschlagen, wie sein Sohn Fara im wirklichen
Aufstande wider den König Dagobert getödtet wurde (Fredeg. 87).
Ist nun hiedurch die Agilulfingische Familie als in Austrasien
heimisch nachgewiesen, so finden wir daselbst im VI. Jahrhundert
einen Aigulf oder Haigulfus als 26. Bischof von Metz, welcher ein
Enkel König Chlodwigs, von einer Tochter desselben aus der
Heirath mit einem Abkömmlinge einer Senatorenfamilie erzeugt,
gewesen sein soll (Paul diac., Ep. Met.) *qui fertur patre ex nobili*
senatorum familia ortu, ex Chlodovei regis Francorum filia pro-
creatus. Bei den in jener Zeit üblichen frühzeitigen Heirathen ist

es gar nicht nöthig, diesem spätern Bischof mit Mederer *(l. Baiw.*
Vorr. XII) einen gleichnamigen Vater und Garibald zum Bruder
zu geben; denn Garibald konnte sehr wohl direkt von dem Bischof
Agilulf abstammen und als Seitenverwandter des königlichen Hauses
am Hofe Chlotars erzogen werden, wo er dann ganz richtig in
seiner Jugend als austrasischer Antrustio des Königs *unus ex suis*
genannt werden konnte (Paul diac. I. 21). Ueberdies wissen wir
aus den fränkischen Chroniken, dass die Merowinger verschiedene
Seitenlinien zählten, deren Familienglieder weder mit besondrer
Treue und Ergebenheit an dem regierenden Hause hingen, noch
auch von den jeweiligen Herrschern durch verwandtschaftliche
Berücksichtigung vor andern ihrer Leudes und Antrustionen ausgezeichnet wurden. So reizte Chlodwig seinen Vetter Chloderich
zum Morde seines Vaters und liess ihm nach vollzogenem Verbrechen zur Strafe das Haupt spalten. Seinen Vetter Ragnachari
erschlug er, weil er sich von ihm hatte besiegen und fesseln
lassen, und dessen Bruder Richari stiess er nieder, weil er seinem
Bruder nicht Hilfe geleistet habe (Greg. II. 40. 42). Theoderich
von Auster erschlug seinen Verwandten Sigiwald und befahl seinem Sohne Theudebert, dessen Sohn Giwald zu tödten, vor welchem Geschicke denselben nur die Taufverwandtschaft rettete
(Greg. III. 23).

Aus diesem Abstammungs- und Verwandtschaftsverhältnisse
zu dem Geschlechte der Merowinger erklären sich in der einfachsten und natürlichsten Weise Thatsachen, welche mit der Familie
der Agilulfinger innig verbunden sind und unter gegentheiligen
Voraussetzungen gar nicht oder nur in sehr künstlicher, hypothetischer Weise gedeutet werden können. Wie viel Kopfzerbrechens
hat nicht den Geschichtsforschern die Thatsache verursacht, dass
Theodeline, die zweite Tochter Herzog Garibalds, ganz unzweideutig als Anhängerin des römisch-katholischen Glaubensbekenntnisses genannt und von Pabst Gregor selbst als Bekehrerin der
arianischen Langobarden gepriesen wird? Wie konnte sie im
heidnischen Baiern, und wenn ihr Vater selbst aus diesem damals
jedenfalls unbekehrten Volke abstammte, zur Kenntniss dieses
allein seligmachenden Glaubens gelangen? Etwa durch ihre Mutter?
Diese war aber als langobardische Königstochter, wenn sie nicht
mehr dem altangestammten heidnischen Volksglauben angehangen,
ganz gewiss eine Arianerin und unzweifelhaft erst kurz vor ihrer
Verheirathung mit Theudebald zur fränkischen Staatsreligion bekehrt worden. Nachdem wir aber als höchst wahrscheinlich dargethan haben, dass die berühmte Langobardenkönigin aus dem
Hause des Bischofs Agilulf stamme und auf diese Weise mit der
neubekehrten und wie alle Konvertiten glaubenseifrigen Königs-

familie von Frankreich in nächster Verwandtschaft stand, so kann
uns das Zeugniss ihrer Rechtgläubigkeit um so weniger überraschen, wenn sie ihr Söhnlein katholisch taufen lässt — *gaudii
vestri nos fecere participes, quod . . . catholicae eum fidei novimus
sociatum*, schreibt Pabst Gregor Ep. 12, indem er für den Täufling einiges Spielzeug sendet.

Nicht mindere . Schwierigkeiten hat unter der Voraussetzung
einer baierischen Herkunft der Agilulfinger die Erklärung jener
Stellen veranlasst, in welchen Theodelinde und ihre Tochter Gundoberga in ganz unzweideutiger Weise als Anverwandte des merowingischen Königshauses bezeichnet werden. Fredeg. 34 sagt:
Theudelindam ex genere Francorum, und c. 51 und 71: *Gundoberga regina parens Francorum*. Aeltere Schriftsteller haben diese
fränkische Verwandtschaftsangabe daher zu erklären versucht,
dass Waldrade, die Mutter Theudelindens, die Wittwe des Frankenkönigs Theudebald und selbst einige Zeit die Gemahlin Chlotars gewesen, den Merowingern somit blutsverwandt geworden
sei. Bequemer macht sich Zeuss (D. 371, Anm.) die Sache, indem
er annimmt, dass in obigen Stellen anstatt *Francorum Baioariorum* zu lesen oder wenigst zu verstehen sei, da die Baiern auch
sonst unter dem Namen der Franken vorkämen. Diese übrigens
durchaus willkürliche Annahme möchte etwa bei der Theudelinde
betreffenden Stelle Anwendung finden; auf keinen Fall aber bei
der Königin Gundoberga, da es sich hier um einen Rechtsschutz
handelt, zu welchem die Frankenkönige Chlotar und Chlodwig II.
einer baierischen Fürstentochter gegenüber durchaus nicht verpflichtet waren, sondern nur dann ein Recht dazu ansprechen
konnten, wenn die bedrängte Fürstin eine wirkliche Anverwandte
des fränkischen Königshauses war. Aimoin IV. 10 nennt sie aber
ausdrücklich: *Gundoberga regina ex regio genere Francorum* — also
ganz unzweideutig einen Sprössling des fränkischen Königsgeschlechtes. Hiedurch sah sich Büdinger (S. XXIII. 371) veranlasst, die
fränkische Abstammung der beiden Langobardenfürstinnen auf
einem andern Wege zu retten. Da nämlich der langobardische
Chronist, unzweifelhaft eine der Quellen des Paul diac., von Theudelinde den Ausdruck braucht: *de Bajoariis adductam*, so schliesst
er sehr scharfsinnig, dass sie aus Baiern nur hergeholt gewesen
sei, ohne eben dort geboren sein zu müssen. Da sie aber eine
Anverwandte des fränkischen Königsgeschlechtes sein müsse, so
bleibe nur die Annahme übrig, dass sie König Theudebalds Tochter
sei, welche mit ihrer Mutter Waldrade und einer ältern Schwester
zu ihrem Stiefvater Garibald nach Baiern gekommen und von
hier aus nach Lombardien übergeführt — *adductam* — worden
sei. Durch die auf diese Annahme gebaute Schlussfolge würden

sich die erhobenen Widersprüche in erwünschter Weise heben und
Theudelinde nebst ihrer bedrängten Tochter Gundoberga als ächte
Abkömmlinge des Merowingischen Königshauses erwiesen werden
können. Allerdings würde aber bei diesem Kalkul nicht vermieden
werden können, dem Langobardenkönige Authari eine Braut in
dem respektabeln Alter von mindestens 36 Lebensjahren zuzu-
führen, ein Verhältniss, welches doch wohl nicht alle Wahrscheinlichkeit für sich in Anspruch zu nehmen berechtigt sein dürfte.
Wenn wir aber, ohne der patriotischen Empfindlichkeit zu nahe
treten zu wollen, bei der einfachsten Erklärung des Sachverhält-
nisses stehen bleiben und in den beiden Langobardenfürstinnen
die Nachkommen des austrasischen Bischofs Agilulf von Metz anerkennen, so knüpfen wir sie an die Herrscherfamilie Chlodwigs,
als dessen Urenkeltochter Gundoberga den gerechtesten Anspruch
auf den vermittelnden Eingriff ihrer Vettern in Frankreich hatte,
sowie anderseits ihre Mutter Theudelinde dem Verdacht einer
etwas übertragenen Jungfrau überhoben würde, während wir den
Grundsatz *simplex sigillum veri* zur Entschuldigung unsrer Auffassung ohne Furcht vor Missdeutung in Anspruch nehmen dürfen.

Man hat es als politischen Missgriff für höchst unwahrscheinlich erklärt, dass der Frankenkönig den Baiern bei ihrer freiwilligen Kommendation ein ihnen fremdes, fränkisches Geschlecht als
Herrscherfamilie oktroirt hätte. Denn einerseits hatten Herzog
und Volk alle Ursache, sich den Franken mit aller Treue anzu-
schliessen, während sie sich wider ungebührliche Gewaltakte entweder auf die Seite der Langobarden wenden, oder unter kaiserlichen Schutz stellen konnten. Anderseits aber musste dem Frankenkönige bei den Wechselfällen des Krieges in Italien sehr daran
gelegen sein, die Baiwaren als Bundesgenossen bei gutem Willen
zu erhalten, da dieselben nach dem Untergange der Ostgothen
und der Vernichtung der fränkisch-alamannischen Scharen unter
Leuthari und Butilin einem möglichen Angriff Seitens der Oströmer unter Narses auf das rätische Gebirge zuerst ausgesetzt
wären (Rudhart 219). Mir scheint aber die Bedenklichkeit der
politischen Situation und die Wichtigkeit, ja Nothwendigkeit, sich
der Ergebenheit eines Gränzvolkes, welches einerseits zwischen
dem vielbestrittenen Italien und dem oströmischen Pannonien,
anderseits hinter den stets schwierigen Alamannen und Thüringern sass, für immer zu versichern, gerade die zwingende Veranlassung gewesen zu sein, die Herrschaft dieses Gränzherzog-
thumes auf irgend welche Weise unmittelbar in fränkische Hände
zu legen. Man muss bei diesem Vorgange auch nicht nothwendig
an augenblickliche Absetzung der bisherigen Herrscherfamilie
denken. Diese konnte am Aussterben sein, oder die oberste Gewalt

auf irgend eine Weise erledigt erscheinen, und wir wissen nur,
dass zwischen 535 und 553 die Agilulfinger, eine Nebenlinie des
Merowingischen Königshauses, an das Herzogthum Baiwarien gelangten, sowie Burgund stets mit einer besondern Merowingischen
Seitenlinie besetzt war und auch später die Capetinger daselbst
zweimal eine Seitenlinie gründeten. Unter den Baiwaren selbst
wird die Einsetzung der fränkischen Herzogsdynastie um so weniger Anstand erregt haben, als sie traditionell, wie uns die Geschichte der beiden Gefolgschaften gelehrt hat, an solche ober-
herrliche Einsetzungsakte gewöhnt waren.

Ich komme hier auf den Widerspruch, welcher in III. 1 im
Zusammenhalt mit II. 1 unsers ältesten Rechtsbuches enthalten
ist. Nach ersterer Stelle war der Herzog des Volkes immer aus
der Familie der Agilulfinger und wird es als ein Zugeständniss
der Frankenkönige bezeichnet, dass er, wenn er treu, klug und
tüchtig erfunden wird, aus diesem Geschlechte genommen werden .
soll. Bei den anerkannt wiederholten Redaktionen, welchen die
l. Baiwariorum unterworfen wurde, und der damit nothwendig
verbundenen Interpolation einzelner Kapitel und vielfach ändern-
den Einschüben in dieselben müsste man, um die wörtliche Bedeutung dieses Kapitels beurtheilen zu können, vor Allem den
Zeitpunkt seiner Abfassung kennen; denn dass das *semper de
genere agiloluingarum fuit* eine wohlrednerische Uebertreibung enthalte, wissen wir gewiss. Wann aber und welcher der Frankenkönige einschalten durfte: *et debet esse quia sic ˗reges antecessores
nostri concesserunt eis*, das ist ein Gegenstand mannigfacher Kon-
troversen. Mich bedünkt aber das Zugeständniss des Nachsatzes
die Behauptung *semper fuit* des Vordersatzes wesentlich abzuschwächen; denn da der Herzog nicht deshalb aus der Agilulfinger
Familie war, weil diese stets die Fürstendynastie der Baiwaren
gewesen, sondern vielmehr *quia sic reges antecessores concesserunt
eis*, so liegt auch in dem *semper fuit* keine zwingende Nothwendigkeit, die Ansprüche der Agilulfinger an den Herzogsstuhl von
Baiwarien über die Zeit der Wechselbeziehungen zwischen Baiern
und Franken hinaufzuschieben. Es erhellt vielmehr aus diesem
den Agilulfingern gemachten Zugeständnisse, dass ihnen dasselbe
ihres Geschlechtes halber, d. h. also wegen ihrer verwandtschaftlichen Beziehung zu dem regierenden Hause gemacht worden sei.

Es kann uns deshalb auch die sogenannte freie Fürstenwahl
des Volkes nicht im mindesten beirren, welche aus II. 1 gefolgert
wurde — *quem rex ordinavit in provincia illa aut populus sibi
elegerit ducem* . . . denn dieses Wahlrecht ist insofern immer nur
ein scheinbares, da es durch die Bestimmung von III.1 an die Mitglieder der *genelogia agiloluinga* gebunden wird. Hormayr I. 182 sieht in

dieser Wahlkonzession einen herzoglichen Zusatz späterer Zeit, als
die Agilulfinger die Usurpationen der Pipiniden-Hausmeier über ihre
entnervten Stammesvettern nicht mehr erdulden wollten. Dieser
Auffassung kann ich aber um so weniger beipflichten, als ich nicht
einzusehen vermag, welche Stärkung die Herzoge aus der zuge-
standenen Wahlfreiheit in ihrem Widerstande gegen die allmächtigen Majordome zu erlangen vermocht hätten. Ganz im Gegentheil konnte dieselbe ihre Machtentwicklung nur beeinträchtigen
und da ich in Uebereinstimmung mit andern Forschern die Titel
I und II einer unter Autorität der Pipinischen Hausmeier veranlassten dritten Redaktion unsers alten Volksrechtes zuschreibe
(R. V. 17 ff.), so stehe ich auch nicht an, den Zusatz über die
freie Herzogswahl in das VIII. Jahrhundert zu setzen und in
dieser in Aussicht gestellten Wahlfreiheit einen politischen Zank-
apfel zu erkennen, welchen die fränkischen Majordome zwischen
ihre gebornen Feinde, die Merowingischen Agilulfinger - Fürsten
einerseits und Volk und Adel der Baiwaren anderseits warfen,
um durch solche Theilung der Interessen ihrem Ziele, der Herrschaft über Beide, um so näher zu rücken. Es ist auch aus der
Zeit der Merowinger und Karolinger nicht ein einziges Beispiel
aufzuführen, dass das Volk von diesem Rechte der Herzogswahl
Gebrauch gemacht hätte, sondern bei vorkommendem Fürsten-
wechsel heisst es stets, dass der König den betreffenden Fürsten
zum Herzog verordnet oder eingesetzt hat.

Der sicherste Beweis für die fränkische Abstammung der
Agilulfinger liegt aber in den Wergeldansätzen, mit welchen sie
vor dem übrigen Adel des Landes ausgezeichnet wurden. Denn
während sonst bei allen Standesklassen der Grundsatz der Bussen-
verdopplung im baierischen Volksrecht festgehalten wurde, empfangen die Mitglieder des Agilulfinger Geschlechtes und der
Herzog ein Wergeld, welches sich mit dem baierischen Kompo-
sitionssystem durchaus nicht in Einklang bringen lässt. Im ältesten Theile der *l. Baiw.* III. 1 heisst es nämlich: ... *agiloluinga uero
usque ad ducem in quadruplum conponat quia summi principes sunt
inter vos* ... Die Agilulfinger werden also schon durch den Beisatz *summi principes* von den andern Adelsgeschlechtern, denen
ein verdoppeltes Freienwergeld zusteht, abgehoben. Man hätte nun
nach diesem Ansatz zu erwarten, dass ein Agilulfinger ein Wergeld von 640 Solid. empfange. Statt dessen haben aber die meisten Codices ... *si vita parentorum ejus aufertur et cum DC solidis componatur.* Es haben wohl auch einige Codices *DCXL solidis* etc.; das ist aber nur eine arithmetisch multiplicirte Komposition, nämlich 4 mal 160 = 640. Dass diese künstlich gefun-
dene Summe aber nicht das eigentliche Wergeld der Agilulfinger

gewesen, erhellt aus der Komposition des Herzogs, welche 900 Sol. betrug und von welcher ausdrücklich bemerkt wird: *sic semper addatur III pars supra in ducis causa* ... III. 2, d. h. er empfing in allen Fällen ein Drittheil mehr als seine Geschlechtsgenossen. Hieraus ergibt sich, dass die Familie des Herzogs unzweifelhaft das Wergeld von 600 Sol. beanspruchen konnte, obwohl den übrigen Adelsfamilien der Baiwaren nur eine Komposition von 320 Sol. zustand. Die Summe von 600 Sol. war aber nach salischem Recht als dreifache Busse des Gemeinfreien die Komposition der *trustis dominica* (Trespellia LXVI. 3) und es beweist sich hieraus, dass Garibald als Antrustio des Frankenkönigs *unus ex suis* genannt werden konnte. Die Agilulfinger sollten somit bei ihrer Uebersiedlung nach Baiwarien nicht die ihnen nach fränkischem Rechte zustehende, höhere Komposition einbüssen und deshalb sagt auch der Wortlaut der Gesetzesstelle nicht *quadruplam compositionem accipiant*, wie *duplam* bei den baierischen Adeligen, sondern *in quadruplum conponat*, d. h. sie werden nicht mit dem vierfachen Wergelde des Gemeinfreien gebüsst, sondern der ihnen gebührende, nach dem angebornen Recht der Salfranken feststehende Bussansatz reicht an das Vierfache des baiwarischen Wergeldes, d. i. beträgt 600 Sol.

Wenn wir in der vorstehenden Erörterung die thatsächlichen Belege gewürdigt haben, welche die fränkische Abstammung der Agilulfinger und ihre nahe Verwandtschaft zu dem Merowingischen Königshause ausser Zweifel setzen, so können uns auch die grossen Vorrechte nicht überraschen, durch welche die Herzoge von Baiwarien vor andern Volksherzogen des fränkischen Reiches ausgezeichnet wurden. Unter allen den Frankenkönigen unterworfenen Völkern waren es nur die Baiwaren, bei denen die Erbfolge sowie das Erbrecht an die Herrschaft durch eine ausdrückliche Bestimmung im ältesten Theile des Gesetzbuches wenigstens in dem Geschlechte des regierenden Herzogs festgesetzt war, und die Agilulfinger als Prinzen vom Geblüte genossen dieses Vorrecht so lange die Merowingische Königsfamilie selber im Besitze des fränkischen Thrones blieb. Ja die ersten Agilulfinger werden wegen dieser königlichen Blutsverwandtschaft zu wiederholten Malen mit dem Königstitel bezeichnet. Selbst in dem Falle, dass sie sich die Ungnade des obersten Lehnsherrn und Familienhauptes zuzogen und einer Ahndung ausgesetzt hatten, verfuhr man mit ihnen nach der bei Königen und Prinzen herkömmlichen Weise und nicht wie gegen andre straffällige Herzoge. Denn während man die Letztern entweder einfach absetzte, in die Verbannung schickte, tödten oder hinrichten liess, so konnte selbst die Allgewalt der siegreichen Pipiniden in dem verrufenen und angestrittenen Kapitel *de duce protervo* als Strafe für den Hochverrath eines baierischen Herzogs nur die mönchische Tonsur und das beschauliche Leben in einem Kloster, wie solches bei Mitgliedern der Merowingischen Königsfamilie in Brauch war, in das baierische Rechtsbuch einfügen: II. 8ᵇ . . . *donatu dignitatis ipsius ducatus careat etiam insuper spe supernae contemplationis sciat se esse dampnandum* . . . Mit Recht muthmasst auch Gemeiner (G. O. Anm. 237), dass die Agilulfinger gleich den Merowingern *criniti* gewesen seien, d. h. auf die auszeichnende Tracht des Langhaares besonderes Gewicht gelegt haben. Denn Ann. Nazar. sagen ausdrücklich ad a. 788: *Tassilo magnis precibus postulabat regem, ut non ibidem in palatio tondcretur propter confusionem videlicet atque opprobrium*, *quod a Francis habere videbatur.* Das Ablegen des königlichen Haarschmuckes galt also bei den Franken für Schimpf und Schande.

Von der durch die fränkische Oberherrlichkeit nur wenig beschränkten Machtvollkommenheit der baierischen Herzoge in der inneren Landesregierung sowohl als auch im diplomatischen Verkehr mit andern Staaten habe ich bereits gehandelt (S. 141). Die Agilulfinger richteten sich aber auch ihre Herzogshöfe ganz nach dem Muster der Königspfalzen zu Metz, Paris und anderwärts ein. In den geschichtlichen und urkundlichen Mittheilungen ist gelegentlich von einem Oberstkämmerer *(cubicularius)*, einem Geheimschreiber (v. Corbin. 19. 25), von einem Kanzler (J. p. 36) die Rede, wie solche Würdenträger und Beamte auch bei den Merowingern vorkommen — ein Beispiel, dass sich die Agilulfinger in Allem ihren königlichen Vettern gleich achteten. So lange die Letztern an der wirklichen Regierung waren, sehen wir auch die freundschaftlichen Beziehungen zwischen Baiern und Franzien kaum vorübergehend getrübt; denn die angebliche Vertreibung Garibalds wird sich als irrthümliche Konjektur erweisen. Sowie aber einerseits die letzten Glieder der Merowingischen Königsfamilie immer mehr in die Ohnmacht der Entnervung herabsanken und anderseits die Majordome aus der austrasischen Familie der Pipiniden die Zügel des Vasallitätsverhältnisses immer straffer anspannten, so wird es begreiflich, dass die Agilulfinger, welche nur die Oberherrlichkeit ihrer Merowingischen Vettern anzuerkennen sich verpflichtet fühlten, wider die ungebührlichen Anmassungen ihrer Hofdiener sich zur Opposition herausgefordert sahen, welche gleichwohl auch nur zu ihrer endlichen Depossedirung führen musste. Während also die Hausmeier die ursprüngliche Bundesgenossenschaft eines Volkes, welches den Südosten von Deutschland beherrschte und durch seine Beziehungen zu Langobarden und dem byzantinischen Reiche von gefahrdrohender Bedeutung

werden konnte, zur vollständigen Vasallität herabzudrücken bemüht waren, suchten die Agilulfingischen Herzoge den äussern
Schein von königlicher Unabhängigkeit zu behaupten, nannten sich
gloriosissimi und *inlustrissimi*, vermieden den Herzogstitel, um ihn
durch *summus.princeps* zu ersetzen (M. b. IX. 8), vernachlässigten
die Urkundendatirung nach den Jahren der Könige, um dafür
ihre Regierungsjahre zu substituiren, bis nach wiederholten kriegerischen Zusammenstössen auch sie, obwohl mit minderm Recht,
das tragische Geschick ihrer fränkischen Vettern erreichte.

§. 2. Herzog Garibald I.

Ob Garibald einen oder mehrere Vorfahren aus der Ge-
schlechtsreihe der Agilulfinger auf dem Herzogsstuhle von Baiwarien hatte, zu dem die Familie seit 528 durch die blutsverwandten
Merowinger berufen worden sei, wie Hormayr I. 100 will, wissen wir
nicht; aber das wissen wir mit Bestimmtheit, dass die Unterwerfung der Baiwaren nicht im Jahre 528, sondern höchstens 535
stattgehabt haben könne und dass Garibald der erste baierische
Herzog ist, dessen die Geschichte Erwähnung thut. Denn der
langjährige Streit über die Identität des *dux Garibaldus* bei Gregor IV. 9 und des *unus ex suis Garibald* bei Paul diac. I. 21
ist endlich durch die bestimmten Angaben des Prologs zu dem
langobardischen Gesetze (Edict. Rothar.) geschlichtet . . . *tradidit
eam (Walderadam) Gairipald in uxorem, principi Bajoariûm . . .*
c. V. und wir entnehmen aus dieser authentischen Mittheilung,
dass der Garibald, welcher die Wittwe des Frankenkönigs Theudebald, Waldrade, die Tochter des Langobardenkönigs Wacho,
zur Gemahlin empfing, zugleich Herzog der Baiwaren und ein
Antrustio des Frankenkönigs war; denn ich glaube nicht mit Mederer p. 90 das *uni ex suis* auf die Anverwandtschaftsverhältnisse
zwischen Garibald und dem Merowingischen Königshause beziehen
zu müssen, sondern vielmehr auf den Treuverband, die *trustis dominica* des Königs, in welcher Garibald zu seinem Vetter und
Familienoberhaupte stand. Dass er zum höchsten Adel gehörte,
versteht sich von selbst, sonst hätte man ihm nicht eine Tochter
und Wittwe aus königlichem Geschlechte vermählt, sowie der
Agilulfinge Chrodwald die Schwester König Childeberts zur Gattin
empfing.

Dass der Name des Herzogs im Frankenreiche heimisch ist
und erst später in der Umbildung als Gerold in Baiern an Ausbreitung gewinnt, zeigen die Urkunden. An Eigennamen lassen
sich hieher ziehen:

Cariovalda 1 saec., ein Bataverfürst, Tac. An. II. 11.
Chariualdus 6 s., ein Franke aus Tournay, G. X. 27.
Charialdus 7 s., fränkischer Majordom, Fred. 95.
Garibald 8 s., Bischof von Bayeux, von Lüttich, 9 s., von
Chalons, Bergamo.
Garivald, Garibald, Gairipald 6 s., Herzog in Baiern, auch
Gerwald, Gerbald, Gerhald geheissen.
9 s., Bischof von Maçon, von Amiens, 10 s., von Salzburg,
11 s., von Cahors, Perigueux, Viviers.
Gaerbald, S. P.
Cerpald, S. P.
Gerbald, Gherbald, Girbald, Girbold, Girbaud in fränkischen
Urkunden.
Gairbolda, Gerbolda, Girbolda, 8 s., Polyp. Irm.
Kaerpald, S. P. zweimal.
Kerpalt 8 s., Mbk. p. 79, n. 75. 114, 9 s., M. b. IX. 20,
XXVIII^b 48, Mbk. I^b 344.
Gerwald 14 s., M. g. VI. 36, XI. 550, Oe. I. 337^a. 380^a.
Gerbaldus 14 s., M. g. XI. 767.
Gerbold 8 s., J. 39. 46.
Gheroldus 9 s., M. b. XXXI^a 49.
Gerold, S. P., Gerolt 8 s., M. b. XXVIII^b 25, 9 s., J. 14. 17.
39 etc., Markgraf in Baiern, M. b. XI. 101, XXXI^a 26,
10 s., J. 190. 192, 11 s., M. b. IX. 351. 367, XIII. 310 etc.
Kaerolt und Gaerolt, S. P.
Kerolt, S. P., 8 s., Mbk. 103, M. b. IX. 12, 9 s., Mbk. I^b 218.
434. 466. 538, M. b. XXVIII^b 18, 10 s., J. 132. 176. 291,
M. b. XXVIII^b 203.
Von Ortsnamen kann ich anführen:
Gerboldinga, 8 s., trad. Wissenb. pg. Saroins.
Gerboltingin, 12 s., bei Pucheim, Salzb. Trad. Oestr. Not.
Bl. VI.
Gerboltisperc 8 s., M. g. XI. 223; Germansberg, Weiler bei
Bruck in Oberbaiern.
Geroltespach 10 s., Mbk. I^b 1153; Gerolzbach 14 s., M. b.
IX. 329, bei Schrobenhausen.
Geroltingin 10 s., Gerolting im Oestr. Viertl ob Wienerwald.
Gerolting 13 s., M. b. XXVIII^b 489, bei Tuln in Oberöstreich.
Gerolting 13 s., M. b. XXVIII^b 494, bei St. Pölten in Ober-
östreich.
Gerolting 15 s., M. b. XXXI^b 402, nördlich von Vilshofen.
Keroltesdorf 10 s., Mbk. I^b 1094; Gersdorf bei Freising.
Geroldisdorf 11 s., Kremsm. Urkunden 26; Geroltstorf 13 s.,
M. b. XXVIII^b 475.

Geroltshusun 12 s., M. b. XIV. 218, Gerolshausen bei Pfaffen-
hofen in Oberbaiern.
Geroltskirchen 13 s., M. b. XXVIII[b] 502, bei Mattsee in Oberöstreich.
Geroldsee, Weiler bei Amberg.

Unsere mittelalterlichen Klosterannalisten und Chroniken behandeln den Herzog Garibald etwas wegwerfend. So sprechen
die Ann. S. Rudp. Salisb., Chron. Mellic. und Cremif. und Bernhard Nor. in der Ordo ducum nur von einem gewissen Garibald,
der Baiern ockupirt, gleichsam den rechtmässigen Landesfürsten
zum Trotz — nämlich ihren fiktiven Theodonen (S. 117). Es hat sich
dadurch der sonst so besonnene Welser sogar verleiten lassen,
natürlich unter der hypothetischen Voraussetzung, dass die Agilulfinger ein baierisches Geschlecht sein müssen, zu behaupten,
dass Garibald diesem Geschlechte nicht angehört haben könne,
da ihn unsere ältesten Urkunden als einen Eindringling, *Garibal-
dum quemdam*, behandeln. Ich sehe aber gerade in dieser Be-
handlungsweise einen deutlichen Fingerzeig auf den wahren Sach-
verhalt und ein Zeugniss für die fränkische Herkunft der Agilulfinger; denn der *Garibaldus quidam* ist nur eine ohnmächtige
Reaktion des gekränkten Nationalstolzes gegen die unbesiegbare
Macht der Thatsachen, welcher allerdings in die künstlich auf-
gebauten Stammtafeln der Klostergenealogen nicht passte, weil
er durch seine Existenz schon wider das denselben zu Grunde
liegende Prinzip der Unnatur entschiedenen Protest erhob.

Als Garibald zum Herzog über Baiwarien eingesetzt wurde,
gibt Paul diac. im Osten Pannonien, im Westen Suavien, im Süden
Italien und im Norden die Donau als Gränzen des Herzogthums
an (III. 31). Dass aber dieses mehr von der Zeit der Karolinger
gegolten haben wird, kann Jedermann sich überzeugen, der die
Reichstheilung Karls d. Gr. vom Jahre 806 liest. Unter den Agilulfingischen Herzogen reichte der Landbesitz der Baiwaren, wie
ich schon oben bei Gelegenheit der Landnahmesage auseinander-
setzte, noch ziemlich über die Donau und den Baierwald, wo sie
die Gränzmark Campriche besassen (S. 128). Indessen waren namentlich im Süden und Osten die Gränzen nicht immer fest dieselben.
Denn im Osten, wo bis 568 die Langobarden die Nachbarn waren,
rückten nach deren Abzug nach Italien vertragsmässig die Avaren,
ein Volk von türkisch-finnischem Stamme, in Pannonien ein und
heerten an den Gränzen bis an die Ens. Ob die Baiwaren auch
zum Heerbann wider die räuberischen Anfälle dieses Volkes in
Thüringen im Jahre 561, wo Sigibert von Austrasien siegte, und
568, wo er umzingelt sich nur mit Geld und Lebensmitteln aus
der Gefangenschaft loskaufen konnte, aufgeboten worden, lässt

sich wegen mangelnder Nachweise nicht mit Sicherheit entscheiden Doch möchte ich mich nach der Sachlage dafür aussprechen; denn Baiern war ein Gränzherzogthum und seine Einwohner hatten die Verpflichtung, die Marken des Reiches wider die Feinde im Südosten zu decken.

Die Langobarden, bisher die östlichen Nachbarn der Baiern seit 526 in Pannonien, änderten durch ihren weltgeschichtlichen Zug nach Italien im Jahre 568 ihre Stellung zu den Baiwaren. Der berühmte Besieger der Gepiden, Albwin, des Audoins Sohn, von dem beleidigten Patricius und römischen Oberfeldherrn Narses eingeladen, führte seine streitkühnen und eroberungslüsternen Faren nach den Ebenen von Venetien und nahm, ohne bedeutenden Widerstand in dem durch das Elend des Gothenkrieges verheerten Oberitalien zu finden, die alten Römerstädte bis Aemilien und Ligurien. Im Jahre 569 fiel Trident in seine Hand und damit waren die Langobarden die südlichen Nachbarn der Baiwaren geworden, deren Gränzgraf in Bauzanum sass. Dass der Langobardenkönig zu diesem Zuge Hilfsvölker von allen Nachbarn, selbst von Sarmaten (Slaven) und Bulgaren aufbot, habe ich bereits in 1. Abhdl. II. §. 7 erwähnt. Da nun unter denselben auch Noriker genannt werden — Bulgares, Sarmatas, Pannonios, Suavos, Noricos . . (Paul diac. II. 26) — und die Baiern in der Folgezeit auch hin und wieder mit dem Namen der Norici bezeichnet werden, so meinen einige Geschichtsforscher, dass unter diesen um so passender Hilfsmannschaften aus Baiwarien verstanden werden dürften, als Paul diac. an einer andern Stelle (I. 27) versichert, dass die Lieder der Baiwaren und Sachsen noch zu seiner Zeit den Ruhm des Heldenkönigs Albwin verherrlichten (Rudhart 226, Erhard I. 234). Diese unbedingte Annahme hat schon Dümmler (Pilgrim 149, N. 12) verworfen und mit Recht; denn ich habe an der oben bezeichneten Stelle (S. 66) nachgewiesen, dass Paul diac. gar nicht mit seinen Suavos die Schwaben im obern Donaulande gemeint haben konnte, welche man alsdann in geografischer Verbindung, als Nachbarn der Noriker, gleichsam als Beleg für die Gleichung Noricos = Baiern aufführen könnte, sondern vielmehr die Ueberreste der seit einem halben Jahrhundert nach ihrer Besiegung durch die Langobarden ausgewanderten Karpatensueven, welche im Edict. Roth. gleichfalls Suavi genannt werden. An jener Stelle werden also neben den Sueven Provinzialen aus Pannonien und Norikum genannt und finde ich gar keine Veranlassung, die Baiwaren, welche mit der Einrichtung in ihrem neuerworbenem Gebiete hinlänglich Beschäftigung fanden, auch an den langobardischen Händeln zu betheiligen. Wenn aber Albwins Heldenruhm in ihren Volksliedern gepriesen wurde, so ist dies

meiner Ansicht nach noch kein Beweis für ihre Theilnahme an
dem Eroberungszuge, indem die tägliche Erfahrung lehrt, wie sich
solche Gesänge von Volk zu Volk, von Land zu Land verbreiten,
und bei den nachbarlichen Beziehungen, welche sich bald zwischen
beiden Völkern über die Gränze am Noce herstellen mussten, es
an einem solchen Austausch ihrer dichterischen Ergüsse nicht
fehlen konnte.

Selbstverständlich gab diese neue Nachbarschaft mannigfache
Veranlassung sowohl zu freundlichen Wechselbeziehungen, als
auch zu kriegerischen Verwicklungen, welche theils durch die
beutelustige Wildheit der Langobarden, theils durch die seit dem
Gothenkriege her bestehende Eifersucht zwischen ihnen und den
Franken fortgezettelt und durch die diplomatischen Ränke und
Subsidiengelder der immer nach der Wiedereroberung Italiens
lüsternen Herrscher des oströmischen Rumpfreiches eifrig geschürt
wurden. Zu den erstern, nämlich friedlichen Verbindungen gehört
die im Jahre 575 vollzogene Vermählung des Herzogs Ewin von
Trient mit der ungenannten ältern Tochter des Königs Garibald
— *accepit uxorem filiam Garibaldi Baioariorum regis* (Paul diac.
III. 10). Was Rudhart (228) mit einer Gränzregulirung will, die
gelegentlich dieser Vermählung zwischen Baiern und Trient stattgehabt haben soll und welche allerdings der thatkräftige Herzog
Ewin damals zur Zeit der unbeschränkten Herzogenherrschaft aus
eigener Machtvollkommenheit vornehmen konnte, kann ich jedoch
nicht einsehen. Denn die Mark der Baiwaren reichte seit ihrer
Landnahme bis an den Noce, wo Deutsch- und Wälschmetz die
Gränze bildeten — *metae teutonicae* und *longobardicae*. Der freie
Mann aber, der sich in diesem Urwalde ansiedelte, wendete sich
zwischen Baiern und Lombarden dahin, wohin Natur und Bedürfniss den Fingerzeig gaben (Hormayr I. 98).

Nach ein Par durch byzantinisches Gold angezettelten, aber
schmählich verunglückten Einfällen der Franken in Italien in den
Jahren 584 und 585 ergab sich eine erneute Veranlassung zu
einer wiederholten Verbindung zwischen Baiern und der Lombardei. Der nach zehnjähriger Herzogsherrschaft zum König er-
wählte Sohn des ermordeten Cleph, Flavius Authari, hatte zur
Befestigung der Freundschaftsbande Childeberts Schwester, Chlodosuinda, zur Ehe begehrt und Zusage erhalten. Aber die ränke-
süchtige Brunhilde, sowie sie ihres Sohnes Childeberts Verlöbniss
mit Theudelinde aus Baiwarien hintertrieben hatte — *quam Chil-*
debertus habuerat desponsatam . qui cum eam consilio Brunihildae
postposuisset . . . Fred. 34 — wusste es dahin zu bringen, dass
diese Verbindung abgebrochen und Chlodosuinda dem katholisirten
Könige Rekkared von Spanien gegeben wurde. Ja Childebert, von

Kaiser Mauritius aufs Neue aufgestachelt, fiel im Jahre 588 wiederholt in Italien ein, wurde aber von Authari auf das Kräftigste
zurückgewiesen — *tantaque ibi fuit strages de francorum exercitu,
ut olim similis non recolatur*, sagt selbst Gregor IX. 25.
Nach diesem Siege wandte sich Authari an Herzog Garibald
und begehrte Theudelinde, die zweite Tochter desselben, zur Gemahlin, vielleicht in der Absicht, um durch diese Familienverbin-
dung ein Bundesverhältniss mit den Baiwaren anzubahnen und
den fortwährenden Angriffen der Franken, von dieser Seite gedeckt, mit mehr Nachdruck begegnen zu können. Der feierlichen
Werbung folgte die einwilligende Antwort des Herzogs und hiemit
ist die Fantasie der Geschichtschreiber in Thätigkeit gesetzt, um
sich theils in Muthmassungen über die Ursachen, theils in Konjekturen über die Folgen dieser Verbindung zu erschöpfen. Man
spricht von einem bereitwilligen Anschliessen des durch obigen
Verlöbnissbruch beleidigten Garibalds an die siegreichen Nachbarn
im Süden, von einem dadurch bedingten Einbruch der Franken
in Baiern, um eine politische Verbindung der Baiern und Langobarden zu hintertreiben, von einer Flucht Theudelindens zu ihrem
Verlobten und schliesslich sogar von einer Vertreibung des miss-
liebigen Herzogs durch den gereizten Frankenkönig (Rudh. 229 bis
233). Hormayr dichtet einen förmlichen Roman: er lässt Waldraden
Rache brüten gegen den Gewaltigen, der sie verstossen, d. h. Chlotar von Auster und Burgund; sie nährt durch ihren herausfor-
dernden Trotz den Wahn, nach der Doppelheirath ihrer Töchter
nach Lombardien sei der Zeitpunkt gekommen, die Unabhängigkeit von der fränkischen Oberherrlichkeit zu erringen. Aber nur
zu bald zerfloss Garibalds durch die Einflüsterungen der langobardischen Waldrade genährter Unabhängigkeitstraum; denn
rächend und strafend überschwemmten die Franken das unglück-
liche Baiern und nahmen bei ihrem Rückzuge aus Italien einen
wichtigen Theil des tirolischen Gebirgslandes am Inn und Eisack,
an der Drau und Rienz und selbst die Etsch von Salurn bis an ihre
Quelle wieder in Besitz. Von Garibald und seinem Erstgebornen
Grimwald sei nirgend mehr die Rede (Hormayr I. 89. 101. 184).
Wenn wir uns aber nach Belegen umsehen, auf deren Beweiskraft dieses Fantasiegemälde von Dichtung und Wahrheit
seinen Anspruch auf Anerkennung stützt, so finden wir uns wieder
den Klosterannalen des XIV. und XV. Jahrhunderts gegenüber,
welche von einer Vertreibung des Herzogs Garibald durch König
Childebert Nachricht geben. Annal. S. Rup. Salisb. und Act. Cremif.
haben: *580 Hildebertus Tassilonem Bawarie prefecit Gerwaldo
ejecto* oder *et filio ejus ejectis*. Bernh. Noricus dieselbe Angabe in
Ordine ducum babar. Act. Mellic. weiss sogar, wohin Garibald

11*

vertrieben wurde: *593 . . . istum Tassilonem Hildebertus rex Francorum ducem constituit, Garibaldo rege et filio ejus atque filia sua
fugientibus ad Outharium regem Longobardorum.* Diese fränkische
Vertreibung hindert die Annalisten aber nicht, in den Jahren 598
und 599 Garibald wieder auf den Thron zu setzen, um im Jahre
600 seine Tochter Theodelinde mit König Authari zu vermählen
und dabei die Nachricht anzubringen, dass ihr Pabst Gregor
einen Dialog geschrieben habe. Da aber die übereinstimmenden
Angaben der Klosterannalen sich auf Paul diac. III. 30 zurückführen lassen, so ist es nöthig, diese Stelle im Zusammenhalt mit
ihren Quellen zu prüfen, um darzuthun, ob Garibald wirklich in
seinen alten Tagen sich noch zu ehrgeizigen Bestrebungen habe
hinreissen lassen, welche ihm den Verlust seiner vierzigjährigen
Herrschaft zugezogen hätten.

Paul diac. sagt aber in der angezogenen Stelle: *Denique post
aliquod tempus cum propter Francorum adventum perturbatio Garibaldo regi advenisset, Theudelinda ejus filia cum suo germano
nomine Gundoald ad Italiam confugit . . .* Hier ist vor Allem
festzuhalten, dass hier von dem vierten Einfall der Franken unter
Childebert in Italien die Rede ist, der im Jahre 589 statthatte.
Derselbe berührte aber Baiwarien in keiner Weise — *Childebertus
rex exercitum commovet et Italiam ad debellandam Longobardorum
gentem cum eisdem pergere parat . . .* Gregor IX. 29 — sondern
war nur gegen die Langobarden gerichtet, welche den Frankenkönig durch Tributanerbietungen beschwichtigten. Wenn also auch
die Heerfahrt der Franken den Herzog Garibald in einige Verlegenheit setzte — *perturbatio advenisset* — so kann wohl von keiner
Bestürzung desselben die Rede sein; denn bei der anerkannt sehr
unabhängigen Stellung, in welcher sich die Agilulfinger in Baiwarien
befanden, wird sich der Herzog um so weniger in seinen Familien-
verbindungen nach den Absichten des austrasischen Hofes gerichtet
haben, als die frühere Zusage vom fränkischen Hofe gebrochen
worden war. Ausserdem ist in keiner Quelle einer bewaffneten Hilfe
gedacht, welche die Baiwaren, die Franken herausfordernd, den
Langobarden gebracht hätten. Die hier mit der *perturbatio* Garibalds
in Verbindung gebrachte Flucht der Theudelinde ist also nur eine
Fiktion des nicht sehr genauen Paul diac., da die übrigen Autoren,
welche dieser Thatsache Erwähnung thun, nichts von einer Flucht
berichten. So sagt der Prolog zum Ed. Roth. c. 9: *. . . et accepit
Authari uxorem Theodolena, filia Gairipald et Walderadae, de Bajoaria; et venit cum Theodolena frater ipsius nomine Gundwald . . .*
In gleicher Weise berichtet Fredegar 34 von der Hochzeitsreise
der Theudelinde: *. . . Gundoaldus cum omnibus rebus se cum ger-
mana Theudelinde in Italiam transtulit et Theudelindem in matri-
monium tradidit.* In diesen Belegen, welche dem Ereignisse viel

näher stehen als Paul diac., ist aber nirgend eine Andeutung von
einer Flucht, so wenig als der gleichzeitige Gregor in oben an-
geführter Stelle berichtet, dass der fränkische Kriegszug vom Jahre
589 Baiwarien berührt habe, und somit Garibald allerdings insofern in Verlegenheit gebracht haben konnte, als seine Tochter
und zwar nicht erst in Folge des fränkischen Einfalles, wie man
gewöhnlich behauptet, sondern kurz vorher nach Italien abgereist
war. Denn da die Hochzeit zwischen Theudelinde und Authari
am 15. Mai 589 auf dem Sardisfelde zwischen Trient und Verona
mit grossen Festlichkeiten begangen wurde, und ein Kriegsheer
um diese Zeit doch nicht wohl die Alpen überschreiten kann, so
ist der Beginn des Feldzuges im Jahre 589 erst nach der Hochzeit anzusetzen und die *perturbatio propter Francorum adventum*
kann keinesfalls die angebliche Flucht der königlichen Braut veranlasst haben.

Die Nachrichten über die wiederholten Einbrüche der Franken
in Italien sind zwar sehr verwirrt, indem die Berichterstatter
weder die einzelnen Feldzüge noch die Jahre, in welchen sie statt-
hatten, von einander halten. Indessen genügt das Angeführte,
um zu beweisen, dass Paul diac. die Thatsachen nach seinem
Gutdünken unter einander mischt und es ihm bei seinen Angaben
durchaus nicht auf chronologische Genauigkeit ankomme. Die auf
dieselben gebauten Schlussfolgerungen eines Hochverraths von
Seite des Baiernherzogs, eines rächenden Einfalls der Franken,
einer Flucht Theudelindens sind daher gänzlich aus der Luft gegriffen; denn warum sollte Herzog Garibald seine Tochter nicht
an den König der Langobarden versprechen haben können, ohne
die Lehnstreue gegen seinen Vetter und Lehnsoberkönig zu ver-
letzen? Es ergibt sich also schon hieraus, dass die weitere
Schlussfolge: „also wurde Garibald durch den Frankenkönig Childebert abgesetzt oder gar vertrieben“ auf sehr schwankenden
Füssen stehe, und wohl auch einer nähern Untersuchung der
Quellenbelege bedarf.

Sed minime est impletum, sagt Gregor IX. 29 von den Tributanerbietungen der Langobarden, d. h. sie liessen es bei Versprechungen. Da nun mittlerweile wiederholte Anträge von Seiten
des oströmischen Hofes an Childebert gelangten, so rüstete er
einen neuen Heereszug *ad Longobardorum gentem debellandam*. In
zwei Heersäulen überstiegen die Franken das Hochgebirge. Aud-
wald mit sechs Herzogen rückte vor Mailand, Chedin mit dreizehn
Herzogen bildete den linken Flügel, welcher im Tridentinischen
fünf Burgen durch Uebergabe nahm und dreizehn Kastelle brach
und zerstörte. Die Langobarden hatten sich in ihre festen Städte
zurückgezogen und warteten ruhig auf den Abzug des Feindes,
welcher durch die Ungunst des ungewohnten Klimas und bei der

Plünderung und Verheerung durch den Mangel an Lebensmitteln bald eintreten musste. *Per tres fere menses Italiam pervagantes, quum nihil proficerent . . . infirmatus aërum intemperantia exercitus ac fame adtritus, redire ad propria destinavit, subdens etiam illud regis ditionibus quod pater ejus Sigebertus prius habuerat, de quibus locis et captivos et alias abduxere praedas* (Gregor X. 3).

Dies war also der fruchtlose Feldzug vom Jahre 590 und wir bemerken hier vor Allem, dass auch dieser nicht wider Baiwarien, sondern *ad Longobardorum gentem debellandam* gerichtet war, somit auch keine Folgen gegen Garibald nach sich ziehen konnte. Authari suchte die Vermittlung des Königs Guntchram, um mit dessen Neffen Childebert Frieden zu schliessen, der aber erst 591 unter seinem Nachfolger Agilulf zu Stande kam. Der einzige Gewinn, welchen die Franken aus diesem Feldzuge erwarben, bestand in der Rückeroberung dessen, was König Sigibert früher im Gebirge besessen hatte. Dieses *illud* hat man nun für das Herzogthum Baiern erklärt und daraus weiter gefolgert, dass König Childebert bei dieser Gelegenheit den Herzog Garibald abgesetzt, seinen Erstgebornen (?) Grimoald enterbt und einen Seitenverwandten Tassilo zum neuen Herzog in Baiern verordnet habe (Hormayr I. 104). Wie konnten aber die Franken das Herzogthum Baiern zurückerobern, von welchem bei Gregor, dem Zeitgenossen, gar nicht steht, dass sie es mit ihren Armeen betreten hätten? Ferner hatte es König Sigibert nie besessen, sondern nur unter seiner Oberherrlichkeit gehabt. Ich glaube daher, dass obige Angabe des Gregor sich nur auf jene Burgen im Tridentinischen und auf die Gebirgspässe beziehen könne, welche der Gothenkönig Vitigis während des Krieges mit Belisar im Jahre 538 an den Frankenkönig Theudebert abtrat (S. 140), und deren Besitz durch Erbschaft an Chlotar und Sigibert übergegangen, von den eindringenden Langobarden unter Albwin aber nicht weiter respektirt worden war.

Soviel darf man daher aus vorstehenden Erörterungen als Thatsache annehmen, dass Garibalds Herrschaft die gefahrvollen Jahre 589 und 590 überdauert habe. Es lässt sich dieses selbst aus dem Zusammenhange der Angaben des Paul diac. schliessen, aus dessen frühern Stellen man die Absetzung und Vertreibung des ersten geschichtlichen Baiernherzogs konjekturirte. Nachdem er nämlich III. 36 den Tod Königs Authari an erhaltenem Gifte mitgetheilt hat, welcher bekanntlich in das Jahr 591 fällt, so fährt er IV. 7 fort: *his diebus Thassilo a Childeberto rege Francorum apud Baioariam rex ordinatus est.* Da nun Paul diac. in den vorhergehenden Kapiteln des IV. Buches mehrere geschichtliche Thatsachen des Langobardenkönigs Agilulf mittheilt, so ergibt sich daraus die Schlussfolge, dass Garibald zu dieser Zeit noch gelebt habe und selbst an der Regierung gewesen sei, weil sein Nachfolger erst später vom Frankenkönige eingesetzt wurde. Das Jahr dieser Einsetzung wird aber verschieden angegeben, von Herm. Contr. ad an. 596, von Sigebert Gembl. ad an. 595, welchem letztern Jahre Mederer (Beitr. 103) seinen Beifall schenkt und da er es für sehr unwahrscheinlich hält, dass das wichtige Gränzherzogthum vom Jahre 590—595 ohne Regenten gewesen sei, so schliesst er, dass um diese Zeit der bisherige Herzog Garibald aus der Reihe der Lebenden geschieden sein müsse.

Wir kennen somit das Todesjahr des Herzogs Garibald nicht aus direkten Angaben, sondern nur aus Schlussfolgerungen. Gregor, sein Zeitgenosse, hat nichts darüber; Aimoin III. 77 *porro apud Baioariam post Charibaldum Thassilo a Childeberto rex ordinatus est* — enthält also, gleich Paul diac., nur die Einsetzung von Garibalds Nachfolger. Zierngibl (M. A. I. 63) hat das Todesjahr, beziehungsweise die Einsetzung Tassilo's auf andre Weise zu bestimmen gesucht. Da nämlich Paul diac. vor dieser Thatsache die Uebersendung der Dialoge des Pabstes Gregor an die Königin Theudelinde erwähnt, welche bekanntlich zwischen 593 und 594 vollendet worden seien, so schliesst er, dass die Erhebung Tassilo's zum Herzog und das Ableben Garibalds nicht vor diesem Zeitpunkt gesetzt werden dürfe. Da aber die Chronologie nicht die stärkste Seite des Paul diac. ist, so bleibt nur eine Thatsache fest, dass Tassilo vor dem Jahre 596 Herzog iu Baiern gewesen sein muss, da der Frankenkönig Childebert in diesem Jahre an Gift zu Grunde ging und derselbe nach gleichzeitigen Nachrichten Tassilo ans Herzogthum brachte. Damit ist aber, soweit die Quellenzeugnisse reichen, der Zeitraum vom Ableben des Herzogs Garibald gegeben.

§. 3. Götterglauben und Rechtssitten.

Es ist unbegreiflich, wie man sich darum streiten konnte, ob Garibald noch ein Heide gewesen, oder schon den Christenglauben angenommen hatte, wenn man das Zeugniss der Rechtgläubigkeit liest, welches Pabst Gregor seiner Tochter Theudelinde ausstellte. Freilich, diese Rechtgläubigkeit auf die ganze Herzogsfamilie ausgedehnt, musste sie nicht Veranlassung geben, die Abstammung dieses christlichen Geschlechtes von den noch durchaus heidnischen Baiwaren für ganz unmöglich zu erklären und der fremdländischen Herkunft der Agilulfinger Eingang zu verschaffen? Lieber begnügte man sich also damit, den Katholicism der Tochter von ihrer rechtgläubigen Mutter, der fränkischen Königswittwe Wald-

rade, herzuleiten, ehe dass man die nationelle Eingeburt der
Agilulfinger aufgeopfert hätte und entschloss sich lieber, das pro-
blematische Heidenthum Garibalds dafür in den Kauf zu nehmen.
Nachdem uns aber die bisherigen Erörterungen nur Belege für
die fränkische Herkunft der Agilulfinger und ihre Anverwandtschaft mit den Merowingern ergeben haben, so kann uns an Garibald und seinen Familiengliedern, den Nachkommen des fränkischen Bischofs Agilulf, die Anhänglichkeit an das römisch-ka-
tholische Glaubensbekenntniss um so weniger überraschen, als
vielmehr· gerade die Absicht, das neu erworbene Herzogthum
durch das neue Christenthum um so inniger mit dem Frankenreiche zu verbinden, ausser jener Verwandtschaft das Meiste zur
Erhebung der Agilulfinger auf den Herzogsthron beigetragen hat.

Freiheit in Recht und Glauben waren die höchsten Güter des
Germanen, das Unterpfand seiner politischen Unabhängigkeit. Die
Frankenkönige getrauten sich nicht einmal bei Alamannen und
Thüringern den Glauben anzutasten; es ist daher um so erklär-
licher, dass sie sich bei der freiwilligen Unterwerfung der Baiwaren nicht weiter mit ihrer Religion befasst haben werden, zufrieden, einen ersten Schritt durch Einsetzung einer rechtgläubigen,
fränkischen Herzogsfamilie dem Ziele entgegen gethan zu haben.
In altangestammter Ueberlieferung pflegten daher die Baiwaren
ihrer Götterverehrung in Hainen und geheiligten Wäldern, wovon
noch in· spätern Jahrhunderten die Bannforste als von besonders
gefriedeten Waldbezirken Zeugniss geben, sowie auch der Probst
Arnold von St. Emmeran noch im XI. Jahrhundert des bäuer-
lichen Aberglaubens erwähnt — *qui peccare illos putant, qui ar-
bores succidant, in quibus pagani anguriari solebant* (M. g. IV. 547).
Einen solchen Götterhain, den Erklawald — Eresloh‚ soll Karl
der Grosse bei Regensburg zerstört haben, da dort noch im VIII.
Jahrhundert nächtlicher Gottesdienst gehalten worden sei (H. R.
149). Auch die Namen Weihen Steffen, Weihen Merten, Weihen
Michel deuten auf frühere Weihboden des Frô, Wuotan, Aer, die
dem neuen Kult zum Opfer fielen, sowie die sagenreichen Hoyen
(vom Kaheio der *l. Baiwar.* XXII. 6), durch Irrwurzen und Ge-
spenstersagen von Menschen und Thieren ausgezeichnet. Aber
schon war der Gottesdienst nicht mehr reiner Waldkultus, wie zu
Zeiten der Väter auf den Berghalden des Mondwaldes und in den
Thälern an der Gran und Bollia. Die Goden — die Vermittler
zwischen den Menschen und der Gottheit — weihten durch einfache Kultusbräuche die vorgefundenen Tempel und Bethäuser
aus der Römerzeit, soweit sie der Zerstörung entgangen waren,
auf die Verehrung ihrer Götter, wie wir von der alten Kapelle
zu Regensburg, einem Junotempel, von dem Planetentempel zu

Altötting, von dem Isisheilthume zu Freising, von den Ueberresten des Arestempels zu Göttweih wissen (H. R. 218). Hier standen in der Chornische die altbaierischen Irmensäulen oder Frôklötze, hölzerne Brustbilder, vielleicht aus dem Stamme des dem Gotte ursprünglich geweihten Baumes geschnitzt, oder auch blosse Götterhäupter, welche auf Säulen gesetzt waren. Das Schiff entlang waren an den Seiten die Sitz- und Tischreihen und in der Mitte die Opferkessel aufgestellt, in denen das den Göttern geopferte Pferdefleisch brodelte. Denn der Baiware hatte kein Arg, den Ort der Gottesverehrung vorkommenden Falls zur Malstätte und selbst in den Saal für öffentliche Volksfreuden zu verwandeln. Da erhoben sie die vom Bier überschäumenden Urhörner zum Minnetrunk den Göttern, wie zum üppigen Gelage, oder beriethen zechend ihre Staatsangelegenheiten. Längst schon waren die uranfänglichen Menschenopfer in Abnahme und Verfall gerathen. Ein Sinnbild derselben sind die aus Stroh gemachten Puppen, welche man noch in die Frühjahrs- und Sonnwendfeuer schleuderte, den gütigen Göttern ein angenehmes Opfer zur altheiligen Jahresfeier. Noch heute kennen wir diese Sinnbilder als Tattermann- oder Judenmannbrennen (H. R. 78 und 273).

Auch bei den Baiwaren wurde das Neugeborne erst nach der germanischen Wasserweihe vom Vater oder einem stellvertretenden Freunde (Göth — Gode) in den Familienkreis aufgenommen und bei der Namensfestigung mit Gaben beschenkt. Der Ehebund vollzog sich, indem man der Braut den Hammer Donars als Besitzergreifungszeichen, aber auch als Symbol einer geheimnissvollen Wiederbelebung künftiger Generationen in den Schooss legte und dabei die Minne Frô's, des Gottes der Fruchtbarkeit, trank, wie der Baier noch bis heutigen Tag St. Johannis-Wein trinkt. Diese Akte des häuslichen Lebens, welche die christliche Kirche, wie die nachfolgende Leichenbestattung, zu ihrer ergiebigen Monopole erhoben hat, vollzogen sich früher ohne priesterliche Einmischung, wenn nicht der Hausvater etwa, indem er die übliche Anrufung der Götter ausbrachte und den Minnebecher zu ihren Ehren erhob, als Gode die Stelle des Priesters vertrat; denn einen eigenen Priesterstand, gleich den keltischen Druiden, kannten die Baiwaren ebenso wenig, als die übrigen Germanen (H. R. 224). Bezüglich der Todtenbestattung lassen unsre Sagen schliessen, dass bei den Baiwaren früher wohl theilweiser Leichenbrand Sitte gewesen sei; wie aber derselbe zwischen dem IV. und V. Jahrhundert im Westen und Süden Germaniens in Abnahme gekommen, so wurde auch in Baiwarien der Verstorbene auf dem Rechbrett zur Grube getragen und dasselbe über den Leichnam gedeckt, bevor man ihn mit Erde beschüttete. Dass dabei gewisse Festlichkeiten üblich

waren, beweisen die Verbote der *sacrificia mortuorum*, wobei Stiere
und Böcke geschlachtet wurden, und die mit Gelagen verbundenen
Todtenmahlzeiten, welche die altheidnische Sitte als Leichtrunk und
Spendwecken bis in die Gegenwart fortgepflanzt haben (H. R. 262).
Von Gottheiten, deren Verehrung den alten Baiern insbeson-
ders heilig war, nennen uns die Andeutungen aus Sagen vor
Allem die grosse Suevengöttin Nerthus, oder die Erd- und
Göttermutter, welche noch in den Sagen der wilden Jagd auf
einem zweirädrigen Wagen als meeraltes Weiblein ihren ge-
wohnten Umzug hält, und deren goldner Wagen nach der jährlichen Umfahrt an einer goldnen Kette im See liegt. Sie erscheint in baierischen Sagen unter der dreifachen Personifikation
der Holda, Perchta und Isa als Brunnen-, Spinn- und Webfrau,
überhaupt als Göttin aller häuslichen Tugenden und Fertigkeiten,
insbesondere auch des Landbaues, seitdem die suevischen Vorfahren die Meeresküste verlassen, sowie sie früher die See eröffnete und den Schiffen günstige Fahrt gewährte. Als Holda ist sie
zugleich Waldfrau und mischt sich ihr Kult mannigfach mit dem
Wälder- und Baumkultus. Als Perchta wurde sie von den Baiwaren in den närrischen Verkleidungen des Yriaslaufes, der mit
Sammlungen von Opfergaben verbunden war, gefeiert, welche
heidnische Götterfeier sich noch heutigen Tages in den Scherzen
des Berchtlspringens oder Perchtlaufes erhalten hat. Wie aber
die Donausueven die Isis verehrten und ihre Liburne als Symbol
herumführten, so hatten nach Angabe des Dichters der Kaiserchronik die Baiwaren früher die Arche als Feldzeichen und fährt noch
jetzt ein Schiff auf einem Schlitten, welches nach unten in einen Pflug
übergeht, in dem Götterumzuge der wilden Jagd (H. R. 107—124).
Als Göttin des Hauses steht sie vor Allem der Ehe vor und
da sie als Wanengöttin an ihren Bruder Niördr vermählt war,
und ihre Kinder Frô und Fraowa ursprünglich auch Gatten darstellen, so war auch den Baiwaren als Wanenanbetern die Ehe
unter den nächsten Blutsfreunden nicht nur nicht anstössig, sondern gelang es nur den eifrigsten Bemühungen der Missionare
und den eindringlichsten Satzungen päbstlicher Kapitularien, in
Baiern den Begriff des Incestes heimisch zu machen. In hoher
Verehrung galten den Baiwaren Frô und Fraowa als Geber des
Reichthums und Kindersegens und als Göttin der Liebe. Der Eber,
beiden Gatten heilig, erscheint, wie in der wilden Jagd, so auch
als weisendes Thier in unsern Sagen und verleiht als Schwur-
oder Sühneber dem Eide eine besondere Heiligung, indem die
Schwörenden ihre Schwurfinger auf das Borstenhaupt des geweihten Thieres legten, wie noch im Jahre 808 Bischof Atto von Freising und Kippo von Marzilinga (Mbk. I^b 159). Das Stabsagen, nach

dem *campfwic* das beliebteste Ordale in Baiern, wurde höchst
wahrscheinlich unter beschwörender Anrufung des wanischen Frô
ausgeführt (R. V. 364). Auch Liebeszauber waren den Baiwaren
nicht unbekannt und Freja oder Fraowa stand denselben und
ihrer glücklichen Ausführung vor. Unzweifelhaft hatten dergleichen
noch Ende des IX. Jahrhunderts in einer Sandsteinhöhle bei dem
spätern Ebersberg unter einer altheiligen Linde, dem Weihebaum
der Liebesgöttin, statt und findet sich in der Ebersberger Grün-
dungssage auch ein übernatürlicher Eber als weisendes Thier.
Wie bei allen die Wanen verehrenden Suevenvölkern haben sich
auch bis zu den Baiern Sagen herabgeerbt, welche die Ansicht
begründen lassen, dass ihre Voreltern ursprünglich ein am See-
gestade wohnendes Volk gewesen sein müssen, das als solches
auch der Leichenbestattung in Schiffen, wie sie bei den nordischen
Suionen heimisch, nicht fremd gewesen sein konnte (H. R. 263).
Nun aber seit vielen Jahrhunderten ins Binnenland zurückgezogen,
musste diese Sitte, wenn auch nicht vergessen, dennoch gänzlich
in Abnahme gekommen sein, so dass man später die Bestattung in
der Erde allein für christlich, namentlich im geweihten Umfange des
Freithofes, halten mochte, dagegen für uralte Heidensitte, den
Leichnam den untreuen Wellen zu überantworten.

Aber auch die Mythen der Asengötter und der gesammten
germanischen Theosofie waren den Baiwaren nicht unbekannt.
Noch hatten sich an ihre Berge nicht die Sagen von entrückten
und verwunschenen Helden und Kaisern angelegt, noch tobte nicht
das wuotende Heer in schauervollem Nachgejoad durch die Lüfte;
denn in den vom Winde gejagten Wolkenschatten sah der gläubige Baiware seinen Siegvater an der Spitze seiner geheiligten
Götter-Zwölfzahl zum Kampfe der Einherier über den nächtlichen
Himmel in alter Herrlichkeit vorüberziehen, oder er liess sich in
frommer Verwunderung von den friedlichen Fahrten Allvaters erzählen, auf welchen Hnikar, der Ruhmglänzende — *hruodperaht*,
jetzt Knecht Ruprecht und Niklo — in Begleitung von Donar und
Loki — jetzt Klaubauf, Tunda oder Höllenpeter — durch das
Land wallend die Wohnungen der Söhne des Manus mit seiner
segensreichen Einkehr beglückte (H. R. 38): War aber dem wandernden Krieger der wegweisende Götter-Herzog vor allen andern
heilig, so wurde jetzt nach der Landnahme sein Sohn Donar, der
segenbringende Gott des Ackerbaues, für den Gutbesitzer ein Gegenstand besonderer Verehrung. Mit Donars Hammerwurf wurde
ihm sein Landloos zugemessen, mit Donars Hammersegen wurde
sein Weib zur Erzeugung einer kräftigen Nachkommenschaft geweiht; Donars Hammerstrahl durchzuckte die schwarzen Gewitter-
wolken mit den rothen Flammen seines Bartes und machte sie

träufeln von befruchtenden Regenschauern, und in dankbarer
Verehrung weihte der Baiware bei Einheimsung der Ernte die
letzten Garben als bekränzten Answalt (Oswald), Halmbock, Ha-
bergais oder Lous zur Opfergabe den gnädigen Göttern. Ja, unser
ältestes Gesetz enthält schon in dem Kapitel von der Aranscarti
(Erntescharte XIII. 8) den Beweis, dass der Zauber des Bilmes-
schneiders in unsere älteste Kulturgeschichte reicht und höchst
wahrscheinlich seinem Ursprunge nach eine Strafe darstellt für
verweigerten Erntedank (H. R. 62).

Wie der Baiware mit den übrigen Germanen den fünften
Wochentag dem Donar weihte, so nannte er den dritten nach
dem Schwertgotte Erchtag oder Iertag; denn bei den Baiern
hiess der nordische Tyr, der germanische Ziu, Ear oder Aer.
Schon bei der Einwandrung der Baiwaren wurde uns von der
Weihe eines Götterhaines nach Ueberschreitung der Donau zu
Ehren des Schwertgottes Meldung gemacht, welcher deshalb den
Namen Eres-loh, Eareshain, Erchloh, verderbt Erklawald, empfing
und bis er durch Karl d. Gr. zerstört wurde, in hoher Verehrung
stand. In diesem Haine war eine Irmensäule aufgestellt, wahrscheinlich ein Heiligthum des Stammgottes Irmino, des Stammvaters
aller hermionischen Völker, zu welchen sich auch die suevischen
Baiwaren ihrer Herkunft gemäss zählten. Ein anderes Heiligthum
des Schwertgottes lag in Oestreich, wo später die Abtei Göttweih
gestiftet wurde. Dort wurden noch in späterer Zeit Ueberreste
von Gebäuden und Bildsäulen, also höchst wahrscheinlich Tempel-
ruinen, vielleicht römischen Ursprungs, gefunden, welche die ein-
gewanderten Baiwaren nach dem Mars der Sage auf ihren Schwert-
und Todesgott Ear umgeweiht hatten (H. R. 75). Dass aber der
Kult des Schwertgottes bei den Baiern einer besondern Verbreitung genoss, beweisen vor Allem die Schwerttänze, welche bei
uns bis in das vorige Jahrhundert üblich waren, sowie die Waffen-
weihe des Schwertsegens, welche dem Gottesgerichtskampfe voraus-
gehen musste (*l. Baiwar.* XVII. 6) und der auf die geweihte Waffe
abgelegte Reinigungseid.

Von den Heldenthaten ihres Stammvaters Hirmin, des ver-
götterten Enkels des erdgebornen, geheimnissvollen Gottes Teut,
wussten die Baiwaren viel zu singen und zu sagen, insbesondere von
seinen siegreichen Kämpfen mit scheusslichen Flugdrachen und gif-
tigen Lintwürmern, welche der spätern Gelehrsamkeit Veranlassung gaben, ihn dem klassischen Herakles gleichzustellen und ihn
alsdann mit den Personifikationen des Odhin, Thôr oder Tyr zu
verwechseln. Unter den weisen Frauen hatten zumeist die unerbittlichen Schicksalsschwestern, die selbst über dem Götterhim-
mel schwebenden und richtenden Nornen, einen unvergänglichen

Eindruck auf die Fantasie des Baiernvolkes gemacht, der sich noch in den zahlreichen Sagen von den drei Fräulein bestätigt. Eine davon, die halb schwarze, halb weisse oder auch ganz schwarze Skult, stellte sich der Baiware unter dem Bilde der Todesgöttin Hella vor, aus deren Persönlichkeit unzweifelhaft der dreigetheilte Norneumythus erst entwickelt wurde. Aber auch die lieblichen Gestalten der Walküren waren dem Baiwaren nicht unbekannt, und wenn der Krieger freudig zu ihren Luftgestalten aufblickte, wenn sie ihm während der Schlacht das Loos der himmlischen Einherier beschieden, so lauschte der Hirte und Fischer wohl im Röhricht des Seeufers, ob er nicht mit dem Federhemde die badende Schwanjungfrau in seine Gewalt bekäme (H. R. 139 ff.).

Die ganze Natur war dem Baiwaren von Mittelwesen, theils gütiger, theils von übelwollender Thätigkeit bevölkert. Da sah er in den von üppigem Graswuchse wuchernden Ringen die Spuren von den Tänzen gütiger Lichtelfen, während die bösen Gras und selbst den Erdboden wegfegten; da lauert an den Ufern von Seen und Gewässern der schreckliche Wassermann mit grünen Haaren und spitzen Zähnen und zieht die Kinder in die Fluthen. Die Wasserfräulein dagegen, nach menschlicher Umarmung lüstern, locken durch ihre nächtlichen Wasserreigen und ihre überirdische Schönheit Jünglinge in ihr kaltes Element. In den Klüften des Untersbergs waren damals die Erdmännlein und die Höhlen aller Berge vom Böhmer- und Baierwald bis ins eisige Hochgebirge waren mit Schrazeln, Nörkeln, Lorggen, Trollen, Gangerln und anderem Gezwerge bevölkert, welche darin übereinstimmen, dass sie sich unsichtbar machen können, weil sie den Tarnhut besitzen, trotz ihrer kleinen Gestalt übermenschliche Kräfte entwicklen und sich auf die Gewinnung und künstliche Bearbeitung der Metalle verstehen, d. h. Meister der Schmiedekunst sind. Anderseits aber sah die Fantasie des Baiwaren in den Bergen wieder Riesen, die erschlagen mit ihren versteinerten Gebeinen die Erdrinde bildeten, oder tief in dem Erdboden steckend nur mit ihren Helmen daraus hervorragten (H. R. 164 ff.).

Ueber Weltschöpfung und Götterdämmerung sangen die Dichter der Baiwaren gleich den Skalden der Nordleute. Da erscheint die ungeheure Kluft am Anfang aller Welt, in deren Mitte der rauschende Kesselbrunnen liegt. Daneben wächst die Weltesche Yggdrasil, als deren Nachbildungen in Baiwarien der heilige Baum zu Nauders, der Birnbaum auf der Walserhaide und der kalte Baum in der Oberpfalz erscheinen. Wie an die Weltesche die Entstehung des Weltgebäudes, so knüpft sich an Esche und Erle die Scheidung der Menschengeschlechter, wovon sich bei uns die mannigfachen Baumsagen erhalten haben, von welchen die Kinder geholt werden. Auch den Untergang seines Göttergeschlechts im Kampfe mit den Riesen und den Ungeheuern aus Loki's Samen wusste der Baiware aus den Liedern seiner Urväter, wie wir theils aus der christlichen Ueberarbeitung derselben im Bruchstück Muspilli, theils aus plastischen Bildwerken späterer Zeit entnehmen. Da standen weissagend die Schrecken des Fimbulwinters bevor, welcher nicht nur die Elemente, sondern alle verbrecherischen Leidenschaften in Aufruhr bringt und den Rachetag — *tuomistac* — heraufbeschwört. Dann verschlingen Ungeheuer die leuchtenden Gestirne des Himmels, wesshalb der glaubenstreue Baiware bei jeder Verfinsterung der Sonne oder des Mondes diesen Gestirnen durch Hörnerruf und schrecklichen Lärm zu Hülfe zu kommen bestrebt war. Wenn aber das himmlische Horn oder das Horn des Wächters Heimdall an der Himmelsbrücke lautet und das Zeichen gibt, dass Surtr mit den Eis- und Feuerriesen, Loki mit den Wolfsungeheuern herannaht, dann rückt der Göttervater aus seiner Götterburg im Untersberg auf die Walserhaide und hängt seinen Schild an den Birnbaum zum Zeichen des Gerichtstages. Dann ziehen die Einherier in glänzendem Waffenschmucke hinter ihm und den Asengöttern zum letzten Kampfe der Götterdämmerung. Wuotan kämpft mit dem Fenriswolf siegelos, aber durch seinen Sohn Wali gerächt. Neben ihm streitet Donar, der des Hammers waltet, wider den Weltenwurm, die Riesenschlange, tödtet sie, sinkt aber von ihrem Gift getödtet zu Boden. Sobald aber sein Blut auf die Erde träufelt, da entbrennen die Berge, kein Baum bleibt stehen auf Erden, die Wasser vertrocknen, das Meer wird verschlungen, der Himmel glüht in Lohe, der Mond fällt, der Erdkreis brennt, kein Stein bleibt auf dem andern, es bricht herein der Tag der Vergeltung, wenn der breite Erdwasen in Brand steht und Feuer und Luft Alles dahin fegt. Aber aus dem Gräuel der Verwüstung entsteht eine neue, eine bessere Welt. Ein reines Göttergeschlecht zieht triumfirend ein in den neu erstandenen Himmelsdom und befestigt Recht und Gesetz für alle Ewigkeit (H. R. 192). So glaubte der Baiware im VI. Jahrhundert.

Das wichtigste Denkmal für die früheste Kulturgeschichte der Baiwaren ist ihr Rechtsbuch. Die älteste Aufzeichnung desselben wurde zwar früher irrthümlich unter Theuderich von Auster gesetzt. Ich habe aber (2. Abhdl. I. §. 4. S. 142) nachgewiesen, dass diese Aufzeichnung oder erste Redaktion nach den geschichtlichen, mit der Unterwerfung der Baiwaren verbundenen Thatsachen jedenfalls einer spätern Zeit angehören müsse, obwohl vielleicht während der vierzigjährigen Regierungsperiode Garibalds bereits die Vorarbeiten zu diesem Friedenswerke gemacht wurden und daher König Childebert II. wohl einigen Anspruch auf das demselben im Prologe zugeschriebene Verdienst eines Gesetzgebers der Baiern hat. Dennoch fällt der hier zu schildernde Rechtszustand des Volkes vor die früheste schriftliche Aufzeichnung der seit unvordenklichen Zeiten im Volke üblichen und von Geschlecht zu Geschlecht mündlich fortgepflanzten Rechtsnormen, nämlich seines altangestammten Gewohnheitsrechtes, obwohl ich mich bei dieser Schilderung auf einzelne Titel dieser spätern ältesten Aufzeichnung berufen muss.

Wie das oberste Prinzip des germanischen Gemeinde- und Gauverbandes die Erhaltung des allgemeinen, auf die Mannheiligkeit aller Stammesgenossen basirten Friedens ist, so erscheint auch nach den ältesten Rechtssätzen der *l. Baiwar.* das Volk als eine aus der Verbindung stammverwandter Familien und Geschlechter hervorgehende grosse Gemeinde; die Familie aber als eine auf Blutsverwandtschaft gegründete Rechts- und Rachegenossenschaft, deren Mitglieder zur gerichtlichen Eideshilfe verpflichtet waren und für Beleidigungen ihrer Gesippten Sühne oder Rache zu fordern hatten (R. V. 127). Denn die Rache ist der erste Ausdruck des Rechtsbewusstseins und es finden sich unzweideutige Beweise, dass die unmittelbare Strafe als Rache des Beleidigten oder der Gesellschaft aufgefasst wurde. Wer den Ehebrecher in seinem Bette, den Dieb auf handhafter That überraschte, mochte ihn unangesprochen tödten — keine Busse war gefordert, keine Rache gestattet (VIII. 1. L. pop. 3). Ein Haupterforderniss der vom Gesetz anerkannten Rache, namentlich der Blutrache, bestand darin, dass sie von den Blutsverwandten, *ex parentilla*, ausgeübt werden musste. Wer seinen erschlagenen Blutsfreund rächte, gab für sich und die zu ihm stehenden Anverwandten nur ein Pfand, dass er zu Rechte stehen werde; die andern Helfer wurden jeder um 12 Sol. gebüsst (M. g. ll. III. 350, c. XXVII). Um aber die ungemessene Rache des erzürnten Beleidigten ins Gleichgewicht zu setzen, wurden der Racheübung gewisse rechtliche Gränzen gesetzt. Dazu gehörte, dass die Rache nur auf frischer That und unter dem Schirm der Oeffentlichkeit vollzogen werden durfte. Wer den Dieb innerhalb oder ausserhalb seines Hofes, oder einen Menschenräuber erschlug, musste die Nachbarn zusammenrufen und die vom Gesetz vorgeschriebenen Zeichen vorweisen, dass er den Todtschlag mit Recht beging. Solche straflose Tödtungen, in welchen selbst die *leges populares* Tassilo's im VIII. Jahrhundert keine Verfolgung erlaubten, sind unzweifelhafte Ueberreste der alten Friedlosigkeit, der spätern Aechtung, welche den unsühnbaren Verbrechen nachfolgte.

Die Periode der Rache und Friedlosigkeit gegen den Verbrecher war allerdings im VI. Jahrhundert längst vorüber; denn schon Tacitus berichtet, dass sich der Staat ins Mittel gelegt habe, um den allgemeinen Frieden zu wahren und die Feindschaften für die Freiheit Aller gefahrloser zu machen (Ger. 21), und dass durch solche Einmischung der Markgenossen die früher unsühnbaren Verbrechen zum grössten Theile in sühnbare übergeführt worden waren. Mit Ausnahme von Hoch- und Landesverrath konnte der freie Baiware, was er sonst verbrochen hatte, nach gesetzlicher Vorschrift büssen, soweit sein Vermögen reichte, und darüber hinaus mit der Schuldknechtschaft — *donec debitum universum restituat* (II. 1). Die Komposition oder Sühnbusse theilte sich aber zu gleichen Theilen zwischen dem Herzoge, der das Friedensgeld für den Friedensbruch empfing, und zwischen dem Verletzten oder seiner Familie (R. V. 277). Da nun das Friedensgeld 40 Sol. betrug und der Friedensbrecher damit sein Leben erkaufte, so erhellt schon hieraus, dass das ursprüngliche Wergeld eines Baiwaren in 40 Sol. bestanden haben müsse, was auch noch weiters dadurch bestätigt wird, dass der Leibeigene ursprünglich nur das halbe Wergeld des Freien empfing und dieses bei allen spätern Aenderungen zu 20 Sol. angeschlagen blieb. Mit der Verschlechterung der Münze und dem Fallen des Geldwerthes einerseits, mit der Erweiterung der Standesklassen anderseits musste sich auch dieses Verhältniss ändern und das Wergeld in entsprechender Weise erhöhen. Mit Einschiebung der Klasse der Freigelassenen, welche das doppelte Wergeld des Leibeigenen erhielten, verdoppelte sich auch das des Freien und stieg auf 80 Sol. Dass hiemit ein altes Freienwergeld bezeichnet wird, ergibt sich aus IV. 28, wo dasselbe als zweimal 80 Sol. hoc est 160 angeschlagen und damit die letzte Verdopplung ausdrücklich hervorgehoben wird. Ich bin daher der Ansicht, dass vor Aufschreibung der *l. Baiwar.* das Wergeld des freien Baiwaren bis zu 80 Sol. sich erhöht hatte und erst mit der ersten fränkischen Redaktion durch wiederholte Einschiebung der höhern Klasse der Freigelassenen des Königs und Herzogs noch einmal verdoppelt wurde. Auch der Adelige hatte ursprünglich kein höheres Wergeld als der Gemeinfreie; denn die Verdopplung seiner Komposition wird ausdrücklich als ein Zugeständniss des Frankenkönigs bezeichnet (III. 1).

Die Freien bilden den eigentlichen Kern des Volkes, so dass der Volksname eigentlich nur den Freigebornen begreift. Als Grundlage dieses Standes ward natürlich ein gewisser Grundbesitz, ein Landloos, angesehen, welches seinen Besitzer allein zur Theilnahme an den gerichtlichen Gauversammlungen berechtigte. Der Vollfreie hatte weder Steuern noch Abgaben für diesen Grundbesitz zu entrichten, noch Frohndienste zu leisten. Er war nur verpflichtet, die Waffen zu tragen und im Aufgebote des Königs oder Herzogs dem Lande mit seinem Leibe zu dienen. Daher auch die Sitte, Streitigkeiten mit dem Schwerte zu schlichten, in Baiern besonders heimisch ist und dèr gerichtliche Zweikampf die andern Gottesurtheile fast ganz verdrängt hat. Denn allezeit ist der Baiware geneigt gewesen, sich auch ohne Gerichtsanrufung an seinem Gegner mit der eignen Faust Recht zu verschaffen, wie die Busssätze wider Hausfriedensbruch, Heimsuchung und Heerreise (IV. 23 und 24) beweisen. *Beieren fuoren je ze wige gerno,* wusste noch das Mittelalter. Dagegen bot das Gesetz dem Freien die volle Kraft seines Schutzes wider jede Verletzung, jede Beeinträchtigung seiner Freiheit. Wer Hand an ihn legte, zahlte 3 Sol. Busse, wer ihn am Kleide festhielt 6, wer ihn mit Stricken band 12 Sol. (IV. 3. 7. 8). Jedes seiner Körperglieder wurde abgeschätzt und dessen Schädigung nach einem genau bemessenen Bussansatz gebüsst. Wer ihn in Lebensgefahr brachte, sei es durch vergiftete Waffen oder Stossen in die Flamme, ins Wasser oder von der Leiter, zahlte 12 Sol., die höchste Wundenbusse (IV. 17. 19. 20. 21). Mit der gleichen Summe wurde der einfache Hausfriedensbruch bestraft; wer aber mit 42 Schilden eine Heerfahrt zu feindlichem Ueberfall unternahm, zahlte 40 Sol. und dem Herzoge das grosse Friedensgeld. Stockstreiche erlitt der Freie nur, wenn er sich unter den Waffen gegen die Mannszucht verfehlte.

Ganz in ähnlicher Weise wurden die Schädigungen und Verletzungen der Frilassen und Leibeigenen abgeschätzt und gebüsst, nur mit dem Unterschiede, dass hier nicht das Verdopplungssystem statthatte, wie bei dem Wergelde, sondern dass der Freigelassene zwar die Hälfte, der Leibeigene aber, oder vielmehr sein Herr ein Drittel der Wundenbusse des Vollfreien empfing. Frei wurde der Hörige aber nur, wenn er sich loskaufen konnte, oder seine Schuld abverdient hatte; doch musste er die Summe mit Vorwissen seines Herrn erworben haben, der dieselbe sonst als sein Eigenthum wegnehmen konnte. Der Frilass blieb aber stets unter dem Rechtsschutz (Mundium) seines frühern Herrn, musste nach dessen Rechte leben und stand hinsichtlich der Zeugschaftsleistung und Bestrafung dem Unfreien gleich. Die Leibeigenen standen auf der niedersten Stufe der gesellschaftlichen Leiter, eigentlich in gleichem Range mit Sachen und Hausthieren. Der Herr konnte den Sklaven tödten; denn nur die Tödtung des fremden Knechtes war verpönt. Er konnte ihn vertauschen, oder nach Belieben verkaufen. Als Werthgegenstand traf den Leibeignen selten die Todesstrafe; dagegen bestand die gewöhnliche Züchtigung in Ruthenstreichen oder Geisselhieben, die schwerere in Verstümmelung an den Augen, Händen und Füssen. Er stand immer unter dem

Mundium seines Herrn, der aber auch für ihn einzustehen und
die fälligen Bussen zu zahlen hatte, dafür aber auch Wergeld
und Wundenbusse für denselben empfing. Eigenthum besass der
Leibeigene nicht; denn er gehörte mit allem Hab und Gut seinem
Leibherrn. Dennoch gestaltete sich dies Verhältniss in der Praxis
milder, indem Zinsbauern selbst wieder Leibeigene hatten und
sich nach ihren Gewerben in verschiedene Klassen schieden.
Waffen durfte der Leibeigene nicht führen; nur mit Genehmigung
seines Herrn mochte er sich als Lohnkämpfer im gerichtlichen
Zweikampf verdingen. Fiel er, so konnte sein Herr nur die 12 Sol.
der Wundenbusse ansprechen, während ihm, wenn er nicht ein-
gewilligt hatte, 20 Sol. Wergeld gezahlt werden mussten.

Da nur der Vollfreie das Recht hat, die Waffen zu tragen,
sich selbst zu schützen und zu vertheidigen, d. h. selbmündig ist,
so folgt daraus, dass Alle, die nicht in dieser Lage waren, eines
Muntwaltes, Vormundes, bedurften. Dahin gehörten Frilassen und
Unfreie, welche im Schutz ihres Herrn, Kinder, welche im Mundium ihres Vaters oder Familienhauptes, Weiber, welche unter
der Vormundschaft von Vater, Gatten oder Bruder standen. Deshalb wurde auch das Weib aus dem Mundium ihrer Familie ge-
kauft, erhielt noch ausserdem ein standesgemässes Witthum von
ihrem Manne, dem sie dafür eine väterliche Mitgift zubrachte
(XV. 8 und 10). Vielweiberei war bei den Baiwaren nicht bräuchlich; dagegen, wie schon bemerkt, die Ehe unter den nächsten
Blutsverwandten gestattet. Hinderniss einer Ehe konnte nur der
Standesunterschied werden; keineswegs unter Adeligen und Gemeinfreien, wie in späterer Zeit, wohl aber zwischen Freien und
Unfreien. Eine Adelige konnte ihren hörigen Gatten ohne Weiters
verlassen; eine Freigelassene wurde durch eine solche Heirath
wieder zur Magd; eine Freie konnte sich gleichfalls, aber nur mit
Zurücklassung ihrer Kinder in der Leibeigenschaft, scheiden —
Verhältnisse, welche allerdings erst durch die *leges populares*
Tassilo's III. festgestellt wurden. Eigentlicher Ehescheidungsgrund
war nur der Ehebruch; doch konnte der Mann seine Gattin aus
Abneigung entlassen. Er gab ihr dann ihr standesmässiges Witthum und ihre Mitgift heraus und zahlte ihrer Familie eine Busse
von 48 Sol. Die Hälfte dieser Summe zahlte den Anverwandten,
wer ein bereits eingegangenes Eheverlöbniss wieder löste (VIII.
14. 15). Wer eine Freie zur Entführung beredete und auf der
Landstrasse verliess, büsste es mit 12 Sol.; wer aber eines Andern Braut entführte, musste sie zurückgeben und mit 80 Sol.
büssen (VIII. 16. 17). Ueberhaupt wurden die Weiber, selbst
leibeigene, doppelt so hoch gebüsst, als Männer (IV. 29, XIII. 9),
weil sie die Waffen nicht zu führen verständen. War aber Eine

so beherzt, ihre Sache eigenhändig zu vertheidigen, so wurde sie auch nur einfach gebüsst. Der Titel VIII verpönt alle Angriffe auf die weibliche Schamhaftigkeit, gleichviel ob sie wider Jung- oder Ehefrauen gerichtet, und ob dieselben freien, freigelassenen oder leibeigenen Standes waren. Jungfernraub wurde mit 40 Sol., Wittwenraub mit 80 Sol. gebüsst, und weil noch ausserdem das grosse Friedensgeld erlegt werden musste (VIII. 6 und 7), so ist dies ein Beweis, dass diese Verbrechen früher unsühnbar waren und die Friedloslegung zur Folge hatten.

Die Güter unterschied der Baiware in unbewegliche und bewegliche. Zu jenen gehörte das Landloos, Alod, das ächte Eigen. Nach ihren Bebauern bezeichnete man die Güter als Freihuben und Knechtshuben; später unterschied man Edelhuben, Zinshuben und Knechtshuben. Diese Bezeichnungen werden allerdings erst den spätern Schenkungsurkunden entnommen, reichen aber in die älteste Zeit zurück. Das bebaute Land hiess *e-garto*, weil es dem Gesetze gemäss mit dem Eschzaun — *ezziscsun* — umfriedet sein musste, wie Hof und Baumgarten mit den Ettern umgeben waren. Ursprünglich war die Mark im ungetheilten Besitz aller Markgenossen, welchen die Dorfrichter nach Schätzung des Bedürfnisses die Güter im jährlichen Wechsel zum Niessbrauch anwiesen. Noch heutigen Tages bestehen solche Felderwechsel in Baiern, obwohl sich mit der Austheilung der Ländereien das Verhältniss längst geändert hat. Wer nun eines Andern Acker 3 Furchen in Juchartslänge, oder 6 Furchen in der Quer zu seinem Nutzen umackerte, bezahlte 3 Sol. Wer die reife Ernte eines Andern einheimste, büsste mit 6 Sol.; wer aber eines Andern Ernte mit Zauberkünsten — *aranscarti* — stahl, musste 12 Sol. erlegen und des Beschädigten Hauswesen ein Jahr lang versorgen (XIII. 6. 7. 8). Wer einen Obstgarten schädigte, musste 40 Sol. erlegen, wovon die Hälfte dem Friedensgelde, die andere dem Beschädigten verfiel, und ausserdem neue Stämme pflanzen und jeden jährlich zur Obstzeit mit 1 Sol. büssen, bis die Gepflanzten Früchte trugen (XXII. 1). Das Umhauen von andern Bäumen, von Gehölzen, von fruchttragenden Sträuchern war nicht minder verpönt. Hausthiere, namentlich Schafe und Schweine, durften nur im äussersten Nothfalle zu Pfand genommen werden (XIII. 4. 5). Hatten dieselben aber in einer Einfriedung Schaden angerichtet, so sollte sie der Eigner weder mit Hunden hetzen, noch gar tödten, sondern einsperren, bis der Schaden durch die Nachbarn abgeschätzt worden, zu dessen Ersatz der Eigenthümer der Thiere verpflichtet war (XIV. 3. 17). Die verschiedenen Beschädigungen der Hausthiere waren mit entsprechenden Busssätzen belegt und selbst das Stehlen von Viehglocken, welche den Leitthieren angehängt wurden, war verpönt (XIV. 8—15). Wer aber derlei Schädigungen in böswilliger Absicht verübte, zahlte doppelte Strafe (XIV. 16). Wir entnehmen aus diesen eingehenden Bestimmungen, wie hoch dem Baiwaren die Hausthiere unter der fahrenden Habe standen. Nicht minder umständlich handeln die Titel XX und XXI von den Bussen für den Diebstahl an Hunden und Stossvögeln und ergibt sich daraus, dass die Jagd auf Waldthiere, Büffel, Wildschweine, Wölfe u. s. w. wie mit dem Federspiel bei den Baiwaren in ältester Zeit schon sehr ausgebildet gewesen sein musste, da sie für jede Gattung besonders abgerichtete Jagdgehilfen besassen. Auch der Diebstahl von Singvögeln, welche auf den Edelhöfen gezüchtet wurden, musste durch Ersatz von ähnlichen und 1 Sol. gebüsst werden (XXI. 6). Die Bienenzucht wurde in Baiern in frühester Zeit gepflegt, theils zur Methbereitung, theils weil der Honig den Zucker ersetzte. Das Gewohnheitsrecht enthielt daher sehr genaue Bestimmungen, mit welchen Handgriffen es gestattet war, einen ausgeflogenen Immenschwarm wieder heimzubringen und was davon dem Eigner des fremden Stockes oder Baumes verblieb (XXII. 8—10).

Der Leichenkult war bei den Baiwaren sehr ausgebildet und demzufolge Leichen- und Grabbeschädigung auf das Strengste verpönt. Wer einen Todten wieder ausgrub, musste den Anverwandten 40 Sol. büssen und alles Entwendete mit der Diebsbusse, also neunfach ersetzen. Da aber 40 Sol. das alte Wergeld betrug, so erhellt, dass der Grabschänder ursprünglich friedlos wurde. Wer dagegen eine Leiche, um sie vor Verunreinigung und Zerreissung zu schützen, begrub, konnte von den Verwandten oder des Todten Herrn 1 Sol. ansprechen. Verletzung oder Beschädigung der Leiche, selbst zufällige, indem man ein Raubthier fehlte, wurde mit entsprechenden Bussen belegt. Ja man ging so weit, dass man nicht einmal die ins Grab gesenkte Leiche mit Erde bedecken wollte, bis dies nicht durch die Anverwandten geschehen war, wie noch heutigen Tages die Gesippten die ersten Schaufeln Erde auf den Sarg werfen, ehe die Nachbarn auf dem Lande die Begrabung vollziehen. Beraubung der Leiche wurde mit der neunfachen Diebstahlsbusse bedroht (XIX. 1—8).

Die Rechtspflege vollzog sich auf den Malstätten in den gesetzlich bestimmten Märker- und Gaugerichten. Dieselben wurden in ältester Zeit unter Bäumen abgehalten, ursprünglich wohl den Göttern geweihten, zum Zeichen, dass die Rechtspflege als ein Theil des Götterdienstes angesehen wurde. Später wurden dieser Anschauung entsprechend die Gerichtsdinge in Tempeln gehegt, was sich nach der Christianisirung ohne Arg auf die christlichen Kirchen und Freithöfe übertrug, wogegen der Klerus lange vergeblich eiferte. Aber auch auf Bergen, Wiesen, an Flüssen tagte die Gerichtsversammlung, in altgermanischer Weise nach Nächten ihre Fristen bestimmend. Das Urtheil sprachen oder vielmehr bestätigten die dingpflichtigen freien Männer des Gerichtssprengels, welche unter dem Vorsitz ihrer Dorf- und Gauobern den Umstand bildeten. Die wichtigste und einflussreichste Persönlichkeit aber auf der Dingstätte war der Richter. Er berief die Gerichtsversammlung nach Ort und Zeit, lud die Parteien vor, zwang die Widerspenstigen mit dem herzoglichen Bann und instruirte den Process durch die nöthigen Voruntersuchungen. Er war der eigentliche Wächter des Gesetzes und als solcher lag ihm vor Allem die Findung des Wahrspruches für den jeweilig vorliegenden Fall ob. Deshalb war die freie Richterwahl ein wichtiges Vorrecht des Volkes und wurde besonderes Gewicht auf Unbescholtenheit und Unbestechlichkeit des Charakters bei dem zu Wählenden gelegt.

Die Gerichtsverhandlung erforderte eine Reihe bereits fest bestimmter Thätigkeiten, welche dieselbe einleiteten, ehe das Gericht begann. Dazu gehörte die Vorladung, welche der Kläger selbst in Gegenwart von zwei oder drei Zeugen vorzunehmen hatte. Weigerte sich der Beklagte, zu Recht zu stehen, dann bannte ihn der Richter kraft seiner herzoglichen Gewalt und büsste ihn um 12 Sol. für den Kläger und um das grosse Friedensgeld (XIII. 2). Wollte sich der Schuldige durch die Flucht entziehen, so konnte er festgenommen werden *(infanc)* und selbst gefesselt dem Richter überliefert werden. Dass bei Widersetzlichkeit selbst die Tödtung des Verbrechers erlaubt war, haben wir oben bei der gesetzlichen Friedloslegung gesehen. Die Hegung des Gerichtes geschah in feierlicher Weise bei scheinender Sonne. An hohem Speerschaft war hinter dem die Gerichtshandlung überwachenden Gau-Obern ein Schild aufgehängt, theils als Zeichen der Gerichtshegung, theils als Masse für die Wundenbusse, da die aus der Wunde ausgestossenen Knochenstücke gegen den Schild geworfen in gewisser Entfernung noch gehört werden mussten. Gewaffnet schritten die Markgenossen zur Dingstätte, deren Umfang mit Haselstäben bezeichnet war. Die zum Urtheil Berufenen sassen in dem Kreise, die Uebrigen bildeten den Umstand. In diesen Kreis traten nun die Parteien mit ihren Familiengenossen und Gezeugen, schwertumgürtet und zur Verfechtung ihrer Sache mit Wort und Waffe gerüstet. Dann erhob der Kläger die Anklage, welche in bestimmten Worten stets an den Beklagten gerichtet wurde und mit entsprechenden Worten von diesem erwiedert werden musste. Waren Zeugen erforderlich, so wurden dieselben nach baierischem Rechtsbrauch wahrzeichnend

am Ohre vorgeführt. Die Anzahl der Mitschwörer und ihre Aus-
wahl aus der Familie oder aus der Nachbarschaft war genau
vorgeschrieben. Konnte der Beweis nicht genügend erbracht werden, dann griff der Glaube, dass die Gottheit dem Rechte den
Sieg verleihen werde, vertrauensvoll zum Gottesurtheil, welches
in Baiwarien vorzugsweise durch den Zweikampf, manchmal auch
durch das Stabsagen, ein mit heidnischen Beschwörungsformeln
verbundenes Ordale, ausgeführt wurde. Das Urtheil sprach immer
der Richter und wurde dasselbe durch Zustimmung der Markgenossen entweder anerkannt, oder konnte durch die Gegenpartei
und ihre Fürsprecher gescholten, d. h. umgestossen werden. War
aber das Urtheil bestätigt und anerkannt, dann folgte die Uebergabe von Pfändern oder Bürgenstellung für die Vollziehung desselben, oder der Exekutionsbefehl. Denn wenn sich der Beklagte
und Verurtheilte der Gerichtsverhandlung entweder ganz entzog,
oder das ausgesprochene Urtheil nicht anerkennen wollte, so trat
die zwangsweise Befriedigung des Klägers ein, indem der Richter
von Amts wegen einschritt, und den richterlichen Zugriffsbefehl
zur Auspfändung erliess. In den höchst seltenen Fällen, wo das
Urtheil eine Leib- oder Lebensstrafe aussprach, wurde unzweifelhaft nach dem Prinzip der Blutrache der überwiesene Verbrecher
in die Hand des Verletzten und seiner Familie gegeben, sonst
aber wohl die Strafe durch die Gerichtsbeamten selbst im Namen
des Herzogs vollzogen. (Vgl. R. V. 309—375).

§. 4. Herzog Tassilo I.

Tassiles fu Roi apres Karibaut par le Don le Roi Childebert,
schreibt die Chronik von St. Denis (Bouquet III. 254) und Bouquet setzt das Jahr 595 dazu, sowie Aimoin (III. 77) fast mit
den Worten des Paul diac. sagt: *apud Baioariam post Charibaldum Tassilo a Childeberto Rex ordinatus est.* Aus diesen Angaben
erhellt zur Gewissheit, dass Tassilo der unmittelbare, vom fränkischen Oberkönig bestätigte Nachfolger des Herzogs Garibald
gewesen. In welchem Verwandtschaftsverhältnisse er aber zu seinem Vorgänger gestanden, darüber hat sich ein bis jetzt noch
nicht mit Zuverlässigkeit geschlichteter Streit erhoben, indem
besonders die schon oben angeführten Aussagen der Klosterannalisten mit ihren Nachrichten von Garibalds Vertreibung Veranlassung gaben, die leibliche Abstammung Tassilo's von Garibald
in Zweifel zu ziehen. Fredegar c. 34 nennt zwei Söhne Garibalds,
Grimwald und Gundwald, von denen der Letztere seine Schwester
Theudelinde nach der Lombardei geleitete (nach Paul diac. flüchtig

ging) und dort das Herzogthum Asti empfing. Da also keiner
von diesen zum Herzoge von Baiwarien erhoben wurde, sondern
Tassilo, so folgerte man, dass Childebert die direkten Nachkommen Garibalds wegen ihrer langobardischen Verbindungen und
Sympathien vom baierischen Throne ausschliessen wollte und
deshalb lieber einen andern Fürsten aus der Agilulfingischen Familie, auf dessen Ergebenheit er zählen konnte, in der Herzogswürde bestätigt habe (Rudhart 233). Bei dem erträumten Stamm-
baume der Agilulfinger war es nicht schwer, aus Tassilo bald einen
Neffen, bald einen Geschwisterkindsvetter Garibalds zu machen,
oder in ihm überhaupt nur einen Seitenverwandten des abgesetzten Herzogs zu sehen (Hormayr I. 184).

Gegen diese gänzlich unmotivirten Schlussfolgerungen, welche
sich, wie ich im §. 2 nachgewiesen habe, auf die in zeitgenössischen Quellen nicht begründeten Behauptungen des Paul diac.
von der Bestürzung und dem Ueberfall Garibalds und der Lan-
desflucht seiner Kinder stützen, hat Mederer (115 ff.) gegründete
Einsprache erhoben, indem er auseinandersetzt, dass bei den
baierischen Herzogen aus dem Agilulfingischen Hause, soweit wir
die Geschichte derselben verfolgen können, immer der Sohn dem
Vater in der Regierung folgte; dass es Gebrauch war, den Söhnen
die Namen der Grossväter oder Urgrossväter zu geben und Tassilo's Sohn erwiesenermassen den Namen Garibald führte; dass
die Kinder Garibalds nur von ausländischen Schriftstellern genannt werden und nichts im Wege stehe, dass er ausser Grimwald und Gundoald noch einen andern, sonst nicht genannten
Sohn gehabt haben könne; dass wenn der Erstere beim Tode
Garibalds etwa schon gestorben wäre, Gundoald gewiss gern sein
kleines Lehnherzogthum Asti gegen Baiwarien eingetauscht haben
würde, wenn ihm das Anrecht auf die Erbfolge zugestanden hätte;
dass sich somit aus allem Vorgängigen ergäbe, dass Tassilo der
älteste und erstgeborne von den Söhnen Garibalds gewesen sei,
da derselbe um 612 bereits verstorben sei und bei seinem Tode
selbst wieder einen erwachsenen und kriegstüchtigen Sohn hinterlassen habe.

Zwar Hormayr (I. 104 u. 184) nennt Grimoald den Erstgebornen
Garibalds. Aber auf welche Autorität kann er sich hiebei stützen?
Ich wüsste keine, als die sehr zweifelhafte, dass Fredegar in der
oben angeführten Stelle ihm den ersten Platz unter den Brüdern
der Theudelinde anweist. Sonst sprechen alle Verhältnisse für
Mederers Ansicht, insbesondere, dass sich die ungenaue Mittheilung des Paul diac. von einem Ueberfall Baierns durch die Franken aus den Nachrichten des Zeitgenossen Gregor durchaus widerlegt, Childebert somit um so weniger Grund zu einer feind-

seligen Gesinnung gegen die Familie Garibalds haben konnte, als
der neue Schwiegersohn Garibalds, König Agilulf, im Jahre 591
einen dauerhaften Frieden zwischen den Langobarden und Franken durch Herzog Ewin von Trient, den ersten Schwäher Garibalds, geschlossen hatte (Fred. 45). Den ausländischen Schriftstellern fiel es natürlich nicht ein, einen genauen Stammbaum
der Nachkommen Garibalds zu geben, sondern sie sprechen von
seinen Kindern nur gelegentlich, wie dieselbe in ihre Geschichts-
darstellung eintreten. So tritt auch Tassilo erst hervor, als er
berufen ist, seinen Vater im Herzogthume zu ersetzen. Dass er
bei diesem Ereignisse schon ziemlich bejahrt gewesen sein musste,
ergibt sich, wie Mederer richtig bemerkt, daraus, dass er nur 16
Jahre regierte, d. h. bis 611 am Leben war und bereits einen waffenfähigen Sohn hinterliess. War Tassilo der Erstgeborne Garibalds
aus der Ehe mit der Königswittwe Waldrade, so musste er bei
Gelangung zur Regierung mindestens ein Vierziger sein und
mochte dann allerdings bereits einen Sohn haben, welcher mit
Hinzurechnung seiner 16 Regierungsjahre bei dem Tode seines
Vaters zur Uebernahme der Herrschaft und zur Anführung eines
Heeres geeigenschaftet war. Der Name des neuen Herzogs selbst
ist eine Koseform, welche sich weniger von Dagobert, einem in
der merowingischen Königsfamilie wiederholt auftretenden Namen
(Steub, Oberdeutsche Familiennamen 41), als vielmehr von Tato,
dem Vorfahren Wacho's auf dem Königsthrone der Langobarden,
herleitet, der von diesem, seinem Neffen und zugleich dem Vater
der Waldrade, erschlagen worden war (1. Abhdl. II. §. 7. S. 65).
Tassilo ward also nach seinem Urgrossohm genannt.

Um das Jahr 595 wurde Tassilo als Herzog in Baiwarien
bestätigt, *qui mox cum exercitu in Slavorum provinciam introiens
patrata victoria ad solum proprium cum maxima praeda remeavit*
(Paul diac. IV. 7). Seit dem letzten Drittel des VI. Jahrhunderts
hatte sich nämlich ein neues Volk im Südosten der Baiern niedergelassen. Die Slowenzen, vom grossen Stamme der Slaven,
waren über die Donau gegen den Alpengürtel heraufgerückt und
in die Thäler der Ostalpen von Pannonien und Norikum aus ein-
gedrungen. Hier mussten sie natürlich bald mit den Baiwaren
zusammenstossen, welche das Alpenland vor ihnen in Besitz genommen hatten. Mit der Gründung des Awarenreiches in Pannonien geriethen diese sogenannten Donau- oder Alpenslaven
unter die Herrschaft der Awaren und mussten die Raubzüge und
Kriege ihrer Herren ausführen, während diese in der Reserve
standen, um nöthigenfalls die Geschlagenen aufzunehmen, oder
den Sieg zu verfolgen. Da nun König Agilulf von Lombardien
mit dem Awarenchan Frieden geschlossen, so muthmassen Einige,

die Feindseligkeiten zwischen den Baiern und Slaven rührten
daher, dass die Letztern auf Befehl des Awarenchans in Baiwarien Einfälle gemacht hätten, um den Schwägern ihres Allirten
Agilulf gelegentlich auf den Thron zu helfen. Dagegen hebt aber
Zierngibl (M. A. I. 69) mit Recht hervor, dass Paul diac., welcher
diese kriegerischen Zusammenstösse mittheilt, stets die Baiwaren
und nie die Slaven als den angreifenden Theil darstellt. Auch
ist aus byzantinischen Mittheilungen bekannt, dass König Childebert im Jahre 590 eine eigene Gesandtschaft an den Kaiser Mauritius gesendet habe mit dem Anerbieten, gegen bestimmte Subsidiengelder als Bundesgenosse des Kaisers wider den Awarenchan ins Feld zu rücken (Theophylact. Simoc. VI. 3).

Tassilo zog also auf Befehl des fränkischen Oberkönigs das
Eisack- und Pusterthal hinauf auf der alten Römerstrasse, bis er
im obern Drauthale ins Slavenland gelangte, wo er in der Nähe
des altrömischen Aguntum zwischen Innichen und Toblach auf
die Feinde stiess und ihnen eine Niederlage beibrachte, deren
Andenken der Victoribühel bis auf den heutigen Tag verewigt
(Hormayr I. 87). Die Chronologie dieser Feldzüge liegt sehr im
Argen, weil man sich zu ihrer Bestimmung der Anhaltspunkte
anderwärts bestätigter Thatsachen bedienen muss. Nach dieser
Methode durften wir Tassilo's Erhebung um das Jahr 595 annehmen, und da sein siegreicher Feldzug bald nach seiner Thronbesteigung angegeben wird, so kann er wohl nicht über das Jahr
596 herabgerückt werden. Nicht lange nachher — denn Paul
diac. berichtet die Thatsache 4 Kapitel später, also IV. 11 —
machten die Baiwaren in der Stärke von 2000 Mann einen wiederholten Streifzug gegen die Slaven: *hiisdem ipsis diebus Baioarii
usque ad duo millia virorum super Sclavos irruunt, superveniente
Cacano omnes interficiuntur* — das heisst doch nicht, dass die
Angreifer bis auf 2000 Mann erschlagen worden seien (Erhard,
Kriegsgesch. I. 238), sondern dass sie alle 2000 von dem hervor-
brechenden Chakan getödtet wurden. Zur Zeitbestimmung dieser
Schlappe weiss Zierngibl (M. A. I. 71) nur anzugeben, dass sie
etliche Jahre vor der Taufe von Theudelindens Söhnlein, welche
603 statthatte, vorgefallen sein müsse, obwohl kaum schon, wie
Erhard meint, im Jahre 596; denn Paul diac. berichtet dieses
letztere Ereigniss IV. 27. Die verunglückte Invasion dürfte
somit 4—5 Jahre nach Tassilo's Sieg angesetzt werden, wo die
Awaren ihrerseits Böhmen und Thüringen heerten und die Gross-
mutter-Regentin Brunehilde den Frieden von ihnen mit grossen
Geldsummen erkaufen musste (Aimoin III. 85).

Zur Bestimmung des Zeitraumes für die erste Aufzeichnung
des baierischen Gewohnheitsrechtes mangeln uns alle verlässigen

Anhaltspunkte. Wir wissen nur, dass die Angabe des Prologs, welche König Theuderich von Auster unter die Gesetzgeber der Austrasier stellt, auf die erste Redaktion der *l. Baiwariorum* keinen Bezug haben könne, da die Baiern erst nach seinem Tode die Oberherrlichkeit des Frankenkönigs anerkànnt haben. Da nun von den Nachfolgern dieses Königs noch Childebert und Hlotar als Theilhaber an dem Gesetzgebungswerke der Austrasier genannt werden, der Letztere aber eigentlich in gar keine unmittelbare Berührung mit den Baiwaren kam, während der Erste wiederholt in der Geschichte der baierischen Agilulfinger genannt wird, so halte ich es nicht für unpassend, Childebert von Auster das Verdienst zuzuschreiben, durch seinen zeitgenössischen Herzog Garibald die Aufzeichnung der baierischen Gewohnheitsrechte veranlasst zu haben, welche dann vielleicht bei der Bestätigung Tassilo's zum Herzoge die königliche Sanktion erlangt haben dürften, und da König Childebert den Baiwaren einen Herzog gab, warum sollte er denselben nicht auch das Gesetz haben geben können und zwar um so mehr, als dieses nicht ein fremdes, aufgedrungenes, sondern vielmehr nur ihr altangestammtes und herkömmliches Suevenrecht war?

Der Inhalt dieser ersten Redaktion umfasste also nur die einfachsten Verhältnisse der Familie und der Gesellschaft, d. h. der Gemeinde, also vor Allem die Sicherheit der Personen und des Besitzes. Wie wir denn auch schon im vorigen §. 3 gezeigt haben, stehen an der Spitze dieser Aufzeichnung die Titel IV, V und VI, welche die Sühnbussen für Verletzungen und Kränkungen der Freien, Freigelassenen und Unfreien enthalten. Hieran schliesst sich von selbst nach IV. 29, welcher das Wergeld der Frauen bestimmt, der Titel VIII. 1—17, in welchem die Kränkungen der Weiber gebüsst werden, während c. 18—23 durch Gleichung mit westgothischen Rechtsnormen erst der zweiten Redaktion angehören können. Ferner gehören der ersten Aufzeichnung sowohl gemäss ihres Inhalts als auch der äussern Form nach noch an: Titel XIII, welcher von dem Pfändungsrecht und den Verletzungen des Besitzes durch Schädigung der Aecker und der Ernte handelt; Titel XIV, welcher die Sühnbussen für Verletzungen der Hausthiere festsetzt; Titel XIX, welcher die Heilighaltung der Gräber beschützt; Titel XX und XXI, welche den Diebstahl von Jagd- und Haushunden und den Beizvögeln mit entsprechenden Strafen belegen und endlich Titel XXII, welcher von der Schädigung der Obstgärten und Gehölze handelt, und die Bienenzucht in gesetzlichen Schutz nimmt. Es leuchtet hieraus ein, dass diese einfachsten Rechtsnormen auch nur dem ursprünglichsten Zustande der Gesellschaft entsprechen konnten, und bald

Ergänzungen nothwendig wurden, welche der Weiterentwicklung des Rechtslebens und der staatlichen Verhältnisse Rechnung trugen.

Solche Ergänzungen werden uns schon mit der ersten Redaktion im Vergleiche zu den früheren Zuständen bemerkbar. Denn während sich das ursprüngliche Freienwergeld durch Einschub der Klasse der Freigelassenen von 40 Sol. auf 80 verdoppelt hatte, so wurde gemäss der ersten Redaktion diese Komposition nochmals verdoppelt und stieg auf die Höhe von *bis LXXX Sol. hoc sunt CLX* (Tit. IV. 28). Diese wiederholte Verdopplung erklärt sich nur durch einen neuen Einschub zwischen die Freien und Frilazzen. Dieses waren die Freigelassenen des Königs oder des Herzogs, welche allerdings noch nicht im Rechtsbuche als gesonderte Standesklasse, sondern erst in den zu Neuching genehmigten *leges populares* genannt werden, aber unzweifelhaft schon zur Zeit der ersten Redaktion bestanden haben mussten, weil sonst in der Stufenleiter der Wergeldverhältnisse eine unerklärliche Lücke entstände. Diese Freigelassenen des Königs oder des Herzogs wurden entweder durch den Freiheitsbrief, *carta ingenuitatis,* oder durch den *jactus denarii,* indem der König oder Herzog dem knienden Leibeigenen den als Scheinpreis emporgehobenen Denar aus der Hand schlug, freigelassen. Dass diese ursprünglich fränkische Sitte der Manumission auch in frühester Zeit in Baiwarien bräuchlich und heimisch geworden war, beweist eines der ältesten baierischen Dokumente, das *Gloss. Lunaelac.,* welches *liberti* mit *frileiz, scazwrfun* übersetzt. Diese Königsfreigelassenen bildeten die höhere Klasse mit einem Wergelde von 80 Sol. und dadurch war nun die Verdopplung des frühern Freienwergeldes bedingt und damit die Stufenleiter der Wergeldklassen vollkommen richtig geschlossen: Leibeigene = 20 Sol.; Freigelassene = 40 Sol.; Königsfrilaz = 80 Sol.; Gemeinfreie = 160 Sol.

Diese Wergelderhöhung hatte nothwendig eine weitere Verdopplung im Gefolge. Ich habe zwar oben die Ansicht festgehalten, dass der Adel, wie überhaupt bei Germanen, so auch bei den Baiwaren bestanden, aber vor Gemeinfreien keine rechtlichen Vorzüge genossen habe, wenn nicht etwa das Vorrecht einer mehrfachen Verheirathung, einer mythischen Abstammung und eines Gefolges (R. V. 35). Jetzt, mit der Erhöhung der Wergelder begegnen uns auch in der *l. Baiwar.* fünf Adelsgeschlechter, welchen durch Begnadigung des Frankenkönigs ein verdoppeltes Freienwergeld zugestanden wird — *illis enim duplam honorem concedamus et sic duplam compositionem accipiant,* sagt der Titel III *de genealogiis,* welcher an die Spitze des ursprünglichen, alten Gesetzbuches und der Wergelder gestellt wurde. Den Grund dieser Begnadigung hat man bald darin gesucht, dass diese Familien früher die Gauobersten in Baiwarien gewesen, bald darin, dass aus ihnen die Häuptlinge und Herzoge der in Baiwarien vereinigten Theilvölker genommen worden seien und dass sie deshalb vorzugsweise Geschlechter, *genealogiae*, genannt worden wären. Indessen habe ich schon (1. Abhdl. III. §. 1. S. 70) nachgewiesen, dass sich diese Beschränkung des Begriffes *genealogia* nach dem Sprachgebrauche der *l. Baiwar.* nicht rechtfertigen lasse, indem dieses Wort nur schlechtweg Geburtsstand bedeute, ohne jegliche Bezugnahme auf adelige Herkunft. Anderseits aber wird dieses Vorrecht einer doppelten Freienkomposition hinlänglich als Konzession der Könige in obiger Gesetzesstelle gerechtfertigt. Ferner lässt sich weder aus dieser noch einer andern Stelle entnehmen, ob es ausser den dort genannten fünf Adelsgeschlechtern der *huosi, drozza, fagana, hahilinga* und *anniona* noch andere nicht durch ein doppeltes Wergeld ausgezeichnete Adelsfamilien in Baiern gegeben habe; denn die angeblichen Feringa (Roth, Zur Gesch. d. b. Volksr. 16) in einer Urkunde bei Mbk. I[a] 49 sind nur einer irrthümlichen Auffassung des Textes entsprungen und die *viri qui vocantur Mochingara* (Mbk. I[b] 127) scheinen eher ein gemeinfreies, in den verschiedenen Ortschaften Moching begütertes Geschlecht gewesen zu sein, da ihnen nirgend das Prädikat *nobiles* beigelegt wird.

Die fünf Adelsgeschlechter der Baiwaren.

Nur drei derselben sind in unsern ältesten Urkunden nachzuweisen, obwohl sich Historiker wie Sprachforscher bemüht haben, durch etymologische, genealogische und topografische Studien einiges Licht in diese dunkle Sparte unserer ältesten Geschichte zu bringen, wobei es freilich nicht an reichlichen Hypothesen namentlich über die Epigonen dieser alten Geschlechter und an Konjekturen über den Zusammenhang derselben mit den historisch konstatirten Grafengeschlechtern des frühern Mittelalters fehlt.

Die Huosier erscheinen in zwei Freisinger Urkunden bei Schlichtung von Familienstreitigkeiten in grosser Anzahl. Bald nach Tassilo's III. Ausgang erhob sich ein Streit zwischen Hiltiport und Egilolf einerseits und dem Priester Ejo und seinen Brüdern Isangrim und Erchanpercht anderseits über den Besitz der Martinskirche zu Awigozeshusir (Haushausen). Es versammelten sich die Huosier zur Familientheidigung und da diese nicht gelang, so riethen Oadalker, Reginhart und Nibulunc, nach dem Zusammenhang die Familienhäupter, die Sache an den Bischof von Freising zu bringen, welcher die Appellation an die Sendboten des Königs Karl vorschlug, durch welche sie auf dem Placitum auf dem Wartperg bei Lorch entschieden wurde (Mbk. I^b 129). Im Jahre 849 wollte der adelige Priester Erchanfrid eine Schenkung seines Erbgutes zu Munninpah und Reode (Singenbach und Ried) an das Stift zu Freising rückgängig machen; aber der Bischof berief einen Tag nach Tannern, wo die meisten der Huosier und sehr viele andere Edelherren zusammenkamen und Erchanfrid zur Anerkennung seiner Schenkung genöthigt wurde (Mbk. I^b 661). Der Adelige Paldrich, welcher im Heerbann König Ludwigs 843 an Bischof Erchanbert von Freising im Lager vor Verdun seine Güter zu Tannern, Hilgertshausen, Klenau und Singenbach verkaufte, war zweifelsohne ein Huosier (Mbk. I^b 629), sowie der Graf Adalperht, welcher sein Besitzthum zu Landperhtesrode *in confinio Hosiorum* um 850 gegen freisingisches Gut vertauschte. Da nun die oben als Alode der Familie der Huosi genannten Besitzungen zwischen Lech und Isar in den Thalgründen der Amper, Ilm, Glon und Paar, also im alten Hausengau, *in pago huosi, huoson*, liegen, so hat man wohl nicht mit Unrecht geschlossen, dass dieser Gauname, welcher bis zum XII. Jahrhundert in Uebung blieb, nebst dem alten Burgstall Hausen ob Polling von der Adelsfamilie der Huosi seinen Namen empfangen habe. Der Zusammenhang der nach dieser Zeit in diesen Gegenden nördlich auftretenden Grafen von Dachau und Scheiern, sowie der Grafen von Andechs und Diessen im Süden des Hausengaues, mit dem alten Fürstengeschlechte der Hosier, so verlockend eine solche genealogisch-topografische Studie auch sein mag, beruht auf allzu problematischer Grundlage, um ihr geschichtlichen Werth beizulegen. Verlässiger ist dagegen die Annahme, dass das Edelgeschlecht der Herren von Hausen, welches seit dem XI. Jahrhundert sehr häufig in den Urkunden nachbarlicher Klöster genannt wird, aus Nebenlinien des Fürstenstammes entsprungen sei; denn es finden sich, wie Merkel (Ztsch. f. Rgesch. I. 264) bemerkt, unter denselben nicht nur Ritterbürtige, sondern, da in Kaiser-Urkunden der niedere Adel nicht zu zeichnen pflegte, entschieden auch Reichsfreie, deren Ministerialitätsverhältniss nach der Uebung jener Zeit um so weniger überraschen kann, als es die ersten Reichsfürsten nicht unter ihrer Würde hielten, um Güter, namentlich bei geistlichen Stiftern, zu Lehen zu gehen.

Die Drozza, auch Draozza, können urkundlich erst im XII. und XIII. Jahrhundert nachgewiesen werden, da die östreichischen Dokumente aus älterer Zeit in den Verherrungen der Magyarenzeit grösstentheils zu Grunde gingen. Die Familie führte den Namen der Starken, von *thrôttr* = Stärke, und werden ihre Mitglieder

eigentlich nur gelegentlich als Zeugen genannt. So Rudolfus de
Droze im Mölker Todtenbuch (P. sc. I. 310); Rongerus jun. de
Droze nebst drei Brüdern im Kl. Neubg. Schenkungsbuch n. 448;
ein Herrandus de Droze (1156—1172), welcher unter hochadeligen
Zeugen eine Falkensteinische Urkunde unterzeichnet (M. b. VII.
479); ein Wernherus de Droze (1170) in einem Passauer Schenkungsbuch von S. Nikol, n. 294; ein Adalbero de Drozendorf
(1188) (Urkb. ob d. Ens II. 277); ein Albertus de Drowze (1214)
in Passauer Urkunden (M. b. XXXI. 487); ein Pott von Drozz
(1225) in einer Niederaltaicher Urkunde (M. b. XI. 262). Wenn
es beim Mangel anderer Behelfe gestattet sein muss, aus der
Ortslage der Urkunden auf die Nachbarschaft der in denselben
angeführten Zeugen und Orte Schlüsse zu ziehen, so entnehmen
wir aus obigen Vergabungen mit ziemlicher Wahrscheinlichkeit,
dass die Hausalode der Familie Drozza am nördlichen Ufer der
Donau bis hinab in die Ostmark gelegen haben müssen, wo in
Niederbaiern Trosendorf und Trossau, in Oestreich Schloss Tross
zwischen dem Kamp und Göllerbach und Drosendorf unter der
Ens noch an den Namen des Geschlechtes erinnern. Dass von
ihnen die Lambachsche Fürsten- und Grafenfamilie in Oestreich
abstamme, muthmasst Lang ohne historische Begründung.

Das Geschlecht der Fagana — der Freudigen, von *fagan,*
goth. *faginon* — wird urkundlich im Jahre 750 bestätigt, wo der
dritte Bischof von Freising die Schwaige Erichinga, oberhalb der
Bischofsstadt, wo sich die Marken der Agilolfinga und Fagana
gränzten, in Besitz nahm und die Abtretung der betreffenden
Weidegründe Seitens der beiden betheiligten Familien bewirkte,
*fines utrorumque genealogiarum sine fraude ditionibus beatae prae-
dictae genetricis Mariae consistere in perpetuum firma permaneat . . .*
Mbk. I^a 49. — Als Glieder der Familie Fagana werden hiebei ge-
nannt: Ragino, Anulo, Wetti und Wurmhart. Das hier angeführte
Feringas ist, wie schon oben erwähnt wurde, nicht ein anderes
Adelsgeschlecht, sondern der unterhalb München gelegene Ort
Vering, auf welches Herzog Tassilo nebst seinen Geschlechts-
genossen, also den Agilulfingen Alfrid und seinen Brüdern und
Miterben verzichtete und ebenso wenig kann unter den beiden
Genealogien die Dynastie der Schyren verstanden werden (Husch-
berg, Scheyern-Wittelsb. 60), weil als Geber nur Glieder der
Agilulfinger und Fagana auftreten. Die genannten Wetti und
Wurmhart, zwei alliterirende Namen, scheinen Brüder und Söhne
des Anulo gewesen zu sein und treten noch in späteren Schen-
kungen zu Freising auf. So im Jahre 758 Wetti, wo er sich den
Sohn Anulo's nennt und sein Besitzthum zu Ruedlfing unterhalb
Freising vergibt (Mbk. I^b 8). Wurmhart im Jahre 768, wo er ein

Drittel seines Besitzthums der Marienkirche in Rot schenkt (Mbk. I^b 18), was er zwei Jahre später bestätigt. Dagegen gehört wohl kaum hieher der Anulo, welcher 772 eine Schenkung zu Kienberg macht, denn sein Sohn heisst Oadalker (Mbk. I^a 75); eher noch Wettinus, welcher (Mbk. I^b 74) als früherer Besitzer zu Ehing angeführt wird. Auch den zu Truhthering bei München begüterten Hiltiprand kann ich nicht mit Huschberg (Scheyern-Wittelsb. 56) für einen Fagen ansehen; denn er nennt sich selbst einen Vetter des Herzogs Tassilo (Mbk. I^b 27) und gehört somit unter die Geschlechtsgenossen des oben genannten Alfrid. Hieraus ergibt sich also, dass sich die Marken der Faganischen und Agilulfingischen Alode bei Erching schieden und dass jene gegen Norden in das Isar-, Vils- und Rotthal reichten, während die letztern sich gegen Süden ausbreiteten. Das hindert jedoch keineswegs, dass der alte Ort Vagn an der Mangfall, welcher schon in der Mitte des X. Jahrhunderts in einem Tauschvertrage des Dienstmannes Otmar mit dem Freisinger Bischof Lantbert als Fagana vorkommt (Mbk. I^b 1080), mit dem Adelsgeschlechte in Verbindung steht, wenn auch hier ebenso wenig wie oben bei Hausen hiemit behauptet werden soll, dass die Adelsgeschlechter von diesen Schlössern und Burgställen ihren Ausgang genommen hätten. Denn bis in das XIV. Jahrhundert lassen sich die *nobiles viri de Vagene* in den Urkunden verfolgen, wo sie vor den Ministerialen zeichnen und sonach zu dem alten reichsfreien Adel gezählt wurden, was immerhin auf einen verwandtschaftlichen Zusammenhang mit dem ursprünglichen Fürstengeschlecht der Fagana zurückweist. Wenn wir uns übrigens unter den baierischen Adelsgeschlechtern des Mittelalters um Nachkommen der Fagana umsehen, wofür man muthmasslich die Dynasten von Ebersburg und Wasserburg annahm, so soll hier bemerkt werden, dass hierauf die Grafen von Neuburg und Falkenstein jedenfalls einen gerechteren Anspruch haben; denn fürs Erste waren sie mit den Edlen von Vagen in verwandtschaftlichen Beziehungen, so dass sie dieselben bei allen wichtigen Familienverhandlungen beizogen, und ferner bezeugt Graf Sigiboto im Jahre 1180 im Falkensteinischen Salbuche, dass sein und seiner Familie Stammgut, welches er sein *praedium libertatis*, sein Hantgemalchen nennt, in einem Edelmannssitz zu Geiselbach bei Taufkirchen in der alten Grafschaft Moesfurten bestand (M. b. VII. 434), also in jener Gegend lag, wo wir im obern Vilsthale die Alode der Faganischen Adelsfamilie nachgewiesen haben. Wir entnehmen hieraus, dass sich Zweige des alten Geschlechtes nach dem Süden gezogen und dort einen neuen Aufschwung genommen haben mussten.

Das Adelsgeschlecht der Hahilinga hat gar keine Spuren hinterlassen, wenn man nicht den Ortsnamen *Hahalinga in pago Tonahgewui* (P. thes. I. 3. 249) hieher ziehen will, der übrigens ganz vereinzelt steht. Grimm (H. Z. VI. 11) leitet von goth. *haihs* = einäugig, *cocles*, ein ahd. *hêh, hêhil*, ab, wobei der Name Hahilinc, Hahili einschlüge. Hienach hätten die Hahilinger Anspruch auf die Abstammung von Wodan, dem Einäugigen. Anderwärts bemerkt Grimm (D. S. G. 510), dass der Name dieses Geschlechtes an die Hegelinge des Gudrunliedes erinnere. Westlich von Salzburg senkt sich vom Staufen ein breiter Rücken als Vorberg gegen die Salach herab, welcher im VIII. Jahrhundert den Namen Hegilo trägt und von einem zahlreichen Adelsgeschlechte in mehreren Burgen und Sedelhöfen bewohnt ist, dessen Glieder ihre Güter in Piding und Hegilin freigebig an das Stift St. Peter in Salzburg verschenkten. So die *viri nobiles* Gotscalc, Irmhart, Waninch, Adalfrit, Ekko, Adalhart, die *nobiles foeminae* Gutlint und Engeldrut. Das Schloss (*castellum*) Engilbolts zu Egilin verkaufte Bischof Virgil bereits an Swiker von Laufen (J. 37. 41 und 42). Diese Güter sind in späterer Zeit Objekte mannigfacher Tauschhandlungen (J. 127. 155. 156. 230). Aber auch bei Aibling liegt ein Hegilingas, welches schon im VIII. Jahrhundert eine Pfarrkirche besass, welche Herzog Tassilo III. an die Abtei Herrnchiemsee vergab (Mbk. I^b 120). In dem benachbarten Mahsminreini (Maxlrain) sass ein in der Umgegend reich begütertes Edelgeschlecht, aus welchem bereits zu Anfang des IX. Jahrhunderts Podalunc und seine Söhne Reginolf und Reginhart bedeutende Güterschenkungen von ihrem Besitzthume zu Mahsminreini und Hegelingas an das Domstift zu Freising machen (Mbk. I^b 296. 418. 521). Hienach darf als ziemlich gewiss angesehen werden, dass sich die Hahilinge im Südosten Baiwariens vor dem Gebirge niedergesetzt hatten, wo auch noch ein Hegelsberg (j. Heigelsberg) und Hegelwerth, sowie ein Hegling bei Amberg an ihren Namen erinnert, und dass die spätern Reichsgrafen von Maxlrain, welche im vorigen Jahrhundert ausstarben, von dieser Familie abstammten. Aber neben diesen hatte sich auch zu Hegling eine adelige Ministerialen-Familie erhalten, deren Glieder von Hegelingen, aber auch von Egilingen sich unterzeichnen, in baierischen Urkunden sehr häufig vorkommen, bisweilen unmittelbar nach dem hohen Adel genannt und somit als reichsfrei anerkannt werden. Später setzten sie sich im nahen Kirchdorf unterm Haunpolt; ihr Edelmannssitz und Sedelhof zu Hegling kam an die Schweikharte und von diesen an die Auer zu Pullach. Sie dürfen somit als eine Nebenlinie des alten Geschlechtes, gleich den Herren von Hausen und den Vagenern angesehen werden.

Da nun in Hegling auch die Grafen von Scheiern begütert zu sein scheinen — wie die Scheierische Gräfin Haziga um 1077 das von ihr gegründete Kloster Margarethenzell mit einem Hofe in Hegelingas und Zehnten in Willingan ausstattete und die Herzoge Rudolf und Ludwig 300 Jahre später Zehnten und Güter aus Hegeling nach Fürstenfeld vergaben (Oberb. Arch. I. 162, VI. 326. 327) — so hat man sich berechtigt geglaubt, die spätern Grafen von Scheiern von den Hahilingen abstammen zu lassen. Huschberg (Scheyern-Wittelsb. 59) behauptet, übrigens ohne weitere historische Belege, dass das oben im Donaugau genannte Hahalinga der älteste Wohnsitz des Geschlechtes der Schiren seit seiner Einwandrung gewesen zu sein scheine, welche übrigens schon frühzeitig ihren ersten Sitz verlassen und die Orte und Burgen Skiri bezogen haben mögen, um so bald nach ihnen benannt zu werden. Die Skiren hätten sich gleich anfangs in der Gegend von Regensburg niedergelassen und seien dann gegen Norden vorgedrungen, wo die Orte Scierstat (Stadt am Hof), Schirndorf, Schirnbrunn u. s. w. an sie erinnerten; aber auch südlich der Donau fänden sich die Orte Skirelinga, Sciri, Skira, Skir bei Abensberg und Mangolding und Scirun (Scheiern) als ihre Niederlassungen. Wie lose diese Hypothesen zusammenhängen, sieht man aus dem „scheinen und mögen", mit dem sie vorgetragen werden, ganz abgesehen von der Unwahrscheinlichkeit, dass ein skirisches Geschlecht erst einen baiwarischen Ortsnamen angenommen habe, um denselben später mit dem Volksnamen wieder zu vertauschen. Schon Grimm (D. S. G. 467) findet es ganz glaublich, dass skirische Geschlechter aus Pannonien und Norikum nach Baiern versprengt wurden. Es müsste diese Thatsache nur aus den Ereignissen begreiflich gemacht werden, was übrigens nicht schwer fällt, wenn man bedenkt, dass die Skiren nach der Vertilgungsschlacht an der Bollia aufhörten, ein Volk zu sein und sich ihre Ueberreste ohne Zweifel an die verbündeten Karpatensueven, die spätern Baiwaren, anschlossen (1. Abhdl. II. §. 6. S. 61). Die Fürsten dieser Skiren hiessen Edica und Wulf (Jorn. 54) und Edico wird der Vater Odoakars genannt, wie dessen Bruder Aonulf hiess (Eugipp 39). Dieser Aonulf aber entfloh nach einem verunglückten Aufstandsversuch wider Theoderich, nach der Niederlage und dem Tode seines Bruders *trans confinia Danubii* (1. Abhdl. III. §. 1. S. 70). Es liesse sich auch hieraus das Vorkommen skirischer Geschlechter in Baiern und namentlich in der Donaugegend erklärlich finden. Auffallend ist es jedenfalls, dass in der altbaierischen Heldensage die Namen Eticho und Wulf oder Welf eine so grosse Rolle spielen. Der freiheitstolze Eticho zieht sich als sagenhafter Held mit 12 Mannen im IX. Jahr-

hundert in den Scherenzer Wald, den *nemus Scyrorum*, zurück
und verschwindet dort im Etichothal — Ettal — gleich den alten
Göttern und verwunschenen Helden des Volkes. Sehr gut hat
Grimm (D. S. G. 468) gezeigt, wie die Namen Edica, Wulf,
Odovacar und Thela alle den Begriff Hund enthalten und sich
an einen den Schwaben, Baiern und Hessen gemeinsamen Ur-
mythus anlehnen, der vielleicht von einem blindgebornen Helden
sang, welcher sich später sehend — *catulus, hwelf* — um so gewaltiger entfaltete. Auch ist *helblindi* in der Edda eines Wolfes
und Odhins Name. Wenn nun auch der Name der Grafen von
Scheiern, der später nach der Burg Vitlenspah genannten Fürsten,
nicht gerade mit unbedingter Nothwendigkeit von den Ansiedlungen der skirischen Volksreste abgeleitet werden muss — denn
man kann ihn auch und zugleich mit diesem Volksnamen aus
dem gothischen *skeirs = clarus* erklären — so ergibt sich aus
vorstehendem Nachweis, dass das Vorkommen skirischer Fürstengeschlechter in Baiwarien nicht nur nichts Befremdendes an sich
habe, sondern vielmehr durch die Geschicke der Skiren nach der
Schlacht an der Eipel und nach Odoakars Untergang insbesondere
bestätigt werde. Nur müssen wir alsdann gestehen, dass wir
durchaus keine Anhaltspunkte besitzen, welche uns in Stand
setzen, diese später so berühmte und für Baiern hochwichtige
Familie mit irgend einem der alten Adelsgeschlechter in ein halt-
bares Abstammungsverhältniss zu bringen. Denn der Umweg von
dem *helblindi* und den skirischen Welfen auf den goth. *haihs* und
ahd. *hêhilo* und durch diesen auf die am Gebirge begüterten
Hachilinge und Schyren, dürfte doch etwas zu weit erscheinen.
Indessen finden wir auch das Fürstengeschlecht der Welfen, die
doch schon im IX. Jahrhundert als die *nobilissima stirps Baioariorum* und zwar mit dem Herzogstitel aufgeführt werden (Thegan.
v. Lud. c. 26), nicht unter den von dem Frankenkönige mit Verdopplung des Freienwergeldes begnadigten Adelsgeschlechtern,
obwohl sie unzweifelhaft schon zu Ende des VI. Jahrhunderts
sich in den Gauen der alten Likater niedergelassen hatten, wenn
ich auch nicht mit Mederer (Beitr. 50) Guelf und Welf von Agilulf ableiten und dadurch die Welfen zu einer Seitenlinie der
Agilulfinger machen kann.

 Wenn wir bei den frühern Adelsgeschlechtern, wenn auch
nur dürftige Spuren und selbst von Seitenlinien in spätern Jahrhunderten herrührende Andeutungen benutzen konnten, so verlassen uns bei den Anniona alle Anhaltspunkte. Die Ortsnamen
Anning bei Vilshofen, bei Bogen, bei Traunstein in Baiern, oder
Aining bei Kelheim, bei Laufen hieher zu ziehen, geht kaum an
und würde auch wenig fördern. Dagegen hat Huschberg (Scheyern-

Wittelsb. 58) die im XII. bis XIV. Jahrhundert in Südtirol häufig genannte Familie der Enna hieher gezogen, um die Behauptung zu unterstützen, dass das Geschlecht der Anniona sich jenseits des Brenners niedergelassen habe, wo zwischen Botzen und Trient noch heutzutage die Trümmer der Burg Enne ins Thal der Etsch herableuchten. Aber mit der *vallis Anannia, Annonia, Enniana* (Hormayr I. 177 und 249) würden wir allzuweit gegen Süden gedrängt werden; denn die Burg Enna liegt im Tridentinischen, bis wohin sich die Marken der Baiwaren nie erstreckten. Also müssen wir hier ohne irgend welche weitere Ausbeute von dem ältesten Adel der Baiwaren Abschied nehmen.

Ausser der den fünf genannten Adelsgeschlechtern von dem Frankenkönige genehmigten Wergelderhöhung erscheint in der ersten Redaktion der *l. Baiwar.* noch eine weitere für die Glieder der herzoglichen Familie der Agilulfinger. Ich habe schon oben II. §. 1. S. 155 nachgewiesen, dass dieselbe nicht in einer Steigerung des baierischen Kompositionssystems ihren Grund haben könne, da sie nicht die Summe von 640 Sol. betrug, wie man zu erwarten berechtigt wäre, sondern nur 600 Sol., und uns deshalb zu der Schlussfolgerung veranlasst, in diesem in Baiern aussergewöhnlichen Wergelde nur die den Antrustionen des Frankenkönigs rechtlich zustehende Komposition nach salfränkischem Bussensystem anzuerkennen, woraus alsdann der weitere Schluss motivirt werden konnte, dass die Agilulfinger ein fränkisches Geschlecht 'sein müssten und somit auch nur in ihrer angebornen Schätzung nicht dadurch beeinträchtigt werden sollten, dass man sie den baiwarischen Adelsgeschlechtern gleichstellte. Ueberdies scheint der hier einschlägige T. III des Gesetzbuches mehrfach überarbeitet worden zu sein; denn wenn man denselben mit dem vorstehenden Kapitelregister vergleicht, so ist es zweifellos, dass er ursprünglich nur von der Busse der Adelsgeschlechter handelte und somit der ganze Satz vom Herzoge: *dux vero ... parentes ejus conponuntur* sich als ein späterer Einschub charakterisirt, dessen Hinweglassung den eigentlichen Sinn des Titels in nichts beeinträchtigt.

Ausdrücklich bestimmt aber dieser Titel, dass der Herzog wegen seiner fürstlichen Würde im Bussensysteme um ein Drittel höher als seine Geschlechtsgenossen angeschlagen werden soll. Zugleich entnehmen wir aber aus dem c. 2, dass selbst das Leben des Herzogs in ältester Zeit noch durch eine Kompositionssumme gesühnt werden konnte, nämlich mit 900 Sol. und nicht durch

Todesstrafe des Thäters — *anima illius pro anima ejus,* wie das Kapitel einer spätern Redaktion besagt. Mag übrigens der Satz von der Vergütung des Herzogs, wie es sehr wahrscheinlich ist, auch erst durch die zweite Redaktion in unser Gesetzbuch gekommen sein, so rechtfertigt sich seine Aufnahme dadurch, dass er im Prinzip dem ältesten Bussmodus der Germanen entspricht, und selbst in diesem Falle keine Leib- und Lebensstrafe zuerkennt, wie dieses auch aus der Vergleichung der Titel XI. 2 und XXIV des Alamannenrechtes erhellt.

So verlief Tassilo's Regierungszeit in das 15. oder 16. Jahr unter kriegerischen Ereignissen und Friedensgeschäften; denn er scheint das Jahr 611 nicht überlebt zu haben. Eine direkte Angabe seines Todesjahres mangelt uns, wie bei dem seines Vaters Garibald, und wir müssen uns auch hier auf die Vergleichung mit andern in der Chronologie bereits feststehenden Thatsachen stützen, um mit Hilfe derselben Schlüsse zur Lösung unserer historischen Frage zu ziehen. Pagi, Hansitz, Ekard nehmen das Jahr 609 als die Zeit des Ablebens Herzog Tassilo's an, aber sie stützen diese Annahme auf die Angaben der Vita III. S. Hildulfi, nach welchen ein Herzog Garibald Zeitgenosse des Frankenkönigs Theodebert II. von Auster gewesen sei. (Dass hier irrthümlich der Vater der Theodelinde angegeben ist, thut nichts zur Sache.) Da nun Theudebert im Jahre 612 ermordet wurde, so schliessen obige Forscher, dass man Garibalds II. Regierungsantritt auf das Jahr 609 zu setzen habe, damit man ihn auch noch als zeitgenössischen Regenten mit dem Austrasier Theodebert II. in Verbindung bringen könne. Aber die eben angeführte Beiziehung eines baierischen Herzogs Garibald in die Vita Hildulfi ist erwiesenermassen nur ein Einschub, womit ein späterer Interpolator die Vita I. Hildulfi zu verbessern meinte und hat somit gar keine kritische Bedeutung.

Wir werden uns daher wieder zu Vergleichungen der Angaben des Paul diac. wenden müssen, welche allerdings nicht immer die wünschenswerthe Zuverlässigkeit ansprechen können. Nun gibt aber der langobardische Geschichtschreiber den Tod Herzog Tassilo's um zwei Kapitel früher an, als den des Langobardenkönigs Agilulf (IV. 41 und 43). Da aber das letztere Ereigniss in das Jahr 615 fällt, so dürfen wir schliessen, dass auch Herzog Tassilo I. dieses Jahr nicht mehr erlebte. Auch die Ermordung des Frankenkönigs Theudebert II. und des Herzogs Gundwald von Asti, welche beide im Jahre 612 stattfanden, erzählt derselbe Schriftsteller erst, nachdem er von Tassilo's Ableben Meldung gethan. Es ergibt sich also hieraus, dass dieses Ableben auch vor das Jahr 612 zu setzen sei. Hiemit stimmt überein, dass

Paul diac. den Friedensschluss des Langobardenkönigs Agilulf
mit dem oströmischen Kaiser Heraklius und den Franken kurz
nach der gelegentlichen Mittheilung vom Tode Herzog Tassilo's
berichtet (IV. 42). Da nun die Zeit dieses Friedensschlusses auf
das Jahr 611 festgestellt ist (Zierngibl, M. A. I. 73), so bleibt
uns nach allen zu Gebote stehenden Hilfsquellen nur die Annahme
übrig, dass Herzog Tassilo I. zwischen den Jahren 610 und 611
gestorben sei.

§. 5. Herzog Garibald II.

Sogleich nach seinem Regierungsantritte sehen wir auch
Herzog Garibald in einen Krieg mit den Slaven verwickelt — *his
temporibus mortuo Tassilone, duce Baioariorum, filius ejus Garibaldus in agunto a Slavis devictus est* (Paul diac. IV. 41). Von
welcher Seite die Feindseligkeiten begannen, ist aus der Mittheilung nicht zu entnehmen; da aber als Gegend der baierischen
Niederlage Innichen an der Gränze zwischen dem baiwarischen
Pusterthale und dem slavischen Drauthale angegeben ist, so dürfte
man wohl schliessen, dass der Einfall diesmal von den Slaven ausgegangen sei, wenn ich auch hiedurch nicht mit Zierngibl (M. A.
I. 80) behaupten will, dass Tassilo's Tod die Veranlassung zu
dem slavischen Einfalle gegeben habe, indem durch diesen Todesfall der etwa mit Herzog Tassilo aufgerichtete Friedensvertrag
als gelöst erachtet worden sein möchte. Denn es ist uns von
einem solchen Separatvertrage des baierischen Herzogs nichts
bekannt, sondern wir entnehmen obiger Mittheilung nur, dass
sein Sohn Garibald im ersten Angriff bei Innichen von den Slaven
besiegt wurde, wobei es natürlich an einer Plünderung und Verheerung des gebirgigen Gränzlandes nicht fehlen konnte. Nachdem sich aber die Baiwaren wieder verstärkt hatten, nahmen sie
den siegreichen Slaven nicht nur die geraubte Beute wieder ab,
sondern jagten sie auch über die Gränze. Ob sich an diesen
Sieg der Baiwaren die Tributpflicht der Slaven knüpfte, deren
der fränkische Gesandte vor Samo erwähnte (Hormayr I. 188),
lässt sich ebenfalls nicht mit Bestimmtheit aussprechen; denn
diese Verpflichtung konnte auch von älterem Datum sein.
Der Raubzug der Avaren nach Italien hat für unsere Geschichte nur insofern einige Bedeutung, als bei demselben die
vier keuschen Töchter des Herzogs Gisulf von Friaul in Gefangenschaft abgeführt und verkauft wurden, deren Eine nach Paul
diac. Erzählung einen Fürsten der Baiwaren soll geheirathet haben. Der Zeitfolge nach kann als dieser Fürst, wenn nicht unter
dem *princeps* überhaupt ein Agilulfinger zu verstehen ist, nur Gari-

bald II. gemeint sein, obwohl das Ereigniss vor seine Thronbesteigung gesetzt werden muss, weil es Paul diac. (IV. 38) auch
drei Kapitel vor dem Tode des Herzogs Tassilo erwähnt.
Indem wir uns um die Regierungsdauer Garibalds II. umsehen, um die in diesen Zeitraum treffenden geschichtlichen Thatsachen festzustellen, so müssen wir leider bekennen, dass uns
hiefür alle und jegliche Anhaltspunkte abgehen, und wir nicht
einmal, wie bei seinen Vorgängern, im Stande sind, uns auf sub-
sidiäre Hilfsangaben berufen zu können. Diese Unsicherheit wird
besonders dadurch vermehrt, dass das Zeitalter Ruperts und
selbst Emmrams noch immer nicht mit Bestimmtheit festgesetzt
werden konnte; denn wenn man auch den Ansichten jener Geschichtsforscher nicht mehr beipflichten kann, welche, wie Aventin
und Welser, den Herzog Garibald nur sehr kurz regieren lassen,
weil sie um das Jahr 616 einen Herzog Theodo ansetzen, zu
welchem Rupert gekommen sei, so scheint uns anderseits der
Beweisgrund jener Schriftsteller, welche Garibalds Herrschaft bis
gegen das Jahr 640 andauern lassen wollen, wie Mederer, Zierngibl und Rudhart, nicht weniger problematisch, weil sie sich auf
das Jahr 649 als das Jahr der Ankunft Emmrams stützen, wo
bereits ein Herzog Theodo oder Dieto geherrscht haben soll.
Nachdem aber, wie wir im nächsten Abschnitte sehen werden,
dieses Jahr sich als unhaltbar erweist und die neuesten Forschungen Emmrams Zeitalter um ein halbes Jahrhundert herabzusetzen
nöthigen, so fällt somit auch der Stützpunkt des obigen Kalkuls,
nämlich der auf 649 angesetzte Herzog Theodo I., und es hindert
uns nichts, Garibalds II. Lebensdauer auch noch über das Jahr
640 auszudehnen. Denn da wir nur aus einer Wahrscheinlichkeitsberechnung zu erschliessen vermögen, dass sein Vater Tassilo als
ein Sechziger um 610 starb und ihn als waffen- und regierungs-
fähigen Nachfolger hinterliess, so darf man das Geburtsjahr Garibalds II. zwischen 580 und 590 suchen und eine bis zum Jahre
650 bis 660 ausgedehnte Lebensdauer enthielte immer noch keine
Widernatürlichkeit.

Im 40. Jahre der Herrschaft Chlotars II., des Sohnes der
Fredegunde, der nach dem Tode seiner Vettern im Jahre 613
das ganze Reich Chlodwigs wieder unter seinem Scepter vereinte,
also um das Jahr 623 hatten die Bedrückungen der Hunawaren
einen so unerträglichen Grad erreicht, dass sich ihre mit Slaven-
weibern erzeugten Söhne empörten und ihre Tyrannen in wiederholten glücklichen Kämpfen besiegten. Zu diesen Siegen verhalf
ihnen insbesondere das Feldherrn- und Führertalent des fränkischen Kaufmanns Samo, den seine Handelsgeschäfte zu den Winiden geführt hatten, wo er sich durch seine klugen Rathschläge

und ihre siegreichen Erfolge eine Krone und die 35jährige Herrschaft über das erste Slavenreich in Europa erwarb. Leider ist
die Lage dieses plötzlich erstandenen Reiches so in Zweifel ge-
hüllt, dass sich die Geschichtsforscher nicht darüber vereinigen
können; denn während Zeuss (D. 638) und sein unbedenklicher
Nachfolger Büdinger (Oestr. Gesch. I. 76) das Uebergewicht von
Samo's Macht wegen der häufigen Verheerungen Thüringens in
der folgenden Zeit nach Böhmen verlegen, so sehen Andere, wie
Rudhart 241, wohl mit grösserem Rechte in den Donauslaven
oder Karantanen den Kern des neuen Slavenreiches, da dieselben
als nächste Nachbarn der Hunawaren auch deren Angriffen von
Pannonien aus am meisten ausgesetzt sein mussten. Diese Bewegungen im Osten veranlassten wohl die Nachbarvölker der
Avaren und Slaven im Jahre 628 zu der Bitte an König Dagobert,
den Sohn Hlotars, und seine Minister, *ut ille post tergum eorum
iret feliciter et Avaros et Sclavos ceterasque gentium nationes suae
ditioni subjiciendum fiducialiter spondebat* (Fred. 58). Dass bei
einer solchen Bitte vor allen die Baiwaren interessirt sein mussten, lehrt ausser den bisherigen Kämpfen ein Blick auf die Karte
und ich sehe keinen Grund, mit Gemeiner (G. O. 38) hierunter
Bulgaren sowie einige andere slavische und hunnische Gränzvölker
zu verstehen.

Auch hatte ein richtiges Gefühl die öffentliche Volksmeinung
geleitet; denn der anfängliche Friede zwischen Dagoberts und
Samo's Völkern zerbrach bereits im Jahre 630, und als die
Austrasier wider die Slaven heranrückten, wurden sie in der drei-
tägigen Schlacht bei Wogastiburg in die Flucht geworfen, nicht
so fast durch die slavische Tapferkeit, als vielmehr durch den
schlechten Eifer der Austrasier für Dagoberts Sache — *dementia
Austrasiorum dum se cernebant cum Dagoberto odium incurrisse et
assidue expoliarentur* — Fred. 68. Da die Franken in drei Armee-
korps in Samo's Reich einrückten, und die Alamannen und Langobarden den rechten Flügel, die Austrasier dagegen den linken
bildeten, so ergibt sich schon aus dieser Heereseintheilung, dass
die Baiwaren das Centrum der ganzen Angriffsarmee einnahmen
und als solches auch die Reserve für die Aktionen der beiden
andern Korps bildeten; deshalb nahmen sie allerdings an dem
siegreichen Vormarsche des rechten fränkischen Flügels keinen
Antheil, wurden aber auch von den nachtheiligen Folgen der Niederlage des linken Flügels nicht getroffen, sondern deckten ihre
Landesmarken, während die siegreichen Slaven plündernd und
verheerend den flüchtigen Austrasiern durch Thüringen nachsetzten.

Die Macht der Avaren, bisher so gefürchtet im oströmischen

Reiche, wie bei ihren westlichen Nachbarn, erlitt durch diesen
siegreichen Aufstand der Slaven, der sich nicht blos auf die Karantanen im Gebirge und Pannonien beschränkte (denn auch die
Tschechen im südlichen Böhmen waren von den Avaren abgefallen
und selbst Derwan, der Häuptling der Soraben, vordem dem
Frankenkönige tributpflichtig, hatte sich nach diesem Siege dem
Winidenherrscher Samo freiwillig unterworfen) eine mächtige Einbusse. Dazu kamen innere Bewegungen und Unruhen, welche die
einigende Macht des Chakans schwächten (Büdinger, Oestr. Gesch.
I. 77) und selbst zum Ausbruche des Bürgerkrieges führten. Ein
Streit zwischen den bisher verbundenen Avaren und Bulgaren
über die Nachfolge im Reiche, welcher im Jahre 630 ausgebrochen
war, gab die Veranlassung zu einem blutigen Zusammenstoss der
Parteien in Pannonien, wobei die siegreichen Avaren 9000 Bulgaren mit ihren Weibern und Kindern über die westliche Gränze
trieben. Die Vertriebenen aber wandten sich an König Dagobert
um Aufnahme und Ländereien im Frankenlande. Anfänglich befahl Dagobert, die Flüchtlinge über Winterszeit in Baiwarien ein-
zuquartieren; aber bald entstand die Furcht, die fremden Gäste
möchten durch Umtriebe die Ruhe und den Frieden des Reiches
stören. Also berief man Vertrauensmänner aus Baiern — *rex
evocatis Bajoariis hoc dedit in mandatis* . . . Aimoin IV. 24 —
und sandte sie mit dem Blutbefehle in die Heimat, dass in einer
und derselben Nacht jeder Quartierträger seine bulgarischen
Gastfreunde zu erschlagen habe — *quod protinus a Bajoariis est
impletum* (Fred. 72). Nur 700 Männer, Weiber und Kinder ent-
rannen mit ihrem Führer Alticeus dem schauervollen Blutbade,
sei es durch Muth und Glück oder durch Barmherzigkeit ihrer
Gastfreunde. Sie entkamen in die windische Mark, wo sie mehrere
Jahre bei dem Wendenherzog Walluc Aufnahme fanden, bis sie
von dem Langobardenkönige Grimwald in den Abruzzen angesiedelt wurden (Paul diac. V. 29).

Diese dunkle That, der einzige schwarze Fleck zum Glück,
welcher die Geschichte unserer Vorvordern schändet, ist ein ebenso
trauriger Beweis von der sklavischen Unterwürfigkeit derselben
unter die barbarischen Befehle des fränkischen Oberkönigs, wie
von der sittlichen Verwilderung, in welche das Volk während Jahrhundert langer Kämpfe gerieth, dass es nicht einmal mehr die
den Germanen heilige Gastfreundschaft achtete. Auch hatte die
christliche Mission noch nicht das Werk der neuen Civilisation
in Baiern begonnen; denn wenn auch die Familie Garibalds I.
als eine christliche und im Gegensatze zu den arianischen Langobarden als eine katholische angesehen werden muss, so übte
dieses Verhältniss der Herzogsfamilie einen ganz unbedeutenden

Einfluss auf das an seinem angestammten Götterglauben und seinen
uralten Religionsbräuchen hängende Volk, das einen Eingriff in
die Freiheit seines Glaubens am wenigsten ertrug. Ja es ist sogar
zweifelhaft, ob überhaupt Herzog Garibald II. noch ein Christ
war, oder ob er nicht vielmehr zu dem heidnischen Götterkulte
seiner Vorältern und seines Volkes wieder zurückgekehrt war;
denn solche Rückfälle in das Heidenthum kamen unzweifelhaft
vor, und dass seine Agilulfingischen Nachfolger im Herzogthume
nicht mehr als Christen angesehen wurden, lehrt uns die Geschichte der christlichen Mission in Baiwarien.

Zwar findet sich in den Lebensbeschreibungen der fränkischen
Aebte Eustasius und Agilus aus dem VII. Jahrhundert der Name
der Baiern, wenn auch in verderbter Form und sogar in Verbindung mit dem Bojernamen, was natürlich sogleich Veranlassung
gab, die erträumte Abstammung von den Kelten durch einen
augenscheinlichen Quellenbeweis zu erhärten. Indessen habe ich
bereits früher (1. Abhdl.I. §. 2. S. 10) gezeigt, dass eine vorurtheilsfreie Auffassung und Zergliederung der betreffenden Stellen sehr
wenig geeignet sei, eine solche voreilige Annahme im mindesten
zu stützen. Die Versammlung von Bischöfen, welche Chlotar im
33. Jahre seiner Herrschaft, also im Jahre 617, nach Boneil berief, um mit ihnen den religiösen Zustand der Völker seines
Reiches zu berathen, dachte gar nicht an eine Heidenmission zu
den Völkern im fernen Germanien, sondern bestimmte nur Männer
*qui vicinas gentes, falso errore deceptas ad gremium Sanctae matris
ecclesiae revocarent* ... (v. Agili A. S. Aug. t. VI. 580) *ut gentes quae
vicinae erant, fidei pabulo alerentur* (v. Eustasii A. S. Mart. t. III. 787).
Also man ordnete nur Prediger zu den benachbarten Stämmen
ab, um die Irrlehren zu bekämpfen. Dazu gehörten nun vor
Allem die Warasken, welche am Doubs sassen und besonders den
Glaubensansichten des Photinus und Bonosus anhingen. Nachdem
nun die beiden Aebte Eustas und Agil ihr Bekehrungsgeschäft
bei diesen beendet hatten, begaben sie sich nicht etwa zu den
Baiern, wie man wiederholt gegen den ausdrücklichen Wortlaut
der Vitae behauptet hat, sondern *directo calle ad Bojas*, d. h. also
doch offenbar zu den Bojern, wozu nun die Berichterstatter den
mittlerweile in dialektischer Verunstaltung nach Gallien gedrun-
genen Namen des Baiernvolkes setzen. Nun haben sich die Erklärer die fruchtlose Mühe gemacht, den Wohnort der Bojer zu
erforschen, und den Weg von Luxovium, dem Ausgangspunkte
der Mission, zu ihnen und wieder zurück zu studiren, während
die Legendenerzählung gar keinen Reisebericht geben will, sondern vielmehr die Gelegenheit der Missionsreise des Eustas und
Agil nur benutzt, um Mirakelanekdoten dieser beiden Aebte an

einander zu reihen. Die Nachkommen der alten Bojer, die bei
den Aeduern Aufnahme gefunden hatten, kannte man aber noch
im V. Jahrhundert sehr wohl in ihren alten Sitzen zwischen den
Flüssen Loire und Allier in der nächsten Nachbarschaft der Warasken. Es kann also nicht überraschen, dass der Weg die Missionäre von den Letztern zu jenen führte, und noch weniger
kann es befremden, dass die Legendenschreiber den Bojern die
Bemerkung beifügen, dass dieselben *nunc Bavocarii, Bodoarii,
Boiarii dicuntur*, da die wirklichen Baiern insbesondere im VII.
Jahrhundert unter diesen Namen im Frankenreiche bekannt wurden, wo König Dagobert die zweite Redaktion ihrer Gesetze ver-
anstaltete.

Also die Aebte Eustas und Agil, denen man bisher die erste
Missionsreise nach Baiwarien zuschrieb, sind nicht in dieses Land
gekommen, sondern sie wanderten zu den Warasken am Doubs,
von diesen zu den Bojern an der Loire und von dort wieder in
ihr Kloster — *ad Luxovium remeare studebat* (V. Eust. A. S. Mart.
III. 787). Dagegen erzählt derselbe Biograf Jonas von Bobio,
dass Agrestinus der Erste war, welcher auf einer Reise nach
Aquileja zu den Baiern kam. *Qui cum ad Baioaricos tendens ve-
niret ibi paullulum moratus est et nullum fructum exercens velut
alta platanus garrula verborum folia tremulas quatit ad aures, dum
fructuum copiam nescit* (V. Eust. A. S. Mart. III. 788). Der unruhige
Kopf, früher Notar König Theoderichs II., begab sich nach dem
durch den Dreikapitelstreit berüchtigt gewordenen Aquileja, wo
seinem Talent für Intriguen sich allerdings ein weites Feld öff-
nete, und unterwegs kam er nicht zu den Bojern (wie Büdinger
S. XXIII. 378 angibt), noch zu den Bodoariern, wie Blumberger
(Arch. für östr. Gesch. X. 360) schreibt, sondern *ad Baioaricos*,
d. h. also zu den Baiwaren, die auf seinem Wege lagen, wo aber
seine Geschwätzigkeit geringe, vielmehr keine Früchte erzielt habe,
weshalb er sich auch nicht lange daselbst aufhielt. Ob aber der
Bischof Amandus von Maestrich, welcher vor dem Zorne König
Dagoberts flüchtig über die Donau setzte, um den Slaven —
wahrscheinlich den Winiden im Reiche Samo's — das Christenthum zu predigen, dabei, wie Büdinger (Oestr. Gesch. I. 82)
muthmasst, durch Baiern gekommen sei, sind wir nicht anzunehmen berechtigt, da uns seine Lebensgeschichte (A. S. Feb. t. VI
848) hiefür gar keine Anhaltspunkte darbietet und der nothge-
drungene Heidenbekehrer der gehofften, aber nicht erreichten
Märtyrerpalme auch auf andern Wegen, z. B. im Norden durch
Thüringen und Böhmen entgegen eilen konnte, bis ihn König
Dagoberts Boten wieder versöhnend zur Taufe des Erbprinzen in
die Königsstadt zurückriefen.

Wenn nach diesem kaum nennenswerthen Anfange einer
christlichen Mission in Baiwarien im Zeitraume König Dagoberts
noch durchaus nicht von einer christlichen Kirche und hierarchischen Einrichtungen in Baiern die Rede sein konnte, so leuchtet
schon hieraus ein, dass die *l. Baiwar.*, so wie sie uns vorliegt,
nicht durch den *rex gloriosissimus Dagobertus* vollendet worden
sei, wie dieses der Prolog der austrasischen Gesetzbücher emfa-
tisch behauptet, obwohl man deshalb nicht gerade mit dem überall
Verdacht schnuppernden Gfrörer in dieser Behauptung eine ab-
sichtliche Täuschung zu suchen gezwungen ist. Im Gegentheil ist
der Prolog vielleicht um 100 Jahre jünger und wiederholt überarbeitet, so dass also nur die Legislationsgeschichte der Austrasier: *Theodoricus rex — renovavit* der Dagobertischen Periode
angehört, während die Einschaltungen aus Isidor die dem VIII.
Jahrhundert eigenthümlichen Formen und Barbarismen an sich
tragen (R. V. 10), also unzweifelhaft erst später von kundiger
Hand eingefügt worden sein können. Da nämlich der Prolog die
legislatorischen Verdienste der Merowinger überhaupt zusammenfasst, so dürfen wir bei der Abschätzung seiner Angaben nicht
allzu ängstlich sein; denn die Bedeutung, welche Theoderich für
die Ostfranken und vielleicht selbst für die Alamannen hatte,
brauchte er als Gesetzgeber für die Baiwaren durchaus nicht zu
haben, und wenn wir Childebert als Veranstalter der Sammlung
baiwarischer Gewohnheitsrechte anerkennen, so folgt daraus
durchaus nicht, dass er irgend welchen Werth für den *Pactus
Alamann.* gehabt habe. Da übrigens der Prolog von einer Kom-
mission Nachricht gibt, welche König Dagobert zur Prüfung und
Verbesserung des wohl erst vor Kurzem schriftlich redigirten
baierischen Gewohnheitsrechtes niedergesetzt habe und die aus den
erlauchtesten und höchst gestellten Staatsmännern des Frankenkönigs bestanden habe, welche auch sonst an Dagoberts Hof als
Würden- und Geschäftsträger nachgewiesen sind, so unterliegt es
keinem Zweifel, dass hiedurch eine zweite Redaktion der ersten
Aufzeichnung der *l. Baiwar.* angedeutet werde, welche zu Dagoberts Zeit statthatte.

· Diese zweite Redaktion charakterisirt sich als eine Ueberarbeitung einheimischer Weisthümer unter Zugrundelegung der
bald nachher aufgehobenen *Antiqua Reccaredi* also des alten
Westgothenrechtes, wie es bis in die Hälfte des VII. Jahrhunderts
gedauert hat — ein Geschäftsverfahren, wie es sich von den ausländischen Kommissionsmitgliedern, dem burgundischen Hausmeier
Claudius, einem Römer, dem fränkischen Staatsreferendar Cha-
doind und zwei fränkischen Bischöfen erwarten liess. Wenn Roth
(Entstehung der *l. Baiwar.* 38. 48. 50) die Ansicht vertheidigt,

dass die Einschübe aus dem Westgothenrechte nicht zu verschiedenen Zeiten, also allmählig, sondern auf einmal in das Baiwarenrecht gemacht worden sein müssen, so hat er hierin vollkommen
Recht; denn wären die Parallelstellen aus der Antiqua allmählig
in die l. Baiwar. gemacht worden, so würden sie auch gleich-
mässig über das ganze Gesetzbuch verbreitet sein und nicht blos
einzelne Titel desselben betreffen. Dagegen kann ich dem Verfasser darin nicht beipflichten, wenn er annimmt, dass diese Einschübe ohne fremde Einwirkung durch baiwarische *judices* stattgefunden haben, und sich zum Beweise dafür darauf beruft, dass
zur Erklärung der Malbergischen Glossen die erste Person, *dicimus*, gebraucht würde; denn einheimische Richter wären bei dieser
Redaktion wohl so wenig als bei der ersten Aufzeichnung des
Gewohnheitsrechtes auf den Einfall gekommen, dasselbe durch
Beiziehung fremder Normen zu erweitern, während ein solches
Verfahren bei ausländischen gelehrten Juristen nicht überraschen
kann, wenn sie das in jener Zeit hochangesehene Westgothenrecht
ihrer Revisionsarbeit zu Grunde legten. Uebrigens ist auf die
Ausdrucksweise *dicimus, vocant, vocatur, dicunt* u. s. w. um so weniger entscheidendes Gewicht zu legen, als gerade im Titel X,
welcher entschieden dieser zweiten Redaktion zugewiesen wird,
vorwaltend die dritte Person in Uebung ist und anderwärts, wo
die einheimische Entstehung ausser Zweifel ist, die erste Person
nicht gebraucht wird, oder mit der dritten häufig und absichtslos
wechselt.

Indessen darf man nicht glauben, dass die hier einschlägigen
Titel ohne weiteres aus der *l. Visigothor.* oder aus der *Antiqua
Reccar.* herübergenommen sind. Im Gegentheile enthalten die
Titel des baierischen Gesetzbuches, welche man wegen ihrer den
westgothischen Normen entnommenen Kapitel zu dieser Redaktion
zieht, nämlich Titel IX—XII, XV—XVIII, unstreitig viel ursprünglich baierisches Recht, welchem nur aus der in ihrer Vollendung
schon abgeschlossenern Antiqua Bestimmungen eingefügt wurden,
welche durch ihre nicht selten wörtliche Kopie den Beweis liefern, dass sie nur nach dem Gutdünken der Redaktoren eingesetzt
wurden. So finden sich am Ende des Titels VIII, welcher von
den Schädigungen der Weiber handelt, ein Par Kapitel über die
Fruchtabtreibung, wovon eines wörtlich übereinstimmend mit dem
Westgothenrechte, die leibeigene Thäterin zu 200 Geisselhieben,
die freie dagegen zum Verluste der Freiheit verdammt. Hierauf
folgt ein sehr komplizirter Kompositionsmodus, der sich bis in
die siebente Generation des Thäters fortziehen sollte, aber entschieden ein späterer Zusatz ist, da er sich zur Begründung auf

die Auffassung christlicher Kirchenväter von der Beseelung des Ungebornen im Mutterleibe stützt.

Der Titel IX handelt vom Diebstahl und ist dadurch ausgezeichnet, dass der gestohlene Gegenstand seinem Werthe nach neunfach ersetzt werden musste. Geschah der Diebstahl in dem Herzogshofe, in einer Mühle oder Schmiede, wozu später auch noch die Kirche kam, also in der Heidenzeit gewiss auch den Tempel betraf, so wurde der Thäter 27fach gebüsst, da jene Gebäude öffentliche waren und nie geschlossen werden sollten. Es war genau vorgeschrieben, ob der Thäter den Reinigungseid mit 6 oder 12 Eideshelfern zu leisten habe, oder ob er das Gottesurtheil des gerichtlichen Zweikampfes ansprechen konnte. Einen auf handhafter That ertappten Dieb mochte man ohne gerichtliche Ansprache erschlagen, wie schon das Westgothenrecht gestattete. Gleichfalls wurde nach westgothischer Norm Derjenige, der einen fremden Leibeigenen zum Diebstahl oder einem Verbrechen verleitet, um die neunfache Werthsumme gebüsst, der Knecht aber erhielt 200 Geisselhiebe. Nächtliche Thierschädigung stand dem Diebstahle gleich, wahrscheinlich weil sie verübt wurde, um dadurch in Besitz des Aases zu kommen. Gestohlenes Gut zu hehlen, oder zu kaufen, war bei Strafe des kleinern Friedensgeldes von 12 Sol. und Wiederersatz verboten — Alles nach Westgothenrechte. Die Heiligkeit des Eides scheint nicht sehr hoch angeschlagen worden zu sein, da der Gesetzgeber den Baiwaren insbesondere einschärft, dass man nicht leichtsinnig zum Eidschwure greifen soll, sondern nur in jenen Händeln, wo der Richter nach sorgfältiger Voruntersuchung keinen Beweis aufzubringen im Stande war — gleichfalls nach westgothischem Muster und Vorbild.

Die Titel X und XI von den Brandschäden und dem Hausfriedensbruch enthalten nur einheimische Weisthümer wider die Beschädigung der Wohnungen, Zäune, Strassen, Brunnen und könnten eigentlich ganz wohl der ersten Aufzeichnung des Gewohnheitsrechtes beigezählt werden, während sie von den Juristen wahrscheinlich nur deshalb der zweiten Redaktion unterstellt werden, weil die sie umgebenden Titel IX und XII theilweise nach westgothischer Vorlage gearbeitet sind. Wir finden nun in diesen Kapiteln ausser dem ländlichen Wohnhause, dessen First- und Winkelsäulen und einzelne Balken taxirt werden, die Scheuer, den Schupfen, den Pfärch, ausserdem das Badehaus, den Backofen, die Küche, deren Schädigungen entsprechend gebüsst wurden. Wer einen Hofzaun einriss, zahlte 3 Sol.; wer einen Eschzaun, der die Saatfelder umhegt, niederriss, oder auch nur die oberste Flechtruthe desselben, die Ettergerte, durchbrach, wurde um 1 Sol. gestraft. Man unterschied den Königsweg, die Vicinalstrasse und den Gangsteig, deren Sperre, sowie die Verunreinigung der Brunnen mit einer Busse von 3—12 Sol. belegt war. In seinen vier Pfählen war der Baiware vollkommen freier Herr. Wer seinen Hof mit Gewalt betrat, zahlte 3 Sol. Busse, wer denselben auf einer Diebssuche ohne des Hausherrn Erlaubniss heimsuchte und das Seinige nicht fand, 6 Sol. Dagegen durfte der Hausherr die Durchsuchung des Hauses nach Diebsgut bei Strafe des grossen Friedensgeldes von 40 Sol. nicht hindern. Wer eine Diebsbeschuldigung nicht beweisen konnte, büsste als ob er gestohlen hätte. Anderseits aber wurde, wer die Ergreifung des Diebsgutes hinderte, mit dem grossen Friedensgelde und vollständigem Ersatz bestraft — Rechtsnormen zwar erst durch die *leges populares* Tassilo's III. sanktionirt, aber bestimmt von altem Datum. Der Titel XII bringt einige nach der *Antiqua Reccar.* gearbeitete Kapitel über die Markzeichen, welche in Erddämmen, Steinen oder Baumzeichen bestanden. Bei Streitigkeiten über Grund und Boden entschied beim Mangel anderer Beweismittel der Gottesgerichtskampf, zu welchem es aber nicht gestattet war, Lohnkämpfer zu nehmen. Wer auf bestrittenem Grunde baute, bewies sein Anrecht mittels des Hammerwurfes bis zum richterlichen Austrag des Streites.

Titel XV und XVI enthalten mit den Worten der *Antiqua Reccar.* das Vertragsrecht, nämlich die Normen bei Hinterlegung und Leihen, Kauf und Tausch. Blos dem westgothischen Vorbilde zu Liebe ist hier gleich das Erbrecht der Wittwen und Kinder angeschlossen, wobei bereits Citate aus der Bibel auf eine spätere Zeit der Abfassung hinweisen. Was nach Titel XVI. 11 folgt, enthält keine Anklänge mehr an das Westgothenrecht und könnte man die Normen über die dem Kauf nothwendig folgende Bestätigung, über die Zeugen und Kämpfer, also auch Titel XVII und XVIII füglich als ursprünglich baiwarische Rechtssätze ansehen. Das Wichtigste unter den hier eingeschalteten processualen Formeln und Anordnungen ist das insbesondere dem baierischen Rechtsbrauch angehörende und deshalb eigenthümliche Bestätigen, wodurch der Verkäufer dem Käufer eidlich sein Besitzrecht an die zu Verkauf kommende Sache bestätigte und den Käufer durch Uebergabe eines symbolischen Pfandes gleichsam in den Besitz des überlassenen Gegenstandes einwies. Wenn daher ein verkaufter Grund von einem Dritten angesprochen wurde, so setzte der Verkäufer vor Allem den Käufer in die Gewere, indem er von den vier Ecken des Ackers Erdschollen aufhob, oder Gras von Wiesen, oder Baumzweige vom Walde nahm und sie dem Käufer in feierlicher Weise mit den dazu vorgeschriebenen Worten übergab. Zu gleicher Zeit überreichte er mit der linken Hand Demjenigen,

der den Grund ansprach, ein Pfand zum Zeichen, dass er ihm zu
Recht stehen würde; denn solche Rechtsfälle waren immer kampf-
bedürftige, d. h. sie wurden ursprünglich, wie auch nach dem
Alamannenrecht, nur durch den Gottesgerichtskampf entschieden;
erst später wurde auch der Eidschwur mit 12 Eideshelfern gesetzlich gestattet. Zeugen wurden nur von Demjenigen vorgeführt,
welchem der Beweis durch Wissende zukam, oder durch richterlichen Schiedspruch auferlegt worden war. Doch konnte die Gegenpartei gewisse Zeugen verwerfen. Im Namen der Vorgeführten,
denn sie wurden am Ohre gezogen, was der Rechtsbrauch der
Baiwaren forderte, leistete Einer den vorgeschriebenen Zeugeneid,
indem sich Alle wahrzeichnend an der Hand fassten. Wenn aber
der Urtheilsspruch auf Zweikampf erkannte, dann war durch das
Gesetz bestimmt, ob selber durch Lohnkämpfer ausgefochten
werden durfte, oder ob die Parteien selbst zum Schwerte greifen
mussten. Im erstern Falle lag den Parteien nicht die Wahl des
Kämpfers ob; denn dieselben wurden durchs Loos vertheilt —
cui deus fortiorem dederit (Tit. IX. 2). Der Lohnkämpfer, wenn er
fiel, wurde nur mit 12 Sol. gebüsst, gleichviel welcher Standesklasse er angehört habe; nur ein Leibeigener, der wider den
Willen seines Herrn sich zum Lohnkampfe hergegeben hatte,
musste mit seinem Wergelde, d. h. mit 20 Sol. gebüsst werden.

Dies waren die Erweiterungen und Verbesserungen, welche
die zweite Redaktion in das Baiwarenrecht brachte.

III. Geschichte der christlichen Mission in Baiwarien

unter Herzog Theodo I. und seinen Söhnen:
Theudebert, Grimwald, Theudebald und Tassilo II.

Holtzmann ist meines Wissens der Einzige, welcher gelegentlich (Kelten und Germanen 134) die Behauptung aufstellte, dass die Baiwaren wahrscheinlich schon als Christen in ihren gegenwärtigen Wohnsitz eingewandert seien. Dieser durch keinen weitern Beweis motivirten Ansicht steht die übereinstimmende gegentheilige Anschauung aller andern Forscher gegenüber, wonach die Baiern erst, nach ihrer Uebersiedlung in das Süddonauland von fränkischen Missionären zum Christenthume bekehrt worden seien. Ueber den Zeitpunkt dieses Ereignisses erhob sich aber ein langjähriger Streit, der nicht aus den lautersten Motiven entsprang und auch nicht mit den redlichsten Mitteln durchgekämpft wurde. Wir dürfen zwar aus der frühern Nachbarschaft der Baiwaren im Karpatenlande mit Gothen und Langobarden, sowie aus der theilweisen Aufnahme von gothischen und kelto-romanischen Volksresten in ihren Staatsverein schliessen, dass den Baiern das Christenthum nicht unbekannt war. Wir wissen auch, dass ihre neue Herrscherfamilie als Nebenlinie der Merowinger der katholischen Religion angehört haben müsse. Eine Nachricht aus dem XI. Jahrhundert theilt ferner mit, dass Erhard, der erste Abt von Novientum (Eberheimsmünster im Elsass), zu Ende des VII. Jahrhunderts nach Regensburg gekommen sei — *Rheno transvadato Regensborg civitatem, suam videlicet sedem subiit* (Mabillon, Ann. Bened. I. 458), wahrscheinlich als Wanderbischof; denn von einem längern Verweilen desselben in Baiern wissen unsere Urkunden nichts. Ein Par Schenkungsurkunden von Passau nennen vor der Zeit des ersten Bischofs Vivilo einen Erchanfrid und Otgar als *vocati episcopi*, welche ohne festen Sitz im Sprengel des ehemaligen Bisthums von Lorch herumwanderten, also gleichfalls zu Ende des VII. Jahrhunderts und denen *anteriores episcopi* vorausgegangen sein sollen (M. b. XXVIII^b 38. 44. 78). Selbst die Missionsreise des Sektirers Agrestinus durch Baiern wird als erfolglos geschildert. Erst mit Bischof Rupert von Worms, der unter einem fränkischen Könige Childebert lebte, scheint die christliche Mission in Baiwarien ihren nachhaltigen Anfang genommen zu haben, wesshalb ihm seine Nachfolger zu Salzburg und mit ihnen die baierischen Geschichtschreiber das Apostolat der Baiern vindicirten. Hiegegen suchte Probst Arnold vom Kloster Emmeran glaublich zu machen, dass der Schutzheilige seines Klosters schon in der Mitte des VII. Jahrhunderts in Baiern während drei Jahren seine Missionsthätigkeit entfaltet habe und die Emmeraner Mönche producirten im XIII. Jahrhundert seinen Grabstein, welcher 652 als sein Todesjahr angab. Hinwieder antworteten die Mönche von St. Peter zu Salzburg mit einer Berechnung, wonach Rupert unter Childebert II. nach Baiern gekommen und im Jahre 623 daselbst gestorben sei. Zum Beweise hiefür beriefen sie sich freilich etwas spät, nämlich im XVII. Jahrhundert, auch ihrerseits auf einen bis dahin verborgenen Grabstein. Und somit war der Altersvorrang Ruperts gerettet.

§. 1. Die Rupertusfrage.

Indessen blieb die Angelegenheit hiemit noch keineswegs für alle Zeit entschieden; denn die Angaben unserer ältesten Chroniken und Annalen über das Zeitalter Ruperts sind so verschieden und einander widersprechend, dass sie die Kritik von selbst herausfordern. Die Salzburger Annalen haben der Tradition gemäss: 580 *Rudbertus claruit* und 628 *Transitus S. Rudberti sub Honorio papa.* Das Chron. Salisb.: 609 *hic expulsus b. Rudb. a Wormacia in Juvavio receptus pro episcopo.* 623 *hoc anno obiit S. R...* Mit diesem Todesjahre stimmen Act. Garstense und Ann. Admuntens. Dagegen hat das Act. Mellic.: 523 *S. Rudb. Wormaciae claruit, unde postea depulsus Bawariam petit et Theodonem duc. baptizavit.* Daneben 617 *Theodo III d. Bav. regnat quem eciam S. Rudb...baptisavit.* Das Actuarium Cremifan. bietet Folgendes: 524 *S. Rudb...Theodonem duc....baptizavit.* 598 *Erchanfrid... cujus tempore b. Rudb. Wawariam venit.* 615 *...hujus tempore Juvavie conceditur habitare S. Ruperto a principibus Francorum et wawariae.* Das Chron. Osterhov. hat: a. d. 517 *Theodo III. in Ratispona ... cum multis militibus ... baptizatus a Rudperto.* Bernard. Nor. sagt: *de ordine episc. laureacensium.* 598 *Erchenfridus ep. sedet patavie ... hijs temporibus S. Rudwertus a Theodone in babariam accessitur.* 615 *Vivilo rom. laureaci sedet ... hujus tempore S. Rudw. construxit ecclesiam Juvavensem.* Und in

der *fundatoris genealogia* von Kremsmünster sagt derselbe Verfasser: *Theodo III h. n. quem S. rupertus waptizavit* a. d. 517.
Der schroffe Widerspruch dieser Angaben konnte nicht verfehlen, die Kritik herauszufordern, die denn auch sogleich die schwache Seite der nur auf Autoritätsglauben begründeten Tradition schonungslos aufdeckte und zwar um so einschneidender, als die angezogenen Autoritäten, um 5—6 Jahrhunderte von den erzählten und behaupteten Thatsachen abstehend, nur geringes Vertrauen ansprechen konnten. Hiemit war aber der fast zweihundertjährige Streit zwischen System und Tradition, oder eigentlich besser bezeichnet zwischen Kritik und Autoritätsglauben entzündet, welcher selbst noch in unserer Zeit heftige Streitschriften von beiden Seiten veranlasste, aber wenigstens den Nutzen brachte, dass er unsere Kenntniss von dem Zustande der christlichen Mission im Südosten von Deutschland mächtig förderte.

Es wäre wohl überflüssig, die Gründe beider Parteien für und wider hier zu erörtern, da uns die spätere Geschichte selbst darauf führt. So mag vorläufig die Thatsache genügen, dass die fortschreitende Untersuchung die Tradition allmählig aus allen Positionen verdrängte. Die jedes geschichtlichen Beleges entbehrende Vermehrung der Agilulfingischen Theodone musste als genealogische Künstelei der Chronikenschreiber in das Reich der Träume verwiesen werden; die Missionsthätigkeit des Eustas und Agilus in Baiern war nach der unparteiischen Beleuchtung der Beweisstellen in den Vitis nicht mehr haltbar. Selbst das Zeitalter Emmerans musste um ein halbes Jahrhundert herabgerückt werden und zuletzt sah sich Filz, der streitbarste Kämpe der Tradition, gezwungen, das Congestum Arnonis, eine seiner Hauptquellen, als falsche Urkunde zu brandmarken, weil ihre unwiderleglichen Angaben nicht mit den Träumen der Tradition sich vereinen lassen. Noch einmal sammelt Koch-Sternfeld (Oe. A. II. 385) alle Angaben der Tradition, aber mit vernichtender Ruhe weist ihm Blumberger. (Oe. A. X. 351) nach, dass er nicht ein einziges sicheres Moment zur Bewahrheitung der Tradition aufzubringen im Stande war und den Gegnern der Tradition alle ihre Einwendungen gegen dieselbe offen gelassen habe, indem er sich nur auf eine apodiktisch hingestellte, keineswegs erwiesene Naturnothwendigkeit beruft und in dünkelhafter Selbstüberhebung die absolute Alleinberechtigung zum Urtheil fordert und in dieser bescheidenen Infallibilität jeden Andersdenkenden mit seinem furchtbaren Zorne bedroht.

Wattenbach, der Vertreter der Kritik (Oe. A. II. 499) will nicht einmal die in der *Conversio Bagoariorum* niedergelegte *Vita primigenia Rudberti*, obwohl dem IX. Jahrhundert entstammend,

als Beweis für das Zeitalter Ruperts gelten lassen, sondern nur
als Dokument, dessen Angaben sich erst aus ältern Urkunden
bestätigen müssen. Als solche erkennt er das Todtenbuch von
St. Peter, die *Breves notitiae* und das *Congestum Arnonis*, welche
sämmtlich aus dem VIII. Jahrhundert herrühren und somit als
älteste Augen- und Ohrenzeugen angesehen werden müssen. Alle
drei enthalten Theodo, Theodobert und Hugbert in ununterbrochener Reihe als Herzoge von Baiwarien, und da der Grossvater Theodo, unter welchem Rupert nach Baiern kam, nur ein
Zeitgenosse des Königs Childebert III. sein kann, so konnte auch
Rupert nach den ältesten und parteilosen Zeugnissen nur erst zu
Ende des VII. Jahrhunderts nach Baiern gekommen sein. Die
Beweisführung ist für den Unbetheiligten so überzeugend, dass
es nur als sehr bescheidene Anerkennung angesehen werden muss,
wenn Blumberger (Oe. A. X. 351) nicht leugnen will, dass die Abhandlung die Sache des Systems in einfacher übersichtlicher Darstellung und mit besonnenen Erörterungen empfehlend gemacht
habe und dass man hoffen dürfe, es möchten die Traditionsfreunde
nicht mehr, wie bisher, an *Breves not.* und *Cong. Arnonis* zu rüt-
teln versuchen. Ueberhaupt hat es Blumberger schon früher als
durchaus irrthümliche Behauptung zurückgewiesen, dass Baiern
im VII. Jahrhundert ein christliches Land gewesen sei, und indem
er die einzelnen für diese irrige Meinung aufgestellten Schein-
beweise der Reihe nach widerlegt und namentlich die Annahme
von Emmerans Wirksamkeit in diesem Jahrhundert als unstatthaft erklärt, so sieht er nur die Einigung beider Parteien in dem
Satze möglich, dass Rupert um den Anfang des VIII. Jahrhunderts das baierische Christenthum gegründet habe, weil hiedurch
der Anforderung der Tradition, Rupert als den Apostel der
Baiern anzuerkennen, ebenso Genüge geschehe, als der Forschung
der Kritik, welche das jüngere Zeitalter Ruperts festhalten müsse.
     Man sollte meinen, dass dieser Vermittlungsvorschlag bei
Männern von Verständniss für objektive Geschichtsforschung,
denen historische Wahrheit höher stehen muss als tendenziöse
Schönfärberei, Anerkennung finden dürfte. Wie sehr sich aber
Blumberger in seinem Vertrauen auf den parteilosen Forscher-
trieb der Traditionsfreunde verrechnete, beweisen die jüngsten
Ausschreitungen ihrer Stimmführer, wonach es sich in jenem Lager
nicht mehr um den Vorrang Ruperts in der Christianisirung
Baierns handelt, sondern vielmehr dieses Ereigniss gegen alle
geschichtliche Wahrscheinlichkeit und Beweise in den Anfang des
VI. Jahrhunderts zurückgeschoben werden soll.
     Pater Mittermüller (Zeitalter d. h. R. 1855) glaubt dem Ruhme
des eigentlichen Apostels der Baiern nur dadurch gerecht werden

14*

zu können, wenn er seine allererste Missionsthätigkeit in die Zeit
kurz nach der Einwandrung des Volkes in seine dermaligen Sitze
verlegt. Denn 1) stellen die Vitae Rupert als den ersten Apostel
der Baiwaren dar; 2) wird diese Stellung durch das ununter-
brochene Bewusstsein der Nachwelt bestätigt, indem die übrigen
Missionäre nur nebenher erwähnt und dadurch angedeutet wird,
dass mit Rupert nach der Völkerwandrung gleichsam eine neue
Zeit begonnen habe; 3) ist Salzburg unbestritten die Mutterkirche
von Baiern. Eustas, Emmeran und Corbinian wären Stifter von
Kirchen und Klöstern und im VII. Jahrhundert bestanden schon
die Kirchen von Lorch (?), Regensburg (?) und Seben mit ihren Spren-
geln. Wenn aber trotzdem Salzburg als die älteste Missionsanstalt
in Baiern erschiene, so musste der Gründer dieser Kirche nothwendig den andern an Alter vorangehen; 4) seit Garibald sind
die christlichen Agilulfinger Regenten in Baiern; da aber Rupert
den Herzog Theodo vom Heidenthume bekehrte, so musste er
wohl älter sein als der spätere Garibald. Ferner ist Baiern zur
Zeit Emmerans bereits ein christlich eingerichtetes Land mit
Kirchen und Klöstern; auch sei es von gar keinem Belange,
Emmeran als Zeitgenossen von Corbinian anzunehmen oder nicht.
Denn sein Tod muss jedenfalls in die Achtziger Jahre des VII.
Jahrhunderts fallen, weil Lampert, sein Mörder, nicht unter den
Theilherzögen des VIII. Jahrhunderts erscheint; 5) weitere Aufschlüsse aber zur Zeitbestimmung der Bekehrung der Baiern biete
der Prolog zur baierischen Gesetzgebung, woraus klar erhelle,
dass die christliche Landesverfassung unter Chlotar II. und Dagobert I. vollendet war. Die Reform der baierischen Gesetze
wäre durch den Missionär Eustas, den Bischof Ingenuin von Seben
und vielleicht Erchanfrid von Lorch hervorgerufen und gefördert (! !).
Ruperts Fahrt nach Pannonien ist nur vor dem Jahre 570 denkbar, weil von da ab bis zum Jahre 791 das Land unter der Ens
in den Händen der Avaren war. (Hier dürfte doch wohl bemerkt
werden, dass diese Ausdehnung von Ruperts Missionsthätigkeit
einerseits auch in späterer Zeit nicht geradezu unmöglich erscheint, weil wir nicht die Hindernisse kennen, welche ihm die
Avaren in den Weg legen mochten; anderseits scheint aber die
Angabe von Pannonien ziemlich tendenziöser Natur, da das amtliche Aktenstück, die *Conversio Bagoariorum*, die Rechte des Salzburger Metropoliten auf Pannonien zu vertreten bestimmt war
und die *Breves notitiae* nichts von dieser Fahrt wissen.) Ueberhaupt setzen die einheimischen Quellen (aber welche!) zwei Theodone vor Garibald und die Tradition von einer Verbindung eines
derselben mit der fränkischen Prinzess Regintrud scheine dadurch
Gewicht zu erhalten, dass Fredegar der Theodelinde, ihrem Bruder

und ihrer Tochter, sowie den nachfolgenden Agilulfingen eine
fränkisch-merowingische Abkunft zuschreibe, was auf der Hand
läge, wenn Garibald I. ein Sohn oder Enkel der Regintrud gewesen wäre; 6) diese Ansicht des höhern Alters Ruperts werde
bestätigt durch die Schwierigkeiten, welche der entgegenstehenden
Ansicht der Kritik widerstreben und sie unhaltbar machen. Vor
dem XIII. Jahrhundert erscheine kein Dokument, worin der ge-
taufte Herzog als Theodo III. bezeichnet wird. Dagegen nenne
Fromund den Täufling einen Sohn des zu Anfang des VI. Jahrhunderts regierenden Herzog Theodo und natürlich ist dem Verfasser dieser Mönch des XIII. Jahrhunderts ein viel verlässigerer
Zeuge, als die dem VIII. Jahrhundert angehörenden Aufzeichner
des *Congestum Arnonis* und der *Breves notitiae*, auf welche der
Verfasser selbstverständlich sehr ungünstig zu sprechen ist, weil
ihre ungeschminkten Angaben seine rosenfarbenen aventinischen
Träume zerstören würden. Um diesem Unheile vorzubeugen,
nimmt der Verfasser lieber an, dass in diesen beiden Dokumenten
eine (natürlich) ziemlich ungeschickte Hand den Versuch mache,
mehrere zuvor getrennte Stücke ungleichen Alters, Ursprungs und
Inhalts zu einem Ganzen zu verschmelzen, wodurch die (erträumte)
Geschichte Ruperts in völlige Unordnung gebracht werde und die
vermeintliche Herzogsreihe nebst der räthselhaften Zeugschaft
von sogenannten Rupertsjüngern zum Vorschein käme. Die in
diesen beiden Urkunden gegebene Herzogsreihe scheine überhaupt
nicht mit der im Salzburger Verbrüderungsbuche gegebenen über-
einzustimmen und es seien dabei höchst auffällig die Schenkungen
eines frühern und spätern Theodo und Theodebert mit einander
vermischt worden. (Haben wir nicht das Alles schon besser ge-
lesen? und begegnet uns nicht hier wieder der humoristische
Hircocervus des „scharfsinnigen" Koch-Sternfeld?) Die Zerstörung
der Maxmilians-Zelle im Pongau sei aber im VIII. Jahrhundert
geradezu undenkbar, da Boruth, der zweite Vorgänger von Cei-
tumar, schon ein Christ war — (somit also alle Slaven auch getauft gewesen sein müssen!); 7) endlich sei ein Zeitraum von
zwei Jahrhunderten für sieben Abtbischöfe nicht zu gross gegriffen (man darf nur Jedem das entsprechende Lebensalter an-
dichten). Childebert I. von Paris könnte wohl der Vater der apokryfen
Regintrud gewesen sein, und dieser Umstand hätte Veranlassung
zur Nennung des Vaters und Schwiegervaters in der Vita Ruperti
gegeben. Oder Rupert lebte als königlicher Prinz früher am Hofe
König Childeberts I. zu Paris — „kurz, man kann allerlei Ursachen vermuthen", meint der Verfasser und hat darin Recht,
wenn es sich um die Erzählung von Ammenmärchen handelt.
  Wenn, wie aus vorstehendem Auszuge erhellt, mit diesen der

frühern Tradition abgeborgten Behauptungen auch keine einzige
der von der Kritik festgestellten Thatsachen widerlegt, sondern
dieselben in der schon bekannten Manier als der Tradition widersprechend eben nur in Abrede gestellt werden, so versuchen die
beiden nachfolgenden Autoren wenigstens den Wahrscheinlich-
keitsbeweis für ihre Zurückdatirung des baierischen Christenthumes
anzutreten, indem sie aus der zweifelhaften Geschichtsfragen immer
bereitwillig geöffneten Rüstkammer windiger Etymologien, obwohl
unter sich im Widerspruch, ein Par Namensableitungen heraus-
heben und auf solchem Sandgrunde ihr historisches Gebäude von
der Christianisirung Baiwariens aufbauen.

Friedrich (das wahre Zeitalter d. h. R. 1866) glaubt, auf einem
neuen Wege zu der (Salzburger) Tradition in der Form Aventins
zurückgeführt worden zu sein, indem er den Kern seiner Abhandlung in folgenden Sätzen zusammenfasst. Der h. Rupert trat in
der ersten Hälfte des VI. Jahrhunderts in Baiern auf, um einen
Nachfolger des eben verstorbenen Bischofs von Lorch einzusetzen.
Bei dieser Gelegenheit übertrug er aber den Sitz dieses neu kon-
sekrirten Kirchenobern aus der bereits in grossen Verfall gera-
thenen ehemaligen Hauptstadt von Ufernorikum nach dem im
Binnenlande gelegenen Salzburg, ordnete das Kirchenwesen, wirkte
eine Zeit lang zur Bekehrung der Baiwaren und kehrte endlich
auf seinen frühern Sitz zu Worms zurück, wo er auch starb. Die
Beweise für diese Behauptungen und zugleich für den neuen
Weg, auf welchem der Verfasser zur Aufstellung derselben gelangte, gibt er in Folgendem: Im Jahre 591 beklage sich der
schismatische Metropolit Severus von Aquileja in einem Bittlibell
an den oströmischen Kaiser Mauritios, dass in drei seiner Suffra-
gandiözesen — i. e. *Beconensi, Tiburniensi* und *Augustana constituerant sacerdotes* — die gallischen Bischöfe Priester ordiniren,
was zur Auflösung des Aquilejischen Diözesanverbandes führen
müsse. Diese *Ecclesia Augustana,* bisher von vielen Autoren für
Augsburg gehalten, sei aber Lorch, welches nach einer in Italien
aufgefundenen Steinschrift *Col. Augusta Lauriacensis* geheissen
habe, wie Zumpt und Glück dargethan hätten. Obwohl aber der
letztere Forscher (Oe. S. XVII. 93) nachwies, dass der letzte
Bischof von Lauriacum, Constantius, zu Severins Zeit mit den
Bewohnern der Stadt ausgewandert sei (Eugipp, v. Sev. 30, 39),
so hindert diese Thatsache den Verfasser keineswegs, zu Anfang
des VI. Jahrhunderts einen (apokryfen) Lorcher Bischof sterben
zu lassen. Denn da König Theodobert von Auster (534—548)
an Kaiser Justinian schrieb: *per Danubium et limitem pannoniae
. . . dominatio nostra porrigitur,* so konnte er auch auf den er-
ledigten Bischofssitz von Lorch einen Bischof setzen und dieser

fränkische Bischof war Rupert von Worms. Da bisher alles Vor-
gebrachte nur Annahme und Behauptung ist, so sind vielleicht
die Beweise dafür in Nachfolgendem zu suchen. Die *Vita primigenia Rudberti*, bisher von den Traditionellen als Hauptquelle
angesehen, sei nichts weiter als Legende und habe sich mit Chil-
deberti nur für Theodeberti verschrieben, welcher nach allen Umständen besser zum Zeitgenossen Ruperts sich eigne als der
Erstere. Die *Breves notitiae* aber seien voller Widersprüche und
meinen ganz unzweifelhaft unter dem baierischen Theodebert nur
den gleichnamigen Frankenkönig. Nachdem der Verfasser diese
beiden Quellen aus dem IX. und VIII. Jahrhundert einer solchen
(wenigst für seine Hypothese) zweckentsprechenden Korrektur
unterstellt hat, ermangelt er nicht, auch an eine Emendation
des Salzburger Verbrüderungsbuches von St. Peter zu gehen, um
die nach Vital mangelhafte Bischofsreihe durch Einfügung von
Erchanfrid und Otgar, welche natürlich nur in dem nach Juvavo
versetzten Lauriacum zu suchen seien, zu verstärken, so dass
man mit ihnen doch auf leidliche Weise einen Zeitraum von zwei
Jahrhunderten auszufüllen im Stande sei. Das anrüchige *Congestum Arnonis* sei aber eine durchaus verdächtige Urkunde, in
welcher die letzte Reminiscenz an den alten austrasischen Theodebert, die noch in den ältern *Breves notitiae* unverkennbar
durchschimmere, absichtlich verwischt wurde. Was aber die Bedeutung Aribo's bezüglich seiner *Vitae Emmerani* und *Corbiniani*
beträfe, so erwiese er sich in denselben nur als Legendenschreiber
und sei ihm deshalb der Werth eines geschichtlichen Quellen-
schriftstellers abzusprechen. Hiemit sei aber das kritische System
auch aus seiner letzten Position verdrängt und werde sich natürlich baldigst auf Gnade und Ungnade an die Tradition ergeben.

Wollte man nun auch noch zugeben, dass auf der oben angezogenen Steinschrift *Col. Aug. Lav.* auf Lorch und nicht auf eine
italische Stadt zu beziehen sei, so würde uns dies um nichts
fördern, so lange nicht nachgewiesen worden wäre, dass das
norische Lorch an der Donau jemals zu dem 416 Römermeilen
entfernten Aquileja am Adriatischen Meere im Diözesanverbande
gestanden habe. Dagegen bemerkte schon Hansitz (Germ. sac. I.
94), dass Celeja, welches 138 Römermeilen entfernt lag, und ein
Suffraganbisthum von Aquileja war, den Beinamen Augusta Clau-
dia führte (Gruter 130. 4; 497. 9; Muchar N. 352. 354. 364).
Somit hätten wir in Cilly die *Ecclesia Augustana* der bischöflichen Beschwerdeschrift zu suchen, was sehr wohl zur Situation
der ersten Hälfte des VI. Jahrhunderts passte, wo nach Procop
(IV. 24) während des gothischen Krieges die Franken unter
Theodebert die Gegenden an den kottischen Alpen und den grössten

Theil des Veneter Gebietes eroberten und fränkische Bischöfe in den annektirten Diözesen wohl Ordinationen vornehmen mochten. Die ganze Hypothese des Verfassers ist also nur eine Muthmassung ohne haltbaren Quellenbeleg, sowie die Verschreibung von Childebert anstatt Theodebert eine Muthmassung ist und die Verwechslung des baierischen mit dem austrasischen Theodebert auch nur eine Muthmassung darstellt. Fragen wir aber nach Beweisen für diese Muthmassungen, so weiss der Verfasser nur mit Anklagen der bisherigen Quellen zu antworten, die natürlich keine Bestätigung seiner Behauptungen enthalten können. Die *Vitae Rudberti, Emmerani* und *Corbiniani* sind ihm nur werthlose und unzuverlässige Legenden, die *Breves notitiae* seien voller Widersprüche, das Todtenbuch von St. Peter mangelhaft, das *Congestum Arnonis* treffe der Verdacht der Fälschung. Da wird es wohl begreiflich, wie sich der Verfasser widerwillig von denselben abwendet und von dem Aventinischen Wege, die bunten Ueberlieferungen des XIII. Jahrhunderts mit Nachhilfe der Fantasie zu einem Ganzen zu verschmelzen, mehr angezogen wird, als von der dürren Arbeit kritischer Sichtung von Quellenangaben sehr verschiedenen Werthes und Schlichtung ihrer oft widersprechenden Aussagen. Aber was würden wohl Dom. Sterzinger, Zierngibl, Mederer, Westenrieder zu einer solchen Behandlung der Geschichte gesagt haben!?

Nun! so ganz sicher, wie der Verfasser triumfirend bemerkt, scheint man im traditionellen Lager denn doch nicht darüber zu sein, die Kritik aus ihrer angeblich letzten Position verdrängt zu haben, indem schon wieder ein neuer Vertheidiger der Aventinischen Ansicht hervorgetreten ist, welcher dieselbe auf eine andere Weise zu begründen versucht. Huber (Oe. A. XXXVII), welchem die Erhebung von Lauriacum zum Erzbisthum durchaus nicht gefallen will, da der Lorcher Stuhl zur Zeit Ruperts wohl schon lange eingegangen sein musste, stützt sich gleichfalls auf eine Stelle der oben angeführten Beschwerdeschrift der schismatischen Bischöfe — zwar nicht auf *Ecclesia Augustana*, worüber er keinen Zweifel hat bezüglich ihrer Identität mit Augsburg, sondern vielmehr auf die *Ecclesia Beconensis*, deren verderbte Schreibart schon mannigfache Korrekturversuche veranlasst hat. Nachdem er in ermüdender Weitschweifigkeit die Letztern zurückgewiesen und namentlich jeden Bezug auf das pannonische Bisthum Poetovio als unstatthaft erklärt hat, was wir ihm als ganz unnöthig zur Entscheidung der Hauptfrage hingehen lassen wollen, und nach einem ebenso überflüssigen Exkurs über die Fälschung des Bischofs Pilgrim von Passau, um als Nachfolger der Lorcher Bischöfe das Pallium zu erschleichen, kommt er endlich (G. O. 82) zu der wesentlichen Behauptung, dass als einzig berechtigte Sub-

stitution der *Ecclesia Beconensis* der Beschwerdeschrift vom Jahre
591 nur die *Ecclesia Petenensis* angesehen werden könne, wie dieses
schon früher von Pfr. Mayer (Tiburnia oder Regensburg etc. 1833)
angenommen worden war. Diese Bezeichnung findet er aber in
drei Salzburger Urkunden aus dem VIII. Jahrhundert, worin
Salzburg und Juvavium als · Petena benannt werde, welchen
Namen er auf das keltische *bed* = Sumpf, See, verwandt mit
puteus und Pfütze, zurückführt und daraus die verschiedenen
Namen Bedajo, Petting, Pötingersee, Pittenhart u. s. w. ableitet.
Da aber Ruperts ursprüngliche Ansiedlung am Wallarsee lag,
so bekam sie von der norischen Bevölkerung den Namen *Ecclesia
Bedina*, welche als materielles Substrat ihrer hierarchischen Am-
plifikation, nämlich der spätern bischöflichen Kathedrale den
Namen übermachte, welcher in althochdeutscher Lautverschärfung
Petena lauten musste (G. O. 92). Da nun die der Beschwerde-
schrift vorausgehenden Uebergriffe fränkischer Bischöfe in die
erste Hälfte des VI. Jahrhunderts fallen, die Errichtung der
Ecclesia Petena aber von den Franken ausging, so ergebe sich in
logischer Folge, dass Rupert von Worms unter Childebert I. und
Justinian gelebt haben müsse.

Allerdings sind die vom Verfasser für die Identität von Salzburg und Petena angezogenen drei Urkunden bezüglich ihrer
Echtheit nicht über jeden Zweifel erhaben. Verfasser gesteht
dieses selbst; Böhmer hat sie nicht in seine Regestensammlung
aufgenommen und Hund wie Hansitz bezeichnen sie als mindestens
verdächtig. Indessen nehmen wir an, dass wirklich Juvavo oder
vielmehr Salzburg als hierarchische Amplifikation des ursprünglichen Seekirchens von den Norikern im keltischen Idiom als
Ecclesia Bedina bezeichnet worden sei, so ist uns doch der Verfasser den Beweis schuldig geblieben·, dass diese *Ecclesia Petena*
jemals zum Metropolitankapitel von Aquileja gehört habe. Das
scheint aber der Hauptpunkt der Frage und viel wichtiger als
Pettau und Lorch zu sein. Denn die schismatischen Bischöfe
sagen ausdrücklich: *in tribus ecclesiis nostri concilii i.e. Beconensi etc.
constituerant sacerdotes* (Gall. archiepiscopi). Die Bischöfe mussten
also doch wohl die mit *Beconensis* bezeichnete *Ecclesia* als ein
Suffraganbisthum von Aquileja anerkennen. Den Beweis für diese
Eigenschaft der *Ecclesia Petenensis s. Juvavensis* hat der Verfasser
in keiner Weise erbracht, und somit ist auch die vorgeschlagene
Gleichung *Petenensis* = *Beconensis* ohne alle Beweiskraft für das
höhere Zeitalter Ruperts. Sollte aber in der Beschwerdeschrift
der schismatischen Bischöfe vom Jahre 591 wirklich *Beconensi*
durch *Petenensi* verbessert werden, so würde sich trotz der Hei-
terkeit des Verfassers wohl noch am ersten das istrische Bisthum

Petenas hiefür eignen, welches während des Gothenkrieges unzweifelhaft in die Hände der Franken fiel und anerkannt ein Suffraganbisthum von Aquileja gewesen ist. Ueberhaupt gewinnt das genannte Bittlibell an Kaiser Mauritios unter der Darstellung Friedrichs und des Verfassers eine ganz falsche Auffassung, als sei es eine Beschwerde gegen die Uebergriffe der fränkischen Erzbischöfe, welchen der theologisirende Kaiser Justinian auf diplomatischem Wege entgegen getreten wäre. Davon ist aber kein Wort in der oft angezogenen Beschwerdeschrift, sondern diese ist vielmehr gegen den römischen Bischof Gregor und die Ausschreitungen des oströmischen Exarchen Smaragdus von Ravenna gerichtet, welche die istrischen und dalmatischen Bischöfe zur Anathematisirung der verrufenen „Drei Kapitel" nöthigen wollten, wogegen sich die Bischöfe in lobenswerther Selbständigkeit aussprachen, indem sie darlegten, dass ihre Diözesanen, wenn man sie ferner misshandle, lieber von den benachbarten fränkischen Erzbischöfen sich ordiniren liessen und hiedurch das Metropolitankapitel von Aquileja seinem unvermeidlichen Zerfall entgegengeführt werden müsste (Hefele, Conciliengesch. II. 895).

Dass durch diese neuesten Erzeugnisse der traditionellen Presse die Frage von Ruperts Zeitalter gelöst, oder auch nur gefördert worden wäre, wird Niemand behaupten können. Denn sie verfolgen ganz den bekannten Weg der Tradition, und was an ihnen neu ist, besteht nur in Behauptungen und Muthmassungen, wofür sie die Beweise beizubringen vergessen. Auch hier zeigen sie, wie überhaupt die Traditionsfreunde, ihre geistige Thätigkeit mehr in fantastischen Combinationen als in kritischer Schärfe, wie das gänzlich unmotivirte Herbeiziehen der letzten Scene des berüchtigten Dreikapitelstreites in die Rupertusfrage beweist, wofür blos ein Par windige Etymologien angeführt werden können, welche bei dem ersten Lufthauch als Seifenblasen zerplatzen. Darin aber haben sie gewissermassen Recht, dass sie Ruperts Ankunft in Baiern nicht in das VII. Jahrhundert, wie die Salzburger Tradition im XII. Jahrhundert that, versetzen, sondern gleich in den Anfang des VI. Jahrhunderts, und damit die Tradition auf die Spitze treiben. Denn wer einmal die mönchischen Chronisten des XIII. und XIV. Jahrhunderts den Augen- und Ohrenzeugen der Ereignisse aus dem VIII. und IX. Jahrhundert vorzuziehen geneigt ist, der thut einen geringen Schritt weiter, wenn er um die Beweismittel seiner Fantasien ein Par Jahrhunderte weiter herabgreift und auf Aventins Autorität schwört. Allerdings hat Aventin, ihr Gewährsmann, bei näherer Prüfung den Ruf eines gewissenhaften Schriftstellers und einer verlässigen Quellenbehandlung nicht zu behaupten vermocht. Allerwärts beweist er, sagt Dümler

(Südöstl. Marken des Frankenreichs 84) mit Recht, „dass er mit völliger Willkür ohne alle Rücksicht auf die Zeitfolge Nachrichten von dem verschiedensten Werthe zu einem Ganzen verschmilzt und sich sogar nicht scheut, sie durch äusserst gewagte Schlussfolgerungen und unwahre Zusätze der abgerundeten Darstellung wegen zu ergänzen ... so dass man nie den wahren Gehalt seiner Quellen, sondern nur ein Zerrbild seiner Ueberlieferungen erhalte.“ Mögen daher auch seine Anhänger sich befriedigt fühlen, in seine Fussstapfen zu treten, mögen sie sich an solchen unschuldigen Erfindungen, wie die *Ecclesia Augustana* und *Petena*, erfreuen; wer sollte ihnen diese Freude verwehren wollen? Nur dürfen sie nicht erwarten, dass man derlei Lufthiebe für ernst gemeint ansähe und das dabei ausgestossene knabenhafte Triumfgeschrei die Kritik zu erschüttern vermöchte.

§. 2. Herzog Theodo und der Missionär Rupert.

Am Ausgange des VII. Jahrhunderts begegnen wir einem geschichtlich und urkundlich dokumentirten Herzoge Theodo in Baiwarien. Ich beziehe mich hiefür nicht auf Bern. Noricus, welcher in der Chronik von Kremsmünster *de ordine ducum babarie* schreibt: 696 *Theodo dux babarie efficitur per reges rancie,* da diese Angabe unverkennbar nur aus der amtlichen *Conv. Bagoariorum* entlehnt ist und der Verfasser sonst mit Aufstellung von Theodonen eben nicht sehr haushälterisch zu Werke geht. Geschichtlich ist zwischen diesem Theodo, dem Einzigen dieses Namens, und Herzoge Garibald II. kein Herrscher in Baiern nachzuweisen, obwohl selbst Mederer, Zierngibl, Gemeiner und andere kritische Schriftsteller auf die Autorität des Probstes Arnold von Emmeran hin sich verleiten liessen, in die Mitte des VII. Jahrhunderts einen Theodo I. als Zeitgenossen des Bischofs Emmeran anzunehmen. Auf das Irrthümliche dieser Annahme werden wir bei Besprechung der Legende desselben Missionärs zu sprechen kommen und es genüge hier vor der Hand, dass die Urkunden von Salzburg, Freising und selbst von Regensburg aus dem VIII. Jahrhundert nur den einen Herzog Theodo kennen, der als Zeitgenosse des fränkischen Bischofs Rupert von Worms zuerst in dessen Lebensbeschreibung genannt wird.

Ueber seine Herkunft und Abstammung geben obige Zeugnisse jedoch keinerlei Auskunft, so dass wir nach der summarischen Angabe der *l. Baiwar.* III. 1 nur annehmen können, dass auch er dem fränkischen, seit anderthalb Jahrhunderten in Baiwarien eingebürgerten Geschlechte der Agilulfinger angehört haben werde. So lange man noch an der Aufstellung eines Herzogs

Theodo I. in der Mitte des VII. Jahrhunderts festhalten konnte, war es nicht schwer, mit Mederer die Herzogsreihe durch diesen Mittelsmann an Garibald II. anzuknüpfen, obwohl Mederer und mit ihm die andern Historiker auf das Zeugniss des Arnold von Emmeran: *Dioto — — cui filii in regnum non successerant* (M. g. IV. 543) ihren Theodo II. nicht von Theodo I. abstammen lassen wollen. Indessen wäre auch eine direkte Abstammung unsers Theodo von Garibald II. nicht gerade als absolute Unmöglichkeit abzuweisen. Denn da wir aus Abschnitt II. §. 5. S. 198 entnommen haben, dass es keine Widernatürlichkeit enthalte, Garibalds II. Lebensdauer, der bei seiner Regierungsübernahme im Jahre 610 beiläufig in den Zwanzigern stand, bis zum Jahre 660 aus-zudehnen und Herzog Theodo nach 722 nicht mehr genannt wird, auch schon zu Anfang des VIII. Jahrhunderts wahrschein-lich Alters halber die Regierung mit seinen Söhnen theilte, ander-seits aber von seinen Söhnen Theudebald schon vor ihm, Theudebert aber kurz nach ihm verstarb, wie solches aus den damit verbun-denen Verwicklungen der herzoglichen Familienverhältnisse erhellt, so wäre es nicht gerade als ganz unmöglich anzusehen, dass Theodo um das Jahr 642 als Garibalds II. spätgeborner Sohn das Licht der Welt erblickt hätte. Aber, wie schon angegeben, fehlt hiefür nicht nur jeder Beweis, sondern auch jeder weitere Anhaltspunkt.

In den Zeitraum dieses Herzogs gehört vor Allem der An-griff des meuterischen langobardischen Herzogs Alachis von Trient wider den baiwarischen Gränzgrafen zu Botzen um das Jahr 680, welchen Ersterer wunderbar besiegt haben soll (P. d. V. 36). Hormayr, welcher annimmt, dass die Franken schon 590 ganz Baiern, das nördliche und mittlere Tirol unter ihre Botmässigkeit gebracht hätten, fragt hier sonderbarer Weise, auf welche Weise diese Gegenden wieder unter baierisch-fränkische Hoheit zurück-gekehrt seien? (I. 107.) Wenn aber um 680 wieder ein baierischer Gränzgraf zu Botzen sass, so ist das doch wohl ein Beweis, dass daselbst immer die Gränzmark der Baiern war und dass, wie ich oben Abschn. II. §. 2. S. 166 ausführte, das *illud, quod pater ejus Sigebertus prius habuerat* (Gr. X. 3) nicht Baiern und Tirol, son-dern die italischen Gränzfestungen im Tridentinischen bezeichnen sollte. Auch bei den Folgen des jüngsten Angriffs wider den baierischen Gränzgrafen geht Hormayr offenbar zu weit, wenn er annimmt, dass Alachis Tirol bis an den Brenner oder wenigstens bis Brixen erobert habe; denn aus der *Vita Corbiniani* erhellt unzweideutig, dass im Jahre 722 Baiern und Lombardien noch die alten Gränzen hatten, indem zu Botzen der baiwarische Gränz-graf, zu Trient der langobardische Husing sass. Es bestand also der Angriff des Alachis nur in einer Gränzfehde, und wir können

Gemeiners Andeutung (G. O. 46), dass die zwischen Baiern und Langobarden ausgebrochenen Feindseligkeiten auf besondere Eintracht zwischen Erstern und den mit den Langobarden verfeindeten Franken hindeute, dahin gestellt lassen, da wir sogleich andere Beweise für die politischen Beziehungen zwischen diesen Völkern beibringen werden.

Seit dem Todesjahre König Dagoberts I., 638, als unter den neuen Reichstheilungen und der zunehmenden Schwäche der. Merowingischen Theilkönige, unter den durch die Zerwürfnisse und Ränke herrschsüchtiger Hausmaier angezettelten Bürgerkriegen die Oberherrschaft der Franken immer mehr in Verfall gerieth, suchten die austrasischen Völker ihre angestammte Freiheit und Unabhängigkeit wieder zu erringen. Die Agilulfinger vor allen, durch Vorrechte von jeher ausgezeichnet, verschmähten es, unter den Dienstmannen oder Majordomen ihrer Vettern zu Metz und Paris zu stehen und betrugen sich als unabhängige Fürsten ihres Volkes. Sobald aber Pipin von Heristal in der Schlacht von Testri 687 Theoderich III. von Neustrien und dessen Hausmaier Berchthar niedergeworfen hatte, änderte sich die gesammte Stellung. Der Sieger, zugleich das Haupt des austrasischen Geschlechts der Pipiniden oder Karolinger, liess sich zwar anfangs den Titel des Majordomes in den drei Merowingischen Königreichen gefallen. Bald aber legte er denselben nieder, um dafür den eines Fürsten und Herzogs der Franken anzunehmen, wodurch er den König und seine eigentlich von diesem abhängige Stellung als dessen Hausmaier bei dem Volke in Vergessenheit brachte. Jetzt als unumschränkter Gebieter über alle Hilfskräfte der drei Reiche der Franken ging sein Hauptbestreben dahin, die Bande, mit welchen früher die austrasischen Völker, d. h. die rechtsrheinischen Deutschen an die Oberherrschaft der Merowinger gefesselt waren und die sich zur blossen Scheinherrschaft gelockert hatten, wieder fester zu ziehen. Seine Gemahlin, die berühmte Plektrudis, wird für eine Prinzess aus dem Geschlechte der Agilulfinger ausgegeben; aber wohl nur aus dem Grunde, weil sie sich in Urkunden *filiam Hugoberti* nennt (Bouquet, Hist. d. Gaul. IV. 683. 689) und mit Vermehrung der baierischen Theodone auch ein älterer Hukbert angenommen wurde. Indessen ist geschichtlich kein solcher vor dem VIII. Jahrhundert in der baierischen Familie der Agilulfinger nachzuweisen, und damit fällt wohl die Konjektur. Ueber Pipins Bestrebungen sagen die allerdings dem neu aufgehenden Gestirne der Karolinger wohlrednerischen Ann. Mettens. (M. g. I. 317): *Anno ab incarn. D. N. J. Ch. 687 Pipinus successibus prosperis orientalium Francorum quos illi propria lingua Osterliudo vocant suscepit principatum. Hinc Suavos et Bauwarios, Toringos et Saxones,*

*crebris irruptionibus frequentibusque proeliis contritos, suae ditioni
subjugavit. Hae etenim gentes olim et aliae plurimae multis sudori-
bus adquisitae Francorum summo obtemperabant imperio; sed propter
desidiam regum et domesticas dissensiones et bella civilia quae in
multas partes divisi regni ingruerunt legitimam dominationem dese-
rentes singuli in proprio solo armis libertatem moliebantur defendere.
Quam obstinationem invictus Pipinus princeps crebris expeditionibus
utilissimisque consiliis et frequentibus populationibus, Domino coope-
rante compescuit.* Da wir aber nichts von feindlichen Zusammenstössen zwischen Franken und Baiern in diesem Zeitraume lesen,
auch ein Angriff auf Baiwarien keinen dauernden Erfolg versprach,
so lange die vorliegenden Alamannen nicht niedergeworfen waren,
so dürfen wir schliessen, dass sich vorderhand die *utilissima con-
silia* Pipins auf diplomatische Verhandlungen mit dem Herzoge
Theodo beschränkt haben werden, wodurch er denselben von
einem Bündnisse mit den zunächst anzugreifenden Alamannen
abzog. Der staatskluge Frankenherzog erkannte nämlich sehr wohl
den Nutzen, welchen die christliche Mission seinen Plänen auf die
Unterwerfung der rechtsrheinischen Deutschen bringen musste,
und daher begünstigte er auch die friedliche Thätigkeit des Co-
lumbans und Gallus, bevor er seine kriegerischen Stösse wider
die Freiheit der Alamannen im ersten Jahrzehnte des VIII. Jahrhunderts ausführte. Dieselbe Taktik wurde gegen die nicht minder
trotzigen Baiwaren eingeleitet und so sehen wir auch bald in
unserm Vaterlande fränkische Sendboten des neuen Evangeliums
auftreten.

Im zweiten Jahre der Regierung des Königs Childebert von
Franzien erschien nach den Angaben der *Vita primigenia Ruperti*
der Bischof Hroudbert von Worms am Hofe des Herzogs Theodo
zu Ratispona. Da wir nun in der baierischen Fürstenreihe nur
den einzigen Theodo zwischen dem VII. und VIII. Jahrhundert
geschichtlich dokumentirt kennen, während die übrigen Theodone
nur Ausgeburten annalistischer und chronistischer Kombination
sind (Abschnitt I. §. 2. S. 116); da dieser Herzog Theodo durch die
fast gleichzeitigen Zeugnisse des aus dem VIII. Jahrhundert
stammenden Todtenbuches von St. Peter col. 69, des *Congestum
Arnonis* (J. p. 19) und der *Breves notitiae* 1 als Stifter und Donator des Bisthums Salzburg bezeugt wird und in diesen Zeugnissen auch sein Sohn Theodebert, sowie dessen Sohn Hugbert,
wie sie auch anderwärts bekannt sind, in ununterbrochener Reihe
aufgeführt werden, so unterliegt es wohl keinem begründeten
Zweifel, dass der Missionär Rupert im Jahre 696, dem zweiten
der Regierung Königs Childebert III. (695—711) in Baiwarien
auftrat. Er wird *ex regali progenie Francorum ortus* bezeichnet,

was Gfrörer (Deutsche Volksr. I. 280) auf einen Seitenverwandten des Karolingischen Hauses deutet, da der Verfasser der *Convers. Bagoar.* zur Zeit der herrschenden Karolinger geschrieben habe. Indessen glaube ich, dass wir diese Spitzfindigkeit bei Seite lassen und uns mit der Annahme begnügen können, dass Rupert ein Anverwandter des Merowinger Geschlechtes gewesen sei und bei der Verwandtschaft desselben mit den Agilulfingen sich um so mehr zum Missionär am Hofe der Letztern geeignet habe. Mayer (Tiburnia oder Regensburg 122) macht darauf aufmerksam, dass schon im Jahre 684 in der Abtei zu Novientum (Eberheimsmünster) ein Mönch Rodebert genannt werde, welchen der Abt Erhard, der angebliche spätere Bischof zu Regensburg, an König Theuderich III. um Bestätigung der Klosterimmunität abordnete und welcher sich als Anverwandter des Königs — seine Identität mit dem Wormser Bischof vorausgesetzt — sehr wohl zum Vermittler, sowie durch seinen Zusammenhang mit Bischof Erhard zum Missionär in Baiern eigne. Allein das fragliche Diplom König Theuderichs vom Jahre 684 enthält nur . . . *venerabilem virum Erhardum abbatem ac missum suum Radebertum monachum* (Grandidier h. d. Strassb. n. 23), obwohl Bouquet (h. d. Gaule IV. 662) dafür *Rodebertum* setzt. Wir können die Frage über die Identität zwischen dem Mönch Radebert oder Rodebert von Novientum und dem Bischof von Worms um so gerechtfertigter unentschieden lassen, als wir in der officiellen Einladung des Herzogs den ausreichenden Grund für die Anwesenheit des Bischofs in Baiwarien haben. Ob diese Einladung aus freien Stücken erfolgte, oder, was wahrscheinlicher ist, *utilissimis consiliis* des allmächtigen Hausmaiers Pipin veranlasst worden war, hat auf die Frage der Anwesenheit keinen weitern Bezug.

Näher wohl dürfte hier eine Erörterung liegen, ob der vocirende Herzog ein Christ war, oder ein Heide. Dass er von dem Missionär getauft wurde, wird von allen Berichterstattern zugegeben. Sonach sollte man zu dem Schlusse berechtigt sein, dass er vor diesem Akte ein Heide war. Es ist aber hiebei hervorzuheben, dass nur die *Breves notitiae* 1 von einem eigentlichen Heidenthume des Herzogs sprechen: *de paganitate ad christianitatem conversus et ab eodem episcopo baptizatus est cum principibus suis Bajoariis.* Dagegen sprechen die andern Lebensbeschreibungen, namentlich die *Vita primig.* nur von einem Unterrichte des Herzogs in der katholischen Glaubenslehre und dessen Bekehrung zum wahren Christenglauben — *cepit de christiana conversatione admonere et de fide catholica imbuere, ipsumque . . . ad veram Christi fidem convertit, sacroque baptismate regeneravit et in sancta corroboravit religione.* Diese Ausdrücke deuten wohl eher auf ein

ketzerisches Christenthum, welches sich mit der Zeit am Hofe zu
Regensburg eingeschlichen haben mochte, und wenn wir den Zeitraum von anderthalb Jahrhunderten ins Auge fassen, welcher
seit Garibald I. verfloss, so kann uns diese Erscheinung wohl
kaum überraschen. Da aber bei Arianern, Photinianern und Bo-
nosianern, welche die Gottheit Christi leugneten und nur einen
einfachen Menschen in ihm sehen wollten, die Taufe, wenn sie
zum orthodoxen Glauben zurückkehrten, ein nothwendiges Erfor-
derniss war, so erklärt sich daraus, wie Herzog Theodo und seine
Baiwaren die Taufe empfangen mussten, selbst wenn sie bereits
getauft gewesen wären, und wie dadurch das Gerücht von ihrem
Heidenthum in Aufnahme kam.

Rupert war nicht ein einfacher Wanderbischof, der des Pre-
digens halber in die Länder der heidnischen Deutschen zog.
Dies beweisen schon die Vorbereitungen zur Reise, die er auf die
Einladung des Herzogs traf. Er sandte seine Legaten voraus —
primo suos dirigens legatos — auf deren Bericht er selbst erst
nachfolgte. Unzweifelhaft hatte er nach den *utilissimis consiliis*
Pipins und höchst wahrscheinlich gemäss vorgängigen Ueberein-
kommens mit dem Herzoge den Auftrag, eine feste Niederlassung
für die Christianisirung des Volkes zu gründen und er war zu
diesem Behufe selbst mit Geldmitteln ausgerüstet. Denn trotz
der überreichen Ausstattung, welche der Herzog schon Ruperts
erster Ansiedlung am Wallersee und noch viel mehr der Erhebung
des Klosters und Bischofssitzes zu Salzburg gewährte, erstand
Rupert für die beträchtliche Summe von 1000 Sol. in Gold und
Silber den Ort Piding mit 30 Kolonen, Haus und Hof, Feldern
und Weiden, Bergen und Wäldern und allem Zubehör. So wanderte er also wohl predigend im Lande umher, aber nach Verabredung mit dem Hausmeier und dem Herzoge wohl hauptsächlich in der Absicht, *locum aptum eligendi sibi et suis . . . ecclesias
dei construere et cetera ad opus ecclesiasticum habitaculum perficere.*
Dass er auf seiner Missionsfahrt bis Unterpannonien gekommen,
haben schon Rudhart (Aelt. G. 251) und Rettberg (Kirch. G. II.
201) bezweifelt, da von dieser Fahrt nur die *Conv. Bagoar.* 1
weiss, welche zu dem Zwecke geschrieben ist, die Metropolitanrechte Salzburgs auf Pannonien Passau gegenüber zu vertreten,
wie ich schon im §. 1 bemerkt habe. Im Gegentheil widerspricht
gerade der Zweck, *locum aptum eligendi*, einer solchen Ausdehnung des christlichen Eifers. Vielmehr entschloss er sich anfangs zu
einer Niederlassung am Wallarsee, wo er am Ausflusse der Fischach
die Krypta einer Peterskirche erbaute, die er alsdann unvollendet
liess, als er von den prächtigen Ueberresten des römischen Juvavo
hörte und mit herzoglicher Genehmigung seinen Sitz hieher verlegte.

Auch diese Entfernung aus der Nähe des Herzogshofes ist kein Zeichen besondern gegenseitigen Vertrauens und deutet auf Seiten des Bischofs jedenfalls auf das Bestreben, sich möglichst freie Hand zu sichern. Nichtsdestoweniger stattete der Herzog die junge Pflanzstätte des neuen Christenglaubens mit grossartiger Freigebigkeit aus. Nicht nur schenkte er dem Bischof die Ruinen der Römerstadt nebst dem obern Kastell und dazu das Land zwei Meilen in der Länge und Breite zu beiden Seiten des Flusses, sondern er gab noch dazu 20 Oefen nebst ebenso viel Salzpfannen zu Reichenhall, den dritten Theil des dortigen Salzbrunnens, den Zehnten vom Salze und Herzogszoll, und 80 Römer mit ihren Knechten und allem bebauten und unbebauten Lande, die im Salzburg-Gaue auf Einödhöfen sassen. Ausserdem übergab er Land und Leute nebst ihren Höfen und allem Zubehör im Attergau, Traungau und zwei Weinberge zu Kruckenberg im Donaugaue — Alles zu Ehren des Apostelfürsten St. Peter und zum Nutzen und Frommen des Bischofsitzes in der neuen Salzburg.

Da aber Rupert die reichen Früchte seines Samens sah und überlegte, dass seine und seiner Gefährten Kräfte nicht ausreichen möchten für die Grösse des Weinbergs des Herrn, da erhub er sich gen Franzien, seine Heimat, und kehrte aus derselben wieder mit 12 rüstigen Genossen, seinen Schülern, welche er in St. Peters Stift installirte und mit ihnen nach den kanonischen Regeln die Celebrirung des täglichen Gottesdienstes ins Werk setzte. Auch eine Nichte brachte er mit nach Baiwarien, Erindruda mit Namen, und setzte sie vor einem Kloster für gottselige Jungfrauen, so er auf dem obern Schlossberge zu Ehren Gottes und der Jungfrau Maria zu bauen anfing. Er selbst aber wanderte im Lande auf und ab zur Stärkung der christlichen Gemüther durch seine Lehre, zur Auferbauung der Gläubigen durch sein Beispiel und erbaute und weihte Kirchen. Noch behauptet die Sage, dass er zu Altötting einen Göttertempel der Gottesmutter zu Ehren umgeweiht habe und die alte Kapelle zu Regensburg, auch die Herzogskapelle genannt, soll vordem ein Junotempel gewesen sein, ehe Rupert denselben der Jungfrau Maria dedicirte. Wenigstens wird diese alte Kapelle für die älteste Kirche in Baiern gehalten und wurde von Herzog Theodo reich dotirt (Gemeiner, G. O. 57).

Selbstverständlich weihte Rupert Männer, die er für geeignet hielt, ihm in der Unterweisung des Volkes beizustehen und das Priesteramt an den neu erbauten Kirchen zu übernehmen, indem er ihnen nach dem Grade ihrer Brauchbarkeit die niedern oder höhern Weihen ertheilte — *ordinatis inferioribus et superioribus gradibus.* Ein Beispiel davon kann uns der Bischof Wikterp geben, welchen ein unzweideutiges Zeugniss aus der Mitte des IX. Jahrhunderts (Mabillon, vet. ann. 317) den ersten Bischof von Regensburg nennt:

Hic Reginensis sedes vocitatur ab urbe,
Quam rexit primo Wicterpus episcopus ille.

Derselbe nennt sich selbst *Vhicterbus quamquam peccator, episcopus jam senex, puto nonagenarius* im Jahre 754 und starb zwei Jahre später als *episc. et abba S. Martini. Fuit autem Baugoarius genere Heilolfingus, senex et plusquam octogenarius, usque ad id tempus sedebat propria manu scribens libros* (M. g. I. 18). Danach ist kein Zweifel, dass er ein Agilulfinger aus Baiwarien war, welcher früher daselbst geweiht der Kirchenreform des Bonifaz weichen musste. Dass er, wie Einige behaupten (Zierngibl, M. A. I. 140), etwa durch die päbstliche Delegation unter dem Bischof Martinian zum Bischof von Regensburg ordinirt worden sei, ist gar nicht denkbar, denn in diesem Falle hätte ihn Bonifaz ebensowenig von seinem Sitze zu entfernen gewagt, wie den Bischof Vivilo von Passau. Da er aber unwiderleglich exilirt worden war, wie aus seinem missgestimmten Schreiben an einen Freund in S. Emmeran erhellt, so möchte ich auch nicht mit Rettberg (G. O. II. 270) annehmen, dass *S. Martini* aus einer Zusammenziehung von *S. martyris Emmerani* entstanden sei, obwohl noch bis zum Ende des X. Jahrhunderts die Abtswürde von S. Emmeran mit der Bischofswürde von Regensburg verbunden war, sondern es erhellt wohl aus dem Zusammenhalt aller Angaben ziemlich sicher, dass seine Bischofsweihe einer Zeit angehörte, deren Berechtigung der päbstliche Generallegat für Germanien nicht anerkannte, wesshalb er den neuen Kircheneinrichtungen desselben weichen musste und in der Verbannung in Tours in hohem Alter sein Leben beschloss. Dass er Abt daselbst gewesen, ist damit nicht ausgesprochen; aber auch in der Verbannung blieb er noch, was er früher gewesen, nämlich *episcopus et abbas* (natürlich von ehemals zu S. Emmeran). Da wir aber nur von Rupert wissen, dass er in Baiern Klerikern die höhern und niedern Weihen ertheilte, so bleibt nur die Annahme, dass er den Agilulfinger Wikterp zum Bischof am Herzogshofe ordinirte, welchem später die Vorstandschaft über die Abtei S. Emmeran von selbst zufiel. In dem Todtenbuche von S. Peter findet er sich nicht, wenn nicht etwa auf Col. 36 der unter den Mitgliedern der Herzogsfamilie von einer Hand des IX. Jahrhunderts nachgetragene, aber unleserliche Name *uu.high.*, welchem *ep. (episcopus)* beigefügt ist, an ihn erinnern soll.

Um diese Zeit, d. h. während der ersten Jahre von Ruperts Missionsthätigkeit, ereignete sich die Reichstheilung des Herzogs Theodo mit seinen Söhnen, von der uns Aribo zur Zeit der Anwesenheit Corbinians in Baiern Mittheilung macht, die aber nach andern gleichzeitigen Thatsachen von viel älterm Datum sein musste. Herzog Theodo hatte nach Ausweis des Todtenbuchs von S. Peter vier Söhne, welche Col. 69 mit ihren Frauen in nachfolgender Ordnung aufgeführt werden:

Ordo ducum defunct. c. conjug. et lib.

theoto	folchaid
theotperht	ellinhart
crimolt	pilidruth
theodolt	waltrat
tassilo	crimolt.

Hiezu kommen noch, wie die Legende von Emmeran erzählt, der Sohn Lantpert und die Tochter Ota, aus begreiflichen Gründen nicht im Todtenbuch aufgenommen. Obige Namen sind alle mit Ausnahme der Ellinhart von der ältesten Hand geschrieben, also bezüglich ihrer Aechtheit durchaus keinem Zweifel unterworfen, obwohl in der Geschichte nur die drei Erstern der Söhne genannt werden. Der Zweck dieser Theilung, deren Grund nirgend angegeben ist, dürfte wohl in einer Erleichterung des Regiments für den in Jahren bereits vorgeschrittenen Herzog gesucht werden (Rudhart 255), wobei demselben immer noch eine gewisse Oberherrschaft über die einzelnen Provinzen blieb. Gfrörer (Deutsches Volksr. I. 283) dagegen in seiner das Ziel immer überschiessenden Gehässigkeit gegen die Majordome behauptet, dass kein Fürst je gutwillig aus eigenem Antrieb mit seinen Söhnen die Herrschaft getheilt habe, deshalb die Theilung auch in Baiern nur durch fremden Einfluss bewerkstelligt worden sei. Und da die Theilung dem baierischen Herzogshause schädlich, desto trefflicher dem fränkischen Staatsvortheile diente, so muss es Pipin gewesen sein, der den Herzog Theodo, um ihn zu schwächen, zu diesem Schritte nöthigte. Da die Gründe für diese Hypothese nur rein subjektiver Natur sind, so können wir die ganze Ansicht ad acta legen.

Als Zeitraum dieser Theilung hat Hansitz (Ger. sac. II. 53) nach Berechnungen aus der Langobardengeschichte (P. d. VI. 21 und 35) das Jahr 702 angegeben, indem Ansbrand, welcher 712 mit Hilfe des baierischen Herzogs Theudebert den Usurpator Aribert besiegte, neun Jahre bei letzterm Herzoge in der Verbannung zugebracht habe. Obwohl nun gerade deshalb nicht die Reichstheilung vollzogen sein musste, wenn Theudebert, dem Paul diac. als dem Sohne des Herzogs Theodo auch wohl den Herzogstitel geben konnte, am Langobarden Ansbrand und seinem Sohne Liutprand Gastfreundschaft übte, so stimmen doch unsere einheimischen Dokumente damit überein, insofern sie in jener Zeit Theudebert bereits Herzogsrechte ausüben lassen. Die *Breves notitiae* 3 bezeugen, dass Rupert nach seiner Rückkehr von Worms *unacum*

consilio et voluntate domini Theodoberti ducis am obern Schlosse
das Frauenkloster zu bauen angefangen habe, was also wieder
mit den ersten Jahren des VIII. Jahrhunderts zusammentrifft,
ohne gerade das Jahr 702 festhalten zu wollen. Wenn aber Büdinger
(S. XXIII. 391), dessen Ansicht von Emmerans Aufenthalt in Baiern
ich vollkommen billige, sich veranlasst sieht, die Theilung Baierns
unter die Söhne Theodo's in das Jahr 715 oder 716 zu verlegen,
so ist daran nur das Schweigen Aribo's in der *Vita Emmerani* schuld.
Aber ich sehe gar nicht ein, welcher Grund Aribo in der Emmeraner
Legende hätte veranlassen können, von der Theilung des Landes
zu reden. Anders war es in der *Vita Corbiniani*, wo die Zwiste im
herzoglichen Hause schon bedeutend in den Vordergrund treten.

Ueber die Art und Weise der Theilung hat man eigentlich
nichts als Muthmassungen, die sich an die Aufenthaltsorte der
Theilherzoge knüpfen. Weil Theodebert die lombardischen Fürsten aufnahm und unterstützte, so gibt man das südliche Gebirgsland auf seinen Theil, während Grimwald mit dem Sitz auf der
Burg zu Freising für den Herrn zwischen Lech und Inn gilt. Damit
ist man aber am Ende. Ich glaube jedoch, dass die drei Jahrzehnte
jüngere Diözesaneintheilung Baiwariens uns einen wichtigen und
ziemlich sichern Fingerzeig für die erste politische Abtheilung des
Landes in Provinzen darbietet und zwar um so mehr, als das päbstliche Capitulare vom Jahre 716, von welchem sogleich des Nähern
die Rede sein wird, je nach den einzelnen Regierungsbezirken
der Herzöge — *juxta gubernationem unius cujusque ducis* — drei
bis vier Bisthümer zu errichten befiehlt, so dass also die ältesten
Diözesangränzen auch die Statthalterschaften der Theilherzoge
bezeichnen. Mit Zugrundelegung der noch seit der Römerzeit den
Provinzialen geläufigen Landeseintheilung glaube ich deshalb annehmen zu dürfen, dass das Alpenland, nämlich das frühere zweite
Rätien der Gothen und Mittelnorikum eine Provinz bildete, in
welcher Herzog Theodebert herrschte. Die baierische Hochebene
zwischen Lech und Inn, das alte Vindelikien, verwaltete Herzog
Grimwald. Eine dritte Provinz bildete der Donau- und Nordgau,
in welcher die gemeinsame Hauptstadt des Landes, Reganesburg,
der Sitz des Herzogs Theodo lag. Die vierte Provinz endlich erstreckte sich ostwärts längs der Donau abwärts bis an die Ens,
das alte Ufernorikum. Wer nun von den beiden Herzogssöhnen
Theodebald und Tassilo II. die eine oder die andere Provinz beherrschte, bleibt um so mehr in Zweifel, als wir von den Thaten
derselben nichts weiter wissen, als dass eine dunkle Stelle in
Bonifaz' Bekehrungspredigt (M. g. II. 344) die Thüringer daran
erinnert, was sie durch einen Theotbald für Unglück durch Tödtung
und Gefangenschaft erlitten hätten — *comitum multitudo sub
Theotbaldi et Hedenis periculoso primatu . . . vel corporali per eos*

praeventa morte vel hostili siquidem eductione captivata est. Dürfte man hieran Schlüsse knüpfen, so müsste Herzog Theudebald der Nachbarschaft halber im Nordgau geherrscht haben, so dass dem Tassilo II. das östliche Donauland zufiele.

Ausser dieser Haupteintheilung des Landes in Provinzen zerfiel ganz Baiwarien in dieser Zeit in 25 Gaue, aus welchen sich theilweise schon in der Regierungsperiode der Agilulfinger, aber noch mehr unter den Karolingern Untergaue herausbildeten, welche allmälig den Uebergang zu den Komitaten des Mittelalters bilden. Wenn wir die vorige Ordnung beibehalten, so finden wir in dem Alpenlande von

I. Südbaiwarien: 1) Poapintal, das Oberinnthal bis Zirl umfassend, in dessen Norden zwischen Walchensee und Isar schon im VIII. Jahrhundert der Walhogoi und später neben ihm an der obern Amper der Ampergau als Untergaue erscheinen. 2) Intervalles umfasste das Unterinnthal und hatte südlich an der Ziller als Untergau Cilarestale. 3) Venusta vallis, Vintschgau im Oberetschthale, hatte an der Passer den Untergau Passir. 4) Norital oder Vallis Eniana, der südlichste der baierischen Gaue, breitete sich um die Verbindung von Etsch und Eisack bis an die lombardische Gränze aus. Gegen Osten lag 5) Pustrissa am obern Eisack und der Rienz bis zum Campus Gelau an der Wendengränze. Nördlich schloss sich daran 6) der Pinuzgaoe im obern Salzachthale, dessen Untergau Salvelda an der Salach lag; 7) der Pongawi an der mittlern Salzach, 8) der grosse Salzburchgaoe, nördlich von letzterm, und 9) der Chimingaoe westlich davon um den Chiemsee, dessen Untergau Opingaoe im Norden zwischen Inn und Chiemsee lag.

II. In Mittelbaiwarien zwischen Lech und Isar lagen: 10) Tuneramarka zwischen Lech und Ilm längs der Paarflüsse; südlich davon 11) Augesgau im Lechrain; östlich von diesem 12) der langgestreckte Huosigowe zwischen der Amper und Isar; nordöstlich an ihn stiess 13) der Isinigowe, von der Isar bis zum Inn reichend, jenseits desselben an der Alzmündung der Untergau Cidalargowe lag. Südlich vom Isengau lag 14) der Westergau, dessen Mitte schon früh Pleoninga hiess, während sich nördlich der Hertingau, südlich die Frieromarka absonderte. Den Süden zwischen Isar und Inn schloss hier 15) der grosse Sundargowe bis an das Gebirgsland.

III. Ostbaiwarien zählte folgende Gaue: 16) Quinzingowe, der sich südlich von der untern Isar längs der Vils ausbreitete und dessen spätere Untergaue Viohbachgau, Feldun und Spechtrain an der obern Vils lagen. Südlich davon 17) der Rotagaoe längs der Rott bis hinab zwischen Inn und Donau. Dann nördlich der Donau 18) längs der Ilz hinauf bis an den Böhmerwald der

Schweinachgau und östlich von diesem die Donau abwärts 19) der
Gau Grunzwiti von der Ilz bis zur Ensmündung. Südlich der
Donau gehörte zu dieser Provinz 20) der Mattichgau zwischen
dem Inn und dem Hausruck ausgebreitet, an dessen westlichen
Abhängen sich der Untergau Antessen hinzog. Südöstlich von
diesem lag 21) der Attergau um den grossen Attersee vom Hausruck bis an den Traunsee ausgebreitet. Endlich 22) der grosse
Traungau, der östlichste von den Agilulfingischen Gauen, von der
Traun bis zur Ens reichend, dessen nördlicher Untergau, der Uff-
gau, vom Hausruck bis an die Traun reichte, während der südliche, Ouliupestale, zwischen den Flüssen Ens und Steyer lag.

IV. Nordbaiwarien lag grösstentheils nördlich der Donau und
hatte nur zwei Gaue, welche sich südlich dieses Stromes ausdehnten. Dazu gehörte 23) der Chelesgau, nordöstlich von der
Tuneramarka von der Altmühl bis an den Huosigau reichend.
Oestlich davon 24) der grosse Donaugau zu beiden Seiten des
Stromes bis an den Baierwald. Den übrigen Theil bildete seit
ältester Zeit 25) der Nordgau bis an den Böhmerwald und das
Fichtelgebirge, dessen älteste Untergaue die Marka Cambriche
sich längs des Regens hinter dem Baierwald, die Marchia Nab-
burg längs der Naab bis an den Böhmerwald ausbreitete, während
der Westermanngau von der Donau längs der Flüsse Schwarz-
laber, Naab und Vils sich hinauf zog bis gegen den Frankenwald
und das nördlich gelegene Fichtelgebirge (Sprunner, Atlas z. Gesch.
v. B. Bl. II.)

§. 3. Emmeran und Herzog Theodo's Romfahrt.

Bevor noch Rupert aus Baiwarien schied, erschien daselbst
ein neuer Missionär aus Franzien, der Bischof Emmeran von
Poitiers. Die Ankunft desselben wurde bis in die neueste Zeit
in das VII. Jahrhundert gesetzt und sehr bezeichnend sagt das
Act. Mellic. vorsichtig zum Jahre 652: *Hic dicitur passus s. Em-
meramus ep. Hinc inde putatur quod inter istum Theodonem et
sequentem Theodobertum fuerit ille Theodo cujus filius Lampertus
s. Emmeramum occidit.* Es ist mit dieser dem XIV. Jahrhundert
angehörenden Aufzeichnung schon die Konjektur angedeutet *(putatur)*, nach welcher von den Geschichtschreibern bis auf Rudhart
und Rettberg ein fiktiver Theodo I. eingeschaltet wurde. Hugo Ratis-
bonensis dagegen sagt: 680 *beatus Emm. claruit* (Böhmer, Font. III.
488). Die Chronik von Kremsmünster hat: 706 . . . *hiis eciam
temporibus S. Emm. aput Ratisponam martirio coronatus sub Theodone duce qui in legenda ejus dicitur Dieto* (R. I. 163). Durch diese
Nachricht sind wir aber auf die Quelle hingewiesen, welcher dieser
konjekturale Theodo I. entstammt. Denn da die *Vita Emmerani*

von Aribo nichts von einem Herzog Diet weiss, derselbe aber in der Vorrede zu den *Mirac. s. Emmer.* des Probstes Arnold erscheint und dort zum ersten Male zwei Theodone unterschieden werden, so ist Arnold unzweifelhaft der Erfinder dieses Dux Dieto oder Theodo I. Dieser Arnold, Probst von S. Emmeran, welchen Waitz (M. g. IV. 542) trotz des eingestandenen Wortschwalles und seiner Winkelzüge unter die wichtigsten Quellen der baierischen Geschichte stellt, war schon seinen Zeitgenossen hinsichtlich seiner Glaubwürdigkeit verdächtig und nach seinem eigenen Geständniss seinen klösterlichen Mitbrüdern wegen der willkürlichen Veränderungen zuwider, mit denen er Aribo's *Vita Emmerani* zu verbessern gedachte — *a me dictis antiquitatis quid addi vel minui.* Da nun nach Aribo's Erzählung der Herzogssohn Lantpert im Exil stirbt, so konjekturirt er unbedenklich — *cui* (Dieto) *filii in regnum non successerant,* wovon im Aribo kein Wort steht, was ihm aber Alle, selbst Mederer und Zierngibl, wörtlich nacherzählen. Der Kardinal Baronius (Ann. VIII. 644) hält Emmeran und Aribo für Zeitgenossen; 702 . . . *ad praesens tempus referri posse videtur martyrium Hiemerammi ep. Ratisp.* Später (IX. 908) beruft er sich auf die von Welser mitgetheilte Grabschrift mit der Jahrzahl 652, ohne ihre Aechtheit zu prüfen. Dagegen spricht Pagius (Crit. Bar. ad a. 652) dem Emmeran ganz entschieden den Bischofsstuhl von Poitou ab, indem er die Reihe der dortigen Bischöfe im VII. Jahrhundert nachweist, zwischen welchen kein Emmeran Platz findet. Blumberger (Oe. A. X. 362) und Büdinger (S. XXIII. 385) fanden sich daher wohl berechtigt, Emmeran als den jüngern Zeitgenossen Ruperts aufzufassen. Der allerdings unkritische Bern. Noricus sagt bereits im XIV. Jahrhundert in der Chronik von Kremsmünster: 718 . . . *S. Emmerianus martirizatur et ratispone sepelitur* (R. II. 401).

Der Bischof Heimramm kam angeblich auf einer Missionsreise zu den Avaren nach der stark bewehrten Hauptstadt der Baiwaren Radaspona zu Herzog Theodo. Obschon unter deutschem Namen war er ein Gallier; denn er bedurfte wegen Unkenntniss der Sprache eines Dolmetschers (Aribo, Vita Emmer. c. I. 3). Der Herzog suchte ihn von seinem Plane abzubringen; da wegen der avarischen Raubeinfälle die Gegend an der Ens ganz wüst und öde läge und bot ihm dagegen die Bischofswürde in seiner Provinz *(in jam memorata provincia)* oder die Aufsicht über die Klöster daselbst an (V. Emm. I. 5) — wohl ein sicherer Beweis, dass der Anfang der Bekehrung bereits von einem andern Missionär gemacht worden war. *Sed habitatores ejus neofiti eo tempore idolatriam radicitus ex se non exstirpaverunt quia ut patres calicem Christi communem et daemoniorum suis quoque filiis propi-*

nabant. Die Baiwaren erscheinen also hier nach der Schilderung des
Freisinger Bischofs ganz wie zur Zeit des spätern Corbinians als Neubekehrte, welche den Minnetrunk zu Ehren Christi und ihrer alten
Götter ihren Söhnen darreichten. Emmeran blieb also in dem
fruchtbaren Lande, dessen Bewohner ihm wohlgefielen, und predigte drei Jahre voll Eifer wider die Irrthümer, ein Mann von
stattlicher Gestalt, schön von Antlitz, beredt und freigebig und
überaus zugänglich sowohl Frauen als Männern — *conversabilis
supra modum tam cum feminis quam cum viris.* Sein Ausgang
war tragisch. Er hatte unkluger Weise der Tochter des Herzogs,
Ota, erlaubt, ihn als ihren Verführer anzugeben und war hierauf
— nicht zu den Avaren, sondern auf die Fahrt nach Rom gegangen. Da überfiel ihn der nacheilende Herzogssohn Lantpert
zu Helfendorf und liess an ihm die Sklavenstrafe der Verstümm-
lung an Zunge, Händen und Füssen vollziehen.

Die Unwahrscheinlichkeiten und Räthsel dieser Erzählung
haben die widersprechendsten Deutungen veranlasst. Der „ge-
sunde Menschenverstand" bewog Gfrörer (G. O. I. 277) zu nachfolgender Kombination: Pipin überzog Herzog Theodo mit Krieg
und nöthigte ihm Emmeran als Bischof der baierischen Kirche
auf. Nachdem aber Pipin abgezogen und Theodo berichtet war,
dass Emmeran die Ehre des herzoglichen Hauses angetastet habe,
gab der Baier seinem Sohne Befehl, den verhassten Fremdling
hinzurichten. Hierauf brach Pipin als Rächer ins Land, verbannte
Lantpert, nöthigte Theodo, Emmerans Leiche mit Ehren zu bestatten und setzte ein anderes Geschlecht (?) auf Baierns Thron.
Von diesen Ausgeburten der Fantasie hat vielleicht nur die Muthmassung, dass Emmerans Reise zu den Hunavaren nur ein Vorwand gewesen sei, um nach Baiern zu gelangen, einige Wahrscheinlichkeit für sich, obwohl es anderseits dieses Vorwandes
gar nicht bedurft hätte, wenn nach des Verfassers Ansicht Emmeran dem Herzog Theodo durch den fränkischen Hausmaier
zum Bischof aufgedrungen worden wäre. Der Verfasser, der sich
viel auf seinen kritischen Scharfsinn zu Gute thut (I. 255), diesen
aber immer mit einer scharfen Zunge verwechselt, wird auch
durch den gesunden Menschenverstand veranlasst, sich zur spätern Ankunft Ruperts zu bekennen. Da er nun selbst gesteht,
dass Emmeran sich nicht unter den Bischöfen von Poitiers im
VII. Jahrhundert finde, dass sein Grabstein wenig Beweiskraft
habe, dass endlich die Baiern bei seiner Ankunft bereits Neulinge
im Glauben waren, und er nichtsdestoweniger Emmerans Wirksamkeit in Baiern zwischen die Jahre 687 und 696 stellt, so muss
doch für den gesunden Menschenverstand sein Fantasiegebäude
an seinen eigenen Widersprüchen Schiffbruch leiden.

Aus der Legende Emmerans, wie sie Aribo, der älteste Berichterstatter, aufzeichnete, entnehmen wir, dass Herzog Theodo ausser den vier im Verbrüderungsbuche von S. Peter genannten Söhnen noch zwei Kinder hatte, nämlich Lantperht und Ota. Wenn aber der Herzog diese Tochter nach Italien verwies (Vita Emmer. II. 13), so konnte dieses wieder nur der aus Ruperts Zeit bekannte Herzog Theodo gewesen sein, von welchem wir wissen, dass seine Enkelin Guntrude, die Tochter Theodeberts, durch ihre Verheirathung an Liutprand von Lombardien Königin in Italien geworden war, so dass also der tief gekränkte Vater die verstossene Tochter unter dem Schutze der befreundeten Herrscherfamilie wusste. Herzog Theodo scheint überhaupt durch das Zeugniss des in die Sache eingeweihten Priesters Wulflech sich von Emmerans Unschuld überzeugt zu haben; denn er empfing seine Leiche in festlichem Pomp und liess sie vor der Stadtmauer in der S. Georgskirche bestatten. Seinen Sohn Landperht aber verbannte er für seine rächerische Unthat nach Pannonien, von wo aber seine Nachkommen wieder nach Baiern zurückgekehrt sein müssen; denn obwohl Aribo ihnen allen den Untergang voraussagte, so war doch 300 Jahre später der Probst Arnold von S. Emmeran mit einem Sprossen dieser *misera Lantperti generatio* verschwägert (M. g. SS. IV. 552).

Zur Bestimmung des Zeitraums, innerhalb dessen Emmeran in Baiwarien für die Bekehrung thätig war, haben wir zwei Anhaltspunkte, welche uns mit ziemlicher Sicherheit einen Schluss ziehen lassen, nämlich Pipins Todesjahr 714 und Herzog Theodo's Fahrt nach Rom im Jahre 716. So lange der allgewaltige Hausmaier lebte, musste eine Gewaltthat gegen einen fränkischen Bischof, selbst wenn er nicht zu den besondern Sendboten des Majordomes gehörte, die ernstesten Folgen nach sich ziehen. Anders war es natürlich nach dem Tode Pipins, welcher gegen Ende des Jahres 714 erfolgte. Seine Wittwe Plektrude liess ihren Stiefsohn Karl, den nachmals so gewaltigen Hammer, festnehmen, um ihren Söhnen das Majordomat zu sichern. Unter den hiedurch entzündeten Zerwürfnissen, welche die Macht der aufstrebenden Pipiniden zu vernichten drohten, schienen Pipins Pläne auf die Unterwerfung der deutschen Völker wieder zu scheitern, und eine kluge Vorsicht rieth seinen Sendboten, sich bis auf bessere Zeiten zurückzuziehen. So bestellte Rupert seinen Nachfolger in Salzburg und ging auf seinen frühern Bischofsitz zurück *(ad propriam remeavit sedem — v. primig.)*, wo er nicht lange nachher starb. Eine richtige Würdigung dieser Verhältnisse mochte wohl auch Emmeran bewogen haben, statt zu den Avaren, den Weg nach Rom einzuschlagen, auf welchem ihn Lantperht um so

ungestrafter aufgreifen zu können wähnte, als er sich vor fränkischer Rache nicht zu scheuen brauchte.

Den andern Anhaltspunkt gewährt die Romfahrt des Herzogs
Theodo. Dieselbe fand im Jahre 716 statt (Anastas. v. Greg. II.)
und ein richtiger Instinkt führte Büdinger zú der Vermuthung,
dass dieselbe in directer Verbindung mit dem Morde Emmerans
stehe (S. XXIII. 390). Die schreckliche Katastrofe konnte nicht
verfehlen, auf das Gemüth des alternden Herzogs einen tiefen
Eindruck zu machen. Bei einem Manne von sehr lebhaftem religiösen Gefühl und, wie es bei Neubekehrten begreiflich ist, voll
Besorgniss, dass die Früchte zwanzigjähriger Bestrebungen zu
Grunde gehen möchten, zugleich wohl von dem Wunsche beseelt,
für das in seinem Lande und von seinen Kindern ausgegangene
Verbrechen an einem Bischofe von dem Pabste Verzeihung zu
erlangen — möchte wohl das Zusammenwirken aller dieser Umstände den Entschluss des Herzogs, *ad apostoli beati Petri limina*
zu gelangen, eher erklären, als das *„orationis gratia"* des päbstlichen Biografen. Dass dabei noch andere und viel weiter grei-
fende Pläne zur Sprache kamen, wird sich sogleich durch eine
päbstliche Urkunde von ausserordentlicher Tragweite erweisen.
Karl Martel war zwar aus der Haft entronnen und seine Stiefmutter war ihrerseits entflohen; aber eben im Jahre 716 hatte
er den Friesenfürsten Radbod angegriffen und ward mit empfind-
lichem Verluste zurückgeschlagen. Bei der durch diese Niederlage kundbar gewordenen Ohnmacht des fränkischen Hausmaiers
ergriff der römische Bischof Gregor II., der wohl schon damals
mit dem später ins Werk gesetzten Plane umging, die abendlän-
dische Kirche vom byzantinischen Hofe abzulösen, die Anwesenheit
des *orationis gratia* nach Rom gekommenen Baiernherzogs mit
Begierde, um ihn, der durch seine Stellung in Germanien und
durch seine Verschwägerung mit dem Hofe zu Pavia von Bedeutung werden konnte, zum Träger seiner reformatorischen Absichten zu machen. Es wurde ihm nahe gelegt, dass es in Baiern
gar keine kanonisch ordinirte Priester gebe, da diese Weihe nur
von Rom ertheilt werden könne, wenn sie rechtsgültig sein sollte.
Ausserdem lebten dieselben in verbotenen ehelichen oder gar
hurerischen Verbindungen und befänden sich nicht im Stande,
ein würdiges Messopfer darzubringen. Ueberhaupt wurde ihm begreiflich gemacht, dass der wahre, allein selig machende Glaube
nur von Rom ausgehen könne, somit seine fränkischen Missionäre
nur Irrlehren unter das Volk gebracht haben dürften, deren Aus-
rottung nur durch den innigsten Anschluss an den römischen
Bischof, den sichtbaren Nachfolger S. Peters, zu bewerkstelligen
sei, zu welchem Zwecke ein einheitliches Kirchenregiment und

eine feste hierarchische Gliederung des Klerus eingerichtet werden müsse.

Gfrörer (G. O. I. 284) weiss das Alles natürlich durch römische
Inspiration viel besser. Nach seiner Darstellung wollte der Herzog
von Baiern nicht fränkisches, sondern apostolisches Christenthum
in seinem Lande· und rief, um nicht fremden Herrscherzwecken
preisgegeben zu sein, den Stuhl Petri um Hilfe an. Er verklagte
Rupert als einen Ketzer, die von ihm eingesetzten Kleriker als
Abtrünnige und bat den Pabst, der baierischen Kirche eine selbständige, nationale, gegen die Ränke fränkischer Herrschsucht
gesicherte Verfassung zu geben. Mag man nun dieser tendenziö-
sen oder meiner einfachen, auf die Zeitverhältnisse basirten Darstellung den Vorzug geben, so bleibt doch die Thatsache gewiss,
dass Gregor II. mit dem Plane umging, die Reformation des baierischen Kirchenwesens in die Hand zu nehmen und zu diesem
Zwecke eine Delegation zusammensetzte, welche aus dem Bischofe
Martinian, dem Erzpriester Georg und dem Subdiakon Dorotheus
bestehen sollte. Denn das Capitulare, welches die Instruktionen
für diese Legaten enthält, am 15. März 716 ausgefertigt, ist noch
vorhanden (M. g. Ll. III. 451).

Dieses hochwichtige Dokument, welches sich unzweifelhaft
auf die persönlichen Mittheilungen des Herzogs Theodo stützt,
belehrt uns über den Zustand des von den fränkischen Missionären ausgesäeten Christenthums in sehr eingehender Weise. Vor
Allem war den Legaten geboten, unter dem Vorsitze des Herzogs
eine Versammlung der Priester, Richter und alles Adels zu ver-
anstalten, um die kanonische Ordination und Rechtgläubigkeit
aller Priester und Kirchendiener zu untersuchen, die bei der
Prüfung nicht Bestehenden ihrer Stellen zu entsetzen und andere,
kanonisch Ordinirte für sie wählen zu lassen. An den Kirchen
sollen nur Priester angestellt sein, welche das Messopfer nach
den römisch-apostolischen Traditionen darzubringen, die Officien
der Tag- und Nachtzeiten zu beten und das alte und neue Testa-
ment zu lesen verstehen. In jedem Bezirke der Theilherzoge soll
ein Bisthum errichtet werden; also drei bis vier oder nach· Bedürfniss mehrere mit Berücksichtigung eines erzbischöflichen Sitzes
und sollen mit nachfolgender Dispensation des apostolischen
Stuhles Männer von gutem Leumund und richtiger Lehrmeinung
zu Bischöfen geweiht werden. Zum Erzbischofe soll nur ein
durchaus tüchtiger Mann gewählt werden, widrigenfalls der römische Stuhl Fürsorge treffen werde. Die ordinirten Bischöfe sollen
sich aller unerlaubten Weihen enthalten, und Keinen zum Prie-
sterstande zulassen, der zweimal verheirathet, oder mit keiner
Jungfrau getraut, ungelehrt, verstümmelt, anrüchig oder sonst in

nachtheiligen Verhältnissen sich befände. Das Kirchenvermögen sollen sie in vier Theile abscheiden, wovon ein Viertel dem Bischofe, eines den Klerikern, das dritte den Armen und Fremdlingen, das vierte endlich der Kirchenfabrik zu Gute kommen soll. Eheliche Verbindungen seien unter den apostolischen Schutz zu stellen; doch bestehe eine ächte Ehe nur zwischen zwei Personen und auch unter diesen nur, wenn sie nicht blutsverwandt unter sich seien, weil sie sich sonst einer Blutschande schuldig machen. Von Speisen sei nur unrein, was den Götzen zu Ehren geschlachtet wurde. Das Volk sei über die Eitelkeit der Traum- und Zeichendeuterei, sowie über die verdammlichen Bräuche der heidnischen Blendwerke, Beschwörungen, Wahrsagereien und Looswerfen zu belehren. An Sonntagen dürfe nicht gefastet werden und Gottesdienste von Ketzern, bevor sie nicht bekehrt wären, dürfen in den Kirchen nicht statthaben. Des Heilmittels der Busse solle sich Niemand entschlagen und endlich zweifle Niemand, dass wir ohne Aenderung von Natur oder Geschlecht nur unter Ablegung unserer Gebrechlichkeit und Fehler mit demselben Körper wieder auferstehen. Satan aber mit seinen Engeln und Anbetern werde nicht zur alten Engelswürde zurückkehren, wie verruchte Irrlehrer behaupten, sondern in ewigem Feuer verbrannt werden.

Es hat mit gerechtem Staunen erfüllt, dass in dem päbstlichen Aktenstücke mit keiner Silbe des Emmerans oder Ruperts gedacht werde, und man hat sich dadurch selbst zu dem Zweifel verleiten lassen, ob diese durch ihre Verdienste um die Christianisirung von Baiwarien so berühmten Männer so nahe der Zeit von Theodo's Romfahrt gelebt haben könnten, da diese Verdienste doch in der römischen Instruktion gar keiner Erwähnung gewürdigt würden (Hormayr I. 192; Gemeiner 55). Die wahre Ursache dieses wahrhaft vernichtenden Schweigens ist aber diese: Rom hat zwar später die durch den Volksglauben vollzogene Kanonisation des Rupert und Emmeran zugestanden; Gregor II. aber hat alle von ihnen getroffenen Kircheneinrichtungen als ketzerisch verworfen. Nach dem römischen Capitulare galten die baierischen Priester ganz oder grösstentheils für irrgläubig und unkanonisch geweiht, weil sie nicht unter der römischen Observanz standen und in verbotenen ehelichen oder hurerischen Verbindungen lebten, oder sonst der Priesterwürde unwürdig waren. Das war aber gerade das Charakteristische der von Rom nicht anerkannten britischen und schottischen Kirche, dass diese die Suprematie des römischen Bischofs nicht anerkannte und die Ehelosigkeit der Priester verwarf, zwei Hauptpunkte, deren Durchführung der römischen Curie und ihrem Verfechter in Deutschland, Bonifaz, die heftigsten

Kämpfe mit den Andersgläubigen verursachte. Die gallischen Priester, von deren Hoffahrt, Unzucht, Raublust und Bestechlichkeit, Neigung zu Hochverrath, Mord und Todtschlag der Bischof Gregor von Tours eine sehr erbauliche Sammlung in seiner Frankengeschichte zu machen erlaubt, scheinen überhaupt in Rom nicht im Geruch besonderer Heiligkeit gestanden zu haben, da Pabst Gregor I. an die Königin Brunhilde schrieb, dass die Priester in Gallien über alle Maassen schamlos und lasterhaft lebten (Gr. ep. XI. 69). Diese Anrüchigkeit ergibt sich schon aus den vier Fragen, welche man dem Kandidaten bei der Ordination zum Bischofe vorlegte, nämlich ob er nicht Ehebruch getrieben, ob er eine Wittwe geehelicht, ob er eine Nonne entehrt und endlich Päderastie und Bestialität verübt habe (Baluz. cap. II. App. 1372).

Sonach war das Misstrauen Roms in die aus Gallien nach Baiern gekommenen Missionäre und die von ihnen vorgenommenen Ordinationen allerdings nicht ohne Grund, wenn es sich auch hauptsächlich in der Nichtanerkennung der römischen Suprematie gipfelte; denn die Priesterehe liess man sich unter gewissen Beschränkungen gefallen und musste sie überhaupt noch manches Jahrhundert dulden. Die Ehe selbst war noch kein kirchliches Sakrament, sondern lediglich ein bürgerlicher Akt, dessen sich die römische Instruktion durch die kirchliche Einsegnung zu bemächtigen sucht, um das Gesetz der Monogamie und der verbotenen Verwandtschaftsgrade einzuführen. Da dieses Kapitel sehr eingehend ist, so scheint die Ehe unter den nächsten Blutsverwandten bisher in Baiwarien nicht den mindesten Anstoss erregt zu haben (H. R. 259). Die althergebrachte Hochhaltung der Traum- und Zeichendeutung, der Beschwörungen, des Wahrsagens und Looswerfens versteht sich bei einem neubekehrten Volke von selbst. Auch scheinen die Baiern, wie überhaupt die Deutschen, nicht sehr eifrig im Sündenbekenntnisse gewesen zu sein, sowie auch die Missionäre und ihre Gehülfen die Beichte wegen Näherliegendem bei Seite liessen oder hierin der Abneigung des Volkes Rechnung getragen zu haben scheinen. Wenn aber Gfrörer (G. O. I. 293) in der am Ende des päbstlichen Capitulares verurtheilten Irrlehre von der endlichen Verklärung des Satans die Wiederbringungslehre aller Dinge nach dem Weltbrande der Götterdämmerung wiederfinden will und hierin den Beweis sieht für den Zusammenhang der religiösen Vorstellungen der Baiwaren mit dem nordischen Eddaglauben, welchem die fränkischen Missionäre durch Verschmelzung christlicher und heidnischer Lehren eine ungebührliche Rechnung getragen hätten, so macht er hiedurch einen ganz unnöthigen Aufwand seiner Bekanntschaft mit der Edda. Stände unsere Kenntniss von der heidnischen Religion der

Baiwaren nicht auf einer festeren Grundlage, als sie dieses Kapitel der römischen Instruction bieten soll, dann müsste ,der Beweis als ein ziemlich hinfälliger erachtet werden. Denn der oben verdammte Lehrsatz hat gar nichts mit dem Eddaglauben gemein, sondern enthält nur ein Filosofem der Origenisten und Dämonologen des III. Jahrhunderts, welche nach den Lehren der Zend Avesta die Wiederherstellung der bösen Geister am Ende der Welt zur ursprünglichen englischen Natur behaupteten (Hansitz, G. sac. II. 39), was doch ein Schriftsteller der Kirchengeschichte wissen musste, wenn derselbe nicht von falschen Voraussetzungen beherrscht gewesen wäre.

Das Hauptgewicht legt natürlich die päbstliche Instruktion auf die Errichtung eines einheitlichen Kirchenregiments, sowie auf die Unterordnung der baierischen Kirche unter die römische Observanz. Deshalb sollte ein Erzbisthum aufgerichtet werden, unter dessen Metropoliten je nach den Regierungsbezirken drei, vier oder selbst mehrere Suffraganbischöfe zu stehen kämen. Es liegt hier schon ganz der Plan des römischen Bischofs zu Tage, die deutsche Kirche der römischen zu unterwerfen, wie ihn später der apostolische Stuhl unter andern Verhältnissen durch seinen Generallegaten in Germanien verwirklichte. Ruperts Institution in Salzburg, die Einsetzung seines Nachfolgers Vitalis, die Weihe eines Bischofs in der herzoglichen Residenz, als welcher uns Wikterp bestätigt wird, konnten also keinesfalls die Genehmigung des römischen Bischofs erhalten haben, und wenn auch das Capitulare desselben die fränkischen Missionäre nicht ausdrücklich als die Urheber dieser annullirten Akte nennt, so hüllt es dennoch seine unzweideutig ausgesprochene Missbilligung derselben (mit römischer Feinheit, wie Gfrörer will) in die Bezeichnung der Afri und Manichaei, welche zwar in Baiwarien nicht zu finden waren, worunter aber das Formelbuch der römischen Ordinariatskanzlei, das *liber diurnus pontificum romanorum*, allen Eingeweihten wohl verständlich die gefährlichsten Irrlehrer und Ketzer zusammenfasste.

In Erwägung dieser Thatsachen erweist sich also Büdingers Annahme (S. XXIII. 391), die Missionsthätigkeit Emmerans zwischen die Jahre 712—715 zu verlegen, als den geschilderten Zeitverhältnissen entsprechend vollkommen richtig. Wenn aber Aribo weder in *Vita Emmerani* noch in *Vita Corbiniani* des Zeitgenossen Rupert gedenkt, so mag dies von einer gewissen Eifersucht herrühren, mit welcher man zu Freising stets auf Regensburg und Salzburg blickte. Uebrigens sagt er nirgend, dass Emmeran zu Regensburg ein Bisthum errichtet oder einen Bischof geweiht habe.

Ob die im Jahre 716 zu Rom projektirte Legation nach

Baiwarien einen Erfolg gehabt habe, oder überhaupt nur ins Leben getreten sei, lässt sich um so mehr bezweifeln, als keine einzige darauf bezügliche Thatsache bekannt ist. Im Gegentheil sprechen die nachfolgenden Zeitverhältnisse und die durch die kirchliche Organisation des Bonifaz aufgeklärten Zustände des baierischen Klerus entschieden dagegen. Denn einerseits waren die kriegerischen Verwicklungen, in welche die Herzoge von Baiwarien in der nächstfolgenden Zeit geriethen, einer solchen friedlichen Mission durchaus ungünstig und anderseits bot sich bereits im Jahre 718 ˮin dem angelsächsischen Missionär Winfrid dem römischen Stuhle ein viel brauchbareres Werkzeug zur Durchführung seiner hierarchischen Pläne.

§. 4. Herzog Grimwald und der Missionär Corbinian.

Der durch die Niederlage der Franken im Friesenlande und durch die römischen Einflüsterungen erzeugte Unabhängigkeitstraum der baierischen Herzoge war von kurzer Dauer. Schon im Sommer des Jahres 717 schlug Karl Martel Raganfred, den Hausmaier des Königs Chilperich II. in der entscheidenden Schlacht bei Vincy und bemächtigte sich dadurch der unumschränkten Herrschergewalt seines Vaters über Franzien. Dass er mit diesem Siege die Pläne Pipins gegen die Selbstherrlichkeit der deutschen Volksherzoge und dessen Politik zur Erreichung seiner Ziele wieder aufnahm, lehrt die Geschichte der folgenden Jahre. Die alamannischen Herzoge Landfrid und Theutbald, Godofrids Söhne, hatten nach Pipins Tode die Oberherrschaft der Franken abgeschüttelt, während ihr Neffe Hnabi im Widerspiel mit seinen Oheimen zu Karl Martel hielt. Nachdem der Letztere im Jahre 720 den Fürsten Eudo von Aquitanien besiegt und in S. Gallen den ihm ergebenen Abt Othmar eingesetzt hatte, so griff er 722 die ihm feindlichen alamannischen Herzoge an und bezwang sie durch Waffengewalt, worauf die Alamannen sich im folgenden Jahre empörten und einen wiederholten Feldzug nöthig machten. Zwar die Ann. Fuldens. behaupten, dass von diesem Angriffe des fränkischen Hausmaiers auch die Baiuarios betroffen worden seien und auch in den Aufstand von 723 verflochten gewesen wären (M. g. I. 344). Da übrigens die Ann. Petav. Tilian. und Maj. Juvavens. übereinstimmend behaupten, dass Karl erst 725 zum ersten Male in Baiwarien mit einem Kriegsheere erschien (*primum fuit in Bajoaria, primum pugnavit, primum in Bajoariam venit*, M. g. I. 8. 9. 87), so mag es dahin gestellt bleiben, ob der fränkische Angriff von 722 schon die Baiern in Mitleidenschaft

zog. Jedenfalls zeigten sich bereits die Vorboten des nahenden
Ungewitters; denn im selben Jahre erschien in Baiern der fränkische Missionär Corbinian.

Die Geschichte dieses *viri Dei* ist gleich seinem Charakter
so voller Widersprüche, dass sein Biograf Aribo nicht geringe
Mühe verschwendete, dieselbe *ad aedificationem audientium* in ein
doch nicht sehr schmeichelhaftes Ganzes zu bringen. Er schildert
ihn als mild und leicht versöhnlich; aber bei der geringsten ein-
gebildeten Kränkung seiner Würde fährt der Mann Gottes jäh-
zornig in die Höhe und stösst mit dem Fusse die Tafel des Herzogs um, dass die Silbergefässe auf dem Estrich herumkollern,
oder schlägt ein armes Bauernweib mit eigenen Händen blutig.
Er nennt ihn bescheiden und überaus demüthig, während der
heilige Mann mit einem prächtigen Gefolge von Trossknechten,
Saumrossen und allem Hausrath einherzieht. Er ist eifrig im
Fasten, führt aber auf seinen Reisen einen eigenen Mundkoch
mit sich; ein Verächter aller weltlichen Ehren, macht aber zweimal die Reise zum Pabste nach Rom, um sich ein abgelegenes
Plätzchen zur mönchischen Einsamkeit und Abtödtung auszubitten;
er ist freigebig in Almosen, besitzt aber einen nicht unbedeutenden Reichthum, den er zu Privatzwecken verwendet. Aus diesen
Gegensätzen ergibt sich zur Genüge, dass Aribo's Lebensbeschreibung nicht ohne vorsichtige Kritik als Geschichtsquelle zu benutzen sei. Diese Vorsicht empfiehlt sich aber um so dringender,
als in Aribo's Darstellung Irrthümer eingeschlichen sind, welche mit
den anerkannten Thatsachen der Geschichte nicht vereinigt werden
können. So lässt er Corbinian zu Pabst Gregor reisen und nach seiner
Rückkehr von Rom dem Majordom Pipin über den Erfolg seiner
Reise Bericht erstatten. Da aber Pipin im Dezember 714 starb,
Gregor aber erst im Mai 715 den römischen Stuhl bestieg, so
liegt in obigen Angaben Aribo's ein entschiedener Widerspruch
mit der Geschichte, welchen die Forscher auf verschiedene Weise
zu lösen suchten, indem sie annahmen, Aribo habe sich in der
Person des Majordomus oder in der Regierungszeit des Pabstes
Gregor vergriffen. Zu Letztern gehört Büdinger, welcher für wahrscheinlicher hält, Aribo habe sich an dem römischen Bischofe als
an dem nähern Frankenfürsten geirrt, unter dessen Nachkommen
er selber lebte und deshalb auch Corbinians erste Romfahrt auf
das Jahr 710, die zweite Romreise auf 717 ansetzt (S. XXIII. 390).
Andere Forscher, wie Cointe, Pagi, Meichelbeck (Hist. fr. I. XXX)
nehmen das Gegentheil an, und da sich Aribo auch sonst in der
Person des Hausmaiers irrt und ihn unter andern als *summum
tunc temporis regem* darstellt, was doch erst 752 sein Enkel wurde,

so glaube ich, dass diese letztere Ansicht der Wahrheit am nächsten stehe.

Corbinian war von Geburt ein Gallier, wahrscheinlich von einem fränkischen Vater Waldekiso — obwohl auch Romanen mit deutschen Namen vorkommen — und einer romanischen Mutter Corbiniana stammend. Er war nach seinen Reliquien zu schliessen (Mbk. I^a 25) von kleiner, schmächtiger Gestalt, geringem Schädelumfang — *sacri certe capitis moles plane magna non est* — kurz wie von Charakter so auch an Körper ein ächter Franzose. Ein Wunderkind von frühester Jugend an, warf er sich zeitig auf die Heiligkeit und baute sich allerdings mit einiger Ostentation eine Zelle neben die Kirche seines Geburtsortes, um mit den zu äussern Bedürfnissen nöthigen Dienern der Armuth und Einsamkeit zu pflegen. Durch das Gerücht seiner Frömmigkeit, Beredsamkeit und Almosenfreigebigkeit — denn es sammelte sich bald eine Schaar von Wundergläubigen — aufmerksam gemacht, sandte der praktische Majordom Pipin einen seiner Vertrautesten in die Zelle des Mannes Gottes und liess sich demüthigst seinem Gebete empfehlen. Dass hiebei noch etwas Weiteres geplant worden sei, ergibt sich daraus, dass der Frankenfürst ihm ein Almosen von 900 Goldsoliden zustellen liess (V. Cor. 21). Um dem immer lästiger werdenden Andrange der Gläubigen zu entgehen, entschloss sich Corbinian nach 14 Jahren, nach Rom zur Schwelle der Apostelfürsten zu wallfahren, um einen geheimen Winkel für seine innersten Einsamkeitswünsche zu finden. Aber Pabst Gregor wollte ein solches Kirchenlicht nicht unter den Scheffel stellen, sondern ertheilte ihm die Priesterweihe, die Bischofswürde und selbst das Pallium, mit dem Auftrage, in der ganzen Welt zu predigen, wo er immer wollte.

Diese rasche und so ganz aussergewöhnliche Beförderung eines einfachen Mönches zum Priester, Bischof und Erzbischof enthält so viel Unwahrscheinliches, dass man sich nicht genug wundern kann, wie selbst kritische Schriftsteller wie Baronius, Spondanus, Pagi dieselbe ohne weitere Prüfung blos auf Aribo's Erzählung — *ad aedificationem audientium* — hin gläubig annehmen konnten. Wenn man erwägt, dass der angelsächsische Abt Winfrid erst nach fünfjähriger rastloser Missionsthätigkeit und vorher schriftlich abgelegtem Glaubensbekenntnisse von demselben Gregor II. unter dem Namen Bonifaz zum Bischof in Germanien geweiht wurde, dass er erst nach neun Jahren unermüdlicher Bestrebungen für die Zwecke der römischen Curie von Gregor III. das Pallium empfing und erst nach sechs weiteren Jahren voll Mühen und Anstrengungen zum päbstlichen Generallegaten für Germanien ernannt wurde (M. g. II. Vit. Bon. §. 20. 21. 25), so wird Aribo's Darstellung geradezu unglaublich. Oder sollte etwa die ungünstige Erfahrung, welche der römische Stuhl mit Corbinian machte, vor einer ähnlichen Uebereilung zurückgeschreckt haben? Dergleichen ist aber bei der Vorsicht, mit welcher man in Rom von jeher zu Werke ging, um so weniger denkbar, als ein solcher Hergang römischer Tradition und Observanz geradezu widerspricht. Wollte man auch zugeben, der römische Bischof Gregor habe den gewiss mit kräftigen Empfehlungsbriefen vom fränkischen Hofe versehenen Mönch Corbinian zum Priester, ja selbst zum *episcopus in partibus*, d. h. zum Regionarbischof geweiht, so ist dagegen die Verleihung des Palliums und die damit verbundene Würde eines Erzbischofs, welche nur für bereits befestigte Bischofssitze ertheilt wurde, eine reine Unmöglichkeit. Gfrörers Spürsinn (G. O. I. 300) trifft daher ziemlich das Wahre, wenn er behauptet, Corbinian, von den Pipiniden zum geistlichen Werkzeuge ausersehen, sei nach Rom gesendet worden, um das zu erreichen, was ihn Aribo freigebig erlangen lässt, nämlich die Bischofsweihe und das öffentliche Predigeramt; er sei aber mit seinen Wünschen bei der römischen Curie nicht durchgedrungen und habe sich daher nach abgelegter Rechenschaft über seine misslungene Mission vor dem Majordom bis zu einer günstigern Gelegenheit wieder in seine Klause zu Chatres zurückgezogen. Warum aber dieser Befehl, vor dem Majordom zu erscheinen — *ut accersiret suis eum obtutibus*, wenn der Mönch blos eine einfache Betfahrt gemacht hätte? (V. Corb. 7.) Warum diese unnatürliche Zurückgezogenheit des neugeweihten Bischofs, welchem der Pabst das Predigeramt in aller Welt auferlegt haben sollte? (V. Corb. 9.) Wenn daher Willibald in der V. Bonif. §. 28 von falschen Bischöfen spricht, welche sich in Baiern aufgeworfen hätten — *quorum alii pridem falso se episcopatus gradu praetulerunt* (M. g. II. 346), so müssen wir diese Anklage nach den bisherigen Erörterungen geradezu auf Corbinian beziehen; denn von den drei fränkischen Missionären, welche vor Bonifaz in Baiwarien Christum predigten, waren Rupert und Emmeran wirkliche Bischöfe.

Da nun Corbinians erste Romfahrt nur im Jahre 715, wo Gregor II. inthronisirt war, und zwar ehe noch Herzog Theodo zum römischen Stuhle in Verbindung trat, in die Geschichte der Zeitverhältnisse fugt, so muss seine zweite Reise, wenn die siebenjährige Zurückgezogenheit wörtlich genommen werden will, in das Jahr 722 fallen, was wieder insofern mit den Zeitverhältnissen übereinstimmt, als Karl Martel in diesem Jahre mit seinem Angriff auf die alamannischen Herzoge seines Vaters kriegerische Pläne wider die Unabhängigkeit der deutschen Völker wieder aufnahm. Es fallen also hiemit die Vorschläge Zierngibls (M. A. I. 144), Corbinians Reisen auf

die Jahre 709 und 717, Büdingers, dieselben auf 710 und 717 zu
verlegen, indem sich diese Annahmen nur darauf stützen, dass
Aribo den Missionär Corbinian bei seiner zweiten Reise mit Herzog Theodo zusammenbringt, dieser aber nach den Angaben der
Ann. Garst., des Chr. Cremif. und der Ann. Rudb. Salisb. bereits
im Jahre 717 oder 718 verstorben sei. Man beruft sich hiebei
auch auf eine Nachricht in den *Breves notitiae* 2, wonach der erkrankte Herzog seinem Sohne Theodebert den Bischof Rupert und
seine Stiftung ans Herz gelegt habe und schliesst dann ganz ruhig
weiter: also ist er darauf selig entschlafen und zwar weil er 716
in Rom war und Rupert im Jahre 718 verstarb, im Jahre 717
(Mederer, Beitr. 193). Rettberg (G. O. II. 210) hat schon auf das
Uebereilte dieser Schlussfolgerung aufmerksam gemacht, indem
nirgend vom erfolgten Tode des Herzogs die Rede ist, sondern
derselbe sich sehr wohl wieder erholt haben konnte, was um so
wahrscheinlicher sei, als die gleichzeitige Urkunde, das *Congestum
Arnonis* (J. 29), nichts von einer Krankheit des Herzogs berichtet,
sondern vielmehr den Herzog Theodo jene Schenkungen der
Maxmilianszelle im Pongau vollziehen lässt, welche *Brev. not.* 2
dem Herzog Theudebert beilegen. Wenn wir aber die Stelle von
der Erhebung der Maxmilianszelle im Pongau durch den Bischof
Rupert im Zusammenhange lesen, so ergibt sich, dass dieselbe
gar nicht an das Lebensende des Herzogs Theodo zu setzen sei,
sondern vielmehr in die Anfangszeit der Missionsthätigkeit Ruperts und zwar kurz nach der Auffindung der Ruinen des römischen Juvavo und noch vor der Erbauung des Nonnenklosters
(Br. not. 3), wo die Brüder Tonazan und Urso aufs Goldsuchen
in das Gebirge hinaufzogen (Br. not. 2). Sollte also auch wirklich Herzog Theodo während des Baues der Maxmilianszelle erkrankt sein, so hat diese Erkrankung um so weniger mit seinem
Ableben gemein, als er vielleicht gerade hiedurch veranlasst, die
Theilung Baierns in vier Provinzen vollzog, wodurch seine Söhne
selbständigen Antheil an der Landesregierung gewannen und in
Schenkungen als seine Successoren genannt werden, als er ferner
Emmeran bei sich empfing, die Romreise ausführte und also sehr
wohl noch das Jahr 722 und die Ankunft Corbinians erleben
konnte — eine Mittheilung, welche Aribo aus nächster Nähe erfahren konnte.

Herzog Theodo, der eine so bedeutende Stellung in der
christlichen Mission in Baiwarien einnimmt, scheint das Jahr 722
nicht überlebt zu haben; denn in den kriegerischen Verwicklungen,
in welche die baierischen Herzoge in den nächsten Jahren verflochten werden, wird sein Name nicht mehr genannt. Unter
seinen Söhnen schweigt die Geschichte gänzlich von Tassilo II.

Von Theutbald wissen wir nur, dass er noch vor seinem Vater starb. Er hinterliess aus zweiter Ehe eine jugendliche Wittwe, Pilitrud, von vornehmem Geschlecht, die mit ihrer Mutter aus Gallien nach Baiern gekommen war (V. Corb. 19). Nach seinem Tode nahm sie Grimwald zum Weibe und zwar nicht erst nach Corbinians Abreise nach Rom, wie Zierngibl (M. A. I. 134) behauptet, sondern schon vor dessen Ankunft in Baiern, da Herzog Grimwald den Missionär nach Aribo's allerdings etwas unwahrscheinlicher Angabe (V. Corb. 10) zum Erbtheiler mit seinen Kindern habe machen wollen und keine Kinder aus einer frühern Ehe bekannt sind. Auch Theodebert, welcher für den ältesten von Theodo's Söhnen gehalten wird, entweder weil er im Todtenbuch von St. Peter unmittelbar auf den Vater folgt, oder weil ihm dieser nach obiger Angabe der *Breves notitiae* 2 die Angelegenheiten Ruperts und Salzburgs besonders ans Herz legte und welchem deshalb einige Schriftsteller eine durchaus nicht quellenmässige Oberherrlichkeit über seine Brüder beilegen (Rudhart 266, Erhard I. 250), hat das Jahr 722 nicht überlebt; denn schon in diesem Jahre ist Grimwald Herr im Gebirgslande, weiland dem Regierungsbezirke Theutberts, und gebietet den Amtleuten, *actoribus*, und Einwohnern, Corbinian bei seiner Rückkehr vor ihn zu bringen (V. Corb. 10). Diese Thatsache hat frühere Forscher zu der Vermuthung veranlasst, dass Herzog Theutbert nach seines Bruders Theutbald Tode wohl Ost- und Nordbaiern erhalten und dafür das Gebirgsland an Grimwald abgetreten habe, und überhaupt wiederholte Landestheilungen anzunehmen, so dass aus der ursprünglichen Tetrarchie allmälig eine Tri- und Diarchie entstanden sei (Hansitz, Ger. s. II. 58; Zierngibl, G. O.). Diesen Muthmassungen fehlt aber jede historische Beglaubigung und während sie blos auf Konjekturen beruhen, lässt uns der Gang der Agilulfingischen Geschichte nur schliessen, dass Herzog Grimwald nach dem Tode seiner Brüder und seines Vaters den durch die Reichstheilung desselben begangenen politischen Fehler dadurch wieder gut zu machen suchte, dass er mit Ausschluss seiner Neffen Hukpert und Otilo die Kraft des ganzen Landes in seiner Hand zu vereinigen suchte, um den von Franzien drohenden Stürmen mit gesammter Macht zu widerstehen.

Corbinian kam also im Jahre 722 nach Baiern, angeblich auf einer Reise nach Rom — *secretiorem eligens viam Alamanniam pervenit, deinde Germaniam et sic Noricam veniens ibi, quamdiu demoratus est, verbi divini seminavit doctrinam* . . (V. Corb. 9) und predigte dem Volke *quae gens quoque adhuc rudis et nuper ad christianitatem conversa.* Natürlich bereitet ihm Aribo eine herrliche Aufnahme bei den Herzogen Theodo und Grimwald; sie

beschenken ihn aufs reichlichste und fliessen über von inständigem,
demüthigstem Drängen, bei ihnen zu bleiben *carique ibi habeban-*
tur sacerdotes sicut novitiorum mos esse compellit — ja Grimwald
will ihn sogar zum gleichen Erbtheiler mit seinen Kindern —
doch wohl nur der fahrenden Habe — machen. Corbinian habe
aber alle schmeichlerischen Versprechungen aus Liebe zur Armuth
und Widerwillen gegen vergängliche Reichthümer standhaft abgelehnt, mit dem festen Entschlusse, zu Rom seine früher übernommenen Verpflichtungen — man weiss nicht welche — dem
Pabste zu Füssen zu legen und sich in die klösterliche Einsamkeit, die er doch seit sieben Jahren in der Klause zu Chatres
genoss, zurückzuziehen. So berichtet Aribo. In Wirklichkeit aber
gestalteten sich die Verhältnisse mit der Ankunft Corbinians in
Baiern ganz anders. Man braucht gar nicht mit Gfrörer (I. 302)
auf den angeblichen Aufstand der Baiwaren im Jahre 723 (Ann.
Fuld., M. g. I. 344) Rücksicht zu nehmen, um sich zu überzeugen,
dass sich der aufdringlichen Missionsthätigkeit des fränkischen
Mönches alsobald Hindernisse in den Weg gestellt haben mussten;
denn die baierischen Herzoge waren, seit Theodo mit Rom in
direkter Verbindung stand, vor dem Einflusse fränkischer Missionäre gewarnt und forderten unzweifelhaft nach dieser Verbindung
mit dem römischen Stuhle, dass ein Mönch, der in ihrem Lande
das Predigeramt ausüben wollte, auch von daher mit einer entsprechenden Vollmacht, d. h. einem Zeugnisse seiner Rechtgläubigkeit ausgerüstet sein müsse. Diese Vollmacht hatte Corbinian,
der blos im Auftrage der Majordome einen Bischofstuhl suchte,
nicht; also schickte man ihn nach Rom an die kompetente Stelle.
Aribo's Darstellung stimmt selbst mit dieser Auffassung des Verhältnisses Corbinians zu den baierischen Herzogen überein. Denn
obwohl er die Bedeckung durch baierische und lombardische
Dienstmänner, unter welcher Corbinian an die langobardische und
römische Gränze geschafft wurde, für ein Ehrengeleit ausgibt,
welches dem theuern Manne Gottes zur Sicherheit und wohl ge-
bührenden Auszeichnung beigegeben worden wäre, so kann er
doch nicht verschweigen, dass Grimwald seinen Amtleuten und
allen umliegenden Gebirgsbewohnern ohne Corbinians Vorwissen
den strikten Befehl gegeben habe, denselben bei seiner Rückkehr
alsobald zu verhaften und vor ihn zu bringen. Diese Thatsache
stimmt ziemlich schlecht zu der angeblich glanzvollen Aufnahme
am Herzogshofe zu Freising und Regensburg und zu den schmei-
chelhaften Bitten der Herzoge. Und wie liesse sich mit dem Charakter eines Ehrengefolges das unehrerbietige Benehmen desselben
vereinigen, welches ihm zwei seiner besten Rosse, darunter ein
zum Geschenke für den Pabst bestimmtes, stahl und den frän-

kischen Mönch auch sonst ziemlich rücksichtslos behandelte?
(V. Corb. 12—14).

In Rom angekommen warf sich Corbinian dem Pabste zu
Füssen, übergab *non modica dona* und flehte unter Thränen um
Enthebung aller auferlegten Ehrenstellen und die Einsamkeit einer
Klosterzelle oder einer Einsiedelei — *in aliqua secreta silva.* Der
Pabst aber versammelt eine Synode, in welcher Corbinian nach
den Zeugnissen der heiligen Schrift überwiesen wird,. dass er zurückkehren müsse — *proclamabant eum reverti ex multis testimoniis
scripturarum* (Vita Corb. 15). Der Ausdruck *reverti* ist an sich
schon ungenügend für den geforderten Bescheid, wird aber gänzlich nichtssagend, wenn man erwägt, dass nach den obigen Erörterungen Corbinians frühere Mission resultatlos verlief, wesshalb
er sich damals schon in seine Klause zu Chatres zurückzog, bis
ihn der Befehl des fränkischen Hausmaiers Karl wiederholt auf
die Weltbühne brachte. Es würde sich hier nur die Frage erheben, ob nicht etwa doch die wirksame Empfehlung des jetzt
überall siegreichen Gewalthabers der fränkischen Monarchie den
Pabst Gregor veranlasst haben könnte, dessen Schützling Corbinian wenigstens zum Bischof *in partibus* zu weihen. Ganz unmöglich wäre ein solches Ereigniss zwar nicht, obwohl Aribo natürlich davon um so weniger Erwähnung thun konnte, als er seinen
Schutzheiligen schon sieben Jahre früher zum Erzbischof erhoben
hatte. Indessen bleibt auch hiegegen zu bemerken, dass Gregor II.
bereits seit fünf Jahren einen ganz andern Missionär in Deutschland an dem angelsächsischen Abte Winfrid besass und denselben
im Jahre der Anwesenheit Corbinians, 30. November 723, zum
Bischof in Germanien weihte.

Corbinians Sendung war also zum zweiten Male missglückt;
aber der trotzige Franzosenkopf war nicht gesonnen, den sich
aufthürmenden Widerwärtigkeiten nachzugeben, da er auf die
demnächst eintretende Hilfe seines Absenders rechnen konnte.
Diese Unterstützung machte sich auch bereits bemerkbar auf der
Rückreise Corbinians, welche in den Herbst des Jahres 723 gesetzt werden muss. König Liutprand von Lombardien, welcher
früher im Einverständniss mit Grimwald den fränkischen Mönch
durch seine Dienstleute an die römische Gränze hatte liefern
lassen, stürzt ihm jetzt zu Füssen und bittet ihn, die Sühnbusse
anzunehmen für den frühern Pferdediebstahl seiner Dienstmannen.
Daraus lässt sich folgern, wie Gfrörer muthmasst, dass König
Liutprand bereits mit Karl Martel in Unterhandlung stand, um
mit demselben im Interesse seines Schwagers Hukpert Herzog Grim-
walden anzugreifen. Zwar in Mais angekommen, wurde Corbinian
sofort auf des Herzogs Befehl verhaftet und darüber Meldung an

den Herzog erstattet. Corbinian liess sich dadurch nicht ein-
schüchtern, denn jetzt nahte die Lösung seiner Aufgabe, wobei
ihm die Unterstützung seines Oberherrn gewiss war. Als daher
der Befehl des Herzogs zum Transport nach Freising anlangte,
liess er nur für alle Fälle sein Reisegepäck in Mais und fuhr
trauernden Herzens zum Herzog, sagt Aribo.

Mich dünkt vielmehr rachgierigen Herzens. Denn er war
kaum in die Herzogspfalz eingeritten, als er dem Herzoge durch
seinen Oberkämmerling sagen liess, nie werde er das Antlitz des
Fürsten sehen, bevor dieser nicht die verführerische Gattin verstossen habe, welche er in blutschänderischer Lust zur Ehe genommen. Im verwichenen Jahre zwar hatte ihn dieses Verhältniss
nicht im mindesten gestört. Anders war es dagegen jetzt, wo es
sich darum handelte, Zerwürfnisse in der Familie des Herzogs
hervorzurufen und denselben durch die beständige Aufregung
häuslicher Widerwärtigkeiten am kraftvollen Handeln nach aussen
zu lähmen. Gross war natürlich die Bestürzung am Herzogshofe
über diese peremtorische Erklärung des angeblichen Bischofs.
Wenn ich auch nicht Gfrörers Ansicht theile, dass die Ehe Grimwalds mit seiner verwittweten Schwägerin eine staatsrechtliche
Bedeutung hatte und ihre Lösung die neugeschaffene Vereinigung
Baierns bedrohte (G. O. I. 307), denn damals gab es noch keine
dynastischen Erbberechtigungen, so ist es doch erklärlich, dass
sich die fürstlichen Gatten hartnäckig der kategorischen Forde-
rung des Bischofs widersetzten und erst nach 40 Tagen durch
Androhung des göttlichen Strafgerichts und wohl auch in Erwägung der näherstehenden weltlichen Macht des gewaltigen Hausmaiers dazu vermocht werden konnten, in die geforderte Ehescheidung zu willigen (V. Corb. 19).

Die Zeit der hierauf erfolgten Aussöhnung mit dem Herzoge
benutzte Corbinian, um seine Pläne zu verfolgen. Schon zur Zeit
seines unfreiwilligen Aufenthaltes in Mais hatte er sich in der
Gegend nach einem passenden Platze für eine Niederlassung umgesehen. Vielleicht nach geheimem Befehl des Majordomus strebte
er gleich Rupert nach einer vom Herzogshofe entfernten Ansiedlung, wozu ihm jetzt wegen der Nähe der langobardischen Gränze
die Umgegend von Mais besonders geeignet erschien. Jetzt, wo
er an der Frauenkirche der herzoglichen Residenz amtirte, vermochte er den Herzog, mit ihm in das Gebirge hinaufzuziehen
und den Ort Camina zwischen den Flüssen Timone und Finale
von den Besitzern zu erstehen und selben der Marienkirche zu
Freising mit allem Zubehör an Aeckern, Wiesen, Weinbergen und
Almen auf ewige Zeiten zu schenken. Hierauf erbaute er sich
daselbst ein Wohnhaus und eine Kirche, die er dem heiligen Va-

lentin, ehemaligem Regionarbischofe in Rätien, und dem seligen
Zeno weihte, und legte Weinberge und Obstgärten an. Ausserdem
erwarb er das nahe Kortsch, welches die Wittwe Fausta dem Herzog Grimwald als Prekarie aufgetragen hatte, um 900 Goldschil-
linge, welche ihm früher schon der Majordom Pipin gegeben hatte
(V. Corb. 20. 21). Wir sehen dasselbe Verfahren wie bei der Niederlassung Ruperts zu Juvavo und können daraus auf die gleichen
zu Grunde liegenden Absichten und hinter der Scene spielenden
Hauptpersonen schliessen.

Dies begab sich wahrscheinlich im Laufe des Jahres 724.
Mittlerweile hatte sich das Verhältniss zwischen dem Herzoge und
Corbinian wiederholt getrübt, woran theils das hochfahrende Benehmen des leicht aufbrausenden Mannes Gottes, theils auch der
Hass, womit ihn die Herzogin als den Zerstörer ihrer Ehe verfolgte, die Schuld trug. In Folge dieser Zerwürfnisse fasste die
Herzogin den Plan, den fremden Eindringling durch ihren Geheimschreiber Ninus aus dem Wege räumen zu lassen. Corbinian
aber, durch seinen Bruder Ermbert von dem Anschlage rechtzeitig
in Kenntniss gesetzt, entfloh zur Nachtzeit und begab sich mit
seinem Klerus in das bekannte Mais, von wo aus er dem um
Verzeihung bittenden Herzoge in christlicher Liebe seinen und
der Seinigen Untergang verkünden liess. Ob Mais damals schon
in den Händen der Langobarden war, wie Gfrörer (I. 311) erzwingen will, und dass man deshalb Corbinian des Landesverraths
bezichtigte, ist wieder eine von den ausschweifenden Fantasie-
geburten des Verfassers. Corbinian war sicher genug im Gebirgslande und an der lombardischen Gränze und hatte nach der ver-
söhnenden Botschaft des Herzogs nichts für sein Leben zu fürchten. Indess mochte der Frieden mit den Langobarden und Franken
nicht mehr von langer Dauer sein; denn Karl Martel brach 725
mit einem mächtigen Heere in Baiern ein (M. g. I. 8. 9. 87; II. 318),
schlug Grimwald und führte dessen Gattin und ihre Nichte Sonichilde als Gefangene nach Franzien (Bouquet II. 454). Wenn
man dem Ausdrucke *repudiata* des in dieser Stelle sehr gehässigen
Berichtes Aribo's Vertrauen schenken könnte, so müsste man
schliessen, der Sieger habe sich anfangs seine schöne Gefangene,
Pilitrud, beigelegt, bevor er sie als Verstossene nach Italien verwies. Zu gleicher Zeit griffen die Langobarden Baiern von Süden
her an und nahmen mehrere Kastelle in Besitz (P. d. VI. 58).
Dass hiebei das Schloss von Mais in ihre Hände gefallen ist,
ergibt sich daraus, dass sie zur Zeit von Corbinians Tode, also
fünf Jahre später, daselbst herrschten (V. Corb. 29), und wenn
etwa Corbinian dabei die Hände im Spiele hatte, da er mit
König Liutprand seit seiner Rückkehr von Rom in freundlichen

Beziehungen stand, so konnte ihm allerdings der Vorwurf von Landesverrath, welchem die fränkischen Bischöfe auch sonst nicht ferne standen (Gr. II. 23. 26. 36; VIII. 20 etc.), gemacht werden. Die Baiwaren unterwarfen sich nach dieser ersten Niederlage nur vorübergehend. Nach drei Jahren erhoben sie sich aufs neue und Karl Martel, der inzwischen die baierische Sonichilde geheirathet hatte und dadurch Interesse für deren Bruder Hukpert gewonnen haben mochte, entschloss sich, mit Grimwald ein Ende zu machen. 728 *Carolus secunda vice pugnavit in Bajoaria — post reluctantibus iterum Bajovariis, occurrit et secunda vice fortitudine exercitibus suis perdomuit —* (Ann. Petav. Ado chron. M. g. II. 318). Karl griff also die Baiern mit grosser Uebermacht an, schlug sie in entscheidender Schlacht und in Folge dieses kriegerischen Unglücks fand Grimwald höchst wahrscheinlich seinen Tod. Aus Aribo's tendenziös gefärbter Darstellung ist nur zu entnehmen, dass der Letzte von Herzog Theodo's Söhnen durch die Hand von Meuchelmördern umkam — *ab insidiatoribus interfectus est* (V. Corb. 27) — und dass dieses Ereigniss vor dem Ableben Corbinians stattgehabt haben müsse. Nun haben zwar einige Forscher geglaubt, weil gleich darauf von der Gefangennahme der Fürstin Pilitrude die Rede ist, dass beide Ereignisse zusammenfielen. Da aber Sonichildens Sohn Griffo bereits im Jahre 741 in die Welthändel eingriff, so behauptet Mederer mit Recht, dass er mindestens im Jahre 726 geboren sein musste (Mederer, Beitr. 203). Wenn ferner Karl 728 einen wiederholten Feldzug in Baiern that, unter Herzog Hukpert aber kein Aufstand wider die Franken verzeichnet ist, so musste dieser wiederholte Feldzug Karl Martels wider Grimwald gerichtet gewesen sein. Spätere Chroniken setzen ohne obige Schlussfolge Herzog Grimwalds Tod auf das Jahr 729 (Chr. Salisb. Pez sc. R. I. 333; ebenso Chr. Bav. v. Bernh. nor. und Chr. duc. Bav. v. Ang. Rumpler), und mögen hiemit ziemlich den richtigen Zeitpunkt getroffen haben. Von den Kindern, welche Grimwald mit Pilitrude gezeugt hatte, starb der Knabe, welchen die zauberkundige Bäuerin zu Corbinians grosser Entrüstung durch ihre Segenssprüche und Zaubergesänge geheilt zu haben vorgab, bereits noch vor seines Vaters Untergang. Die Uebrigen, bemerkt Aribo mit grosser Befriedigung, gingen ohne zur Herrschaft zu gelangen in Noth und Trübsal unter — *cum multa tribulatione regno privati vitalem amiserunt flatum* (V. Corb. 27). Auf der Gedächtnisstafel der *ducum defunctorum* im Verbrüderungsbuche von S. Peter Col. 69 stehen mehrere Interlinar-Einträge von zweiter Hand, welche Karajan auf die Kinder Grimwalds bezieht. So steht unter dem Namen dieses Herzogs *meginrat*, worin Karajan den von der Bäuerin geheilten Prinzen, unter Theodoald *meginhilt* und *hiltifrid*, worin er die andern Kinder Grimwalds muthmasst — alles ohne weiteren Beweis.

Und dieses ist die Geschichte der christlichen Mission in Baiwarien, welche allerdings ihren Abschluss mit der von Rom sanktionirten Errichtung der vier Bisthümer zu Freising, Salzburg, Passau und Regensburg .erst in der nächsten Periode erhielt.

Man hat nun allerdings viele schöne und hochtönende·Worte gemacht über die civilisatorische Bedeutung des Christenthumes und den wohlthätigen Einfluss, welchen dasselbe auf die unverdorbenen, aber rohen Gemüther der nordischen Barbaren ausgeübt habe, sowie über die unsterblichen Verdienste, welche sich jene muthigen und unermüdlichen Männer um die ganze Menschheit erworben haben, welche unsere heidnischen Vorältern zuerst mit den Lehrsätzen des durch die Spitzfindigkeiten der byzantinischen Hoftheologie erläuterten Christenglaubens bekannt machten und mit den Segnungen der allein seligmachenden römischen Kirche beglückten. Es mag auch wohl in dieser hohen Meinung von der Bedeutung des Christenthumes der Grund liegen, wesshalb man von gewisser Seite her den Eintritt dieses reformatorischen Ereignisses nicht weit genug in der Geschichte unsers Volkes zurückdatiren zu können glaubt, obwohl Gfrörer (I. 294) behauptet, die kirchlichen Wortführer von Salzburg und Regensburg übten diese Zurückversetzung an Rupert und Emmeran nur deshalb, um sie möglichst weit aus dem Bereiche der im römischen Capitulare von 716 wider die baierische Kirche geschleuderten Vorwürfe der Ketzerei zu entrücken und die Letztern auf andere unbekannte Kleriker abzulenken.

Derlei idealistische Auffassungen können aber keineswegs bestehen vor dem unparteilichen Richterstuhle der Geschichte, wenigstens nicht in der Allgemeinheit, in welcher man sie prinzipiell hinzustellen beliebt; denn wenn ihnen schon die Geschichte der Einführung des Christenthums, sowie die Geschichte der christlichen Kirche auf jeder Seite, bei allen Völkern und zu allen Zeiten geradezu widerspricht, so ist dieses insbesondere bei der christlichen Mission in Baiwarien der Fall. Die Pipiniden hatten viel zu praktische Tendenzen, um sich mit Vorliebe um die Gesittung und Humanität der ihrem Zepter unterworfenen Völker viel zu kümmern. Ihnen handelte es sich vor Allem darum, materielle Handhaben für die Ausbreitung der fränkischen Universalherrschaft zu gewinnen. Dass ihnen dazu die neue Religion sehr gelegen sein musste, versteht sich von selbst; denn mit ihrer Ausbreitung konnten unheilbare Zerwürfnisse in den Familien nicht fehlen und der ihnen ergebene, engverbundene Klerus half Parteien schaffen, welche einen ihren Bestrebungen geneigten Staat im Staate zu bilden begannen. Dass die Männer, welche den Baiwaren zuerst Christum predigten, solche Sendboten der fränkischen Gewalthaber waren, hat die Geschichte der christlichen Mission in Baiwarien unwiderleglich bewiesen. Sie standen mit den Pipiniden in inniger Beziehung, handelten nach deren Absichten und Befehlen — *utilissimis consiliis* — empfingen von denselben bedeutende Geldsummen, um ihre Zwecke materiell fördern zu können — kurz betrugen sich als ihre geistlichen Dienstmannen, nach deren Erfolg erst die Schlachthaufen des gewaffneten Heerbannes — *frequentibus populationibus* — an die Reihe kamen.

Wenn ihnen aber nichtsdestoweniger eine stärkere Macht auf den Nacken trat und den Pipiniden die schon gemachte Beute wenigstens zum Theile wieder entriss, so geschah dies nach dem Rechte des Stärkern oder vielmehr des Klügern, der den Völkern mit der Aussicht auf geistige Freiheit eindringlicher zu schmeicheln und die Hoffnung der Gläubigen auf das unbekannte Jenseits kräftiger auszubeuten verstand. Zwar die Anhänger des römischen Bischofs schleudern ihren Gegnern die Beschuldigung ins Antlitz, dass sie in einer Fürstenkirche das Heilige für die Zwecke einer herrschsüchtigen Dynastie missbrauchen wollten. Sie übergehen aber mit vorsichtigem Stillschweigen, dass die römische Curie nur deshalb diesem Bestreben so energisch entgegentrat, weil dadurch ihre eigenen imperialistischen Tendenzen nach einer hierarchischen Universalherrschaft über das Abendland oder auch die ganze christgläubige Welt in Gefahr kamen. Wir sehen also am Ende dieses Zeitraumes Rom mit den geistlichen Sendboten der fränkischen Majordome in Streit um die geistige Oberherrschaft in Baiwarien und dass es sich bei diesem Streite nicht um die Entwicklung der Humanität und geistigen Freiheit der gläubigen Neofyten handelte, hat die Folgezeit durch ihre Erscheinungen zur Genüge bewiesen. Dass sich die fränkischen Machthaber nicht um die Verbreitung dieser höchsten Güter der Menschheit kümmerten, ist wohl begreiflich. Aber auch in Rom, der Pflanzstätte, aus welcher die Ueberreste der klassischen Kultur als Keime einer neuen Bildungsepoche auf die verjüngten Staaten des Abendlandes übertragen werden sollten, war man mehr damit beschäftigt, die Religion der Liebe zum Fluche für Andersgläubige

zu verkehren und die unausführbare Profezeiung des Evangeliums
von Einem Hirten und Einem Schafstalle in zelotischem Hader
zum Verdammungsurtheil jeder geistigen Regung zu machen —
zufrieden das allein seligmachende Zepter wenn auch über einem
geistigen Sumpfe zu führen. In Baiwarien war daher im VIII.
Jahrhunderte nur die Frage, ob römisches oder fränkisch-britisches
Christenthum zur Herrschaft gelangen sollte — beides nach den
Zielen und Absichten der streitenden Gewalten für die damit zu
Beglückenden von gleichem Werthe. Da aber die Kräfte beiderseits gleich waren, so verglichen sie sich für den Augenblick über
die Theilung der Beute. Rom nahm die baierische Kirche, der
Majordom begnügte sich mit dem Lande — beide mit der still-
schweigenden Uebereinkunft, bei nächster günstigerer Gelegenheit
auch die andere Hälfte zu annektiren.

IV. Die letzten Agilulfinger.

Ganz unbegreiflich für einen nüchternen Forscher behauptet Gemeiner (61), es sprächen mehrere Gründe dafür, dass Hukpert mit seiner Gemahlin Hiltifrid unumschränkt und ohne die fränkische Oberherrschaft anzuerkennen, das Land regiert habe. Diese angeblichen Gründe hat er aber nirgend angegeben und scheint auch keiner seiner Vorgänger aufgefunden zu haben, da sie alle das Gegentheil annehmen. Hukpert, *dux filius et successor Theodeberti ducis* sagen übereinstimmend *Breves notitiae* 4 und *Congestum Arnonis* (J. 22), empfing das nach Grimwalds Tode erledigte Herzogthum aus der Hand seines siegreichen Schwagers Karl Martel und konnte nach der vorausgegangenen zweimaligen Niederlage der Baiern gar nicht daran denken, Unabhängigkeitsgelüste, auch wenn er deren gehegt hätte, aufkommen zu lassen. Zudem war der Besitzstand seines Landes in mehrfacher Weise geschädigt. Im Süden hatte sein anderer Schwager, König Liutprand von Lombardien, die festen Plätze in den Gauen Noritale und Fintschgau weggenommen. So waren Botzen, Seben, Tirol, Mais in die Hände der Langobarden gefallen und dieselben dachten so wenig daran, dieselben dem rechtmässigen Gebieter zurückzugeben, dass sie sogar im Jahre 730 Corbinians Leichenzug als einer Kriegslist zur Wiedergewinnung der Stadt den Eintritt in Mais verweigerten (V. Corb. 35). Im Südosten hatten die benachbarten karantanischen Slaven die Kriegshändel der Baiern mit den Franken und Langobarden benutzt, waren bis in den Pongau vorgedrungen und hatten die Ansiedlung Ruperts um die Maxmilianszelle mit Feuer und Schwert verwüstet, so dass sie viele Jahre lang wüst und öde lag, *propter imminentes Sclavos et crudeles paganos* (Brev. not. 2). Wenn dagegen Rudhart (289) die Ansicht einiger Forscher, welche schon jetzt Theile des altbaierischen Nordgaues durch Karl Martel abreissen lassen, verwirft, so hat er hiebei um so mehr Recht, als bei der Reichstheilung unter Karls Söhnen im Jahre 741 von dieser Provinz nirgend die Rede ist, während sie in der *Charta divisionis imperii* vom Jahre 806 ausdrücklich genannt und als ehemaliger Theil von Baiwarien bezeichnet wird.

Herzog Hukpert war also ein ergebener und gehorsamer Vasall des fränkischen Majordomus, wenn auch das Band der Schwägerschaft einen Schleier über das Vasallenthum werfen mochte. Er rief daher gleich nach dem Antritte seiner Regierung Corbinian aus der freiwilligen Verbannung zu Mais an seinen Hof und liess sich von ihm taufen — *sibimet sacro fontis lavacro sociavit.* Diese Stelle Aribo's kann man mit Hansitz (G. s. II. 39) doch nur in ungezwungener Weise auf eine in jener Zeit gebräuchliche erst im Mannesalter am Herzoge vollzogene Taufhandlung beziehen und nicht, wie Einige wollen (Rudh. 269), auf eine Pathenschaft bei einem Kinde des Herzogs. Wir wissen gar nicht, ob Hukpert dergleichen gehabt habe. Das Verbrüderungsbuch von S. Peter lässt nur schliessen, dass er zweimal verheirathet war und zwar das erste Mal mit *rattrud*, deren Name von der ältesten Hand eingeschrieben ist, und später mit *hiltifrid*, deren Eintragung von der zweiten Hand stammt (Col. 69). Corbinian überlebte übrigens seinen Triumf nicht lange. Schon im Jahre 730 segnete er das Zeitliche, nachdem er kaum das 50. Lebensjahr erreicht haben konnte. Er hatte vorher Sorge getragen, dass er in seinem liebgewordenen Mais bestattet werden konnte, von wo erst Bischof Aribo nach 38 Jahren die Rückversetzung der theuern Ueberreste nach Freising bewerkstelligte. Das Todtenbuch von St. Peter führt ihn Col. 70 nach *haimrammus* an erster Stelle auf als *gurbinianus ep.*, wobei zu bemerken ist, dass das unter dem irischen Bischof Virgil angelegte Dokument, wie schon Büdinger (Oe. Gesch. 97 An.) hervorhebt, ganz andere Grundsätze bei Ertheilung des bischöflichen Titels angewendet hat, als Bonifaz, der päbstliche Generallegat.

Unzweifelhaft haben die Baiwaren in dieser Zeit schon Heerfahrt gethan unter den Bannern Karl Martels wider die Anhänger des Islams und standen 732 bei Tours in dem undurchdringlichen Eisenwall der Austrasier, an welchem sich der über das Abendland hereinbrechende Sturm von Abderrammans maurischen Kriegern brach, sowie im Jahre 737 in der Schlacht von Narbonne. Denn Karl Martel war es, welcher die Güter der säkularisirten Kirchenstifter zur Belohnung seiner tapfern Kriegsgefährten verwendete. Bedeutend mussten die Verdienste der baierischen Heerbannleute um den Erfolg der fränkischen Waffen gewesen sein; denn noch im Jahre 748 finden wir sechs baiwarische Dynasten, welchen die Stiftsgüter der Kirche von Auxerre als Lehen vertheilt worden waren (Mabillon An. Ben. II. 20. c. 47) — leider dass uns das Dokument nicht mit den Namen der Begnadigten bekannt macht.

Ausserdem sind nur friedliche Ereignisse aus der nicht ganz achtjährigen Regierungszeit Herzogs Hukpert zu erwähnen. In derselben erschien der Regionarbischof Ratheri am Herzogshofe, in dessen Gegenwart, wie Probst Arnold versichert (M. g. IV. 543), der Herzog der Kirche zu S. Georg, wo Emmeran begraben lag, einen Hof in Pirchinwanch schenkte. Wenn Zierngibl (M. A. I. 170) behauptet, Herzog Hukpert habe Vivilo von Lorch mit der Bitte zu Pabst Gregor III. nach Rom gesendet, um daselbst die Bischofsweihe zu erhalten, so ist dieses eine gänzlich unbegründete Muthmassung; denn wir wissen nur aus dem Briefe dieses Pabstes an Bonifaz (Ep. Bon. ed. Würdtw. 46, vom Jahre 739), dass er also möglicherweise während der Regierung Hukperts dem Vivilo die Bischofsweihe ertheilt habe, ohne daraus entnehmen zu können, ob dies auf Wunsch und Veranlassung des genannten baierischen Herzogs geschehen sei. Indessen bewies sich der Herzog auch freigebig gegen die Kirche von Passau, auf welche später der Bischofsitz von Lorch übertragen wurde (M. b. XXVIII[b]. n. 1 und 67). Insbesondere bedachte er die Stiftung seines Vaters und Grossvaters, indem er S. Peters Münster zu Salzburg reichlichst begabte. Dahin gab er Sauarstedi (Saffenstetten im Rotgau) mit 20 Höfen, bebaute und brachliegende mit Waldmarken und allem Zubehör; Eondorf (Hendorf im Salzburggau) mit drei bebauten und einem Hof in der Brache nebst einer Waldmark an der Fischach; ferner vier unbebaute Höfe in Itinga (Jezing im Matagau).

Seit zwölf Jahren hatte sich die Hoffnung auf die vom römischen Bischofe Gregor II. versprochene Delegation zur Reorganisation der Kirche in Baiwarien immer verzögert, ihrer Erfüllung um nichts genähert. Es ist daher leicht begreiflich, dass das neubekehrte Volk von den ebenso unwissenden, nicht selten leichtsinnig geweihten Pfarrern der neuen Kirche nicht sehr in der christlichen Glaubens- und Sittenlehre vorwärts gebracht werden konnte. Was mochte dagegen die vorübergehende Wirksamkeit eines Vivilo oder Ratheri bedeuten? was mochten selbst der gelehrte Wikterp und Flobargis in ihren Klöstern zu Regensburg und Salzburg für Einfluss gewinnen, wo das leichtgläubige Volk und sein Ortsklerus den schmeichlerischen Einflüsterungen gewissenloser Wanderprediger preisgegeben war, denen es nicht darauf ankam, die Dogmen der neuen Lehre mit den Anschauungen des dem Volke noch geläufigern Heidenthumes zu

versetzen, sobald dies ihren Vortheil förderte, oder selbst die
Sakramente der christlichen Kirche mit alten Opfergebräuchen
zu vermischen? Man kann sich daher einen Begriff machen, wie
das Christenthum in Baiern im vierten Decennium des VIII. Jahrhunderts ausgesehen haben mag. Da erschien *temporibus Hugoberti* der von Gregor III. zum Erzbischof für Germanien ernannte
Bonifaz von freien Stücken, besuchte viele Kirchen und predigte
mit grossem Eifer. Es war dies seine erste Visitationsreise in
Baiwarien, obwohl er schon im Jahre 718 auf der Rückreise von
Rom die Gränzen von Baiern berührt hatte, ohne jedoch zu verweilen.
Diesmal handelte es sich aber, einen hartgesottenen Ketzer von
grossem Anhang, Eremwulf mit Namen, dessen Grundsätze der
Biograf leider verschweigt, nach den kanonischen Dekreten aus
dem Felde zu schlagen (V. Bonif. §. 26). Von heiligem Eifer be-
geistert, sprach der Erzbischof mit so hinreissender Beredsamkeit
zu den aufhorchenden Baiern von der Pflicht, dass sie, nun sie
einmal Christen wären, auch die alten Irrthümer des frühern
Heidenthumes ausrotten und allen ketzerischen Unrath abthun
müssten, dass die adeligsten Männer des Landes sich um die
Wette beeilten, ihm ihre Söhne herbeizuführen, um selbe zum
Dienste Gottes aufzuerziehen. Darunter befand sich auch der
junge Sturmi, der leichten Herzens und voll heiliger Begierde
von seinen weinenden Verwandten Abschied nahm, um Bonifaz
nach Hessen zu folgen und später als sein eifrigster Nachfolger
der Gründer und erste Abt des Klosters im Eichloch an der
Fulda wurde (M. g. II. 366).

Eingehendere Massregeln scheint der Erzbischof vorderhand
nicht für nöthig gehalten zu haben. Als er wenige Jahre nachher
nach seiner dritten Romfahrt wiederum Baiern besuchte, um nun
die Axt an die Wurzel der Ketzerei zu schlagen, war Herzog
Hukpert nicht mehr unter den Lebenden. So wenig wir eine bestimmte Angabe über den Regierungsantritt dieses Fürsten besitzen, ebenso wenig ist uns der Zeitpunkt seines Ablebens genau
bekannt, und wie wir dort nur nach dem Todfall seines Vorgängers eine Wahrscheinlichkeitsberechnung über die Thronbesteigung
Herzog Hukperts aufzustellen gezwungen sind, so müssen wir
uns für seinen Hintritt mit einer muthmasslichen Berechnung begnügen, welche sich an den Regierungsantritt seines Nachfolgers
im Herzogthume, Otilo, knüpft. Dies haben schon Mederer und
Ziergibl eingesehen und beide stützen sich auf dieselbe Urkunde
der Freisinger Kirche, welche im zwölften Regierungsjahre Otilo's
ausgefertigt ist (Mbk. I^a 48). Da nun Mederer (Beitr. 218) annimmt, dass Otilo im Jahre 747 verstorben sei, so setzt er mit
Abzug der zwölf Jahre Hukperts Tod zwischen die Jahre 735 und

736, womit er die Annahmen der Mölkerchronik und Aventins vereinigt. Zierngibl (M. A. I. 174) stützt sich auf das Jahr 748 als erstes Regierungsjahr des dem Otilo, seinem Vater, folgenden Herzogs Tassilo III. und berechnet hienach das Todesjahr des Herzogs Hukpert auf 737. Hiemit stimmt Abel (Jahrb. d. fränk. R. I. 40. N. 2), wonach Herzog Otilo höchst wahrscheinlich zwischen dem 23. Juli und 13. December 748 verstarb, somit das Todesjahr Hukperts gleichfalls auf 737 fiele, wenn dieser auch nicht, wie Zierngibl behauptet, nach zwölfjähriger, sondern nach einer Herrscherzeit von acht Jahren verstarb. Söhne, wenn er deren gehabt haben sollte, folgten ihm nicht in der Regierung. *Posthunc extitit Odilo dux*, sagt das gleichzeitige *Çong. Arn.*, ohne *filius et successor* beizufügen, obwohl es bei den vorhergehenden herzoglichen Donatoren die Descendenz sorgfältig angibt.

§. 2. Herzog Otilo, 737—748.

Der Nachfolger Herzog Hukperts im Herzogthume erhielt dasselbe durch die freigebige Gunst des fränkischen Gewalthabers — *ducatum quem largiente olim principe Carolo habuerat*, sagen die übrigens wohldienerischen Jahrbücher von Metz beim Jahre 743. Daraus würde sich schliessen lassen, dass Otilo kein bestimmtes Anrecht an die Thronfolge hatte, sondern unter mehreren Prätendenten vorgezogen wurde. Damit stimmt allerdings überein, dass wir keinen Beweis haben für die direkte Abstammung des neuen Herzogs von der mit Hukpert erloschenen Linie, sondern nur aus seiner Erhebung auf seine Herkunft vom herzoglichen Geschlechte der Agilulfinger schliessen müssen. Zwar haben einige Forscher aus der Mittheilung von ein Par fränkischen Annalisten, worin Suanahilt oder Sonichilde, die zweite Gemahlin Karl Martels und die Mutter Griffo's, als die *neptis* Herzog Otilo's bezeichnet wird, eine direkte Herkunft von Herzog Theodo ableiten wollen, indem sie annahmen, dass Otilo ein spät, etwa von einer andern Mutter geborener Sohn jenes Herzogs, somit ein Stiefbruder seiner ältern Söhne wäre, womit sich die Bezeichnung einer Nichte für die Tochter Theodeberts wohl vereinigen liesse (Zierngibl, M. A. I. 175). Indessen, abgesehen davon, dass obige Mittheilung ganz vereinzelt steht, so hat Mederer (221) darauf hingewiesen, dass *nepos* und *neptis* von den mittelalterlichen Chronisten und Annalisten nicht immer in der strikten Bedeutung als Bruders- oder Schwestersohn und Tochter, sondern in dem weitschichtigsten Verstande der Verwandtschaft genommen würde, so dass also aus obiger Bezeichnung der Sonichilde wieder nur die beiderseitige Abstammung vom Geschlechte der Agilulfinger zu

entnehmen wäre. Setzen wir indessen Vermuthung gegen Vermuthung. Wenn Otilo der Vater des Tassilo III. war, sollte er
nicht auch der Sohn eines Tassilo II. gewesen sein? Wir wissen,
dass diese altgermanische Namensübertragung vom Grossvater auf
den Enkel auch bei den Agilulfingen bräuchlich war. Nun wissen
wir aber ferner aus dem Verbrüderungsbuche von S. Peter, dass
Theodo's vierter Sohn Tassilo II. hiess (Col. 69), als dessen Gemahlin auch die älteste Handschrift *crimolt* eingezeichnet hat,
wozu ein späterer, weniger gut unterrichteter Schreiber *liutpirc*
in Erinnerung an Tassilo II. oder eigentlich III. setzte, da jene
Liutpirg bereits auf Col. 36 unter den Lebenden aufgeführt wird.
Wenn mich also diese genealogische Schlussfolgerung nicht täuscht,
so steht *otilo* ganz mit Recht auf der Stammtafel des Herzogs
Theodo; denn er ist dessen Enkel, wie der vorstehende *hucperht*
und somit Geschwisterkind mit ihm und *suanahilt*, den Kindern
Herzog Theutberts. (S. die Stammtafel d. Agil.)

Im zweiten Jahre der Herrschaft Otilo's überschritten die
Avaren wieder einmal die Ens und erfüllten das Gränzland mit
Mord und Brand. Dies geschah nicht, wie Hansitz (G. s. I. 121)
behauptet, *Odilonis anno primo;* denn die zum Beweise angezo-
gene Passauer Urkunde (M. b. XXVIII^b 66) sagt ausdrücklich:
*tempore duci paiauuariorum otilo erat nomen ejus et annum unum
fuit patria ista in sua potestate . . .* Dadurch sah sich Bischof
Vivilo von Lorch gezwungen, seinen Bischofsitz in der alten
nicht mehr Schutz bietenden Römerstadt aufzugeben und mit
Genehmigung des Baiernherzogs mit seinen Mönchen und allem
Klerus, die Reliquien der Heiligen mit sich führend, in das sicherere
Passau heraufzuziehen, welches unter der Baiwarenherrschaft aus
der Römerfeste Castra battava und aus der Keltenstadt Bojodurum am Einflusse des Inns und der Ilz in die Donau erwachsen
war. In diesen beiden durch den Innstrom getrennten Orten
werden schon zu Zeiten Severins im VI. Jahrhundert mehrere
Kirchen, darunter ein Baptisterium, erwähnt (Eug. v. Sev. 23),
und aus den ältesten Passauer Urkunden (M. b. XXVIII^b 1. 12. 38.
44) geht hervor, dass in diesem aufblühenden Orte schon vor
der Zeit des Herzogs Hukpert Kirchen zu Ehren Mariä, des Erz-
engels Michael, S. Lorenz und des Erzmärtyrers Stefan vorhanden
waren. Hieher übertrug nun Bischof Vivilo den Sitz des bisherigen
Lorcher Bisthumes, indem er die Stefanskirche zu Passau *in nomine s. Mariae* zur Kathedrale weihte und in selber die mitge-
brachten Reliquien niederlegte.*) Herzog Otilo aber stattete den

---

*) Wenn übrigens Rettberg (K. G. II. 247) darüber in Zweifel ist, ob die
Stefanskirche in Passau gemeint sei, weil unter den Heiligen, auf welche die

neuen Bischofsitz freigebig aus mit Hausplätzen, Markt, Zoll, Leibeigenen beiderlei Geschlechts, Mühlen, Fischwassern und Weinbergen, was er alles in und im Umkreise jener Stadt besass (M. b. XXVIII°. p. 120). Der rege Eifer für die Ausbreitung des Christenthumes, welchen der Herzog schon bei dieser Gelegenheit bewies, entfaltete sich noch in weit grösserem Massstabe und mit um so bedeutenderem Erfolge in nächster Zeit bei der

Organisation der baierischen Kirche.

Der Bericht über Bonifaz' erste Visitationsreise in Baiern unter Herzog Hukpert war natürlich ein sehr ungünstiger. Du hast mir angezeigt, antwortet Pabst Gregor III., dass das Volk der Baiwaren ausser kirchlicher Ordnung lebe, indem sie keine Bischöfe in ihrem Lande hätten, mit Ausnahme des einen Vivilo, den wir selbst erst vor Kurzem geweiht haben. Findest Du daher Priester, deren Weihe zweifelhaft ist, so sollen sie von den durch Dich eingesetzten Bischöfen aufs neue konsekrirt werden, wenn sie gut katholische und im Kirchendienste erzogene Männer sind (Ep. Bon. 46). Der Erzbischof fand also in Baiern Bischöfe und Priester, deren Weihe er nicht anerkannte, entweder weil dieselbe nicht von Rom ausging, oder weil er an der Rechtgläubigkeit ihrer Träger zu zweifeln Ursache hatte. Noch in spätern Briefen klagt er, dass er auf Priester träfe, welche dem Donnergotte Stiere und Böcke schlachteten, an den Opfermahlzeiten Theil nähmen und nebenher in unverstandenem schauderhaften Latein auf Christi Namen tauften. Selbst Menschenopfer waren noch im Gebrauch und sogar Christen verkauften ihre Leibeigenen an Heiden zu diesem Behufe (Ep. B. 25 und 82). Ueberhaupt befand sich das fränkische Christenthum nach dem 51. Briefe des Bonifaz in einem misslichen Zustande. Da gab es Diakone, welche mit vier und fünf Beischläferinnen im Bette lagen und trotz dieses unzüchtigen Wandels Priester wurden und das Messopfer darbrachten, ja durch die verschiedenen Grade bis zur bischöflichen Würde emporstiegen. Sonst waren die Bischofsitze meist mit habsüchtigen Laien oder hurerischen Klerikern besetzt, oder in Händen von solchen, welche trotz ihrer Ausschweifungen vorgaben, dass ihnen der Pabst die Uebernahme des bischöflichen Amtes trotz ihrer notorischen Unzucht erlaubt habe. Da mochte

---

Kathedrale geweiht wurde, Stefan nicht genannt werde, so ist er hier im Irrthum; denn die Stefanskirche war als solche schon vor Vivilo geweiht (M. b. XXVIII° 38. 44. 78). Der konsekrirende Bischof aber weihte dieselbe als seine Stiftskirche auf den Namen der Gottesmutter Maria.

es noch fast wie Unschuld erscheinen, wenn der rohe aber unverdorbene Sohn des Volkes in Baiwarien die Freuden seiner
Kirchengemeinde bei festlichem Mahle mit dem von alter Zeit
her beliebten Rossbraten beging, das Trinkhorn zum Minnetrunk
schwang, bis ihm die Sinne schwanden, oder sich mit seinem
Eheweib des Lebens freute. Dass er sich die Lust und Anstrengung des Waidwerks mit Hunden und Stossvögeln angelegen sein
liess, versteht sich von einem Manne germanischer Rasse von
selbst; aber auch vor dem Gebrauch der Waffen schreckte er
nicht zurück, wenn es darauf ankam, sein Recht zu wahren, oder
Rache zu nehmen für erlittenes Unrecht. So war das Volk, so
waren seine aus ihm hervorgegangenen Priester.

Das sollte nun alles anders werden unter der Zucht der römischen Observanz. Freilich stand diesem Streben des päbstlichen
Generallegaten für Germanien ausser dem passiven Widerstande,
welcher in der zähen Anhänglichkeit eines Volkes an seine hergebrachten Ansichten und Sitten liegt, noch eine andere Macht
entgegen, nämlich die Thätigkeit der britischen und irischen
Wanderprediger, welche sich gerade auf diesen passiven Widerstand der sogenannten Neubekehrten stützte. Sie charakterisirten
sich dadurch, dass sie den Primat des römischen Bischofs und
das Cölibat der Geistlichen verwarfen. Sonst schlossen sie sich
gern an die Gewohnheitsgebräuche des Volkes an, errichteten
Kreuze und Winkelkapellen auf Hügeln, an Kreuzwegen, unter
Bäumen an altheiligen Stätten, im Gegensatze zu den Pfarrkirchen,
verwarfen die kanonischen Ehehindernisse, nahmen blos ein allgemeines Sündenbekenntniss an und kannten nichts Unreines in
den Gottesgaben. Daher stellt auch schon das Einführungsschreiben, welches Pabst Gregor III. seinem Generallegaten an
die Bischöfe von Baiwarien und Alamannien mitgab, die Lehre
wandernder Briten dem Heidenthume gleich, welche als falsche
Priester und Ketzer überall zu bekämpfen seien (Ep. 45). Mit
diesen hatte also Bonifaz und sein Klerus den heftigsten Streit
zu bestehen und zu ihren Wortführern gehörten unter den Hessen
und Thüringern Trohtwin, Berhtheri, Eanbreht, Hunread, schon
durch ihre Namen als Angelsachsen gekennzeichnet, in Baiwarien
höchst wahrscheinlich Eremwulf, in Franken besonders Adalbert
und der Schotte Clemens (Ep. B. 67).

Unzweifelhaft hatte Herzog Otilo die Bekanntschaft des Erzbischofs bei seiner jüngsten Anwesenheit in Baiern gemacht und
seine zündenden Reden über die Reinheit der christlichen Glaubens- und Sittenlehre, sowie über die hohe Bedeutung des Priesterstandes gehört. Jetzt als der päbstliche Generallegat auf der
Rückkehr von seiner dritten Romfahrt bei König Liutprand in

Pavia verweilte, erschienen die Gesandten des Herzogs, ihn zu bitten, die von Rom versprochene Organisation der baierischen Kirche endlich ins Werk zu setzen. Aber nicht blos dessenhalben, sondern aus eigenem Antriebe erhob sich Bonifaz im Frühling 739 gen Baiwarien, verweilte daselbst viele Tage, predigte dem Volke den evangelischen Glauben, ertheilte die Sakramente der wahren Religion und vertrieb die Zerstörer der Kirchen und Verführer des Volkes. Um aber Volk und Priester an feste kirchliche Ordnung und Zucht zu gewöhnen, theilte er das ganze Land in vier Sprengel, deren jedem er einen von ihm geweihten Bischof vorsetzte. Die Weihen, welche frühere Missionäre vollzogen hatten, wurden durch diesen vom Pabste sanktionirten Akt annullirt, z. B. die Einsetzung des Agilulfingen Wikterp zum Bischof in Emmerans Münster zu Regensburg. Der sittenstrenge päbstliche Legat erkannte nur einen Bischof in Baiern an, nämlich den von Pabst Gregor III. geweihten Vivilo, und auch diesen wegen Ueberschreitung der kanonischen Regeln erst auf die Intervention des Pabstes (Kunstmann, Ob. Arch. I. 157), worauf er demselben die Lorcher Diözese zu Passau liess; dann weihte er Gawipald für Regensburg, Erembercht, den ältern Bruder Corbinians, für den Sprengel von Freising und Johannes für den Stuhl des Salzburger Bisthums (M. g. II. 346; Ep. B. 46). Nachdem hiedurch die kirchliche Ordnung in Baiern hergestellt und das kanonische Kirchengesetz in sein Recht eingesetzt war, so begab er sich wieder in seine eigenthümliche Diözese. Einen Metropolitansitz, wie solches im Jahre 716 zu Rom projektirt worden war, errichtete er in kluger Voraussicht nicht; denn als Erzbischof und Generallegat in Germanien wollte er in diesem Lande keinen gleichberechtigten Nebenbuhler dulden, sondern die neuen Bischöfe des Landes unter seiner eigenen Oberaufsicht behalten.

Der durch diese Vorgänge neu belebte Sinn für strenge Kirchenzucht und christliche Institute bethätigte sich alsobald durch Errichtung zahlreicher Klöster — von Erbauung und Dotirung neuer Kirchen nicht zu reden — bei deren Stiftung und Ausstattung Herzog Otilo mit dem hervorragendsten Beispiele voranging. Auf Veranlassung des fränkischen Regionarbischofs Pirmin stiftete er, der Sage nach an altheidnischen Kultorten, im Jahre 739 und 740 die beiden Klöster Ober- und Niederaltach und liess jenes mit 12 Mönchen aus Pirmins Musterkloster Reichenau, dieses dagegen mit 12 Brüdern aus Strassburg besetzen. Dass er beide reichlich ausstattete, beweisen die Schenkungsbücher (M. b. XI und XII), und betrug die Dotation von Niederaltach allein über 200 Zehntgüter. Eine nicht über alle Zweifel erhabene Interpolation der *Vita Bonifacii* lässt ihn Alto-

münster um 739 einweihen (Ob. A. I. 160). In diesem Falle müsste
Herzog Otilo als der freigebige Donator des meilengrossen, sogenannten Altoforstes angesehen werden, welchen der schottische
Wanderprediger nur von ihm und nicht von dem Majordom Pipin
erhalten haben konnte. Auch die Klöster Osterhofen und Pfaffen-
münster stiftete Otilo und soll er mit seiner Gattin im ersteren
begraben liegen. Nicht minder begabte er Salzburg, die alte
Stiftung seiner Agilulfingischen Vorfahren (Brev. not. 8), und Freising (Mbk. I^b 11), sowie er in späterer Zeit das Frauenstift Nie-
dernburg zu Passau und das Kloster Mondsee reichlich ausstattete. Auch die frommen Stiftungen Anderer in seinem Lande bedachte der Herzog mit ansehnlichen Beiträgen. So das nachmalige
Kanonikatstift S. Zenno in Isen, welches Otilo schon in seinen
ersten Anfängen ausstatten half (Mbk. I^a 51). Die adeligen Brüder
Landfrid, Waldram und Eliland stifteten die Klöster Benediktbeuern, Schlehdorf und Staffelsee, ihre Schwester Kailwinde das
Kloster Kochel. Die Klostertraditionen jener Zeit gingen während
der Ungarnverheerungen zu Grunde. 300 Jahre spätere Dokumente nennen die Stifter *inclyti primates regni et praedicti regis
(Caroli) consobrini*. Da haben nun die Genealogen aus ihnen bald
Söhne Herzog Theodeberts, bald Söhne oder Enkel Herzog Theutbalds gemacht (Rettberg II. 164; Hormayr I. Taf. 2). Bei dem
Mangel geschichtlicher Anhaltspunkte kann man sie nur, da die
Stiftsgüter im Hausengaue liegen, für Glieder der Dynastenfamilie
der Huosi halten. Auf ihre Bitte soll der päbstliche Generallegat
im Jahre 740 die Einweihung des Klosters selbst vollzogen haben,
in welchem die Stifter am selben Tage das Ordenskleid aus der
Hand des Erzbischofs empfingen. In dieselbe Zeit fällt die Gründung von Tegernsee durch die Edelherren Adalbert und Otgar.
Auch sie heissen baierische Fürsten und Verwandte Pipins und
man hat in denselben Söhne Grimwalds (Aventin) oder Nachkommen Herzog Theutbalds gesucht (Hormayr I. Taf. 2), gleichwohl
ohne Quellenbeweis.

Ausser den vier Diözesansprengeln der baierischen Kirche
errichtete Erzbischof Bonifaz noch einen fünften auf altbaiwari-
schem Grund und Boden, nämlich das Bisthum Eichstätt auf dem
Nordgau, obwohl dasselbe mit der bald darauf erfolgten Abtrüm-
merung des Nordgaues vom Länderbesitz der Agilulfinger stets
zu den fränkischen Bisthümern gezählt worden ist. Vergebens
bestrebt sich Rettberg (II. 353), die Betheiligung des Herzogs
Otilo bei der Gründung dieses Bisthums gänzlich in Abrede zu
stellen und dafür den fränkischen Grafen Suitgar in den Vordergrund zu rücken. Wenn aber, wie Rettberg (349) behauptet, die
baierische Herrschaft in diesen Gegenden nördlich der Donau

und an der Altmühl bereits durch die fränkische verdrängt gewesen wäre; wenn Graf Suitgar als ganz unabhängiger Stifter mit dem Herzoge auf gleichen Fuss zu stellen wäre; wenn blos die Zustimmung des Hausmaiers Karlmann zur Stiftung des Bisthums als massgebend und entscheidend anzusehen wäre, welche allerdings erst ad a..746 in Ann. Fuld. angemerkt ist, wo der Nordgau nicht mehr zu Baiern gehörte: wesshalb wird dann ausdrücklich hervorgehoben, dass sich Willibald, der erste, später geweihte Bischof zu Eichstätt, vor Allem zu Herzog Otilo begeben und eine Woche bei ihm verweilt habe? Das von der Heidenheimer Nonne verfasste Reisebüchlein Willibalds gibt ferner an, dass Willibald erst dann mit dem Grafen Suitgar in Unterhandlung getreten und dass sie beide, nachdem sie den passenden Ort für den Bischofsitz ausgewählt hatten, wieder nach Freising geritten seien, wo damals die Pfalz des Herzogs war (Falkenstein, Ant. nordg. 460). Wie bei allen Vergabungen an die Kirche, handelte es sich hier wohl auch um die Zustimmung des eigentlichen Landesfürsten und der war im Jahre der Gründung des Bisthums Eichstätt, d. i. 740, unbestreitbar Otilo. Erst nach dieser Genehmigung begab sich Bonifaz mit Suitgar und Willibald nach dem künftigen Bischofsitz, um den Letztern ein Jahr später zugleich mit Burkhart zu konsekriren. Auch den Bruder des Bischofs Willibald, Wunibald, nahm Herzog Otilo in ehrenvoller Freundlichkeit auf, und als derselbe an der Gränze des Nordgaues das Kloster Heidenheim gründete, liess er es nicht an reichen Geschenken von Geld und Gütern fehlen.

Schon in dem Einführungsschreiben, das Pabst Gregor III. 739 dem Erzbischof Bonifaz an die Bischöfe in Baiwarien und Alamannien mitgab, wird eine Synode zu Augsburg oder an den Ufern der Donau angeordnet und die Abhaltung derselben in dem Bestätigungsschreiben über die Errichtung der baierischen Bisthümer wiederholt in Anregung gebracht (Ep. B. 45. 46). Aber obwohl diese konjekturalen Kirchenversammlungen in Baiern mit Hartnäckigkeit angenommen werden (Zierngibl, M. A. I. 181), so gibt es doch keinen einzigen Beweis für ihr wirkliches Zustandekommen, da Bonifaz ohne dieselben zu Rechte kam und ihrer also nicht bedurfte. Da übrigens die baierischen Bischöfe unter ihm als ihrem Metropoliten standen, so hatten die Canones, welche auf dem Concil von 742 unter seinem und des Frankenfürsten Karlmann Vorsitz über die Ausstossung der Ketzer und Hurer, über den Lebenswandel der Geistlichen und Nonnen, über jährliche Synoden und deren Verbindlichkeit, über die Visitationsreisen der Bischöfe, über die Verdammung aller heidnischen Bräuche, also über die gesammte Kirchenzucht abgefasst wurden, auch für sie, obwohl ihre Anwesenheit nicht namentlich bestätigt ist, vollkommen verbindliche Gültigkeit.

Herzog Otilo befolgte die traditionelle Politik seiner Vorgänger, in dem unvermeidlichen Kampfe der Gewalten sich an die aufkeimende Macht Roms wider die aus der Nähe drohende der Franken anzulehnen und in der römischen Kirche einen Bundesgenossen zu suchen. Doch musste Otilo schon bei der ersten Gelegenheit die Erfahrung machen, dass dieser Macht zwar nicht die Lust gebrach, in den Welthändeln ein entscheidendes Wort in die Wagschale zu legen, wohl aber vorderhand die Kraft, diesem Worte den nöthigen Nachdruck zu geben. Bis zu dem Tode Karl Martels im Oktober 741 hatte man in Baiern nicht viel von der Oberherrschaft des fränkischen Majordomes gefühlt. Die aus der Reichstheilung nach diesem Todesfalle im Hause der Pipiniden entspringenden Zerwürfnisse zogen aber auch den Herzog Otilo in ihre unheilvolle Verwicklung. Die Agilulfingerin Sonichilde, welche ihren Sohn Griffo bei dieser Ländertheilung benachtheiligt glaubte, warf sich nach Laon, um daselbst ihre Anhänger zu sammeln. Karlmann kam ihnen aber zuvor, nahm die Stadt und sperrte die Stiefmutter noch im Jahre 741 in das Kloster von Chelles, den jungen Stiefbruder aber in ein Schloss in den Ardennen. Sonichilde aber hatte ihre Stieftochter Hiltrude beredet, sich mit Herzog Otilo zu vermählen, um die Macht dieses verwandten Fürsten an das Interesse ihres Sohnes zu knüpfen. Die Verbindung ging auch vor sich, natürlich ohne Einwilligung der Brüder der Braut, und es entwickelte sich daraus ein Schutz- und Trutzbündniss Herzog Otilo's mit Hunwald, dem Herzoge von Aquitanien, dem Alamannenherzoge Theodebald, Gotfrids Sohne, und dem Sachsenherzoge Theoderich wider die drohende Stellung seiner feindlichen Schwäher. Aber die Verbündeten versäumten die günstige Gelegenheit eines gemeinsamen Angriffs und liessen sich von den Majordomen einzeln überraschen und schlagen. Denn diese, in richtiger Würdigung der dringenden Gefahr, warfen sich im Jahre 742 alsogleich auf die Aquitanier, um sich den Rücken frei zu machen, und nach deren Zurückdrängung noch im Herbste auf die Alamannen, welche sie zum Frieden und zur Stellung von Geiseln zwangen (Fr. cont. 111; Ann. Laur. 742; M. g. I. 134).

Jetzt war der Weg, an den mächtigsten ihrer Widersacher zu gelangen, offen, und nachdem sie noch im Frühjahr 743 den Schattenkönig Childerich III. auf den Thron der Merowinger erhoben, führten sie ihre Schaaren an die Gränze von Baiwarien (Hahn und Waitz, D. F. IV. 159). Hier erwartete sie Otilo. Er hatte den unbeugsamen Alamannenherzog Theodebald und selbst Slaven an sich gezogen (Ann. Lob.; M. g. II. 194) und hinter dem Lech eine wohlverschanzte Stellung eingenommen (Peucker, D. Kriegswesen II. 361), die ihm gestattete, das Eindringen des Feindes in sein Land zu verzögern und seinen Verbündeten Zeit zu lassen, den Franken in den Rücken zu kommen. So standen sich die Heere 15 Tage mit Ausnahme von hin- und zurückgeschleuderten Hohnreden unthätig gegenüber, während Herzog Otilo diplomatische Verhandlungen anzuknüpfen suchte. Hier machte nun Rom das erste Probestück einer politischen Intervention — allerdings nicht mit besonderer römischer Feinheit der Unterhandlung, aber auch nicht mit glänzendem Erfolge. Denn als der Hauptpriester Sergius, der Legat des Pabstes Zacharias, vor die Majordome trat und ihnen auf Befehl des Pabstes und kraft S. Peters Oberherrlichkeit verbot, den Krieg mit den Baiwaren fortzusetzen, wiesen ihn dieselben einfach aus dem Lager mit dem Bescheide, dass ihm weder S. Peter noch der Pabst diese Botschaft aufgetragen haben könne. Noch in derselben Nacht beschloss Pipin, des längern Wartens müde, die Baiern mit Umgehung ihrer Verschanzungen zu überfallen. Er theilte sein Heer und führte die Umgehungstruppe auf öden, sumpfigen Wegen in den Rücken der nichts ahnenden, vielleicht durch die angeknüpften Verhandlungen sorglos gewordenen Baiern. Jetzt von allen Seiten angegriffen, entspann sich ein verzweifelter, blutiger Kampf, der auch den Franken eine grosse Anzahl der Ihrigen kostete — *non sine dispendio multorum*, sagt Fred. cont. 112. Der Erfolg war natürlich wie meistens bei nächtlichen Ueberfällen. Die Verbündeten wurden nach dem hartnäckigsten Widerstande gänzlich zersprengt; Otilo entrann mit Wenigen über den Inn, Theodebald anderswohin, der Legat Sergius und der Regensburger Bischof Gawibald geriethen in fränkische Kriegsgefangenschaft und mussten sich die Spottrede der Frankenfürsten gefallen lassen, dass sie gestern die Träger einer falschen Botschaft gewesen wären, indem heute durch Gottesurtheil festgestellt sei, dass Baiwarien und die Baiwaren zum Frankenreiche gehören (M. g. I. 327).

52 Tage blieb der Feind nach diesem unglücklichen Kampfe in Baiern und heerte das Land durch Brandschatzung. Otilo selbst, da an weitern Widerstand nicht mehr zu denken war, gab sich in die Hand seiner Schwäher, obwohl sich aus den hierauf bezüglichen Ausdrücken der Quellen keineswegs auf eine Gefangenschaft des Herzogs schliessen lässt. *Breves notitiae* 5 und 6 sagen nur: . . *fuit cum Do. Pipino rege in Francia multis diebus*

und *in peregrinatione Odilonis ducis* . . . Das deutet also eher
darauf hin, dass der Herzog nach Abzug der Franken zu den
Friedensverhandlungen mit seinen Schwähern freiwillig nach Franzien gereist sei und dort *multis diebus* verweilt habe. Damit
stimmt auch überein, dass die Majordome im folgenden Jahre
mit Herzog Otilo Frieden geschlossen haben (Ann. Fuld. ad a. 744).
Otilo empfing sein Herzogthum wieder, wenn auch mit einer bedeutenden *capitis deminutio* an Land und Leuten, wie an Hoheitsrechten.

In ersterer Beziehung unterliegt es gar keinem Zweifel, dass
durch diesen Friedensschluss vom Jahre 744 der grösste Theil
des baierischen Länderbesitzes nördlich der Donau vom Herzogthume abgetrennt und als fränkischer Nordgau mit Ostfranken
vereinigt wurde. Dazu gehörten die am linken Donauufer gelegenen Theile des Cheles- und Donaugaues, der Westermanngau,
die Marka Nappurg und der Agilulfingische Nordgau, so dass
nördlich der Donau nur mehr die Marka Chambriche, der
Schweinach- und Grunzwitigau beim Herzogthume blieben. Dass
jene Gebietstheile, wie Einige annehmen, nicht schon 729 durch
Karl Martel vom Herzogthume abgetrümmert worden sein können,
habe ich bereits im §. 1 (S. 253) berührt. Es erhellt dies auch ferner
daraus, dass Herzog Otilo, wie oben bemerkt wurde, im Jahre
739 bei der Gründung des Bisthums Eichstätt noch entschieden
Hoheitsrechte über die Gaue im Norden der Donau ausgeübt hat.
Wenn dagegen die Ann. Fuld. ad a. 746 die Errichtung der
Bischofstühle von Würzburg und Eichstätt *anuente Carolomanno*
geschehen lassen, so ist dies doch ein Beweis, dass in der Zwi-
schenzeit das Oberhoheitsrecht in diesen Landstrichen auf den
fränkischen Majordom übergegangen sein müsse. Dass aber diese
Fränkisirung des grossen Nordgaues erst nach Tassilo's Entsetzung vom Herzogthume im Jahre 788 stattgehabt hätte (Muffat,
Bav. II. 404), widerspricht den deutlichen Bestimmungen der
Reichstheilung vom Jahre 806. Denn wenn diese Urkunde ausdrücklich sagt: . . *et Baioariam sicut Tassilo tenuit, exceptis dua-*
bis villis quarum nomina sunt Ingoldestat et Luthrahahof, quas nos
quondam Tassiloni beneficiavimus et pertinet ad pagum qui dicitur
Northgowe etc. (M. g. III. 141), so ist dies doch ein unbestreitbarer
Beweis, dass Tassilo, der Sohn und Nachfolger Otilo's, den Nordgau nicht besass und in diesem ehemals Agilulfingischen Gebiete
nur von seinem fränkischen Schwager Karl mit den beiden Orten
Ingolstadt und Lauterhofen belehnt worden sei. Allerdings könnte
man die Annektirung des Nordgaues auch noch auf ein anderes,
inzwischen liegendes Jahr verlegen, z. B. 749, wo Pipin den Aufstand Griffo's, in welchen baierische Dynasten verwickelt waren,

niederschlug und die Vormundschaft über seinen unmündigen Neffen übernahm; oder man könnte auch mit Hirsch (Heinrich II., I. 13), eine allmälige Gebietsverringerung zwischen den Jahren 743 und 781 annehmen. Ich glaube aber, dass obige Angabe der Ann. Fuld., welche den Uebergang der Oberhoheitsrechte im Nordgau von Otilo auf Karlmann unzweifelhaft vor Augen stellt, so entschieden für den Zeitraum von 740 bis 746 Zeugniss gibt, dass es vergebliche Mühe ist, einen Quellenbeweis für einen spätern Zeitpunkt zu suchen.

Auch an Hoheitsrechten ging Herzog Otilo geschädigt aus dem Friedensschlusse vom Jahre 744 hervor. Ich will dies weniger mit Mederer (240) daraus abnehmen, dass die *Conv. Bagoariorum* 2 von Otilo sagt: *qui tunc jam subjectus fuit regi Pipino*; oder aus ein Par Salzburger Schenkungen, welche Hiltrude und Tassilo *concedente Do. Pipino rege* machen (Br. not. 9), weil die Letztern in die Zeit der vormundschaftlichen Regierung, d. h. während Tassilo's Minderjährigkeit fallen. Ich entnehme vielmehr den Beweis dieser Schmälerung der dritten Redaction des baiwarischen Volksrechtes, deren Abfassung ich in die Stipulationen des Friedensvertrages stelle. Roth, Merkel und alle einsichtigen Kenner der *leges barbarorum* haben in der *l. Baiw.* einen spätern, unter dem Einfluss der Karolinger entstandenen Zusatz erkannt und ausser einigen zerstreuten Kapiteln insbesondere die Titel I und II, welche von der Geistlichkeit und dem Herzoge handeln, dieser dritten Redaction zugeschrieben (R. V. 17). In diesen beiden Titeln ist vor Allem der steigende Einfluss des fränkischen Königs ein charakteristisches Zeichen. Während im übrigen Gesetzbuche der König nur an zwei Stellen genannt wird, hat dieses in den beiden ersten Titeln nicht nur sehr häufig Statt, sondern die Machtstellung des Königs ist sowohl durch den Schutz, welchen er der Geistlichkeit gewährt, sowie durch die Abhängigkeit, in welcher der Herzog erscheint, eine viel gewaltigere als unter den Merowingern, wo sie nur einen nominellen Charakter an sich trug. Der König redet in dieser Redaction durchaus in befehlendem, nicht selten drohendem Tone und heisst das von ihm erlassene Gesetz ein Edikt I. 10, II. 16. Vor Allem wird die Einsetzung des Herzogs durch den König wiederholt hervorgehoben I. 9, II. 1, und namentlich in dem berüchtigten und in mehreren Codices ausgelassenen *cap. de duce protervo* die Verleihung des Herzogthumes als ein *donum* des Königs bezeichnet. Dem Könige steht die Gewalt zu, ohne Berücksichtigung eines Erbrechtes das Herzogthum nach Gutdünken zu verleihen (II. 9). Dagegen ist der Herzog gehalten, alle Befehle des Königs zu vollziehen (II. 8ᵇ. 9) und wird im Weigerungsfalle wie jeder Unterthan mit Strafe

bedroht (VII. 4). Die vorzüglichsten Hoheitsrechte, der Heerbann
und der Gerichtsbann, sind in der Hand des Königs. Während
nach dem ältern Theile der *l. Baiw.* nur der Herzog den Heerbann aufbietet (XVI. 11), ist es jetzt der König, welchem dieses
Recht zusteht (II. 4), und der Gerichtsbann ist so vollständig in
des Königs Gewalt, dass der Herzog nur als dessen Stellvertreter
erscheint (I. 2. 10. 11). Nicht minder bedeutend tritt die Oberherrlichkeit des Königs durch den Schutz in den Vordergrund,
welchen derselbe der Geistlichkeit gewährt. Jeder freie Baiware
kann sein Gut, nachdem er mit seinen Kindern abgetheilt hat,
zur Kirche schenken, und wer diese Schenkung anstreitet, wird
mit dem Königsbanne und einer Geldstrafe von 3 Unzen Goldes
bedroht. Diebstahl am Kirchengute wird neunfach gebüsst und
Entfremdung oder Tödtung von Leibeigenen der Kirche fordert
doppelten Ersatz. Die Kirchen haben das Asylrecht, aus welchem
der Flüchtling nur mit Zustimmung des Priesters zur Strafe gezogen werden darf. Die untern Kirchendiener werden dem älter-
lichen Stande gemäss doppelt gebüsst. Mönche empfangen die
doppelte Sühnbusse ihres Geschlechtes. Der Priester einer Pfarre
war zu 300 Goldschillingen, der Diakon zu 200 Schillingen angeschlagen. Der Bischof konnte nur vor dem Könige oder Herzoge wegen Todtschlag, Hurerei und Hochverrath belangt werden.
Wer ihn erschlug, zahlte so viel Gold, als ein bleierner Abguss
seiner Gestalt auswog — ein Kompositionsmodus, der an die
Otterbusse der Edda erinnert (R. V. 121). Nonnenraub war mit
doppelter Sühnbusse belegt.

Ich rechne zu dieser Redaktion gehörig auch Tit. IV. 30 und
31 *de peregrinis transeuntes*, welche in keinem Zusammenhange
mit dem Tit. IV stehen und hier nur eingesetzt wurden, weil sie
Schädigungen von Menschen betreffen. Diese Fremdlinge werden
— *propter deum discurrunt* — als Mönche bezeichnet, d. h. also
als geistliche Sendboten, welche die fränkischen Majordome zur
Stärkung ihres Einflusses in die deutschen Lande abordneten.
Die Sühnbusse, welche sie empfangen, ist dem entsprechend eine
sehr hohe, wird nach Goldwährung bezahlt und liefert den Beweis, wie hoch die Majordome die Dienste dieser Gehülfen an-
schlugen, um sie auf solche Weise in Schutz zu nehmen. In
gleicher Weise rechne ich den Tit. VII von den unerlaubten Ehe-
verbindungen als zu dieser Redaktion gehörig, da schon das Capitulare von Rom im Jahre 716 diesem Gegenstande eine ganz
eingehende Belehrung und Kasuistik hat zu Theil werden lassen
und die *Alamann. Lantfridi*, welche doch der dritten Redaktion
der *l. Baiw.* unzweifelhaft zum Muster gedient hat, mit ihrem

Tit. XXXIX in Wortstellung und Ausdrucksweise fast buchstäblich übereinstimmt.

Aus diesen Erörterungen erhellt, wie gross die Einbusse war, welche das Ansehen des Herzogs durch die dritte Redaktion des baierischen Gesetzbuches erlitt. Es finden sich in demselben wohl noch Zusätze, welche aber einer spätern Zeit angehören und auf welche ich zu sprechen komme, wenn von dem Einflusse der Synoden auf die Gesetzgebung die Rede sein wird. Wenn man aber um den Zeitpunkt fragt, wann diese Karolingische Redaktion der *l. Baiw.* stattgehabt haben könne, so bietet uns das spätere Concil zu Aschheim einen Anhaltspunkt hiezu. Dasselbe mag nun auf das Jahr 754 oder 767 angesetzt werden, so verweist es in seinem c. 4 auf die im Tit. I der *l. Baiw.* enthaltenen Kirchengesetze und zwar mit der Bemerkung: *quod . . . praecessorum vestrorum depicta pactus insinuat.* Da nun diese Verweisung nicht auf Theile des frühern Gesetzbuches geht, sondern lediglich auf einen durch die dritte Redaktion gemachten Zusatz, welcher den Klerus und das Kirchenrecht behandelt, so ist damit ausgesprochen, dass dieser Zusatz unter einem der unmittelbaren Vorgänger Tassilo's in das Gesetzbuch kam. Hiemit ist aber wörtlich ausgeschlossen, dass die dritte Redaktion etwa der Zeit der vormundschaftlichen Regierung nach Otilo's Tode angehören könne. Man wird somit nur die Regierungszeit der Herzoge Hukpert oder Otilo als jene Zeitpunkte ansehen können, in welchen dieser fränkische Zusatz in unser Gesetzbuch gelangte, als nach den Niederlagen Grimwalds und Otilo's die Gewalt der Majordome ein massgebendes Uebergewicht erreichte. Gfrörer hat daher die Verkündigung der Baiwarica zwischen die Jahre 728 und 729 angesetzt und als schlagenden Beweis dafür das Kapitel *de peregrinis transeuntes* angeführt, weil dieses der Kirchenorganisation des Bonifaz widerstreite, und da die Letztere gar keine Beachtung in dem fränkischen Zusatz erfahren habe, so müsse dieser vor Bonifaz, d. h. vor 735, in das Gesetzbuch aufgenommen worden sein (D. Volksr. I. 364). Das ist aber trotz der beliebten Silbenspalterei durchaus falsch. Denn fürs Erste ist es gerade die Bonifazische Kirchenorganisation, welche im Tit. I die ausgiebigste Berücksichtigung erfuhr. Nicht nur sind darin die Rechte und Sühnbussen, welche Bischöfe, Pfarrer und Diakone, sowie überhaupt Priester anzusprechen haben, genau verzeichnet, sondern es ist darin auch von dem niedern Klerus, als dem Subdiakon, Lector, Exorcisten und Akolythen die Rede und wird jedem nach der Würde seines Standes die Sühnbusse zugewiesen. Eine solche hierarchische Stufenleiter aufzustellen, war aber erst nach Einführung der Episkopalkirche durch die Organisation des

päbstlichen Generallegaten möglich. Wenn Gfrörer aber richtig
ahnt, dass der Zusatz de peregrinis vom Majordom mit Absicht
zum Schutz seiner geistlichen Dienstmannen in das Gesetzbuch
aufgenommen wurde, so irrt er anderseits, indem ˙ seine Beweisführung annimmt, dass diese wandernden Iren, Schotten und Alt-
briten nach Bonifaz nicht mehr des Schutzes ihres fränkischen
Oberherrn bedurft hätten; denn er gesteht selbst zu, dass noch
im Jahre 772 die Synode von Dingolfing sich wider die Uebergriffe
dieser Eindringlinge in bischöfliche Pfarreien erklärt habe und
wir werden sogleich ein schlagendes Beispiel beibringen, wie die
Majordome ihre geistlichen Mannen zu versorgen wussten. Nachdem somit der Beweis für das Jahr 728 als Einführungszeit der
dritten Redaktion nicht erbracht ist, bleibt uns nur das Jahr des
Friedensschlusses von 744, wo allerdings alle Momente zu einer
neuen Ueberarbeitung des baierischen Gesetzes im fränkischen
Interesse gegeben waren und es liegt vielleicht selbst in *V. Bonif.*
§. 28 eine Andeutung dieses Ereignisses, obwohl es gleich nach
der Errichtung der baierischen Bisthümer gesetzt wird — *cumque
omnia confirmato christianitatis ordine rite agerentur et canonum
essent jura in Baguariis recuperata . . ad proprias rediit ecclesias . .*
(M. g. II. 346).

Der Kampf um den Primat der römischen oder fränkisch-
britischen Kirche in Baiern war durch die Organisation des Generallegaten noch durchaus nicht endgültig entschieden. Im Gegentheil, Pipin, der jüngere und energischere der beiden Majordome, obwohl eigentlich Herr von Neustrien, betrachtete die
Erfolge, welche Bonifaz auf dem kirchlichen Gebiete in Deutschland erzielte, mit wohl gerechtfertigtem Misstrauen. Eben beher-
bergte er einen Gast bei sich, von dessen Gelehrsamkeit und
Festigkeit er hoffen durfte, dass er sich zu einem dem steigenden
Einflusse des römischen Generallegaten gewachsenen Gegner
eignen würde. Es war dieses der nicht nur wegen seiner mathe-
matischen und kosmologischen Kenntnisse, sondern insbesondere
wegen seiner hellen Denkungsart und tiefen Einsicht in Religions-
und Glaubenssachen seinem Gegner Bonifaz weit überlegene
Schotte Virgil (Gemeiner, G. O. Not. 177), welcher dem Wandertrieb seiner Landsleute folgend, aus dem irischen Kloster Hy auf
der Hebrideninsel Jona über das Meer zu Pipin gekommen war,
der ihn zwei Jahre bei sich behielt. Hier am Hofe zu Chiersy
hatte wahrscheinlich während der Friedensunterhandlungen Otilo
die Bekanntschaft des gelehrten Fremdlings gemacht und ihm auf
Pipins Empfehlung die Abtei S. Peter in Salzburg zugesagt. Seit
der Gründung war zwar damit auch das Bisthum verbunden;
aber Virgil, als er im Jahre 745 nach Baiern kam, nahm die

Bischofswürde nicht an, sondern verzögerte die Weihe 22 Jahre
lang. Es erhellt dieses, obwohl die *Conv. Bag.* 2 nur von 2 Jahren
spricht, aus gleichzeitigen Dokumenten. Denn im Jahre 745 nennt
ihn Pabst Zacharias nur *vir religiosus apud Baioariam* (Ep. Bon.
62); im Jahre 748 weiss der Pabst nicht einmal *si dicatur presbyter*
(Ep. Bon. 82) und im Jahre 750 unterzeichnet er selbst noch eine
Freisinger Urkunde als *abbas* (Mbk. I^b 11). Auch in dem Streit-
handel über den Besitz der zerstörten Maxmilianszelle im Pongau,
welcher zwischen die Jahre 747 und 748 fällt, nennt ihn das
Cong. Arnonis noch *Virgilius abba*, während die *Breves notitiae* 7
allerdings immer den Bischofstitel gebrauchen. Erst im Jahre 767
bezeugt die *Conv. Bag.* 2, dass er den Bitten des Volkes und der
Landesbischöfe nachgegeben habe und *a comprovincialibus presu-
libus* zum Bischof geweiht worden sei, als welcher er auch in den
spätern Urkunden des Freisinger Bisthums (Mbk. I^a 69, I^b 31. 51.
54 etc.) genannt wird.

Die Ursache dieser Verzögerung der Bischofsweihe liegt, wie
Rettberg II. 234 richtig annimmt, in dem grundsätzlichen Gegensatze, welcher zwischen Virgilius und Bonifaz herrschte. Der Erstere wollte zur Entwicklung geistiger Freiheit eine unabhängige
christliche Kirche, frei vom Zwange des Staatsoberhauptes, aber
auch frei von den Fesseln der römischen Hierarchie. Dass er
hier mit dem unermüdlichen Vertheidiger und Vorkämpfer dieser
der geistigen Entwicklung der Menschheit feindlichen Macht in
geheimen und offenen Kampf gerathen musste, war unvermeidlich
und Bonifaz beklagt sich daher auch beim Pabste, dass er ihn
durch Einflüsterungen mit dem Herzoge zu verfeinden suche
(Ep. B. 82). Virgils Abneigung gegen Bonifaz war so gross, dass
er in dem unter ihm angelegten Verbrüderungsbuche von S. Peter,
worin der geringste Abt von Hy aufgenommen wurde, des Generallegaten von Rom mit keiner Silbe erwähnte (Büdinger I. 101).
Uebrigens war Virgil nicht allein gekommen. Als seine Gefährten
rühmt man den oben angeführten Schotten Alto, den Bischof
Maurin und Diakon Deklan, welche bei Freising gewirkt haben
mussten, den Lullus, welcher Abt von Ilmmünster war (Mbk. I^a 83),
endlich den irischen Priester Marin und den Leviten Anian, welche
zur Zeit Pipins und Karlmanns in der Einöde des Irschenberges
predigten (M. b. I. 345). Zur Verrichtung bischöflicher Funktionen
hatte Virgil einen Griechen mit Namen Dobda in seiner Begleitung, welcher die bischöflichen Weihen besass. Er musste später
als Bischof denselben zum Abte von Chiemsee gemacht haben;
denn in der Vergabungsurkunde Karls d. Gr., wodurch er die
Abtei dem Bisthume Metz verlieh, heisst es: *quod dodo grecus
peregrinus habuit* (Juv. p. 48). Auf dem Placitum zu Aibling im

Jahre 804 wurde ein *Tuti grecus advena episc. Scotus* beschuldigt,
dem Stuhle zu Freising sechs Pfarrkirchen entfremdet zu haben
(Mbk. I^b 120), von welchen der damalige Abt Luitfrid wieder
zwei herausgab. Selbverständlich ist das immer derselbe und
wird dadurch seine Thätigkeit im antirömischen Sinne bestätigt.
Dass er übrigens den Beinamen *graecus* nur seiner Kenntniss des
Griechischen verdanke, wie Rettberg will, ist doch wohl unwahrscheinlich, indem diese metaforische Verwendung von Volksnamen,
wie z. B. von dem häufig in Urkunden vorkommenden *latinus*
durch zeitgenössische Schriftsteller nicht erwiesen wird.

Wenn hiedurch bewiesen wird, dass sich Virgil entschieden
der geistlichen Herrschsucht widersetzte, so vertheidigte er anderseits nicht minder energisch die ihm anvertraute Kirche und ihre
Rechte gegen Ausschreitungen der weltlichen Staatsgewalt, wie er
durch seinen Streit mit seinem Wohlthäter, Herzog Otilo, bethätigte. Das Obereigenthum der Ansiedlung im Pongau war an das
Stift zu Salzburg übergegangen. Jetzt, nach seiner Rückkehr aus
Franzien, verlieh Herzog Otilo dieselbe seinem Reisegefährten
und Hofkapellan Urso, einem Nachkommen des Einen jener ursprünglichen Anbauer, auf dessen Bitte. Sobald Abt Virgil von
der Sachlage unterrichtet war, liess er den Thatbestand durch
einen umständlichen Verbalprozess, bei welchem noch Gefährten
und Schüler Ruperts Zeugniss ablegten, feststellen und forderte
von dem Herzoge Zurückgabe des von der Familie Albina usur-
pirten Gutes. Otilo, um seinen Kaplan nicht zu kränken, bot
Ersatz für das entfremdete durch ein entsprechendes Gut in
Laufen. Da aber Virgil auf dem Rechte seiner Kirche bestand,
so baute Kaplan Urso auf dem verödeten Landbesitz mit Unterstützung des Herzogs eine Kirche neben der des Bischofs. Virgil
aber nannte sie „Zur Zwietracht" und belegte sie mit dem Inter-
dikte, so dass kein Gottesdienst in ihr gehalten werden durfte.
Und das blieb, so lange Virgilius am Leben war. Nichtsdestoweniger erwies sich Herzog Otilo gegen die Maxmilianszelle im
Pongau äusserst freigebig durch reichliche Begabung mit Höfen
und Salzpfannen, Hörigen, Wiesen, Wäldern und Jagdrechten in
weitem Umfange und veranlasste dadurch auch Adelige und Freie,
zu derselben Kirche nicht unbeträchtliche Schenkungen zu machen,
so dass das Bisthum durch diese Traditionen mehr empfing, als
es je besessen hatte (Brev. not. 5—8).

Mittlerweile hatte Karlmann, der Herrschaft überdrüssig und
müde der unausgesetzten Kriege mit den Sachsen im Jahre 745,
und mit den Aquitanern und Alamannen im Jahre 746, seinem
jüngern Bruder Pipin die Schlichtung der Welthändel übergeben
und sich anfänglich nach Soracte, später in das Benediktinerkloster

auf dem Monte cassino zurückgezogen. Bei dieser Gelegenheit
entliessen die Majordome ihren zwanzigjährigen Stiefbruder Griffo
seiner Haft, beschenkten ihn mit Gütern und Landbezirken, nur
sollte er sich an Pipins Hofe aufhalten. Der Ehrgeizige aber
strebte nach Höherem und entwich mit andern Frankenjünglingen
edler Geschlechter heimlich zu den feindlich gesinnten Sachsen,
wahrscheinlich in der Absicht, sich mit deren Hilfe das Erbtheil
seines Bruders Karlmann zu ertrotzen. Dieses begab sich zwischen
den Jahren 747 und 748. Da ihm aber Pipin unverweilt nach-
setzte und er sich Verrath bei den Sachsen befürchtend nicht
mehr sicher hielt, so fasste Griffo den Plan, sich nach Baiwarien
zu werfen, wo ihm die Verwandtschaft seiner Mutter, der Agilulfingerin Sonichilde, auf bedeutenden Anhang unter dem Adel und
Volke Aussicht eröffnete und Otilo, der Herzog des Landes, erst
vor Kurzem verstorben war und das Gewicht seiner Erfahrungen
und reifer Ueberlegung nicht mehr in die Wagschale legen konnte
gegen die kurzsichtigen Anschläge des übelberathenen, heissblüti-
gen Jünglings, der nur den Eingebungen eines in sechsjähriger
Haft verbitterten Herzens Gehör gab (Fr. cont. 117; M. g. I. 137).
Ich will mich hier nicht bei den Fantasien jener Autoren
verweilen, welche Otilo's Lebenstage bis zum Jahre 761 oder 765
verlängern, um ihn gleich dem Franken Karlmann und dem Langobarden Ratkis ohne allen Quellenbeweis einer mönchischen
Askese zu überliefern, noch bei der Meinung Meichelbecks, welcher
aus zwei Freisinger Urkunden, welche im Jahre 748 das gleichzeitige Vorkommen Herzog Otilo's und des Bischofs Josef von
Freising beweisen, den Schluss zieht, also habe Otilo das Jahr
748 überlebt, vielleicht nur von der Herrschaft zurückgezogen
(Mbk. I⁴ 48. 51. 62), da Bischof Josef erst 749 den Stuhl von Freising bestieg. Das Letztere ist aber nirgend bewiesen, sondern
erhellt eben aus beiden angezogenen Urkunden, dass Otilo und
Josef im Jahre 748 noch gemeinsam thätig waren. Und wie hätte
Otilo, wäre er nach 748 noch am Leben gewesen, sein Weib und
unmündiges Kind den Wirrnissen des hereinbrechenden Bürger-
krieges überlassen gekonnt, ohne selbthätig einzugreifen?!
Dagegen hat sich Mederer (252) durch Berechnung des ersten
Herrscherjahres Tassilo's aus der römischen Zinszahl im Vergleich
mit den Regierungsjahren Tassilo's und Pipins in Urkunden einen
Schluss auf das Todesjahr Otilo's zu ermöglichen bemüht, und
zwar 747 als dasselbe darzustellen, wie mir scheint, nicht mit
Glück; denn wenn das Jahr 759 als das zwölfte Herrscherjahr
Tassilo's bezeichnet wird, so folgt doch daraus, dass seine Regierung im Jahre 748 begann, dass also dieses und nicht 747 als
das Todesjahr seines Vaters angesehen werden müsse. Damit

stimmt auch überein, dass Pabst Zacharias noch im Mai 748 dem
Bonifaz mittheilt, er habe Virgils halber dem Herzog Otilo geschrieben (Ep. B. 82), so dass dieser also in der ersten Hälfte
dieses Jahres noch gelebt haben musste. Eine ziemlich zutreffende
Angabe über Otilo's Ableben enthalten die Ann. Mettens: *Anno
dom. incarnationis 749 Grippo videns, quod Saxonum armis minime
defendi posset, in Baioariam confugit, quorum dux eo tempore defunctus fuerat, cui Tassilo filius ejus successerat* (M. g. I. 330). Es
erhellt also hieraus, dass Otilo's Tod dem Einfalle Griffo's vorausgegangen sein musste, welch Letzterer um so leichter sich der
Wittwe und ihres Söhnleins versichern zu können hoffen durfte,
und wenn dieser Einfall Griffo's in Baiwarien nach der ganzen
Sachlage nur zwischen 748 und 749 stattgehabt haben kann, so
folgt von selbst, dass im Zusammenhalt mit obigem Briefe des
Papstes Zacharias und den beiden Urkunden von Freising, welche
Herzog Otilo Anfangs 748 noch am Leben erweisen, sein Tod in
der zweiten Hälfte dieses Jahres eingetreten sein müsse, wie
solchen Abel (Jahrb. d. fränk. R. unter Karl d. Gr. I. 40. Not. 2)
sehr wahrscheinlich als zwischen 23. Juli und 13. December er-
folgt dargestellt hat.

§. 3. Herzog Tassilo III., 748—777.

Kurz nach Herzog Otilo's Hingang wurde Baiern in kompro-
mittirender Weise in den unüberlegten Aufruhr des fränkischen
Prinzen Griffo verwickelt. Dieser hatte sich, wie oben bereits
mitgetheilt wurde, da er an einer energischen Unterstützung seines
Aufstandes durch die Sachsen, nachdem ihr Herzog Theoderich
zum dritten Male in fränkische Gefangenschaft gerathen war, ver-
zweifelte, mit seinem Anhange nach Baiwarien begeben und hier
im ersten Anlauf sich Hiltrudens, Tassilo's und damit des Herzogthums bemächtigt. Dass dies gegen Ausgang des Jahres 748
geschehen sein müsse, erhellt aus obigen Nachweisen über Otilo's
Todesjahr; auch stimmen damit die Angaben der Ann. Laur. maj.
und Fuld. (M. g. I. 136 und 346) überein. Nach Einh. ann. ibid. 137
wären dem Griffo aus Franzien Hilfstruppen zugegangen; ausserdem erschien ihm zu Trost Graf Suitgar auf dem Nordgau und
ein Landfried, wahrscheinlich alamannischer Herzog (Stälin, Würt.
Gesch. I. 184). Aber nur kurze Zeit währte der Hoheitstraum
des unbesonnenen Jünglings und seiner Verschworenen; denn vor
dem heranziehenden, äusserst starken Heere Pipins mussten sie
bis hinter den Innstrom zurückweichen und als Pipin alle Anstalten getroffen hatte, den Strom im Angesichte des Feindes zu

überschreiten, entfiel ihnen der Muth, es auf einen Kampf an-
konimen zu lassen. Sie schickten Gesandte mit Geschenken und
boten Unterwerfung und Geiseln ihrer Treue an (Fr. cont. 117).
Von den Empörern fielen Griffo und Landfried in Pipins Hand,
von denen der Erstere die Stadt Mans und 12 Grafschaften als
Abfindung erhielt, aber in unversöhnlichem Trotze zu dem Basken
Waifar floh und im Jahre 753 auf dem Wege zum Langobardenkönige Aistulf in einem Kampfe mit dem die Alpenpässe hütenden
Grafen Theutwin erschlagen wurde (Ann. Mettens. und Laur.).
So endete der Agilulfingische Fürstensohn als ruhmloser Aben-
teurer.

Nachdem auf solche Weise der Aufruhr niedergeschlagen war,
setzte Pipin den sechsjährigen Tassilo unter der Vormundschaft
seiner Mutter Hiltrude und seiner eigenen wieder in das Herzogthum Baiwarien ein — *per suum beneficium*, sagen die Ann. Laur.
Mit Recht bezweifelt Waitz (Verfass.-G. III. 43. N. 4), ob diese
Worte schon hier im spätern technischen Sinne auf ein Lehens-
verhältniss zu deuten seien, da alle übrigen Jahrbücher von einem
solchen schweigen und auch die Ann. Laur. beim Jahre 757, wo
sie den eigentlichen dem Tassilo auferlegten Lehnseid berichten,
keineswegs von einer Erneuerung eines schon bestehenden Verhältnisses Kunde geben. Zwar die Ann. Juv. min., Ratisb. maj.,
Laur. und fast alle andern geben das Jahr 748 als dasjenige an,
in welchem sich diese Ereignisse begeben hätten (M. g. I. 88. 92.
136). Wenn aber einmal die letzte Hälfte des Jahres 748 als der
Zeitraum von Otilo's Ableben feststeht, so muss man doch den
kriegerischen Machtentfaltungen die nöthige Zeit zu ihrer Entwicklung gönnen. Ich glaube daher, dass das Jahr 749, welches
Ann. Mettens. und Fuldens. als dasjenige der Wiedereinsetzung
Tassilo's durch seinen Oheim Pipin bezeichnen (M. g. I. 330 und
346), als das richtige anzusehen ist, da Griffo und selbst Pipin
nicht mit der Dampfkraft unserer Mobilisirungsbefehle ihren
Heerbann auf die Beine zu bringen und in weit entlegene Provinzen zu dirigiren vermochten.

Noch vor Otilo's Hingang hatten sich wiederholt kriegerische
Zusammenstösse mit den Avaren eingestellt. Die Letztern suchten
nämlich ihre frühere Herrschaft über die Slaven in Karantanien,
wo früher Samo sie vertrieben hatte, wieder zu gewinnen. Der
Slavenherzog Boruth rief aber die Baiern zu Hilfe, welche herbei-
eilend den Angriff der Avaren abschlugen, aber auch Land und
Leute in Karantanien der Dienstbarkeit der Könige unterwarfen
— *servitutique eos regum subiecerunt* (Conv. Bag. 4). Nach dem
ganzen Zusammenhange können hierunter nur die Frankenfürsten
Karlmann und Pipin verstanden werden, so dass also der Angriff

18*

der Avaren zwischen die Jahre 744 und 747 fiele. Als Geiseln
nahmen die Baiwaren den Sohn des Herzogs, Cakaz (welchen
Hormayr I. 199 Karast nennt), und seinen Neffen Cheitumar mit,
um sie nach dem Willen des Herzogs im Christenthume aufzuerziehen. Nachdem aber Boruth gestorben war, so schickten die
Baiern *per jussionem francorum* auf Bitte der Karantanen den
Cakaz zurück, um ihn auf den Herzogsstuhl zu erheben; und
nachdem derselbe nach drei Jahren verstarb, so gelangte Cheitumar, der auf Herrnchiemsee in der Schule Dobda's erzogen worden
war, zum Throne. Da also hier die Baiern blos im Auftrage und
im Interesse der Majordome handeln, so sind diese Ereignisse
jedenfalls vor 763, am wahrscheinlichsten in die Zeit der Minderjährigkeit Tassilo's zwischen 748 und 757 zu stellen (Büdinger I.
113). Doch wäre es nicht unmöglich, dass das *regum* an obiger
Stelle der *Conv. Bag.* nur auf Pipin Bezug habe, welcher Ende
des Jahres 751 (Waitz, Verfass.-G. III. 63. N. 4) mit Beseitigung
des letzten Merowingers sich selbst die Königskrone der Franken
aufs Haupt setzen liess. Aber auch unter dieser Berücksichtigung
werden obige Ereignisse nur um wenige Jahre herabgerückt und
fallen wohl noch unter die Minderjährigkeit Tassilo's.

    - Im Jahre 754 starb die Herzogin Hiltrude (M. g. I. 11) und
obwohl alle Geschichtschreiber annehmen, dass Tassilo an den
Königshof von Chiersy unter die unmittelbare Aufsicht seines
Oheims gekommen sei, so ist dieses in Ermangelung direkter
Zeugnisse doch nicht so ganz gewiss, dass man nicht auch annehmen könnte, der unmündige Herzog sei etwa unter der Obhut
des mit dem Könige Pipin sehr vertrauten Grafen Grimbert (J. 40)
in seinem Vaterlande geblieben. Wir lesen nur, dass er im Jahre
755 auf dem fränkischen Reichstage zu Bernacum war, wo trotz
des Widerstrebens der fränkischen Grossen der Krieg wider den
Langobardenkönig Aistulf beschlossen wurde (Abel, Untergang d.
Langob.-R. 42). Daraus nun und weil Pipin *cum omni multitudine*
gegen die Langobarden vorrückte (Fr. cont. 120), schliesst man,
dass auch die Baiwaren an diesem Feldzuge Antheil genommen
haben mögen. Direkte Beweise fehlen wenigstens für diesen Feldzug. Dagegen sagt Fr. cont. 121: *Pipinus rex cum nepote suo
Tassilone Baioarorum duce partes Italiae usque ad Ticinum iterum
accessit*, und ist also hiedurch die Anwesenheit Tassilo's bei dem
zweiten Feldzuge im Jahre 756 und bei der gänzlichen Demüthi-
gung des vorletzten Langobardenkönigs bestätigt. Pipin hatte
zwar die gänzliche Unterwerfung Baiwariens und seine Herab-
drückung zu einem Lehenherzogthume schon von langer Hand her
durch die dritte Redaktion der *l. Baiw.* vorbereitet. Dennoch hielt
er sich seines Erfolges noch immer nicht versichert und benutzte

daher die Gelegenheit der Wehrhaftmachung seines Mündels, wo
derselbe der Vormundschaft entlassen werden musste, um ihn
und die Grossen seines Volkes für immer zu fesseln. Im Jahre
757 wurde zu Compiegne die Reichsversammlung gehalten, auf
welcher sich Tassilo durch viele unzählige Eide zum Dienstmann
Pipins und seiner Söhne Karl und Karlmann verschwören musste
— *sacramenta juravit multa et innummerabilia* (M. g. I. 140.
330); die Reliquien aller Heiligen Frankreichs schleppte man herbei,
und über ihren Schreinen musste der fünfzehnjährige Jüngling
seine Lehenstreue auf seine ganze Lebenszeit betheuern. Dass
hiedurch die Verleihung des Herzogthums den Charakter eines
Lehens oder Beneficiums erhielt, ist unzweifelhaft, und wenn auch
Waitz (Verfass.-G. III. 87) darin Recht hat, dass offenbar auf
ganz andere Verhältnisse berechnete Grundsätze hier zum ersten
Male auf die politisch so bedeutenden Beziehungen eines Herzogs
zum Staatsoberhaupt in Anwendung gebracht wurden, so beweist
doch T. II. 8ᵇ der *l. Baiw.*, dass König Pipin nur thatsächlich
ausführte, was der Majordom Pipin im Jahre 744 bereits ange-
bahnt hatte. Zur Bekräftigung des Lehenseides mussten alle den
jungen Herzog begleitenden adeligen Baiwaren denselben in feierlicher Weise auf die Reliquien wiederholen.

Seit diesem Tage von Compiegne war Baiwarien nur noch
eine Vasallenprovinz des fränkischen Staates, und wenn es in der
Reichstheilung vom Jahre 768 als solche nicht vorkommt, so liegt
der Grund davon darin, dass es wenigstens dem Namen nach
noch ein besonderes herzogliches Geschlecht besass. Dieser Stellung entsprechend ist anzunehmen, dass die Baiwaren in den
fränkischen Kriegen wider die Sachsen im Jahre 758, sowie gegen
Waifar von Aquitanien in den Jahren 760 bis 762 die aufhabende
Pflicht der Heeresfolge geleistet haben werden, obwohl in den
Annalen (M. g. I. 11. 140—43. 219) ihre Theilnahme an derselben
nicht ausdrücklich erwähnt wird. Es war unausbleibliche Folge,
dass das Drückende dieses in Baiwarien bisher unerhörten Verhältnisses das Gemüth des heranwachsenden, von Natur mehr
weich angelegten Herzogs, dem durch den frühen Tod seines Vaters die eigentliche natürliche Stütze seiner Jugend fehlte, allmälig zu empören anfing. Dabei hat es gewiss nicht an geschäftigen Einflüsterungen gefehlt, welche dem jugendlich aufstrebenden
Geiste die alten verbrieften Rechte der Agilulfinger und den angebornen Herrscheradel seines Geschlechtes in schmeichlerischem
Lichte dargestellt haben werden. Die *ingenia fraudulenta* der
Ann. Laur. (M. g. I. 144) glaube ich eher auf solche heimische An-
regungen, als mit Rudhart (297 Not.) auf Waifar beziehen zu
müssen, obwohl auch Letzterer in dem Baiwarenherzoge einen

gebornen Verbündeten wider den gemeinsamen Gegner aller
Stammesfreiheit erkennen mochte. So erschien zwar Tassilo im
Jahre 763 auf dem Reichstage zu Nevers, auf welchem der vierte
Feldzug wider Aquitanien beschlossen wurde. Bei dem Aufbruche
der Truppen aber schützte er Krankheit vor, begab sich ohne
Urlaub seines Oheims nach Baiwarien und schwur in seiner ersten
Aufregung, dass er dessen Antlitz nicht mehr sehen wolle (Ann.
Einh. und Mett. M. g. I. 145. 334). Dieser Akt der Felonie, nach
fränkischem Kriegsgesetz als *harisliz* mit dem Tode bedroht,
machte begreiflich ungeheures Aufsehen, und Pipin hielt 764 einen
eigenen Reichstag zur Berathung, ob Waifar wiederholt anzugreifen, oder vor Allem Tassilo zu züchtigen sei. Pipin konnte
aber nicht zum Entschlusse kommen und die Waffen ruhten zwei
Jahre lang. Indess gewann auch bei Tassilo die ruhige Ueberlegung die Oberhand und er ging deshalb zu wiederholten Malen
den Pabst Paul I. an, die Vermittlerrolle zwischen ihm und seinem
Oheim zu übernehmen — *jam saepius petisse*, schreibt der Pabst
im Jahre 765 (Cenni C. car. n. 37). Dass diese Versuche aber
ohne Erfolg geblieben seien, wie Waitz (Verfass.-G. III. 88. N. 1)
behauptet, scheint mir schon deshalb zweifelhaft, weil Tassilo bis
zu König Pipins Tode im Jahre 768 nicht weiter beunruhigt
wurde. Der alternde König mochte trotz seiner unbeugsamen
Charakterstärke in seinem Herzen etwas fühlen, was zu Gunsten
seines unter seinen Augen aufgewachsenen Neffen sprach und
durch seine Nachsicht das Unrecht wenigstens theilweise vergüten
wollen, wozu ihn die Unerbittlichkeit der Situation und die Pflicht
seiner geschichtlichen Mission gezwungen hatte.

Wenn Tassilo sich um politische Bundesgenossen umsah, so
musste er allerdings in dem entfernten und dem fränkischen Hofe
ganz ergebenen Pabste viel weniger thatkräftige Unterstützung
erwarten, als von seinem unmittelbaren Nachbar, dem Könige
Desiderius von Lombardien. Wie dieser Bund sich anknüpfte,
wissen wir nicht; denn die Geschichte erzählt nur, dass der
Baiernherzog sich mit Liutbirg, der Tochter des Lombardenkönigs,
vermählt habe. Dass diese Vermählung zwischen 769 und 770
stattgehabt, ist am wahrscheinlichsten, sowie dass gelegentlich
dieser Verbindung die vor 46 Jahren durch König Liutprand von
Baiern abgerissenen südlichen Gaue Noritale und Fintschgau
wieder zum Herzogthume gekommen seien. Es ist dies nicht
blosse Vermuthung, wie Abel (Jahrb. d. fr. R. I. 48. N. 7) behauptet;
denn Herzog Tassilo vergibt im selben Jahre, dem zweiundzwan-
zigsten seiner Herrschaft, *rediente de Italia* in der Stadt Botzen
den Ort Innichen im *campo Gelau* an den Abt Atto von Scharnitz, und Bischof Alim von Seben ist Zeuge dieser Schenkung

(Mbk. I[b] 22), offenbar ein Zeugniss für die Oberherrlichkeit des Baiernherzogs in dem Kirchensprengel des Bischofs. Die sich jetzt nach Karls, der später der Grosse hiess, Regierungsantritt in Auster besser gestaltenden Verhältnisse zwischen ihm und Tassilo hat man vorwaltend auf die von der Königin-Wittwe Bertha, welche im Jahre 770 durch Baiwarien nach Italien reiste (M. g. I. 557) gestifteten Heirathen geschoben. Allerdings brachte diese des Königs Desiderius Tochter Desiderata als Braut für König Karl zurück, während sie ihren jüngern Sohn Karlmann mit deren Schwester Gerbirga vermählte. Auch eine Verbindung des lombardischen Erbprinzen Adalgis mit einer fränkischen Prinzessin Gisela soll im Werke gewesen sein. Wenn wir aber auch nicht den Einfluss solcher weiblicher Kunstfertigkeiten unterschätzen wollen, so hat doch Abel (Unterg. d. Lomb. R. 90) gezeigt, dass schon an Pipins Hofe eine starke lombardische Partei bestanden habe, deren Thätigkeit wohl Karls Entschluss zur Reife brachte, so dass die Königin-Mutter die Verhandlungen nur durch ihre persönliche Anwesenheit zum Abschlusse brachte. Dass indessen um diese Zeit diplomatische Verhandlungen zwischen Karl, dem neugesalbten Könige, und Herzog Tassilo stattgehabt haben müssen, bestätigt uns der Baiware Eigil in seiner ausgezeichneten Lebensbeschreibung des Fuldaer Abtes Sturmi, indem er von diesem erzählt, dass es demselben gelang, auf mehrere Jahre Frieden zwischen den Fürsten zu stiften (M. g. II. 376). Diese Thätigkeit Sturmi's fällt kurz vor seinen Tod in die Jahre 771—773.

Ungestört vom Dienstzwange für fremde Herrscherzwecke erfuhr Baiern in den Jahren 763—781 achtzehn glückliche Jahre innerer freiheitlicher Entwicklung. Der Herzog hatte die ihm durch die dritte Redaktion der *l. Baiw.* von fremder Centralisirung verkümmerten Hoheitsrechte wieder in die Hand genommen und bethätigte sich im Verein mit Adel, Geistlichkeit und allem Volke an der Ausbildung der baierischen Gesetze. Dieses geschah zunächst auf den Reichstagen, welche den kirchlichen Namen Synoden tragen und deren drei in diesen Zeitraum fallen (Winter, M. A. 1807), nämlich zu Aschhaim im Jahre 763, zu Dingolfing 769 und zu Neuching 772. Als Zweck dieser Landtage bezeichnet die Synode von Dingolfing, die Erneuerung alter und die Sanktionirung neuer Gesetze — *antiquas patrum institutiones renovantes, et noviter inventas inserentes* (M. g. Ll. III. 483). Zwar sind zunächst nur die weltlichen und geistlichen Grossen als handelnde Theilnehmer genannt; aber es wird der Zustimmung des ganzen Volkes gedacht *consentiente multitudine* (M. g. Ll. III. 462), so dass also nach altem Volksrechte jeder freie Baiware am Reichstage Sitz

und Stimme hatte. Denn wenn der Gemeinfreie schon auf den
Dingstätten schöffenbar war, so folgt aus dieser richterlichen
Thätigkeit die gesetzgebende Befähigung von selbst. Ausser den
drei Hauptredaktionen, welche eine Umarbeitung der *l. Baiw.* mit
sich brachten, finden wir in der Letztern eine Anzahl von Kapiteln, welche mit den Titeln, welchen sie eingefügt sind, oft gar
nicht oder nur lose zusammenhängen, so dass man sie als spätere jeweilige Zusätze zu betrachten hat. Dies gilt vor Allem
von Titel XI. 5—7 über Zeugenzug, Haussuchung und Hand-
anlegung an Gestohlenes, welche sich als *decretum Tassilonis* als
zu Neuching vereinbarte Gesetze zu erkennen geben. Hieher gehören Titel I. 12—14, welche von den Häuserinnen in Pfarrhöfen,
von den Scharwerken der Gotteshausleute und der Sonntagsfeier
handeln; ferner die zweite Hälfte von Titel II. 1 von den drei
Kapitalverbrechen; Titel VIII. 20 und 21 erweisen sich als spä-
teres einheimisches Weisthum durch Anführung der Christianisirung; Titel IX. 4 und 5 über Menschendiebstahl und desgleichen;
Titel XII. 9—12 enthalten einheimische Weisthümer und proces-
suale Vorschriften; auch Titel XVI. 11—15. 17 und Titel XVII,
XVIII und XXIII sind als solche Zusätze zum Gesetze aufzufassen,
welche als Ueberreste alter Landfrieden allmälig dem Gesetzbuche
einverleibt wurden und deshalb ohne organischen Zusammenhang
mit ihren respektiven Titeln erscheinen (R. V. 68).

Die Synode von Aschhaim hatte einen vorwaltend klerikalen
Charakter, wie sie sich denn auch selbst eine *congregatio sacerdotum* nennt (M. g. Ll. III. 457). Durch ihre Beschlüsse wurde das
allgemeine Kirchengebet für den Herzog angeordnet, die Freiheit
geistlicher Schenkungen unter die Oberaufsicht der Bischöfe gestellt, die Entrichtung der Zehnten eingeschärft, dann die Kirchenzucht erweitert, indem die Bischofsgewalt über Klöster und Klerus
bestätigt wurde. Dann wurden die Wittwen, Waisen und Armen
in Schutz genommen gegen die Mächtigen, woraus man folgern
dürfte, dass die Rechtspflege an mancherlei Unterschleifen durch
Gau- und Zehntgrafen und ihre Vikare litt. Namentlich sollte
Niemand ausser wegen kapitaler Verbrechen aus seinem Erbe
vertrieben werden. Dann wurde das Verbot unerlaubter Ehen
wieder (wie schon früher in einer Synode zu Aschhaim) erneuert
und endlich die Anwesenheit eines Priesters sowohl bei den mo-
natlichen oder wöchentlichen ungebotenen Dingen auf den Malstätten, als bei den ausserordentlichen durch die herzoglichen
Sendboten veranstalteten Versammlungen dringend empfohlen, um
die Armen und Unschuldigen gegen die Bestechlichkeit weltlicher
Richter in Schutz zu nehmen. Man sieht hieraus, dass selbst die

auf die weltliche Gerichtsbarkeit bezüglichen Dekrete einen durchaus kirchlichen Charakter, an sich tragen.

Die Dekrete der Synode von Dingolfing, welche sechs Jahre später statthatte, sind schon mehr gemischter Natur. Denn wenn auch die einleitenden Kapitel die Haltung der Sonntagsfeier nach den Bestimmungen des Gesetzes einschärfen, die Förmlichkeiten von Kirchenschenkungen feststellen, Bischöfe und Aebte auf Haltung der Canones aufmerksam machen und Nonnenehen verdammen, so bezieht sich doch die Mehrzahl der Dekrete auf das bürgerliche und Kriminalrecht. Da bestätigt vor Allem der Herzog den Edlen, Freien und Knechten das Recht und Gesetz, wie es bei seines Vaters Lebzeiten gegolten. Jenen Adeligen, welche sich in des Herzogs Dienstbarkeit begeben und die man deshalb Edelknechte — *adelschalc* — nannte, wurde das Wergeld ihres Standes zugesprochen, weil man ihnen wahrscheinlich wegen ihrer Freiheitsbeschränkung dasselbe angestritten hatte. Ebenso anerkannte der Herzog die Erblichkeit der von ihm und seinen Vorvordern dem Adel verliehenen Lehen. Man sieht, dass der Herzog durch das Lehensystem seine Partei im Volke zu stärken suchte. Zu den Kapitalverbrechen kam jetzt bereits der Todtschlag eines Fürstengünstlings und das Majestätsverbrechen. Da der Wittwe des Verbrechers, wenn er von Adel war, der Erbantheil ausdrücklich gesichert wird, so ergibt sich hieraus, dass nach der Strenge des alten Rechts die Frau mit ihrem Hab und Gut für die Verbrechen ihres Gatten haften musste (R. V. 308). Eine Adelige, welche unter ihrem Stande ohne es zu wissen geheirathet hatte, konnte durch einfaches Verlassen ihres Gatten ihre Freiheit wieder gewinnen. Endlich wurde bestimmt, dass sich die Parteien noch vor dem Gerichtskampfe in Güte vertragen durften.

Die Beschlüsse der Synode zu Neuching dagegen, welche 772 gehalten wurde, tragen einen vorwaltend weltlichen Charakter an sich. Denn wenn auch zu Anfang der Verhandlungen der Streit um die pfarramtliche Seelsorge zwischen den Bischöfen und Klöstern zur Sprache kam und zu Gunsten des weltlichen Klerus entschieden wurde, so zeigt doch schon der Titel *leges populares*, welchen die nachfolgenden Dekrete tragen, dass sie zunächst die weltliche Gerichtsbarkeit betrafen. Vor Allem wurde der Verkauf von Leibeigenen und Diebsgut ausserhalb der Landesgränze bei schwerer Strafe verpönt. Den Dieb auf handhafter That zu erschlagen, war gestattet; doch musste der Rächer die Nachbarn zusammenrufen und ihnen die vom Gesetz vorgeschriebenen Zeichen vorweisen, dass er den Todtschlag mit Recht beging. Wollte ein Anverwandter darüber Blutrache erheben, verlor er

sein Erbe. Kämpfer vor dem Gerichtskampfe zu beschwören mit
Zaubermitteln war verboten, und wer nach beendetem Gottesgerichtskampfe den Streit erneuern wollte, musste in der Kirche
mit drei benannten Eideshelfern den Achteid schwören. Bei dem
Gottesurtheil des Stabsagens wurden die dabei bräuchlichen altheidnischen Worte abgeschafft. Auch blosse Diebshehlerei war
bei Strafe des grossen Friedensgeldes verboten. Die Freigelassenen des Herzogs sollten zu den Gottesurteln angehalten werden.
Der Kirchenfrilass sollte nebst seinen Nachkommen in Freiheit
gesichert bleiben, wenn sie nicht in Schuldknechtschaft fielen.
Der Kirchen- und Königsfrilass empfing ein erhöhtes Wergeld
von 80 Sol. Eine Freigelassene, die einen Hörigen heirathet,
fällt in den Stand der Knechtschaft. War sie aber frei geboren,
konnte sie sich scheiden. Hatte sie Kinder, so blieben dieselben
Leibeigene; die Mutter aber konnte innerhalb dreier Jahre ihre
Freiheit wiedererlangen, nach Ablauf der drei Jahre nur, wenn
ihre Verwandten sie auf offener Malstätte vor dem Grafen, Herzoge
oder Könige zurückforderten. Diese Grundsätze waren dem Königsgesetz der Alamannen Titel XVII und XVIII nachgebildet.
Zeugenzug, Haussuchung und Ergreifung des Diebsgutes wurden
gesetzlich festgestellt, und die Missachtung des durch herzogliches
Siegel bekräftigten Befehles mit steigender Strafquote geahndet.
Bestechlichkeit der Richter wurde mit der Diebsstrafe und Ersatz
belegt. Wer wegen Scheidung nach Ehebruch Familienrache
erhob, verlor sein Erbe. Mönche und Nonnen, welche das Ordenskleid ablegten, wurden bestraft oder excommunicirt.

Aus diesen auf den Landtagen sanktionirten Erläuterungen
und Zusätzen zur *l. Baiw.* erhalten wir merkwürdige Beiträge zur
Kulturgeschichte jener Zeit. Vor Allem tritt uns aus denselben
eine auffallende Minderung des Besitzes entgegen, welche nicht
blos in der raschen Zunahme der Bevölkerung allein begründet
sein kann. Ich habe bereits oben (I. §. 3. S. 136) aus Urkunden
wahrscheinlich gemacht, dass bei der Landvertheilung jeder freie
Baiware seinem Stande gemäss ein Landloos — *hluzzum* — erhalten habe. Durch Erbtheilung, Unglück in der Bewirthschaf-
tung, Verbrechen und Schuldknechtschaft musste sich der Grundbesitz schon nach wenig Generationen wesentlich verändert haben.
Rechnen wir dazu, dass die einträgliche Industrie der Kirche eine
ungeheure Anzahl von Gütern in die todte Hand brachte, wie
uns die Schenkungsbücher der Bisthümer und Klöster beweisen,
ferner die verführerischen Lockungen der Benefizien, sowie anderseits die Quälereien, Umtriebe und Erpressungen, womit Männer
von Macht und Ansehen den armen hungernden Freien zur Kommendation zwangen, so wird die Einbusse begreiflich, welche der

Stand der Gemeinfreien schon im VIII. Jahrhunderte gemacht hatte, so dass sie im nächstfolgenden kaum mehr genannt werden. Aber auch die Glieder der Adelsfamilien waren nicht in günstigerer Lage. Während einige von ihnen sich zu Macht und Reichthum emporarbeiteten, sank die Mehrzahl in die Armuth, so dass sie sich selbst als Lohnkämpfer verdingen mussten. Hier war es insbesondere der Kampf zwischen der fränkischen Oberherrschaft und dem Interesse des Herzogs, welcher den alten Landesadel ruinirte und den neuen Dienstadel in Aufnahme brachte. Denn wie der Herzog durch Vergabung von Krongütern zu Lehen an ergebene Kriegsmänner seine Partei zu stärken suchte, so hatte auch der fränkische König, beziehungsweise dessen Majordom seine Vasallen im Lande, welche nur seines Dienstes und Vortheils walteten. Da aber mit der Kommendation der Anspruch an das volle Wergeld eines freien Adeligen verloren ging, so musste den Adelschalken — *servi principis* — dasselbe aufs neue garantirt werden, sowie der Herzog seine adeligen Lehnsmänner durch die gestattete Vererbung ihrer Lehngüter zur ergebensten Treue anzufeuern suchte. Ebenso wurden die Freigelassenen der Kirche und des Königs in ihrem Wergelde aufgebessert, indem sie das doppelte gewöhnlicher Freigelassenen erhielten und damit die Wergeldstufenleiter ausfüllten. Dennoch wurde durch solche Massregeln der immer mehr umsichgreifenden Verarmung nicht vorgebeugt, so dass nicht nur Freie sich nicht scheuten, Ehebündnisse mit leibeigenen Männern einzugehen, sondern selbst Mädchen aus dem Adelstande es nicht verschmähten, Versorgungen anzunehmen, wenn ihnen solche durch Verheirathung mit Dienstmannen, besonders des Herzogs geboten wurden. Da sie durch solche Verbindungen nebst ihren Kindern dem altgermanischen Principe der ärgern Hand verfielen, so sollten sie durch die Zusatzgesetze vor diesem Nachtheile, in die Hörigkeit zu sinken, wenigstens unter gewissen Bedingungen bewahrt werden.

Vorzüglich beschäftigten sich die Versammlungen mit dem Schutze des Eigenthumes. Diebshehlerei war bei Strafe des grossen Friedensgeldes mit 40 Sol. verpönt. Die gleiche Strafe bezahlte, wer eine gestohlene Sache ausser Landes auf irgend eine Weise schaffte. Wer aber einen Sklaven ins Ausland verkaufte, sei's sein eigener oder ein verlaufener Flüchtling, wurde nach seinem Wergelde bestraft. Dabei setzten die Zusatzgesetze die Normen genau fest, nach welchen man bei der Vindikation zu Werke gehen müsse. Der Hausherr durfte sich, wenn er darum angegangen worden war, der Diebssuche *(selisôhan)* bei Strafe des Ersatzes und 40 Sol. Friedensgeld nicht widersetzen. Ebensowenig durfte er das Ergreifen des gefundenen Diebsgutes

(hantalod) verhindern. Hierauf musste der Kläger mit drei Zeugen
das Eigenthumsrecht der gestohlenen Sache beschwören *(zangan-
zuht)*, widrigenfalls er selbst in die Diebsstrafe verfiel. Wer einen
Dieb beim Untergraben der Hauswand antraf, oder beim Hinweg-
schleppen des Diebstahls überraschte in Haus oder Hof, oder
eines Menschenräubers nicht anders habhaft werden konnte, durfte
denselben auf frischer That erschlagen, nur musste er die Nachbarn zusammenrufen und die vom Gesetz gebotenen Zeichen vorweisen, dass er den Uebelthäter nach Recht erschlug. Den Verwandten aber des Erschlagenen war Blutrache bei Verlust ihres
Erbes untersagt.

Den Trägern der Gerechtigkeitspflege stellen die aus den
Zusatzgesetzen sich ergebenden Thatsachen kein sehr günstiges
Zeugniss aus. Nicht nur ist die Klage über Bestechlichkeit der
Richter eine sich stets wiederholende und fordern die Synoden
ausdrücklich die Anwesenheit von Priestern bei ungebotenen und
gebotenen Dingen zum Schutze der Armen, Wittwen und Waisen
wider die Verleumdungen und Erpressungen der Reichen und
Mächtigen; sondern es gab selbst Richter, welche sich mit einem
zwei- und dreifachen Diebe durch Theilung der Diebsbeute ab-
fanden. Es musste ferner kein seltener Fall sein, dass Freigelassene und ihre Nachkommen später wieder revindicirt und
durch Ungerechtigkeit der Richter wieder in den Sklavenstand
verstossen wurden, weil ein eigenes Gesetz befiehlt, dieselben
ausser im Falle der Schuldknechtschaft in ihrer Freiheit nicht zu
kränken. Ausserdem nahmen die Landtage besonders Rücksicht
auf die Sicherung der Rechtspflege. Vor Allem wurden die noch
aus der Heidenzeit üblichen Formeln beim Gottesurtheil des Stabsagens abgeschafft und durch einfache, dem christlichen Bekenntnisse
entsprechende ersetzt. Dann sollten sich in Zukunft die Freigelassenen unter dem Vorwande nicht voller Freiheit nicht mehr
den Gottesurtheilen entziehen dürfen. War auf den Gerichtskampf
— *wehadinc* oder *camfwic* — erkannt, so war den Parteien noch
vor dem Kampfe gestattet, sich in Güte zu vertragen, was allerdings nicht im Interesse Jener lag, welche die Lohnkämpfer ver-
mietheten. Auch glaubte man damals schon wie noch in spätern
Jahrhunderten, und vielleicht in der frühesten Heidenzeit, an die
Kraft des Waffensegens, wesshalb jede Zauberbeschwörung der
Kämpfer vor dem Kampfwik verboten war. Nach der Entscheidung des Gerichtskampfes sollte die Sache abgethan sein und
wer dagegen handelte, den traf die Acht, d. h. er wurde, wie in
alter Zeit, friedlos erklärt. Wie sich hier die Gesetze im Sinne
altgermanischer Mannheiligkeit als Grundlage einer allgemeinen
Friedensgenossenschaft (R. V. 212) aussprechen, so verbieten sie

auch die Fortsetzung der Feindseligkeit durch Ausübung der Familienrache im Falle einer gesetzlich erlaubten Tödtung oder einer Scheidung nach Ehebruch. Ein Richter, welcher des Herzogs Befehl, der ihm unter Vorzeigung des Insiegels eingeschärft wurde, unausgeführt liess, konnte wegen Missachtung mit Verweis, um 40 Sol. und sein Wergeld gestraft werden und wurde zum vierten Male vom Amte entsetzt. Unter die Kapitalverbrechen, welche mit Gütereinziehung bestraft wurden, gehörte jetzt der Todtschlag eines Fürstengünstlings und die Schmähung des Herzogs. Wenn aber ein Mann vom Adel wegen der drei Kapitalverbrechen auch sein Hab und Gut und Leib und Leben büssen sollte, so dürfe doch sein Eheweib nicht ihres Erbtheiles beraubt werden.

In kirchlichen Dingen wurde vor Allem die Sonntagsfeier eingeschärft und keine Ehe innerhalb der verbotenen Verwandtschaftsgrade gestattet, wozu in Baiern wohl noch aus der heidnischen Zeit her ein besonderer vielleicht in religiösen Vorstellungen begründeter Hang (H. R. 259) bestand, wie uns die Geschichte von Herzog Grimwald und Piltrude gelehrt hat. Dann wurden die Förmlichkeiten bei Kirchenschenkungen sorgfältig festgesetzt, um dieselben gegen etwaige Einsprüche der Erbsinteressenten unangreifbar zu machen; denn es konnte nicht fehlen, dass die Nachkommen mit den Vergabungen nicht immer einverstanden waren, welche die Todesangst und die Furcht vor der Hölle dem Erblasser abgepresst hatten. Auch hatten die gewaltsamen Säkularisirungen Karl Martels die Stifter besorgt gemacht für den Bestand ihrer frommen Industrie. Die Gesetze über die Kirchenzucht gewähren uns keinen erfreulichen Einblick in das Leben des Klerus. Mönche und Nonnen schwärmten, und nicht selten in weltlichem Aufzuge, ausser ihren Klöstern herum, die Letztern gern bereit zur Entführung und Verheirathung. Mönche drängten sich in die Pfarreien des Diözesansprengels und widersetzten sich der bischöflichen Oberaufsicht. Fremde Priester bemächtigten sich der Oblationen und Zehnten in Kirchendistrikten, die ihnen nicht zustanden, und entzogen sich der Bischofsgewalt. Vor Allem aber war dem Klerus an der strengen Aufrechthaltung des Zehnten gelegen, und die Kirche forderte daher die Unterstützung des weltlichen Armes, um im Verweigerungsfalle den doppelten Ersatz als Strafe zu erzwingen. Die seit Bonifazius' Kirchenorganisation eingeführten kirchlichen Concilien, denen wir 765 zu Freising, 769 zu Botzen, 769—70 in Freising, wo die Transferirung der Reliquien Corbinians beschlossen wurde, dann 770 wieder in Freising, 777 in Kremsmünster begegnen, beschäftigten sich vorwaltend mit Besserung der Kirchenzucht, wiewohl

nicht mit nachhaltigem Erfolge, da wir immer die Klagen über
die alten Uebelstände sich erneuern sehen.

Wenn sich Herzog Tassilo auf diese Weise durch die Landtage wieder des Hoheitsrechtes der Gesetzgebung im Gegensatz
der königlichen Redaktionen zu bemächtigen suchte, so bethätigte
er gegebenen Falles auch das der Aufbietung des Heerbannes
ohne fränkische Einmischung, wie uns sein Feldzug wider die
slavischen Karantanen beweist. Bei diesen war nach Cakaz dessen
Vetter, der in Dobda's Schule zu Chiemsee erzogene Cheitumar,
Herzog geworden, welcher alljährlich zur Osterfeier nach Salzburg
wallfahrtete und wiederholt vom Bischofe Virgil geistliche Missionäre
verlangte, da sich seine Unterthanen der Einführung des Christenthums hartnäckig widersetzten und die christlichen Priester vertrieben. Nach Cheitumars Tode im Jahre 769 empörten sich die
Karantanen aufs neue, so dass sich Herzog Tassilo veranlasst
sah, zum Schutze der christlichen Mission mit gewaffneter Hand
einzuschreiten. Also drang im Jahre 772 der baiwarische Heerbann über das Toblacher Feld in die Thäler der Drau und Sau,
schlug die Empörung nieder, setzte den dem Christenthume geneigten Herzog Waldunc wieder ein (Ann. Emm. und Rudb. M. g.
I. 92 und IX. 769) und verschaffte der salzburgischen Missionsthätigkeit endlich einen festen, gesicherten Boden (Conv. Bag. 5).

Man hat früher behauptet, dass Herzog Tassilo, seit er im
Jahre 763 den königlichen Heerbann verliess, nur darauf bedacht
gewesen wäre, sich mit gänzlichem Bruche der ihm von seinem
Oheim hinterlistiger Weise aufgezwungenen Vasallitätsgelöbnisse
von aller Oberherrlichkeit der fränkischen Könige zu befreien.
Ich kann dieser Ansicht in keiner Weise beipflichten; denn es
widerspricht ihr nicht nur Tassilo's Charakter, sondern insbesondere sein Verhalten während des entscheidenden Kampfes König
Karls mit seinem Schwiegervater Desiderius. Die Verbindung
einer Truppenmacht, wie die baierische, mit den Langobarden
konnte die Franken, welche im Jahre 773 rathlos vor den wälschen
Klausen standen, zum Aufgeben des ganzen Feldzuges zwingen,
konnte selbst nach Verlassung der Engpässe den im Jahre 774
sechs Monate in Pavia eingeschlossenen Langobarden Luft schaffen.
Statt dessen bleibt Tassilo ein müssiger Zuschauer des allerdings
ebenso sehr von innerer Spaltung (Abel, Unterg. d. Lang.-R. 107)
als von päbstlicher Ländergier verschuldeten Unterganges des
Lombardenreiches und beraubt sich dadurch des einzigen und
nächsten Bundesgenossen, welcher ihm allein bei einem unvermeidlichen Zusammenstosse mit den Franken hätte Unterstützung
bringen können — wohl ein sicherer Beweis, dass der Baiwarenherzog wenigstens damals nicht im Entferntesten gesonnen war,

sich in eine solche Lage zu versetzen, wo ihm diese Hilfe nothwendig sein durfte. Er gedachte nur das Erbe seiner Väter unter
denselben Bedingungen, wie diese, zu besitzen, unbekümmert, dass
andere Zeiten andere Verhältnisse mit sich führen.

§. 4. Herzog Tassilo III. und Theodo II., 777—788.

Im Jahre 777 hatte Herzog Tassilo seinen Sohn, den etwa
achtjährigen Theodo zum Mitregenten erklärt und seine Regierungsjahre werden seitdem in Urkunden neben denen seines Vaters angeführt, wie aus dem Stiftungsdokumente der Abtei an
der Chremsa hervorgeht. Einige Forscher (Ziernigbl, M. A. I. 219)
glauben in diesem Akte den Beweis zu finden, dass sich Tassilo
der Pflichten eines fränkischen Vasallen nach Möglichkeit habe
zu entledigen gesucht, da sich nirgend eine Spur fände, dass der
Herzog zu diesem Schritte die Einwilligung des fränkischen Hofes
weder nachgesucht noch erhalten habe. Ich kann aber mit dieser
Auffassung des Verhältnisses zwischen dem fränkischen Könige
und Tassilo nicht mich einverstanden erklären. Denn für's Erste
enthielt diese Aufnahme des Erbprinzen in die Regierung nichts
Auffallendes und den Traditionen der Agilulfinger Widersprechendes.
Nahm doch auch, um nur Einiges zu erwähnen, Chlotar II. seinen Sohn
Dagobert zum Mitherrscher, desgleichen der langobardische Agilulfinge Perhtarit seinen Sohn Kunibert zum Mitregenten, und ebenso
theilte Herzog Theodo I. die Herrschaft in Baiwarien mit seinen Söhnen.
Um aber zu behaupten, dass diesem Schritte und der damit verbundenen Erklärung Theodo's zum Thronfolger die Genehmigung des
fränkischen Oberkönigs gefehlt habe, oder dass sie vielleicht gar
auf habenden Vasallenpflichten zum Trotz ausgeführt worden sei,
fehlt uns vielmehr der Inhalt der Vermittlungsunterhandlungen,
welche der von König Karl so hochgeschätzte, adelige Baiware,
der Abt Sturmi zwischen ihm und dem Herzoge eingeleitet und
zu beiderseitiger mehrjähriger Befriedigung ausgeführt hatte. Wir
können also nicht wissen, ob nicht gerade diese Sicherung der
Thronfolge ein Gegenstand der Vermittlungsvorschläge gewesen,
was um so mehr der Fall sein dürfte, als Mederer ganz treffend
hervorhebt, dass unter den vielen Klagen, welche Karl später
wider Tassilo erhob, diesem nie den Vorwurf gemacht habe,
durch diesen offenkundigen Regierungsakt einen Eingriff in seine
Rechte sich angemasst zu haben (Mederer, Beitr. 294).

Die eben angeführte Urkunde der Stiftung des Klosters an
der Chremsa ist eigentlich das einzige Dokument, welches eine
von Herzog Tassilo herrührende Klostergründung bestätigt, obwohl
seiner Freigebigkeit gegen die Kirche nicht wenige Dotationen

zugeschrieben werden. Scharnitz, Wessobrunn, Weltenburg, Thier-
haupten, Polling, Sandau, Siverstatt, Ilmmünster, Scheftlarn,
Schliersee, Matsee und die beiden Klöster Au und Frauenwörth
auf den Inseln des Chiemsees rühmen sich, obwohl ihre Funda-
tionsurkunden zu Grunde gegangen sind, ausser Kremsmünster
von dem kirchenfreundlichen Herzoge entweder wirklich begründet
oder doch reichlich ausgestattet worden zu sein. Auch die Bischofs-
kirchen zu Salzburg, Freising und Passau liefern in ihren Schen-
kungsbüchern Beweise seiner freigebigen Mildthätigkeit. Insbesondere aber zeigen die Vergabung von Innichen an der südöstlichen
Gränze an die Abtei zu Scharnitz und die Gründung von Kremsmünster im später genannten Lande unter der Ens, wie weit die
Kultur im Gefolge des baiwarischen Heerbannes bereits nach
Osten vorgedrungen war, wo das Land noch zu Anfang des Jahrhunderts nach Herzog Theodo's Darstellung durch die Raubsucht
der Avaren in eine Wüste verwandelt war, *ut saltus bestiis in
augmentum daretur intelligi* (V. Emm. I. 5). Es ist vergebliche
Mühe, wenn Abel (Jahrb. d. fr. R. 225. N. 3) die baiwarischen Besitzungen im Osten des Ensflusses in Zweifel zieht. Wie wäre
überhaupt eine Klostergründung an der Chremsa möglich, ja nur
denkbar gewesen, wenn nicht im Jahre 777 fast das ganze Land
unter der Ens, also wenigstens bis zur Trasen, in festen und gesicherten Besitz des baierischen Herzogs übergegangen wäre. Mit
dieser Auffassung stimmt vollkommen überein, wenn wir aus der
Stiftungsurkunde entnehmen, dass das dem Kloster vergabte Gebiet von Slaven bewohnt ist, welche zum Theil ohne herzogliche
Genehmigung mit Ausrodung der Wälder das Land urbar machten
und jetzt nach der Besitzergreifung durch die Baiwaren dem
Herzoge zinspflichtig wurden, der sie nebst ihrem Zinse zu Gottes-
hausleuten machte. Mit der dem Slaven eigenthümlichen Zählebigkeit hatten sie sich in dem von der Avarenverwüstung zerstörten Landstriche angesiedelt, lebten in gemeindlicher Verbindung von Dekanien und wurden durch ihre Schupane oder Orts-
vorsteher der Reihe nach aufgeführt, um mit ihren Gütern und
Liegenschaften als herzogliches Eigenthum in das klösterliche
Salbuch eingetragen zu werden. Ein solches Verfahren ist doch
nur möglich, wenn die Oberherrschaft des baierischen Herzogs
in dem fraglichen Gebiete keinem Zweifel unterlag. Deshalb ging
auch sechs Jahre später ein wiederholter Einbruch der Avaren
ohne Schaden vorüber — *huni ad anisem venerunt et nihil nocue-
runt.* Ann. Emm. ad a. 783. (M. g. I. 92.)

Nach allen Berichten war das Verhältniss, wie es der Abt
Sturmi zwischen dem fränkischen Könige und Tassilo, seinem
eigentlichen Landesherrn, vermittelt hatte, von der Art, dass es

den Wünschen des Letztern nicht widerstrebte. Wenn hier Muthmassungen erlaubt wären, so möchte ich aus der schon oben berührten, vom fränkischen Hofe nicht beanstandeten Erhebung des
Prinzen Theodo zum Mitregenten und Thronfolger auf ein Ab-
kommen zwischen den beiden Schwähern schliessen, wonach sich
Tassilo gegen die Sicherung der Thronfolge in seiner Familie
jetzt wieder zu vasallitischen Leistungen herbeiliess, welcherlei
Zugeständnisse er seit dem Jahre 763 nicht mehr zu machen für
gut fand. Ich rechne dahin die Anerkennung der Heerbannspflicht
unter dem Banner des Frankenkönigs, von welcher die Baiwaren
seit 15 Jahren nichts mehr wussten. Jetzt, als König Karl im
Jahre 778 seine Völker wider die Sarazenen in Spanien aufbot,
zog auch der baierische Heerbann mit Austrasiern und Burgundern unter Karls eigener Führung über die Pyrenäen zur Erstürmung von Pampeluna und zu der fruchtlosen Belagerung von
Saragossa (Reg. chr., M. g. I. 559 und Bouquet V. 310). Zwar
hält Waitz (Verf.-Gesch. III. 102) für möglich, dass darunter nur
Truppen aus dem früher baiwarischen Nordgau verstanden sein
dürften, was schon Mederer (297) andeutete. Aber die Quelle
spricht ganz bestimmt von „Bajoarie", während der Bezirk Northgowe in fränkischen Urkunden ganz wohl bekannt war und, wenn
er am Platze gewesen wäre, neben Provinciae und Septimaniae
ganz passend hätte stehen können. Ob erst bei dieser Gelegenheit, wie Mederer, Rudhart und Waitz durchblicken lassen, oder
vielleicht auch schon früher nach befriedigendem Ausgange der
Verhandlungen mit Abt Sturmi der König den Herzog Tassilo
mit den Königshöfen Ingoldestat und Lutrahahof belehnt habe,
muss wegen gänzlichen Mangels an Quellenbeweis dahingestellt
bleiben. Dagegen waren die Baiern an den Feldzügen Karls wider
die Sachsen schwerlich betheiligt, weil die Annalen darüber keine
Mittheilung machen; selbst nicht in dem vom Jahre 775, von
welchem Ann. Einh. in allzu unbestimmter Fassung berichten,
dass ihn Karl *cum totis regni viribus* unternommen habe (M. g.
I. 153).

Bis hieher war das Verhältniss zwischen dem Könige und
Herzoge wenigstens äusserlich ein ungetrübtes gewesen. Selbst
die *harisliz* Tassilo's im Jahre 763 hatte König Pipin trotz der
Verhandlungen des Reichstages zu Worms ungeahndet vorübergehen lassen und die Vermittlungsvorschläge, welche Abt Sturmi
an den Herzog brachte, können wir wegen mangelnder Kenntniss
ihres Inhalts nur nach ihren Folgen beurtheilen, wie ich bereits
oben angedeutet habe. Wir wissen nur, dass König Karl, ganz
mit seinen Plänen auf Italien und die Unterwerfung der Sachsen
beschäftigt, auf die friedliche Entwicklung in Baiwarien keinerlei

störenden Einfluss übte. Jetzt plötzlich tritt ein allerdings mehrere
Jahrhunderte jüngerer Autor (Sigebert Gembl. a. 780) mit der
Anklage hervor, dass Herzog Tassilo auf Antrieb seiner Gattin,
welche für ihres Vaters Desiderius Untergang auf Rache sann,
im Jahre 780 gegen König Karl Aufruhr angezettelt habe. Diese
Anklagen wiederholen sich nun bei allen fränkischen Annalisten
in derselben allgemeinen, meist nur anschuldigenden Weise bis
zum Untergange des Herzogs und seiner Familie und werden natürlich von spätern französischen Schriftstellern (Gaillard II. 135;
Lehuërou hist. d. inst. carol. 355) bis zur Absurdität ausgebeutet.
Es handelt sich hier nicht um eine Vertheidigung von Entschlüssen
und Schritten, welche nothwendig in der Entwicklung der Charaktere und der Gestaltung politischer Situationen begründet
liegen. Aber wenn Anschuldigungen erhoben und so unzweideutig
wiederholt werden, so ist doch die geschichtliche Gerechtigkeit
zu der Frage berechtigt, auf welche Thatsachen sich diese Anklagen zum Beweise berufen können. Es ist gewiss leicht begreiflich, dass der gewaltsame Untergang der verschwägerten Königsfamilie von Pavia durch den Erfolg der fränkischen Waffen den
Herzog Tassilo im innersten Gemüthe erschüttern und empören
musste, sowie die fränkischen Annalisten in seiner Gattin, der
„gottverhassten" Liutbirga, ihre bitterste, unversöhnliche Feindin
sahen (Ann. Laur. und Einh. ad a. 788). Wenn aber Tassilo, wie
man schnellfertig behauptet, seit 763 mit dem Plane umgegangen
wäre, sich der fränkischen Oberherrlichkeit zu entziehen, wie
wäre dann seine absolute Neutralität während des Langobarden-
krieges zu erklären? Man werfe mir nicht ein, dass er durch
Karls Macht oder bestimmte übernommene Verpflichtungen gelähmt worden sei, dem letzten und einzigen Bundesgenossen in
einem unvermeidlichen Zusammenstosse mit Frankreich Unterstützung und Hilfe zu bringen. Dergleichen gibt es nicht in der
hohen Politik und es bliebe nur die Wahl, Tassilo für einen
Schwachkopf zu halten, oder einzugestehen, dass ihm alle Unab-
hängigkeitsträume gänzlich fern gelegen haben. Auch die spätern
Verschwörungen lombardischer Herzoge wider die Herrschaft der
Franken, wie des Herzogs Ruodgaus von Friaul, des Herzogs
Arigis von Benevent und Anderer, mit welchen der Königssohn
Adalgis im Einverständniss auf Unterstützung des Hofes von Konstantinopel rechnete, fanden an Tassilo keinen Unterstützer oder
auch nur mitwissenden Theilnehmer. Zwar Abel (Forsch. I. 501)
glaubt mit ziemlicher Sicherheit annehmen zu dürfen, dass Tassilo
als Schwager von Arigis und Adalgis, wenn auch in der Stille,
im Einverständniss mit den Verschwornen gestanden habe; er
widerlegt aber diese Annahme selber hinlänglich durch das Ge-

ständniss, dass sich dieselbe aus den Quellen nicht beweisen lasse. Pabst Hadrian, der von den Plänen der Verschwörer so genau unterrichtet war (Forsch. I. 488), dem Alles daran lag, König Karl durch seine Ausspähereien in Athem zu erhalten und durch seine Angebereien seinen unersättlichen Vergrösserungsplänen für S. Peters Patrimonium geneigt zu stimmen, hat in seinen Briefen auch nicht eine leise Andeutung für eine solche Theilnahme von Seiten des baierischen Herzogs. Und hätte wirklich eine solche stattgehabt, würde man sie nicht in dem Hochverrathsprocesse am Tage zu Ingelheim hervorgehoben haben?!

Aus diesen Thatsachen glaube ich mich berechtigt, mit aller Bestimmtheit zu behaupten, dass Herzog Tassilo nicht die geringste Veranlassung zu den verschärften Massnahmen gegeben habe, welche jetzt König Karl gegen seinen Schwager ergreifen zu müssen für nöthig hielt. Karl war es gelungen, den Bund der lombardischen Herzoge zu zersprengen. Ruodgaus war im Jahre 776 im Kampfe oder auf dem Schaffot gefallen (Ann. Laur.; M. g. I.154; Ann. Mett. Bouquet V. 342). Herzog Hildebrand von Spoleto hatte sich 779 dem Könige unterworfen (Abel, Unterg. d. Lomb. R. 115). Aber noch herrschte Arigiso, ein Schwiegersohn des Desiderius, unbezwungen in Benevent, und Adalgis stand drohend mit griechischen Hilfstruppen in Unteritalien. König Karl wollte ihnen die letzte Aussicht auf eine Diversion von deutscher Seite abschneiden. Er war endlich nach langen drängenden Bitten des Pabstes im Jahre 781 wieder in Rom, wo er seinen Sohn Ludwig zum Könige von Aquitanien, Karlmann mit dem Namen Pipin zum Könige von Lombardien salben liess. Hier wurde nun das weitere Vorgehen wider Tassilo von Baiwarien mit dem ganz von der Hilfe und Gnade des fränkischen Königs abhängigen Pabste Hadrian verabredet, um jenen zur rücksichtslosen Anerkennung der fränkischen Oberhoheit zu nöthigen und seiner unabhängigen Stellung ein Ende zu machen. Plötzlich erschienen am Herzogshofe die Bischöfe Formosus und Damasus als Abgesandte des Pabstes nebst den Sendboten des Königs, Diakon Rikulf und Erzschenken Eberhart, um den Herzog aufzufordern, den schon geschwornen Eid der Treue zu erneuern, dass er nichts wider seinen dem Könige Pipin, dem Könige Karl und den Franken geleisteten Eidschwur unternehmen wolle. Tassilo, zwar überrascht durch das Ansinnen, aber mit ruhigem Gewissen, erklärte sich augenblicklich, *statim*, bereit, zum Könige zu kommen, wenn ihm Bürgschaft für seine Sicherheit gegeben würde. Nachdem nun die Geiseln angekommen, reiste er unverweilt, *sine cunctatione*, zum Könige nach Worms, schwur den geforderten Eid und versprach für dessen Haltung 12 Geiseln zu stellen, welche Sindbert, der

Regensburger Bischof, in die Königspfalz zu Chiersy geleitete
(M. g. I. 162 und 163).
Zwar die fränkischen Annalisten (Ann. Laur.; Einh.; Chron.
Reg. ad a. 781; Aimoin. IV. 73) behaupten, dass Tassilo nach
seiner Rückkehr seinen Eidschwur nicht lange gehalten habe —
non diu in ea quam promiserat fide permansit, sagen sie mit denselben Worten und daher einander abschreibend. Einen Beweis
für diese Anschuldigung bringen sie aber nicht. Denn wenn die
Baiwaren nicht als Theilnehmer in den Sachsenkriegen der folgenden Jahre genannt werden, so waren sie unzweifelhaft auch
nicht zur Heeresfolge aufgeboten; und nirgend wird darüber
Klage geführt, dass Tassilo dieselbe verweigert habe. Wohl wird
zum Jahre 785 ein blutiger Zusammenstoss zwischen Baiern und
Franken an der wälschen Gränze erwähnt; es war aber, wie sie
Waitz (Verf.-G. III. 103) ganz richtig schätzt, eine blosse Gränz-
rauferei, eigentlich ohne jede weitere Bedeutung. König Karl
hatte die Verwaltung von Lombardien 20 Grafen übergeben,
welche mitunter den Herzogstitel führten (Hegel, Gesch. d. ital.
Städteverfassungen II. 12). Ein solcher fränkischer Graf, Herzog
Hrodpert, wahrscheinlich zu Trient gesessen, griff den baierischen
Gränzgrafen an, wurde aber bei Botzen erschlagen (Ann. Emm.
Ratisb.; M. g. I. 92; Chr. Salisb. Pez sc. I. 334). *Elevati sunt
Gawinius et Idwinus. Bawari ad Pozanum cum Roberto duce
pugnantes, ipsum occiderunt.* Daraus macht nun Aventin kurzweg
zwei Hauptleut Gabein und Iswein, welche Herzog Thessel wider
Herzog Ruprecht schicket, während Gemeiner (G. O. Anm. 219ᵇ)
mit Recht bemerkt, dass sich der Ausdruck *elevati* eher auf ein
Par Heilige beziehen lasse, deren Reliquien erhoben wurden.
Näheres über die Veranlassung des Kampfes ist nicht bekannt,
den König Karl wohl kaum gebilligt haben mag; denn wenn auch
die frühere Herrschaft der Lombarden in diesen Gegenden zu
König Liutprants Zeiten dem fränkischen Dux Veranlassung gegeben haben möchte, ältere Rechtsansprüche zu erneuern, so war
doch König Karls Politik auf ein ganz anderes Ziel gerichtet, um
über ein Par Gaue Streit anzuheben, die ihm ohnedies binnen
Kurzem mit dem Lande von selbst zufallen mussten.

Wieder taucht jetzt die bekannte Anklage auf Hochverrath
auf. Rudhart (319) behauptet, Tassilo sei voll Erbitterung von
dem Tage zu Worms zurückgekehrt. Bald hierauf müsse er sich
mit den Avaren in ein Bündniss eingelassen haben. Die miss-
vergnügten Thüringer hätten sich unter Hartrads Leitung wider
Karls Herrschaft und Leben verschworen; in Unteritalien stand
Adalgis mit griechischer Hilfe; des Herzogs Arigis Wittwe sei in
das Geheimniss gezogen gewesen, welchem Tassilo unter Vermittlung

seiner Gemahlin nicht fremd gewesen zu sein scheine. Man sieht,
es sind die alten Anschuldigungen wider den seinem tragischen
Geschicke verfallenen Herzog, die sich aber nur auf psychologische
Muthmassungen stützen und denen im Gegentheil der gänzliche
Mangel jedes thatsächlichen Beweises alle Glaubwürdigkeit be-
nimmt, wie sie denn auch auf eine ganz falsche Auffassung der
politischen Situation gegründet sind. Wenn Tassilo schon im
Jahre 781 sich in ein Bündniss mit den Avaren gegen den Frankenkönig eingelassen hätte, würden diese wohl mit ihrem Angriffe
bis zum Jahre 788 gezögert haben? Dass die Verschwörung der
Thüringer zwischen 785 und 786 den Baiernherzog in keiner
Weise berührt habe, bezeugt das gänzliche Stillschweigen der
Quellen (M. g. I. 32 und 41). Herzog Arigis von Benevent lebte
aber noch selbst im Jahre 787, und unterwarf sich im März dieses
Jahres in ehrenvollem Vertrage dem König Karl. Es kann daher
von weiblicher Zwischenträgerei zur Unterstützung hochverrätherischer Pläne durchaus noch keine Rede sein, wenn ich auch die
durch den Zwang des Wormser Eidschwurs erzeugte tiefe Verletzung des Herzogs ebensowenig in Abrede stellen will, als den
glühenden Hass, mit welchem seine Gattin den Verstosser ihrer
Schwester und den Verderber ihres Geschlechtes verfolgt haben mag.

König Karl feierte nach der Unterwerfung Arigisos das
Osterfest zu Rom bei Pabst Hadrian. Da erschienen als Abgesandte Tassilo's Arno, der Bischof von Salzburg, und Hunrich,
der Abt von Mondsee. Der Gaugraf Machelm von Wels, *vir cla-
rissimus*, ein Geschlechtsverwandter des Herzogs, der schon Otilo
und später dessen Sohne in Rath und That treu zur Seite gestanden und mit den schwierigsten Sendungen nach Rom und an
den Hof des Königs betraut gewesen, war in Rom der Pestluft
der Pontinischen Sümpfe erlegen (Moritz, Gesch. d. Gr. v. Form-
bach 187). Da gedachte der bedrängte Herzog der Tage, da
Pabst Paul Versöhnung stiftete zwischen ihm und dem schwer
beleidigten Oheim; da der hochherzige Sturmi einen Vermittlungs-
weg fand zwischen seinen bescheidenen Wünschen und den hoch-
strebenden Plänen seines ehemaligen Spielgenossen, des jetzt allmächtigen Frankenkönigs Karl. Wieder schickte er Priester der
Religion des Friedens und der Versöhnung als Boten an den
geistlichen Oberhirten, dass er kraft seines apostolischen Ansehens
Friede und Eintracht stifte zwischen ihm und König Karl. Der
übel berathene Fürst erwog nicht die gänzlich veränderten Verhältnisse, er übersah in seiner hilflosen Verlassenheit den geringen
Erfolg verheissenden Charakterabstand seiner Sendboten. Der edle
Sturmi, und der berechnende Arno — beide Baiwaren, beide

Priester der Religion Jesu und doch wie verschieden Beide. Jenen hatte eine heilige Begeisterung für die neue Glaubenslehre, ein heisser Drang zur Rettung der im Heidenthum verloren geglaubten Seelen hinausgetrieben in die unwirthlichen Wälder von Eichloha. Dieser wurde gegen eine reiche Stiftung seiner Aeltern (Mbk. Iⁿ 58) an der Domschule zu Freising zum gefügigen Werkzeuge in dem Triebwerke der römischen Hierarchie erzogen. Während seit 778 sein Name, sonst häufig in Freisinger Urkunden, jetzt daselbst fehlt, scheint der begabte Presbyter in das belgische Kloster S. Amand zu Elnon gekommen zu sein, wo er Abt wurde und zweifelsohne die für seine fernere Laufbahn höchst wichtige Bekanntschaft mit Alkuin, dem Kultminister Karls des Grossen machte. Nach Bischof Virgils Tode im Jahre 784 kam er auf den Stuhl von Salzburg, entweder durch Alkuins, seines begeisterten Freundes Verwendung, oder, was Rettberg (II. 239) anzunehmen vorzieht, aus eigenem Antriebe Herzog Tassilo's, der sich in dem angesehenen Sohne seines Landes einen am Königshofe zu Chiersy beliebten, mit den fränkischen Verhältnissen vertrauten Berather sichern wollte.

Dieser ehrgeizige Emporkömmling, dem nichts über den Vortheil seiner Kirche ging, als sein persönlicher, und dem vielleicht schon damals das Pallium der baierischen Metropolitanwürde vor Augen schwebte, das er neun Jahre später durch König Karls Gunst errang, stand nun vor Hadrian, für seinen Herzog um Aussöhnung zu werben — vor Hadrian, der um ein Par Trümmer des angeblichen Patrimoniums S. Peters sich zum Schleppträger der fränkischen Despotie erniedrigte. So lange noch Rom mit den Majordomen um den Einfluss in Baiwarien wetteiferte, mochte ein baierischer Herzog auf die Unterstützung des römischen Bischofs zählen. Aber die Tage, wo der päbstliche Legat stolz das Machtwort S. Peters in die Wagschale der Völkergeschichte legte, waren längst vorüber. Seit sich die römischen Bischöfe im Kampfe um die weltliche Herrschaft in Italien mit den Langobarden in die Arme der Frankenherrscher geworfen hatten, konnte die Unabhängigkeit von Baiwarien in Rom keine Fürsprache mehr erwarten und erwies sich die unheilvolle Verbindung des römischen Bischofs mit dem Frankenkönige in ihrer ganzen gefahrdrohenden Höhe (Ranke, B. A. 1854. 431). Hadrian, der unbeugsame Römer, von Jugend auf unter wälschen Ränken, Treubrüchen und Aufruhrgelüsten aufgewachsen, sah in Tassilo natürlich nur den meutrischen Vasallen König Karls, von dessen gutgestimmter Laune er sich das künftige Gebiet des Kirchenstaates zu erbetteln unausgesetzt bemüht war (Abel, Forsch. I. 455), während Tassilo's Eigenschaft als Schwiegersohn des verhassten Desiderius schon hinreichte, ihn auch ohne eigentliche Beweise allen Verdächtigungen preiszugeben.

Diesen Voraussetzungen entsprach auch die ganze Verhandlung mit den Gesandten Tassilo's, welche übrigens ganz den Eindruck eines voraus abgekarteten Schauspieles darbietet (Ann. Laur.; Einh.; Chr. Reg.; M. g. I. 170. 171. 560). Zwar legte sich Hadrian anfangs mit grosser Wichtigkeit — *multum se interponens* — ins Mittel, als lägen ihm des Herzogs Beschwerden sehr am Herzen. Darauf erwiederte der König, dass er nichts Anderes wünsche, und obwohl er seit langer Zeit nach Frieden gestrebt, denselben aber nicht habe erlangen können, so wolle er ihn augenblicklich machen, man möge nur die Abgesandten in Gegenwart des Pabstes ihm vorstellen. Das nun Folgende war leicht vorauszusehen. Nach den Vorgängen am Reichstage zu Worms war das Verhältniss zwischen dem Frankenkönige und dem Herzoge von Baiwarien rechtlich festgestellt und es handelte sich nicht mehr um Friedensbedingungen, sondern vielmehr nur um Vorschläge, das rechtlich feststehende Verhältniss auf die wenigst verletzende Weise zur Ausführung zu bringen. Da nun die eingeführten Abgesandten, um ihre Vollmachten befragt, angaben, dass sie keineswegs dem Endurtheile ihres Oberlehnsherrn vorzugreifen berechtigt wären, und nur die Antwort des Königs und Pabstes ihrem Herrn zu hinterbringen hätten, da fiel der Hochwürdigste gänzlich aus der übernommenen Vermittlerrolle. Im höchsten Zorne schalt er die Sendboten Betrüger und Lügner, und donnerte sie mit dem auf Tassilo und seine Anhänger geschleuderten Bannfluche nieder, wenn der Herzog nicht seine den Königen Pipin und Karl geschworenen Eide treulich erfülle. Damit noch nicht befriedigt, beschwor er die Gesandten, dass sie vor Tassilo bezeugen sollten, dass, insofern er nicht in Allem dem Könige Karl, seinen Söhnen und den Franken unbedingte Folge leiste und dadurch Blutvergiessen und Landverwüstung entstehe, er somit in Herzensverhärtung den apostolischen Rathschlägen den Gehorsam verweigere, alsdann König Karl und sein Heerbann von aller Sündengefahr losgesprochen sein solle und von Allem, was sich an Brandschäden, Todtschlägen und jeglicher Bosheit ereigne, und solle das Alles über Tassilo und seine Anhänger kommen, König Karl aber und seine Franken sollen frei und ledig bleiben von aller daraus entspringenden Schuld. Das Theatralische dieser Scene bürgt für die vorher stattgehabte Verabredung und mit diesem ersten einem souveränen Fürsten entgegengeschleuderten Bannfluche wurden die Gesandten des Herzogs entlassen.

König Karl aber zog gen Worms, um die bevorstehenden

Ereignisse zu überwachen. Dort gab er in offener Versammlung
aller Priester und Adeligen, also der Gelehrten und Kriegshaupt-
leute Bescheid über Alles, was sich mit Tassilo zugetragen, und
während er voraussichtig die Rüstung des Heerbannes betrieb,
entsendete er einen Boten an den Herzog, ihn zu sich zu entbieten, ob er dem Befehle des Pabstes gehorsamen und ihm und
den Franken in Allem unterthänig sein wolle, wie es die Gerechtigkeit fordere. Da aber der Herzog sich zu kommen weigerte,
so marschirte Karl mit drei Armeen wider Baiern. Er selbst
führte die Truppen aus Franzien bis aufs Lechfeld oberhalb
Augsburg, wohl den Kern der Armee, welcher das Centrum bildete.
Am rechten Flügel rückte König Pipin mit dem lombardischen
Heerbanne bis Botzen, während er selbst im Hauptquartier zu
Trient stehen blieb. Auf dem linken Flügel concentrirten sich die
Austrasier, Thüringer und Sachsen bei Pföring an der Donau.
So stand Alles bereit, auf das erste Zeichen in Baiwarien einzu-
brechen und den etwa versuchten Widerstand im ersten Anlauf
zu ersticken. Aber es kam zu keinem Kampfe, so schwer derselbe
auch zu werden schien (V. Car.; M. g. II. 448). Tassilo, von der
Uebermacht des Königs eingeschüchtert, von der Haltung seines
Volkes erschreckt, wagte keinen Angriff. Der Annalist behauptet
zwar, dass alle Baiwaren die Treue gegen den König höher an-
schlugen, als die dem Herzoge geschworene; aber es ist zur Erklärung der Situation hinlänglich anzunehmen, dass unter dem
Einflusse des zweimal beschworenen Lehenseides die öffentliche
Meinung sich gegen Tassilo kehrte und ihn zur Nachgiebigkeit
zwang. Die von Rudhart (321) angeführte nicht vollendete Rüstung
der Avaren lasse ich wohl füglich bei Seite, weil sie ohne Beleg
blos eine Muthmassung enthält, und wann hätte dieses Reitervolk
je einer länger dauernden Vorbereitung für seine plötzlichen Einbrüche bedurft? Also ging der Herzog von Allen verlassen am
3. Oktober 787 in das Hauptquartier des Königs, bat um Verzeihung für das Geschehene — *veniam de ante gestis* — und übergab die Herrschaft über sein Land in die Hand des Königs durch
Ueberreichung seines Herrscherstabes, an dessen Spitze ein Man-
nesbild geschnitzt war (Ann. Naz.; M. g. I. 43). Ob dies Sinnbild
die Person Tassilo's vorgestellt habe (Gemeiner 96; Anm. 223),
will ich dahin gestellt sein lassen. Es war wohl eher ein altes
Götterbild, wie solche an Gerichtsstäben, Hochsitzen u. s. w. an-
gebracht waren und vielleicht nebst dem Stabe ein Symbol des
dem Könige überantworteten Gerichtsbannes (R. V. 62). Darauf
schwor er den Lehenseid zum dritten Male in des Königs Hand
und übergab zwölf Geiseln nach der Wahl des Königs zur Bürgschaft für dessen Heilighaltung und als dreizehnten seinen Sohn und

Mitregenten, den achtzehnjährigen Theodo. Dafür beschenkte ihn
der König mit den Ehrengaben des Lehenträgers, mit goldenen,
reich mit Edelsteinen verzierten Armbaugen und einem reich ge-
schirrten Streitrosse, wenn der Dichter recht berichtet (Hibernici
ex. vers. Mai V. 408), und nicht etwa, wie bei dem süsslichen
Zwiegespräch, blos ausmalt. Wie bei dem Lehenseid zu Compiègne
die den Herzog begleitenden Edlen, so musste jetzt alles Volk in
Baiwarien den Treueid dem Könige leisten — *populo terrae per
sacramenta firmato* (Einh. Ann.; M. g. I. 173).

Mit Recht legt Waitz (III. 104) ein besonderes Gewicht auf
diesen Eidschwur des ganzen Volkes; denn in demselben ist der
Schlüssel zu der nachfolgenden hochverrätherischen Verwicklung,
sowie zu dem tragischen Ausgange der Fürsten aus dem Geschlechte der Agilulfinger. Während man bisher vergeblich nach
Beweisen sucht für die Anklage Tassilo's wegen hochverrätherischer
Verbindungen, ist es denkbar, dass ihn diese Verlassenheit von
seinem Volke geneigt machte, den Anreizungen seiner unversöhn-
lichen Gattin Gehör zu schenken und in unseliger Verblendung
bei dem Erbfeinde seines Volkes Hilfe zu suchen. Wenigstens
liefert der Einbruch der Avaren nach seinem Sturze für diese
psychologische Deutung einen Grund, obwohl auch hier die Energie
des weiblichen Hasses der Hauptfaktor gewesen sein kann. Anderseits aber stellt dieser allgemeine, allem Volke auferlegte Eidschwur das Verfahren bei dem Hochverrathsprocesse zu Ingelheim
erst in das rechte Licht. Im folgenden Jahre 788 war Tassilo
gleich andern Kronvasallen zum Reichstage nach Ingelheim be-
fohlen. Verhaftet und der Waffen beraubt, stellte man ihn als
Hochverräther vor die Versammlung. Baiwaren selber waren es,
welche Klage führten wider den Herzog wegen Treubruchs. Er
habe, nachdem er seinen Sohn und die andern Geiseln als Bürgen
für seinen Eid gegeben, auf Zureden seiner Gattin Liutbirga die
Avaren um Hilfe angerufen, des Königs Dienstmannen verfolgt
und ihnen nach dem Leben gestrebt, seine eigenen Vasallen aber
zum falschen Schwören verleitet; er habe ferner gesagt, dass er
lieber zehn Söhne verlöre, als dass er den abgedrungenen Eidschwur hielte, und dass er eher sterben wolle, als so leben. Da
erhoben sich die Franken und Baiwaren, die Langobarden und
Sachsen und wer noch aus den Reichsprovinzen an der Synode
Antheil nahm und verurtheilten den Herzog wegen der an König
Pipin verbrochenen *harisliz* mit einstimmigem, lautem Geschrei
zum Tode. Der König aber setzte es bei ihnen durch, dass er
aus Liebe zu Gott und weil er sein Anverwandter sei, nicht mit
dem Tode bestraft werden solle. Hierauf gab Herzog Tassilo auf

die Frage, was mit ihm geschehen sollte, den Bescheid, dass er
in ein Kloster treten wolle, um Busse zu thun und seine Seele
zu retten. So erzählen den Hergang die Ann. Laur. (M. g. I. 172).
Aehnlich die andern Annalisten, nur mit Häufung der Anklagen
(M. g. I. 43. 560).

Wenn man die Darstellungen dieser fränkischen Berichterstatter liest, so kann man sich des Eindruckes nicht erwehren,
dass es sich nicht um die parteilose Fällung eines richterlichen
Urtheiles, sondern vielmehr um Sanktionirung eines bereits be-
schlossenen Justizmordes handelte. Unmittelbar nach der Ankunft
des Herzogs liess der König durch besondere Sendboten dessen
Frau und Kinder in Verhaft nehmen und nebst ihren Schätzen
und der zahlreichen Dienerschaft — *cum thesauris ac familia
eorum copiosa valde* — an den Königshof bringen (Ann. Naz. cont.).
Mederer (Beitr. 28) bezieht das *copiosa valde* irrthümlich auf des
Herzogs Familie, da doch eben von seiner Frau und Kindern die
Rede war und *familia* nicht von diesen, sondern von der Dienerschaft
gebraucht wird. Die Ankläger und zugleich Richter des Herzogs
waren die *fideles Baioarii*, d. h. die Vasallen des Frankenkönigs, die,
wie Mederer (318) treffend bemerkt, Demjenigen zu gefallen suchten, von dem sie mehr zu erwarten hatten. Die Geistlichkeit,
durch die Organisation des Bonifaz an Rom gebunden, und durch
den angedrohten päbstlichen Bannfluch erschreckt, fiel natürlich
ohne weitere Bedenken *propter anathema papae* (Froumund, Pez
th. III. 474) von dem früher wegen seiner Liberalität gepriesenen
Herzog und insofern hat Ranke (B. A. 1854. 432) wenigstens theilweise Recht, dass die entscheidende Unterwerfung des Landes
unter das fränkische Reich der Einwirkung von Rom, einem Aus-
spruche des Pabstes zu danken war. Welcher Werth den erhobenen Anklagen beizumessen, charakterisirt am deutlichsten Einhard in seinen Annalen: *objiciebantur ei et alia complura et dicta
et facta quae non nisi ab inimico et irato vel fieri vel proferri pot-
erant.* Tassilo war ein Friedensfürst, der nicht nach Höherem
strebte, als sein ererbtes Land in der Weise seiuer Vorgänger
zu beherrschen. Selbst zur Zeit seines Abfalles von Pipin anerkannte er die Oberherrlichkeit des Frankenkönigs (Leges pop.
10 und 10ᵇ), er leistete später wieder Heerfolge und erschien
auf den Reichstagen. Den schlagendsten Beweis seiner Freiheit
von allen Unabhängigkeitsbestrebungen lieferte aber gewiss seine
absolute Neutralität in den lombardischen Händeln. Zwar die
Ann. Naz. sprechen von *insidiis atque dolosis consiliis, quod cum
multis gentibus jam olim ei praeparare conatus fuerat* (M. g. I. 44).
Aber in parteiloser Würdigung gesteht Waitz (III. 105) zu, dass

es weniger verbrecherische Thatsachen, als unzufriedene Aeusserungen und verdächtige Reden waren, welche vorlagen. Und wenn die fränkischen Annalisten sagen, dass der Herzog die ihm zur Last gelegten Verbrechen selbst zugestanden habe, so gründet sich diese Angabe vielleicht nur auf ein stolzes Schweigen von Seiten Tassilo's — *ne unum quidem infitiari coepit* (Einh. Ann. I. 173), d. h. doch wohl: Tassilo in richtiger Würdigung seiner hilflosen Stellung und im Bewusstsein, ein Opfer der Karolingischen Politik werden zu müssen, verschmähte, auf die Anklagen treuloser Unterthanen Antwort zu geben. Die zu Gericht sitzenden Grossen des Reichs wussten sehr wohl, dass der Herzog wegen der angeschuldigten Verbrechen nach der revidirten *lex Baiwar.* II. 8[b] nur zur Entsetzung vom Herzogthum und höchstens zum Klosterleben verurtheilt werden konnte — *donatu dignitatis ipsius ducatus careat etiam insuper spe supernae contemplationis sciat se esse dampnandum.* Also wurde auf den verjährten Fall der Felonie gegen König Pipin zurückgegangen, um wegen *harisliz* nach fränkischem Recht (Capit. III. 70) ein Todesurtheil aussprechen zu können, damit die Grossmuth des Königs durch Strafmilderung in um so hellerem Lichte erglänze.

Nachdem auf diese Weise Tassilo's Geschick entschieden war, stellte er an den König die Bitte, nicht am Hofe zum Mönch geschoren zu werden wegen der Schmach, welche ihm als Angehörigen der Merowinger Königsfamilie durch Ablegen des Langhaares vor den Franken geschähe (M. g. I. 44). Dies genehmigte der König und so trat der abgesetzte letzte Herzog aus dem Geschlechte der Agilulfinger in seinem 46. Lebensjahr nach 41 Herrscherjahren am 6. Juli 788 in das Kloster von S. Goar, von wo er später nach Jumièges in der Normandie versetzt wurde (Ann. Laur.; M. g. I. 33). Die Herzogin Liutbirge traf die Verbannung; nach andern Nachrichten nahm sie den Schleier — ungewiss in welchem Nonnenstift. Auch die Kinder der herzoglichen Familie traf die Einschliessung in Klöster. Zwar die fränkischen Annalen geben nur Nachricht von Theodo, als dem einen Sohn und Mitregenten Tassilo's. Da aber der Letztere selbst in seiner sechs Jahre später zu Frankfurt ausgestellten Cessionsurkunde von Söhnen und Töchtern spricht, so musste er deren mehrere gehabt haben. Damit stimmt nun überein, dass die Ann. Naz. von zwei Söhnen wissen, nämlich Theodo und Theodebert, welche zu Mönchen geschoren wurden (M. g. I. 44). Schlagen wir nun im Verbrüderungsbuche von S. Peter die Gedenktafel des regierenden herzoglichen Hauses auf, so finden wir auf Col. 36 von der ältesten Hand die nachfolgenden Mitglieder eingetragen:

Ordo ducum vivorum c. conjug. et liber.

Tassilo   ljutpirga

deoto fri . . . s . . .

cotani

hrodrud

cotadeo

In den Namen der zweiten Reihe will Karajan die beiden Söhne Tassilo's Theodo und Theodebert erkennen. Ich glaube mit Unrecht; denn die auf deoto folgenden Buchstaben scheinen sich eher und am natürlichsten in fridugisal ergänzen zu lassen und böten alsdann einen Anhaltspunkt an Theodo's Eigenschaft als Friedensgeisel. Dagegen ist der alleinstehende Name cotadeo auf der fünften Zeile entschieden ein männlicher Name, wie er denn auch auf Col. 43, 94, 95 als solcher wiederkehrt. Da derselbe nun von der ältesten Hand eingetragen ist, so gehört er auch unzweifelhaft der ersten Anlage des Buches an und kann daher nur den zweiten Sohn Tassilo's bezeichnen. Ob nun der Mönch von S. Nazar mit dem Namen Theodebert eine ihm eigenthümliche Uebersetzung von cotadeo geben wollte, oder ob der Letztere mit dem erstern Namen in das Kloster trat, ist am Ende gleichgültig, da uns die Gedenktafel die beiden Söhne Tassilo's mit ihren heimischen Namen aufbewahrt hat.

Bei dem Namen cotani der dritten Zeile denkt Karajan an Zotan, als oberdeutsche Namensform für den Tudun der Avaren, der 795 zu Aachen getauft wurde. Aber Büdinger (1. 100) wundert sich mit Recht, wie dieser in die Familientafel Tassilo's käme, ist jedoch meiner Ansicht nach nicht glücklicher, wenn er in jenem Namen den des Piktenkönigs Cinadhon finden will, weil dieser des Bischofs Virgil geborner Landesherr gewesen wäre. Cotani, aus cotaniwi kontrahirt (Graff, Sprachsch. IV. 152), ist ein Frauenname, welcher im Gedenkbuch als solcher öfter wiederkehrt, z. B. Col. 21, 77, 102, 103, und ich finde daher in demselben den Namen der einen Tochter Tassilo's. Unter diesem steht in der vierten Zeile hrodrud, ein Frauenname, in welchem Karajan die Tochter Karls des Grossen sucht. Da aber die Letztere bereits auf Col. 35 unter den Kindern des Frankenkönigs verzeichnet steht, so liegt doch kein Grund vor, weshalb dieselbe hier nochmals in Tassilo's Famlie eingetragen worden wäre, und ich finde es daher ganz der Stellung auf der Familientafel entsprechend, in dieser Hrodrud die zweite Tochter Tassilo's zu sehen.

Wir müssen also der Sachlage entsprechend deoto und cotadeo als die beiden Söhne Tassilo's bezeichnen, von denen der Aeltere, Theodo, Teudo, in S. Maximin bei Trier, der Jüngere, Cotadeo, ungewiss wo, vielleicht in S. Nazar unter dem Namen Theotbert das Mönchsgewand empfingen. Die Töchter, bisher ungenannt, waren Cotani und Hrodrud, welche in den Klöstern Chelles und Laon zum Nonnenschleier gezwungen wurden. Es stehen zwar noch mehrere Namen auf der Tassilonischen Familientafel, als erchanperht, durch das beigesetzte *d* wahrscheinlich als Diakon bezeichnet, engilfrid, adalpiric, gepahart, engilwan u. s. w., von welchen Mederer (Beitr. 30) namentlich den Gepahart, welcher im IX. Jahrhunderte als Dux und begüterter Graf im Grabfeld genannt wird, zu einem Nachkommen Tassilo's macht und möglicher Weise als Stammvater der Liutpoldingen erscheinen lässt, um dieselben dadurch an das älteste Herrschergeschlecht in Baiern anzuknüpfen. Indessen stammen die Schreiber dieser Namen aus dem IX.—X. Jahrhunderte und wenn daher auch eine traditionelle Erinnerung an Tassilonische Abstammung die Eintragung obiger Namen auf der Col. 36 motivirt hätte, so liesse sich dennoch ihre Genealogie hiedurch um so weniger begründen, als auch, und zwar vor ihnen, durch einen dieser Schreiber der Name zwentibald eingetragen wurde, welcher keinesfalls auf einen Zusammenhang mit Tassilo's Familie oder überhaupt mit dem Geschlechte der Agilulfinger Anspruch machen kann.

So war denn durch Karls Gewaltakt das fränkische Geschlecht der Agilulfinger nach einem Zeitraume von beinahe dritthalbhundert Jahren von dem Herzogsstuhle in Baiwarien verdrängt, dem es, soweit die Geschichte selbe nachweisen lässt, zwölf Herrscher gegeben hat, deren Thaten sie als tapfere, milde und gerechte Fürsten bezeichnen lassen. Dass damit das ganze Geschlecht erloschen sei, kann nicht behauptet werden; denn abgesehen von der italischen Linie, welche, durch Garibalds I. Sohn Gunwald nach Lombardien verpflanzt, diesem Reiche sechs Könige gab und zur Zeit des Paul diac. (VI. 35) in den Grafen von Orleans fortlebte, so wissen wir, dass Tassilo noch in Baiwarien Geschlechtsverwandte hatte, welche als dessen Blutsverwandte bezeichnet werden, z. B. Hiltiprand (Mbk. I^b 27) und Machelm, der Gaugraf von Wels, welche allerdings vor Tassilo starben, deren Nachkommenschaft wir aber nicht kennen. Desgleichen erhellt aus der Freisinger Urkunde von der Uebergabe Erchings (Mbk. I^a 49), dass Alfrid oder Adalfrid nebst seinen Brüdern und Erbtheilern der *genealogia agilulfinga* angehört haben müssen, da sie hier nebst dem Herzoge Tassilo den Gliedern der Dynastie der *fagana* gegenüber gesetzt werden. Ebenso theilt uns im XI. Jahrhunderte der Probst Arnold von Emmeran mit, dass zu seinen Lebzeiten noch Nachkommen des verbannten Prinzen Lantperht gelebt hätten (M. g. IV. 552). Was aber aus diesen Epigonen geworden,

deckt der Staub vermoderter Generationen und verdunkelt der
Ruhm neu aufblühender Geschlechter.

Noch einmal betrat Tassilo die Weltbühne, wohl nicht freiwillig. Auf dem Reichstage zu Frankfurt im Jahre 794 musste
er wiederholt um Verzeihung bitten für Alles, was er gegen König
Pipin, Karl und das Frankenreich durch seine Treulosigkeit verbrochen habe, musste ohne Groll und Hass für sich, seine Söhne
und Töchter auf alles Recht und jeden Besitz im Herzogthume
Baiwarien verzichten und empfahl nur seine Kinder der Barmherzigkeit des Königs. Dies versprach der König gnädig und
liess über den Akt des Verzichtes eine Urkunde in drei Exem-
plaren ausfertigen für den Herzog, für das Reichsarchiv und die
Palastkapelle (M. g. Ll. I. 72). So viel lag König Karl daran, der
vollendeten Thatsache seiner Politik den Stempel voller Recht-
mässigkeit aufzudrücken, da er sehr wohl wusste, dass das ganze
Verfahren wider Tassilo der Art gewesen, dass über Anlass und
Recht zu den ergriffenen Massregeln Zweifel nur allzu begründet
waren (Waitz III. 107).

Seitdem verschwand Tassilo aus der Geschichte zwar der
Zeitgenossen — nicht aus der Erinnerung der Nachwelt. Die
Romantik, welche das seiner Geburt vorausgehende Bündniss
seiner Eltern umgab; die verbitterte Jugend des verlassenen,
elternlosen Knaben am königlichen Hofe seines Oheims zwar,
aber dem Sitze der Feinde seines Geschlechtes; sein edler, männlicher Charakter, als er sich losgemacht hatte von den Schlingen
einer trügerisch aufgezwungenen Vasallität; seine väterliche Sorgfalt für sein Volk durch Verbesserung der Volksgesetze und durch
freigebige Beförderung kirchlicher Institute; dann die verhäng-
nissvolle Vermählung mit der lombardischen Liutbirga, die gleich
einer unerbittlichen Norne die für den Untergang ihres Geschlechtes
geforderte Wiedervergeltung unheilvoll für sich, ihren Gatten und
ihre Kinder heraufbeschwor; endlich sein unverschuldeter, tra-
gischer Ausgang, nur bedingt durch den unabänderlichen Gang
der Völkergeschichte: alles dieses machte ihn zum Liebling der
Volkspoesie und umschlang sein ereignissreiches Leben mit einem
Kranze von Sagen und Legenden, die selbst die Geschichte mannigfach beeinflussten. Anders freilich ist das Ende des Tassilo
der Sage, als des historischen; denn ihren Helden kann die Volks-
dichtung nicht untergehen lassen, bevor er nicht zum letzten
Mittel, zum Gottesgerichtskampfe mit dem Schwerte gegriffen.
Nachdem also alle Wege der Güte und Versöhnung erschöpft
sind, lässt sie Tassilo, von der rachedürstenden Liutbirga beschworen, muthig für sein angebornes, unveräusserliches Herr-
scherrecht eintreten. Aber in blutiger Schlacht unterliegt er theils

durch die Uebermacht des Feindes, theils durch den Verrath treuloser Anhänger. Gefesselt vor seinen mitleidslosen Sieger gebracht, verhängt dieser die Fürstenstrafe der Blendung über ihn, welche durch vorgehaltene glühende Becken ausgeführt wird, worauf man den Geblendeten der lebenslangen Klosterhaft überliefert. Sein Ende umgibt die Legende mit dem Schimmer der Heiligkeit, nicht ohne eine Art poetischer Gerechtigkeit an seinem unbarmherzigen Ueberwinder durch die reumüthigen Gewissensbisse zu üben, mit welchen derselbe Nachts in der Klosterkirche zu Lorsch den geblendeten Greis von Engeln zum Altare geleitet erblickt.

Wo Tassilo starb, ist ungewiss; die Einen meinen zu Jumièges im Frankenlande, die Mehrzahl glaubt zu Lorsch an der Bergstrasse. Auch sein Todesjahr ist unbekannt gleich dem von tausend andern Zellengenossen; als Todestag gibt das Nekrolog S. Emm. den 5. Januar (Zierngibl, M. A. I. 254), das Lorscher Nekrolog den 11. Dezember (Mederer 329).

Dritte Abtheilung.

Baiern unter den Karolingen.

Quitzmann, Aelteste Geschichte der Baiern.

Baiern unter den Karolingen.

§. 1. Karl der Grosse, 788—814.

Nicht nach blutiger Niederlage, nicht durch gänzliche Ermattung des Volkes nach fruchtlosem Widerstande fiel Baiwarien zum andern Male unter fränkische Oberherrschaft, sondern weil die öffentliche Meinung nicht mehr mit den partikularistischen Richtungen der Agilulfingischen Hauspolitik übereinstimmte. *Deus potens praeliator sine bello et absque ulla altercatione regnum Bawarium tradidit in manu Caroli magni regis*, sagte die Volksstimme (M. g. I. 17), und das Volk ahnte, dass es eines einigenden Geistes, eines starken Armes bedurfte, um es hindurch zu leiten durch die Gefahren, die ihm von griechischer Hinterlist und Heuchelei, von römisch-pfäffischer Herrschbegier, von slavischer Raubsucht und der angebornen unbändigen Freiheitslust bevorständen. Karl selbst sah in der Erwerbung Baierns nur eine Zurücknahme eines ihm und seinem Geschlechte treulos und widerrechtlich entzogenen Eigenthums — *quia ducatus Baioariae ex regno nostro Francorum aliquibus temporibus infideliter per malignos homines Odilonem et Tassilonem propinquum nostrum a nobis subtractus et alienatus fuit, quem nunc . . . ad propriam revocavimus dicionem*, sagte er im Jahre der Besitznahme (J. n. 8). Nicht Einer von des Herzogs Vasallen wagte es, der öffentlichen Meinung zu trotzen, und die wenigen Baiwaren, von welchen man Widersetzlichkeit befürchtete, wurden in die Verbannung geschickt (Ann. Laur.; M. g. I. 172). Dass darunter nur die Geiseln zu verstehen seien, wie Büdinger (I. 125) will, ist aus den Quellen nicht zu schliessen; denn da die Verbannten als Mitwisser und Zustimmer der angeblichen Felonie befunden wurden — *perfidiae ac fraudis eorum* (nämlich Tassilo's und Theodo's) *conscii et consentanei reperti* (M. g. I. 173) so konnten es nicht die seit Jahresfrist nach Franzien abgeführten Geiseln gewesen sein.

20*

Nur die Hunavaren griffen noch im Jahre 788 die Mark Friaul und Baiwarien mit zwei Heeren an, wurden aber beiderseits mit grossem Verlust in die Flucht geschlagen. In Italien ist der Ort ihrer Niederlage gegen den fränkischen Heerbann nicht genannt. In Deutschland drangen sie bis an die Ips, jetzt im Lande unter der Ens, herauf. Hier trat ihnen aber der baiwarische Heerbann unter den Befehlen der Sendboten König Karls, Grahamann und Audaker, welche mit einem fränkischen Hilfscorps gesendet worden waren, entgegen und empfing sie so tapfer, dass sie schleunigst den Weg in ihre Heimat wieder suchten. Aber ebenso schleunig kehrten sie wieder, nachdem sie sich von ihrer Ueberraschung erholt hatten, um an den Baiwaren für diè arge Enttäuschung und die entgangene Beute Rache zu nehmen. Indessen ging es ihnen auch diesmal nicht besser. Auf demselben Schlachtfelde an der Ips erlitten sie wiederholt eine schwere Niederlage; die Baiwaren unter der siegreichen Führung Grahamanns und Audakers richteten ein furchtbares Blutbad unter ihnen an und bei der Verfolgung der Flüchtlinge verschlangen einen grossen Theil derselben die Wogen der Donau.

Noch im Herbste desselben Jahres erschien König Karl zum ersten Male in Baiwarien, um sich dem Volke als Gebieter zu zeigen und die ersten Anordnungen zu treffen für eine den übrigen Reichsprovinzen gleichmässige Verwaltung des Landes. Als wesentlichste Veränderung in der bisherigen Regierungsweise ist die Aufhebung der herzoglichen Stelle zu betrachten, indem in Zukunft die einzelnen Gaue nur von den durch den Frankenkönig ernannten Gaugrafen unter der Respizienz seiner jährlich das Land bereisenden Sendboten verwaltet wurden (V. Car.; M. g. II. 449). Zwar erscheint der Schwager Karls, der alamannische Gaugraf Gerold in der Berchtoldsbaar, ein bei dem König ebenso beliebter, als im Reiche hochangesehener Mann, bis zum Jahre 799 als Statthalter Karls, *praefectus Bajoariae*, mit der ausgedehntesten Civil- und Militärgewalt. Auch Graf Audulf und Werinhari, seine Nachfolger, finden wir mit besonderer Gewalt bekleidet; aber der Herzogstitel wird officiell nicht mehr angewendet und der Vorzug jener Männer vor den gewöhnlichen Gaugrafen gründet sich nur auf ihre missatische Funktion (Mbk. I^b 103. 118. 122).

Insbesondere aber wird Ann. Laur. angemerkt, dass der König die Befestigung der Gränzen wider die Einfälle der Avaren vor Allem in Berücksichtigung gezogen habe. Denn mit der veränderten Stellung König Karls zum oströmischen Reiche wurde auch die seit Baierns Einverleibung in das Frankenreich unmittelbare Nachbarschaft des verhassten und feindseligen Avarenvolkes immer bedenklicher. Der

König hatte zwar im Jahre 781 seine älteste Tochter Hrodrud mit dem jugendlichen und ganz unter dem Einflusse seiner ränkesüchtigen Mutter Irene stehenden Kaiser Konstantin IV. verlobt. Indessen von der Hinterlist des griechischen Kabinets, welches allen Machinationen seiner Feinde in Italien Hilfe angedeihen liess, gereizt, hatte König Karl wahrscheinlich schon in der Besprechung mit den griechischen Gesandten zu Capua im Jahre 786, *qui propter petendam filiam suam missi fuerant*, seine Einwilligung zurückgezogen (Abel, F. I. 516). Der Kaiser oder eigentlich seine Mutter ertheilte daher *propter negatam sibi regis filiam* dem Patrizier Theodor, dem Präfekten von Sicilien, den Befehl, die Franken in Italien als Feinde zu behandeln und den langobardischen Kronprätendenten Adalgis offen zu unterstützen. Die Griechen wurden aber im Herbste 788 von den Langobarden aus Benevent, wo jetzt Grimwald herrschte, in Verbindung mit Hadrian von Spoleto und einem fränkischen Hilfskorps unter dem Sendboten Winigiso in Calabrien vollständig geschlagen (M. g. I. 169 und 175). Um dieselbe Zeit liess König Karl den Oströmern auch die Provinz Istrien wegnehmen, welche von nun an den Franken tributpflichtig blieb (Dümmler, Slaven in Dalm. S. XX. 383). Da auf diese Weise das Frankenreich die Gränze des Avarenvolkes in weitem Bogen umspannte, so wird es erklärlich, dass diese im Jahre 790 eine Gesandtschaft nach Worms an das fränkische Hoflager abordneten, um über Feststellung der Gränzen zu unterhandeln. Dass dabei auch das Verhältniss der karantanischen Slaven, der frühern Unterthanen der Avaren, zur Sprache kam (Büdinger I. 130), ist um so begreiflicher, als dieselben seit den Zeiten Boruths und Cheitumars durch den baiwarischen Heerbann den Königen der Franken unterworfen worden waren (2. Abth. IV. §. 3. S. 275). Aber die Verhandlungen führten keineswegs zum gewünschten Ziele — *sed belli seminarium et origo contentio et altercatio fuit*, sagt Ein. Ann. M. g. I. 177, und zeigt schon damit an, dass der Zweck der Zusammenkunft an den widersprechenden Forderungen der beiderseits paktirenden Parteien Schiffbruch litt.

Mit dem Frühjahr 791 erschien auch der ganze fränkische Hof zu Regensburg, um bei der Erwartung des bevorstehenden Feldzuges dem Kriegsschauplatze so nahe als möglich zu sein; denn es handelte sich um nichts Geringeres, als mit dem östlichen Räubervolk ein für allemal Abrechnung zu halten und seinen verwüstenden Einbrüchen für immer ein Ende zu machen. Deshalb hatte König Karl, unbehindert durch militärische Demonstrationen von anderer Seite, die ganze Wehrkraft seines grossen Reiches aufgeboten — ein unzähliges Heer, wie es vielleicht seit Attila nicht mehr die Ufer der Donau gesehen hatten (Erhard,

Kriegsg. I. 324). Vom Norden führten der königliche Kämmerer
Meginfrid und Graf Theoderich Friesen, Sachsen, Ripuarier und
Thüringer am linken Ufer der Donau hinab. Am rechten sam-
melte der König selbst die sieggewohnten Schaaren des fränkischen und alamannischen Heerbannes. Zwischen beiden zogen
die Baiwaren die Wasserstrasse und deckten den Transport der
Verpflegungsmittel und übrigen Kriegsbedürfnisse. So rückte das
gewaltige Heer hinab bis an die Ens und schlug hier auf der
Höhe des alten Laureacums Lager, theils um unter sich vor dem
Angriff Fühlung zu bekommen, theils um von den Fortschritten
der Südarmee Botschaft zu erwarten. Denn Pipin, der König von
Italien, war hier mit dem Aufgebot des langobardischen Heerbannes in vollem Anmarsch wider die Avarengränze. Nachdem
er dieselbe überschritten hatte, stiess er auf die feindlichen Verschanzungen und sah sich alsbald von den Geschwadern des
pfeilkundigen Reitervolkes umschwärmt. Er nahm die Ersten mit
stürmender Hand und richtete unter den Letztern ein solches
Blutbad an, dass sie mit Zurücklassung reicher Vorräthe und
vieler Gefangener die Flucht ergriffen. Diese Siegesbotschaft erreichte König Karl noch im Lager vor Lorch, der deshalb ein
dreitägiges Dankgebet anordnete . . . *pro salute exercitus et pro
victoria et vindicta super Avaros* (M. g. I. 176; V. 623). Hierauf
allgemeiner Vormarsch gegen den Feind, der sich hinter dem
Kamp und· der Trasen in stark verschanzter Stellung befand.
Diese wurde im ersten Anlauf erstürmt und die Avaren ergriff
ein solch lähmender Schrecken, dass sie allen weitern Widerstand
aufgaben und nur durch die eiligste Flucht dem Schwerte der
Deutschen zu entrinnen suchten. Hierauf durchzog König Karl
das Feindesland, 52 Tage lang mit Feuer und Schwert die Avarenverwüstung vergeltend bis hinab an die Mündung der Rab in die
Donau, und nachdem er auch hier etliche Tage im Standlager
den Feind erwartet hatte, der sich aber nicht mehr getraute, eine
offene Feldschlacht anzunehmen, führte er sein Kriegsheer über
Sabaria· (Steinamanger) nach Baiern zurück, wo er es entliess,
während Meginfrid und Theoderich ihre Truppen durch Böhmen
in die Heimat geleiteten. König Karl aber blieb den Winter über
in Regensburg, wo die Königin Fastrade verweilte und er seinen
jüngsten Sohn Ludwig von der Armee voraus hingesendet hatte.
    Dieser glorreiche Kampf mit den heidnischen Hunavaren
machte einen solchen Eindruck auf die Volksfantasie, dass die
Sage damit den Untergang des Nationalheiligthums im Erklawald
in Verbindung bringt, welches der Baiwarenherzog nach der Erstürmung der Römerstadt Reginum dem Stammgotte Aer im
nahen Eichenwalde geweiht hatte. Es habe in einer Irmensäule

von schwarzem Steine bestanden und da in diesem Götterhaine noch im VIII. Jahrhunderte nächtlicher Weile von den Anhängern des alten Heidenglaubens Götzendienst gehalten worden wäre, so habe Kaiser Karl in blutiger Schlacht und mit grossem Verlust vieler tapferer Christenritter die Heiden mit Engelshilfe überwunden und den Götzenhain ausgerottet (H. R. 54 und 149).

Das nächste Jahr verbrachte König Karl zu Regensburg mit Rüstungen zu einem neuen Feldzuge wider die Avaren, der aber nicht zur Ausführung kam, da die Sachsen einen neuen Aufstand erregten und den Grafen Theoderich mit seinen Truppen erschlugen. Da sich nämlich die Avaren in die Pussten zwischen Donau und Theiss zurückgezogen hatten, wo ihre Hauptsitze in den befestigten Ringburgen lagen, so liess Karl zur Erleichterung des Stromüberganges eine Schiffbrücke vorbereiten, von welcher als Merkwürdigkeit hervorgehoben wird, dass sie geöffnet und geschlossen werden konnte. Um diese Zeit bildete sich eine Verschwörung gegen das Leben des Königs, von welcher Waitz (III. 107) muthmasst, dass sie auch Theilnehmer unter den alten Anhängern des Agilulfingischen Hauses gefunden haben könnte. Die Quellen bieten hiefür gar keine Anhaltspunkte; denn sie erzählen nur, dass sich Pipin, des Königs unechter Sohn von der Himiltrude, der bereits — *jam clericus* — für den geistlichen Stand bestimmt war, mit *quibusdam Francis*, durch die unerträgliche Grausamkeit der Königin Fastrade gereizt, verschworen habe, den König und seine echten Söhne zu tödten, um selbst zur Herrschaft zu gelangen. Durch den Langobarden Fardulf verrathen, seien alle Verschwörer in offener Volksversammlung zum Tode verurtheilt worden. Da aber Karl den Tod Pipins nicht wollte, so habe man diesen für immer in ein Kloster, den offiziellen Kerker für unnütze Prinzen, eingeschlossen, während die übrigen Theilnehmer am Komplote mit dem Schwerte oder mit dem Stricke ihren Lohn empfingen. (Ann. Einh. und Moiss.; M. g. I. 179 und 299).

Eine weitere Vorbereitung für einen entscheidenden Angriff auf das Avarenland bestand darin, dass König Karl auf den Rath einsichtsvoller Männer im Jahre 793 den Versuch machte, zum leichtern Transport der Lebensmittel und Kriegsbedürfnisse eine Wasserstrasse vom Rhein in die Donau zu bauen. Er begab sich mit seinem ganzen Gefolge an den Ort, wo der Kanal, welcher die Altmühl mit der Retzat verbinden sollte, begonnen wurde; aber Regengüsse und Sumpfboden liessen den grossartigen Gedanken unausführbar erscheinen, dessen Ausführungsversuch noch heutigentags in dem Karlsgraben bei Weissenburg zu erkennen ist. Indessen zeigte sich immer mehr, dass diese Rüstungen nicht

mehr nöthig waren, indem bei den Avaren sich als Folge ihrer
Niederlagen ein Bürgerkrieg — *civili bello fatigatis inter se principibus* (M. g. I. 182) — unvermeidlich entwickelte. Schon im
Jahre 795 erklärte sich einer ihrer Tudune bereit, nach Aachen
zu Taufe und Unterwerfung kommen zu wollen. Bald nach diesem
fielen ihre beiden Oberhäupter, der Chakan und Jugur, im Partei-
kampfe. Diesen Zeitpunkt der Verwirrung nützte Markgraf Aerich
von Friaul, um in Verbindung mit dem Slavenfürsten Wonomir
den Avaren ins Land zu fallen. Durch einen kühnen Handstreich
erstürmte er nach Uebersetzung der Donau den Hauptring des
Volkes und seinen Königssitz. Es war dies eine kreisförmige,
mehrere Meilen umfassende, aus Baumstämmen, Erd- und Mauer-
werk aufgeführte Verschanzung, welche in ihrem Umfange viele
Ortschaften deckte und den Raub von Jahrhunderten enthielt.
Dieser Streifzug fällt in den Anfang des Jahres 796 und die
Sieger machten eine unermessliche Beute an den daselbst aufgehäuften Schätzen. Der König gab hierauf seinem Sohne Pipin
Befehl, mit dem baiwarischen und langobardischen Heerbann die
Eroberung zu vollenden. Die Avaren hatten zwar inzwischen
wieder einen Chakan gewählt; aber diesem blieb, nachdem Pipin
wiederholt den Königsring genommen hatte, nichts übrig, als mit
den übrigen Grossen, den Tarchanen, in Pipins Hand den Huldi-
gungseid für König Karl zu schwören. Hierauf kam Pipin zu
Weihnachten mit solchen Schätzen an Gold, Silber und Edel-
gesteinen nach Aachen, dass die Franken, die doch auch zu plün-
dern verstanden, vermeinten, bisher arm gewesen zu sein und
eine bedeutende Entwerthung des Geldes in den nächsten Jahren
eintrat (Büdinger I. 135).

Hiemit war der Untergang der Avaren als Volk entschieden.
Es sind allerdings in den nächsten sechs Jahren noch verschiedene Treubrüche und Empörungen der Avaren verzeichnet; aber
sie tragen alle den Charakter von Lokalaufständen ohne ernstere
Bedeutung. Jener Tudun zwar, welcher im Jahre 796 wirklich zu
Aachen die Taufe empfangen hatte und auf Alkwins Fürbitte nur
allzu schnell und reich beschenkt entlassen worden war, hatte
nebst seinem zahlreichen Gefolge Eid und Taufe hinter der Donau
alsbald vergessen. Markgraf Aerich musste daher im Jahre 797
wiederholt wider die Empörer ausrücken, während König Pipin
die Baiwaren nebst einem Langobardenkorps gegen Slaven führte,
wahrscheinlich solche, die jetzt von der Avarenunterdrückung
erlöst, keine Herrschaft anerkennen wollten (Dümmler, Oe. A. X. 7).
Die Expedition war so glücklich, dass Ende des Jahres Avaren-
Gesandte mit reichen Geschenken in Karls Lager zu Herstelle an
der Weser eintrafen, um aufs neue Gehorsam zu schwören. Wieder

empörten sie sich nach zwei Jahren und in dem darauf folgenden
Feldzuge fällt der Statthalter Gerold von verrätherischen Pfeil-
schüssen vor der Schlacht durchbohrt, während sein nicht minder
edler Kampfgenosse, der Markgraf Aerich, bei der Belagerung
von Tersat im Chrowatenlande den Heldentod starb. Auch Gerolds Nachfolger im Kommando war nicht glücklicher. Graf
Gotram bestand im Jahre 802 bei Güns einen ungünstigen Kampf
mit den Avaren und wurde mit Kadalhoh und vielen Andern erschlagen (M. g. I. 93). Indessen waren das alles nutzlose Ausbrüche
einer ohnmächtigen Verzweiflung. Das Schicksal des Volkes war
entschieden und es wusste selber, dass es dieses Schicksal verdient hatte. Die Hunavaren selbst gestanden dem Bulgarenchan
Krum, dass sie durch die Ungerechtigkeit ihrer Häuptlinge und
Richter, durch ihre Trunksucht, Verschwendung und Habgier
zum Untergange reif waren (Suidas. Bulgari). So zog denn nach
zwölfjährigem Kampfe das siegreiche Heer der Baiwaren nach
Regensburg herauf und mit ihm die vornehmsten Avaren und
Slaven, um sich dem neuen Kaiser des Abendlandes zu unterwerfen. Was von den Avaren nicht unter der Frankenherrschaft
Schutz suchte, war zu den Bulgaren hinter die Theiss geflohen,
um dort unter diesem Volke zu verkommen. Da aber, wo einst
ihr Herrschersitz von geraubten Schätzen strotzte, lag ein Jahrhundert lang die avarische Wüste — *Pannoniorum et Avarum
solitudines* (Chr. Reg.; M. g. I. 600).

König Karl hatte das Ziel erreicht, welchem hochstrebende
deutsche Fürsten als einem unbewussten Ideale seit Jahrhunderten
nachgetrachtet hatten, als er sich im Jahre 800 die Kaiserkrone
des Abendlandes auf das Haupt setzte (Giesebrecht I. 121). Ihm
war es gelungen, alle deutschen Völker, die in der angestammten
Heimath siedelnden, wie die auf römischen Boden ausgewanderten
Germanen, zu einem Weltreiche zu vereinen, in welchem sie nicht,
wie zur Zeit der römischen Imperatoren, als Sklaven, Kolonen
oder Laeti geduldet werden sollten, sondern in welchem sie,
nachdem sie sich mit dem Schwerte das Land und in demselben
das Bürger- und Herrenrecht erobert hatten, in massgebender
Weise in die Bestimmung der Völkergeschicke unsers Welttheiles
eingreifen mussten. Diese hochwichtige Stellung, welche das
deutsche Volk freilich erst nach den Kämpfen und Umwälzungen
eines Jahrtausends erreichen konnte und welche der hochsinnige
Thronfolger der römischen Imperatoren vorderhand mit der Befestigung seiner Dynastie identifiziren musste, vorzubereiten, war
der neue Cäsar unausgesetzt bemüht, die geistige wie die materielle Entwicklung der Völker seines vom Ebro bis zur Save und
vom Nordmeer bis zur Adria reichenden Reiches in jeder Weise

zu fördern. Und Baiwarien, seitdem es ein Theil dieses Völker-
staates geworden, nahm nicht in untergeordneter Weise die Thätigkeit dieses aussergewöhnlichen Mannes in Anspruch.
Hier war es vor Allem die Sicherung und innere Einrichtung
des neu eroberten Gebietes, welche den Kaiser, der die zweite
Hälfte des Jahres 803 zu diesem Behufe in Baiern zubrachte,
beschäftigte. Seit der Besiegung und Vertreibung der Avaren
hinter die Theiss hatten sich Baiwaren wie Slaven zahlreich in
dem entvölkerten Lande niedergelassen — *ceperunt populi sive
sclavi vel bagoarii inhabitare terram unde illi expulsi sunt huni et
multiplicari* (Conv. Bag. 10). Dieser Landstrich reichte von der
Ens bis an die Drau und Sau und wurde im Osten von der Donau
begränzt, über welche Karl seine Eroberung nicht ausdehnen
wollte. Er umfasste also das römische Ober- und Unterpannonien
und hiess auch danach *limes pannonicus* oder *avaricus*. Dieses
weite Ländergebiet wurde während des avarischen Krieges nicht
gethcilt, obwohl auch hier im Norden der Statthalter Gerold, im
Süden der Graf Aerich von Friaul das Kommando führte, sowie
nach deren Tode Graf Gotram Gerolds, Cadolaus Aerichs Nachfolger im Kommando geworden war. Zu Gerolds Nachfolger in
der Statthalterschaft von Baiwarien war Graf Audulf ernannt
worden, welchen Alkwin freundschaftlich besorgt warnte, sich
nicht gleich seinen Vorgängern unbedachter Weise Gefahren auszusetzen, welche jenen einen ungerächten Tod brachten. Jetzt
nach Beendigung des Krieges ging der Kaiser an die Organisation
des eroberten Gebietes zur Sicherung seiner Reichsgränze im
Südosten (Dümmler, Oe. A. X. 17). Er theilte dasselbe in eine
südliche und nördliche Markgrafschaft. Zu jener, der Friauler
Mark, gehörte ausser dem lombardischen Herzogthume von Friaul
das von Baiwarien abgetrennte Land der Karantanen, der grösste
Theil der spätern Steiermark, ein Theil von Osttirol, Liburnien,
Istrien, Krain, Dalmatien und Unterpannonien zwischen Drau und
Sau. Zur letztern, nämlich der nördlichen Markgrafschaft, gehörte
alles Land zwischen der Donau und dem Gebirge von der Ens
hinab bis an die Drau.· Dieser weite Länderbezirk erhielt erst
viel später den Namen *marchia orientalis*, wohl aber den der
marcha contra Slavos oder *Winidorum marca*. In einheimischen
Quellen, z. B. der *Conv. Bag.*, heisst das Ostland *Oriens, orientalis
plaga*, auch *terminus regni Bajoariorum in Oriente* oder *orientalis
pars Bawarie*. Nichtsdestoweniger, da mit dem Aufhören des
Herzogthumes Baiwarien der administrative Zusammenhang der
Gaugrafschaften aufgehoben worden war, stand auch diese neu-
gebildete Ostmark mit dem frühern Herzogthume in keiner direkten Verbindung, sondern wurde selbständig verwaltet. Daher

stand auch der Graf Wernhari, der Nachfolger Gotrams, nicht
unter Graf Audulf, dem Präfekten von Baiwarien, sondern wird
mit diesem gleichstehend genannt — *cum Audulfo et Werinario
i. e. cum Baioariis* (Chr. Moiss.; M. g. I. 307). Wenn aber auch
Graf Wernhari zu Lorch im Traungau die Aufsicht über die
Waffenausfuhr in Feindesland bethätigte (M. g. I. Ll. 133), so
möchte ich doch nicht mit Dümmler (Oe. A. X. 16) den baiwarischen Traungau zur Ostmark rechnen, da die Ens immer als
Baierns Gränzfluss im Osten angesehen wurde (M. g. I. 415) und
wie schon Waitz bemerkte, nicht selten eine Gränzgrafschaft mit
der Mark in einer und derselben Hand verbunden war (Waitz
III. 317).

　Nachdem auf diese Weise die Kolonisirung des gewonnenen
Landes vorbereitet und gesichert war, sorgte der Kaiser auch
für die geistige Fortbildung seiner neuen Unterthanen, d. h. für
ihre Bekehrung durch Regulirung der kirchlichen Institutionen in
den Gränzlanden. Hier hatte Bischof Arno als Virgils Nachfolger
die Seelsorge gepflogen, indem er von Zeit zu Zeit Priester nach
Sklavinien sandte, von denen sich besonders Ingo, aus welchem
Dümmler (Oe. A. X. 18) irrthümlich einen slavischen Fürsten
macht, durch seine auf das Verständniss des Volkes berechnete
Verfahrungsweise einer ausserordentlichen Popularität erfreute,
und die Liebe zur Annahme des Christenthumes trefflichst zu
steigern wusste. Er hatte nämlich die Gewohnheit, die gläubigen
Leibeigenen an seinen Tisch zu setzen und sie. herrlich und aus
vergoldeten Trinkbechern zu traktiren, während sich ihre heidnischen Herren bequemen mussten, vor der Thür am Hundeplatz
und mit irdenem Geschirr vorlieb zu nehmen — *et sic deinceps
religio christiana succrevit* (Conv. Bag. 7). Mittlerweile hatte Karl,
damals noch König, auf die Bittvorstellungen der Bischöfe in
Baiwarien im Jahre 798 den Pabst Leo III. vermocht, einen Metropolitansitz für das südöstliche Deutschland zu stiften und denselben nach Salzburg zu verlegen, wofür Bischof Arno wohl schon
im Jahre 796 bei seiner Anwesenheit in Rom thätig war. Dem
neuen Erzbisthum wurden die Diözesen von Seben, Freising, Regensburg, Passau und Neuburg, welches damals noch nicht mit
Augsburg vereinigt war, als Suffraganbezirke zugewiesen und damit eigentlich erst vollendet, was 80 Jahre früher Herzog Theodo I.
und Pabst Gregor II. bereits beabsichtigt hatten. Insbesondere
legte nun Karl dem neuen Erzbischofe ans Herz, sich die
Christianisirung der ihm anvertrauten Heerde angelegen sein zu
lassen. Arno ging wohl auch unter die Heiden; aber er hatte
das beschwerliche Geschäft bald satt. Wegen Kränklichkeit angeblich, aber wahrscheinlich der leichtern Beschäftigung mit der

hohen Politik halber kam er bald wieder nach Salzburg und
erwirkte sich die Erlaubniss vom Kaiser, Theoderich als Land-
bischof nach Karantanien senden zu dürfen, den er denn auch
zugleich mit Graf Gerold nach Sklavinien einführte, und ihm
alles Land bis zur Mündung der Drau in die Donau zur Pastorirung übergab (Conv. Bag. 8). Vergeblich hatte ihn sein gelehrter
Freund Alkwin gewarnt, durch die rigorose Beitreibung des Zehn-
tens nicht das Seelenheil von Tausenden aufs Spiel zu setzen;
denn die Habsucht der fränkischen Priester trug später nicht geringe Schuld an dem Verluste eines bedeutenden Theiles des
neuen Sprengels. Diese üble Seite des christlichen Klerus zeigte
sich vorzüglich in dem alle geistlichen Interessen blossstellenden
Hader zwischen Salzburg und Passau um die kirchliche Oberherrschaft in Pannonien. Schon König Pipin hatte im Jahre 796
das Land von der Rab bis an die Draumündung dem Bischofe
Arn zur Pastorirung übergeben. Demgemäss bestätigte Kaiser
Karl, wahrscheinlich als er im Oktober 803 zu Salzburg verweilte,
die Eintheilung zwischen den beiden Diözesen in der Weise, dass
zu Passau die Ostmark und Oberpannonien bis an die Rab, das
Land aber von der Rab bis an die Drau zum Metropolitansprengel
von Salzburg gehören solle. Nichtsdestoweniger verfolgten sich
später die Vorstände beider Diözesen um Pfründen, Kirchen und
Klöster und überboten sich gegenseitig an Erdichtungen und
Fälschungen, um vor einander einen materiellen Vorsprung zu
gewinnen.

Einen erwünschten Einblick in den Sittenzustand des Volkes,
sowie in die kirchlichen Verhältnisse dieses Zeitraumes gewähren
uns die Dekrete und Canone der Synoden, welche bis zum
Schlusse des VIII. Jahrhunderts in Regensburg, Freising, Salzburg und insbesondere zu Reisbach gehalten wurden und an denen
alle Bischöfe von Baiern, sowie eine grosse Anzahl der Aebte und
umwohnenden Pfarrherren theilnahmen. Zur Befestigung und
Förderung der Liebe und Anhänglichkeit zwischen Klerus und
Gemeinde sollen vor Allem auch die Laien zu den Synoden bei-
gezogen werden, um sich mit den Priestern im Gebete zu vereinigen und an Heiligkeit immer mehr zuzunehmen. So sollen
sie auch sündenfrei zur Kirche kommen und dort nicht eitlem
Geplauder fröhnen, sondern nur des Gebetes pflegen. Es mochte
wohl vorgekommen sein, wie auch in spätern Zeiten, dass insbesondere das Frauenvolk dabei mehr der Putzsucht und Eitelkeit,
als der Frömmigkeit nachging und namentlich die Litaneien nicht
immer mit der gewünschten Inbrunst, sondern mit etwas weltlichem Geleier — *non tam rusticae* — gesungen wurden. Vor
Allem musste die Gemeinde wiederholt auf die Wichtigkeit des

Sündenbekenntnisses aufmerksam gemacht werden, scheint also bisher die Zuneigung zum Beichtstuhle noch keineswegs in erwarteter Zunahme gewesen zu sein, weil man dem Volke das nachahmenswerthe Beispiel der Griechen, Römer und selbst der Franken (d. h. wahrscheinlich der Gallier) vorhalten zu müssen glaubte, welche alle Sonntage zur Kommunion gingen. In der Strenge der Sonntagsfeier trat einige Erleichterung ein, insofern als es gestattet wurde, vor der Messe zu ackern, zu säen, Garten- und Weinbergsarbeiten zu verrichten und Zäune zu flechten. Dagegen galten Ostern und Pfingsten mit den darauffolgenden vier Wochentagen, Lorenztag, Allerheiligen und Kirchweih als Hochfeste. Fasten wurde wiederholt eingeschärft und insbesondere vor der Trunksucht gewarnt, von welcher Streithändel und Todtschläge erzeugt würden. Die Gläubigen sollten des üblen Missbrauches lästerlichen Schwörens entwöhnt werden. Almosengeben hielt man zum Seelenheil äusserst zuträglich und insbesondere wurde den Bischöfen empfohlen, den vierten Theil der Kircheneinkünfte für die Wittwen, Waisen und Armen ihrer Diözese zu verwenden. Gastfreundschaft gegen Pilger und Fremde galt für verdienstlich und Ehrlichkeit im Handel und Wandel durch rechtes Maass und Gewicht wurde für selbstverständlich gehalten. Auch die kirchlichen Ehegesetze scheinen im Volke noch nicht so rechten Eingang gefunden zu haben, da man in den Synoden für nöthig fand, die Verbote wider unerlaubte Ehebündnisse zu wiederholen und vor Allem die Winkelehen ohne Zustimmung der Verwandten und den priesterlichen Segen zu verdammen. Bei ehelichen Zwistigkeiten wegen Beischlafverweigerung wurde jetzt auch in Baiwarien das aus der Heidenzeit stammende Ordale des Stabsagens in das Gottesurtheil des Stehens am Kreuze verwandelt, wobei jedoch der Mann, wenn er wollte, sich eine Stellvertreterin wählen konnte. Begreiflich herrschte unter dem Volke noch der allgemeine Glaube an die Kraft und Geschicklichkeit der Zauberer und Wahrsager, sowie der Wettermacher. Solche Individuen wurden selbst von Gau- und Centgrafen mit einer gewissen Scheu betrachtet und *per aliqua praemia* nicht selten ohne strenge Untersuchung in Freiheit gesetzt. Es sollte deshalb der Erzpriester der betreffenden Diözese mit Vorwissen des Bischofs die Untersuchung leiten, welche natürlich in dem Ordale des glühenden Eisens oder des heissen Wassers, des altheidnischen Kesselfanges, bestand, und obwohl solche Uebelthäter nicht mehr am Leben gestraft wurden, so traf sie doch die Einkerkerung bis zur Abbüssung ihrer Schuld.

Bezüglich der Kirchenzucht wurde festgesetzt nach den Beschlüssen des Concils von Chalcedon, dass alljährlich zwei Synoden

abgehalten werden sollen. Keinem Kleriker, von welchem Range
immer, war es gestattet, sich ohne besondere Erlaubniss seines
Bischofs oder des Metropoliten an das weltliche Gericht zu wenden; selbst bei einem Streite zwischen Bischöfen und Aebten um
weltliche Gegenstände soll nur der Erzbischof zur Entscheidung
und Vergleichung angerufen werden. Erst wenn diese Vermittlung
erfolglos wäre, stände mit erzbischöflichen Empfehlungsbriefen die
Berufung an den König frei. Hieraus ergibt sich, dass die kirchliche Gerichtsbarkeit bereits vollkommen organisirt war, wesshalb
auch jeder Geistliche, der die Dekretalien missachtete, mit Suspen-
sion seines Amtes bedroht werden konnte, so dass sogar Derjenige, der einen renitenten Priester aufnahm, selbst wenn er
Laie war, der Exkommunikation verfiel. Allem Klerus war geboten, Mittwochs und Freitags sich des Fleisch- und Weingenusses
zu enthalten. Ausgenommen waren nur hohe Feste, wie Ostern
und Pfingsten, *item quando advenit amicus.* Solche legitime Ent-
schuldigungen waren ferner: Krankheit, Krieg, Reise und Aufenthalt in der Königspfalz. Um der Völlerei vorzubeugen, soll der
Geistliche nicht einmal bis zur Sättigung Speise und Wein geniessen und den Mönchen war das Fleisch der Vierfüssler ausser
bei Krankheit gänzlich untersagt. Besonders wurden die Diakone
ermahnt, sich der Keuschheit und Nüchternheit im Trunke zu
befleissen. Kein Geistlicher durfte Weiber, ausgenommen die
nächsten Blutsverwandten, im Hause haben. Verfehlte er dagegen,
ward er abgesetzt; war er nur Kleriker, stand ihm die Geisselung
in Aussicht. Die gewöhnliche Priesterkleidung soll keiner mit der
Volkstracht — *coteos vel trembilos* — vertauschen, auch ist es
ihnen nur bei grosser Kälte gestattet, sich der Mönchskapuze zu
bedienen. Zur Priesterweihe durfte kein Leibeigener zugelassen
werden, wenn er nicht zuvor durch seinen Herrn in des Bischofs
Hände freigelassen worden war. Ordinirte Priester aber können
nur mit bischöflicher Erlaubniss von der Darbringung des Mess-
opfers dispensirt werden. Selbst Bischöfe scheinen nicht immer
säuberlich mit dem Kirchengut umgegangen zu sein, weil ihnen
gleich den Aebten und Priestern eingeschärft wird, nur den ihnen
zustehenden Theil des Kirchenvermögens unter ihre Verwandten
zu vertheilen, um der Skandalsucht keine Nahrung zu geben.
Ueberhaupt erhellt aus diesen Beschlüssen die allgemeine Klage
über die Habsucht der Geistlichkeit; denn die Synoden selbst
sind veranlasst, den Wucher des Klerus zu verpönen. Aebte und
Bischöfe scheuten sich nicht, Kirchen, welche dem königlichen
Fiskus zustanden, oder Edelmannsgüter auf irgend welchen Vorwand hin anzusprechen und wirklich zu annektiren. Endlich
wurde auch den Uebergriffen der Klöster, gegen welche sich fort-

während die Klagen erneuerten, ein Ende gemacht, indem sie unter die Aufsicht der Bischöfe gestellt wurden. Kein Mönch sollte eine Pfarre einnehmen, oder sich der geistlichen Gerichtsbarkeit entziehen. Novizen dürfen nur dann die Gelübde ablegen, wenn sie in der Klosterregel vollkommen unterrichtet sich erweisen. Namentlich scheinen sich Adelige dem Kriegsdienste durch Kommendation an Klöster entzogen zu haben. Es durfte daher Keiner ohne vorgängige Untersuchung des Erzbischofs oder Bischofs zum Mönche geschoren werden. Blieb er dann auf seinem Gute, so that er Kriegsdienste wie jeder andere Laie. An Gastmählern von Laien theilzunehmen, war den Mönchen untersagt. Auch die Aufführung der gottgeweihten Jungfrauen scheint nicht immer den kanonischen Regeln entsprochen zu haben; denn man musste den Nonnen verbieten, in Männertracht zu erscheinen. Selbst Abtissinnen durften nur mit Erlaubniss des Bischofs Geschäfte halber das Kloster verlassen und zwar stets in Begleitung einer Nonne. Frauenklöster zu betreten, war Jedem verboten, ausgenommen dem Priester, der zur Messe oder zum Krankenbesuche kam. Um Unfrieden zu vermeiden, soll Niemand im Kloster einen Vorzug geniessen, er erwürbe ihn sich denn durch gute Handlungen. Wer aber Zwistigkeiten anschürt oder Zänkereien anstiftet, der soll eine so empfindliche Strafe erhalten, dass Andere durch die Furcht vor ähnlichem Beginnen abgeschreckt werden (M. g. Ll. III. 455. 469 ff.).

Als oberster Landrichter von Baiern gab König Karl zwei Capitulare oder Zusatzedikte zur *lex Baiw.*, wahrscheinlich während seines Aufenthaltes in diesem Lande im Jahre 803. An der Spitze derselben steht der Königsbann von 60 Sol. Allen Baiwaren wurde es zur Pflicht gemacht, unter dem Kommando der Sendboten des Königs die Gränzmark zu schützen. Wer daher die königliche Ladung zum Feldzuge *(hostis)* versäumte, wurde mit dem Königsbanne bestraft. Besonders wurde die innige Verbindung der Kirchenobern mit den Trägern der Staatsgewalt betont, da nur das Zusammenwirken der Bischöfe und Grafen den Erfolg ihrer Wirksamkeit sichere. Die Kirche solle ihre volle Freiheit haben, wesshalb sie, sowie auch Wittwen, Waisen und alle Bedürftigen unter den besondern Schutz des Königs gestellt wurden. Alle Geistlichkeit und insbesondere die Männer- und Nonnenklöster sollen unter der Zucht und Herrschaft der Bischöfe stehen; daher soll auch Niemand einen fremden Kleriker aufnehmen, es sei denn, dass derselbe dem Diözesanvorstande vorgestellt und von demselben würdig befunden wurde. Wer im Lande mit Banden Raub, Gewaltthat oder Brandstiftung übte, verfiel dem Königsbann. Alle übrigen Verbrechen, als Strassenraub, Todtschlag,

Ehebruch, Blutschande sollen nach den Bestimmungen des Baiwarenrechtes gebüsst werden. Die Rechtshändel werden an ihre
zuständigen Richter, die königlichen Missen, Gau- und Centgrafen,
sowie an die königlichen Richter zur Verbescheidung gewiesen,
wobei das Recht der Appellation an den König vorbehalten wird.
Rechtsforderungen, welche über die Zeiten Tassilo's zurückgingen,
sollten von den Missen nicht berücksichtigt werden, ausser wenn
sie solche angingen, welche sich schon Pipin oder Karl Martel
kommendirt hatten. Endlich wurde die Kompositionssumme der
Freigelassenen, sie mochten durch den Denarwurf, in der Kirche
oder durch eine Urkunde ihre Freiheit erlangt haben, auf 40 Sol.
festgesetzt, welche, wenn sie in Niemandens Schutz standen, der
König einzog (M. g. Ll. III. 477 und 478).

Die Bestimmungen über den Heerbann, eigentlich nur während der Wanderperiode der germanischen Völker und nach ihrer
Ansiedlung nur noch so lange anwendbar, als die Kriege noch
einen durchaus lokalen Charakter an sich trugen, musste natürlich Kaiser Karl, der über die Wehrkraft aller deutschen Völker
gebot und Baiern und Alamannen nach Spanien, Friesen und
Sachsen nach Avarien und Sklavinien führte, einer durchgreifen-
den Umbildung unterwerfen. In mancher Beziehung, wenn auch
nicht immer zum Guten wirkend, hatte ihm hiefür das bereits
unter seinen Vorfahren immer mehr in Aufnahme gekommene
Vasallitätssystem bereits vorgearbeitet. Ursprünglich stand natürlich die Wehrpflicht mit dem Grundbesitz und der vollen Freiheit des Besitzers im nothwendigen Zusammenhange. Ich habe
aber schon (2. Abth. IV. §. 3. S. 282) Gelegenheit gehabt, zu zeigen,
wie mannigfache Ursachen zusammenwirkten, um den Stand der
Gemeinfreien zu decimiren. Durch die zahlreichen Vergabungen
der Agilulfinger aus dem herzoglichen Krongut bildete sich in
den Urkunden ein wesentlicher Unterschied zwischen den Schenkungen der *homines potestativi*, im Gegensatz zu denen, welche
ex causa dominica oder *per licentiam ducis* Stiftungen machten.
Die letztern Vergabungen bestanden also in ursprünglichem Krongut, dessen Lehenträgern der Herzog bereits die Erblichkeit ertheilt hatte, wesshalb die Güter auch als *proprium* und *propria
hereditas* bezeichnet werden, während jene *homines potestativi* als
allodiale Besitzer angesehen werden müssen. Mit der zunehmenden
Vertheilung der Allodialgüter und ihrer Unzulänglichkeit für den
Unterhalt ihrer herabgekommenen Besitzer drängten sich die
Letztern zur vasallitischen Kommendation um die reichen Grossgrundbesitzer, auf deren Gebiet sich die Hintersassen von den
verschiedensten Kategorien vom nur zum Waffendienste verpflichteten, sonst freien Vasus bis zum verkäuflichen Leibeigenen

anhäuften. Da aber das Krongut bis auf neue Eroberungen grösstentheils vergeben war und selbst Karls Vorfahren zu widerrechtlichen Eingriffen durch Säkularisation des Kirchengutes sich gezwungen sahen; anderseits auch erbliche Belehnungen der Krone nicht die Vortheile versprachen, welche man bei dem Heimfall zeitweiliger Benefizien erwarten durfte, so begünstigte Karl, wie schon seine unmittelbaren Vorgänger, das sich zum Seniorat entwickelnde Benefizialsystem, welches im Stande war, zu den Kriegen des Königs immer eine streitbare Mannschaft zu stellen. Wenn daher auch das Lehnsystem nicht die rechtliche Grundlage der Heerverfassung war, so muss man doch zugeben, dass es dieselbe im Laufe des IX. Jahrhunderts faktisch wurde (Roth, Benefizialw. 245). Wie früher die Gemeinfreien, so bildete jetzt der Lehnsadel den Kern der Karolingischen Heere, der aber allerdings in der dem Deutschen angebornen Treue und Anhänglichkeit an den Gefolgsherrn auch den Grund zur Zersetzung und Auflösung der Heerbannorganisation in sich trug (Waitz IV. 538). Jetzt freilich unter des Kaisers strammem Regimente ging Alles ganz vortrefflich. Da wusste jeder Lehnsherr, wie viele Streiter zu Ross und zu Fuss er auf das erfolgte Aufgebot zum Sammelplatze des Heeres zu führen hatte, und wie viele er zur Bewachung von Weib und Kind und zum lokalen Botendienst zu Hause lassen dürfe. Es war ihm vorgeschrieben, mit welchen Waffen sein Contingent ausgerüstet sein müsse, wie viel Schanzzeug und auf wie lange es auf Rüstwägen mit Kleidern und Lebensmittelvorräthen versehen sein müsse; denn es kam wohl vor, dass der Feldzug sich über die gewöhnliche Dauer von drei Monaten hinauszog und sich sogar bis in den Winter hinein verlängerte. Vor Allem musste auf strenge Mannszucht innerhalb der Reichsgränzen gehalten werden, wo nur Holz und Futter angesprochen werden durfte. Deshalb war ihnen sogar die Marschordnung vorgeschrieben, um allenfallsigen Unordnungen ihrer Leute augenblicklich zu steuern. Obwohl seit der Zeit des Bonifaz in den Karolingischen Kapitularien die Befreiung der Geistlichen vom Heerbann- und Waffendienste wiederholt ausgesprochen wird, so scheuten sich Bischöfe wie Aebte keineswegs, schwertumgürtet zu Ross zu steigen und ihre Vasallen in den Krieg zu führen. Es hing dies mit dem kriegerischen Geiste der Nation, welcher die Waffenehre über Alles ging, theils mit der Achtung zusammen, welche sie durch diese persönliche Dienstleistung neben den andern Kronvasallen beanspruchten. Ueberdies waren sie als Grossgrundbesitzer im Stande, ganz stattliche Contingente zur Reichsarmee zu stellen, und verpflichtet, dieselben in Person ins Feld zu führen. Noch besitzen wir die kaiserliche Einberufungs-

Ordre an Fulrad, den Abt von Niederaltach (M. b. XI. 19), welche
uns einen Begriff gibt, welche Anforderungen an die Lehensherren
und insbesondere an die geistlichen Senioren gemacht wurden.
So nahm Sintbert, der Regensburger Bischof, an dem Avaren-
Feldzuge vom Jahre 791 persönlich Antheil und verstarb während
desselben. Doch machen sich hier bereits Immunitätsbestrebungen
kenntlich. Die Klöster wurden unter dem Gesichtspunkte der
Heerbannspflicht in drei Klassen eingetheilt; nämlich in solche,
welche Abgaben und Feldkriegsdienst zu leisten hatten, z. B.
Tegernsee, Niederaltach und Mondsee — *dona et militia facere
debent*; in solche, welche jährliche Abgaben zu entrichten hatten,
wie Altomünster, Benediktbeuern, später Altach, Matsee und
Kremsmünster; und in solche, welche ihre Staatspflicht mit Gebeten für den Kaiser, seine Familie und die Reichswohlfahrt —
solas orationes — absolvirten, wie Berg und Schönau (Schönach)
bei Regensburg, Metten, Moosburg und Wessobrunn. Zu den
Geschenken und Reichnissen wurden besonders Rosse und Waffen
gerechnet und von Frauenklöstern wurde Heergewand geliefert
(A. Erhard, b. Kriegsgesch. I. 572 ff.).

Die Gemeinfreien wurden nach althergebrachter Uebung von
ihren Cent- und Gaugrafen ins Feld geführt. Da aber der Staat
ausser den Kriegsmaschinen für nichts sorgte, somit der einzelne
Wehrmann für sich und etwa sein Ross bezüglich der Ausrüstung
und der vom Sammelplatze aus auf ein Vierteljahr zu berech-
nenden Verpflegung Sorge zu tragen hatte, so wurde der Heer-
banndienst bei dem durch Gutszertrümmerung verringerten Besitzstand der kleinen Grundbesitzer und bei den sich immer in
fernere Länder ausbreitenden Feldzügen zu einer für den grössten
Theil der Gemeinfreien fast unerschwinglichen Last. Dazu kam
noch, dass bei dem Aufgebot durch den Grafen die ärmern Leute
der Unterdrückung durch übelwollende Beamte ausgesetzt waren
und wegen Handhabung einer strengen Mannszucht im Lande
auf Beute nur im Feindeslande zu rechnen war. Der Kaiser, dem
diese Uebelstände wohl bekannt waren, wollte aber den Grund-
pfeiler der alten Wehrverfassung, nämlich den Grundsatz der
allgemeinen Wehrpflicht, in keiner Weise antasten, da er in demselben das Gegengewicht gegen die unausbleibliche Ueberwuche-
rung des Vasallitätssystems erkannte. Sein Bestreben ging also
dahin, den alten Heerbann in der bisherigen Weise zu erhalten,
in seiner Organisation aber solche zeitgemässe Veränderungen
einzuführen, dass durch Erleichterung des Heerbanndienstes auch
die Minderbegüterten in den Stand gesetzt werden könnten, der
allgemeinen Waffenpflicht zu genügen. Um diesen Gesichtspunkten
zu entsprechen, änderte er also das Prinzip, wonach bisher der

Kriegsdienst als eine auf dem freien Grundbesitz ruhende Real-
last angesehen wurde, in der Weise um, dass durch Heranziehung
des beweglichen Vermögens die Pflicht zum Heerbann nicht mehr
als dinglich, auf Allodialbesitz gestützt, erscheinen konnte, sondern an die Person des Freien geknüpft wurde, er mochte Grundbesitz haben oder nicht. Um aber diese Ansichten, ohne den
armen Freien zu sehr zu bedrücken, ins Werk zu setzen, wurde
die neue Heerbannordnung in nachfolgender Weise festgesetzt.
Der Freieigenthümer, welcher 3 — später wurde die Zahl auf 4
und 5 erhöht — Huben besass — in Baiwarien wurde die Hube
zu 45 Tagwerken berechnet, s. m. R. V. 145 — war zum persönlichen Dienste im Heerbann verpflichtet. Grundeigenthümer,
welche weniger Land besassen, als die gesetzliche Quote, waren
deshalb nicht befreit von der ihnen als Freien zukommenden
Heeresfolge; sondern sie waren blos verbunden, sich zu Zweit
oder Dritt zusammen zu thun, um den für die gesetzliche Quote
Grundbesitz fälligen Wehrmann auf ihre Kosten auszurüsten.
Ganz das Gleiche galt für die unfreien Landbesitzer. Auch sie
mussten sich nach dem Verhältniss ihrer Landparzellen vereinigen,
um die auf ihren Besitz treffende Anzahl an Mannschaft für den
Kriegsdienst auszurüsten. Aber auch diejenigen Freien, welche
gar kein Grundeigenthum, aber bewegliche Güter im Werthe von
5 Sol. besassen, waren nicht vom Heerbanndienste befreit; sie
hatten die Pflicht, zu fünf zusammenzutreten, um den Sechsten
auszurüsten. Man hiess das den Konjektus, Zusammenschuss oder
das Adjutorium. In spätern Bestimmungen wurde das Minimum
auf 4 und selbst 5 Huben herabgesetzt; vom Grundbesitz unter
einer Hube, sowie von den Eigenthumslosen ist gar nicht mehr
die Rede, und die höchste Zahl der zum Adjutorium Zusammen-
schiessenden betrug alsdann 4, so dass man annehmen darf, dass
die Eigenthumslosen auch vom Adjutorium befreit waren (Roth,
Gesch. d. Benefizialw. 400). Indessen hat die Folgezeit bewiesen,
dass auch diese Erleichterungen nicht im Stande waren, das
Heerbannwesen vor gänzlichem Verfall zu retten.

Die Tschechen oder böhmischen Slaven, Cichu-Windones genannt, begannen mit den Daleminziern und Soraben die östlichen
Gränzen des Frankenreiches zu beunruhigen. Da rückte Karl,
der älteste von des Kaisers Söhnen, im Jahre 805 mit dem fränkischen Heerbann durch Ostfranken an den Böhmerwald, die
Sachsen zogen vom Norden die Elbe herauf und der baiwarische
Heerbann drang unter dem Kommando der Missatischen Markgrafen Audulf und Werinhari von Westen und Süden in Böhmen
ein. Die drei Heere stiessen nach Uebersteigung des Gebirges
zusammen; aber die Slaven flohen erschreckt in ihre Wälder.

21*

Dennoch wurde Lecho, einer ihrer Führer, im Kampfe erschlagen
(Ann. Fuld.; M. g. I. 353), und nachdem das Land 40 Tage lang
von dem Heere verwüstet worden war, sah sich König Semela
zur Unterwerfung gezwungen und gab seine beiden Söhne als
Geiseln seiner Treue (Ann. Moiss.; M. g. I. 308). Das Heer ging
hierauf in seine Standorte zurück und der Kaiser empfing nicht
in Cham im Baierwald, sondern am Wasgauergebirg, wo er des
Waidwerks pflegte, die Siegesbotschaft (O. Abel, Geschichtschr. d.
Vorzeit II. N. 1 und 2). Aber schon im nächsten Jahre musste der
Heerbann aus Baiwarien, Alamannien und Burgundien wiederholt
nach Behaim marschiren. Es scheint aber ausser Landesverwü-
stung nichts ausgerichtet worden zu sein; denn die Annalisten
bemerken nur, dass die Armee ohne Schaden nach Hause gekommen sei. Wenn also Coutzen (b. Gesch. 235) angibt, dass die
Böhmen tributpflichtig gemacht worden wären, so ist das ein
Irrthum. Eher ginge noch an, den Erfolg des Feldzuges vom
Jahre 805 in dieser Weise zu deuten, obwohl auch da die Mittheilungen der Annalisten nicht bestimmt dafür Beweis liefern.

Mit der Sorgfalt für das Heerwesen geht auch die Rücksicht
Hand in Hand, welche Karl dem Strassen- und Brückenbau zuwandte, obgleich die Letztern überhaupt der erleichterten Kom-
munikation und dem Handel zu Gute kam. Da zog sich längs
der Slavengränze im Osten ein Königsweg von der Elbe herauf,
welcher über Erfurt, Forchheim, Bremberg an der Naab nach
Regensburg ging und von da die Donau entlang hinab nach Lorch
und durch das Land der Slaven und Avaren in den Orient führte.
Die königlichen Sendboten Audulf und Werinhari waren mit der
Beaufsichtigung des Handels beauftragt; denn Ausfuhr von Sklaven, Rossen und Waffen aller Art war verboten, die Letztere in
Feindesland sogar dem Hochverrathe gleich gestraft. Selbst das
Verschenken von Waffen an Ausländer war verboten und musste
die landesherrliche Bestimmung über die Verwendung überzähliger
Waffen eingeholt werden (Peuker, das deutsche Kriegsw. I. 359).
Schon in der *l. Baiw.* (X. 19—21) waren die Strassen in den
Schutz des Landesherrn gestellt. Das Karolingische Capitulare
vom Jahre 805 beauftragte aber insbesondere die Königsboten,
auf die Brauchbarkeit der Strassen und Brückenübergänge ein
sorgfältiges Augenmerk zu richten. Inländische Kaufleute durften
sich der Gränze nur an bestimmten Orten, den Stapelplätzen,
nähern, wo sie von den damit beauftragten Beamten beaufsichtigt
werden konnten. Das waren wohl eher Verkehrshindernisse, aber
geboten, um den an der Gränze lauernden Feinden keinen Vor-
schub zu leisten. Schon damals waren es vorzüglich die Juden,
welche sich durch ihre merkantile Thätigkeit bemerkbar machten.

Eine weitere Sorgfalt, welche Karl dem Handel und Verkehr zuwandte, bestand in seiner Berücksichtigung des Münzwesens. Schon Pipin hatte die Merowingischen Goldmünzen ausser Cours gesetzt und dafür die Silberwährung' eingeführt. Durchgreifend geschah dieses aber erst durch Kaiser Karl, welcher die Absicht hatte, in seinem ganzen Reiche zur Erleichterung des Verkehrs einen gleichen Münzfuss einzuführen, nach welchem der Silbersolidus zu 12 Denaren ausgeprägt wurde. Indessen erreichte er seine Absicht keineswegs, indem die einzelnen Stämme ihre Münzverschiedenheiten noch Jahrhunderte lang beibehielten. So finden wir in Baiwarien noch spät den Goldsolidus und auch noch andere Münzen und Geldwerthe, welche anderwärts keine Geltung hatten (Waitz IV. 73). Auch Gleichheit in Maass und Gewicht suchte der Kaiser herzustellen, alles zur Erleichterung von Handel und Wandel. Es wurden deshalb in der Kaiserpfalz Normal-Maasse und Gewichte aufgestellt, nach welchen sich die Verkäufer in den verschiedenen Provinzen bei Strafe zu richten hatten. Dennoch gelang es nicht, den herkömmlichen Schlendrian und damit Ungleichheiten und Unordnungen auszurotten.

Es mag genügen, gezeigt zu haben, dass Kaiser Karl nach allen Seiten hin redlich bemüht war, den Völkern seines Reiches durch unablässige Sorgfalt für ihre Wohlfahrt das Unrecht zu vergüten, das er ihnen durch seine Eroberungspolitik zugefügt hatte. Als er am 28. Januar des Jahres 814 starb, waren seine tüchtigern Söhne Karl und Pipin vor ihm aus dem Leben geschieden und er hinterliess sein kolossales Reich dem Schwächling Ludwig, den die Geschichte durch den Beinamen des Frommen hinlänglich gezeichnet hat.

§. 2. Die Wissenschaft in Baiwarien.

Was wir jetzt Wissenschaft nennen, ist eine Verbindung der aus dem griechischen und römischen, sogenannten klassischen Alterthume herabgeerbten Kenntnisse mit dem germanischen Geiste. Die Träger dieser einer andern Kulturperiode angehörenden Kenntnisse waren Missionäre und Priester, welche dieselben unsern Vorvordern in einer fremden Sprache und mit einem neuen, unbekannten Glauben überlieferten. Dennoch würde man sich sehr täuschen, die alten Germanen ein kulturloses Volk, oder mit dem beliebten Ausdrucke unserer Feinde Barbaren zu nennen, weil sie noch keine Bücher schrieben und etwa noch nicht die Ausgeburten einer liederlichen Literatur zu lesen verstanden. Lange bevor sie mit den herabgekommenen Epigonen eines in

Ausartung begriffenen und deshalb dem Untergange geweihten Geschlechtes zusammenstiessen, hatten ihre Weisen und Dichter schon über den Anfang und das Ende aller Dinge nachgedacht und das Ergebniss ihrer Forschung je nach ihrer dichterischen Begabung in tiefsinnigen und ernsten Liederweisen ihren Nachkommen hinterlassen.

Auch die Baiwaren empfingen ihren Antheil an der aus germanischem Geiste entsprungenen Weltweisheit. Wissenschaft war ihnen *weraltwistuom*, die Kenntniss der Welt. An der Waag und Gran, wie später an den Ufern der Donau und Isar sangen sie die Lieder von der grossen Kluft am Anfange der Welt, wo nichts war, weder Erde noch Himmel, weder Stern noch Meer, weder Baum noch Berg; sangen sie vom grossen Weltfeuer, *muspille*, welches den breiten Erdwasen am Ende der Tage verbrennen wird, wenn mit der Götterdämmerung der *stuatago*, der Sühnetag, ins Land fährt. Aber diese ersten Blüthen einer nationalen Poesie haben uns die Verkündiger des neuen Evangeliums vernichtet, theils aus dünkelhafter Verachtung einer von Barbaren stammenden Wissenschaft, theils aus zelotischem Hasse gegen heidnische Weisheit. Kaum dass uns einzelne Trümmer des herrlichen Schatzes, Dank der unverwüstlichen Zählebigkeit unseres alten Volksglaubens, aus dem frommen Vertilgungskriege gerettet wurden, und diese nur indem sie sich meist in das deckende Gewand des allein geduldeten Glaubensbekenntnisses verbargen. So hat uns Zappert (S. XXIX. 302), für dessen schriftstellerische Rechtlichkeit F. Pfeiffer wiederholt Bürgschaft leistet, als Vermächtniss eines jüdischen Rabbi, ein althochdeutsches Schlummerlied mitgetheilt, in welchem die Göttinnen Triwa, Ostara, Hera und Zanfana und der einäugige Wodan gebeten werden, des Mannes trautes Söhnlein zu behüten und zu beschenken. Das Ganze war mit den Schriftzeichen des VIII.—IX. Jahrhunderts an das Ende eines hebräischen Wörterbuches geschrieben, von welchem nur dieses Fragment noch besteht. Einen andern Ueberrest liefert Karajan (S. XXV. 308), indem er aus einem höchst wahrscheinlich in der Salzburger Diözese geschriebenen Codex mit Heiligengeschichten einen Hirten- und Wundsegen mittheilt, beide in Charakteren des beginnenden IX. Jahrhunderts. Der Hirtensegen hat bereits die heidnischen Persönlichkeiten getilgt und dafür Christ und S. Martin substituirt, an deren Stelle der Herausgeber nach den Regeln der Alliteration Wuotan und Hirmin wieder als ursprüngliche Gottheiten einsetzt. Der Wundsegen wider den Schlangenbiss enthält in einem sonst unverständlichen Amuletspruche unter Ziso eine andere Form des Götternamens Ziu oder auch vielleicht den Namen einer keltischen Gottheit.

Ist auf diese Weise erwiesen, dass den Baiwaren die Lieder
der altgermanischen Götterpoesie bekannt waren, so unterliegt
es anderseits gar keinem Zweifel, dass auch der Heldensang
zwischen der Donau und den Alpen zu Hause war; denn wie
hätte sonst die baierische Wandersage und die Märe von Sever
und Adalger in das Reimwerk des rheinischen Sängers der Kaiserchronik Eingang finden können, wie hätte selbst noch im XIV.
Jahrhunderte der Mönch Bernhard von Kremsmünster Nachricht
von Adalgers Siegen haben können (1. Abth. III. §. 5 und 2. Abth.
I. §. 2. S. 88 u. 125), wenn die Erzählung dieser Siege sich nicht
im Volksliede fortgepflanzt hätte. Es ergibt sich hieraus, wie
solche Sagen und Mären gleich Waldsamen im Winde nach andern Gegenden vertragen wurden und ich stehe daher auch gar
nicht an, mit Holland (Gesch. d. altd. Dichtkunst 13) das Hilde-
brandslied den Baiwaren zu vindiziren. Denn trägt dasselbe auch,
so wie es uns jetzt vorliegt, mehr sächsische als oberdeutsche
Sprachbestandtheile an sich, so dass man im Zusammenhalt mit
dem Fundorte den Aufzeichner für einen Hessen halten darf, so
ist doch offenbar die ganze den Helden Dietrich von Bern ver-
herrlichende Dichtung, wovon es nur ein Bruchstück darstellt,
.auf dem Boden Süddeutschlands, vielleicht im Alpenlande entstanden, von wo es bei der nahen Verbindung von Baiern mit
Fulda durch Sturmi, Eigil und ihre Schüler leichtlich noch als
traditionelles Lied an letztern Ort gebracht und dort in der
mitteldeutschen Form aufgeschrieben werden mochte, wie wir es
nun besitzen.

Während das Heidenthum ganz Dichtung ist, bringen die
Träger des Evangeliums die nüchternste Prosa. Für sie handelte
es sich vor Allem darum, sich dem Volke, dessen Sprache ihnen
nicht selten fremd, dem aber ihre Bibel und ihre heiligen Bücher
unverständlich waren, verständlich zu machen. Es war also ein
gegenseitiges Lernen und zur Unterstützung desselben entstanden
die grossen Glossenwerke, bestimmt das Verständniss der fremden
Sprache zu fördern, welche daher ganz oder theilweise von Kloster zu Kloster verbreitet wurden und deshalb auch eigentlich
keinen landschaftlichen Charakter an sich tragen können (Holtzmann, Ger. I. 470), obwohl wir dergleichen Sammlungen von
Mondsee, Tegernsee und andern Klöstern besitzen. Auch ältere
Werke der Profanliteratur wurden abgeschrieben und mit Glos-
semmen versehen, welche dann für Jahrhunderte die Grundlage der
encyklopädischen Bildung ausmachten.

Die interessanteste Schrift dieser Art sind für uns die sogenannten Kasseler Glossen, weil sie einerseits ein Denkmal der
noch im VII. und VIII. Jahrhunderte bräuchlichen Sprache der

vindolikischen Romanen darbieten und unzweifelhaft aus Baiern
nach Fulda gebracht wurden (1. Abth. I. §. 1. S. 6). Sie enthalten ein Wort- und Gesprächbüchlein, welches sich der Hausmaier eines Klosters zum erleichternden Verkehr mit seinen romanischen Knechten aufsetzte (Wackernagel, Ahd. Lesebuch 27).
Er stellt die Namen der menschlichen Körpertheile an die Spitze;
hierauf folgen die Hausthiere *(fihu)* vom Ross bis zum Hahn und
Pfau, dann die verschiedenen Räume eines Hauses, dann die
bräuchlichen Gefässe, ferner Kleidungsstücke, die Haus- und Feld-
geräthe, Waffen nennt er nicht; endlich die bei seinen Unter-
gebenen am häufigsten vorkommenden Gebresten, Leibschäden,
Buckel, Blindheit, Lahmheit u. s. w. Dazwischen schaltet er gelegentlich Befehle ein, z. B. scher mein Haar, scher meinen Bart;
er ist also ein Kleriker, ein Mönch. Am Ende folgen die gewöhnlichsten Redensarten und Fragen vom Gehen, Kommen, Verstehen,
nach Namen und Herkunft. Er macht-den Knechten begreiflich,
dass sie von seinem Wohlwollen abhängen *(durft ist uns dina
huldi za hapenne)*, er scheint schlechte Bekanntschaften unter den
Romanen gemacht zu haben *(luzic ist spahe in uualhum, mera
hapent tolaheiti denne spahi)* und freut sich seiner Selbstkenntniss
(ih hogazta simplun fona mir selpemo). Die Schrift gibt uns also
ein ebenso anschauliches Bild von den Bedürfnissen als von dem
Leben auf einem Klosterhof.

Für kirchliche Zwecke bedurfte man Verdeutschungen der in
römischer Sprache gegebenen Formeln. Ein Beispiel davon bietet
uns die vor obigen Glossen stehende *exhortatio ad plebem christianam*, welche gleichfalls von einem Baier, wenn auch nicht verfasst, doch unverkennbar abgeschrieben wurde (Holtzmann, Kelten
und Germ. 177). Es ist eine Ansprache an das christgläubige
Volk vor Empfang der Taufe und insbesondere an die Pathen
gerichtet und darum besonders interessant, weil sie uns zeigt,
wie schon damals Fremdworte in das Deutsche eingeführt wurden.
So braucht der Priester immer *fillol (filiolum)* für Taufsohn
(Wackernagel, Leseb. 24). Einem ähnlichen Zwecke dienten die
Uebersetzungen einzelner Theile der Evangelien, oder von Wer-
ken, welche auf die Bekehrung der Heiden Bezug hatten. Beispiele davon besitzen wir noch in einer Uebersetzung des Evangeliums Mathäi, welches uns in Urkunden des ehemaligen Klosters
Mondsee aufbewahrt ist, sowie in einer Uebersetzung der Schrift
Isidors *de gentium vocatione* aus derselben Quelle (Endlicher,
Fragm. theod.), welche zwar ursprünglich fränkisch abgefasst war,
sowie oben die *exhortatio ad plebem*, aber unverkennbar von dem
baiwarischen Abschreiber in die Mundart der Baiwaren übertragen
wurde.

Die den Germanen so ungewohnte Kunstfertigkeit des Schreibens — man hiess es metaforisch *mâlen* — gewann also auch bei den Baiwaren immer weitere Ausbreitung. Selbst Laien suchten es zu lernen, wie Tassilo III. noch in seinem 29. Lebensjahre anfing, seinen Namenszug zu malen — *ut potui caracteres cyrografu inchoando depinxi* . . (Mbk. I^b 22). In der Regel war es aber der Klerus, der sich auf diese Kunst verlegte, um die Abschriften der gewünschten Bücher anzufertigen und zu verbreiten. Besonders an den Dom- und Klosterschulen wurde es geübt und wir besitzen aus Tegernseer Urkunden des IX. Jahrhunderts noch ein *dictamen metricum*, nach welchem die Schüler im Niederschreiben schwieriger Reimzeilen eingeübt wurden (Massmann, Abschwörungsformeln n. 65), während man dieses *exercitium tironum* lange Zeit für ein gegliedertes Lied hielt. So erwuchsen Bücherschätze und Benediktbeuern soll im VIII. und IX. Jahrhunderte die reichste und kostbarste Bibliothek besessen haben. Die fränkische Prinzess Gisela, wahrscheinlich die präsumtive Verlobte des langobardischen Adalgis, nahm in Kochel den Schleier und war nicht nur selbst des Lesens und Schreibens kundig, sondern brachte 21 Handschriften ins Kloster und unterhielt im nahen Benediktbeuern besondere Kopisten zur Anfertigung von Abschriften, deren Namen: Engilhard, Chadold, Tracholf, Rudpert und Racholf uns erhalten sind (Hefner, Oberb. Arch. III. 339). Wolfold errichtete daselbst sogar eine Schule für die Kinder der Proletarier. Niederaltach erwarb sich literarischen Ruf und in der Domschule zu S. Emmeran schrieb selbst der Bischof Wikterp, der Agilulfinge, bis ins höchste Alter. Die Vorlagen dieser beginnenden literarischen Thätigkeit waren allerdings zunächst geistliche Schriften der Kirchenväter, Mess- und Kirchenbücher, einzelne Theile der Bibel und der Evangelien, Legenden und Mirakel. Aber allmälig erhob sich der Geist vom Abschreiben zum Selbstschaffen.

So findet sich unter Dokumenten des Klosters Wessobrunn aus dem VIII. Jahrhunderte mitten unter verschiedenen Notizen über Maasse, Länder und Städte die Mittheilung eines Gedichtes — *de poëta* — über den Uranfang aller Dinge. Der Verfasser beruft sich auf die Ueberlieferung seiner Vorgänger: Das erfrug ich aller Forschung hehrste Frucht, dass Erde nicht war, noch Ueberhimmel, nicht Baum noch Berg, nicht Stern noch Sonne, nicht Mond noch Meer, da war nichts diesseits nichts jenseits *(ni wiht ni was enteô ni wenteô)*, als nur der Eine allmächtige Gott und da waren viele gute Geister mit ihm. Das darauf folgende Gebet um Glaubensgnade, guten Willen und Weisheit, welchem bis auf die Worte ähnlich ein gleiches aus einem Em-

meraner Codex des IX. Jahrhunderts von Massmann (Abschwörungsf. n. 62) mitgetheilt wird und das dem Ganzen den Namen
des Wessobrunner Gebetes verschaffte, ist in Prosa abgefasst und
nur lose mit vorstehendem Gedichte verbunden, als ob es gleichsam in der Uranfänglichkeit Gottes seine Begründung fände. So
wenig aber jenes mildeste Geisterwesen — *mannô miltisto* — fast
in religionsfilosofischer Auffassung eines Zoroaster mit dem aus
dem starren Judenthume entlehnten, persönlichen und eifersüchtigen Gotte des römisch-katholischen Glaubensbekenntnisses etwas
gemein hat, ebensowenig können die vorhergehenden Verse dieses
ersten christlichen Gedichtes in deutscher Sprache ihre Abstammung aus den Sätzen einer heidnischen Naturfilosofie verleugnen,
welche noch Jahrhunderte später in den Strofen der Edda nach-
klingt. Auch in der Form entspricht es ganz den Dichterwerken
des nordischen Alterthums, indem Kelten und Germanen ihre
Gesänge nicht durch Strofenbildung, Silbenzählung und Reim
charakterisirten, sondern durch den gleichen Anlaut (Alliteration)
einiger betonter Silben derselben Verszeile. So dürfte wohl Büdingers Ansicht (I. 103), dass in dem Wessobrunner Gebet das
einfache Bekenntniss der britischen Kirche ausgesprochen sei,
ziemlich das Rechte treffen, indem wir wissen, dass dieselbe der
altheidnischen Weisheit nicht so schroff abweisend gegenüber-
stand, wie die römische.

Die Freisinger Domschule, welche sich durch eine nicht gewöhnliche literarische Regsamkeit und durch einen stattlichen
Schatz von Handschriften auszeichnete (Aretin, Beitr. z. Gesch. u.
Lit. VII. 230. 509), erzog uns in dem Bischof Aribo den ersten
einheimischen Schriftsteller. Derselbe, unzweifelhaft jener Knabe,
welcher bei Corbinians Beisetzung zu Mais beinahe das Leben
eingebüsst hätte (Mbk. I^a 24), stammte also höchst wahrscheinlich aus dem Gebirgslande von Meran. Dass jene, dem Schutze
Corbinians zugeschriebene, wunderbare Rettung Veranlassung gegeben habe zur Aufnahme des Schützlings in die Domschule zu
Freising, ist nicht unglaublich und so finden wir Aribo bereits
im Jahre 749 als Zeuge in Freisinger Urkunden. Im Jahre 753
war er bereits Erzpriester und erscheint bei Schenkungen bis
zum Jahre 763 theils als Zeuge, meist aber als Ausfertiger der
Dokumente. Im letzten Jahre wurde er als Abt dem zu Scharnitz
neu gestifteten Kloster vorgesetzt und empfing im darauf folgenden nach Bischof Josefs Tode durch Wahl den Stuhl von Freising, welchen er bis zum Jahre 784 einnahm. Er war für sein
Zeitalter nicht ohne Bildung, besass eine allgemeine Kenntniss
der lateinischen Sprache und zeigt selbst eine, wenn auch nur
rudimentäre Bekanntschaft mit dem Griechischen; denn seinen

Namen übertrug er in Urkunden häufig in das lateinische *haeres*
und wegen Verwandtschaft dieses Wortes mit *herus* durch eine
wiederholte Umbildung des griechischen *kyrios* in *Cyrinus*. Als
Schriftsteller ist er in der Bibel des alten und neuen Testaments,
in der Regel S. Benedikts und dessen Vita von Gregor, sowie in
ähnlichen, seiner Zeit gelesenen Schriften wohl erfahren. Für
uns hat er am meisten Interesse durch seine Lebensbeschreibungen von Emmeran und Corbinian. Sie sind zwar in einem theilweise schwülstigen, mit allen Mängeln der vorkarolingischen Latinität behafteten Style geschrieben, und weil sie zur Auferbauung
der Christgläubigen dienen sollen, mit vielen Wundergeschichten
versetzt. Aber sie bieten uns für die ersten Jahrzehnte des VIII.
Jahrhunderts unschätzbare Angaben zur politischen und Kulturgeschichte von Baiern, die um so werthvoller sind, als sie von
einem nächsten Ohrenzeugen stammen. Der Verfasser erzählt
frisch und lebendig, vorzüglich in der *Vita Emmerani*, und bedarf er auch, wie schon oben (2. Abth. III. §. 4. S. 240) nachgewiesen wurde, einer vergleichenden Kritik besonders in der
Vita Corbiniani, um seine Nachrichten mit den Angaben anderer
Schriftsteller und den Zeitverhältnissen in Einklang zu bringen,
so bietet er uns doch, wenn wir ihn auch nicht als Quellenschriftsteller betrachten können, sehr dankenswerthe Hilfsmittel, um die
Geschichte der christlichen Mission in Baiwarien aufzuhellen. In
der Diplomatik blieb er trotz seiner Missachtung der Genus- und
Deklinationsregeln lange Zeit Autorität, indem die nachfolgenden
Urkundenschreiber mit Hochachtung beisetzen: *ex ore Heredis
conscripsi.*

Um dieselbe Zeit, d. h. im Jahre 745, wie wir (2. Abth. IV.
§. 2. S. 270) gesehen haben, kam der Schotte Virgilius nach Baiwarien, welchem Herzog Otilo das Stift S. Peter und den Bischofstuhl von Salzburg zugesagt hatte. Er war ein in jeder Hinsicht
hochgebildeter Mann, der in religiösen Dingen so frei denken
gelernt hatte, weil ihm die tausendjährigen Naturkenntnisse der
druidischen Weisheit zu Gebote standen. So war ihm auch eine
Kunde von einer uns entgegengesetzten Welt mit andern Menschen zu Ohren gekommen, was bei astronomisch-fysikalischen
Kenntnissen der Druiden und der Verbindung kühner Seefahrer
mit Grossirland in Amerika (Kosmos II. 460) nicht überraschen
kann. Bonifaz, der eifersüchtige Gegner des irischen Weltweisen,
sah in dieser wissenschaftlichen Behauptung eine Ketzerei und
veranlasste den Pabst, die gefährliche Lehre von den Gegenfüss-
lern zu verdammen, was der Pabst Zacharias auch wirklich zur
Beruhigung seines Generallegaten ausführte (Ep. B. 82), weniger
aber zum Beweise seiner wissenschaftlichen Unfehlbarkeit, die

wenigst in diesem Punkte Columbus aber erst nach achthalb hundert Jahren widerlegte. Für uns ist Bischof Virgil von Wichtigkeit durch die Errichtung der Klosterschule auf der Inselaue im Chiemsee durch seinen Weihbischof, den Griechen Dobda, und insbesondere durch die unter sein Episkopat fallende Anlegung des Verbrüderungs- oder Todtenbuches von S. Peter, welches so oft in zweifelhaften Fällen zu Rathe gezogen werden muss, um die Irrthümer späterer Zeiten ans Licht zu ziehen und eingebildete Rechthaber zur Ruhe zu verweisen.

Sein Nachfolger auf dem Bischofstuhle zu Salzburg war im Jahre 784 der Baiware Arno von Bietelbach (Mbk. I^a 58), dessen überraschende Laufbahn vom Zögling an der Freisinger Domschule zum Abte von Elnon in Belgien, zum Bischof und Metropoliten von Baiwarien wir bereits kennen gelernt haben (2. Abth. IV. §. 4. S. 294). Er war ein praktischer Verstandesmensch, der alle ihm zufallenden Geschäfte mit Geschick, Schnelligkeit und stets zu seinem Vortheile abzuwickeln wusste. Alkwin, mit dem er seit seinem Aufenthalte zu Elnon in einträgliche Verbindung getreten war, schätzte ihn wegen seiner Fähigkeiten, sowie wegen seiner Brauchbarkeit hoch und fliesst in seinen Briefen über seines Lobes. Arno setzte natürlich auch nach seiner Erhöhung diesen vortheilhaften Verkehr lebhaft fort. Bald empfängt er von dem Direktor der Karolingischen Hochschule Bücher zur Leihe, denn dieselben waren ein kostbarer Artikel in jenen Zeiten; bald lässt er sich von Alkwin Belehrungen geben über theologische Fragen, geistliche Pflichten, insbesondere über die schwierige Aufgabe, die wilden Slaven dem Christenthume zu gewinnen; dann wieder weiss er seinen hochgestellten Freund durch seinen Kummer zu fesseln, dass ihn weltliche Geschäfte, die ihm doch so geläufig waren, dass seine Thätigkeit meist von Politik und Administration in Anspruch genommen wurde, abhielten, mehr für das Seelenheil seiner christlichen Heerde zu thun. Es erhellt hieraus, dass sich der gescheidte Arno dem Kreise der Karolingischen Hofgelehrten aufs innigste anschloss und in der Hochschule Palatina, welche die Trägerin der neuen Bildungsperiode wurde und deren Präsidium der Kaiser mit dem Namen David führte, seine Stelle als latinisirter Aquila einnahm. Dadurch bildete sich nun ein lebhafter Verkehr zwischen Salzburg und der Kaiserpfalz, welcher nicht verfehlen konnte, reiche Bildungsmomente in unser Vaterland zu tragen. Gelehrte gingen hin und her und vermittelten den fortwährenden Austausch. So kam im Jahre 797 der von Alkwin besonders hochgeschätzte Wizo, Candidus geheissen, nach Salzburg, um Arno in der Einführung der neuen literarischen Bildung zu unterstützen; denn der Kaiser, der selbst in seinen

alten Tagen noch die waffenharte Faust an das Schreiberohr
gewöhnte, hatte mit Missfallen bemerkt, dass die Kleriker in
ihren Zuschriften eine so ungehobelte Sprache und heillose Latinität zur Schau trügen. Wizo verweilte etliche Jahre bei Arno,
in beständigem Briefwechsel mit Alkwin. Ein anderer Zögling
der kaiserlichen Hochschule war Adalbert, den Alkwin seinen
Schwarzkünstler nannte — *mago meo nigro.* Auch er brachte
einige Zeit mit literarischer Beschäftigung in Salzburg zu und
erwarb sich das Lob eines gutwilligen, demüthigen Menschen,
gleich brauchbar zu gottesdienstlichen Verrichtungen, wie zu
wissenschaftlicher Thätigkeit. Dagegen wanderten auch Baiwaren
an die Hochschule und fanden dort gute Aufnahme, wie z. B. der
Priester Leidrat von der Familie der Freisinger Domschule, welcher sich Alkwins Hochachtung in dem Masse erwarb, dass ihn
Karl auf dessen Empfehlung zum Erzbischofe von Lyon erhob
(Mbk. Iᵃ 81). Er stand auch später mit Alkwin und Arno in
brieflichem und schriftstellerischem Verkehr.

Von Arno's literarischer Thätigkeit sind uns zunächst drei
hinterlassene Werke merkwürdig, nämlich das *Congestum Arnonis*
oder der *Indiculus Arnonis*, die *Breves notitiae* und ein Formelbuch. Das erste ist ein Güterverzeichniss der Salzburger Kirche,
des Frauenstifts am obern Schloss und der Maxmilianszelle im
obern Pongau, welches Arno 788, als Karl *baioariam regionem ad
opus suum recepit*, nach den Angaben wahrheitsgetreuer Greise
durch den Diakon Benedikt hatte anfertigen lassen — wichtig
durch die Anführung der echten alten Namen, sonst aber durch
alle Mängel der vorkarolingischen Literatur gekennzeichnet. Besser
im Styl, sowie in der Latinität sind die *Breves notitiae*, welche
später, aber wohl auch noch zur Zeit des Erzbischofs Arn verfasst sind. Sie enthalten eine kurze Darstellung der Bekehrungsgeschichte der Baiwaren, der Auffindung und Neubegründung von
Juvavo, des Frauenstiftes, der Maxmilianszelle, nebst umständ-
licher Darlegung des darüber zwischen Virgil und Herzog Otilo
entstandenen Streites, so dass man annehmen darf, dass die des-
fallsigen Angaben gleichzeitigen Aufzeichnungen entnommen sein
müssen. Hieran schliesst sich dann ein bis zu Arno's Tode im
Jahre 821 fortgeführtes Verzeichniss der Salzburger Schenkungen
an (J. Anh. 18 und 30). Das Formelbuch enthält Muster zur
Anfertigung von Briefen und Urkunden, wie sie seit der Merowinger Zeit üblich waren und bietet uns daher werthvolle Aufschlüsse zur Kulturgeschichte des VIII. Jahrhunderts (Rockinger
in Quellen z. d. Gesch. VII), sowie es durch seine bessere Latinität schon den Stempel der höhern Schulbildung der Karolingischen Periode an sich trägt. Ausserdem schloss sich Arno mit

Eifer der vom Kaiserhofe begünstigten literarischen Richtung an;
er liess mehr als 150 Bände von Abschriften machen, wie das
Necrol. Salisb. sagt (M. b. XIV. 369), und machte sich besonders
dadurch verdient, dass er Alkwins Werke sammelte und in der
Salzburger Bibliothek aufbewahrte.

Weitaus die beste Lebensbeschreibung lieferte in jenen Tagen
der Baiware Eigil. Derselbe war in frühester Kindheit zum Abt
Sturmi im Aichloh an der Fulda gebracht worden, empfing unter
den Augen seines Landsmannes seine Bildung und verkehrte mehr
als 20 Jahre mit demselben. Später wurde er selbst zum Abte
des Klosters erwählt und stand demselben vom Jahre 814 bis
822 vor. In seine Zeit fällt die hohe Berühmtheit der Klosterschule zu Fulda, welche, seit 804 Hraban Maurus, der Schüler
Alkwins, an derselben wirkte, für die vorzüglichste im ganzen
Frankenreiche angesehen wurde. Eigil schrieb auf die Bitten der
Nonne Angildrud die Lebensgeschichte seines Lehrers und väterlichen Freundes, des Abtes Sturmi, dieses edlen Pioniers der
christlichen Civilisation im germanischen Urwalde der Buchonia.
Wenn man die schlichte, einfache und fehlerfreie Behandlung
dieser Biografie mit dem Floskelschwulste Aribo's, Willibalds und
Anderer, mit der holperigen und ungrammatikalen Schreibweise
Arno's und seiner Kleriker vergleicht, so muss man über die
Fortschritte staunen, welche die Karolingische Schule unter den
Geistlichen in wenigen Jahrzehnten zu verbreiten im Stande war
(M. g. II. 365).

Aber nicht nur für die literarische Bildung seiner Völker
war Karl besorgt, auch die den Missionären so verhasste und
verabscheute Dichtkunst nahm er in seinen Schutz, indem er die
alten Heldenlieder der Deutschen, die durch den zelotischen Eifer
der Bekehrer allmälig in Vergessenheit geriethen, wieder, wiewohl
vergeblich, sammeln liess; denn diese kaiserliche Sammlung ging
uns leider verloren. Zwar das Volk hatte sich seine Lieder niemals ganz nehmen lassen. Man sang bei Festen, bei Hochzeiten,
man sang bei Leichenschmäusen und in Kirchen; sogar in die
Litaneien des christlichen Kultes wurden lockere Liedlein ein-
geschmuggelt und mussten die Salzburger Statuten vom Jahre
799 gebieten, *ut omnis populus . . . absque illecebroso cantico et lusu
seculari cum letaniis procedant et discant kyrie eleison clamare ut
non tam rustice ut nunc usque . . .* Seitdem aber der Kaiser selber
dem Volksgesange seine Aufmerksamkeit schenkte, fingen auch
die Geistlichen an, die poëtischen Erzeugnisse ihrer Muttersprache
höher zu schätzen und sogar je nach ihren Bedürfnissen zu selbständigen Dichtungen zu verarbeiten. Ein unschätzbares Beispiel
dieser Art liefert uns das Bruchstück eines Gedichtes vom jüngsten

Gerichte, welches Schmeller unter dem Namen Muspilli (Buchner, Beitr. 91 ff.) herausgegeben hat. Es befindet sich dasselbe in einem den *sermo Augustini contra Judaeos* enthaltenden Büchlein, welches Arno's Nachfolger, Erzbischof Adalram, dem Enkel Kaiser Karls, Ludwig dem Deutschen, mit eingeschriebener Widmung überreichte und in welches, wie Schmeller muthmasst, vielleicht der Prinz selbst mit ungeübter, orthografisch nachlässiger Hand, denn er war seit 826 in Regensburg, das Gedicht aus dem Gedächtniss eingeschrieben haben mag. Doch scheint es mir nicht unpassend, auch an den Freisinger Kleriker Egilolf zu denken, welcher in einer Urkunde vom Jahre 818 *paedagogus Hludovici juvenis* genannt wird (Mbk. I[b] 372). Da Adalrams Dedikation den Prinzen mit *puer* anredet, so konnte dies nicht erst 826, wo er als König, oder 828, wo er bereits mit der Gemahlin Hemma nach Baiwarien kam, geschehen sein (Mbk. I[b] 493 und 530). Dagegen passt das Prädikat sehr wohl auf den etwa zehnjährigen Prinzen, welchem Adalram 818 jenes Büchlein zum Geschenk machte, in dessen leere Blätter der baierische Prinzen-Erzieher Egilolf das geistliche Gedicht aus der Erinnerung eingetragen haben kann.

Das poëtische Bruchstück besteht aus einigen über 200 Stäben und ist in der altherkömmlichen Weise der Alliteration gedichtet. Mit Sorge sieht die Seele, wenn sie den Leichnam liegen lässt, wie sich Engel und des Satans Gesinde um ihren Besitz streiten; denn wehe Dem, der in Finsterniss soll seine Frevel sühnen, brennen im Peche. Von dem Abscheiden des Einzelnen kommt der Dichter auf das Ende der Welt. Wenn dann der mächtige König zur Malstatt gebietet, wo der Erdengeschlechter erscheinen muss jedwedes, da darf kein Erdgeborner das Aufgebot versitzen. Auch hier beruft sich der Dichter auf die lebendige Ueberlieferung:

> Das hört ich reden der Welt Rechtweise:
> Es soll der Antichrist mit Elias streiten . . .

Durchaus dramatisch ist nun der Kampf, der dem Untergange der Welt vorhergeht, geschildert:

> Elias streitet für das ewige Leben,
> will den Rechtschaffenen das Reich erstarken;
> drum soll ihm helfen, der des Himmels waltet.
> Der Antichrist steht bei dem Altfeinde,
> er steht bei dem Satan, der ihn versenken soll;
> deshalb auf der Walstatt wund soll er fallen,
> und sieglos im Streite sinken.
> Doch glauben viel Gottesmänner, dass Elias erliege.
> Sobald Eliases Blut zur Erde träufelt,
> so entbrennen die Berge, es bleibt kein Baum
> auf Erden stehn, die Ströme vertrocknen,

es lechzt das Meer, es loht der Himmel,
es fallet der Mond und Mittilagart [Erdkreis] brennt,
es bleibt auf Erden kein Stein. Da fährt der Sühnetag ins Land,
er fährt, mit Feuer die Völker heimzusuchen:
da mag kein Mage dem andern vor dem Muspille helfen,
wenn der breite Wasen in Brand auflodert
und Feuer und Luft allfressend da hinfegt . . .

Wenn dann das himmlische Horn laut hallet und sich Der
auf den Weg erhebt, der da wägen soll und urtheilen über Todte
und Lebende, da erhebt sich mit ihm der Heerschaaren grösste,
die ist allesammt so kühn, dass sie Niemand bekämpfen kann;
dann fährt er zur Malstatt, die da gemarket ist; da ergeht das
Gericht, von dem geredet worden von je . . . dann kann kein Mann
eine Meinthat bemänteln; denn die Hand soll sprechen, das Haupt
wird sagen, jedwedes der Glieder bis zum kleinen Finger, was er
unter den Menschen des Mordes vollbracht . . . . .

So schildert der Sänger den Untergang der Welt und das
jüngste Gericht. Sein Gedicht ist voll religiöser Tiefe, voll dichterischen Schwunges, voll Mitleid mit der Eitelkeit weltlichen
Strebens und Ringens, voll heiligen Eifers für die Gerechtigkeit,
welche er den Richtern nicht um Gabenspende zu verkehren
empfiehlt, da der Teufel dabei getarnet (in der Tarnkappe) lauert
und Rechnung hält über Reden und Thaten, voll germanischer
Waffenfreudigkeit endlich über die unüberwindliche Stärke der
Heerschaaren und die Grösse des Kampfpreises. Das Interessanteste aber ist, dass sich in seinem Gedichte unverkennbare Spuren
erhalten haben, dass es nach den Strofen eines altheidnischen
Mythus gedichtet, welcher den Untergang des nordischen Göttergeschlechtes in der Götterdämmerung — *ragnarökr* — enthält.
Der christliche Dichter hat natürlich die Strofen nach seinem
Bedürfnisse gemischt und umstellt und die mythischen Persönlichkeiten zu seinem Zwecke durch testamentare Heilige ersetzt;
aber man sieht überall die eigentlichen Heldengötter des altheidnischen Liedes, welches uns aus nordischer Aufzeichnung in der
Völuspa erhalten ist, unter der Verkleidung durchblicken. Denn
wenn das Horn Heimdalls, des Wächters an der Regenbogen-
brücke, erlautet, dann erhebt sich der Heervater zum letzten
Streit, erhebt sich mit ihm die unüberwindliche Heerschaar der
Einherier. So fährt er zur Malstatt, die da gemarket ist — Os-
kopnir, den Asen und Ungeheuern. Wuotan soll streiten mit dem
(Fenris-)Wolf, drum soll ihm helfen, der des Hammers waltet
(Donar). Surtr und Loki erscheinen unter den Bildern des Anti-
christs und des Altfeindes (Satanas). Aber auch Elias, in welchem
der christliche Dichter die Persönlichkeiten von Wuotan und
Donar verbindet, sinkt todwund zur Erde und nun entbrennt

Muspille, das Weltfeuer, um den Erdkreis, Mittilagart, in Brand-
lohe zu läutern und für ein neues Götter- und Menschengeschlecht
vorzubereiten. Dass hiebei an keine zufällige Uebereinstimmung
zu denken ist, sondern nur an eine Verchristlichung des altheidnischen Mythus, habe ich anderwärts (H. R. 202 ff.) erwiesen
und zugleich gezeigt, dass nach den Skulpturen der mythischen
Säule in der Domkrypta zu Freising und am Portale des Schot-
tenklosters zu Regensburg auch die bildende Kunst noch in späten
Jahrhunderten diese heidnischen Ueberlieferungen zur Verherrlichung des Christenthumes zu benutzen verstand.

Der Reim, welcher schon in Muspille einige Anklänge erkennen lässt, kam im IX. Jahrhundert vollständig zum Durchbruche
und so erhalten wir auch in einem Freisinger Codex das älteste
deutsche Reimlied in drei Strofen auf S. Peter, mit dem Wieder-
reim Kyrie eleison und darüber stehenden zum Singen dienenden
Neumen oder Noten (Holland, Gesch. der altd. Dichtkunst 406).
Wegen Uebereinstimmung zweier Verse mit Otfried I. 7. 28, hat
man diesen für den Verfasser des Leichs gehalten — gewiss etwas
voreilig; denn Massmann (Abschwörungsf. z. 64) bemerkt ganz
richtig, dass Otfried auch aus Muspilli wörtliche Stellen entlehnt
habe, ohne deshalb für dessen Verfasser gelten zu können.

Aber auch die Bekanntschaft mit Virgil und den lateinischen
Dichtern blieb nicht ohne Einwirkung auf die abschreibenden
Mönche, die sich alsbald veranlasst fühlten, auch ihrerseits, wenn
auch noch so holperige Hexameter und Pentameter zu schmieden.
Aus dem IX. Jahrhunderte besitzen wir ein solches Gedicht über
die Landbischöfe der baierischen Provinz. Es ist in einem Regensburger Codex von S. Emmeran enthalten und stammt gewiss
von einem baierischen Kleriker; denn ein Ausländer hätte sich
wohl nicht zu diesem Gegenstande erhoben. Der Dichter nennt
der Reihe nach im lateinischen Sechsfuss die Bischöfe von Salzburg, Regensburg, Freising, Passau und Seben. Zur Verherrlichung
der Salzburger Erzbischöfe aber schwingt er sich auf den Kothurn,
im Distichon auch die Päbste besingend, welche zu ihrer Erhebung
beigetragen, während die Bischöfe mit einer nüchternen, sich in
den Versausgängen und Wendungen oft wiederholenden Aufzählung begnügen müssen (Pez sc. I. 9).

Den Schluss dieser literarhistorischen Skizze bildet die *Conversio Bagoariorum et Carantanorum* (M. g. Ss. XI; Juv. 7). Sie
wurde im Jahre 871 von einem ungenannten Salzburger Kleriker
verfasst, um die Verdienste darzulegen, welche sich das Bisthum
Salzburg um die Christianisirung der Baiwaren, Kärntner und
Avaren erworben hat und war ursprünglich bestimmt zu einer
Vindikation der Metropolitanvorrechte Salzburgs auf Pannonien.

gegenüber den Ansprüchen Passaus und der durch den Slaven-Apostel Methodius hervorgerufenen slavischen Agitation. Der Verfasser erzählt schlicht, einfach und wahrheitsgetreu in ziemlich fliessendem Latein die Bekehrungsgeschichte im südöstlichen Deutschland, indem er die einzig authentische Lebensbeschreibung Ruperts an die Spitze seiner Darstellung setzt. Er ist nächster Ohren- und Augenzeuge der Thatsachen, die er berichtet, und kann deshalb die Quellenmässigkeit ansprechen. Er hat sogar einige Kenntniss vom Griechischen, denn er schreibt *item Anazefaleos de avaris,* freilich statt *Anakefalaeosis;* aber er kennt doch das griechische Wort für *summarium.* Ausserdem verdanken wir seiner Mittheilung wichtige Aufschlüsse über die Geschichte seiner Zeit, welche durch Schriftstellereitelkeit und klerikales Privatinteresse so heillos verwirrt worden ist, dass man, sovielmal des Verfassers Angaben aus- und abgeschrieben worden sind, die wiederholte vorurtheilsfreie Lesung seiner Schrift nicht warm genug empfehlen kann. Denn nicht nur liegen seiner Erzählung Chroniken und Urkunden zu Grunde, auf welche er sich ausdrücklich beruft — *prout in chronicis imperatorum et regum Francorum et Bagoariorum scriptum reperimus* — und die seitdem verloren gegangen sind, sondern es sind ihm noch viele mündliche Traditionen zu Gebote gestanden, welche natürlich später keine weitere Aufzeichnung erlebt haben.

§. 3. König Ludwig, 817 bis zum Vertrag von Verdun 843.

Kaiser Ludwigs, des grossen Karls kleinlichen Sohnes erste That nach seiner Thronbesteigung bestand darin, dass er das Riesenwerk seines Vaters, die mit so viel Blut, Gewaltthat und Ungerechtigkeit erzwungene Vereinigung der germanischen mit den romanischen Völkern, wieder untergrub. Noch im Todesjahre Karls übergab er auf dem Reichstage zu Aachen das Herzogthum Baiwarien, natürlich nebst der damit zusammenhängenden avarischen und karantanischen Mark, seinem erstgebornen Sohne Lothar, Aquitanien dem zweiten, Pipin.

Ueber König Lothars Regierung in Baiern haben wir ausser den Angaben der Annalisten nur etliche Urkunden, in welchen seine Herrscherjahre neben denen seines Vaters, des Kaisers Ludwig, gezählt werden (Mbk. I^b 316. 318. 347. 349. 378 etc.). Seine Regierung dauerte aber auch nur kurze Zeit; denn schon nach drei Jahren schritt der Kaiser auf dem Reichstage zu Aachen zu einer neuen Theilung, indem er Lothar zum Theilnehmer der Kaiserwürde erhob und Baiwarien dagegen seinem noch unmündigen dritten Sohne Ludwig ertheilte, für welchen einstweilen das Land durch königliche Sendboten, von denen wir Audulf und nach ihm Hatto im Herzogthume kennen, verwaltet wurde. Diese Theilung geschah im Jahre 817 und wurde 821 auf dem Tage zu Neumagen an der Mosel bestätigt. Ob der Heerbann aus Baiwarien bei dem Feldzuge des Jahres 817 wider den aufrührerischen König Bernhard von Italien aufgeboten war, ist zwar nicht mit Bestimmtheit ausgesprochen, doch darf man dieses bei der geografischen Nachbarschaft und aus dem Ausdrucke *ex tota Gallia atque Germania congregato summa celeritate magno exercitu* schliessen. Die Verschwörer, von ihrem Anhange verlassen, mussten sich dem Kaiser ergeben und unterlagen im folgenden Jahre der öffentlichen Verurtheilung.

Von grösserer Bedeutung für Baiwarien waren die Ereignisse, welche sich an der östlichen Gränze vorbereiteten. Hier hatten sich die Ostabodriten und Timotschaner von den Bulgaren losgesagt und 818 zu Heristall die Oberherrschaft des Kaisers anerkannt. Zu gleicher Zeit aber waren Gesandte des Herzogs Liudewit in Unterpannonien angekommen, um über die Härte des Markgrafen Cadolah von Friaul Klage zu führen. Es war dies aber nur ein Vorwand des Herzogs, welcher, auf griechische Hilfe zählend und zu diesem Zwecke von dem später nach Konstantinopel flüchtigen Patriarchen Fortunat von Grado aufgereizt und bei dem Bau seiner Festen werkthätig unterstützt, bereits auf Empörung sann. Der meutrische Slavenfürst hielt sich auch, trotzdem dass in den Jahren 820 und 821 jedesmal drei deutsche Armeen sein Land zwischen Drau und Sau verwüsteten, in einem uneinnehmbaren Bergschlosse geborgen, bis zum Jahre 822, in welchem er aufs neue von einem feindlichen Heere bedroht aus seiner Hauptstadt Sissek nach Serbien entfloh und im folgenden Jahre nach verschiedenen Umtrieben von dem Chrobatenhäuptling Liudemusl erschlagen wurde. Damit war also die Empörung gänzlich beendet und das Gebiet zwischen Drau und Sau wieder der fränkischen Herrschaft unterworfen (Einh. Ann.; M. g. I. 205 ff.; Dümmler, Oe. A. X. 27).

Einh. Ann. behaupten zwar, der Kaiser habe seinen Sohn Ludwig bereits im Jahre 825 als König nach Baiern gesandt. Nach unsern einheimischen Urkunden erweist sich jedoch erst 826 als das erste Jahr, in welchem König Ludwig nach Baiern kam — *a. incarn. D. 826 . . . in ipso anno quo filius ejus L. in Bawariam evenit* (Mbk. I^b 493). Der noch nicht zwanzigjährige Ludwig erhielt nach der Reichstheilung vom Jahre 817 Baiwarien als selbständiges Reich, zwar mit Ausschluss des früher schon abgerissenen Nordgaues, dagegen in Verbindung mit der Ostmark, mit Pannonicn und Kärnten und dadurch mit weiten Gebieten nach Osten vcrgrössert, aber auch mit gefährlicher Nachbarschaft. Kein Fürst von Baiern war auch daher zu mehr Feldzügen gezwungen als Ludwig, in dessen fünfzigjähriger Herrscherperiode wir vierzig Heerfahrten zählen. Schon im Jahre 824 hatte Omortag, der Chakan von Bulgaren, eine Gesandtschaft an den Kaiser gesendet, mit welcher dieser den Baiwaren Machelm zurückschickte, um sich über die Absichten des Chakans zu unterrichten. Bald darauf erschienen wiederholt bulgarische Gesandte und mit ihnen gleichzeitig Abgeordnete der Ostabodriten, welche um Hilfe baten wider die feindliche Behandlung, welche ihnen von Seiten der Bulgaren seit ihrem Uebertritt unter fränkische Oberherrlichkeit widerführe. Es erhellt schon hieraus, dass die Bulgaren, erbost über diesen Abfall, mit der angeblichen Gränzberichtigung es eigentlich nur auf Wiederunterwerfung der Abodriten abgesehen hatten. Demgemäss und obgleich die beiden Gränzmarkgrafen Gerold und Baldrich noch im Jahre 826 keine feindselige Bewegung unter den Bulgaren zu bemerken gemeldet hatten, setzten die Letztern 827 nichtsdestoweniger über die Drau, vertrieben die Fürsten der dort angesiedelten Slaven und bestellten dafür bulgarische Häuptlinge. Deshalb wurde Markgraf Baldrich, der Nachfolger Cadolahs von Friaul, 828 auf dem Reichstage zu Aachen wegen Fahrlässigkeit abgesetzt und sein Gebiet unter vier Grafen vertheilt (M. g. I. 217). Seit Hansitz (Ger. s. II. 128) haben sich die Schriftsteller Mühe gegeben, die vier Grafschaften zu ermitteln; aber selbst Dümmler (Oe. A. X. 31) gelangt noch zu keinem genügenden Resultate. Indess dürften uns Einhards Worte ziemlich auf die rechte Spur führen; denn da den Istrianern die Selbstwahl ihres Herzogs zustand, und ausserdem die südöstliche Mark des fränkischen Reiches aus Friaul, Carniola, Kärnten und der sogenannten karantanischen Mark, dem heutigen Steiermark, gebildet war, so unterliegt es nach den Worten des Annalisten kaum einem Zweifel, dass diese vier Gebiete auch die Grafschaften bezeichnen, in welche sich die vier den abgesetzten Markgrafen Baldrich im Kommando ersetzenden Grafen zu theilen hatten. Denn wenn auch die Mark Friaul in der zweiten Hälfte des IX. Jahrhunderts zum Königreiche Italien gehörte, so kann sie früher, wie auch schon unter Cadolah, zu den südöstlichen Gränzmarken gegen Bulgaren und Slaven gerechnet worden sein. Den Gesammtbefehl über die Streitkräfte wider die Bulgaren empfing noch im Jahre 828 der jugendliche König von Baiwarien, nachdem er vor wenig Monden sich mit Hemma vermählt hatte. Der Krieg wurde aber lau betrieben und beschränkte sich nur auf Gebietsverwüstung, wie auch die Bulgaren im Jahre 829 einige Orte in Unterpannonien überfielen und verbrannten. Diese Gegend scheint vorderhand wenigstens dem Feinde preisgegeben worden zu sein, da die Aufmerksamkeit König Ludwigs durch die Verwicklungen in der Familie des Kaisers vorwaltend in Anspruch genommen wurde. Dies ist auch der Grund, wesshalb Ludwig Jahre lang nicht mehr in die Ostmarken seines Landes kam und wesshalb hier die Ankunft des Slavenfürsten Priwina eingefügt werden muss. Die *Conv. Bagoar.* erzählt nämlich, dass der Marahanenhäuptling Priwina, von dem Herzoge Moimir vertrieben, zu dem Markgrafen Ratbod geflohen und von diesem dem Könige vorgestellt worden sei, welcher ihn im Christenthume zu unterrichten befahl und zu Traismauer taufen liess. Da nun König Ludwig in den folgenden Jahren nicht nach der Ostmark kam, so kann seine Zusammenkunft mit Priwina nur in das Jahr 828 gesetzt werden. Nach Dümmlers (Oe. A. X. 33) Auffassung sollte man glauben, dass erst nach Priwina's Taufe die Einweihung einer christlichen Kirche zu Neitra stattgehabt hätte. Das ist aber nach der Quelle nicht der Fall, nach welcher vielmehr Priwina, obwohl noch Heide, als duldsamer Fürst erscheint, welchem Erzbischof Adalram von Salzburg noch vor seiner Vertreibung durch Moimir in seinem heimathlichen Gebiete zu Neitra die Kirche geweiht habe (Conv. Bag. 11); denn nach seiner Taufe hatte Priwina nichts mehr in Neitra zu gestatten, da er erst nach seiner Vertreibung getauft worden war.

Die folgenden Jahre bis zu dem entscheidenden Vertrage von Verdun waren ganz mit den Familienzwisten des kaiserlichen Hauses und den dadurch erzeugten Bürgerkriegen der drei ältern Söhne wider ihren Vater, theils durch blutige Erbschaftshändel unter sich nach seinem erfolgten Ableben ausgefüllt. Kaiser Ludwig hatte nämlich dem jüngsten mit der Welfentochter Judith erzeugten Sohne Karl — später der Kahle genannt — im Jahre 829 Alamannien, Rätien nebst einem Theile von Burgund vor seinen Söhnen Lothar und Ludwig zugesprochen, worüber diese, sowie Pipin, so aufgebracht waren, dass namentlich der Letztere auf dem Reichstage zu Compiègne den Vater von der Herrschaft vertreiben wollte. Doch gelang dies nicht, weil insbesondere König Ludwig — *qui in omnibus laboribus patris adjutor ejus extitit* — im Jahre 870 auf dem Reichstage zu Nimwegen dem Kaiser mit seinem Heerbanne redlich zur Seite stand. Aber schon nach Kurzem änderte sich die politische Lage. König Ludwig, der keinen Zweifel darüber hegte, dass bei seines Vaters Schwäche das Reich Karls des Grossen in Trümmer gehen müsse, war natürlich darauf bedacht, sich den deutschen Theil desselben zu erhalten und war deshalb nicht gewillt, Alamannien nach des

Vaters Absicht an seinen Stiefbruder Karl abzutreten. Statt
also im Jahre 832 der Ladung zum Reichstage nach Orleans
Folge zu leisten, bot er den ganzen baierischen Heerbann auf,
Freie, Knechte und selbst die in den Gränzmarken angesiedelten
Slaven, besetzte Alamannien und rückte bis an den Rhein in der
Nähe von Worms vor, in der Absicht, nach dem Eintreffen der
Ostfranken und Sachsen über den Gränzfluss zu gehen. Da aber
diese Vorspiegelungen des westfränkischen Grafen Mathfrid nicht
nur nicht eintrafen, vielmehr der fränkische und sächsische Heerbann sich mit der Armee des Kaisers zu Trebur jenseits des
Rheines vereinigte, so sah sich König Ludwig gezwungen, in Eil-
märschen wieder nach Baiwarien zurück zu gehen, wohin ihm der
Kaiser nur langsam bis an den Lech nachrückte. Hier liess er
den irregeleiteten Sohn zu sich nach Augsburg entbieten, verzieh
ihm alles Vorgefallene und begnügte sich mit dem eidlichen Versprechen, dass er nie mehr Aehnliches beginnen, noch Andere
darin unterstützen wolle (Ann. Bert.; M. g. I. 425 ff.).

Noch war aber kein Jahr abgelaufen, so standen die drei
Söhne schon wieder in Waffen gegen ihren Kaiser und Vater auf
dem Rothfelde bei Kolmar, welches das Volk wegen der gebrochenen Eidschwüre mit treffendem Hohne das Lügenfeld nannte.
Selbst Pabst Gregor war mit den Aufrührern und mit Ueberredung
und falschen Versprechungen brachten sie es dahin, dass der
grösste Theil der Kaiserlichen in einer Nacht das Lager verliess
und zu ihnen überging. Geht zu meinen Söhnen! rieth der verlassene Kaiser dem Reste der Treugebliebenen; denn ich will
nicht, dass Jemand meinethalben Leib und Leben einsetze. Die
Kaiserin brachten die Verschworenen in die Verbannung nach
Tortona, den Stiefbruder in das Kloster Prüm; den Kaiser führte
Lothar mit sich nach Compiègne und von da in das S. Medard-
kloster zu Soissons in enge Haft. Hier waren es insbesondere
die vom Kaiser so sehr geliebten und aus der niedersten Stellung
erhobenen Bischöfe, welche dem Gefangenen das Leben sauer
machten und ihn auf alle mögliche Weise zu bestimmen suchten,
sich zum Mönche scheeren zu lassen, wozu er allerdings besser
gepasst hätte, als für die Kaiserkrone. Jedoch widerstand er
hartnäckig ihren Anmuthungen und unwürdigen Quälereien. Als
König Ludwig von den Bedrängnissen seines Vaters Kunde empfing, ordnete er den Abt Gozbald von Niederaltach, seinen Erzkapellan, und den Pfalzgrafen Morhard an seinen Bruder Lothar
ab, um eine anständigere Behandlung für den Kaiser zu erwirken,
was aber der Besendete sehr übel aufnahm. Eine zweite Gesandtschaft wurde nicht vorgelassen und eine dritte konnte in Gegenwart der Gefangenwärter den Kaiser nur durch Zeichen auf die

nahende Hilfe vertrösten. Denn da Ludwig erkannte, dass seine
Fürsprache vergeblich war, verständigte er sich mit seinem Bruder
Pipin und rief den ganzen deutschen Heerbann zu den Waffen.
Im Anfange des Jahres 834 rückte er von Frankfurt aus über
den Rhein, während Pipin mit den Aquitaniern und Neustriern
schon nahe vor Paris stand. Da entwich Lothar mit seinen Hel-
fershelfern, den Vater in der Abtei S. Denis zurücklassend. Jetzt
kamen die Bischöfe wieder, den Schwergekränkten zu versöhnen,
indem sie ihn mit den Kaisergewändern und Waffen aufs Neue
bekleideten. Der wieder auf den Thron gesetzte Kaiser that nun
alles Mögliche, um den noch immer drohenden Lothar durch
Botschaften zur Versöhnung zu stimmen. Er trat ihm Italien ab,
so wie es Pipin zur Zeit Karls des Grossen besessen hatte, worauf
Lothar einen seiner oft gebrochenen Eide schwur und die Versöhnung fertig war (M. g. I. 427; II. 598 ff.).

Die Quellen sagen zwar nicht, dass König Ludwig bei seiner
Unterwerfung zu Augsburg im Jahre 832 auf Alamannien ver-
zichtet habe. Dennoch hält Dümmler (Of. R. I. 69) nicht mit
Unrecht einen solchen Verzicht für wahrscheinlich. Sei dem
indessen, wie immer, so unterliegt es gar keinem Zweifel, dass
Ludwig nach dem Abfalle der Kaiserpartei auf dem Lügenfelde
ganz Deutschland unter seiner Herrschaft vereint haben müsse,
weil er sonst nicht alle germanischen Völker bis zum Kohlen-
walde, der die Gränze von Auster und Neustrien von alter Zeit
her bildete, zum jüngsten Feldzuge gegen seinen Bruder Lothar
hätte aufbieten können. Die unzeitige Vorsorge des Kaisers für
seinen jüngsten Sohn Karl liess ihn jedoch bald die Verdienste
Ludwigs um seine Befreiung und Wiedereinsetzung vergessen und
so hielt dieser im März 838 zu Trient eine Besprechung mit
Lothar, welche so sehr des Kaisers Verdacht erregte, dass sich
König Ludwig auf dem folgenden Tage zu Aachen durch einen
Eid von jeder feindseligen Absicht zu reinigen gezwungen sah.
Nichtsdestoweniger kam es auf dem Tage zu Nimwegen zu harten
Worten zwischen Vater und Sohn und der Erstere entzog ihm
Elsass, Auster, Sachsen, Thüringen und Alamannien. König Lud-
wig sah sich hiedurch auf sein Baiwarien und die östlichen Vor-
lande beschränkt, wo ihm noch überdies ein Krieg mit dem
Slavenherzog Ratimar, höchst wahrscheinlich einem unter bulga-
rischer Oberhoheit stehenden Nachfolger Liudewits (Dümmler,
Oe. A. X. 29), bevorstand. Ohne sich selbst in die Ostmarken
zu begeben, schickte er den Markgrafen Ratbod mit einem grossen
Heere wider den drohenden Feind, welchen jener auch fast ohne
auf Widerstand zu stossen in die Flucht trieb. Priwina, welcher
sich früher mit Ratbod überworfen und nebst seinem Sohne Chozel

zu den Bulgaren und von diesen zu dem Herzoge Ratimar gegangen war, verlor durch diesen Schlag seinen Zufluchtsort. Er
überschritt daher die Sau und wendete sich an den Grafen Sa-
lacho, welcher also wahrscheinlich die karantanische Mark verwaltete, um durch dessen Vermittlung seine Wiederaussöhnung
mit Ratbod zu bewerkstelligen (Conv. Bag. 10).

König Ludwig selber sammelte seine Schaaren um Frankfurt,
um dem bei Mainz stehenden Kaiser den Rheinübergang zu
wehren. Nachdem dieser aber zu Anfang des Januars 839 dennoch stattgefunden, auch der sächsische Heerbann bei dem Kaiser
eingetroffen war und die Ostfranken, Thüringer und Alamannen,
welche Ludwig um sich versammelt hatte, zum Kaiser übergegangen waren, blieb dem Könige nichts übrig, als sich mit dem baiwarischen Heerbanne schleunigst wieder in sein Land zurück zu
ziehen, bei welchem Rückmarsche ihn das kaiserliche Heer, welches die Verfolgung bald ganz einstellte, wenig belästigte. Diese
wiederholte Auflehnung gab dem Kaiser Veranlassung, bei der
nach König Pipins Tode erneuten Reichstheilung Ludwig ganz zu
übergehen, indem Lothar die östliche Hälfte des Frankenreiches
von der Rhone und Maas bis zur Donau, nebst Italien, Karl aber
die westliche nebst Aquitanien zugesprochen wurde. Ludwig
musste eidlich Ruhe geloben und zufrieden sein, dass der Kaiser
seinen Anhängern die confiscirten Güter wieder herausgab. Aber
schon zu Anfang des Jahres 840 wurde dem Kaiser zu Poitiers
gemeldet, dass König Ludwig mit Hilfe der Sachsen und Ostfranken durch Alamannien bis Frankfurt vorgerückt sei. Er sandte
deshalb den Erzkapellan Drogo und den Grafen Adalbert, um
die Stromübergänge am Rhein zu decken. Ludwig aber bezweckte
dergleichen nicht, sondern wandte sich nordwärts zu den Thüringern, um sich deren Treue zu versichern. Hier erreichte ihn der
nachrückende Kaiser (M. g. II. 646) und zwang ihn, über die
Reichsgränze in das Slavenland zu treten und hier mit vieler
Mühe und grossen Geschenken sich den Durchzug in sein Land
zu eröffnen. Der Kaiser verfolgte ihn nicht weiter, zufrieden, den
Feind aus den Gränzen gedrängt zu haben und die umliegenden
Völker in der Treue zu befestigen. Vom Alter gebeugt und mit
schon wankender Gesundheit wendete er sich auf die Salzburg in
Franken und liess sich von dort nach Ingelheim bringen, wo er
im 62. Lebensjahre auf der Rheininsel im Juni 840 starb.

Nach des Kaisers Tode suchte Lothar, der Aelteste unter
seinen Söhnen, gestützt auf die ihm schon bei Lebzeiten seines
Vaters übertragene Kaiserwürde, die Oberherrschaft über seine
Brüder anzusprechen, welche diese in keiner Weise anzuerkennen
gewillt waren. König Ludwig rückte zum dritten Male bis an den

Rhein, um sich die oberdeutschen Lande zu sichern, und ging von da nach Sachsenland, um seine Partei zu stärken. Zurückkehrend traf er im Oktober vor Frankfurt mit dem Heere Lothars zusammen, der ihm aber auswich, um vor Allem den kahlen Karl durch einen trügerischen Vertrag unschädlich zu machen,; während sich König Ludwig wiederholt von den Ostfranken, Alamannen, Thüringern und Sachsen huldigen liess. Dann plötzlich im März 841 brach Lothar bei Worms über den Rhein, indem er etliche Anhänger seines Bruders zum Verrath verleitet hatte, umging dessen Stellung und nöthigte ihn zum Rückzuge. Da aber Karl sich mit seinem Heere bereits der Maas näherte, so ging der Kaiser wieder über den Rhein, versäumte aber die günstige Zeit zu Aachen mit Osterfeierlichkeiten; denn kaum hatte König Ludwig Nachricht von der bedrohten Stellung seines Bruders Karl, so warf er sich auf den ihm entgegenstehenden fränkischen Grafen Adalbert, erschlug ihn und zerstreute in blutiger Schlacht im Ries an der Wörnitz seine Schaaren. Dann auf freier Bahn überschritt er den Rheinstrom und vollzog vor Chalons seine Vereinigung mit dem Heere seines Halbbruders Karl. Beide nun fest durch ihre gleichen Interessen verbunden, machten Lothar Vorschläge zu friedlicher Theilung des väterlichen Erbreiches. Lothar verwarf aber alle Unterhandlungen und marschirte gegen Aquitanien ab, um sich den Hilfstruppen zu nähern, welche ihm sein Neffe Pipin, König Pipins Sohn, von daher zuführen sollte. Die Verbündeten folgten ihm unmittelbar und stiessen bei Fontanetum oberhalb Auxerre auf seine Armee, nachdem er eben seine Vereinigung mit Pipin vollzogen hatte. Lothar, der seinen Gegnern bisher immer aalgleich zu entschlüpfen gewusst hatte, musste sich nun stark genug zum Entscheidungskampfe halten, der denn auch am 25. Juni 841 statthatte und die Blüthe des fränkischen Adels auf beiden Seiten frass. 40,000 Kämpfer, zumeist von romanischer Rasse, sollen das Schlachtfeld bedeckt haben; aber der Sieg blieb den königlichen Brüdern, der Kaiser war zur Flucht gezwungen und der Gottesgerichtskampf von Fontenoy hatte gegen das Reich Karls des Grossen und für die Selbständigkeit der Nationen entschieden.

Die unheilbare Wunde, welche das Frankenreich durch diesen Bürgerkrieg empfangen hatte, wurde von allen Zeitgenossen anerkannt (M. g. I. 568; II. 301. 322). Eine kampffähige Kaiserpartei auf die Beine zu bringen, war nach der blutigen Niederlage schier eine Unmöglichkeit, obwohl Lothar seine Sache noch nicht verloren gab und ihr durch allerdings sehr gewagte Mittel, wie den sächsischen Bauernaufstand der Stellinga, Vertheidiger zu schaffen suchte. Aber wie an Macht, so fehlte es ihm an Ausdauer und

Beharrlichkeit, einen entworfenen Plan unbeirrt und siegreich durchzuführen. So warf er sich zuerst auf seinen Bruder Ludwig, welcher nach dem Siege von Fontenoy auf der Burg zu Salz seine Oberherrlichkeit über die Oberdeutschen befestigte, kehrte aber ohne seinen Plan zu verfolgen nach Worms zurück, um sich gegen Karl zu wenden, welcher die Maas bedrohte, und da sich dieser auf Paris zurückzog, so wendete er sich ebenso plötzlich wider König Ludwig, der mit einem starken Heere zu Anfang des Jahres 842 über den Rhein gegangen war, und stromaufwärts von Mainz an die Rheinstädte unterwarf, welche ihm bisher widerstanden hatten. König Karl folgte dem abgehetzten Heere Lothars auf dem Fusse, näherte sich dann plötzlich durch eine Linksschwenkung seiner Marschkolonnen den Bergen des Wasgaues und vereinigte sich am 14. Februar 842 in der Rheinebene vor Strassburg mit dem Heere des Königs Ludwig.

Hier nun in offener Heerversammlung vor ihren bewaffneten Völkern schwuren sich die Könige gegenseitig den Eid der Treue, schwuren die Völker nur demjenigen der Fürsten zu Treue und Hilfe gewärtig sein zu wollen, welcher seinen Eidschwur halte. König Ludwig schwur seinen Eid in der romanischen Sprache der Neustrasier, König Karl dagegen legte seinen Schwur in deutscher Sprache ab, damit jedes Volk, dem der Eid galt, denselben vollkommen verstünde. Die Völker aber schwuren in der Sprache ihres Landes, dass sie denjenigen der Brüder, welcher gegen den Andern Schlimmes anzettle, verlassen und alle Dem helfen wollten, der in Freundschaft und Brüderlichkeit beharre. Dieser dreifache Wechseleid liefert den Beweis von dem fortgeschrittenen Selbstgefühle der Völker, welche neben den Ansprüchen der Herrscher sich bereits geltend zu machen anfingen in nationaler Sonderung, so dass jene nur mit dem Willen und der Zustimmung ihrer Völker auf die Durchführung ihrer Absichten hoffen durften (M. g. I. 438; Waitz III. 584).

Hierauf sandten die königlichen Brüder nochmals Boten an Kaiser Lothar, welcher sich in der Pfalz zu Sinzig an dem Abrfluss aufhielt, um ihn zu Friede und Freundschaft zu bewegen; aber der Kaiser verweigerte jede Unterhandlung, und indem er die Abgesandten gar nicht vor sich kommen liess, rüstete er sich aufs Aeusserste. Nun zogen die Heere unverweilt die Rheinebene hinab, Karl längs des Gebirges über Weissenburg, Ludwig den Strom entlang über Speier nach Worms. Hier und in Mainz, wo ihnen Karlmann, der vierzehnjährige Sohn Ludwigs, ein zahlreiches Hilfsheer aus Baiwarien und Alamannien zuführte, gaben sie mit den Tapfersten ihrer Truppen glänzende Waffenspiele. Dann, nachdem sie sich von der Fruchtlosigkeit ihrer Botschaft überzeugt

hatten, setzten die Verbündeten bei Koblenz über die Mosel und
vertrieben Lothars Vorhut unter dem Erzbischof Otgar von Mainz,
dem fränkischen Grafen Hatto und dem Dänenkönige Heriold.
Der Kaiser zog sich nach Aachen zurück und vertheilte die von
seinem Grossvater aufgehäuften Schätze mit vollen Händen, um
sich Anhänger zu erkaufen — vergebliches Bemühen; denn die
Rheinlande, Austrasien waren unwiederbringlich verloren. Unauf-
haltsam gedrängt und von den Seinigen haufenweise verlassen,
eilte er in wenig kaiserlichem Aufzuge mit Weib und Kindern
über Chalons und Troyes nach Lyon.

Die königlichen Brüder, nachdem sie Aachen, die Hauptstadt
des Reiches, eingenommen hatten, liessen vor Allem in einer Versammlung von Bischöfen und Priestern, *quorum aderat pars maxima,*
ihrem Bruder Lothar das Reich absprechen, das er durch Gottesurtheil in der Schlacht verloren und später durch seine Flucht
selbst aufgegeben habe. Wiederholt sah sich die Geistlichkeit in
die Entscheidung politischer Angelegenheiten hineingezogen und
nützte diese Gelegenheit, indem sie sich wie immer auf Seite des
Siegers stellte, zur Mehrung ihres Einflusses. So hatte schon
Pabst Stefan, als Pipin die Merowinger vom Throne stiess, die
vollendete Thatsache durch den geistlichen Segen der Kirche
bestätigt und die Gewissensbisse des Thronräubers durch nach-
trägliche Entbindung von seinem bereits gebrochenen Treueide
beschwichtigt. So schleuderte Pabst Hadrian den Bannfluch auf
Tassilo und Desiderius, als sie ihre Selbständigkeit wider Karls
Eroberungspolitik vertheidigten. Seinen Sohn, den bis zur Verschwendung kirchenfreundlichen Ludwig, hatte die Geistlichkeit
schmählich im Stiche gelassen, als die meuterischen Söhne durch
eidbrüchigen Verrath sich den Sieg über ihren verlassenen Vater
verschafften, und die ersten Erzbischöfe der christlichen Kirche
hielten es nicht für schimpflich, sich zu geschäftigen Handlangern
des unnatürlichen Kerkermeisters Lothar herabzuwürdigen. Jetzt
kam die rächende Norne auch über diesen und dieselben Helfers-
helfer seiner frühern Schandthat sprachen bereitwillig nach den
Wünschen der Sieger das Urtheil über ihn und verdammten den
flüchtigen Kaiser wegen der Missethat an seinem Vater, wegen
der Eidesbrüche gegen seine Brüder und der dadurch veranlassten
Gräuel und Todtschläge zum Verluste des angemassten Reiches
im Namen des Gottes der Gerechtigkeit (Nidhart Hist.; M. g. II.
668). Dass durch solche von den Gewalthabern begünstigte Einmischung der Priesterschaft in politische Händel die klerikale
Herrschaft Schritt für Schritt gefördert wurde, bis sie ihren Nachfolgern über den Kopf wuchs, beachteten die Herrscher nicht in
der Befriedigung des augenblicklichen Gewinnes.

Nach dieser Staatsaktion theilten die Brüder das ihnen nach Kriegsrecht zugefallene Land, und während sich Karl nach der Pfalz von Heristall begab, verfügte sich Ludwig nach dem ihm zugefallenen Köln und von dort nach Sachsen, um den Aufstand der Stellinga zu unterdrücken. Die durch Lothars trügerische Versprechungen gegen ihre Herren aufrührerischen Lassen und Leibeigenen, selbst noch in dem Wahn, den altheidnischen Glauben ihrer Väter wiederherzustellen — *qui et christianam fidem pene reliquerant* — wurden erbarmungslos niedergemetzelt. Von den Anführern büssten 140 mit dem Kopfe, 14 wurden an Galgen gehenkt und eine zahllose Menge wurde verstümmelt, zum Lohne, dass sie dem Rufe ihres Kaisers unvorsichtig Folge geleistet hatten (Prud. Ann.; M. g. I. 439). Inzwischen hatte Kaiser Lothar bei der gänzlichen Erschöpfung seiner Hilfsmittel und der tödtlichen Ermattung der ihm noch treu gebliebenen Truppen sich von der Unmöglichkeit eines fortgesetzten Widerstandes überzeugt und war nun seinerseits seinen Brüdern durch Sendboten entgegengekommen, um den Allen erwünschten Frieden herbeizuführen. Die Grundlage des Friedensvertrages sollte sein, dass ausser Lombardien, Baiwarien und Aquitanien jeder der drei Brüder den dritten Theil des übrigen Reiches empfinge. Das hatten aber Ludwig und Karl bereits vor der Schlacht von Fontenoy vorgeschlagen. Also setzten sie jeder von ihnen vierzig Schiedsmänner nieder, welche im Oktober 842 zu Koblenz zusammentraten, um auf der gegebenen Grundlage die Theilung zu vollziehen. So erhielt Lothar ausser dem Kaisertitel und Italien alles Land zwischen der Rhone, Saone, der Schelde und dem Rhein und dazu Friesenland; Karl verblieb der westliche Theil des Frankenreiches von Aquitanien bis an den Kohlenwald im Norden, die Maas, Saone und Rhone im Osten. Luodewig endlich empfing ausser den Bezirken von Mainz, Worms und Speier am linken Rheinufer, alles Land im Osten des Rheinstromes bis an das nördliche Meer und die ostwärts gelegenen Gebiete der Slavenvölker. Und dies ist der Vertrag von Verdun, welcher im August des Jahres 843 besiegelt und beschworen wurde und mit welchem eigentlich das deutsche Reich seinen Anfang nahm.

§. 4. König Ludwig der Deutsche, 843—876.

Als dem Könige Ludwig durch den Theilungsvertrag von Verdun zu seinen Baiwaren die Alamannen, Ostfranken, Thüringer und Sachsen zugesprochen worden, mochte er sich rühmen, das Ziel eines dreizehnjährigen Strebens und Kämpfens errungen zu haben. Das neue Reich umfasste die muthigsten und tapfersten Völker der Deutschen, durch Abstammung, Sitte und Sprache mit einander verbunden, und erwarb daher mit Recht seinem Herrscher den Zunamen des Deutschen, obschon er sich vorzugsweise *rex Baioariorum* nannte.

Obwohl aber im Süden und Westen durch die Eidschwüre der verwandten Völkerfürsten gesichert, war das Reich an den andern Gränzen von mächtigen und gefährlichen Nachbarn umlagert. Da drohten im Norden die unbezähmbaren Normannen mit ihren räuberischen Seezügen und Wikingsfahrten und hinter der Eider die trotzigen Dänen. Im Osten aber umspannte das vielstämmige Volk der Slaven die Gränze in hundert Meilen weitem Bogen und drang mit seinen vorgeschobenen Spitzen tief in die deutschen Marken. Da sassen im Norden hinter der untern Elbe die Abodriten längs der Ostsee, welche Karl der Grosse den Dänen abgerungen. Hinter der Mittelelbe, wo einst die suevischen Semnonen gesiedelt, wohnten jetzt die unzuverlässigen Sorben und hatten die Susler und Daleminzier zwischen Saale und Elbe in die thüringische Mark vorgeschoben. In der boiohemischen Bergfeste hatten sich die Tschechen, noch unter vielen Häuptlingen gespalten, niedergesetzt und hinter denselben im alten Quadenlande begannen die Marabanen bereits ihre Herrschaft bis an die Karpaten und den alten Siedelort der Baiwaren auszubreiten. Jenseits der Donau herab streckte sich das Reich der Bulgaren, die Erbschaft der Avaren, von denen nur wenige Ueberreste in Oberpannonien unter der dort angesiedelten Slowakenbevölkerung in baiwarischer Dienstbarkeit verkamen. Zwischen Drau und Sau behaupteten die baiwarischen Gränzgrafen eine zweifelhafte Herrschaft über die pannonischen Slaven und gegen die Adria hin zogen sich die Chrobaten, zwischen Anerkennung fränkischer und griechischer Oberherrschaft, je nach dem augenblicklichen Bedürfnisse hin und her schwankend.

So war denn auch der erste Feldzug König Ludwigs im Jahre 844 wider die Abodriten gerichtet, welche auf Abfall von ihrer bisherigen Abhängigkeit vom Reiche sannen. Nachdem aber einer ihrer Fürsten, Gostimysl, in der Schlacht gefallen war, unterwarfen sich die übrigen Häuptlinge wieder, um der weitern Verheerung des Landes vorzubeugen. König Ludwig aber ging nach Diedenhofen zu einer Zusammenkunft mit seinen Brüdern, um die neue Freundschaft zu stärken.

Viel ernster und anhaltender war der Kampf mit den Slaven in Böhmen und Mährenland. Hier hatte Moimir sich zum Alleinherrscher aufgeworfen, andere Fürsten, wie den obengenannten Priwina, vertrieben und trug sich mit dem Plane, ein grosses

Slavenreich zwischen der Donau und den Karpaten zu gründen, sowie sich der fränkischen Oberherrlichkeit zu entledigen. König Ludwig rückte daher in der Mitte August des Jahres 846 wider die Marahanen, setzte den Herzog Moimir ab und erhob an dessen Stelle seinen Neffen Rastislav zur Herzogswürde. Als er aber darauf im Vertrauen auf die christliche Gesinnung von vierzehn Tschechenhäuptlingen, welche das Jahr zuvor mit ihrem Gefolge zu Regensburg die Taufe empfangen hatten, mit seinem Heere durch Böhmen zurückkehrte, sollte er sich in der Wirkung dieser heiligen Ceremonie auf die vorzugsweise nach den Pathengeschenken lüsternen Täuflinge schmählich getäuscht sehen. Denn die Böhmaken fielen das durch die Waldgebirge zurückziehende Heer der Deutschen im Hinterhalte von allen Seiten an und es bedurfte grosser Anstrengungen, um die Armee, wenn auch mit bedeutendem Verluste, aus dieser gefährlichen Lage zu befreien. Es scheint, dass die Böhmen, den Rückzug der Armee verfolgend, in den Nordgau oder die böhmische Mark eingefallen und davon theilweise Besitz ergriffen haben; denn Prud. Ann. sagen zum Jahre 847, dass Ludwigs Heer die Slaven zurückgeschlagen habe, *ita ut, quod ante annum amiserat, reciperet* (M. g. I. 443). Es musste also im Jahre 846 Land verloren gegangen sein. Nichtsdestoweniger wiederholten die Böhmen im Jahre 848 ihren Einfall — *Slavi in regnum Hl. hostiliter irruentes* . . . Aber König Ludwig schickte ihnen Mitte August seinen zweiten Sohn Ludwig III. mit einem Heere entgegen, der sie so in die Enge trieb, dass sie durch Gesandte um Frieden baten und Geiseln ihrer Treue zu stellen gezwungen wurden (M. g. I. 365). Im darauf folgenden Jahre erlitt dagegen das Heer der Deutschen eine empfindliche Niederlage in Böhmen. Es war Botschaft eingelaufen, dass die Böhmaken-in gewohnter Weise auf Empörung sännen. Da aber König Ludwig erkrankt war, so übergab er den Heerbefehl an Thakolf und Ernst, die beiden Grafen der sorabischen und böhmischen Mark auf dem Nordgau. Beide waren erprobte Heerführer, beide standen hoch im Vertrauen des Königs, besonders der Letztere — *inter amicos regis primus,* der noch überdies durch die Verheirathung seiner Tochter mit dem Kronprinzen Karlmann mit dem königlichen Hause verschwägert war. Die Theilung im Heerbefehl wurde aber den Deutschen verderblich; denn während Graf Thakolf im ersten Angriff selbst verwundet mit den Gesandten der Böhmen verhandelte und das Resultat dieser Unterhandlung den übrigen Führern durch Boten zu wissen that, griffen einige der Letztern, ohne die Ansicht der Andern zu beachten, die Böhmen in plötzlichem Ueberfalle an, wurden aber vom Feinde mit überlegener Heeresmacht bis in ihr Lager

zurückgeschlagen, wobei das allmälig in den Kampf verwickelte
Heer der Deutschen solche Verluste erlitt und so in die Enge
getrieben wurde, dass sie ihrerseits Geiseln geben mussten, um
auf dem grossen Heerwege unbelästigt einen schmählichen Rückzug ausführen zu können. Nun meint Huschberg (Scheiern-Wittelsb. 75), dass die Schuld der Niederlage den Heerbann der
sorabischen Mark träfe; aber ich denke ganz mit Unrecht. Denn
da Graf Thakolf den ersten Angriff auf die Böhmen machte, so
geschah dieser wahrscheinlich von der nördlichen Gränze aus
gegen das Egerthal, während die Baiern von Südwesten anrückten.
Da ferner Thakolf die Heerführer durch Boten von seinen Friedensverhandlungen mit den Böhmen in Kenntniss setzte, so können
darunter um so weniger seine Unterbefehlshaber verstanden werden, weil er dieselben um sich versammelt hatte. Es können also
nur jene Heerführer gemeint sein, welche den anrückenden baierischen Heerbann kommandirten und deren Anmarsch die über-
raschten Böhmen zu Friedens- und Geiselanerbietungen geneigt
machte. Ebenso erklärt sich das Misslingen der ganzen Expedition
daraus, dass sich die Böhmen mit gesammter Macht auf die einzelnen, ohne Zusammenhang und gemeinsamen Befehl vorbrechen-
den Schaaren warfen, eine nach der andern schlugen und so den
ganzen Heerbann der Baiwaren in die Niederlage der unbesonnenen Angreifer hineinzogen, während Thakolf nach dieser Niederlage der Baiwaren nichts Anderes zu thun übrig blieb, als
mit seinen Truppen gleichfalls den Rückmarsch anzutreten (M. g.
I. 366). Dieses Missgeschick der deutschen Waffen machte die
Slaven so übermüthig, dass die Sorben an der Elbe in wiederholten Raubzügen bis nach Franken vordrangen, vielleicht auch
weil das Jahr 850 ein Missjahr war und in ganz Deutschland
eine solche Hungersnoth herrschte, dass die Menschen auf der
Strasse todt zur Erde fielen. König Ludwig rückte daher durch
Thüringen im Jahre 851 in Sorbenland und verheerte dasselbe
mit Feuer und Schwert, bis sich die Einwohner, vom Hunger gezwungen, unterwarfen.

In Pannonien war inzwischen ein slavisches Fürstenthum
entstanden. Nachdem nämlich im Jahre 838 der oben genannte
Priwina durch den Grafen Salabo wieder mit dem Markgrafen
Ratbod ausgesöhnt worden war, verlieh ihm König Ludwig auf
die Fürbitte seiner Vasallen einen Strich Landes am Plattensee,
wo er mit Hilfe und Unterstützung des Salzburger Erzbischofs
Liutpram eine Stadt, die Mosaburg, anlegte und Kirchen erbaute.
Sein Eifer im Dienste des Königs und der Kirche, welcher die
Ansiedelung vieler Slovenen bewirkte, veranlasste auch Ludwig,
ihm dieses Lehen, das sich in Unterpannonien sehr erweitert

hatte, als eigenes Fürstenthum zu übergeben und ihn im Jahre
848 auf dem Tage zu Regensburg vor Fürsten und Herren als
Herzog desselben einzusetzen. Sonst herrschte Frieden auf dieser
Seite der Gränzmarken, seit Ratimar, der Slowakenherzog, vertrieben worden war und selbst die Bulgaren im Verein mit den
ihnen unterworfenen Slaven zwischen Drau und Sau schickten
friedliche Gesandtschaften an den König in den Jahren 845 und
852. Plötzlich im Jahre 853 brachen sie wieder verheerend über
die Gränze, man muthmasst, von Karl dem Kahlen durch Subsidiengelder aufgestachelt — *ut fertur, a nostris muneribus invitati,*
sagt der Annalist Prudentius. König Ludwig warf sie zwar siegreich über die Gränzflüsse; aber er hatte doch den Einfall selbst
herbeigeführt, da er den Gesandtschaften der unzuverlässigen
Aquitanier, welche mit den bittersten Beschwerden wider ihren
König Karl sich an ihn um Abhilfe wendeten, Gehör schenkte.
Obwohl er nun nicht selber die Hand im Spiele haben wollte, so
gestattete er dennoch auf Bitten der Unzufriedenen, dass sein
Sohn Ludwig III. zu Anfang des Jahres 854 mit einem Heere
von Baiwaren, Alamannen, Franken und Thüringern in Frankreich
einfiel. Derselbe drang auch unter Landverwüstung über die Loire
bis nach Aquitanien, fand aber von Seiten der Aufständischen
so wenig von der versprochenen Unterstützung, dass er seine
Unternehmung als vollständig missglückt — *adventum suum super-
vacuum* — betrachtete und im Herbste desselben Jahres, von
Karls zügellosen Schaaren lebhaft verfolgt, sich schleunigst nach
Deutschland zurückzog (Ann. Fuld. und Prud.; M. g. l. 368 u. 448).

Die vier folgenden Jahre waren mit Feldzügen ausgefüllt
wider die Slaven, insbesondere in Böhmen und Mähren. Im Frühjahr 855 sandte König Ludwig den Markgrafen Ernst mit einem
stattlichen Heere unter dem Kommando von mehreren Bischöfen
wider die Böhmaken, um die Scharte vom Jahre 849 auszuwetzen,
was wohl nur durch Verheerung des Landes ausgeführt wurde;
denn Mitte März war der Kriegszug schon zu Ende (Mbk. I[b] 702).
Im darauf folgenden Sommer führte der König in Person eine
Armee wider den Marahanenherzog Rastislav, der sich aber in
seine Burgen zurückzog, von deren Erstürmung der König aus
Schonung für seine Truppen Abstand nahm. Als er hierauf nach
üblicher Landverwüstung mit Feuer und Schwert zurückmarschirte,
waren die Feinde so keck, das königliche Lager anzugreifen,
wurden aber für diesen Uebermuth gänzlich geschlagen. Dennoch
fiel Rastislav nach dem Abzuge der Baiern über die Donau und
plünderte die im Uferlandstrich gelegenen Orte. Es kann dieses
nur durch ein heimliches Einverständniss mit dem Markgrafen
Ratbod geschehen sein, welchen der König kurz darauf seiner

Würden entsetzte, weil er überwiesen *fidem atque jusjurandum omni infidelitate fraudavit* (M. b. XXVIII^a. n. 36). Dagegen hob der König die bisher bestandene Theilung der pannonischen oder avarischen Mark wieder auf und stellte die gesammte östliche Gränzmark, zu welcher freilich Friaul und Dalmatien nicht mehr gehörten, unter den Befehl seines Sohnes Karlmann (Dümmler, Oe. A. X. 33). Im Sommer des Jahres 856 rückte König Ludwig mit gesammter Heeresmacht durch Sorbenland, dessen Häuptlinge sich mit ihm vereinten gegen die Daleminzier an der Elbe, schlug ihre Truppen aus dem Felde und zwang sie unter Geiselstellung zur Tributleistung. Als er dann durch das westliche Böhmen nach Baiern zurückkehrte, unterwarfen sich zwar einige Häuptlinge, wohl aber erst nach einem Kampfe, welcher dem kaiserlichen Heere nicht unbedeutende Opfer, darunter die Grafen Bardo und Erf, kostete. In dem folgenden Jahre 857 wurde eine neue Expedition gegen Böhmen ausgeführt. Der Bischof Otgar von Eichstätt, Pfalzgraf Hruodolt und des Markgrafen Ernst gleichnamiger Sohn führten ihre Mannschaften vor die feste Burg des Herzogs Wiztrach, der seit vielen Jahren der Macht des Königs getrotzt hatte. Jetzt wurde sein Sohn Slavitah daraus vertrieben, welcher sofort zu dem Marahanen Rastislav entfloh, während sein Bruder, der bisher als Flüchtling bei dem Sorabenfürsten Zistibor gelebt hatte, an seiner Statt eingesetzt wurde. Noch im selben Jahre hatte König Ludwig in Trient eine Zusammenkunft mit seinem Neffen, Kaiser Ludwig, dem Sohne Lothars, welcher zu Prüm Mönch geworden und nach Kurzem gestorben war, zur Befestigung des friedlichen Einvernehmens. Im Jahre 858 beschloss der König auf dem Tage zu Frankfurt einen dreifachen Feldzug wider die östlichen Slaven. Karlmann sollte von der Ostmark aus in Marahanien eindringen und Rastislav zu Paren treiben, Thakolf wider die Soraben marschiren, welche sich wieder stützig zeigten und Prinz Ludwig endlich die Abodriten und Linonen heimsuchen. Es scheint aber nur die letztere Expedition zur Ausführung gekommen zu sein, obwohl auch über ihren Erfolg nichts weiter bekannt ist (Dümmler, Ol. R. I. 406). Denn König Ludwig liess sich noch im selben Jahre in ein sehr weitaussehendes Unternehmen ein, welches all seine Kräfte und militärischen Hilfsmittel in Anspruch nahm.

Es war nämlich eine Gesandtschaft der angesehensten Primaten aus Frankreich zu ihm gekommen, um über die traurige Lage des Landes, welches von aussen durch die Raubverwüstungen der heidnischen Normannen, von innen durch Tyrannei und Gewaltthat König Karls in gleicher Weise zu Grunde gerichtet wurde, bittere Klage zu führen und um abhelfenden Eingriff zu

bitten. König Ludwig überlegte sich wohl, dass man ein solches
Einschreiten wider seinen Halbbruder weniger aus einer Vorsorge
für das Volk, als vielmehr aus Annexionslust entsprungen bemän-
geln dürfte; dennoch entschloss er sich nach der zustimmenden
Meinung seiner Räthe und seiner redlichen Absicht bewusst, den
Bitten der Gesandten zu willfahren. In der Mitte August 858
überschritt er mit seinem Heere bei Worms den Rhein und rückte
über Chalons bis in die Nähe der aquitanischen Gränze, überall
die Huldigung der Grossen empfangend. Von da ging er zurück
bis Brienne an der Aube, wo ihm König Karl gegenübertrat. Da
aber dessen Heer grösstentheils zu König Ludwig überging, so
verfolgte dieser den nach Burgund flüchtigen Karl nicht weiter,
entliess sogar unbesonnener Weise seinen deutschen Heerbann
in die Heimath, indem er sich ganz den Franzosen anvertraute —
zum ungünstigen Ausgang des ganzen Unternehmens. Denn da
sich König Karls Partei wieder stärkte, fielen auch Ludwigs französische Parteigänger ebenso rasch von ihm ab, als sie sich für
ihn erklärt hatten, und als endlich gemeldet wurde, dass die
aufständischen Soraben den getreuen Herzog Zistibor erschlagen
hätten, gab diese Nachricht dem Könige Ludwig die erwünschte
Veranlassung, sich mit leidlicher Ehre zurückzuziehen — *depravato
omni regno et in nihilo emendato* (M. g. II. 230). Nun gingen Boten
zwischen den beiden Brüdern und ihren Neffen zur Versöhnung,
von König Ludwigs Seite besonders um den von Karl Abgefallenen Straflosigkeit zu erwirken, während des Jahres 859; aber
selbst zwei persönliche Zusammenkünfte zu Andernach und Basel
blieben erfolglos, bis endlich im Jahre 860 der allgemeine Wunsch
und die Vermittlung der hervorragendsten weltlichen und geistlichen Grossen beider Länder zu Koblenz den Frieden zu Stande
brachte (M. g. I. 371).

Der frühreife Drang nach Selbstherrschaft, der schon des
frommen Ludwigs Söhne zur Empörung gegen ihren Vater hin-
gerissen hatte, trieb auch den Prinzen Karlmann zu eigenmäch-
tigen Eingriffen in die Verwaltung der ihm seit sechs Jahren zur
Oberaufsicht überantworteten Ostmark. Er vertrieb plötzlich alle
Gränzgrafen, um sie durch andere, ihm ganz ergebene zu ersetzen,
und soll sogar mit dem mehr als zweideutigen Marahanenfürsten
Rastislav geheime Verbindungen angeknüpft haben, wodurch der
dem Könige getreue Slovenenherzog Priwina aufgeopfert und in
einem Ueberfalle von den Marahanen erschlagen wurde (Dümmler,
Oe. A. X. 35). In Folge dieser Ereignisse sah sich König Ludwig
veranlasst, im Jahre 861 auf dem Reichstage zu Regensburg den
Schwiegervater des Prinzen, den ersten seiner fürstlichen Räthe
und Heerführer, den Markgrafen Ernst, unter dem Verdachte des

Hochverrathes — *quasi infidelitatis reum* — seiner öffentlichen
Ehren zu entsetzen. Die Grafen Otto, Berengar und Abt Waldo,
angeblich seine Neffen, wurden aus dem Lande verbannt und
fanden bei König Karl ehrenvolle Aufnahme; die Grafen Sigihard
und Gerolt traf die Verweisung vom Hofe auf ihre Güter. Obwohl nun der König auch seinen Sohn Karlmann im Verdachte
der Empörung hatte, so wusste sich dieser dennoch 862 zu Regensburg zu rechtfertigen und blieb im Amte, da er seine Treue
eidlich versicherte. Der König unternahm aber noch im selben
Jahre mit seinem Sohne Ludwig eine Heerfahrt wider den rebellischen König Tabomiusl der Abodriten und zwang ihn zu Unterwerfung und Geiselstellung. Während er zurückgekehrt zu Frankfurt weilte, traf die Nachricht ein, dass die Ungern, bisher
unbekannte Feinde, die Gränze verheerten. Da aber bis zu den
wirklichen Ungerneinbrüchen noch an 30 Jahre verflossen, so
scheint dieses nur ein Streifzug gewesen zu sein, der keine weiteren Folgen hatte. Aber das eigene schlechte Gewissen erfüllte
den König fortwährend mit Verdacht gegen Karlmann, so dass
er offen erklärte, derselbe solle bei seinen Lebzeiten nie mehr
zu Ehren gelangen. Der verleumdete Prinz, bereits auf dem Wege,
sich vor seinem Vater zu rechtfertigen, kehrte wieder um, bis es
ihm gelänge, durch wahrheitsgetreue Sendboten seine Schuldlosig-
keit darzuthun. König Ludwig aber rückte im Frühjahr 863 gegen
Kärnten, wo der von Karlmann eingesetzte Graf Gundakar sogleich zu ihm überging, wofür ihm die Markgrafschaft zum Lohne
wurde, Karlmann aber, von Allen verlassen, landflüchtig wurde,
da König Ludwig seinen Halbbruder Karl durch einen besondern
Boten besendete, dass er demselben keinen Aufenthalt gewähre.
Er unterwarf sich also seinem Vater und blieb in freier Haft zu
Regensburg, ohne vorderhand in seine Würden wieder eingesetzt
zu werden. Als aber König Ludwig im nächsten Jahre 864, nachdem er mit dem dem Christenthume geneigten Bulgaren-Chakan
Bogoris Frieden geschlossen hatte, wobei höchst wahrscheinlich
die Slaven zwischen Drau und Sau wieder unter fränkische Herrschaft kamen, den Marahanen Rastislav in seiner Bergfeste Do-
vina, wahrscheinlich dem heutigen Theben, einschloss, dass er
unter Geiselstellung mit seinen Grossen den Vasalleneid zu
schwören gezwungen war, entwich Karlmann nach Kärnten, wo
er von allen Grafen, Gundakar an der Spitze, wieder als Herr
anerkannt wurde. Der König setzte ihm unmittelbar nach, verständigte sich aber in einer Unterredung mit ihm, dass er ihn in
seiner Würde beliess (Dümmler, Of. R. I. 527). Die vollständige
Bereinigung dieser Anstände ergab sich erst durch eine im Jahre
865 für seinen Todesfall verabredete Reichstheilung, wonach

23*

Karlmann Baiwarien und die slavischen Gränzmarken, Ludwig III. Franken, Thüringen und Sachsen nebst den dazu gehörigen Marken, Karl aber Alamannien, Rätien und Churwalchen empfangen sollte. Einstweilen sollten die Söhne bestimmte Pfalzen und den Gerichtsbann in kleinern Händeln haben, während Bisthümer, Klöster und Grafschaften, sowie alle schweren Verbrechen unter dem Gerichtsbanne des Königs verblieben (M. g. I. 467; II. 329).

Kaum waren auf diese Weise die Verhältnisse mit Karlmann geebnet, so entspannen sich Zwistigkeiten mit dem jüngern Ludwig, welchem der Vater einige Lehen entzogen hatte, um sie Karlmann zuzutheilen. Wahrscheinlich auf seine Anreizung hatte sich der Gränzgraf Werinhari, welchen Dümmler (Oe. A. X. 39) nach Oberpannonien versetzt, herbeigelassen, den Marahanen Rastizlav wider den König aufzuhetzen, wesshalb er im Jahre 865 seiner Würde entsetzt wurde. Jetzt nahm ihn Ludwig III. auf, sowie die exilirten Grafen Otto und Berengar, versprach ihnen Wiedereinsetzung in Würden und Lehen und sendete den Grafen Heinrich wiederholt an Rastislav, ihn zu einem Einfall in die Ostmark zu bereden. Auch Graf Gundakar scheint im Komplot gewesen zu sein, da er um diese Zeit sein Amt verlor und es von ihm heisst: *multis perjuriis et dolosis machinationibus Hludowico regi ejusque filiis saepenumero extitit infidelis.* Der König, der schon zu Anfang 866 gegen die Wenden im Felde gestanden hatte, übergab den Schutz der Ostgränze an Karlmann, welcher sowohl die Marahanen zurückschreckte, als auch einen abgefallenen Vasallen, Guntbold zu Paren trieb. Er selbst begab sich schleunigst an den Rhein, sammelte in Frankfurt seine Getreuen um sich und wusste durch den Erzbischof Liutbert von Mainz seinen rebellischen Sohn zu beschwichtigen, so dass zu Worms die Versöhnung stattfinden konnte und der jüngere Ludwig im Jahre 867 bereits wieder ein Heer gegen die aufständischen Abodriten führte, während der Heerbann aus Baiwarien, Alamannien und Franken eine Reservestellung einnahm.

Endlich nach 11 Jahren, d. h. im Jahre 869, kam König Ludwig dazu, den schon 858 gefassten Plan eines allgemeinen Angriffes wider die unzuverlässigen, räuberischen Slaven wieder aufzunehmen. Die Sorben und Susler, sowie die mit ihnen verbundenen Böhmaken fielen in die baierische und thüringische Gränzmark, verbrannten die Dörfer, überfielen und erschlugen einzelne Heerhaufen und schleppten die Weiber in Gefangenschaft. Karlmann hatte mit den Marahanen zu thun, bei denen der ungetreue Graf Gundakar im Kampfe erschlagen wurde. Jetzt sollte der jüngere Ludwig von Thüringen aus die Sorben zu Paren treiben, Karlmann mit den Baiern den Neffen des Rastislav,

Swatopluk, angreifen, während der König selbst wider den Marahanenherzog zu ziehen beschloss, als er plötzlich erkrankte und
den Heerbefehl seinem jüngsten Sohne Karl übergeben musste.
Indessen ging Alles glücklich; denn Ludwig schlug die Sorben in
zwei siegreichen Treffen, worauf sie zur frühern Abhängigkeit
zurückkehrten; die beiden andern Heere zerstörten die ausgedehnten Verhaue und Schanzen der Feinde, heerten das Land
und zwangen die Böhmen zum Frieden, so dass Alle mit grosser
Beute nach Hause kehrten. In Folge dieser Ereignisse begab
sich im mährischen Reiche eine Umwälzung. Swatopluk hatte
sich nämlich mit seinem Gebiete Karlmann unterworfen; der
darüber erzürnte Rastislav strebte daher seinem Neffen nach dem
Leben. Dieser aber, von dem Mordanschlage in Kenntniss gesetzt, kam seinem Oheim zuvor, überwältigte ihn bei der Verfolgung und überlieferte ihn gefesselt den Baiern, worauf dieser im
Jahre 870 im öffentlichen Gerichtstage von Franken, Baiwaren
und Slaven zum Tode verurtheilt, vom Könige zur Blendung be-
gnadigt wurde. Um diese Zeit kam der Grieche Methodius, welcher mit seinem Bruder Konstantin (Kyrillos) mehrere Jahre in
Rastislavs Reiche gepredigt und das kyrillische Alfabet für die
slavische Sprache erfunden hatte, von Rom aus als geweihter
Bischof zu Herzog Chozel, der nach seines Vaters Priwina Tode
das slovenische Fürstenthum in Unterpannonien übernommen
hatte. Methodius brachte die Erlaubniss mit, den Gottesdienst in
slavischer Sprache halten zu dürfen und erfreute sich daher einer
sehr guten Aufnahme, sowie grossen Zulaufes, gerieth aber natürlich sogleich in einen heftigen Kampf mit dem eifersüchtigen
Klerus von Salzburg, der seit 796 Metropolitanrechte in Unterpannonien ansprechen durfte und zu deren Vertheidigung die
oben angeführte Schrift *de conv. Bagoar. et Carant.* abfassen liess.
Methodius wurde auf eine Synode vorgeladen und da er nicht
nachgeben wollte, dritthalb Jahre im Gefängniss gehalten, woraus
ihn erst der gegen die baierischen Bischöfe von Pabst Johann VIII.
geschleuderte Bannfluch erlöste (Dümmler, Oe. A. X. 45), worauf
dann wahrscheinlich 874 das neugegründete Erzbisthum von Unterpannonien und Mähren vom Könige anerkannt wurde.

Mittlerweile hatten sich wieder einmal die Prinzen Karl und
Ludwig wider ihren Vater empört und den Speierergau verwüstet,
wurden aber Anfang 871 wieder mit dem Könige ausgesöhnt.
Karlmann aber, durch falschen Verdacht verleitet, liess Swatopluk
in Verhaft nehmen und empörte dadurch die Marahanen in der
Weise, dass sie seinen Vetter Sklagamar, obwohl er Priester war,
unter Bedrohung mit dem Tode zum Herzoge zwangen und die
Markgrafen Engilskalk und Willihalm angriffen, obwohl sie mit

Verlust zurückgeschlagen wurden. Als aber die Verhaftung Swatopluks sich als ungerecht erwies, beging Karlmann die Unklugheit, dem königlich beschenkten Slavenfürsten das baierische Heer anzuvertrauen, um es gegen die Aufständischen zu führen. Der aufs höchste Erbitterte verständigte sich aber mit seinem Vetter, überfiel die nichtsahnenden und sorglos gelagerten Baiern und erschlug ihrer eine grosse Zahl nach tapferer Gegenwehr, wobei auch die beiden Markgrafen auf dem Platze blieben. König Ludwig konnte nichts thun, als noch im selben Jahre ein Heer unter dem Bischofe Arn von Würzburg und dem Grafen Ruodolt wider die aufständischen Böhmen, die Bundesgenossen der Marahanen, zu schicken, welches denn auch noch im Spätherbst einen glücklichen Ueberfall ausführte. Im nächsten Jahre begann der böhmisch-mährische Krieg aufs neue. Aber der thüringisch-sächsische Heerbann hielt sich sehr schlecht und musste bald zurückweichen. Die Franken dagegen schlugen die Schaaren der fünf Böhmaken-Häuptlinge und verheerten weithin das Land. Weniger günstig erging es Karlmann, der mit dem baierischen Heerbanne in Mähren einfiel. Er konnte Swatopluks Schlupfwinkel nicht nehmen und gerieth beim Rückzuge selbst in grosse Gefahr; denn die Marahanen überfielen in seinem Rücken die unter Bischof Embrich von Regensburg an der Donau zurückgelassene Bedeckung und hieben sie zusammen, so dass der Bischof nur mit Noth entrann (Dümmler, Of. R. I. 777). Die Marahanen aber fielen in die Ostmark und brachten noch die Verheerung zur weithin herrschenden Hungersnoth des Jahres 873, welche durch furchtbare Heuschreckenschwärme erzeugt wurde. Doch war auch Swatopluk des Krieges müde und schickte bereits im Frühjahr 873 einen alamannischen Kriegsgefangenen Berhtram mit Friedensvorschlägen an den König und nach deren Verwerfung im Jahre 874 den Priester Johann von Venedig nach Forchheim. Er versprach gegen das Zugeständniss seines ererbten Reiches pünktlich den jährlichen Tribut zu zahlen und dem Könige sein ganzes Leben lang getreu zu bleiben. So kam denn ein für Deutschland allerdings nicht befriedigender Friede zu Stande, wie er jedoch nach den damaligen Verhältnissen allein möglich war. Das Fürstenthum des Herzogs Chozel, dessen Tod (Dümmler, Oe. A. X. 42) zwischen 873 und 874 fällt, wurde wieder zur pannonischen Mark gezogen. Wenn aber Büdinger (I. 188) behauptet, dass Swatopluk schon damals ganz Unterpannonien bis an die Drau besetzt habe, so ist das blos eine Muthmassung ohne Quellenbestätigung.

Am Schlusse seines thatenreichen Lebens musste König Ludwig noch einen Zug wider seinen treulosen Halbbruder Karl unternehmen. Ihr Neffe, Kaiser Ludwig, war 875 gestorben und vertragsmässig sollte seine Krone an Karlmann übergehen. Aber der kahlköpfige Karl, von einer Partei gerufen, wusste seinen ihm gegenüber stehenden Neffen Karlmann durch einen Eidschwur zu täuschen, eilte nach dessen Rückzuge nach Rom und empfing vom Pabste Johann VIII. die Kaiserkrone. Ergrimmt über diese Hinterlist brach König Ludwig über den Rhein und heerte das Westreich mit Feuer und Schwert, sah sich aber durch seine wankende Gesundheit zum Rückzuge veranlasst. Der neugebackene, feige Kaiser wüthete zwar mit furchtbaren Drohworten gegen seinen Bruder, aber dabei blieb es; denn während der Rüstungen verschied König Ludwig am 28. August 876 zu Frankfurt.

Kaiser Karl hoffte zwar — er war ja der erste Chauvin — diesen Todesfall benützen zu können, um Frankreichs Gränze bis an den Rhein vorzuschieben. Aber sein Neffe Ludwig empfing ihn in der Schlacht von Andernach so warm, dass ihm alle chauvinistischen Gelüste gründlich vergingen. Hierauf theilten sich König Ludwigs des Deutschen Söhne nach den Bestimmungen des Vertrages vom Jahre 865 in sein Reich und Karlmann erhielt Baiwarien und die damit zusammenhängenden östlichen Slavenreiche.

§. 5. König Karlmann, 876—880; König Ludwig III., 881; Kaiser Karl der Dicke, 882—887.

König Karlmann, der männlichste von den Urenkeln des grossen Karls — denn die Nachkommen Lothars und des kahlen Karls wetteiferten an Erbärmlichkeit und Ohnmacht mit den verdrängten Merowingischen Epigonen — war ausgezeichnet durch hervorragende Eigenschaften des Körpers, wie des Geistes. Ein namentlich in den marahanischen Feldzügen erprobter Heerführer, bewährte er sich den Seinen ebenso mild, als furchtbar den Feinden, gerecht, edel, herablassend und selbst in den Wissenschaften wohl unterrichtet. Von seiner Gattin Hildegarde, der Tochter des Markgrafen Ernst, hatte er keine Nachkommenschaft, wohl aber aus der Verbindung mit einer Edeldame Liutswinde*) einen viel versprechenden Sprössling, welchen er nach dem Stammvater des Geschlechtes der Pipiniden und Karolingen, dem Bischofe Arnulf von Metz, Arnulf genannt hatte (Regino chr.; M. g. I. 591).

---

*) Arnulf nannte seine Mutter urkundlich nie Regina, wie er doch wohl gethan haben müsste, wenn sie König Karlmanns angetraute Ehegemahlin gewesen wäre (vgl. M. b. XXVIII⁴ 79; Mbk. I⁴ 146 etc.), womit die Muthmassungen über seine legitime Abstammung fallen.

Diesem übertrug er die Verwaltung von Karantanien und Pannonien, wie er selbe bei Lebzeiten seines Vaters besessen, während
die Ostmark unter dem Markgrafen Aribo stand, dem dieselbe noch
vom Könige Ludwig nach dem Heldentode der Gränzgrafen Engilschalk und Willihalm bei dem verrätherischen Ueberfalle Swatopluks übertragen worden war.

Nachdem Karlmann noch im Todesjahre seines Vaters mit
nicht näher bezeichneten Slaven einen Kampf bestand, der wohl
kaum die Marahanen, mit welchen seit 874 Friede herrschte, an-
ging (Dümmler, Oe. A. X. 47), rüstete er sich zu einem Heerzuge
nach Welschland, theils um seines Vaters Ansprüche daselbst
geltend zu machen, theils um an seinem kaiserlichen Ohm Rache
zu nehmen für die eidbrüchige Ueberlistung im Jahre 875. Während Kaiser Karl zu Pavia eine feierliche Zusammenkunft mit
Pabst Johann VIII. hielt, erschien er daher plötzlich mit einem
starken Heere von Baiwaren und Slaven in der lombardischen
Ebene, so dass Karl, von seinen Getreuen verlassen, eilig den
Weg nach Frankreich einschlug. Aber der Tod war noch eiliger
und überraschte ihn am Fusse der Alpen in dem Weiler Bries
(Briançon) an den Folgen der Ruhr. Im Volke sagte man, sein
jüdischer Leibarzt Zedekias habe ihm anstatt der Arznei einen
Gifttrank gereicht. Es herrschte aber ungesundes Herbstwetter
und selbst Karlmanns Heer ward von einer epidemischen Influenza
so furchtbar dezimirt, dass er trotz des Entgegenkommens der
italischen Grossen seine Pläne auf Italien aufzugeben und über
die Alpen zurückzugehen gezwungen war. Er selbst, obwohl im
kräftigsten Mannesalter — denn er hatte noch nicht das fünf-
zigste Lebensjahr erreicht — wurde von schwerem Siechthume
befallen und gelangte in die Heimat nur, indem seine Getreuen
den tödlich Erkrankten auf einer Sänfte dahin trugen.

Inzwischen hatte Arnulf, welcher als Statthalter waltete, den
Grafen Erambert und Andere vertrieben und Dümmler (Oe. A.
X. 47) bringt dies mit einem Versuche Arnulfs, sich bei dem bevorstehenden Todesfalle seines Vaters die Herrschaft in Baiwarien
zu sichern, in Verbindung. Die Quellen lassen sich aber nicht
darauf auslegen; denn sie sagen: *propter quandam dissensionem
inter Carlmannum, patrem suum et eos factam* (Ann. Fuld.; M. g.
I. 392). Es war also eine Auflehnung gegen die bestehende Herrschaft und nicht gegen eine zukünftige, welche der Vertreibung
zu Grunde lag. Die Vertriebenen wendeten sich im Jahre 879
an König Ludwig III., den Bruder Karlmanns, welcher sich bereits der Zustimmung der baierischen Grossen für seine Thronbesteigung nach Karlmanns Hintritt versichert hatte, und derselbe
verglich die Angelegenheit, indem er die Ausgetriebenen wieder

in ihre Würden einsetzte, was allerdings manche Missstimmung hervorrief. Indess liess der durch einen Schlagfluss der Stimme beraubte Karlmann seinen Bruder Ludwig zu sich bescheiden und empfahl ihm schriftlich sich selbst nebst Gattin und Sohn, sowie das Reich, indem er ihm die Bisthümer, Abteien und Grafschaften überwies.

Am 22. März 880 verschied er auf seiner Lieblingspfalz zu Oetting am Inn nach dritthalbjähriger Lähmung.

Ludwig III., der Jüngere, König der Franken, Thüringer und Sachsen, hatte im Jahre 880 durch friedlichen Austrag mit seinen Vettern von Frankreich Lothringen erhalten und auf dem Heimwege bei Thuin im Hennegau den Normannen eine empfindliche Niederlage beigebracht. Jetzt, nach Karlmanns Ableben reiste er nach Regensburg und empfing auch nach der zustimmenden Huldigung aller Grossen des Landes Baiwarien und die davon abhängigen Slavenreiche, namentlich Böhmen und Mähren, hatte aber den Schmerz, sein einziges, legitimes Söhnlein, Ludwig, durch einen unglücklichen Sturz aus dem Fenster der Königspfalz zu verlieren (M. g. I. 592). Seinem Neffen Arnulf übergab er Kärnten, wie derselbe dieses Land schon zu seines Vaters Lebzeiten besessen und von der festen Mosaburg aus in der Nähe des Klagenfurter Sees verwaltet hatte. Aber nur kurze Zeit währte seine Herrschaft; denn er starb schon im Januar 882 nach einer Regierung von 20 Monden.

Jetzt empfing Karl, der König von Alamannien, alle Kronen, welche sein tapferer Vater, Ludwig der Deutsche, unter seine Söhne vertheilt hatte. Schon im Jahre 879 war er als Karlmanns, seines Bruders, Nachfolger von den lombardischen Grossen entgegenkommend aufgenommen worden und wurde von ihnen zu Ravenna als König von Italien eingesetzt. Im Februar 881 empfing er zu Rom die Kaiserkrone seines erlauchten Urahns. Durch seiner Brüder Hinscheiden fielen ihm die Kronen von ganz Deutschland und Lothringen ohne Mühen und Anstrengungen in den Schooss. Selbst die Herrschaft des westfränkischen Reiches übertrugen ihm später im Jahre 885 die Grossen des Landes, so dass er jetzt ohne sein Verdienst und Zuthun alle Reiche wieder unter seinem Zepter vereinte, welche sein gewaltiger Urahnherr mit den blutigen Kämpfen seines ganzen Lebens zusammengeschweisst hatte. Von diesem cäsarischen Vorfahren war ihm aber nichts geblieben als der Name. Das Volk aber schied ihn ob seiner beträchtlichen Leibesfülle von dem Gedächtnisse jenes Heldenfürsten durch den Zunamen des Dicken. Ein Held wohl, aber kein Schmeerbauch, hätte dem grossen Reiche in jenen Tagen nothgethan, wo die räuberischen Dänen und Normannen sich

nicht mehr mit verheerenden Streifzügen an den Seeküsten von
Friesland und Sachsen bis nach Lothringen und Franzien be-
gnügten, sondern in keckem Muthe die Flüsse hinaufruderten und
Paris, Köln und Aachen verheerten. Aber zu solchem Helden-
werke hatte der Dicke weder Geist noch Muth. Zwar im Sommer 882 war ein allgemeines Aufgebot ergangen im ganzen Reiche
wider die normannische Räuberfeste Elsloo an der Maas. Ein
zahlreiches Heer aus allen Gauen von Deutschland, die Baiwaren
unter Herzog Arnulf an der Spitze, war den Rhein hinabgezogen,
streitkühn und begierig, die Schmach des deutschen Namens an
den frechen Räubern zu rächen. Schon waren die Feinde aufs
Engste umschlossen, zum Aeussersten getrieben, so dass sie bereits an Ergebung dachten; da knüpfte der Jammerkaiser unter
bischöflicher Assistenz mit den bereits Verzagenden Unterhandlungen an, wonach der eine Heidenkönig mit etwas Taufwasser
das stromweis vergossene Christenblut abwusch und dafür als
kaiserlicher Vasall Reichslehen in Westfriesland empfing; die andern Heerkönige aber, denen Thor und Odhin höher standen, als
der allerdings nicht sehr respektabel vertretene Christengott, und
welche die Methhörner Walhalla's dem Taufwasser vorzogen,
sollten Urfehde schwören und dafür mit ihrem Raubgut freien
Abzug und noch überdies ein Hohngeschenk von 2800 Pfunden
Goldes und Silbers empfangen (Dümmler, Of. R. II. 206).

Die Schmach dieses Friedensschlusses war unsäglich und das
tapfere Heer, welches voll Muth und Siegesgefühl ausgezogen und
redlich im Kampfe sein Blut vergossen, kehrte betrübt über den
erlittenen Schimpf nach Hause. In Baiern brach nach der Rückkehr der Truppen ein so verheerendes Sterben aus, dass nicht
selten zwei Leichen in eine Grube begraben wurden (M. g. I. 397).
Aber auch das kaiserliche Ansehen hatte einen unheilbaren Stoss
erlitten und die Vasallen scheuten sich nicht im Mindesten, dem
verächtlichen Oberlehnsherrn höhnisch Trotz zu bieten. In der
Ostmark gebot Aribo, seit in König Ludwigs des Deutschen Tagen
die Gränzgrafen Willihalm und Engilschalk dem Verrathe Swatopluks erlegen waren. Als nun deren Söhne zu ihren Jahren
gekommen waren, hatten sie die Keckheit, von jenem die Markgrafschaft zu fordern, als sei selbe durch Erbrecht auf sie über-
tragbar. Aribo, der Schwäche des Kaisers wohl bewusst, wendete
sich um Hilfe an Swatopluk; aber die Jünglinge, von zahlreicher
Sippe unterstützt, trieben ihn vom Amte mit gewaffneter Hand.
Zwar der Kaiser, als er Baiern übernahm, bestätigte Aribo in
der Markgrafschaft; aber die Unruhestifter lachten dieser Bestätigung, denn sie waren im Besitze. Anders dachte der Marahanenherzog, den Söhnen schon um ihrer Väter willen gram, und

begierig, durch Einmischung in die innern Händel seine gehassten
Nachbarn in der Ostmark zu schädigen. Also brach er im Sommer 882 über die Donau, hob Werinhari, Engilschalks mittleren
Sohn, und den Grafen Vezzilo auf und sandte sie an Zunge,
Händen und Schamtheilen, verstümmelt zurück, während die Leute
ihres Gefolges die Hände einbüssten. Dann verheerte er das Land
mit Feuer und Schwert und entführte eine Menge Gefangener.
Da die Jünglinge vom Kaiser selbstverständlich keine Hilfe erwarten
konnten, so wandten sie sich an ihren Nachbar, Arnulf, den Herzog von Kärnten und Pannonien, dem sie für die Ostmark den
Lehenseid schwuren. Darauf liess diesem Swatopluk entbieten,
dass er seine Feinde nicht schützen und durch einen Eidschwur
sich reinigen solle von dem Verdachte der Mitwissenschaft an
dem letzten Einfalle der Bulgaren in sein Reich. Da Arnulf
solche Niedertracht verschmähte, fiel Swatopluk im Sommer 883
in Pannonien ein und verwüstete, da ihm kein Widerstand geleistet
wurde, Land und Leute auf das Unmenschlichste mit Brandlegung,
Mord und Verstümmelung der männlichen Bevölkerung und Hin-
wegschleppung der weiblichen. Im Jahre 884 suchte er Pannonien wiederholt heim, wie ein blutgieriger Wolf, und heerte daselbst zwölf Tage. Bei seinem Rückzuge griffen Megingoz und
Poapo, die ältern von den Grafensöhnen, seine Nachhut an der
Donau an, erlitten aber eine vollständige Niederlage und ertran-
ken auf der Flucht in der Raab. Nachdem diese Fehde dritthalb
Jahre die Gränzmarken auf die schauderhafteste Weise verwüstet
hatte, rückte Kaiser Karl mit einem grossen Heere die Donau
hinab und hatte bei Königstätten eine Zusammenkunft mit dem
marahanischen Mordbrenner. Die Verhandlung verlief in der
Weise, wie man es von dem Dicken gewohnt war. Der freche
Räuber ging gegen einen seiner Meineide straflos aus, nur dass
man ihm doch keine Entschädigungssumme für seine Raubzüge
anbot. Dass Aribo wiederholt in seiner Markgrafschaft bestätigt
wurde, war selbstverständlich. Arnulf war aber so ergrimmt über
diese wiederholte Schmach, dass er sich erst im Jahre 885 ent-
schliessen konnte, mit Swatopluk Frieden zu schliessen. Dass
durch obigen Friedensschluss vom Jahre 884, wie Hansitz (G. s.
I. 165) annahm und Dümmler (Oe. A. X. 48) als zweifellos zugibt,
ganz Unterpannonien bis zur Drau, mit Ausschluss der Grafschaft
Dudleipa, mit Mähren völlig vereinigt worden sei und deshalb
den Namen Grossmähren erhalten habe, vermag ich jedoch aus
keiner der zu Gebot stehenden Quellen zu entnehmen. Dobner
(Ann. Bohem. III. 221) glaubte sogar in der hieher bezüglichen
Stelle der Fulder Annalen den Beweis für diese Abtretung zu
finden, was Dümmler mit Recht verwirft. Der Verfasser dieses

V. Theiles der Annalen — ein Baier — sucht Alles in mildem Lichte zu betrachten: *Vituperarunt autem pacem*, sagt er, *qua conservata Pannonia conservata est, qua vero vitiata, per spacium tantum isto continuatim tertio anno dimidio instanti Pannonia de Hraba flumine ad Orientem tota deleta est.* Das heisst doch wohl, nachdem der Verfasser vorausgeschickt hat, dass Derjenige, welcher den Anfang billigte, auch die Folgen sich müsse gefallen lassen: sie tadeln den Frieden, durch welchen das unverletzte (Unter-) Pannonien erhalten wurde, während das geschädigte (Ober-) Pannonien durch eine dritthalbjährige Verwüstung gänzlich zerstört worden ist. . . . Das geschah aber sowohl durch die Barmherzigkeit, als durch den Zorn Gottes. . . . Die *Pannonia conservata* spricht also eher gegen eine Abtretung dieser Provinz, als für dieselbe, wofür in keiner Quelle ein Zeugniss aufgebracht werden kann. Und wenn auch im Jahre 892 Arnulfs Gesandte, um nach Bulgarien zu kommen, durch Swatopluks Nachstellungen gezwungen wurden, den Umweg durch das Slavenfürstenthum zwischen Drau und Sau zu nehmen, so übergab der Kaiser anderseits im Jahre 896 Pannonien *cum urbe Paludarum* — also wohl die von Priwina gegründete Mosaburg — in den Schutz des Herzogs Brazlav, der zwischen obigen Flüssen herrschte (M. g. I. 413). Es musste daher Pannonien noch keineswegs mit Mähren vereinigt gewesen sein.

Die Erbärmlichkeit des Kaisers aber erreichte ihren Höhepunkt, als er im Jahre 886 Paris, das sich fast ein ganzes Jahr auf das Tapferste wider das Raubheer der Normannen vertheidigt hatte, auf dieselbe schimpfliche Weise im Stiche liess, wie er vier Jahre zuvor den schmachvollen Scheinfrieden von Elsloo abgeschlossen hatte. Es kann daher nicht überraschen, dass sich endlich die öffentliche Meinung seiner Völker von dem Unmanne abwandte, der sogar nicht erröthete, die Geheimnisse seines Ehebettes der Oeffentlichkeit preiszugeben. Auf dem Tage zu Weiblingen im Jahre 887 klagte er seinen Erzkaplan und Kanzler, den Bischof Liutwart von Vercelli, des Ehebruchs mit der Kaiserin an. Er hatte denselben als brauchbaren Mann von der untersten Stufe zur höchsten, ihn selber beherrschenden Macht erhoben und der Günstling hatte es auch an Gewaltthat und Hochmuth, womit sich Emporkömmlinge verhasst machen, nicht fehlen lassen. Richardis aber, die Kaiserin, rühmte sich trotz eines mehr als zehnjährigen Ehestandes einer unberührten Jungfernschaft und erbot sich dafür, wenn es dem Ehemanne gefiele, zum Gottesurtheile durch den Zweikampf oder den Gang über glühende Pflugscharen. Es scheint, dass dem bereits kränkelnden Kaiser keines von beiden genehm war; denn Reg. chron. erzählt nur, dass die Kaiserin nach vollzogener Ehescheidung sich in ein selbst gestiftetes Kloster zurückzog (M. g. I. 597). Der Kanzler aber wurde auf sein Bisthum verwiesen und sollen bei seiner Entsetzung insbesondere die Alamannen sehr thätig gewesen sein, denen er freilich durch gewaltsame Entführung der Töchter aus den adeligsten Häusern, um sie an seine Nepoten zu verkuppeln, einen eigenthümlichen Begriff von der Thätigkeit eines Kirchenfürsten beibrachte.

Jetzt, auf dem Wege nach seinem Bischofsitze, sprach er bei dem wohl mit Recht schon längst mit der Regierung seines Oheims unzufriedenen Herzoge Arnulf auf der Mosaburg in Kärnten ein, und es mögen da wohl Verabredungen gepflogen worden sein, welche weniger von der Dankbarkeit des aus dem Staube erhobenen Priesters gegen seinen ehemaligen Wohlthäter, als von der Rachsucht des abgedankten Günstlings Zeugniss gaben. Bei der anerkannten Unfähigkeit des kläglichen Reichsoberhauptes bedurfte es indessen wohl kaum dieser geistlichen Initiative und ich befürchtete Arnulfs Charakter zu unterschätzen, wenn ich derselben einen bestimmenden Einfluss auf seine Entschlüsse zuschreiben würde. Die Vornehmsten der Franken, Sachsen, Thüringer und Baiwaren, ja selbst ein Theil der Alamannen. war damit einverstanden, dass dem Reichsverderber kein Eid mehr zu halten sei. Also luden sie Arnulf ein, die Oberherrlichkeit anzutreten und die Krone zu empfangen (M. g. I. 404). Auf diese Aufforderung rückte Arnulf mit einem starken Heere von Baiwaren und Slaven nach Trebur, wo sich der Kaiser aufhielt und nach Verlauf von drei Tagen blieb dem Letzteren kaum mehr ein Diener zur Krankenpflege. Nur der Bischof Liudpert von Mainz sorgte noch für seine tägliche Verköstigung, um welche der vom Kaiserthrone zum Bettelstabe Herabgesunkene seinen Neffen ansprechen liess. Arnulf aber bestimmte ihm etliche Königshöfe in Alamannien zur Subsistenz. Er genoss jedoch der ländlichen Zurückgezogenheit nicht lange; denn noch vor Jahresfrist starb er — man sagt von seinen Dienern erdrosselt.

§. 6. Kaiser Arnulf, 887—899.

Auf dem Tage zu Forchheim, am 10. Dezember 887, war Herzog Arnulf von den weltlichen und geistlichen Grossen aller deutschen Völker mit Ausnahme der Lothringer und Friesen zum deutschen Könige erwählt worden. Man nannte in jenen Tagen die Baiwaren häufig Noriker, theils aus althergebrachter Erinnerung an die einst römische Provinz Norikum, wie man auch die

fränkischen Könige als *reges Galliae* bezeichnete, theils weil die
letzten Fürsten Karlmann und Arnulf aus den norischen Vor-
landen den Herzogsstuhl von Baiwarien bestiegen. Aber nicht
blos dieser Wahlakt, den Karolingischen Institutionen durchaus
widersprechend, bewies den Verfall der fränkischen Monarchie,
sondern vielmehr der von den unvertilgbaren Wünschen der
Völker getragene Drang ehrgeiziger Grosser nach lokaler Stam-
mesunabhängigkeit. Damals, als König Arnulf zwischen Weihnachten und Ostern 888 zu Regensburg die Huldigung der Baiern,
Ostfranken, Sachsen, Thüringer, Alamannen und eines grossen
Theiles der Slaven empfing, sagt der Fuldaer Annalist, schossen
die kleinen Könige wie Pilze in die Höhe — *multi reguli in
Europa vel regno Caroli excrevere.* In Neustrien hatte sich Graf
Odo, der tapfere Vertheidiger von Paris, dessen Vater als aben-
teuernder Krieger über den Rhein gekommen war, zum Könige
wählen lassen, während in Aquitanien Graf Ramnulf von Poitou
unter dem Namen des unmündigen Karolingen, Karl des Einfäl-
tigen die Regierung usurpirte. In Burgund erhob der welfische
Graf Rudolf das Banner der Unabhängigkeit und stiftete das
hochburgundische Reich, indess sich Herzog Wido und Ludwig,
der Sohn des Abenteurers Boso, um Belgien und die Provence
stritten. In Italien standen sich der obige Wido von Spolet und
Berengar, der Enkel Ludwigs des Frommen, der Sohn des Markgrafen Ebarhart von Friaul, gegenüber, um die Herrschaft des
Landes und die damit verbundene Kaiserkrone im Kampfe.

König Arnulf ordnete zuerst die Verhältnisse in den östlichen
Marken. Graf Aribo behielt selbverständlich die Verwaltung der
Ostmark. Engilschalk, der jüngste von den Söhnen des gleichnamigen Markgrafen, ein kecker und gewaltthätiger Herr, hatte
sich durch Entführung einer Bastardtochter Arnulfs den Groll
des Vaters zugezogen, wusste sich aber wieder in Gunst zu bringen und erhielt wahrscheinlich die Ambacht von Oberpannonien
(Dümmler, Oe. A. X. 49). Sein Vetter Ruodpert, der Sohn des
Markgrafen Willihalm, wurde Gränzgraf in Kärnten. Diese Grafen
standen aber von jetzt an unmittelbar unter dem Könige. Dann
begab sich der König nach Worms, um der Entwicklung der
französischen Angelegenheiten näher zu sein. Seine Anwesenheit
daselbst aber war hinreichend, dass sich ihm Odo von Neustrien
unterwarf. Im August wendete sich Arnulf nach dem Elsass gegen
Rudolf von Burgund, überliess aber die friedliche Beilegung dieser
Sache der Vermittlung der alamannischen Grossen. Berengar hatte
inzwischen Wido von Spoleto aus dem Felde geschlagen und als
Arnulf im November 888 mit einem Heere über den Brenner
nach Lombardien hinabstieg, unterwarf auch er sich dem Könige,

zufrieden, dass ihm dieser den noch immer streitigen Besitz Italiens bestätigte.

König Arnulf hatte zur Zeit noch keine ebenbürtige Nachkommenschaft. Er war daher bedacht, seinen natürlichen Sprösslingen Zwentibold und Ratolf die Nachfolge im Reiche zu sichern und hatte die baierischen Grossen bereits für seine Absicht gewonnen. Auf dem Reichstage zu Forchheim im Jahre 889 machte er den fränkischen Grossen dieselbigen Vorschläge. Diese gingen aber mit Handschlag nur unter der Voraussetzung darauf ein, wenn er von seiner legitimen Gattin keinen Erben hinterlassen sollte. Zugleich wurde auch ein Feldzug gegen die Abodriten beschlossen, welche nicht zur Huldigung erschienen waren. Die Heerfahrt hatte auch, da sie mit einer bedeutenden Truppenmacht ausgeführt, einen raschen Erfolg — *parumper rebus prospere gestis* — (M. g. I. 407), nicht dass der König, ohne etwas ausgerichtet zu haben, nach Frankfurt zurückgekehrt sei (Erhard, Kriegsg. I. 418). Um den Friedenszustand in den östlichen Marken zu sichern, da die fortwährenden Raubanfälle der Normannen und Dänen dringend forderten, mit ihnen einmal Abrechnung zu halten, hatte der König in der Fastenzeit des Jahres 890 zu Omuntesperch eine Zusammenkunft mit dem Marahanenherzog Swatopluk. Ich kann aber nicht aus dieser Mittheilung der Ann. Fuld. entnehmen, dass in Folge dieser Besprechung ein feindliches Verhältniss eingetreten sei (Dümmler, Oe. A. X. 50). Denn wenn ich auch Regino's Nachricht, dass König Arnulf dem Marahanenherzog Böhmen abgetreten habe (M. g. I. 601), nicht zu hoch anschlagen will, da er, dem Lande ferner stehend, manches unter einander mischt und auch den mährischen Feldzug des Jahres 892 in das Jahr 890 hinaufschiebt, so war doch das Verhältniss des Reiches zu den Marahanen um diese Zeit ein entschieden freundliches, wie denn auch der König noch im Jahre 891 vor seinem Zuge wider die Normannen eine wiederholte Friedensbotschaft — *pro renovanda pace* — an Swatopluk absandte.

Nachdem Arnulf in dieser Weise die Marken gesichert hatte, rüstete er sich, wider die unerbittlichen Feinde des Reichsfriedens im Nordwesten zu ziehen. Der fränkische Heerbann sammelte sich unter der Führung des Erzbischofs Sunderold von Mainz und des Grafen Arnolf um Mastricht, erlitt aber am Geulenbache, da er unvorsichtig in feindlichen Hinterhalt fiel, eine klägliche Niederlage, wobei die beiden Befehlshaber und viel Volkes erschlagen wurden. Auf diese Trauerbotschaft rückte der König mit der Hauptmacht aus den östlichen Reichsprovinzen — die Alamannen musste er einer Seuche halber zurücklassen — noch im Herbste 891 über den Rhein. Zwar Erhard (Kriegsg. I. 421. Anm. 2) und

Dümmler (Of. R. II. 350) sprechen den Baiwaren jede Theilnahme
an dem siegreichen Feldzuge ab, weil die Ann. Fuld. nur von
Franken ausdrücklich erwähnen, dass sie den König begleitet
hätten. Da aber Arnulf aus Baiern aufbrach, so ist es ganz undenkbar, dass er, wenn auch nicht den ganzen Heerbann, doch
wenigstens einen Theil desselben aus diesem Lande aufgeboten
habe. Zudem versichert Regino chr.: *congregato ex orientalibus
regnis exercitu* (M. g. I. 603), also aus allen östlichen Reichsprovinzen, zu denen doch wohl Baiwarien gehörte. Ausdrücklich aber
bestätigen die englischen Chroniken die Theilnahme der Baiern:
*mid East Francum, and Seaxum and Baegerum . . . Anglosax.
Chron. Manus Francorum orientalis aderant ibi, Saxones quippe
Baiuuerique . . . Ethelwerdi chr.* (Mon. brit. I. 362 und 517).

Die Feinde hatten sich nach Durchplünderung von Lothringen
bei Löwen in Brabant gesetzt und an der Dyle verschanzt, um
daselbst zu überwintern. Aber im Angesichte des in Siegesüber-
muth höhnenden Feindes stieg der König von seinem Streitrosse,
befahl seinen Kriegern das Gleiche zu thun und erstürmte nach
hartnäckigem Widerstande im Fusskampfe das feindliche Lager.
Zwei normannische Seekönige, Sigifrid und Gotofrid, mit unzäh-
ligem Volke lagen erschlagen, ganze Schaaren flüchtiger Dänen
stürzten in die Dyle und zogen sich gegenseitig in den Abgrund.
Sechzehn der furchtbaren feindlichen Feldzeichen wurden erbeutet
und im Triumfe nach Regensburg gesendet. So rächte Arnulf
die deutsche Waffenehre (M. g. 407 und 603).

Inzwischen war die alte Herzogsstadt der Agilulfingen, der
Königssitz der Karolingen zu Anfang des August im Jahre 891
durch einen ungeheuern Brand ein Raub der Flammen geworden,
so dass nur die beiden Kirchen zu S. Cassian innerhalb und
S. Emmeran ausserhalb der Mauer stehen blieben. König Arnulf
baute aber nach diesem Brandunglück die Stadt wieder auf,
schöner als zuvor und erweiterte sie im Westen durch einen
neuen Stadttheil. Das römische Castrum Reginum, nämlich die
Grundlage des Agilulfingischen Reganesburc, bildete nach dem
Plane römischer Colonialanlagen am rechten Donauufer ein läng-
liches Viereck, in welchem sich die Baiwaren nach der Besetzung
dem Bedürfniss entsprechend eingerichtet hatten. Die östliche
Halbscheid, wo die geräumige Königspfalz, die Höfe der Grossen
des Reiches und die Gerichtsstätten lagen, hiess das Königs-
viertel — *pagus regius.* Neben ihm gegen Westen erstreckte sich
das Pfaffenviertel — *pagus cleri* genannt, weil in ihm die vorzüglichsten Kirchen und Klöster mit ihren Amtleuten und Gesinde
sich befanden. Auch wohnten daselbst von alter Zeit her ausser
den Geistlichen in einem besondern Bezirke die Juden, meist

Kaufleute. Der eigentliche Siedelort der Kaufleute und Händler, wie sie in Residenzen und an Handelsplätzen sich niederzulassen pflegen, war aber in einer Vorstadt im Westen der Altstadt und hiess deshalb das Kaufleutviertel — *pagusmercatorum*, da wo noch heutigen Tags der Name Römling an die ehemaligen aus Italien stammenden Handelsleute — *urbani inter latinos* — erinnert, aber nicht an Nachkommen der alten Römer, wie Wittmann (M. A. VII. 366) meinte. Arnulf erhob also die Altstadt aufs neue aus der Asche, fügte ihr aber an der Westseite als drittes Viertel den *pagus mercatorum* — die *civitas nova* bei. Er baute sich in dieser Neustadt eine Pfalz in der Gegend des Jakobsplatzes, wo es lange im Arnoldswinkel hiess und schenkte das ganze Viertel nebst 40 Weinbergen über der Donau an das Kloster S. Emmeran, mit welchem ausserhalb der Altstadt gelegenen Stifte es auch topografisch zusammenhing (Zierngibl, M. A. XIII. 323).

Die östlichen Verhältnisse hatten sich neuerdings getrübt. Nicht, dass Arnulf, wie Regino von Prüm angibt, Böhmen an Swatopluk abgetreten hätte; vielmehr scheint der Marahane, als erster Panslavist, während des Königs Heeresmacht anderwärts beschäftigt war, die günstige Gelegenheit erfasst zu haben, die böhmischen Häuptlinge mit Gewalt dem Reiche abtrünnig zu machen (Ann. Fuld.; M. g. I. 411). Also begab sich Arnulf in die Ostmark, um mit Swatopluk eine Zusammenkunft zu halten, welcher natürlich der Mährenfürst auswich. So besprach sich der König mit dem treuen Slavenherzog Brazlav zu Hengstfelden über einen gemeinsamen Angriff, und schickte eine Gesandtschaft an den Bulgarenkönig Wladimir, um den Marahanen die Salzeinfuhr aus Bulgarien abzuschneiden. Hierauf brach er mit Baiwaren, Franken und Alamannen, woraus Dümmler (Of. R. II. 354) ganz unnöthig drei Heere macht, ins Marahanenland und heerte es vier Wochen lang, während sich Swatopluk hinter seinen Mauern hielt. Von Osten her waren zu gleicher Zeit die Ungern eingefallen, wesshalb man die Märe ersann, König Arnulf habe dieses Raubgesindel unkluger Weise zu Hilfe gerufen und ihm dadurch den Weg nach Deutschland geöffnet (Sugenheim, Gesch. d. d. Volkes I. 542). Dieser Volkswahn, dem der gehässige Liutprand (M. g. III. 276) zuerst Ausdruck verlieh, ist wiederholt gründlich zurückgewiesen worden, am besten zuletzt durch Dümmler (Oe. A. X. 54), aus dessen Darstellung mit Ueberzeugung hervorgeht, dass es vielmehr der oströmische Kaiser Leo war, welcher die Magjaren-Ungern, indem er sie wider die ihn bedrängenden Bulgaren hetzte und ihnen die Schiffe zum Uebersetzen der Donau lieferte, zum Angriff auf das Abendland in den Stand setzte. König Arnulf sah sich vielmehr im folgenden Jahre 893 wiederholt

veranlasst, einen Verheerungszug nach Mähren zu unternehmen,
gerieth aber bei der Rückkehr durch einen im Gebirgslande gelegten Hinterhalt in die grösste Gefahr, aus welcher er nur durch
Fürbitte der Heiligen, insbesondere seines Schutzpatrons Emmeran, gerettet worden zu sein wähnte.

In demselben Jahre erreichte die rächende Nemesis die Nachkommen der tapfern Markgrafen Willihalm und Engilschalk, deren
Eigenmacht und Gewaltthat so namenloses Elend und Unglück
über Pannonien gebracht hatte. Der jüngere Engilschalk, der
Schwiegersohn des Königs, hatte sich in seiner Amtsthätigkeit
durch Hochmuth und Herrschsucht den Hass der baierischen
Grossen zugezogen. Als er nun unvorsichtig in der Königspfalz
zu Regensburg erschien, wurde er, bevor er sich dem Könige
vorstellen konnte, verhaftet und nach dem Wahrspruche seiner
Feinde geblendet. Hiedurch erschreckt sandte sein Vetter Willihalm Boten an den Herzog Swatopluk. Darüber des Hochverrathes
angeklagt, wurde er zum Tode durchs Schwert verurtheilt. Sein
Bruder aber, Graf Rudpert von Kärnten, vielleicht in die verrätherischen Pläne Willihalms eingeweiht, suchte sich durch die
Flucht zu den Marahanen zu retten. Der Herzog Swatopluk aber,
in alter Geschlechtsfeindschaft, liess ihn mit seinen Gefährten
heimlich umbringen. Dies war jedoch die letzte Gewaltthat Swatopluks; denn im Jahre 894 starb er, nachdem er sein Reich
unter seine Söhne Moimir II. und Swatopluk II. getheilt und sie zur
Einigkeit unter sich und zur Feindschaft wider die Franken ermahnt hatte. Seine Söhne aber, durch einen wiederholten Ver-
heerungseinfall der Ungern bedrängt, die selbst bis nach Pannonien Alles mit Feuer und Schwert verwüsteten und eine Menge
gefangener Weiber mit sich fortschleppten, schlossen mit König
Arnulf Frieden im Todesjahre ihres Vaters (M. g. I. 410).

Noch vor diesem Friedensschlusse unternahm König Arnulf
auf wiederholte dringende Bitten des Pabstes und italischer
Grossen mit dem alamannischen Heerbanne — denn die Baiwaren
standen in der Ostmark auf Feldwache — seinen ersten Römer-
zug. Er überstieg trotz des sehr strengen Winters die Alpen,
schlug den Kaiser Wido über den Po zurück und unterwarf sich
und seinem mit ihm verbündeten Vetter Berengar ganz Lombardien. Um dieselbe Zeit erhielt der König Kundschaft von geheimen Ränken, welche in Baiern gegen seine Herrschaft angezettelt
wurden. Seine Muhme Hildegardis, die Tochter König Ludwigs III.,
welche schon bei der Absetzung ihres Oheims, des Kaisers Karl
des Dicken, die Hand im Spiele gehabt haben soll, wurde nämlich angeklagt, wider den König und seine Regierung zu intri-
guiren. Dass dabei der Markgraf Engildeo auf dem Nordgau in

diese Anschläge verwickelt gewesen sein muss, erhellt einestheils aus der beiderseitigen Verurtheilung, sowie andernthcils daraus, dass derselbe schon früher der ränkesüchtigen Prinzessin behülflich gewesen, gewisse Lehengüter des Eichstätter Bisthumes an sich zu ziehen (Falkenstein, Antiq. Nordg. Cod. dip. 16), obgleich uns diese Beziehungen noch nicht berechtigen, mit Dümmler (Of. R. II. 392) auf eine eheliche Verbindung der Beiden zu schliessen. Hildegardis wurde in das Kloster Frauenchiemsee verwiesen, erhielt aber bald nachher wieder ihre Freiheit und den grössten Theil der eingezogenen Güter (M. g. I. 606). Der Markgraf Engildeo aber wurde seiner Würden entsetzt und seine Markgrafschaft auf dem Nordgau und im Donaugau erhielt Liut-pold, welcher *nepos regis* genannt wird. Da nun König Arnulf in obigem Eichstätter Diplome seine Muhme Hildegarde mit *neptis* bezeichnet, so darf man hieraus den Schluss ziehen, dass Liutpold gleichfalls ein Geschwisterkind des Königs war und zwar, wie Dümmler (Oe. A. X. 52) mit grosser Wahrscheinlichkeit annimmt, ein *consanguineus regis* durch dessen Mutter Liutswinde.

Dies geschah im Jahre 895, in welchem an vielen Orten des Abendlandes der Boden durch Erdbeben erschüttert wurde. Zugleich herrschte wahrscheinlich in Folge des vorausgegangenen harten Winters weit und breit im deutschen Lande Misswachs, so dass namentlich in Baiwarien viele Orte durch die folgende Hungerpest ausstarben. In demselben Jahre ernannte König Arnulf auf dem Reichstage zu Worms seinen natürlichen Sohn Zwentibold mit allgemeiner Zustimmung der Optimaten zum Könige von Lotharingen und Burgund. Dieser Prinz war höchst wahrscheinlich im Jahre 872 in Kärnten geboren (Dümmler, *de Arnulfo* 64) und von dem damals seinem Grossvater Karlmann befreundeten Marahanenfürsten Swatopluk über die Taufe gehoben. Dies Ereigniss veranlasste zweifelsohne die Eintragung seines Namens in das Verbrüderungsbuch von S. Peter, wo derselbe in der Col. 36, *ordo ducum vivorum*, unterhalb der Familie des Herzogs Tassilo auf der fünften Zeile von einer Hand *(d)* des IX. Jahrhunderts eingetragen zu finden ist. Denn wenn Karajan in diesem Namen den des Mährenherzogs selbst erkennen will, so steht dem offenbar entgegen, dass er unter den baierischen Herzogen und ihren Kindern auftritt, was aber bei einem Enkel Karlmanns nicht überraschen kann, der im Sprengel des Salzburger Erzbisthumes geboren und getauft wurde.

Auf dem in Mitte Juli zu Regensburg gehaltenen Reichstage erschienen die böhmischen Häuptlinge, an ihrer Spitze Spitignewo, und Witizla, welche der verstorbene Swatopluk mit Gewalt sich unterworfen hatte, und legten in die Hand des Königs wiederholt

das Treugelöbniss ab. Zugleich kamen Boten aus Italien und
brachten Briefe des Pabstes Formosus, in welchen der König so
dringend aufgefordert wurde, nach Italien zu kommen, dass er
sich entschloss, noch im Oktober 895 mit einem Heere aus Franken und Alamannien dahin aufzubrechen. Rasch wurde ganz
Oberitalien genommen und in zwei Amtsbezirke getheilt, welchen
— durch die Adda geschieden — die Grafen Waltfred und Meginfrid vorgesetzt wurden. Dann ging der Zug nach Rom, welches
von den Spoletinern vertheidigt im ersten Sturmesanlauf genommen wurde, worauf Arnulf im Februar 896 die Kaiserkrone Karls
des Grossen empfing. Da sich aber Angildrude, die Wittwe Widos,
mit ihrem gekrönten Sohne Lambert nach Spoleto zurückgezogen
hatte, so wendete sich der Kaiser wider sie, um sie zur Unterwerfung und Anerkennung seiner Herrschaft zu nöthigen. Aber
schon war er am Ende seiner Laufbahn angelangt. Von einem
unheilbaren Kopfleiden ergriffen, welches allmälig in Lähmung
überging, musste er alle ferneren Pläne zur Unterwerfung Italiens
aufgeben und langte in grosser Eile, fast flüchtig, wieder auf
dem deutschen, heimischen Boden an. Man hat allerdings einen
Vergiftungsversuch, welchen die Wittwe Wido's durch einen be-
stochenen Kämmerling am Kaiser habe ausführen lassen (Liutprand antapod.; M. g. III. 283), als die Ursache dieses Leidens
angegeben. Es scheint dieses aber nur eines der vielen Märchen
zu sein, womit der Volksglaube plötzliche Erkrankungs- und To-
desfälle gekrönter Häupter zu erklären bemüht ist. Viel wahrscheinlicher ist es dagegen, dass bei dem Kaiser ein Erbübel
zum Ausbruch kam; denn es ergriff ihn im gleichen Lebensalter
wie seinen Vater Karlmann, nämlich zu Ende der vierziger Jahre,
wurde durch die gleiche Gelegenheitsursache, nämlich den Feldzug nach Italien mit seinen Strapazen, hervorgerufen, äusserte
sich unter den gleichen Symptomen und führte nach vorüber-
gehender kurzer Besserung, wie Karlmanns Leiden, durch Lähmung und Schlagfluss zum unvermeidlichen tragischen Ende.

Nach Regensburg von dem traurigen Römerzuge zurückgekehrt, empfing der Kaiser den griechischen Bischof Lazarus als
Abgesandten des oströmischen Kaisers Leo und erhielt wohl
durch denselben die ersten verlässigen Nachrichten über die
Magjaren-Ungern, von den Byzantinern Türken genannt. Dieses
finnisch-uralische Volk findet sich zuerst vom VII.—IX. Jahrhunderte unter dem Chan der Chazaren auf den weiten Steppen des
jetzigen Südrusslands, wo sich dasselbe nach Art der Nomaden
ursprünglich in sieben Stämme getheilt, von Jagd, Viehzucht und
gelegentlichen Raubzügen in die benachbarten Länder seinen Unterhalt verschaffte. Auf einem dieser Verheerungsstreifzüge kamen

die Ungern im Jahre 862 bis an die Marken des fränkisch-bai-
warischen Reiches und wurden damals zuerst als bisher unbekannte Feinde genannt. 30 Jahre später, als Arnulf des widerspenstigen Swatopluks Land verwüstete, ergriffen die lauernden
Magjaren die günstige Gelegenheit, auf eigene Faust Beute zu
machen und fielen 892 von Osten her das Reich der Marahanen
an. Im Jahre 893 veranlasste Kaiser Leo die Ungern zu einem
Angriffe auf die Bulgaren, welche siegreich bis in die Nähe von
Konstantinopel vorgedrungen waren, und erleichterte seinen Bundesgenossen durch seine Flotte den vertheidigten und durch Ketten versperrten Uebergang über die Donau. Die Bulgaren wurden
in drei Schlachten geschlagen und ihr König Symeon sah sich
dadurch zum Friedensschlusse mit den Griechen gezwungen.
Darüber ergrimmt verbanden sich die Bulgaren mit den Petschenegen, den Erbfeinden der Magjaren, und während diese im Jahre
894 auf einem neuen Raubzuge nach Mähren und Pannonien ab-
wesend waren, überfielen sie die zurückgelassene Mannschaft,
hieben dieselbe nieder und die Petschenegen besetzten den Landstrich zwischen Don und Donau. Da nun die rückkehrenden
Ungern ihr Land besetzt fanden und mit den übermächtigen
Petschenegen keinen Kampf zu beginnen wagten, so waren sie
genöthigt, sich in dem ausgeraubten Dakien niederzulassen und
so wurden sie unmittelbare Nachbarn der Deutschen, indem sie
die Slovaken in die Karpaten und über die Donau drängten
(Dümmler, Oe. A. X. 52—56). Durch solche dringende Feindesgefahr sah sich Kaiser Arnulf im Jahre 896 veranlasst, dem getreuen Slowenenherzoge Brazlav zwischen Drau und Sau auch
das Slavenfürstenthum Chozels und ganz Pannonien zur Beschir-
mung zu übergeben (M. g. I. 413).

Während sich auf diese Weise die Verhältnisse in den östlichen Marken Baiwariens immer ernster gestalteten, ging das
Marahanenreich Swatopluks mit Riesenschritten seinem Untergange entgegen, indem sich die innern Zustände desselben immer
mehr zu einem Bürgerkriege zuspitzten. Bereits im Jahre 897
erschienen zu Oetting vor dem Kaiser Friedensboten der Marahanen mit der Bitte, keinen Flüchtlingen aus ihrem Lande als
Ueberläufern Aufenthalt zu gewähren. Im selben Jahre kamen
Gesandte der Böhmaken mit Geschenken, um sich über die von
den Marahanen verübten Bedrückungen zu beschweren. Der Kaiser
aber entliess sie beschenkt und mit tröstlicher Zusage. Im Mäh-
renlande aber entwickelte sich jetzt die Gefahr, welche dem
Reiche Swatopluks aus der Theilung zwischen seine Söhne erwachsen musste. Isanrich, der Sohn des Markgrafen Aribo, welcher längere Zeit als Geisel am Hofe Swatopluks gelebt hatte,

beredete seinen Vater, die zwischen den Fürstenbrüdern sich
erhebenden Zwistigkeiten auszubeuten und dieser benützte dieselben in so unheilvoller Weise, dass das Marahanenland im Jahre
898 in vollem Bürgerkriege stand und Moimir, wie Swatopluk II.
sich gegenseitig nicht nur nach der Herrschaft, sondern sogar
nach dem Leben strebten. Der Kaiser aber gab seinen Markgrafen Liutpold vom Nordgau und Aribo in der Ostmark Befehl,
denjenigen zu unterstützen, der seine Hilfe in Anspruch nehmen
würde. Hierauf machten dieselben einen Einfall in das Gebiet
der Marahanen und verwüsteten dasselbe mit Feuer und Schwert.
Zwar wurde Markgraf Aribo nach der Rückkehr der Expedition
der gegenseitigen Aufhetzung der Mährerfürsten und des dadurch
veranlassten Friedensbruches überwiesen und deshalb wenigstens
für einige Zeit seines Amtes entsetzt. Indessen war das Unglück
angezettelt und die Krankheit des Kaisers begünstigte die Unbotmässigkeit der Vasallen. So wurde Graf Erimpert vom Isengau (Mbk. I^b 359), welcher schon vor 20 Jahren gegen Arnulf als
Statthalter seines Vaters konspirirt hatte, wegen verrätherischer
Umtriebe und Aufreizung zum Treubruch durch den Slavenfürsten
Priznolav verhaftet und vom Markgrafen Liutpold dem Kaiser zu
Ranshofen in Ketten vorgeführt.

Ausser den öffentlichen Uebelständen verschärfte noch häus-
liches Ungemach die Leiden des kaiserlichen Siechthumes. Die
Kaiserin Uta wurde angeklagt, ihren Leib der Unzucht preisgegeben zu haben, und obwohl sie vor dem zu Regensburg versammelten obersten Gerichtshofe des Reiches durch den Schwur
von 72 Eideshelfern losgesprochen wurde, blieb ihr nichtsdestoweniger der Makel. In demselben Jahre 899 wurde der Kaiser
vom Schlage gerührt und in Folge dessen gelähmt. Die hiedurch
wieder belebten Vergiftungsgerüchte veranlassten Untersuchungen,
bei welchen natürlich die Folter — *certa examinatione* (M. g. I.
414) — die Hauptrolle spielte. Ein Mann Graman, auf solche
Weise überwiesen, wurde zu Oetting als Majestätsverbrecher ent-
hauptet, während ein Anderer die Flucht nach Italien ergriff.
Ein Weib aber mit Namen Rudpurg, welches die Anstifterin des
ganzen Anschlages gewesen sein soll, wurde zu Aibling an den
Galgen gehenkt.

Inzwischen ging das Verhängniss Mährens durch den bruder-
mörderischen Hass seiner Fürsten und die unbesonnene Verwü-
stungs- und Plünderungswuth der baiwarischen Gränzkomman-
danten seinen unabänderlichen Gang. Nach einem verheerenden
Winterfeldzuge in das Marahanenland brachen die baierischen
Truppen wiederholt über die Gränze während des Sommers des
Jahres 899 und befreiten Swatopluk II. aus einer sehr gefähr-

lichen Lage, indem sie die Stadt, in welcher derselbe nebst seinen Anhängern wie in einem Gefängnisse eingeschlossen gehalten wurde, erstürmten und niederbrannten, den Fürsten aber aus Barmherzigkeit mit sich nach Baiwarien führten. Isanrich, der eigentliche Anstifter des mährischen Krieges, hatte die durch denselben entstandenen Wirren benutzt, um sich eines Theiles der Ostmark zu bemächtigen und trotzte auf der festen Burg von Mautern in aufrührerischer Unbotmässigkeit den Befehlen des Kaisers. Arnulf, darüber aufs höchste erzürnt, liess sich, obwohl zum Tode erkrankt und am ganzen Körper gelähmt, in ein Schiff legen und fuhr mit seinen Truppen die Donau hinab, um sich vor die Feste des rebellischen Vasallen zu legen. Zwar Isanrich in hochmüthigem Dünkel that sein Möglichstes, um sich wider die überlegene Macht seines Oberlehnsherrn und Kaisers zu vertheidigen, sah sich aber binnen Kurzem aufs Aeusserste gebracht gezwungen, mit Weib und Angehörigen aus den zerfallenen Mauern hervorzugehen und sich und die Seinen auf Gnade und Ungnade dem Kaiser zu ergeben. Er wurde hierauf in Haft genommen und sollte nach Regensburg gebracht werden, um hier vor das Gericht gestellt zu werden. Da er aber die Strafe des Hochverrathes von demselben zu gewärtigen hatte, so suchte er seinen Wächtern zu entwischen. Diesen Plan führte er auch unterwegs entweder durch Bestechung der Bedeckungsmannschaft oder Hintergehung ihrer Wachsamkeit glücklich aus und entkam auf diese Weise zu den Marahanen. Trotz der früher gespielten doppelzüngigen Rolle gelang es ihm dennoch, bei dem Fürsten Moimir bald wieder das alte Ansehen zu erlangen, und da er als Feind und Verfolger des Kaisers auftreten konnte, so vertraute ihm der Marahanenherzog eine entsprechende Mannschaft, mit welcher der verschlagene Parteigänger, welcher die Verhältnisse in der Ostmark, seines Vaters Amtsbezirk, wohl kannte und auf viele geheime Anhänger rechnen konnte, in kurzer Zeit wieder einen Theil des zuvor besessenen Landstriches eroberte und sich in demselben bei dem bald nachher erfolgten Ableben des Kaisers und unter der stellvertretenden Regierung bis zum Friedensschlusse mit den Marahanen zu behaupten wusste.

Der Zug nach Mautern war die letzte That Arnulfs. Leider musste er auch noch vor seinem Tode die Unbotmässigkeit seiner geistlichen Vasallen inne werden. Er hatte nämlich den Alamannen Wiching, den der Pabst früher zum Bischof von Neutra konsekrirt hatte, aus Swatopluks Diensten an seinen Hof gezogen und im Jahre 893 zu seinem Erzkanzler erhoben. Jetzt nach Bischof Engilmars Ableben gab er ihm das Bisthum von Passau.

Aber der Erzbischof Dietmar von Salzburg verweigerte die Kon-
sekration als den Kanonen widersprechend, entsetzte ihn im
Vereine mit seinen Suffraganbischöfen gegen den Willen des
Kaisers des Bisthums und weihte dafür den Priester Rihhari.
Kaiser Arnulf aber verschied nach dreijährigem Leiden zu
Regensburg am 8. Dezember 899 und hinterliess sein bedrohtes
Reich seinem sechsjährigen Söhnlein Ludwig — einem Kinde.

§. 7. König Ludwig das Kind, 900—911.

Als Kaiser Arnulf, der letzte mannhafte Karolinger, die Augen
schloss, brach über Deutschland eine der unheilvollsten Perioden
herein, welche die Geschichte aller Völker kennt. Die strammen
Bande, mit welchen die Karolingische Organisation die einzelnen
Länder zum Reiche vereinigt hatte, waren vollständig gelöst; ja
in den verschiedenen Ländern und ihren Provinzen wagten es
mächtige oder kecke Vasallen, durch die Erschlaffung des Reichs-
regimentes unter der Krankheit des Kaisers begünstigt, dem
Wohle der Staatseinheit zu widerstreben und aus der allgemeinen
Erlahmung Kapital für ihre selbstsüchtigen Bestrebungen zu
schlagen. An den östlichen Marken aber stand ein furchtbares
Räubervolk, welches auf der niedersten Stufe der Barbarei und
durch den Mord seiner Weiber und Kinder aus seinen Sitzen geworfen und zur Verzweiflung getrieben, darauf angewiesen war,
sich eine neue Heimat zu erobern und mit unersättlicher Grausamkeit an seinen unglücklichen Nachbarvölkern für das Elend
Rache nahm, welches ihm selber die Petschenegen zugefügt
hatten.
Unter diesen traurigen Aussichten erwählten die deutschen
weltlichen und geistlichen Fürsten, wie sie es bereits vor drei
Jahren dem Kaiser eidlich zugesagt hatten (Herman. Aug. ad a.
897), auf dem Reichstage zu Forchheim am 21. Januar 900 den
siebenjährigen Ludwig zum Könige der Deutschen — ein Kind,
in der Hand seiner Erzieher, wo es eines heldenmüthigen Kriegs-
fürsten bedurft hätte, um den drohenden Stürmen die Stirn zu
bieten. Trotz der unbezweifelten Abstammung des Gewählten
erschien doch die Wahl selbst so auffallend, dass Erzbischof
Hatto von Mainz es für nöthig fand, dieselbe in einem gelegentlich an den Pabst gerichteten Schreiben, dessen Echtheit jetzt
allerdings angezweifelt wird (Dümmler, Oe. A. X. 78; Giesebrecht
I. 798), mit der Befürchtung zu entschuldigen, dass sonst das
deutsche Reich zerfallen würde. Dennoch ist in dem Schreiben
auffallend, dass damals schon die geistliche Präsumtion erhoben

worden sein soll, als bedürfe es der päbstlichen Genehmigung zur
Wahl eines deutschen Königs. Eine vormundschaftliche Regierung
während der Minderjährigkeit des königlichen Knaben, wie sie
Aventin in seiner Weise erfand und Huschberg (Scheiern-Wittelsb.
97), Waitz (Ranke, Jahrb. I. 8) und Andere annahmen, ist urkund-
lich in keiner Weise zu beglaubigen, wenigstens insofern man den
Sachsenherzog Otto damit vermengte (Rintelen, F. III. 337). Man
weiss nur, dass Erzbischof Hatto, der vertrauteste Freund des
verstorbenen Kaisers, den grössten Einfluss genoss, Dietmar von
Salzburg, als Erzkanzler, die Reichsgeschäfte erledigte und die
Erziehung des jugendlichen Königs der Sorgfalt des Bischofs
Adalbero von Augsburg anvertraut war (Hundt, Metropol. I. 351).
Es ist daher leicht begreiflich, dass die Geistlichkeit vor Allen
diese günstige Lage benutzte, um sich durch klerikale Protektion
reichlicher Schenkungen zu versichern.

Von weltlichen Grossen war Otto, der Sachsengraf, ein· in
den Kämpfen mit den Wenden erprobter Held, der nicht minder
durch seine Weisheit ausgezeichnet seinen Sohn, den nachmals
so berühmt gewordenen Heinrich den Finkler, zur tüchtigsten
Stütze seines Alters zur Seite hatte. In Franken standen sich
zwei hochmächtige Familien gegenüber, die Babenberger und die
Konradiner, welche um der erbärmlichsten Ursachen halber *(ex
parvis minimisque rebus,* M. g. I. 607) nicht Anstand nahmen, den
Reichsfrieden zu stören und die blühendsten Provinzen, Franken,
Hessen, Rheinland, mit Mord, Brand und Plünderung zu erfüllen.
In Schwaben waren die Mächtigsten unter den Grafen die Kam-
merboten Erchanger und Perchtold, höchst wahrscheinlich die
Pfalzgrafen des Königs (Rintelen, F. III. 316). In Baiwarien besass den grössten Einfluss Liutpold, bald Herzog, bald Markgraf
genannt, nicht nur wegen seiner Anverwandtschaft mit dem königlichen Hause — er heisst *nepos, consanguineus, propinquus ca-
rissimus noster* in den Urkunden — als insbesondere durch seine
amtliche Stellung als Markgraf auf dem Nordgau sowohl, als
durch reichen Güterbesitz in Baiern, wie in Kärnthen. Neben
ihm verwaltete Aribo als Markgraf die Ostmark. Unter ihnen
werden Guntheri, Waltilo, Chadalhoc, Otachar (M. b. XXVIII[b] 33
und 203) als Gaugrafen im Osterlande genannt. Aber Keiner
von Allen ahnte oder würdigte die dem Lande von den Ungern
drohende Gefahr; denn Alle hatten blos den Blick auf das in
den letzten Zügen liegende Mährerreich gerichtet. Noch im Sommer des Jahres 900 unternahmen die Baiwaren im Verein mit
den Böhmaken einen dreiwöchentlichen Verheerungszug nach
Marahanenland und freuten sich der heimgebrachten reichen
Beute. Kurz nachher sassen die geistlichen Väter des Volkes,

der Erzbischof Dietmar mit seinen Suffraganen von Freising, Eichstätt, Regensburg, Passau und Seben mit den Primaten des Landes auf der Synode zu Reisbach und richteten an den Pabst Johann IX. eine Beschwerdeschrift, welche weniger von Slavenhass als vielmehr von klerikaler Habgier diktirt, aber doch gegen die Marahanen gerichtet war. Herzog Moimir hatte nämlich vom Pabste die Sendung eines Erzbischofs und zweier Bischöfe erlangt, um seinem Lande wieder eine von der baierischen Metropole unabhängige kirchliche Verfassung zu geben. Darüber entbrannte der klerikale Ingrimm wegen Befürchtung entfallender Zehnten und Schenkungen in hellen Flammen, und während vor dreissig Jahren die *Conversio Bagoar. et Carant.* die Metropolitanrechte Salzburgs auf die pannonische Provin in massvoller Sprache mit Thatsachen belegte, ergeht sich das Libell des Erzbischofs Dietmar in inkriminirenden Anklagen wider die Treulosigkeit, Hinterlist, Raubsucht und Plünderungswuth der marahanischen Slaven, an denen ebenso viel Wahres als Falsches ist, übergeht die vieljährige Priesterthätigkeit des Methodius und sein von Rom selbst gegründetes Erzbisthum mit provozirendem Stillschweigen und setzt gleichsam einen vollkommenen Unterwerfungszustand voraus, wie er etwa bei der zunehmenden Erlahmung der mährischen Widerstandskraft in nächste Aussicht gestellt werden mochte (Juv. Anh. p. 283).

Aber der Rächer dieser pfäffischen Ländersucht klopfte bereits an die Pforten; denn nachdem die Ungern im Sommer 900 von einem Raubzuge aus der lombardischen Ebene zurückgekehrt waren, schickten sie angeblich Gesandte, in Wirklichkeit aber Kundschafter nach Regensburg, und nachdem diese mit ihrem Spürsinne schnell die wahre Sachlage in Baiwarien erkannt hatten, überflutheten alsogleich ihre windschnellen Reitergeschwader die fruchtbare Ostmark bis über die Ens in einer Eile, dass sie in einem Tage einen Flächenraum von zehn Meilen in der Länge und Breite verheert haben sollen. Allerdings erhob sich auf diese Kunde der baiwarische Landsturm in den der Gefahr zunächst gelegenen Komitaten und Gauen; aber sie hatten nur das leere Nachsehen, denn die flüchtigen Räuber waren mit ihrer Beute längst verschwunden. Nur am linken Ufer hatte sich im Grunzwitgau eine Ungernschaar versäumt. Rasch setzten Markgraf Liutpold und der Bischof Rihhari von Passau über den Strom, erreichten die Feinde unterhalb der Ensmündung und erschlugen ihrer ohne eigenen Verlust im ersten Anlauf an 1200 theils mit dem Schwerte, theils durch Versprengung in die Donau. Darauf dankten sie Gott mit lautem Jubelruf für den glorreichen Sieg und bauten noch im Spätherbst des Jahres die Feste Anesipurch am Ufer der Ens unweit der Ruinen des römischen Laureacums zum Schutze des Landes.

.Das Stift S. Florian musste bei dieser Ungernverheerung bedeutend gelitten haben; denn auf die Fürbitten des Markgrafen Liutpold und des Bischofs Rihhari schenkte der König auf dem Reichstage zu Regensburg im Jahre 901 demselben als Schadenersatz die neu erbaute Feste Ensburg nebst allem Zubehör, jedoch mit dem Auftrage, die Vertheidigung derselben zu übernehmen. Der Ungerneinfall im verwichenen Jahre hatte wenigstens den baiwarischen Grossen insoweit die Augen über die gemeinsame Gefahr geöffnet, dass sie sich den Friedensanträgen der Marahanen, womit diese auf demselben Reichstage erschienen, nicht widersetzten. Dieselben wurden daher genehmigt und der Bischof Rihhari nebst dem schwäbischen Grafen Udalrich nach Marahanenland gesendet, um den Eidschwur Moimirs und seiner Häuptlinge in Empfang zu nehmen. Auch der Meuterer Isanrich wurde in diesen Frieden aufgenommen (Herim. Aug.; M. g. V. 111); er scheint also nach der Ostmark zurückgekehrt zu sein. Da er aber später nicht mehr genannt wird, auch sein Vater Markgraf Aribo um 909, ohne Erben hinterlassen zu haben, verstorben zu sein scheint (Juv. 121), so ist es am wahrscheinlichsten, dass der unruhige Mann in den nächsten Kämpfen wider die Ungern fiel. Durch diesen Friedensschluss war die Möglichkeit gegeben, die ungarische Verwüstung vom Abendlande abzuhalten. Hätte man das von der abendländischen Kultur bereits gewonnene Reich der Marahanen als vorgeschobenen Posten wider die asiatischen Räuberhorden in dem Kampfe, welchem die Slaven trotz ihrer Tapferkeit nicht gewachsen sein konnten, in grossdenkender Politik kräftigst unterstützt, so wäre Moimirs Reich nicht untergegangen, sondern stets eine Vormauer des christlichen Abendlandes geblieben. Aber zu solchem Verständniss der politischen Situation waren die Staatsmänner an Ludwigs Hofe nicht befähigt, oder übersahen die Gefahr, nur mit ihren ehrgeizigen Ränken beschäftigt. So blieb den baiwarischen Gränzgrafen allein die ganze Last, den verheerenden Ansturm der Raubhorden auszuhalten. Aber auch hier blickte man nicht über die nächste Nähe hinaus und blieb Liutpolds Beispiel durch die Erbauung der Ensburg ohne Nachahmung. Eine zweckmässige Reichsvertheidigung musste von der Rab an oder längs des Wienerwaldes bis hinauf an die Drau und Sau alle Vorberge der karantanischen Mark mit festen Burgen decken, um durch diesen Festungsgürtel den plötzlichen Einbrüchen der Ungern den festesten Damm entgegenzusetzen. Statt dessen aber begnügte man sich mit den vor hundert Jahren getroffenen Einrichtungen des grossen Karl zur

Gränzwehre, oder unterschätzte wohl auch die Heeresmacht der
verächtlichen Raubgeschwader nach den ersten, für die Baiern
glücklich abgelaufenen Zusammenstössen. Denn wiederholt streiften
die Ungern im Frühjahr 901 sengend und brennend nach Kärnten,
wurden aber daselbst am Charsamstage von den Baiwaren theils
niedergehauen, theils in die Flucht geschlagen (M. g. VI. 174;
IX. 771).

Während am Hofe des Königsknaben die Babenberger Fehde
blutig zu Ende gebracht wurde (Dümmler, Of. R. II. 537 ff.), ging
Swatopluks Marahanenreich seinem Ausgange entgegen. Noch
einmal im Jahre 902 gelang es Moimir, den Angriff der Ungern
siegreich abzuschlagen *(Ungarii Marahenses petunt pugnaque victi
terga verterunt,* M. g. V. 111); aber der Feind kehrte mit verstärk-
ter Macht zurück und das durch die vorhergegangenen Kämpfe
und Verwüstungen entkräftete Volk erlag seinem Schicksal — *et
bellum in Maraha cum Ungaris et patria victa* (M. g. I. 54). Dass
unter *patria victa* eine Niederlage der die Marahanen unter-
stützenden Franken zu verstehen sei, wie Dümmler (Oe. A. X. 66)
behauptet, kann ich aus der Stelle selbst nicht entnehmen, sondern beziehe sie vielmehr buchstäblich auf den Untergang des
Mährerreiches, welchen Dümmler übrigens auch bald nachher,
nämlich zwischen 905 und 906 ansetzt, da die Ungern im letztern
Jahre den Daleminziern Hilfe wider die Sachsen brachten, was
denselben nur möglich gewesen sei, wenn sie das bezwungene
Marahanenland im Rücken hatten. Nichts blieb von der stolzen
Nation des Rastislav und Swatopluk, die den Muth hatte, den
Kampf mit dem fränkischen Reiche aufzunehmen und selbst die
tapfersten der deutschen Völker mitunter aus seinen Bergen zurückweichen sah, nichts als ein zertretenes, geknechtetes Volk,
dessen Trümmer als Flüchtlinge in den Nachbarstaaten Zuflucht
zu suchen gezwungen waren und deren verwüstetes, mit Ruinen
bedecktes Land in seiner kleinern westlichen Hälfte spätern Ansiedlern wenigstens ihren Namen überlieferte.

Unterdessen scheint keine feindliche Verheerung in der Ostmark stattgefunden zu haben, obwohl die annalistischen Angaben
in diesem Zeitraume sehr verworren sind. Zwar zum Jahre 903
berichten die Ann. Alam. von einem *bellum Bauguariorum cum
Ungaris* (M. g. I. 54); da aber nichts Näheres darüber verlautet,
so hat wohl Liutpolds gutes Schwert den drohenden Einfall für
diesmal abgewendet. Im darauf folgenden Jahre 904 luden die
baierischen Kommandanten die Fürsten der gegenüber lagernden
Ungern zu einem Schmause, wobei der Herzog Chussal nebst
seinem Gefolge erschlagen wurde. Diese Nachricht hat man vergeblich dadurch abzuschwächen gesucht, dass Hansitz (G. s. I. 182)

ad prandium vocati in eine Herausforderung *ad praeliandum* emendirt, während Huschberg (Scheiern-Wittelsb. 99) die Einladung der Baiwaren im verhöhnenden Sinne verstanden wissen will. Da aber die Ann. Ratisb. (M. g. XVII. 583) ausdrücklich von einer *interfectio Ungarorum magna* sprechen, welche sie allerdings, wie die Ann. Alam. und S. Gall. ihr Mordmahl (M. g. I. 54 und 77) zum Jahre 902 berichten, und *interfectio* wohl richtiger auf einen Todtschlag, als auf eine Niederlage gedeutet wird, so kann man nur bei der einfachen Mittheilung der verrätherischen That stehen bleiben, die zwar immerhin ein politischer Fehler genannt werden mag (Büdinger I. 221), von der wir aber zu wenig wissen, um über sie schliesslich abzuurtheilen (Dümmler, Of. R. II. 528. n. 25).

Ausserdem muss der Handelsverkehr auf der Donau in althergebrachter Weise stattgehabt haben, wofür uns eine Mauth- und Zollordnung, welche zwischen den Jahren 903 und 907 abgefasst wurde, Bürgschaft leistet und uns zugleich einen Einblick in die damaligen Handelsverhältnisse gewährt. Da nämlich von Bischöfen, Aebten und Grafen Klagen über Zollbedrückungen erhoben wurden, so erhielt Markgraf Aribo den Auftrag, die Angelegenheit mit den Richtern der Ostmark in Ordnung zu bringen. Derselbe besandte also den Erzbischof Dietmar, der 907 in der Ungernschlacht fiel, den Bischof Burkhard, der 903 den Stuhl von Passau bestieg, und den Grafen Otachar auf einen Tag in Raffelstetten und dort beschworen 41 Edle und Freie, darunter drei Vikare, dass zu König Ludwigs und Karlmanns Zeiten nachfolgende Zollordnung bestanden habe. Schiffe, welche von Westen herab den Passauer Wald vorbeifuhren, um bei Rosdorf oder anderwärts Handels halber anzulegen, bezahlten eine halbe Drachme Zoll. Schotten — sie waren damals schon als Handelsleute am Kontinente bekannt, gaben, wenn sie bis Linz hinab Handel treiben wollten, von einem Schiffe drei Halbmetzen, vom Salz drei Scheffel, von Leibeigenen aber und anderer Waare nichts und hatten alsdann volle Handelsfreiheit bis an den Böhmerwald. Für Baiwaren bestand die Salzeinfuhr zollfrei, sobald der Schiffsrheder beschwor, dass er nur eignen Verbrauch führe. Jeder Freie, der die Zollstätte umgangen zu haben überführt wurde, verlor Schiff und Ladung; der fremde Leibeigene desgleichen und ward so lange in Haft genommen, bis ihn sein Herr auslöste. Baiern oder naturalisirte Slaven mochten im Donaulande Lebensmittel, Sklaven, Pferde, Hülsenfrüchte und allen nöthigen Hausrath zollfrei kaufen; zogen sie aber einen andern Marktplatz vor, so konnten sie ohne Hinderung den Markt auf der Mittelstrasse durchziehen und an einem andern Orte dieser Gegend zollfrei kaufen. Gestattete ihnen aber der Marktmeister Handelschaft zu treiben, so bezahlten

sie den vorschriftsmässigen Zoll. Salzkarren, welche auf der Heer-
strasse die Ens überschreiten, zahlen nur an der Url einen vollen
Scheffel, Schiffe aus dem Traungau fahren zollfrei vorüber. Doch
gilt dieses nur von den Baiern. Ausländische Slaven aus Rugen-
und Böhmerland zahlen an den Marktstätten längs des Donau-
ufers von einem Saum Wachs zwei Maass, jede im Werth eines
Schotten, von einer Manneslast eine Maass zu demselben Preise.
Wer Sklaven und Pferde verkaufen will, bezahlt für eine Magd
oder einen Hengst eine Tremisse, für einen Knecht oder eine
Stute aber nur den vierten Theil, nämlich eine Saiga. Baiern
aber und eingeborne Slaven haben freie Handelschaft. Salzschiffe,
welche den Passauerwald passirt haben, dürfen vor Eperesburg
nirgend anlegen. Hier erlegt jedes geaichte Schiff, welches drei
Mann führen, vom Salz drei Scheffel; ebensoviel zu Mautern oder
wo eben Salzmarkt ist, und alsdann haben sie vollkommene Freiheit zu handeln, wo es ihnen beliebt, ohne Rücksicht auf Grafen-
bann. Wer aber in das Marahanenland Handel treiben will, bezahlt bei der Hinreise einen Solidus, dagegen hat er die Rückkehr
frei. Juden aber und andere Kaufleute, welche aus diesem Lande
kommen, erlegen den herkömmlichen Zoll sowohl von Leibeigenen,
als von andern Gegenständen (M. b. XXVIII[b] 203).

Man lebte sonach in der Ostmark wie im tiefsten Frieden
und scheint die Nachbarschaft der Magjaren nicht höher angeschlagen zu haben, als die der vor hundert Jahren besiegten und
seitdem untergegangenen Avaren, mit denen sie allerdings durch
ihre finnisch-tartarische Abstammung, durch ihre unverständliche
Sprache, ihre hässlichen Gesichtszüge, sowie durch ihre ganze
Lebens- und Kampfesweise die meiste Aehnlichkeit darboten. Ein
mit den Uiguren stammverwandtes Volk, empfingen sie von benachbarten Slaven den Namen der Ungern, der ihnen im ganzen
Abendlande geblieben ist, obwohl man sie auch der verwandtschaftlichen Aehnlichkeit halber mit dem der Avaren, Hunavaren,
Hunnen und Agarener bezeichnete — letzteren Namen vielleicht in
biblischer Konjektur als Nachkommen der Hagar. Als räuberische
Nomaden brachten sie den grössten Theil ihres Lebens zu Pferde
zu und waren geübter im Fernkampfe mit ihren sicher treffenden
Pfeilen, als Mann gegen Mann mit dem Schwerte. Ihr dicker,
bis auf drei Zöpfe geschorener Schädel mit den tiefliegenden,
funkelnden kleinen Augen, ihre hässlichen, gequetschten Gesichtszüge flössten den Abendländern einen unüberwindlichen Rassen-
abscheu ein. Sie verschlangen rohes Fleisch, tranken Blut und
frassen die zuckenden Herzen der Erschlagenen, so dass man sie
als die unreinsten Hunde verachtete. Sie siegten nie in mannhaftem Angriff, wozu sie meist durch die Peitschenhiebe ihrer

Führer getrieben werden mussten, sondern nur durch die List
und Schnelligkeit ihrer Bewegungen, zu welchen sie ihre gepan-
zerten Steppenpferde — auch hierin den Avaren ähnlich — mit
grösster Gewandtheit zu tummeln verstanden. In kleinen, aber
unter sich verbundenen Geschwadern umschwärmten sie die feststehende Schlachtreihe der Feinde, dezimirten sie durch ihren
Pfeilhagel, lockten sie aus ihrer festen Stellung durch verstellte
Flucht und warfen sich dann mit Blitzesschnelle zwischen die
getrennten Glieder. Immer stand ein Reservekorps im Hinterhalt,
um die Zurückgehenden deckend aufzunehmen, oder den Sieg zu
vollenden, und nicht selten wurde durch dasselbe die bereits ver-
lorene Schlacht noch gewonnen und dem unvorsichtig vordringen-
den Feinde der sichere Sieg entrissen. In Verfolgung des geschlagenen Feindes waren die Ungern unermüdlich bis zu dessen Vernichtung, um ihm keine Gelegenheit zu wiederholter Sammlung
zu geben. Was Waffen tragen konnte, wurde niedergemetzelt,
ebenso Greise und alte Frauen. Unmannbare Knaben, junge
Weiber und Mädchen schleppten sie in die Sklaverei, die Letztern, wie die Annalisten versichern, *pro libidine exercenda*. Aber
jene Berichterstatter erwägen nicht, dass bei dem Ueberfall der
Magjaren durch die Petschenegen und Bulgaren auch die zurückgelassenen Weiber der Ungern zu Grunde gingen und diese also,
wenn das Volk nicht aussterben sollte, für neue Stammmütter
sorgen mussten. Und wahrlich! wenn man die heutigen Magjaren
mit der Beschreibung jener Scheusäler vergleicht, wird man gestehen müssen, dass die Kreuzung der finnisch-tartarischen Rasse
mit der abendländischen einen ganz anständigen Menschenstamm
erzeugte. Treu und Glauben kannten sie nicht und Eide schwuren
sie so leicht, wie die Avaren, um sie im nächsten Augenblicke
wieder zu brechen. Jenes Mordmal im Jahre 904 sollte vielleicht
nur Verrath mit Verrath bezahlen. Ihrer Treulosigkeit kam aber
nur die Unersättlichkeit ihrer Habgier gleich, wie sie sich in dem
wilden Charakter eines armen Räubervolkes erzeugt und durch
seine Missgeschicke, wie durch Vermengung mit dem Auswurfe
aller durchzogenen Stämme auf den höchsten Grad gesteigert
werden musste. Wenn die Gothen das verhasste Volk der Hunnen
aus einer geilen Vermischung von Zauberhexen und bösen Gei-
stern entspringen liessen, so wundern sich die abendländischen
Schriftsteller, dass die Langmuth Gottes, wohl nur zur Strafe der
sündigen Christenheit, solche Ungeheuer auf Erden dulde.

Diesen Unholden standen die Baiwaren gegenüber, allein und
ohne Kampfgenossen, nicht gestützt, wie ihre Grossväter, durch
die Heeresmacht des ganzen Frankenreiches im Kampfe wider die
Avaren. Wohl mochten sie im Vertrauen auf ihre vielerprobte

Tapferkeit stolz herabblicken auf die verächtlichen Räuberhorden, welche dem mannhaften Angriffe der Deutschen feig auswichen und nur im nächtlichen Ueberfall und verrätherischen Hinterhalt ihre Kriegslist zu entfalten verstanden. Doch zu eigenem bittern Leidwesen für sich und die Ihren unterschätzten sie in eingebildeter Selbstüberhebung den Feind und rechtfertigten den Vorwurf abergläubischen Hochmuthes, den ihnen alamannische Annalisten machten; aber schlecht gedieh den Schwaben der Hohn, als zwei Jahre nach der blutigen Niederlage der allein streitenden Baiwaren und nach der Niederwerfung der einzigen Schutzmauer des Reiches die Klöster und Ortschaften des Alamannenlandes in Flammen aufloderten und seine Weiber und Mädchen an den Haaren zusammengebunden in schimpfliche Sklaverei geschleppt wurden.

Arpad, der Sohn Almus, der erste Fürst der Magjaren, war im Jahre 907 gestorben und sein zehnjähriger Sohn Zoltan auf den Schild erhoben worden. Jetzt glaubten die Heerführer der Baiwaren sei es an der Zeit, einen Vernichtungszug wider die immer unbequemer werdenden Nachbarn auszuführen, wie Karl der Grosse im Jahre 791 einen solchen gegen die leidigen Avaren ins Werk gesetzt hatte. Leider ist uns gar keine nähere Mittheilung über diesen in seinen Folgen für Baiern, wie für ganz Deutschland so hochwichtigen Feldzug erhalten, indem nur kurze annalistische Eintragungen den traurigen Ausgang desselben melden, und Namenseinzeichnungen in Todtenbücher selbst nicht einmal das Datum dieses Ereignisses mit absoluter Gewissheit feststellen lassen, welches zwischen dem 28. Juni und 9. bis 11. August des Jahres 907 schwankt. Dennoch vereinigen sich jetzt die besten kritischen Schriftsteller dahin, dass nach den Angaben des Freisinger Martyrologiums aus dem X. Jahrhunderte die vernichtende Ungernschlacht auf den 5. und 6. Juli 907 zu setzen sei (Rudhart, Q. VII. 451 und 479). Die Bezeichnung *in oriente* beweist, dass sie dem damaligen Sprachgebrauche gemäss an einem nicht näher zu bezeichnenden Orte der Ostmark, oder überhaupt der ostwärts von der Ens gelegenen Gegenden stattgehabt haben müsse. Hier macht nun Meiller (Breve chr. Austr. Anh. 65) auf das eine Stunde südöstlich der Stadt Rab gelegene Dorf Ménfö aufmerksam, dessen Feldflur seit unvordenklichen Zeiten den bedeutungsreichen Namen Veszetnémet = Untergang der Deutschen, Deutschengrab, getragen hat, und da man sonst keine andere Niederlage der Deutschen in dieser Gegend kennt, wohl auf die der Baiwaren im Jahre 907 bezogen werden dürfe. Damit lässt sich in Verbindung bringen, dass König Ludwig nach einer zwar theilweise interpolirten, aber doch nicht ganz verwerflichen Urkunde (Dümmler,

Oe. A. X. 77) am 17. Juni dieses Jahres im Kloster S. Florian Hof
hielt und Erzbischof Dietmar, Markgraf Liutpold, Graf Isangrim
um ihn versammelt waren. Hieraus ergebe sich die Schlussfolgerung, dass sich die baierischen Truppen hinter der Ens gegen
die Mitte Juni zusammenzogen, von wo aus sie in einem Marsche
von 14—18 Tagen wohl bis an die Rab, die damalige Gränze der
baiwarischen Marken in Pannonien, gelangen mochten. Die Aventinischen Fantasien über den dreifach getheilten Vormarsch zu
beiden Seiten des Stromufers und auf demselben lasse ich bei
Seite, weil sie gar zu sehr an den Karolingischen Aufmarsch vom
Jahre 791 erinnern, um für mehr als einen kompilatorischen Ab-
klatsch gehalten werden zu können. Wir wissen nichts darüber
und können somit nur zu der Annahme berechtigt sein, dass die
baierische Armee unbelästigt bis an die Gränze ihres Gebietes
vorgerückt sei. Hier plötzlich sah sie sich nach der Gefechtsweise
des windschnellen Reitervolkes allerseits von feindlichen Schaaren
umgeben und in einen Kampf verwickelt, in welchem deutsche
Tapferkeit, auf welche die Baiwaren stolz zu sein sich das Recht
erworben hatten, ohne Zweifel der treulosen Hinterlist der Feinde
erlag. Wenn es aber ein Hochmuth war, auf den Erfolg ihrer
Tapferkeit zu bauen, so bezahlten ihn die Baiwaren mit dem
Herzblute ihres Volkes und ihrer Edelsten, denn auf der Walstatt
lagen der Markgraf Liutpold, der Erzkanzler des Reiches, Erzbischof Dietmar, die Bischöfe Udo von Freising und Zacharias
von Seben, lagen so viele Grafen und Herren vom höchsten Adel
mit ihren Ministerialen und Dienstmannen im Heldentode hin-
gestreckt, dass man seitdem glaubte, die alten Geschlechter der
Baiwaren seien damals ausgestorben. So gross war der Schrecken,
welchen das Todtenfeld von Veszetnémet in Deutschland verbreitete, dass man die Unglücksbotschaft aussprengte, das Volk der
Baiwaren sei von den Ungern schier ganz aufgerieben — *Baioariorum gens ab Ungariis pene deleta est* (M. g. III. 4).

Die Verwüstung, das gränzenlose Elend, welches diese Niederlage über die Ostmark nicht allein, sondern über das ganze
Flachland von Baiern bis an den Lech brachte, ist unsäglich;
denn über den Todtenwall der Helden von Veszetnémet brachen
die unmenschlichen Räuberhorden in das nichts ahnende Land
und mit ihnen flog der Würgengel über dessen friedliche Fluren.
Ueberall rauchende Trümmer von Klöstern und wohlhabenden
Ansiedlungen, bedeckt mit den Leichen ihrer ehemaligen Besitzer,
überall Züge von Herden, bepackt mit dem Raube der Gemor-
deten; überall Schaaren gefesselter Mädchen und Weiber, von
geilen Unholden der Schändung entgegengetrieben — das ist das
Jammerbild Baiwariens in jenen Tagen, das Vorbild der Zukunft

Deutschlands in den nächsten Jahren. Aber das Elend war so unbeschreiblich, dass sich keine Feder fand, uns die Einzelnheiten aufzubewahren, und, was Aventin von der ungerischen Verwüstung des Jahres 907 erzählt, ist theils der Fantasie entnommen, theils lokalen Sagen nacherzählt, welche nur von der Ungernverheerung im Allgemeinen berichten, aber nicht die Unglücksfälle der einzelnen Jahre ausscheiden.,

Der Bevölkerung hatte sich eine lähmungsartige Erstarrung bemächtigt. Was nicht in ummauerten Städten eine Zuflucht fand, barg sich in den Schlupfwinkeln undurchdringlicher Wälder. Möglich, dass einzelne Muthigere aus dem Landsturme sich zusammenthaten und von natürlichen Schutzwällen der Oertlichkeit begünstigt einen ungleichen Kampf mit den eingedrungenen Unmenschen aufzunehmen wagten, wie Aventin von ähnlichen Zusammenstössen bei Lengfeld und Abbach zu erzählen weiss. Da er aber wie gewöhnlich keine Quelle angibt, so müssen wir einstweilen die Einzelnheiten seiner Mittheilungen auch über diesen Zeitraum auf Rechnung seiner lebhaften Einbildungskraft setzen.

Im nächsten Jahre 908 konnte Baiern aufathmen; denn darin bestand die Taktik und Praktik der Führer der ungerischen Raubzüge, dass sie eine verheerte Provinz einige Jahre verschonten, um sie wieder zu einigem Wohlstand kommen zu lassen und die verscheuchten Einwohner wieder sicher zu machen. Dafür überfielen sie Sachsen, wohin ihnen vor zwei Jahren die verrätherischen Daleminzier den Weg gezeigt hatten. Es ist daher auch nicht anzunehmen, dass sie bei diesem Raubzuge Baiern und den Nordgau berührten und zwar um so weniger, als einerseits keine Quelle dafür spricht und sie anderseits der gerade Weg durch das unterjochte Marahanenland an die Elbe führte. Ich kann also Dümmler (Oe. A. X. 74) und Giesebrecht (Kaisergesch. I. 172), die den Ungernzug durch Franken und Baiern gehen lassen, nicht beistimmen. Auf dem Rückwege verheerten die Magjaren zum ersten Male Thüringen und hier stellte sich ihnen das fränkischthüringische Aufgebot unter dem Befehle des Markgrafen Burkhart von der Thüringer Mark entgegen, um seinerseits das Schicksal der Baiwaren an der Rab zu erfahren. Am 3. August — man sagt in der Nähe von Eisenach — erlitt das deutsche Heer eine vollständige Niederlage, wobei der wackere Markgraf Burkhart den Heldentod starb und Bischof Rudolf von Würzburg, sowie Graf Egino von Badanachgau ihren von der Babenberger Fehde her getrübten Leumund durch einen ehrlichen Soldatentod wieder herstellten.

In Baiwarien hatte inzwischen nach dem heldenmüthigen Untergange des Herzogs und Markgrafen Liutpold sein tapferer

Sohn Arnulf dessen Amt und Würde übernommen. Er erbte mit dem Glanze und Ruhme des väterlichen Namens unbestritten auch dessen Güter, Lehen und Würden, sagt Giesebrecht (Kaiser geschichte I. 185); denn wer anders als er konnte jetzt Führer des Volkes und Schützer des vom Könige aufgegebenen Landes sein?! *Luitbaldus occisus, cui filius suus Arnulfus in ducatum successit*, melden als selbstverständlich die Annalen (M. g. I. 614). *Arnulfus divina ordinante providentia dux Baioariorum et etiam adjacentium regionum*, nennt er sich selbst in einer Urkunde des Jahres 908 (Mbk. Iᵇ. n. 983) und deutet damit unverkennbar auf seine Herrschaft über die Ostmark und Kärnten. Giesebrecht (Kaisergesch. I. 172) und Rintelen (F. III. 332) behaupten, Arnulf habe von den Ungern einen vorübergehenden Frieden durch Tributleistung erkauft. Nach der Vernichtung des Heeres an der Rab würde ich gar nichts Schimpfliches darin finden, die verwüstende Plünderung des Landes durch eine regelmässige Abgabe zu ersetzen, sondern es vielmehr für eine kluge Staatsmassregel erklären, um dem Volke Zeit zur Wiedererstarkung zu verschaffen. Aber abgesehen davon, dass durchaus kein Quellenbeweis für eine solche Tributerlegung aufzufinden ist, so widerlegt die unbestreitbare Thatsache fast alljährlich sich wiederholender Ungerneinfälle die Annahme eines solchen tributären Verhältnisses auf das Unzweideutigste. Vielmehr scheint sich obige Behauptung nur auf Aventins Erzählung zu stützen, dass König Ludwig sich zu einem jährlichen Tribut verpflichtete und die *pontifices Bawariae sacras vestes, lineas, sericas* etc. den Feinden liefern mussten. Die Geburtstätte dieser Aventinischen Stelle findet sich aber in dem oben angeführten Beschwerdelibell des Erzbischofs Dietmar und der baierischen Bischöfe, worin sie den Vorwurf zurückweisen, sie hätten den Ungern Geld gegeben, *sed tantum nostra linea vestimenta*, um ihre Wildheit gegen die ihrer Herrschaft unterworfenen Diözesanmitglieder zu mildern (J. Anh. 285). Das Ganze ist also eine der bekannten Aventinischen Flunkereien.

Einen schlagenden Beweis gegen diese imaginäre Tributpflichtigkeit liefern uns die Ereignisse des Jahres 909. Die Ungern waren durch das vor zwei Jahren verwüstete Baiwarien im raschen Fluge über den Lech gedrungen und liessen sich's wohl sein auf den gesegneten Fluren Alämanniens. Mit unermesslicher Beute — *innummerabili preda hominum animaliumque* — da sie das Schwabenland zum ersten Male heimgesucht hatten, kehrten sie durch Baierland zurück. Auf diesem Rückzuge überfiel höchst wahrscheinlich ein Seitenkorps die nichts ahnende Bischofsstadt Freising. Rudhart (Q. VII. 452 und 479) hat durch sorgfältige Untersuchung des Eintrages im Freisinger Martyrologium den

Zeitraum der Thatsache festgestellt. Sonntags den 30. Juli, unzweifelhaft durch nächtlichen Ueberfall um die dritte Morgen-
stunde, weil man sich doch sonst in der ummauerten Bischof-
stadt wohl des Feindes erwehrt haben würde, drangen die Barbaren ein und hausten daselbst in gewohnter Weise bis Freitag
den 4. August, an welchem Tage sie nach Niederbrennung der
Kirchen S. Stefan und S. Veit wieder abzogen. Dass die Mord-
brennerhorden der Domkirche nicht dasselbe Loos bereiteten, fand
man so unnatürlich, dass man es nur durch ein Wunder erklären
zu können glaubte. Dieses Wunder erklärt sich aber in ziemlich
natürlicher Weise; denn der heilige Lantpert, der durch sein
Gebet den schützenden Nebel herabgefleht haben soll, war im
Jahre 909 noch gar nicht Bischof, sondern vielmehr der kriegerische Dracholf, welcher viel lieber mit Schwert und Panzer, als
mit Krummstab und Messgewand hantirte und auch sonst ein
Liebhaber des irdischen Mammons, sich lebhaft an Arnulfs spätern Säkularisationsmassregeln betheiligte, wodurch er sich den
Namen des Judas unter den Freisinger Bischöfen zuzog (Mbk.
I^a 161). Dieser soldatische Infulträger hatte zweifelsohne den ummauerten Domberg mit seinen Dienstmannen in bessern Verthei-
digungsstand gesetzt, als die Spiessbürger ihre Stadtthore und
vor solchen bewehrten Mauern hatte das ungerische Raubgesindel
einen heiligen Respekt.

Inzwischen hatte sich das „schier vernichtete" Volk der Baiwaren bereits wieder von dem ersten Schrecken der Niederlage
erholt und war auf den Ruf seines tapfern Führers, des würdigen
Sprossen von Liutpolds Stamm, zu dessen Bannern geeilt. Ein
grosser Schlag, wie er nur mit vereinten Kräften hätte geführt
werden können, war bei der partikularen Zerrissenheit der deutschen Völker nicht ins Werk zu setzen und musste man sich
begnügen, den Feinden durch Ueberfälle einzelner Abtheilungen
Abbruch zu thun. Also verlegte Arnulf mit seinen wackern Mannen
einem mit Beute beladenen, heimziehenden Ungernkorps, wahrscheinlich demjenigen, welches eine Woche vorher Freising verwüstet hatte, im Rotthale die Strasse und schlug dasselbe am
Freitage den 11. August 909 in die Flucht — *bellum Baioariorum
cum Ungariis ad Rottam, ubi Ungarii a Baioariis victi sunt tempore Arnulfi ducis in die Veneris* (Rudhart, Q. VII. 456 und 480).

Das folgende Jahr 910 bezeichnete ein wiederholter Einbruch
der Ungern. König Ludwig, bereits 17 Jahre alt, erliess ein allgemeines Aufgebot durch das ganze Reich, wodurch die Säumigen
nicht blos mit der gesetzlichen Heerbannstrafe, sondern mit dem
Galgen bedroht wurden. Aber bevor noch die Truppen sich ver-
sammeln gekonnt hatten, waren die Ungern bereits bis an den

Lech vorgedrungen und warfen sich in wildem Ungestüme auf das in der Nähe von Augsburg stehende fränkisch-schwäbische Heer des Königs. Mannhaft, trotz der Minderzahl und der Ueberraschung, stritten die Deutschen bis zum Mittag. Da vollzogen die Ungern eines ihrer den Alamannen und Franken noch unbekannten Manöver. Sie warfen sich in eine Scheinflucht und als ihnen die Deutschen unvorsichtig nachsetzten und sich dabei ihre Reihen trennten, stürzten sie zwischen die gelösten Glieder und richteten unter ihnen ein furchtbares Blutbad an. Da fiel Graf Gozbert vom Kletgau (Dümmler, Of. R. II. 554. n. 31) mit vielen Tapfern von Adel und gemeinem Volk nicht in „abergläubischem Hochmuth", sondern in mannhaftem Widerstand durch die Hinterlist des Feindes, wahrscheinlich am 12. Juni 910 (Necr. Aug. VI. 2. p. 60).

Die Ungern hatten es diesmal nicht auf das bereits im vorigen Jahre heimgesuchte Alamannien, sondern auf Franken abgesehen. Hier stiessen sie auf das bereits im Anmarsch begriffene Heer der Franken und Baiwaren, welche noch nichts vom Unglücke des Königsheeres wussten — *Franci in confinio Bawariae et Franciae Ungariis congressi* (M. g. I. 614). Nach heissem Kampfe wurden die Franken geschlagen. Todt lag Herzog Gebhart von Lothringen, der Letzte der vier Konradinischen Brüder, todt Graf Liutfrid vom Lobdengau mit den Tapfersten ihrer Mannen. Nur die Baiwaren schlugen auf ihrem Flügel die Magjaren in die Flucht; da sie aber die Vorsicht von der Verfolgung abhielt, so entkamen jene mit ihrer Beute — *et Norici partem ex eis occiderunt. Paugauriis victoriam ex parte tenentibus . . . cum praeda regressi* (M. g. I. 55). Die Schlacht fiel am 22. Juni vor (Huber in Böhmer Fontes IV. 463) und die Ungern verwüsteten hierauf unzweifelhaft Franken bis an den Main (Erhard, Kriegsgeschichte I. 484. Anm.). Ihren Rückzug nahmen sie höchst wahrscheinlich über den Nordgau und den Baierwald, da sie im Jahre 910 Chammünster einäscherten, wodurch Manche zu der Annahme verleitet wurden, sie seien in diesem Jahre über den Böhmerwald hereingebrochen.

Im nächsten Jahre 911 starb König Ludwig, das Kind, der letzte Sprössling der Karolingischen Fürstenreihe in Baiwarien, über welches dieselbe 123 Jahre geherrscht hatte. Unter ihm hat Baiern und Deutschland das schwerste Unglück betroffen — *Hludewicus rex Ostrofranciae, quo regnante maxima Baioariorum interfeccio facta* (M. g. II. 314).

Schluss.

Wenn ich mit dieser tragischen Periode und Deutschlands tiefster Erniedrigung die älteste Geschichte der Baiern schliesse und unser Vaterland gleichsam als Schutt- und Trümmerhaufen unter den Verheerungen bestialischer Horden verlasse, so geschieht dieses nicht ohne einigen Trost für die Zukunft aus den letzten siegreichen Zusammenstössen mit den ungerischen Raubschaaren an der Rot und im Fränkischen zu schöpfen. Denn bald nachher und lange bevor die Deutschen die unsägliche Schmach in der Vertilgungsschlacht am Lechfelde auslöschten, hatten bereits die Baiwaren unter der tapfern Führung der Liutpoldingen Arnulf und Berchtold in den glorreichen Schlachten am Inn und bei Wels den Glauben an die Unbesieglichkeit der asiatischen Mordbrenner zerstört und in blutigen Niederlagen an dem Räubervolke Rache genommen, wovon ein heimischer Dichter des XIII. Jahrhunderts (Calles Ann. Aust. I. 4. p. 237) singt:

Da was gevochten ein michel strit;
manich Unger verlos da den lip;
di Beier rachen chint und wip.
Ir wart da sovil erslagen,
daz es niemen chan gesagen
und niemen erzelln mach;
sie slugen si nacht und tach
unz an der Leita stat;
dannoch waren si nit vechten sat!

Register.

A.

B.

C.

D.

E.

G.

H.

L.

M.

T.

U.

V.

W.

Z.

Abkürzungen.

A. M. Ammiani Marcellini hist.
A. R. Anonymi Ravenn. geografia.
A. S. Acta Sanctorum Bolland.
Ai. Aimoini de gestis Francorum.
B. A. Abhandlungen der Berliner Akademie.
Büdinger, Geschichte des östreichischen Staates I.
Caesar belli gall. lib. VIII.
D. Diutiska v. Graff.
D. C. Dio Cassius, Geschichte des römischen Reiches.
Dümmler, Of. R. Geschichte des Ostfränkischen Reiches.
E. Emmeraner Schenkungsbuch in Quellen zur deutschen und baier. Geschichte I.
E. B. Epistol. Bonifacii Ed. Würdtwein.
F. Forschungen zur deutschen Geschichte.
Fr. Fredegari gesta Francor.
Freyberg, Neue Beiträge zur vaterländischen Geschichte I. und Münchner gelehrte
    Anzeigen 1836 und 1837.
Giesebrecht, Geschichte der Kaiserzeit I.
Gr. Gregorii Turonens. hist.
Grimm, J., D. S. G. Geschichte der deutschen Sprache.
    „   Gr. Deutsche Grammatik.
    „   W. Deutsches Wörterbuch.
H. Haupts Zeitschrift für deutsches Alterthum.
Hansitz, Germania sacra.
J. Juvavia von Kleinmayrn, Anhang.
Jornandes de rebus geticis.
Jul. Capitolini vita Marci Ant. Aur. philosophi.
M. A. Abhandlungen der Münchner Akademie.
M. b. Monumenta boica.
M. g. Monumenta germanica, Script. et Ll.
Mbk. Meichelbeck, Hist. Frisingensis I.
Mederer, Beiträge zur baierischen Geschichte.
Ob. A. Oberbaierisches Archiv für Geschichte.
Oe. Oefele, Script. rerum boicarum.
Oe. A. Archiv für östreichische Geschichtskunde.
P. Pez, Scriptor. rer. austr. und Thesaurus anecdot,
Paul diac. hist. Langobardorum.

Plinii histor. natur.
Prokop, Gothischer Krieg.
Quellen zur deutschen und baierischen Geschichte.
Quitzmann, A. B.   Abstammung etc. der Baiwaren.
   „   H. R.   Heidnische Religion der Baiwaren.
   „   R. V.   Aelteste Rechtsverfassung der Baiwaren.
R. Rauch, Script. rer. austr.
Rudhardt, Aelteste Geschichte von Baiern.
S. Sitzungsberichte der k. k. Akademie.
S. B. Scriptores hist. Byzant. Ed. Niebuhr.
S. P. Karajan, Verbrüderungsbuch von S. Peter.
Tacitus A.   Annalium lib.
   „   G.   Germania.
   „   H.   Historiarum lib.
Waitz, Verfassungsgeschichte Deutschlands.
Zeuss D. Die Deutschen und die Nachbarstämme.
   „   II. Die Herkunft der Baiern von den Markomannen.

Druckverbesserungen.

Seite 7, Zeile 1 lies ein für einen.
  „   8, „ 26 „ hätten für hätte.
  „   12, „   2 „ onomatische für onamastische.
  „   61, „ 35 „ Singidunum für Sigidunum.
  „   72, „   5 ⎫
  „   74, „ 20 ⎬ „ meiner für meinem.
  „   77, „ 36 ⎭
  „ 112, „ 42 „ Compilation für Compillation.
  „ 150, „ 36 „ Sigibert für Dagobert.
  „ 151, „ 30 „ Theodolinde für Theodoline.
  „ 181, „ 32 „ zum für als.
  „ 233, „ 16 „ Lantperht für Landperht.
  „ 341, „ 38 „ 830 für 870.

Druck von M. Bruhn in Braunschweig.